读客文化

读客文化

THE
SILK ROADS
A NEW HISTORY OF THE WORLD

丝绸之路
一部全新的世界史

[英]彼得·弗兰科潘 著

邵旭东 孙芳 译

徐文堪 审校

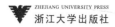
ZHEJIANG UNIVERSITY PRESS
浙江大学出版社

To Katarina, Flora, Francis and Luke

献给卡特里娜、弗洛拉、弗兰西斯和卢克

我们来到突厥部落……看见有一些人在崇拜蛇，一些人在崇拜鱼，还有一些人在崇拜鹤。

——伊本·法德兰《伏尔加保加尔游记》

我，祭司王约翰，是王者之王。我的财富、品德和权力超越世上所有的国王……在我们这儿，牛奶和蜂蜜满地流淌，毒物不会造成伤害，青蛙不会乱声聒噪，草地上没有蝎子和毒蛇爬行。

——谣传的祭司王约翰写给罗马和君士坦丁堡的信
公元12世纪

他拥有一座巨型宫殿，整个屋顶都是用黄金盖成的。

——克里斯托弗·哥伦布关于东方大汗所做的研究笔记
公元15世纪末

如果我们现在不在波斯问题上做出一点让步、不改变我们的政策，我们和俄国之间的关系就会岌岌可危、没有未来……我们的帝国也将面临灭顶之灾。

——乔治·克拉克爵士致函英国外交部长爱德华·格雷爵士
1914年7月21日

我们就算什么都不做，总统也一定能够当选。
——哈萨克斯坦总统努尔苏丹·纳扎尔巴耶夫的办公厅主任
在2005年总统大选前不久的讲话

目　录

地图目录

前　言

　　小的时候，我最珍贵的宝贝之一是一张大大的世界地图。我把它钉在床边的墙上，每晚睡觉前都盯着它看。没过多久，我就记住了所有国家的名称和所在地、它们首都的名称、它们周围的海域以及流经这些国家的河流，还有那些用斜体字标注的主要山脉和沙漠的名字，其中充满了奇遇和危险。

　　十几岁的时候，我开始不满于学校课堂上重复无趣的有限的地理知识，因为它只关注西欧和美国，对世界上其他地方都未曾提及。课堂上只讲授罗马人征服不列颠、1066年的诺曼征服、亨利八世和都铎王朝、美国独立战争、维多利亚时代的工业革命、索姆河会战以及纳粹德国的兴衰。我查看自己的地图，发现世界上还有那么多地区，他们都只字未提。

　　我14岁生日的时候，父母送我一本人类学家埃里克·沃尔夫（Eric Wolf）的书——正是这本书点燃了我兴趣的火种。沃尔夫写道，人们已经习惯于接受一部内容沉闷的文明史：古希腊之后出现了罗马，罗马之后出现了基督教欧洲，基督教欧洲之后出现了文艺复兴，文艺复兴之后出现了启蒙运动，启蒙运动的政治民主带来了工业革命，工业革命和民主思想的碰撞反过来推动了美国的出现，其中蕴含着追求生命、自由和幸福权利的真理。[1]我突然意识到这正是我一直学到的故事：西方政治成功、文化优势和道德胜利的颂歌。但这种历史观存在着误区：看待历史还可以有其他不同的角度，而不只是从近代胜利者的立场去观察过去。

我对这种观点深深着迷。课堂上，那些没有学到的地区似乎都消失了，或被耀眼的欧洲崛起的故事湮没了。我求父亲带我去看赫里福德教堂里的古世界地图，那张地图将耶路撒冷标为世界中心，而把英国和其他西方国家搁置一旁，认为是无关紧要的地方；当得知阿拉伯地理学家们的著作中有南北颠倒并把里海放在正中央的插图时，我惊呆了；我发现在一张重要的伊斯坦布尔中世纪突厥地图上，世界的中心城市居然叫八剌沙衮，我从未听说过，也从未在任何地图上见到过，而且直到近期人们才确定它的确切位置，但它却曾被认作是世界的中心。[2]

我渴望更多地了解俄罗斯和中亚，了解波斯和美索不达米亚。我想从亚洲的视角观察基督教的起源，了解中世纪大城市——如君士坦丁堡、耶路撒冷、巴格达和开罗——的人们究竟如何看待基督教十字军的东征。我想学习东方那些伟大的帝国以及蒙古人的征服过程，了解人们如何从阿富汗和印度——而不是从佛兰德或东部战线——的角度看待两次世界大战。

非常幸运的是，我在学校学了俄语。我的老师是迪克·哈登（Dick Haddon），一个曾在海军情报部工作过的非常聪明的人——他坚信掌握俄罗斯语言及其灵魂的最佳方式是通过其灿烂的文学和农村音乐。更幸运的是，他还给有兴趣的人教授阿拉伯语，让我们五六个学生接触到了伊斯兰的文化和历史，受到了阿拉伯古典文化精髓的洗礼。语言的学习打开了发现新世界的大门，或用我后来想出的一句话说，打开了我们这些西方人重新发现新世界的大门。

如今，人们更关注中国经济快速增长可能造成的影响——预计未来十年中人们对奢侈品的需求将以四倍的速度增长；或关注印度的社会变革——拥有手机的人群远远超过拥有冲水马桶的人。[3]但这些对于观察世界的过去和未来来说，均非最佳视角。事实上，千年来，连接着欧洲和太平洋、坐落在东西方之间的那块区域，才是地球运转的轴心。

东西方中间的地带，自地中海和黑海东岸至喜马拉雅山脉，在过去和今天人们的眼中也许不算什么重要地段。今天这一地区是一些异域国家和边缘国家的所在地，如哈萨克斯坦和乌兹别克斯坦、吉尔吉斯斯坦和土库曼斯坦、塔吉克斯坦和高加索山脉国家；一个充满动荡、暴力并威胁着国际安全的地区，如阿富汗、伊朗、伊拉克、叙利亚；或所谓的"最佳民主实践国"，如俄罗斯和阿塞拜疆。总之，这似乎是一系列"失败国家"和"没落国家"的聚集地：这些国家的领导人总能在全国大选中获得令人难以置信的大多数选票，他们的家人和亲信控制着丰厚的经济利益，拥有着大笔的资产和无限的政治权力；这些国家的人权记录都很糟糕，表达信仰、良知和性欲的自由都受到非常大的限制；专制媒体控制着什么内容能够或不能够在报刊中出现。[4]

　　这些国家在我们看来也许未经开化，但它们绝不是倒行逆施、昏暗闭塞的蛮荒之国。事实上，东西方之间的桥梁正是文明的交叉点。这些国家绝非处在全球事务的边缘，而是国际交往的正中心，并且自古以来就是如此。人类文明就是从这里诞生，而许多人坚信，人类本身就在这里诞生——在伊甸园里，"贤明的上帝种下了一棵棵花树和果树"，人们普遍相信，那地方就是底格里斯河和幼发拉底河之间富庶的田野。[5]

　　就是在这座连接东西方的桥梁上，近5000年以前就建成了伟大的城邦：印度河流域的哈拉帕和摩亨佐·达罗成为古代世界的奇迹，城市人口多达数万，街道纵横交错，排污系统精密复杂，几千年后的欧洲都无法与之媲美。[6]其他大规模的文明中心，如美索不达米亚的巴比伦、尼尼微、乌鲁克和阿卡德，则以其宏伟壮观的建筑而著称。一位中国历史学家[1]在2000多年前写道，乌浒河上的巴克特里亚（位于今阿富汗北部）[2]人极擅谈判和贸易，其国都成为各类商品的交易市场，货源地既遥远又广泛。[7]

　　这个地区是世界上主要宗教的发祥地，犹太教、基督教、伊斯兰教、佛教和印度教在这里相互碰撞。这是一个各语言群体相互竞争的熔炉，印欧语、闪族语、汉藏语混杂在那些说阿尔泰语、突厥语和高加索语的人群当中。这是一个见证伟大帝国兴盛衰亡的地方，文明冲突和敌国交战的效应会震慑到几千

---

[1] 指西汉历史学家司马迁。——译者注
[2] 在《史记》中被称作"大夏"。——编者注

英里[1]开外。站在这里，你能打开一扇审视历史的新窗口，你将看到一个复杂交织的世界：大陆与大陆之间在相互影响，中亚大草原上发生的事情可以在北非感同身受，巴格达发生的事件可以在斯堪的纳维亚找到回响，美洲的新发现会影响中国产品的价格，进而使印度北部的马匹市场需求剧增。

这些震颤都是通过一个网络传播到世界的各个角落，跟随着朝圣者、军队、牧人和商人旅行的足迹，伴随着交易的进行、思想的交流、相互的适应和不断的提炼。他们传播的不仅是财富，还有死亡和暴力、疾病和灾难。19世纪末期，这个蔓延四处的网络由一位著名的德国地理学家、地质学家正式命名，他就是费迪南·冯·李希霍芬（Ferdinand von Richthofen，一战时头号飞行员"红色男爵"的叔叔）。自此，Seidenstraßen 这个名称便被确定了下来——即"丝绸之路"（Silk Road）。[8]

这些通道是整个世界的中枢神经系统，将各民族各地区联系在一起，但它隐藏在皮肤之下，肉眼不可见。而正如解剖学解释人体功能一样，了解这些联系有助于我们理解世界是怎样运作的。再者，尽管这一地区至关重要，它却被主流史学界长期忽略。原因之一是所谓的"东方学"——一个刺耳并带有否定意义的说法，认为东方不够发达，不如西方，因而不值得认真研究。[9]还有一个原因是，过去的史料非常完善权威，已经没有空间再让学者去顾及一个在欧洲和西方社会的崛起故事中一直被视为如此边缘化的地区了。

如今，阿富汗的贾拉拉巴德和赫拉特、伊拉克的费卢杰和摩苏尔，或叙利亚的霍姆斯和阿勒颇，似乎都成了激进主义和宗教暴力的代名词。眼前的事实冲刷了过去的历史：说起喀布尔城，再也没有人会联想到印度莫卧儿帝国的创建者巴布尔曾亲自在那儿经营花园的日子了。"巴布尔花园"曾有一汪被橘树和石榴树环绕的池塘和一片三叶草草场，巴布尔特别引以为荣："这是花园的最佳景致，橘子变黄时最为美丽。此园的选址真是无与伦比！"[10]

当代有关伊朗的看法也是一样，伊朗遥远的光荣历史同样被磨灭殆尽。它的波斯帝国先辈们相传是一群万事都非常讲究的人，从晚餐桌上的水果到著

---

[1] 1英里约合1.6千米。——编者注

名艺术家创作的肖像，再到学者写字的用纸，都必须追求品位。来自伊朗东部马什哈德的图书馆员西米·尼莎普利（Simi Nīshāpūrī）在公元1400年左右撰写的一本名著中，详细记录了一个爱书人执着的见解。他非常严肃地指出，任何想要从事写作的人都应该明白，最佳的书法用纸应该是大马士革、巴格达和撒马尔罕出产的，其他地方出产的用纸"一般来讲过于粗糙，多有斑驳，难以久存"。他还让人们记住，书写之前最好将纸张染上绛色："因为白色过于刺眼，大师级的书法作品都是在绛色的纸张上写就的。"【11】

有些著名的城市都被人们忘记了。比如说梅尔夫，一位10世纪的地理学家曾将它描述为"快乐、清洁、优雅、智慧、广阔而舒适的城市"，并称之为"世界城市之母"；还有赖伊，一处距离今天德黑兰不远的地方，大约同时代的另一位学者觉得它无比辉煌，如同"地球上的新郎"和世界上"最美的作品"。【12】点缀在亚洲屋脊上的这些城市，如同串串珍珠，将太平洋和地中海连接在一起。

城市中心在相互竞争，领导者和精英们纷纷投资兴建更多的雄伟建筑和纪念性场馆。图书馆、礼拜堂、教堂和大规模天文瞭望塔在该地区纷纷涌现，其文化影响遍及四周，将君士坦丁堡和大马士革、伊斯法罕、撒马尔罕、喀布尔与喀什都连在了一起。这些城市也成为许多高级学者的聚居地，他们在此从事各项专业领域的学术研究。当时的学者有小部分仍为今天的人们所熟知，如伊本·西纳（他的另一个名字"阿维森纳"知名度更高）、阿尔·比鲁尼以及阿尔·花剌子模，这些人都是天文学或医药学领域的巨擘。当然还有其他更多的名人。在现代到来之前，世界最高级别的知识中心，如"牛津"和"剑桥"、"哈佛"和"耶鲁"，并非在欧洲和西方，而是在巴格达、巴尔克、布哈拉和撒马尔罕。

丝绸之路上的文化、城市、居民的进步和发展都有其原因可寻：人们在从事贸易沟通、思想沟通，在互相学习、互相借鉴；在哲学、科学、语言和宗教方面，人们从交流中得到启发，得到拓展。发展和进步至关重要，位于中国北方的赵国在2000多年前就明白了这个道理，君主赵武灵王在公元前307年就说过："贤者与变俱……循法之功，不足以高世；法古之学，不足以制今。"【13】可见古代的统治者们早就知道与时俱进是多么的重要。

不过，人们的思维进程在近代早期发生过一系列变化，这些变化是由15世纪末的两次海上重要探险所带来的。在15世纪90年代的六个年头中，经过长时间奠定下来的商业交流系统面临着严重冲击。首先是克里斯托弗·哥伦布跨越大西洋，为通向一块欧亚人从未涉足的地域铺设了一条道路；几年之后，瓦斯科·达·伽马绕非洲南端的航行取得成功，他远航到了印度，开辟出一条新的海上贸易通道。新的发现改变了交流和贸易的格局，还造成了世界政治经济中心的重大转移：突然之间，西欧从一个闭塞之地变成了全球交通和贸易的支撑点；一夜之间，欧洲成为了东西方之间新的中心。

欧洲的崛起触发了一场激烈的权力竞争——同时也是一场历史解释权的竞争。伴随着资源和海上通道主宰权的争夺，人们也在重新强调某些可用于意识形态斗争的历史事件、思想和观念。重要政治人物和身着托加长袍（toga）[1] 的将军塑像被频频竖起，他们看上去都像是历史上的古罗马英雄；具有古典风格的辉煌建筑被不断兴建，象征着自己与古代世界的荣耀一脉相承。历史被扭曲、被利用，人们制造出一种假象，似乎西方的崛起不仅是自然天成、无法避免，而且是由来已久、顺势延绵。

好多故事都让我开始从不同的角度观察世界历史，但有一个故事非同寻常。希腊神话中说众神之父宙斯在地球两端分别放出一只鹰，令它们朝对方飞行。一块神石——即翁法洛斯石器（omphalos，意为"大地的肚脐"）——被竖立在两鹰相会之地，让它们在此和天神交流。我后来才知道，这则关于神石的故事一直是哲学家和神学家的灵感源泉。[14]

记得当我最初听说这个故事的时候，我正在盯着地图查看，想弄清楚两只鹰究竟在哪里相会。我想象它们应该从大西洋西岸和中国的太平洋海岸出发，然后朝内陆飞行。它们相会的精准地点无法确定，主要取决于我的手指如何测量东方到西方的中间点。但不论怎么变，相会的地点一直都在黑海和喜马

---

[1] 古罗马最常见的男子服饰。——编者注

拉雅山中间的某个地方。我曾夜不能寐，琢磨着我卧室墙上的地图，琢磨着宙斯的那两只鹰，还有我读过的书中从未提及的那片地区的历史——居然连个地名都没有。

　　在并非遥远的过去，欧洲人把亚洲分成了三大区域——近东、中东和远东。然而在我成长过程中听到或读到的有关当今时代的问题，好像都发生在第二个区域：中东。然而它的含义甚至地点都一直在变化，有时被用来指以色列、巴勒斯坦和周边地区，有时也指波斯湾。我不明白为什么大人们一直告诉我地中海如何如何重要，称地中海是人类文明的摇篮，而事实上地中海很明显就不是人类文明真正的诞生地。更严重的问题在于"地中海"这个词本身的含义——即"地球的中央"。事实上，真正的"地球的中央"并不是那片分割欧洲和北非的海域，而恰恰是位于亚洲的心脏。

　　我希望通过提出新问题、开拓新领域，鼓励其他有识之士去研究那些被几代人忽视了的族群和地域。我希望能够启发人们提出有关历史的新问题，使历史真相能够被重新探索和认真观察。总之，我希望这本书的读者能从一个不同的角度观察历史。

2015年4月于牛津大学伍斯特学院

中文版序言

2015年8月此书出版的时候，我并未期待它能获得太大的成功。像所有的作者一样，我只希望读者能喜欢我写的书，从中了解他们所知甚少或是完全不了解的某些地区、历史、种族和文化。我同样希望他们能接受一些新的观念，因为这本书的目标和范畴都比较宏大。我们生活在一个眼界受到束缚的世界，我们在过去认为非常重要的东西会阻碍我们接受新的思想，阻碍我们重新评价一些我们过去认为理所当然的知识。我们的历史观点都是以前父母、中小学老师、大学老师和朋友同事教我们的，若想摆脱这些束缚并从不同的角度看待问题，我们就需要开放思想、增强自我判断能力。

我并没打算写一本可能引发争议或是哗众取宠的书，相反，此书正如它所呈现的那样，是一部全新的世界史。它不仅仅是关于欧洲或西方，也不仅仅是关于俄罗斯和中东，也不仅仅是关于中国或印度，它包罗万象；它考察世界的变迁：货物和商品、宗教和信仰、语言和艺术、暴力和疾病；它会关注以前被人忽略的那些方面，试图解释各个国家从古至今的起落兴衰，从而使人们更好地理解当今时代的意义。

如此描绘历史需要一张巨大的画布，但也需要对细节的精确把握。当画卷最终完成后，得做到从远处看引人入胜，从近处看让人觉得真实可信。这也意味着本书的写作既要让比较缺乏历史知识的读者看得懂，又要让专家觉得足够专业。

我非常欣慰地看到这本书获得很多读者的肯定，其中还包括一些我本人非常尊敬的作者和媒体。威廉·达尔林普尔说，《丝绸之路》是一部"涵盖面很广的历史史诗，规模宏大，成就非凡"，是一部充满了"智慧和勇气"的作品；《伦敦标准晚报》也同意这种看法，说此书"非常出色"；用《每日电讯报》的话说，它让人"惊心动魄，爱不释手"，该报还将本书列为2015年度最佳历史作品。

其他评论文章和出版物也给出了赞许。此书"令人惊诧，极易阅读"，简直"令人兴奋不已"，《名利场》杂志如是说；而《展望》杂志说本书"华丽壮观"；《经济学人》杂志非常有名，该杂志的编辑们眼光精准但从不轻易下结论，他们评价本书充满了"精美睿智的描写"，并"演绎了一部聚焦东方的世界史"。

此书一直是英国的头榜畅销书，在世界其他国家和地区同样取得了令人满意的成功。2015年9月出版后，它便跃居为印度非小说类畅销榜榜首，而且长居不下，非常感谢各家评论把它描述为"雄伟壮丽，智慧无比"（《开放杂志》）和"魅力超凡的世界史"（《商业标准》）。这些杂志还继续援引、罗列了来自南非至新西兰、波斯湾至瑞典的各种各样的溢美之词，其中特别引用了瑞典官方媒体《瑞典保守报》的话说："彼得·弗兰科潘真是个杰出的历史学家。"

此书在国际上的成功显然归功于当下的时事热点。我们生活在变革不断的21世纪，一个充满了动荡和挑战的时代。中东局势混乱，不仅敌对势力要全力控制资源和疆土，而且要应对伊斯兰各派合法化的竞争。伊斯兰国（ISIS）与塔利班的暴行，不仅给众多无辜的民众和儿童带来灾难，同时还殃及众多珍贵的历史遗迹。

然后还有俄罗斯，一个急需进行社会改革和经济改革的国家。俄罗斯在吞并克里米亚后，面临着来自国际社会许多国家的敌视和指责。但就在西方国家带着怀疑的眼光看待俄罗斯时，世界上的其他地方，包括俄罗斯那些从欧洲边缘地带延伸至太平洋沿岸的邻国，似乎都对俄罗斯的举动持肯定态度，即便其中某些国家在近几十年甚至近几百年来与莫斯科的关系并不融洽。俄罗斯的未来变化不定，是恢复秩序、重振经济，还是继续将资产集中在少数人手中？任何情况都有可能发生。

与此同时，美国也在极力应对局势的变化，极力寻求如何更好地分配有限的资源。美国人侵伊拉克及阿富汗的军事行动招致巨大争议，人们甚至因此分为两派：一派坚信美国可选择不涉外事、独善其身；一派坚信美国有责任维护其他地区的和平与民主。当然还有亚洲，过去美国一直忽略了这一地区，但如今，亚洲尤其是中国，已经成为经济学家、策略专家和外交家关注的焦点，特别是南海问题——冲突对抗的逐渐升级实在令人担忧。

我非常高兴这本书能够在中国出版，这样就有更多新的读者能够阅读、了解到有关世界整合发展的全新故事。我希望读者不仅能清醒地认识过去，而且能在此基础上更好地理解现在和未来。

过去三十年来，世界上没有哪个国家像中国一样呈现出翻天覆地的变化：数亿人摆脱了贫困，经济飞速增长。繁荣发展带来了健康的中产阶层的出现，当然也带来了一些问题：城市的快速扩张和高速发展给环境和服务带来严重压力。空气污染成为人们关注的焦点，它不仅影响着人们目前的日常生活，还会对下一代的健康造成更深远的伤害。发展同样给水资源带来了压力，在一个极速投资基础设施建设，并由此将整个国家编织在一起的时代，想要制订成熟周全的规划几乎不太现实。历史证明，快速增长的后果并不容易掌控。尽管人们知道压力和负担均属正常并在预料之中，但要真正做到可持续性发展并非易事。

现在中国已经进入了一个自身发展的调整期，一个学习应对"新常态"的时期。持续的经济增长固然重要，但又不能像过去那样快速。这同时也是一个中国学会如何处理与东亚、中亚和东南亚远邦近邻之间紧张关系的时期，并且还要学会如何在国际舞台上扮演最恰当的角色。中国正在放开眼光，以求更好地适应世界转型变化的节奏。

所以，我在这本书的写作时便已将中国读者考虑在内。书中展示了今日中国的巨变如何在过去的历史中找到影子，各国权力的兴衰起落、世界各地的黎明与黄昏背后隐藏着怎样的规律，一个国家的资产泡沫和突发经济衰退如何能够给几千英里以外的其他国家与地区带来影响。它论证了历史上诸如西安、洛阳、北京、巴格达、大马士革、伊斯法罕、阿姆斯特丹、伦敦、巴黎等城市的经济繁荣和宽容政策如何带动艺术、科技及学术的发展。它阐释了资源竞争和影响力竞争如何会导致军事冲突，其影响不仅限于当事地区，而且会波及整个世界。它还指出，世界旋转的轴心正在转移——移回到那个让它旋转千年的初始之地，丝绸之路。

读者还将看到，全球化并不是什么新鲜事物。早在20多个世纪之前，我们的祖先就曾尽力收集各国的信息，并派遣出各种特使和代表，探索哪里是世界上最佳的市场，探索如何抵达沙漠、山脉另一端的国度和城镇。无论探索后写就的报告成书于哪个年代，它们都是试图给罗马和巴格达、洛阳和北京、吉特拉和高知、福斯塔特和非斯、基辅和莫斯科、伦敦和塞维尔的统治者们提供信息和智慧，都带回了其他民族生活和劳作的相关景象，汇报了贸易交流的情况，告知人们可能遇到的风险和可能收获的利益。

2000多年以前，人们今日所熟知的"丝绸之路"贸易网络就已经存在，它将中国太平洋沿岸和非洲及欧洲的大西洋海岸联系在了一起，使波斯湾和印度洋之间的货物流通成为可能，同样还有穿越亚洲之脊的、连接城镇和绿洲的陆上通道。

所以当习近平主席于2013年宣布"一带一路"的创想之时，他是在重新唤起人们对于那段很久之前就已经熟悉的繁荣回忆。他的有关促进贸易发展、投资海陆通道并与各国建立合作交流关系的想法，都是基于一种常识——即今日纵横交错于亚洲，将中国与欧洲、里海、高加索山脉、波斯湾和东南亚各个角落连接在一起的新交通干线，追随的正是当年那些带着货物和信仰四处奔波的旅行者和圣贤者的足迹。

当然，区别在于速度——我们的旅行速度、大宗贸易的成交速度，以及我们相互交流和学习的速度。从很多方面来看，高速的开放都将呈现出新的可能和新的机遇。不过在开放的同时，日趋密切的相互联系也向人们提出了挑战——特别是涉及如何更好地应对地缘政治的变化，以及国家在规范公民行为或涉及其他国家的安全和繁荣之时所应扮演的角色。

需要强调的是，这些问题是目前所有国家共同面临的。人们越来越深刻地认识到，各国都紧密地联系在一起，大家荣辱与共：一个地方的经济减速会对地球另一个地方产生直接的，有时甚至是巨大的影响；社会动乱和体制失败所造成的损失极少能限制在国界之内，它们会四处蔓延，威胁到邻国的政府运作、经济与安全。未雨绸缪，等待转机，才是至关重要的。

中国比大多数国家都更能未雨绸缪，更愿意去了解其远邦近邻的过去，并从历史中汲取教训。要做到这些，如中国领导人所说，需要的是尊重和谨慎。比如说"一带一路"的创想，是为了造福天下这一共同事业而提出的，是一个"深度合作的黄金机遇"[1]。习近平主席极力强调，中国的崛起是"和平、友善和文明"的崛起，将会造福其他国家，而不会威胁任何国家。[2]

这些话语在中国历史上能找到许多类似的回响。比如在13世纪，南宋就曾派特使出行，希望他们带回远方异国的准确信息——尽管他们带回的消息并非完全准确，除非"女人遇南风盛发，裸而感风，即生女也"的女人国真的存在。[3]不过，描绘亚洲、非洲和欧洲大陆以及南海和爪哇海众群岛的地图却非常可信，特别是出自元代朱思本之手的《舆地图》，实为精准可靠。最为著名的航海探险活动当属郑和下西洋，他的雄心带他穿越印度洋远至东非。

这些对外探索交流活动都基于一个国家的繁荣和成熟。国家无忧无患、长治久安，就愿意尝试各式各样的发展。因此毫不奇怪，不同的发展形式成为当代中国的主旋律。郑和"给非洲人民带来的是和平的愿望和真诚的友谊，而不是刀剑枪炮和掠夺奴役"，胡锦涛在2007年对比勒陀利亚的代表们如是说。[4]不像那些欧洲人，把非洲大多数地区都变成了殖民地。

此书的出版正值中国人热切探索外部世界并以新的眼光看待历史的大好时机。它将为学者们的探索和批评打开新的视野；更为重要的是，它将为读者提供一个通过丝绸之路观察2000多年来人类文明进程的新视角。

---

[1] 习近平主席：《弘扬人民友谊共创美好未来》，2013年9月7日，新华社。
[2] 《南华早报》，2014年3月27日。
[3] 德国汉学家夏德与美国汉学家柔克义：《赵汝适：他关于十二和十三世纪中国和阿拉伯贸易的著作〈诸蕃志〉》，圣彼得堡，1911年，第151页。
[4] 胡锦涛主席在南非比勒陀利亚大学的演讲：《加强中非团结合作推动建设和谐世界》，2007年2月7日。

所以，我非常希望本书的中国读者能像其他国家的读者一样，喜欢此书，受到启发。作为作者，不停地写书是一种乐趣，知道自己写的书有人读更是一种独特的乐趣。如果本书的阅读经历能让您心旷神怡，将是对我的最大称赞。最后非常感谢上海读客图书为出版中文译本所做的细致工作。

彼得·弗兰科潘
2016年2月于牛津大学

第一章

丝绸之路的诞生

自文明伊始，亚洲的中心就是帝国的摇篮。底格里斯河和幼发拉底河孕育的美索不达米亚冲积平原，为人类文明的出现提供了土壤，正是在这里，诞生了世界最早的村镇和城市。系统化的农业出现在美索不达米亚并扩展到整个"新月沃地"——这是一片水源充足的沃土，从波斯湾一直延伸到地中海沿岸。在差不多4000年前，巴比伦国王汉谟拉比在这里颁布了世界上最早的成文法律，为他的臣民制定了详细的行为规范，并对违法者实施严厉的惩罚。【1】

在所有崛起于此的王国和帝国当中，最伟大的莫过于波斯帝国。公元前6世纪，波斯人从位于今天伊朗南部的家园迅速扩张，统治了邻国，将势力延伸到爱琴海岸，征服埃及后一路向东，直抵喜马拉雅山脚。希腊历史学家希罗多德认为，波斯人的成功在很大程度上要归功于他们的开放态度。"波斯人十分乐意接受外来的风俗习惯"，他写道，如果他们觉得某个被征服者的服装样式更好，他们就会放弃自己原来的服饰，这使得他们能够借鉴米底人（Mede）和埃及人的穿着风格。【2】

波斯人之所以能够建立起一个多民族合作、运转平稳的帝国管理体系，主动接受新的思想并进行新的实践是一个重要因素。受过良好教育的官员们监督着帝国的日常运转，从记载如何给皇室侍从支付酬劳，到监督市场进出货物的数量和质量；他们还负责监督维护、整修帝国内纵横交错、令古代周边国家羡慕不已的道路系统。[3]

将小亚细亚沿海地区与巴比伦、苏萨（Susa）和波斯波利斯（Persepolis）纵横相连的交通网，使人们可以在一周内到达1600英里以外的地方。希罗多德将此成就视为奇迹：雨雪、高温和黑暗都不能减缓消息传播的速度。[4]农业生产的投入和先进的灌溉技术提高了农作物的产量，吸引了周边地区越来越多的人口，进而促进了城镇的发展。人口不仅来自底格里斯河和幼发拉底河两岸的富足农区，还来自乌浒河（Oxus）和药杀水（Iaxartes）——即现在的阿姆河（Amu Darya）和锡尔河（Syr Darya）——河谷，以及公元前525年后被波斯军队占领的尼罗河三角洲。总之，波斯帝国是一块富庶之地，连接着地中海和亚洲的心脏。

波斯还是一座代表着稳定和公正的灯塔。贝希斯敦山（Behistun）上那块分别用波斯语、埃兰语和阿卡得语三种语言所雕刻的石碑，记录了古波斯帝国国王大流士如何平定暴乱和起义、击退外国入侵者、公平对待穷人和权贵的事迹。碑铭要求确保帝国安全，公正地善待子民，因为正义是帝国的基石。[5]帝国对少数族裔的包容同样令人称道，某位波斯国王[1]被称作"弥赛亚"（Messiah），即"得到上帝祝福的人"，他的包容政策曾让犹太人从"巴比伦之囚"中获得自由。[6]

古波斯帝国的贸易繁荣昌盛，为统治者的军事远征提供了财力支持，而远征本身又反过来为帝国带来了更多的资源。贸易的繁荣同样助长了统治者的奢靡之风。在巴比伦、波斯波利斯、帕萨加第（Pasargadae）和苏萨，一座座华丽的建筑拔地而起。在苏萨，大流士国王还用埃及的上等乌木和白银、黎巴嫩的雪松、巴克特里亚（Bactria）的黄金、粟特（Sogdiana）的青金石和朱砂、花剌子模的绿宝石以及印度的象牙修建了精美绝伦的宫殿。[7]据希罗多德记载，波斯人以享乐闻名，仅仅是听说一件新的奢侈品便能沉迷其中。[8]

---

[1] 指居鲁士二世（Cyrus II，公元前590—前529），古波斯帝国的缔造者。——译者注。

支撑着商业帝国的是野心勃勃的军队，他们推进并保护着帝国的边界。波斯帝国的北方一直存在隐患，那里的干草原是以放牧为生的游牧部落的地盘，从黑海经中亚一直延伸至蒙古高原。这些游牧部落十分残暴，据说他们喝敌人的血，并把敌人的头皮做成衣服，有时甚至还会吃掉自己的父亲。不过，与游牧民族的交往情况比较复杂。尽管史料说他们混乱无序、喜怒无常，但他们却是牲畜特别是优质马匹的重要供应者。当然，游牧部落也会带来灾难，比如公元前6世纪，波斯帝国的缔造者居鲁士大帝就在试图征服斯基泰人（Scythian）的战役中被杀，他的头颅被兜在一个盛满鲜血的皮囊中。一位学者这样讽刺道：现在，他对权力的渴望终于被熄灭了。[9]

然而，这一罕见的挫折并没有遏制波斯帝国的扩张步伐。希腊的指挥官们带着恐惧与崇敬交织的复杂心情遥望东方，希望能学到波斯人的战争策略及军事技术。埃斯库罗斯（Aeschylus）等希腊诗人用击败波斯人来赞美自己祖国的英勇军队，展示诸神的眷顾，并在史诗剧和文学作品中弘扬抵抗波斯人侵略企图的英雄事迹。[10]

"我从神奇富饶的东方来到希腊，"狄俄尼索斯在《酒神的伴侣》的开场白中这样写道，"那里有着沐浴在阳光下的波斯平原，有着由城墙保护的巴克特里亚城镇，有着设计精美、可以俯瞰海岸的塔楼。"狄俄尼索斯所说的地方就是希腊人以前不曾见过的亚洲和东方。[11]

没有人比马其顿的亚历山大（Alexander）更热衷于阅读这些描绘东方的作品了。亚历山大在英明的父王腓力二世遇刺后于公元前336年继位。当时，这位年轻的将军对于未来追求荣耀的方向已确定无疑。他对一无所有的欧洲没有丝毫的兴趣，那里没有城市，没有文化，没有尊严，没有利益。同所有古希腊人一样，对亚历山大来说，文化、思想和机遇——同样还有威胁——统统都来自东方。于是，他最终将目光落在了实力最强大的帝国：波斯。

公元前331年，在一次闪电战中驱逐了波斯的埃及总督之后，亚历山大开始向帝国的心脏发起全面攻击。决定性的战役发生在这一年的晚些时候，地点则在高加米拉（Gaugamela）尘土飞扬的平原上，靠近今天伊拉克库尔德

（Kurdistan）地区的埃尔比勒省（Erbil）。在这里，他战胜了大流士三世指挥下的强大的波斯军队。胜利的原因也许是他在战前睡了一个好觉：据希腊历史学家普鲁塔克（Plutarch）记载，亚历山大那天坚持要在打仗前休息，他睡得很沉，手下的将领很担心，必须使劲摇他才能将他唤醒；精神焕发的他穿上最得意的盔甲，戴上精致的头盔，"如同最精致的银器"般光彩夺目，右手握住一柄利剑，率领他的部队打开了通往胜利的帝国大门。[12]

亚历山大受教于亚里士多德，肩上一直负载着很高的期待。他未负众望，在高加米拉击败波斯军队后又继续东进。一座座城池向他投诚，巨大的城邦、富足美丽的城市，纷纷拜倒在这个年轻英雄的脚下。巴比伦投降了，城市居民带着鲜花和花环聚集在通往这座伟大城市的道路两旁，银色的祭坛上堆满了乳香精油和各种香料，装着雄狮和猎豹的笼子被作为上贡的礼物。[13]没过多久，连接波斯主要城市的皇家大道、连接小亚细亚海岸和中亚的整个交通网络全部为亚历山大大帝所有。

尽管某些现代学者把亚历山大看作是"醉鬼和少年暴徒"，但他在治理新近征服的疆土和人群方面似乎还真有其惊人的巧妙手段。[14]在对待当地的宗教信仰和习俗方面，他通常表现出仁和、宽容和尊重。比如，他对居鲁士大帝陵墓的年久失修感到非常不满，不仅重修了陵墓，而且惩罚了曾经毁坏帝陵的人[15]；当得知大流士是被他的副官谋杀并扔在一辆货车里后，亚历山大下令，大流士三世应当享受符合他级别的葬礼，且必须与其他波斯统治者葬在同一陵园。[16]

亚历山大能够治理越来越多的疆土，是因为他愿意依赖当地的高层精英。"如果我们想要守住亚洲，而不仅仅是路过亚洲，"他说过，"我们必须对这些人表现出足够的仁慈。他们的忠诚才能使我们的帝国稳定长久。"[17]地方官员和元老可以保留原有的职位，继续管理被征服的城镇和地区。亚历山大本人也采用地方传统头衔，身着波斯服装，表示他对地方习俗的认同。他极力避免自己被塑造成一个入侵的征服者，而是一个古代王国的最新继承者——尽管嘲笑之声也提醒着人们他曾血洗大地并带来无尽的灾难。[18]

要记住的是，我们对亚历山大征战事迹的了解，对他的成功和策略的了解，大多是从历史学家那里得来的。这些历史学家的陈述通常都带有理想化色彩，常常以极大的热情描述这位年轻将军的征战历程。[19]但不管怎么说——即便我们应当对波斯崩溃的史料持谨慎态度——亚历山大向东方疆域持续迅速扩张的故事本身就能打破一切质疑。他是一位精力充沛的新城市的创建者，这些城市通常都以他自己的名字命名，直到今天才有了别的名字，如赫拉特（Herat，当时的名字是阿里亚亚历山大城Alexandria in Aria）、坎大哈（Kandahar，阿拉霍西亚亚历山大城Alexandria in Arachosia）、贝格拉姆（Bagram，高加索亚历山大城Alexandria ad Caucasum）。这些临时建立的堡垒城，一直延伸到北部的费尔干纳谷地（Fergana），构成一张点缀在亚洲屋脊上的全新网络。

新城市的防御能力强大，建有独立的要塞和堡垒，这主要是为了防御草原游牧部落的威胁——他们非常擅长向周边地区发动灾难性攻击。亚历山大不得不修建防御工事以保护新近征服的领土。而几乎与此同时，在更遥远的东方，那里的人们也在担心同样的事情：中国已经形成了"华夏"的观念，以表示自己是文明的世界；为了抵抗来自草原游牧部落的入侵，他们不断修建、延伸牢固的防御网络，最终形成了举世闻名的万里长城。这种做法的出发点与亚历山大不谋而合：一味扩张而忽略防卫，终将一事无成。[20]

公元前4世纪，亚历山大仍在不知疲倦地继续征战，他环绕兴都库什山脉（Hindu Kush）而行，又沿印度河谷直下，不停地兴建新的要塞并添置驻军——尽管此时的他已必须时常面对那些思乡心切的士兵的哭诉和抱怨。从军事角度来讲，到公元前323年32岁的亚历山大在巴比伦去世（此事件仍笼罩着神秘色彩）时，他一生的成就绝对称得上非凡。[21]他东征的速度和广度令人难以置信。影响更深远的一点是——尽管常常被人们忽视——他留在身后的巨大遗产，以及古希腊文明与波斯、印度、中亚及中国文明的交汇融合。

尽管亚历山大的突然去世曾引发了一场他手下高级将领之间的动荡和内讧，但另一位领袖人物不久便出现在新征服的东方疆土上：一位叫塞琉古（Seleucus）的军官，生于马其顿王国的北部，参加过大帝发起的所有重要的远征。他在统帅去世后的几年时间里，发现自己已成为从底格里斯河到印度河流域大片疆土的领主。这片疆土如此之大，已经不像是一个王国，而是一个帝国。于是他建立了一个王朝，称塞琉古王朝（Seleucid），其统治延续了近三个世纪之久。【22】亚历山大的胜利很容易被视作是昙花一现，但他所带来的影响绝不是转瞬即逝的：它们翻开了地中海和喜马拉雅山脉之间这片地域的历史新篇章。

亚历山大死后的几十年间，随着古希腊的思想、观念和意象逐渐传入东方，人们目睹了渐进的但确定无疑的希腊化进程。亚历山大手下众将军的后裔没有忘记他们的希腊之根，他们积极进行宣传，比如说通过设立在贸易中心或农业中心的造币厂所铸造的标准化钱币：正面是当今统治者的头像，卷发加王冠，而且像亚历山大那样永远侧视着右方；背面是阿波罗的头像，并标有希腊字母。【23】

在整个中亚和印度河谷都可以听到和看到希腊语。在位于今天阿富汗北部的城市阿伊哈努姆（Ai Khanoum）——塞琉古建立的一座新城——的纪念碑上，刻着来自希腊圣地德尔斐（Delphi）的箴言：

> 童年时，听话；
>
> 青年时，自律；
>
> 成年时，正义；
>
> 老年时，智慧；
>
> 死去时，安详。【24】

据公元前200年左右巴克特里亚的税务收据和士兵军饷账本等资料显示，在亚历山大死去后的一个多世纪中，希腊语一直都是当地的日常官方用语。【25】的确，希腊语已深深渗透到印度次大陆。古代印度孔雀王朝阿育王（Ashoka）颁布的一些法令都会附有希腊文翻译，明显是为了照顾当地说希腊语的人群。【26】

欧亚碰撞所产生的文化交流胜景令人惊叹。在犍陀罗（Gundhara）谷地和印度西部，要到当地人对阿波罗的崇拜建立起来之后，佛祖的塑像才开始出现。佛教徒感觉受到新宗教的威胁，于是开始创建他们自己的视觉形象。事实上，不仅佛祖塑像的最早出现时间和阿波罗崇拜存在关联，其外形设计也同样如此：塑像似乎是以阿波罗的形象为模板，足见希腊文化的影响之深。在此之前，佛教徒从不愿抛头露面、在外张扬，如今宗教竞争迫使他们做出反应、学习借鉴、改革创新。[27]

位于今天塔吉克斯坦南部的石造祭坛上雕刻着希腊碑文、阿波罗的头像以及精美无比的讲述亚历山大事迹的微型象牙镶嵌，足以说明来自地中海文明的渗透和影响有多么的深远。[28]亚洲的希腊人在印度得到广泛的认可，科学发明就是其中之一。"希腊人是野蛮人，但天文学是由他们创造的，仅此一点就足以将其奉若神明。"《伽尔吉本集》（*Gārgī Samhitā*）中的一段文字这样写道。[29]

据古罗马历史学家普鲁塔克记载，亚历山大要求一定要将希腊的宗教远传至印度，这样奥林匹斯山上的诸神才能在亚洲得到广泛的尊崇。波斯一带的年轻人从小就阅读《荷马史诗》，"唱颂索福克勒斯和欧里庇得斯的悲剧诗"，远至印度的人们都在学习希腊语。[30]这或许就是为什么我们能从一些伟大的文学作品中发现借鉴迹象的原因。比如有人指出，伟大的梵文史诗《罗摩衍那》（*Rāmāyana*）就深受《伊利亚特》和《奥德赛》的影响：悉多（Sita）遭罗波那（Rāvana）绑架的情节与海伦（Helen）和帕里斯（Paris）从特洛伊私奔的情节非常类似。当然，影响和启发是相互的，一些学者就认为，从《埃涅阿斯纪》（*Aeneid*）中可以看出很深的印度文学的烙印，比如《摩诃婆罗多》（*Mahābhārata*）。[31]思想、观念和故事沿着这一通道迅速传播，经旅行家、商人和朝圣客不断扩散。亚历山大的征服行动为所及地域的人们开放思想铺平了道路，也为边远地区的人们接触新思想、新观念、新意象提供了机遇。

就连荒野草原也受到外来文化的影响。在位于今天阿富汗北部的提利亚特佩（Tilya Tepe）发现的贵族墓葬中，那些制作精美的殉葬品明显都来自于希腊艺术。在西伯利亚、印度以及更远的地方，情况也是一样。这些奢侈品被运到了游牧部落，用以换取牲畜和马匹，有时也可作为换取和平的贡物。[32]

将游牧草原与一个相互制约、相互关联的世界联系在一起的进程，因中国不断增长的雄心而强化。在汉朝（公元前206年至公元220年），扩张的浪潮将中国的边界推进到更为广阔的疆土，并逐渐抵达当时所谓的西域（西方的疆域），也就是今天的新疆。这地方在甘肃的河西走廊——一条600英里长的通道，将中国腹地和坐落在塔克拉玛干沙漠边缘的绿洲敦煌郡连接在一起——以西。从敦煌开始有南北两条通道可供选择，无论哪一条通道都有风险，最后它们在喀什会合，而喀什恰好处在喜马拉雅山脉、帕米尔高原、天山山脉和兴都库什山脉的交会点上。【33】

中国的疆域扩张将整个亚洲连在了一起。此前，这些交通网络曾受到月氏，特别是匈奴人的阻碍。匈奴是中亚地区像斯基泰人一样的游牧民族，他们一直引人担忧，但又是重要的牲畜贸易伙伴。据记载，公元前2世纪时，成千上万头牲口都购自这些草原民族。【34】汉人十分需要马匹却又经常得不到满足，因为他们需要装备有效的兵力以确保国内的稳定，同时还要应对匈奴或其他部落的进攻和偷袭。来自西域的马匹最为珍贵，部落酋长们可以从中赚到大笔的钱。有一次，一位月氏国首领用马匹换取了一批货物，然后将货物转手卖掉，他的财富一下子多了十倍。【35】

最著名和最值钱的一个马种繁殖于费尔干纳谷地，即广阔的帕米尔高原山地的边缘地区，跨越今天塔吉克斯坦东部和阿富汗的东北部。它们的耐力令人赞叹，一位汉朝的历史学家说，就是龙族也敬它们三分。因其会排出红色的"汗水"（或由于其身上的寄生物；或由于马种皮肤太薄，奋力奔驰后容易出现血管破裂），人们便将其称作"汗血马"。这些品种精良的马匹成为诗歌的题材、雕塑和绘画的对象，并被誉为"天马"。【36】有些马甚至被带着陪伴主人去往来生：一位皇帝的墓穴有80匹他所宠爱的马陪葬，马匹的墓地有两座雄马的塑像和一座赤陶武士雕塑在站岗护卫。【37】

匈奴人驰骋在中国以北的整片蒙古干草原，他们和汉人的关系并非一直和睦友好。当时的历史学家将这些部落人群描述为蒙昧无知、茹毛饮血的野人；有位学者还说他们是"被上天遗弃的民族"。【38】汉人宁可向他们进贡也不愿他们进犯自己的城市。汉人常常派大使造访这些从小就擅长捕捉耗子、小鸟甚至狐狸和兔子的游牧民；皇帝还会恭敬地问候匈奴大单于"无恙"。在一套正式的朝贡体系下，汉人要给游牧部落送去许多奢侈的礼品——包括大米、美酒和纺织品——只求换得和平。[39]中国最重要的贡品是丝绸，游牧部落极为看重这种丝织品，因为它质地好、分量轻，铺床做衣都用得上。丝绸同样是一种政治权力和社会地位的象征：拥有那么多的高级绸缎是单于尊贵身份的体现，并将之赏赐给手下侍从。[40]

为换取和平而付出的物资总量十分巨大。比如在公元前1年，匈奴共收到3万匹丝绸和大约相同数量的原材料，另加370套衣物。一些汉代官员相信，匈奴人喜欢奢侈品，说明他们将一事无成，濒临灭亡。[41]"如今你们已离不开中国货了！"一位特使毫不客气地对部落首领说。他认为匈奴的习俗正在发生变化，并且信心十足地预言，中国最终会赢，并征服整个匈奴。[42]

这是一种强烈的渴望。事实上，和平相处在经济和政治上都需付出巨大的代价。不断的进贡不仅是经济上的负担，也显出政治上的软弱。所以汉帝国决定一劳永逸地解决与匈奴的纠缠。首先夺取河西走廊，控制农业富庶的西域地区，接着经过近十年的多次征战（结束于公元前119年），将游牧部落赶回到他们原来的地方。河西走廊通向西部的帕米尔高原，高原以西就是一个崭新的世界。中国为一条横跨大陆的交流通道打开了大门——"丝绸之路"就此诞生。

疆土的扩张激起了中国人对外部世界的兴趣。官员们奉旨对帕米尔高原进行考察并将相关记录呈报朝廷。留存下来的史料之一就是《史记》，作者司马迁，一位汉帝国大历史学家（太史）的儿子。他因替战场上年轻气盛的将军辩护而被贬官、遭受宫刑，却仍坚持不懈地完成他的历史巨著。[43]他以非常谨慎的态度审视印度、波斯和中亚地区的历史、经济和军事状况。他认为，中亚诸王国兵力薄弱，因为他们受到匈奴的威胁，这些野蛮人因被中国打败而将注意力转向了西方。司马迁写道：这些中亚王国不通军事，却善于经商，在商业繁盛的巴克特里亚都城可以看到各类物品被交易。[44]

中国和外界的贸易交流也在缓慢开展。对于戈壁滩边缘的通道，特别是玉门关（商队西行的必经之路）以西通道的开拓并不顺利。无论是经过塔克拉玛干沙漠，还是跨越天山山脉或帕米尔高原，都必须穿涉险要地带，从一个绿洲到下一个绿洲，路途异常艰辛。极端的高温也是一个巨大考验，这也是巴克特里亚骆驼如此弥足珍贵的原因：这些动物能忍受极其恶劣的气候环境，对致命性沙漠风暴的到来非常敏感。它们在预感到风暴来临时会"立即嚎叫着聚成一团"，商人和商队见到后会马上用毡布将自己的鼻口包裹起来。当然，骆驼在预测天气方面也会出错，人们在商路上经常可以看到大批的死亡骆驼和尸骨。[45] 在这种艰难的环境下，必须有丰厚的回报才值得人们去冒巨大的风险。尽管四川的竹子和布匹可以出现在几千英里以外的巴克特里亚市场，但更为关键的是，价格高昂的珍贵物品同样能够通过长途运输抵达这里。[46]

贸易的主要产品是丝绸。除了用来讨好游牧部落以外，丝绸在古代还扮演着诸多重要的角色。在汉朝，丝绸与钱币、粮食一样可以用作支付军饷。从某种意义上讲，丝绸是一种最值得信赖的货币。铸造足够数量的钱币是个难题，事实上，货币在当时的中国也尚未完全普及。在支付军饷方面更成问题，饱受战火的边疆地区百姓抱怨不断，那里的铜钱一文不值，粮食也会随着时间腐烂。于是，成匹的丝绸经常被用作货币，或作为军饷，或作为中亚佛教寺院惩罚犯戒僧人的罚金。[47] 丝绸作为一种奢侈品的同时，还成为了一种国际货币。

中国还为来自域外的商人制定了贸易规则，创立了一套正规的管理体系。在离敦煌不远的古代要塞悬泉置遗址中发现的一套三万五千枚木简构成的文献，生动地描述了这个河西走廊咽喉之地的日常商业活动。这些文字写在竹简或木板上，从其内容得知，进入中国的客商必须按规定的路线行走，他们将拿到通关文牒，也常常会被官员询问，其目的是确定这些人最终能返回故里。像当代旅店的顾客注册制度一样，这些来客的信息均被仔细记录：他们吃饭花了多少钱，来自哪个国家，什么身份，下一个目的地是哪里。[48]

这不是带着怀疑的眼光进行盘查，而是要准确地掌握什么人在进出中国，他们在中国都干了些什么，特别是（考虑到关税）他们所携带的货物的价值。所有这些复杂的行政措施都为我们展示出当时的都城长安（现称西安）是如何面对一个似乎正变得越来越小的世界。[49] 我们通常把全球化看作是当代社会独有的现象，但早在2000年前，全球化就已经是事实，它提供着机遇，带来了问题，也推动着技术的进步。

在当时，几千英里之外发生的变化会直接刺激到当地的奢侈品需求，以及人们购买奢侈品的能力。

在波斯，塞琉古的后代于公元前247年被一个叫阿萨西斯（Arsaces）的人所推翻。他的后代被称为安息人（Arsacid），巩固了自身的统治地位，并决定扩展其势力范围。他们巧妙地借用历史，将希腊和波斯的观念融合，缔造了一个强大的帝国，从而开创了一段稳定繁荣的时期。【50】

然而，最大的刺激莫过于地中海周围发生的事情了。坐落在意大利西海岸线正中央的一个不起眼的小镇，经过慢慢的努力发展，从一个闭塞之地逐渐崛起成为地区间的强大势力。在夺取沿岸的一座座城市之后，罗马开始统治整个地中海西岸地区。至公元前1世纪中叶，罗马的扩张极具雄心，进展神速。它的目标也坚定地锁定在东方。【51】

罗马已经发展成一个非常有竞争力的大国，它重视军事力量，崇尚暴力和杀戮。角斗已经成为一种定期举办的公众娱乐活动。角斗场上，战胜外国族裔和其他超乎自然的壮举都会得到疯狂的喝彩。城中遍布各处的凯旋门每日都在提醒忙碌的市民罗马所取得的战绩。军国主义、英勇无畏、崇尚荣耀被作为关键特性灌输给这座充满野心的城市——它的未来不可限量。

罗马的强大靠的是按标准要求训练出来的军队。士兵必须能在5小时内走完至少20英里的路程，同时能负重至少50磅[1]以上的装备。为了保证部队的凝聚力，士兵被禁止娶妻。经过严格训练，士兵们个个身强力壮。这些年轻人从小就对个人能力充满信心，坚信他们的使命就是成为构建罗马帝国的一块基石。【52】

罗马在公元前52年征服了高卢（大致相当于今天的法兰西、荷兰以及德国西部地区），并攫取了数量巨大的战利品，甚至都影响到了罗马的黄金价格。【53】不过，欧洲可以征服的地方只有那么多，而且没有什么发展前景光明的地方。帝国若想壮大，必须拥有大量的城市，由此征取足够多的税收；帝国若想

---

[1] 1磅约合0.45千克——译者注。

辉煌，必须拥有艺人和工匠——他们的精湛技艺让有钱人相互攀比炫耀，并由此获得高昂报酬。像不列颠这样的地方不可能为罗马帝国增添任何价值。驻扎在不列颠的士兵在家信中说，这地方就是冷漠、孤独和无望的代名词。[54]

罗马的崛起和欧洲这片缺乏资源以及（充满纳税人的）城市的大陆没有太大的关系，真正推动罗马成为帝国的因素是它能够重新将目标定位于地中海以东。罗马的成功和荣耀始于对埃及的占领，以及将矛头对准更远的东方——亚洲。

亚历山大大帝的护卫官托勒密（Ptolemy）及其后代曾统治埃及近三百年之久。尼罗河的洪水带来粮食的大丰收，埃及仰仗着这条河流创造了辉煌的财富。丰收的果实不仅能满足当地人口的需求，而且有大量剩余可以支援尼罗河口的亚历山大港。据一位当代学者记载，亚历山大港已发展成当时世界上最大的城市，公元前1世纪时的人口就多达30万。[55]粮食的运输受到严格的监管，每次装船前船长都要进行庄严宣誓，然后拿到一张由皇家官吏派发的收据，这时才可以拿到粮食、上船出发。[56]

罗马长期以来一直贪婪地觊觎着埃及。罗马大帝尤利乌斯·恺撒遇刺后，埃及艳后克里奥佩特拉卷入到混乱的权力斗争中，这给罗马创造了可乘之机。在公元前30年的亚克兴（Actium）战役中，艳后成为马克·安东尼的情人。他们的同盟激怒了罗马帝国的统治者，愤怒而狡诈的屋大维不久便向埃及艳后宣战，罗马大军直逼亚历山大港。克里奥佩特拉做出了一系列既不成熟又不奏效的防御决策，最后不得不选择自杀——或被毒蛇咬伤致死，或可能吞下自制的毒药。埃及很快成了罗马的囊中之物。[57]屋大维离开罗马的时候是位将军，返回的时候是罗马的最高统治者——元老院赐封他为"奥古斯都"。罗马已成为真正的帝国。

征服埃及改变了罗马的命运。他们获得了尼罗河谷大面积的庄稼收成，导致粮食价格急速下跌，家庭购买力随之大幅提升。贷款利率也开始下滑，跌幅从4%到12%不等。伴随着大笔廉价资本的涌现，一个司空见惯的繁荣场景出现了：地价飙升。[58]国民的可支配收入显著增长，使得奥古斯都可以将获取元老院成员资格的缴纳金门槛提高40%。[59]奥古斯都沾沾自喜，说他当初创建的罗马是一座砖砌的城市，如今却是一座大理石的都城。[60]

这种财富的剧增源于罗马对埃及税收的无情课取。税务检查官遍布埃及各地，推行了一种新的税收制度：凡16岁至60岁的男子都要缴税，只有在少数特殊情况下才能免除——比如说宗教祭司可以不纳税，但他们必须在神殿通过严格注册才行。这就是某位学者所说的"古代种族隔离"（ancient apartheid）制度，其目的是最大限度地让财富聚集到罗马。[61]

随着罗马的经济和军事触角的不断扩张延伸，这种税收方法也被运用到其他地区。兼并埃及后不久，罗马派税务官员到犹太省（Judaea）进行人口普查，再次确保税收的精准。假设在埃及实施的模式被运用到该地区，即记录所有人的出生和死亡、记录所有男性成人的姓名，那么耶稣基督诞生到这个世界也应当有一位官员做记录。[62]可见，当时的官员并不在乎婴儿是谁、婴儿的父母是谁，而是在乎婴儿的出生代表着人力资源的增加，代表着帝国又多了一个未来的纳税人。[63]

东方世界让罗马人眼界大开。亚洲当时已然以慵懒奢侈的精彩生活而著称。西塞罗（Cicero）这样写道，那里的富庶程度难以描述，田野的收获可谓奇迹，商品的数量令人难以置信，成群的牲畜让人目瞪口呆，产品出口量十分巨大。[64]在罗马人看来，那里的人们可以不用劳作，尽情享乐。诗人塞勒斯特（Sallust）说，罗马士兵到了东方才能长大成人，这毫不奇怪，因为正是在那里，士兵们才学会了做爱，学会了醉酒，学会了欣赏雕塑、绘画和艺术。这并不见得是什么好事——至少从塞勒斯特的观点来看，或许亚洲的确"充满诱惑，引人神往"，但"贪图享乐将迅速瓦解士兵们的战斗意志"。[65]如此看来，东方的价值观与罗马崇尚的严格军事化的理念正好相反。

奥古斯都本人尽力去了解东方的新疆域。探险部队被派往阿克苏姆（Axum）王国（位于今埃塞俄比亚）和萨巴（Sabbaean）王国（位于今也门）；尽管罗马仍忙于巩固其在埃及的统治，但对亚喀巴湾（Aqaba）的探索也在同时进行。[66]到了公元前1年，奥古斯都又下令对波斯湾两岸进行详细考察，就该地区的贸易活动写出报告，并记录海上航线如何与红海相通。他还监督着经波斯深入到中亚内陆通道的实地考察。一份被称作《帕提亚驿程志》

（*Stathmoi Parthikoi*）的文献完成于这一时期，它记载了东方重要城镇之间的距离，并仔细标注了从幼发拉底河到亚历山德鲁波利斯（Alexandropolis，今阿富汗的坎大哈市）之间的所有重要据点。[67]

贸易商们开拓的路线正飞速延伸。据历史学家斯特拉波（Strabo）记载，在罗马兼并埃及后的几年中，每年都有120艘商船从红海的米奥斯贺而莫斯港（Myos Hormos）驶向印度。罗马和印度的商业交往频繁，次大陆的大量考古资料清楚地证明了这一点。人们在诸多大型遗址——如帕塔南（Pattanam）、科尔哈帕（Kolhapur）、哥印拜陀（Coimbatore）——发现了罗马的土罐、台灯、镜子和众神的塑像。[68]在印度西海岸和拉克代夫（Laccadive）还发现了大量的钱币，年代可追溯到奥古斯都及其继任者的统治时期。一些学者认为，当地统治者曾将罗马的金币和银币作为通用货币，或将这些金属熔化后铸成自己的钱币。[69]

这一时期的泰米尔（Tamil）文学记述了人们如何高兴地欢迎罗马商人的到来。一首诗中提到罗马人乘着"漂亮的大船"，带来了"凉爽香甜的葡萄酒"；另一首诗则是叙事性的："美丽的巨轮……来了，带着黄金，劈开帕丽雅河（Periyar）上的白色泡沫，然后又满载着胡椒返航。在这里，海浪奏响的音乐永无休止，国王为客人准备了罕见的山货和海鲜。"[70]还有一首抒情作品，描述欧洲商人在印度定居的情景："阳光照耀着大面积的梯田，照耀着港湾附近的货仓，照耀着窗口如鹿眼一般的塔楼。在不同的地方……路人的目光都被西方人的住宅所吸引。西方的繁荣永远不会消逝。"[71]《帕提亚驿程志》记载了罗马人希望从印度西部获得什么样的商品，并标记出哪里可以找到锡、铜、铅、黄玉等矿产，以及哪里能找到现成的象牙、宝石和香料。[72]

不过，在印度港口贸易的商品并不仅限于次大陆出产的东西。比如位于埃及红海岸边的贝雷尼克港（Berenike）遗迹就表明，一批一批来自越南和爪哇的货物都能被运送到地中海。[73]印度半岛东西海岸线上的港口成为商业中心，来自东南亚的所有货物都从这里运往西方。[74]红海本身也是一个活跃的商业区，它拥有自己的货物和产品，并将地中海和印度洋及更远的市场联系在一起。[75]

罗马的富裕阶层现在可以沉溺于异域风情和豪华奢侈的享受当中。一些颇具影响力的社会评论家抱怨这些人的消费几近过分，感叹人们过度追求时髦。[76] 这一点在彼特罗纽斯（Petronius）的小说《萨蒂里孔》（Satyricon）中得到了完美的演绎。其中最著名的场景是特里马乔家的晚餐聚会。他从前是个奴隶，后来获得了自由，然后积累了大笔的财富。作品中最尖刻的讽刺是对这位新贵的兴趣的描述。特里马乔只想要金钱能够买到的最好的东西：野鸡必须是专门从黑海东岸送来的，珍珠鸡要来自非洲，鱼要吃稀有品种，孔雀要带羽毛的。风格怪异的餐桌上摆满了一道又一道的菜，其中有道菜是把若干鲜活的小鸟放在全猪的肚子里，切肉的时候小鸟会马上飞出来；给客人分发的牙签都是银制的。这些都充分暴露了罗马新贵的低俗品位和过度奢华。人们在这一古代重要的繁荣时期还发明了一个不乏嫉妒心的新名词：暴发户（nouveaux riches）。[77]

新的财富让罗马及其国民接触到新的世界和新的趣味。罗马诗人马提雅尔（Martial）在他的一首诗中精确地展现了这一时期的国际化精神以及知识传播的广泛程度。诗歌的内容是悼念一位卖身为奴的年轻女孩：她被比作一朵绽放的百合、精致的印度象牙、红海的一颗珍珠；她的头发细过西班牙羊毛，细过莱茵河畔金发女郎的头发。[78] 以前，夫妻若想要怀上漂亮的孩子，他们会在色情图画的包围下做爱。"如今，"一位犹太作家吃惊地写道，"他们带来以色列的奴隶，把她们绑在床腿上。"目的就是为了刺激，当然这也说明他们有钱么做。[79] 不过，并非所有人都赞赏这种新趣味。朱文诺尔（Juvenal）在他的《讽刺》中说，奥伦特斯河（Orontes，流经叙利亚和土耳其南部）的水已经漫过了台伯河（Tiber）——他的意思是，亚洲人的颓靡已经损害了罗马昔日的优良品德。他还写道："如果你对裹着蛮人头巾的华丽妓女感兴趣，那就趁早滚开！"[80]

在一些保守人士看来，有一种物品的出现特别令人担忧，那就是中国丝绸。[81] 这种丝织品在地中海地区的供应量不断增加，随处可见，于是便在保守派那里引起了恐慌。塞内加（Seneca）便是其中之一，他对这种又薄又滑的材料居然广受人们喜爱表示吃惊。他说，丝绸做的衣服根本就不叫衣服，既不能显示罗马女性的曲线，又不能表现她们的高雅。他说，婚姻关系的根基正在动摇，因为男人可以透过裹在女人身上的薄丝看到裸体，任何神秘感和想象都没有了。在塞内加看来，丝绸只不过代表着异国情调和色情诱惑，除此之外一文不值：女人不会老实地告诉你她穿丝绸的时候里边是不是全裸。[82] 其他人也有同样的感受，保守派已做过多次努力，包括颁布法令禁止男人穿着丝绸衣物。有些人的说法更为直白：罗马的男人们应该好好想想，身着来自东方的绸缎衣服是否得体，是否觉得丢人！[83]

其他人出于不同的考虑，同样担心丝绸盛行的后果。老普林尼（Pliny the Elder）于公元1世纪后半叶写道，他反对这种高成本的奢侈品仅仅"能让罗马女性在众人面前显得光鲜"。[84] 他最大的不满在于布料的成本，他悲叹道："这比实际成本竟高出100倍！"[85] 他继续写道：我们每年在东方奢侈品上为我们和我们的女人花费掉大笔资金，一年有多达1亿塞斯特斯（sesterce，古罗马货币单位）从罗马帝国流出，进入到边疆以外的东方贸易市场。[86]

这一惊人的数字相当于帝国年造币总数的近一半，并占去年度预算的10%以上。请注意，这个数字看上去并非过分夸张。近来发现的莎草纸文献记录了在红海某港口的一份从印度穆泽里斯（Muziris）至罗马的运货合同，证明大规模商业交流到公元2世纪的时候已经形成常态。合同规定了双方的职责，明确了何时何地进行货物交接，规定日期内收不到货款的话应该怎样惩罚。[87] 长距离的商业活动中，严格的条款和细致的考虑都是必不可少的。

不过，罗马商人并非只用钱币来支付货款。他们同样以精致的玻璃、银器和黄金，还有来自红海的珊瑚和黄玉、阿拉伯出产的乳香精油进行交易，换取纺织品、香料以及靛蓝这样的染料。[88] 无论采取怎样的交易方式，如此大规模的资金外流都会产生诸多的深远效应。首先是带动了商道沿线的地方经济。随着经济的繁荣、交通和商业网络的延伸、各方的紧密连接，村庄变成了小镇，小镇变成了大城，越来越多令人惊叹的纪念性建筑拔地而起。譬如坐落在叙利亚沙漠边缘的帕尔米拉（Palmyra），作为贸易中心的它成绩斐然，将东方和西方联系在一起。[89] 南北中轴线上的城市也一样经历了变革，最突出的例子当属佩特拉（Petra）——坐落在阿拉伯半岛和地中海商道这一绝佳的地理位置，使它成为古代城市发展史上的奇迹。它被称誉为"沙漠威尼斯"，那里曾举办产品交易会，来自上百英里甚至上千英里以外的卖家和买家汇聚到这个交通便捷的交叉口上。每年的9月，幼发拉底河畔的巴特内（Batnae）就有"成群的富商参加交易会，买卖交易来自中国和印度的物品，以及其他经陆运或海运来到这里的各类物品"。[90]

罗马人的购买力如此强劲，甚至对中亚东部的钱币设计都产生了显著影响。月氏国游牧部落在被中国赶出塔里木盆地之后，最终得以在波斯东部找到了一处安身立足之所，并夺取了亚历山大将军后代们曾经拥有的领土。随后，一个富裕的帝国由此诞生，以部落中一个领袖群体的名字"贵霜"（Kushan）命名，并开始以罗马钱币为范本大量铸造自己的钱币。[91]

罗马货币通过印度北部港口——如巴巴利库（Barbaricum）和巴里加沙（Barygaza）——流入贵霜帝国。这些港口的入口和锚地都非常复杂，领航员必须亲自指挥货船进港。对那些经验不足或不熟悉水流的人来说，两港进口都十分危险。[92]一旦登陆，贸易商们便可以找到胡椒、调料、象牙和纺织品，包括成品丝绸和丝绸纱线。这是一个汇集了来自印度、中亚和中国各类货物的大型商业中心。大批的财富从这里被商队运送到控制着绿洲城镇及宽阔大路的贵霜帝国。[93]

贵霜帝国统治地位的建立，意味着尽管货物能够从地中海通往中国，且数量剧增，但中国本身在穿越印度洋与罗马的贸易活动中并未扮演重要角色。只有当大将军班超统领部队进行一系列探险并于1世纪末抵达里海后，才开始有中国的外交使节被派往西方，任务是收集有关西方强大帝国那些"高大而呆板"的家伙的信息。禀报给朝廷的奏疏称，大秦（中国古代对罗马帝国的称呼）拥有大量的黄金、白银和珠宝，那里是诸多稀世珍品的出产地。[94]

中国和波斯的交往也变得更加密切频繁。据中国的文献记载，他们每年都会派出使团前往波斯，每个使团至少由十位大使组成。就算是在相对平静的时期，也会有五六个使团被派往西方。[95]外交使节一般跟随大型商队出发，这些商队携带着准备交易的货物，返回时又满载着国内渴望的物品：红海珍珠、玉石、天青石，还有洋葱、黄瓜、香菜、石榴、开心果和黄杏。【96】需求量最大的物品是乳香和没药，其实这些物品出自于也门和埃塞俄比亚，但在中国被称作为"波斯货"。【97】我们从后来发现的资料中得知，撒马尔罕的桃子因为大如鹅蛋、色泽鲜艳而颇受中国人珍爱，并称之为"金桃"。【98】

中国和罗马没有太多的直接交往，汉人对喜马拉雅山脉之外的印度洋和地中海地区都知之甚少。能确定的一次接触发生于公元166年，一个罗马使团被派往中国朝见汉桓帝。罗马的目光也并未延伸到远东，它正坚定地注视着波斯——这并非一个对手或竞争者，而是一头彻彻底底的猎物。【99】早在罗马尚未全面控制埃及之时，维吉尔（Virgil）和普罗佩提乌斯（Propertius）就已激动地展望着罗马的扩张。贺拉斯（Horace）在一首歌颂屋大维及其成就的诗中并未提及罗马占领地中海，而是强调统治整个世界——包括印度人和中国人。【100】为了实现这一目标，罗马必须先解决波斯，这已成为统治阶层的首要任务。宏伟的计划已经确定，帝国的边疆将拓展到波斯帝国腹地的里海湖口：罗马必须控制全球的心脏！【101】

事实上，罗马人一直在努力实现这些梦想。公元113年，皇帝图拉真（Trajan）亲率大军远征，他迅速越过了高加索山脉，然后转头向南，朝幼发拉底河流域进发。他征服了尼西比斯（Nisibis）和巴特内，通过迅速发行钱币宣称美索不达米亚已经"向罗马人称臣"。随着抵抗力量的逐渐衰弱，图拉真继续前行，并将其兵力一分为二。波斯帝国的一座座伟大城池迅速沦陷：在一场历时数月的漂亮战役之后，艾登尼斯特拉（Adenystrae）、巴比伦、塞琉西亚（Seleucia）和泰西封（Ctesiphon）均落入罗马人之手。发行的钱币上刻着"PERSIA CAPTA"，即"波斯已被征服"。【102】随后图拉真乘着一艘伪装成驶往印度的货船南下恰拉（Charax），即今日坐落在波斯湾入海口的巴士拉（Basra）。他感伤地看着货船：要是他像亚历山大那样年轻，他可能已经渡过了印度河。【103】

从建立亚述省和巴比伦省的设计蓝图来看，罗马人似乎对揭开历史的新篇章信心十足：将边疆扩张至印度河谷，然后继续开拓，最后打开通往中国的大门。但图拉真的成功之路并没有走得太远：美索不达米亚各城市的大规模反攻正在紧锣密鼓地进行。皇帝本人因患上了脑水肿而离世，犹太地区迅速蔓延的暴动让帝国不得不采取紧急措施……不过，继位的统治者仍坚定地紧盯波斯这个目标，大笔的军费都集中在这里。哪里是边界，边界之外还有什么，这些都是罗马人非常关心的。

与罗马帝国在欧洲的省份形成鲜明对照的是，皇帝需要频繁地在亚洲征战，而且并非总能获胜。例如在公元260年，皇帝瓦莱里安（Valerian）成了阶下囚，被当作"下贱的奴隶"，饱受凌辱。他躬下腰，给波斯国王充当上马的脚凳。他遭受了毒打，"被打得皮开肉绽，脱离肌肉的皮肤都染成了猩红色，最后被扔在一座供奉异族神灵的庙宇。他获胜的记忆或许可以长存心中，但这样的景象也该被记住，以此警示我们的外务官"。【104】他所经历的苦难让所有人看到了罗马的愚蠢和羞耻。

颇具讽刺意味的是，罗马的扩张和野心反倒有助于波斯的发展。比如，来往于东西方之间的长途运输就让波斯获利匪浅，成功将政治中心和经济中心从北方转移出来。从前，波斯优先考虑在临近草原的地方设立重镇，以便和游牧部落商谈牲畜与马匹的交易事宜，并监督外交协议的实施以断除草原上其他危险部落可能产生的任何非分之想。这就是为什么尼萨（Nisa）、阿必瓦儿的（Abivard）和达拉（Dara）等绿洲之城如此重要并成为皇家豪华宫殿所在地的原因。【105】

地方贸易和长途运输不断增加，中央财政靠税收和运输费便有大笔的收入，于是一些重大建设项目开始上马。包括将美索不达米亚中部底格里斯河东岸的泰西封转型为大都市，以及在波斯湾的查拉塞尼（Characene）等港口进行大规模投资以满足海上物流需求的不断增长。海运货物并非完全以罗马为目的地：在公元1世纪至2世纪，波斯釉面陶器的贸易量剧增，产品分别被销往印度和斯里兰卡。【106】

罗马军事力量的最大效应是它引发了一场政治革命。在邻国的强大压力下，波斯经历了一场重大变革。公元220年前后，一个新的执政王朝——萨珊（Sasanian）开始出现。它提出一种新的政治理念，取消过于独立的省级总督的决策权，推行中央集权制。一系列行政改革涉及帝国的方方面面，总之是严加管控：责任制被提到了首位，配有印章的波斯官员会记录决策的过程，使责任可以被追究，确保上报信息的准确。上千枚留存下来的印章表明，当时的行政重组已深入到各个角落。[107]

商人和市场都感觉到了新规则的约束。信息中心记录着生产商和交易商（大多已组成行会）都分布在集市的什么地方，这样监督人员就可以检查产品的数量和质量是否符合标准，更重要的是确保有效的收税和纳税。[108]对都市环境的关注、对商业交易地点的考察，慢慢延伸到水源系统的改进，有些地方的供水系统甚至扩展到几英里之外，只为促进有效资源的利用，并为都市的进一步发展提供保障。无数的新城横空出世。遗存下来的波斯文献证明，当时整个中亚、伊朗高原、美索不达米亚平原和近东地区都处在城镇发展的繁荣期。[109]

胡齐斯坦（Khuzistan）和伊拉克的大规模灌溉系统正在构建，这是促进农业生产的重要步骤之一，而且一定会有助于降低粮食价格。[110]考古学的发现证明，出口的包裹必须经过严格检查，任何与合同相关的纺织品都要加盖印章，存在登记处。[111]波斯人有意强化与东方的贸易活动，而贵霜帝国对城镇和疆域长达两百年的整合也恰合波斯的这一心意。[112]

波斯既然崛起，罗马自然衰落。萨珊帝国并非唯一的问题所在。到了公元300年，罗马帝国的整个东方边界——从北海到黑海，从高加索到也门的最南端——都面临着巨大的压力。帝国一直都建立在扩张的基础之上，靠着训练有素的军队做保障。随着地域扩张的结束——已抵达莱茵河及多瑙河的天然边界和小亚细亚东部的托罗斯山脉（Taurus）——罗马成为典型的自身成功的牺牲品：它已成为漫长边界线以外所有对手的攻击目标。

面对日益减少的税收和迅速增长的边疆防御开支，罗马采取了多项极端措施以防不测。一位评论家曾感叹，罗马皇帝戴克里先（Diocletian）很想解决每年的财政赤字问题，结果他带来的问题比解决的问题还要多，"他的贪婪和焦虑把整个世界弄了个底朝天"。[113]他盘查了帝国资产的根茎和枝叶，以此作为改革税收体系的开端。他将税务官员派往帝国各地，未经通告便突击检查每枝藤蔓、每棵果树，试图以此增加帝国的收入。[114]他发出一道全国性的法令，给日常必需品和高档进口商品——如芝麻、孜然、山葵和桂皮——定价。近来在土耳其博德鲁姆（Bodrum）发现的该法令残片表明了当时的帝国想要触及的领域有多深：至少有26种款式的鞋子——从镀金的女性凉鞋到"紫色巴比伦风格"的低帮鞋都被罗马税务检查官设定了价格上限。[115]

重建罗马帝国的努力把戴克里先折腾得精疲力尽，他退位后住到克罗地亚海边，将注意力集中到帝国事务之外更让他高兴的事情上。[116]"我希望你能到萨罗纳（Salona）来，"他在给前下属的信中写道，"看看我种的白菜，它们是如此的可爱以致让人能够完全忘记对权力的渴望。"在罗马近郊著名的奥古斯都雕像处，屋大维把自己称作战士，而戴克里先宁愿将自己称作农夫。这基本上是三百年间罗马人野心变化历程的缩影——从关注怎样将领土扩张至印度，到关注怎样种植最棒的蔬菜。

罗马人紧张地关注着局势。风暴的乌云在空中聚集，君士坦丁（Constantine）大帝开始行动了。他是帝国某高层领袖的儿子，有野心、有能力、有天赋在恰当的时间和地点找到自己恰当的位置。他看到了罗马的前景，清晰了然，令人震惊。帝国需要强势的领导人和主心骨——其实人人都明白这一点，但他在个人权力之外还有更大胆的想法：他要建一座新城，一颗连接地中海和东方世界锦带上的新明珠。他的选址也再恰当不过，那里正是欧洲和亚洲的交会点。

一直有传言说罗马统治者在考虑迁都。据罗马一位学者称，尤利乌斯·恺撒曾考虑将亚历山大港或小亚细亚的特洛伊旧址作为都城，因为这里更便于管理罗马的利益所在地。[117]公元4世纪初，迁都终于实现。在欧洲和亚洲的交会点上，一座宏伟的新城拔地而起，标志着帝国的关注焦点已然确定。

一座辉煌的新都市在博斯普鲁斯海峡（Bosporus）沿岸的拜占庭旧址横空出世。它的出现不只是为了和罗马竞争，而是要超越罗马。宏伟的宫殿被建立起来，中心广场大得如同战车的竞技场。城市中心竖立起一根大型的纪念圆柱，由巨型单一斑岩雕凿而成，上边有皇帝的雕像，俯视全城。这座新城的名字起初叫作新罗马，不过很快就以其创建者君士坦丁的名字而著称——君士坦丁堡。新城相应地设立了一套与罗马城平行的机构，包括一个元老院，其成员被一些人嘲笑为暴发户——其中包括铜匠的儿子、浴疗人员、做香肠的师傅等。【118】

君士坦丁堡将成为地中海地区最大、最主要的城市，在规模、影响力和重要性上远超罗马。尽管许多当代学者不认同君士坦丁打算建造帝国新都城的说法，但其在兴建过程中耗费的大量珍贵资源已经证明了他的意图。【119】君士坦丁堡坐落在统摄交通要道的关键位置，特别是把守着进出黑海的海上通道，同时还可以洞察东部和北部的发展动向——巴尔干半岛和潘诺尼亚平原（Pannonia）的动荡正在酝酿。

对大多数古代人来讲，世界的概念其实还局限在当地，人与人之间的贸易交流都在小范围内进行。然而，社会团体之间的关系错综复杂，由此产生了一个不同的世界，人们的趣味和观念都会受到商业产品、艺术风格和几千英里以外其他因素的影响。

2000多年前，中国手工制造的丝绸可供迦太基和地中海周围其他城市的权贵富豪们穿戴，法兰西南部生产的陶器能够出现在英格兰和波斯湾，产自印度的调味品可以用在新疆和罗马的厨房，阿富汗北部的建筑雕刻着希腊文字，中亚畜养的马匹骄傲地驰骋在千里之外的东方。

我们可以想象一下2000年前一枚金币的生命历程。它在罗马帝国的一个省级造币厂铸造，作为一名士兵的部分军饷被用来在英格兰北部边疆购买物品，随后又回到了罗马帝国税务官的保险柜里，接着到了一个去往东方的商人手里，后又被用作支付购买在巴里加沙销售的食品。它深受兴都库什地区统治者的喜爱，他们感叹钱币的设计、形状和样式，然后让雕刻师照原样制作——而雕刻师本人可能就是罗马人，或波斯人，或印度人，或中国人，或就是学过造币技术的当地人。这是一个相互联系、非常复杂、渴望交流的世界。

我们可以按照自己的方式随意塑造过去的历史，但古代世界远比我们想象的复杂，其中千丝万缕的联系更不为我们所知。如果把罗马看成是西欧文明的祖先，我们就忽略了一个事实：它与东方紧密相连并在许多方面受到东方的影响。古代社会确实是我们今日社会的原始模板：充满生机，竞争进取，成熟高效，精力旺盛。一个布满了城镇的区域带，形成了一条横跨亚洲的锁链。西方开始注视东方，东方开始注视西方。东西方共同增进了印度、波斯湾和红海之间的交流沟通——古丝绸之路充满了生机。

从由共和转向帝制之日起，罗马的目光就一直锁定在亚洲，由此它拥有了自己的灵魂。对于君士坦丁来说——同样也是对罗马帝国来说——他们找到了上帝，而这种新的信仰同样来自于东方。令人吃惊的是，信仰并非来自波斯或印度，而是来自一个不起眼的行省——三个世纪之前，本丢·彼拉多（Pontius Pilate）是那里的总督。

基督教义即将向四方广泛传播。

| 第二章 |

信仰之路

连接太平洋、中亚、印度和波斯湾的通道上不只是货物在流通，还有思想。最重要的思想是和神有关的。智慧和宗教的交流在这片地区一直非常活跃，如今则变得更为复杂、更富竞争性。地方宗教和信仰体系开始与一些具有影响力的宇宙观相碰撞，形成了一个使各种思想得以相互借鉴、相互改善并最终焕然一新的大熔炉。

自亚历山大大帝将希腊的观念文化带到东方之后，东方的思想很快就有了新的方向。佛教的种子在亚洲迅速播撒，特别是在阿育王的大力支持之下（他在公元前3世纪创建印度帝国之后，对屠杀场面深感悔悟，开始努力推广佛教）。这一时期的碑文证明，在叙利亚甚至更远的地方都有大量的佛教信徒在拜佛祈祷。有一支宗教被称作"治愈者"（Therapeutai），在埃及的亚历山大港发展了几个世纪，其特征和佛教别无二致，包括使用寓言式的经文、强调通过祈祷获得精神觉醒以及摆脱自我以求得内心平静。[1]

原始资料的模糊表述使我们很难准确地追踪佛教的传播途径。然而幸运的是，当时大量的文学作品都描述了佛教在印度次大陆流行并传播到其他地方的情况。地方统治者必须决定是否容忍其出现，是取缔禁止还是接纳支持。有个人就采取了后一种策略，他就是公元前2世纪时的巴克特里亚国王弥兰陀（Menander）——亚历山大大帝手下大臣的后代。据《那先比丘经》（*Milindapañhā*）记载，国王在一个得道高僧——他的睿智、热情和谦恭与当时世界的肤浅形成了鲜明的对比——的劝说下，皈依了新的修道之路，并坚信自己能够通过佛教的教义悟道。[2]

丝绸之路上的智慧空间和神学空间十分拥挤，神祇和宗教派别、神职人员和地方首领在这里相互竞争。这不是一般的较量。这是一个人们特别能接受从世俗观念到超自然观念的时代，并且是一个宗教信仰承诺能解决任何问题的时代。不同信仰之间的竞争都带有浓厚的政治色彩。所有这些宗教——无论是印度教、耆那教、佛教还是那些根植于波斯的琐罗亚斯德教、摩尼教，或是西方的犹太教、基督教以及即将问世的伊斯兰教——或在战场上取胜，或在谈判桌上取胜，争相向人们展示其文化的优越和神明的灵验。对错的原则简单而粗暴：一个得到神或众神眷顾的世界才能够发展壮大，而那些崇拜虚假偶像、相信空头承诺的国家则注定遭受重创。

统治者很愿意为在竞争中占优的宗教投资，比如兴建豪华的神殿。因为通过强化与这些拥有极高道德权威和政治权力的祭司的关系，统治者能更好地掌控政权内部的各种势力。这并不意味着统治者处在被动地位，一味听从某个独立宗教集团（有时可能还是世袭的）的教义；相反，统治者可以通过引进新的宗教强化自己的权威和地位。

贵霜帝国（公元1世纪从印度北部延伸到中亚大部分地区）便是一个典型的例子。这里的国王崇尚佛教，但同时也左右着佛教的发展和演变。这对于一个非本土的统治政权来说至关重要，他们需要通过宗教增强其统治的合法性。而要做到这一点，就必须融合各种元素，使宗教观念能够被尽可能多的当地人了解、接受。于是，贵霜建立了神庙（Devakula），或称"众神殿"，升华了一种该地区本就普遍流行的宗教观念，使之与佛教相融合。[3]

巴克特里亚的弥兰陀王最先在他铸造的钱币上宣称，他不仅是统治者，而且是救世主——他专门强调这一点并在钱币上用希腊语和印度语两种文字进行雕刻。[4]贵霜更是有过之而无不及，它成立了一个号称是和神有直接联系的宗派，确立了统治者和臣民之间的尊卑之分。旁遮普（Punjab）塔克西拉遗址（Taxila）的碑文很好地体现了这一点，它用粗体字刻道：统治者"是伟大的国王，是众王之王，是天神之子"。[5]这与《旧约》和《新约》中的说法如出一辙：王者是救世主以及通往来生的大门。[6]

同样在公元1世纪前后，佛教发生过一次重大变革，即宗教开始影响信徒们的日常生活。在传统意义上，佛陀的教义直截了当，即遵循"八正道"，脱离苦海，到达涅槃。到达极乐世界的过程中不需要他人，也不需要任何物质世界的帮助。整个历程都是心灵的、超自然的、个体的。

然而随着新观念的出现，佛教发生了剧变：这个原本不受外界影响、纯粹依靠自我发展的宗教，如今却借鉴了许多其他宗教的做法并建起更多圣地，使通往彻悟和佛国的路途更加令人神往。与佛陀相关的佛塔和寺庙被兴建起来，并成为人们朝拜的地点。同时，佛经也指导人们如何做才能使佛教的理念更真实、更具象。该时代的《妙法莲华经》就说道，向寺庙献花和敬香可以得到保佑；同样，雇用乐师"击鼓吹角贝，箫笛琴箜篌，琵琶铙铜钹"也有助于朝拜者证得佛果。[7]信徒们力求使佛教看得见、摸得着，以便使它在越来越嘈杂的宗教环境中更具有竞争力。

另一种新观念是捐赠，特别是捐赠给那些沿印度到中亚纷纷兴起的新寺院。捐钱、捐珠宝、捐其他礼品等行为成为常规，因为慷慨施舍被认为有助于"脱离苦海"。[8]《妙法莲华经》和当时的其他经文里甚至还罗列出哪些珍贵的物品可以被用来捐赠：珍珠、水晶、黄金、白银、青金石、珊瑚、钻石，这些都是最受欢迎的礼物。[9]

在从塔吉克斯坦至乌兹别克斯坦南部的谷地兴建的大型灌溉项目，同样见证了这一地区随着文化的活跃和商业交流的进行，逐渐开始出现的富庶和繁荣。[10]随着越来越多的富豪精英来到当地，这里很快由僧侣聚集地变成了宗教活动中心，并吸引了大批学者——他们忙于编辑佛教经典，抄录并翻译成当地语言，以便让更多的人能接触到佛教教义。这也是宗教传播的方式之一：商业活动为信仰的扩散打开了大门。[11]

公元1世纪前后，佛教的传播沿商人、僧侣和旅者的足迹从印度北部迅速朝周围扩展。向南，在德干高原，大量的石窟寺纷纷建成，沿途的佛塔一直延伸到印度次大陆的深处。[12]向北和向东，佛教的传播因粟特商人的活动而生机倍增，他们在连通中国和印度河谷的过程中发挥了重要作用。就是这些来自亚洲中心的旅行商人，凭他们之间的密切交往和相互信任一直在长途贸易活动中占据着主导地位。[13]

宗教也是他们商业成功的关键因素。随着更多的粟特人成为佛教徒，他们在主商道上建起越来越多的佛塔，如在巴基斯坦北部罕萨（Hunza）谷可以见到的：无数过路的粟特人将自己的名字刻在佛像边的石头上，以求漫长的旅程平安而有收获——显然，这些离家远游的人正在寻求一种精神上的慰藉。[14]

并非只有小规模的石刻能够证明这一时期佛教的繁荣。喀布尔（Kabul）周围有40多座寺院，包括一座让后来的参观者叹为观止的建筑。那位参观者写道：它的美妙可比春天，"通道由缟玛瑙铺垫，墙壁由紫色大理石砌成，大门是金铸的，地板是纯银的。放眼看去，四处星光闪烁……门厅里有一尊金色神像美若月亮，安放在镶满珠宝的宝座上"。[15]

不久，佛教思想向东传播，跨越帕米尔高原传入了中国。至公元4世纪始，佛教圣地已遍布中国西北的新疆地区——比如塔里木盆地壮观的克孜尔石窟，里边建有礼拜堂和念经、睡觉的地方。没过多久，在中国西部，如喀什、库车和吐鲁番，便布满了新生的佛教圣地。[16]至公元5世纪60年代，佛教的思想、活动、艺术和形象已成为中国主流文化的一部分，与传统的儒家思想形成激烈的竞争。这得力于来自草原的新王朝——北魏的大力支持。像之前的贵霜帝国一样，北魏宁可抛弃旧传统而提倡新观念，捍卫有助于强化朝廷执政合法性的思想。巨大的佛像在平城和洛阳纷纷竖起，一直延伸到魏国的东部，一座座寺庙也在人们慷慨的捐赠下涌现。这些都向臣民们传达了一个明确的信息：北魏政权的成功源于它是神圣宗教体系中的一部分，而不只是战场上鲁莽的胜利者。[17]

佛教在通往西方的主要商道上也产生了相当程度的影响。一连串佛窟点缀在波斯湾沿岸；另外，在今天土库曼斯坦的梅尔夫（Merv）发现的大量建筑，以及在伊朗腹地发现的一系列碑文，都证明佛教有能力和当地的宗教竞争[18]；安息帝国出现的诸多佛教音译词同样标志着此一时期思想交流的密集程度。[19]

然而，商业交流的进一步发展正从另外一个角度刺激着波斯——一个正在经历着经济、政治和文化全面复兴的波斯。当一个别具特色的波斯再次确立自己地位的时候，佛教徒们发现自己竟成了被迫害而不是被追随的对象。宗教迫害致使海湾地区的大量庙宇遭到遗弃，那些在波斯境内已建立起来的佛塔也被全部摧毁。[20]

各大宗教在欧亚大陆的传播过程中兴衰起落，为了信众、信仰和道德权威而不断竞争。信徒与祭司们之间的交流已远远超越了日常生活的层面，他们更多关注拯救、天谴等问题。对抗和争夺开始演化为暴力行动。在第一个千年的前四个世纪里，起步于巴勒斯坦一处小根据地的基督教发展成为横扫地中海和亚洲的一种信仰，成为宗教战争中的一股巨大漩流。

决定性时刻开始于萨珊王朝的夺权，它通过煽动暴乱、谋杀对手，利用波斯与罗马在高加索边境地区的军事失利，推翻了波斯的统治。[21]公元224年执政后，阿尔达希尔一世（Ardashīr I）及后人开始实施帝国的全面转型，包括主张在近代史上划出界限，以此寻求与古代伟大波斯帝国的紧密联系。[22]

古波斯的重要遗址，如波斯波利斯——阿契美尼德王朝（Achaemenid）都城之一——以及纳克歇·鲁斯塔姆（Naksh-i Rustām）——与波斯国王大流士和居鲁士相关的帝陵——都被划作了圣地；另增建了新的碑刻、纪念碑和石雕，以强调当前政权与其辉煌历史之间的关系。[23]钱币也进行了改革：使用了几个世纪的希腊文雕刻和亚历山大大帝半身像被崭新的图案所替代，一面是国王的侧影，另一面是圣坛之火。[24]后一项设计别具用心，表明新帝国对宗教所持的新姿态。

就目前能接触到的有限资料判断，该地区的统治者几个世纪以来一直容忍宗教的存在，而且允许相当程度的多派共存。[25]但阿尔达希尔的崛起让这种宗教宽容不复存在，他的做法无疑在损害其他宗教观念的前提下触发了查拉图斯特拉教（Zarathushtra）的兴起。古希腊人称这种宗教为琐罗亚斯德

（Zoroaster）——即一位生活在公元前1000年或者更早的伟大波斯先知的名字。该教认为宇宙分为两极：阿胡拉·马兹达（Ahura Mazda，即光明）以及其对立面安格拉·曼纽（Angra Mainyu，即黑暗）。两者总是处于对立状态——这点非常重要，因此要崇尚前者，因为它能带来良好的秩序。这种将世界划分为一善一恶的教义影响到生活的各个方面，甚至是动物的分类。[26]在琐罗亚斯德崇拜中，仪式的纯洁性至关重要，特别是"火"。如圣言所说，阿胡拉·马兹达能够"取善于恶，化暗为明"，从邪恶中得到救赎。[27]

这种宇宙观使得萨珊王朝的统治者有机会通过信奉阿胡拉·马兹达，将他们的权力与古波斯的辉煌年代相关联。[28]它同时还为这一时期的军事扩张和经济发展提供了强有力的道德基础：琐罗亚斯德教对于坚持不懈的褒扬增强了战争观念，而对规则和秩序的注重也让这个帝国通过行政改革日益崛起。该教的这套强硬信仰与帝国复兴的军国主义文化紧密相连。[29]

萨珊王朝在阿尔达希尔一世和他的儿子沙卜尔一世（Shāpūr I）的统治下大规模扩张，将绿洲城镇、交通要道纳入直接管辖之下，或迫使它们依附自己。像锡斯坦（Sistan）、梅尔夫、巴尔克（Balkh）这样的重要城市，从公元220年起便卷入一系列争战；贵霜帝国的大部分地区都成了附庸，由萨珊王朝的官员管理，官衔叫"贵霜沙"，即贵霜统治者。[30]纳克歇·鲁斯塔姆的一座胜利碑上的铭文记载了这一成就，表明沙卜尔的领土已进入深入中亚东部，远至白沙瓦（Peshawar）并"直抵喀什和塔什干（Tashkent）的边界"。[31]

萨珊王朝当政之时，琐罗亚斯德教徒们牢牢占据着权力中心，不顾其他少数宗教派别的利益，尽可能地将行政控制权集中在自己手中。[32]现在这种形势将延伸至波斯帝国新征服的领域。教主科德（Kirdīr）在公元3世纪撰写的碑文中表彰了琐罗亚斯德教的扩张成就。该教及其教主远近闻名，颇受崇拜，"圣火和祭司团"在过去属于罗马人的土地上繁荣发展。传播宗教——如同碑文中所描绘的——需要许多艰苦的努力，但科德谦虚地说："我为神和国王经历了痛苦和磨难，这也是为了我灵魂的慰藉。"[33]

琐罗亚斯德教的发展打压了其他地方教派和对立教派，后两者均被作为邪恶的化身：犹太教、佛教、印度教、摩尼教等均遭到迫害，庙宇受到洗劫，

"神像被毁，圣殿被拆，然后改建成琐罗亚斯德的神庙"。[34]波斯帝国的扩张是伴随着一个强大的价值和信仰体系进行的，并以此作为政治成功和军事胜利的重要依托。那些提出不同看法或不同价值观的人都遭到追查，许多人被杀——如摩尼（Mani），公元3世纪神奇的先知，他的观念融合了东西方的各种思想，但却被认为具有颠覆性、麻醉性和危险性。[35]

除了这些单独列出的遭到迫害的人之外，科德还特别提到*nasraye*和*kristyone*，即拿撒勒人（Nazarene）和基督信徒（Christian）。尽管学者们曾激烈争论这两个词究竟指哪两组人群，但目前人们普遍接受的看法是，前者指萨珊帝国本土的基督徒，后者指在沙卜尔一世征服罗马行省叙利亚后，向东部大批放逐的那群基督徒。琐罗亚斯德教之所以能够深深印刻在3世纪波斯人的记忆当中，原因之一便是人们希望借助该教来对抗基督教的冲击。[36]正如佛教在东方的传播一样，基督教也沿着商道以惊人的速度扩散。商人以及来自叙利亚的流放犯人将基督教义和思想带到了波斯，这引起了琐罗亚斯德教的敌视，并激化了它的宗教极端主义。[37]

基督教一直和地中海及西欧有着密切的联系。部分原因是由于教派中心——天主教、圣公会和东正教的高级人物——都位于欧洲的罗马、坎特伯雷和君士坦丁堡（现在的伊斯坦布尔）。然而在早期，基督教的方方面面都是亚洲属性的：首先是它的地理位置，其中心是耶路撒冷，与耶稣出生、生活和受难相关的其他地点也都在亚洲；它使用的语言是阿拉美语（Aramaic）——近东闪米特语族的一种亚洲语言；它的神学和精神背景源于被埃及和巴比伦统治时期诞生在以色列的犹太教；它的故事则发生于欧洲人所不熟悉的沙漠、洪水、干旱和饥荒。[38]

基督教在地中海地区的传播早已有史料记载，但传播的早期进程更加精彩，在东方的传播比在地中海盆地更为动人。最初，随着基督教飞速发展，罗马政权对其早期信徒的狂热表现得茫然失措。[39]如小普林尼（Pliny the Younger）曾在公元2世纪给皇帝图拉真写信，请示应该怎样对待那些从小亚细亚带来的基督徒。他写道："我从未接触过基督教，所以不知道什么才是恰当的惩罚办法，也不知道该如何看待他们的宗教仪式。"他惩罚了一些人，"因为我相信无论他们的信仰是什么，他们顽固而倔强的态度都该受到惩罚。"【40】皇帝的建议是容忍，他回信道，不用去琢磨基督教是什么，等有人告发他们了再具体处理，"因为我们不可能拿出一整套规矩去应对所有的意外情况"；但是，不要单凭流言和匿名指控就采取行动，否则的话，他严正地写道，将"有悖于我们的时代精神"。【41】

然而没过多久，罗马的态度就开始变得强硬，这说明基督教已深度渗透到罗马的社会当中。帝国军方开始盘查这种新宗教，全面审核有关罪、性、生、死的颠覆性观念，认为它对传统价值观构成了威胁。【42】从公元2世纪起，帝国发起过多轮对基督徒的残酷迫害和屠杀，并作为公众娱乐活动向罗马公民开放，高达数千人遇难。大量文献记录了这些因信仰而丧失性命的勇士。【43】早期的基督教面对极大偏见，他们必须想方设法博取人们的同情。比如著名的基督教神学家德尔图良（Tertullian），他的一段文字曾被一位知名学者誉为堪比莎士比亚戏剧人物夏洛克[1]的辩词：我们基督徒"生活在你们身边，分享着你们的食物，和你们穿同样的衣服、有同样的习俗，和你拥有同样的生活必需品"，【44】我们不参加罗马的宗教仪式，但并不意味着我们是非正常人类，"难道我们长着不同的牙齿，或是有乱伦欲望的器官吗"？【45】

基督教最初是通过自巴比伦流放后居住在美索不达米亚的犹太人东传的。【46】与日后西方绝大多数的教徒不同，他们并不是通过希腊译文来了解耶稣的生死故事，而是通过阿拉美语——耶稣自己的语言，圣经的语言。正如日后在地中海地区一样，商客们的活动极大地推动了基督教义在东方的传播，包括造就了像埃德萨（Edessa，今天土耳其西南部城市的乌尔法）这样坐落在四通八达的交通枢纽上的著名宗教圣地。【47】

基督教的传播十分迅速，不久便抵达了高加索山脉——从格鲁吉亚的殡葬仪式和墓碑碑文可以推断，当时那里有大批的犹太人转信基督教。【48】不久，基督教社群就开始遍布于波斯湾各地。巴林（Bahrain）附近的60座墓穴

---

[1] 莎士比亚戏剧《威尼斯商人》中的主人公。——编者注

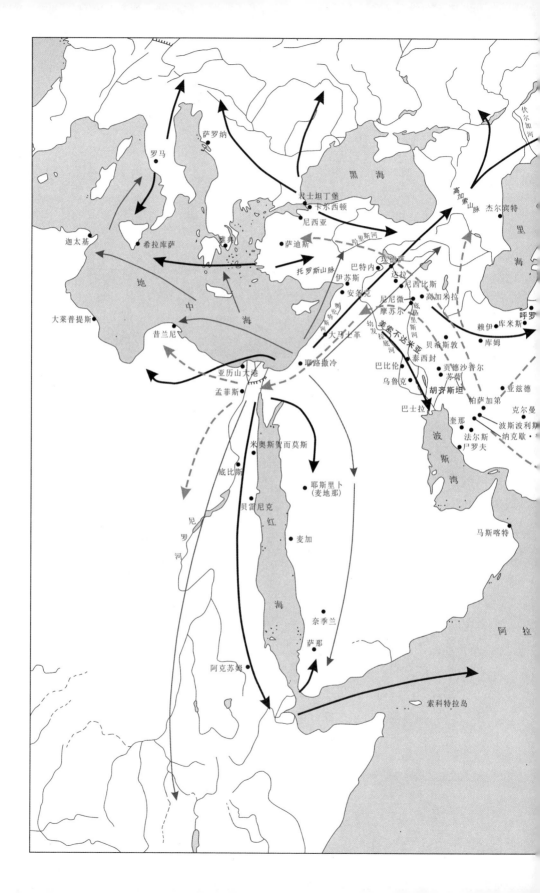

萨罗纳

罗马

黑 海

君士坦丁堡
卡尔西顿
尼西亚

高加索山脉
杰尔宾特

里

迦太基

希拉库萨

雅典

萨迪斯

哈里斯河

海

伏尔加河

地

托罗斯山脉
伊苏斯
安条克

巴特内
尼西比斯
摩苏尔
达拉
高加米拉

呼罗

赖伊
库米斯
库姆

大莱普提斯

昔兰尼

大马士革

美索不达米亚

尼尼微
底格里斯河
幼发拉底河

贝希斯敦
泰西封

贡德沙普尔
苏萨

亚兹德

克尔曼

中

海

亚历山大港
孟菲斯

耶路撒冷

巴比伦
乌鲁克

胡齐斯坦

帕萨加第
波斯波利斯

尼

罗

河

底比斯

米奥斯贺而莫斯

贝雷尼克

红

耶斯里卜
(麦地那)

巴士拉

波

斯

法尔斯
尸罗夫

纳克歇

奎那

波 斯 湾

马斯喀特

麦加

海

阿克苏姆

奈季兰
萨那

阿 拉

索科特拉岛

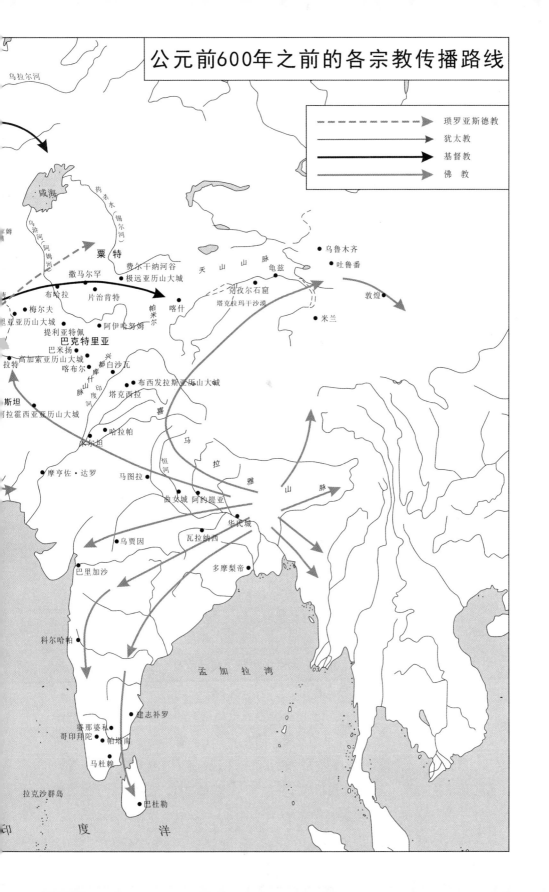

公元前600年之前的各宗教传播路线

- - - ➤	琐罗亚斯德教
——➤	犹太教
━━➤	基督教
——➤	佛教

乌拉尔河

咸海

药杀水（锡尔河）

乌浒河（阿姆河）

粟特

费尔干纳河谷

撒马尔罕

极远亚历山大城

布哈拉

片治肯特

帕米尔

喀什

梅尔夫

里亚历山大城

阿伊哈努姆

提利亚特佩

巴克特里亚

巴米扬

高加索亚历山大城

喀布尔

都白沙瓦

斯坦

库什

布西发拉斯亚历山大城

拉特

霍西亚亚历山大城

塔克西拉

哈拉帕

木尔坦

摩亨佐·达罗

马图拉

曲女城

阿约提亚

乌贾因

瓦拉纳西

巴里加沙

多摩梨帝

科尔哈帕

建志补罗

逐那婆私

哥印拜陀

帕塘南

马杜赖

拉克沙群岛

巴杜勒

天山山脉

乌鲁木齐

吐鲁番

龟兹

克孜尔石窟

敦煌

塔克拉玛干沙漠

米兰

印度河

喜

恒河

马拉

雅

山

脉

华氏城

孟加拉湾

印度洋

充分证明了3世纪初基督教的传播范围之广。[49]据当时的一份名为《各国法律之书》的文献记载，基督教的踪迹遍布整个波斯，并远至贵霜统治的地区——也就是说，已到达今日的阿富汗。[50]

沙卜尔一世王朝从波斯放逐的大批基督徒促进了基督教的扩散和传播。遭流放的人当中包括很多高层人物，比如德米特里厄斯（Demetrius）——古叙利亚首都安条克（Antioch）的主教。他被转送到今伊朗西南部的贝特拉帕（Beth Lapat，即今伊朗西南部的贡德沙普尔Gundeshāpūr），他和他的基督徒追随者又在那里建立了自己新的主教辖区。[51]波斯一些上层人物也信奉了基督教，比如一个叫作坎迪达（Candida）的罗马人：据一份提醒基督徒警惕残暴的波斯国王及其周边小人的文件记载，坎迪达本是宫中的宠妾，因不愿放弃自己的信仰而殉道。[52]

一些鼓舞人心的故事被编成文学作品用来宣传，以此建立基督教信仰的优势，压倒一些地方固有的本土风俗。现存的资料有限，但依然可以一睹当时激烈的宗教宣传战。一位学者写道，与其他波斯居民不同，亚洲的"耶稣门徒从来不做异教徒们那些受人谴责的恶习"。另一位学者认为这一点应当受到称赞，这是基督徒改善波斯和东方其他地区生活风气的一种表现："那些已成为上帝门徒的波斯人不会再和自己的母亲结婚"，那些草原上的人也不会再"给人吃生肉，因为基督箴言已经降临到他们中间"，这些进步都应该受到赞扬。[53]

公元3世纪中叶，基督教在波斯的渗透已日益显著，迫使琐罗亚斯德教派不得不采取像罗马帝国一样的暴力手段予以回应。[54]不过从科德的碑文来看，波斯的强硬态度不仅仅是针对基督教，而是其他所有宗教。一边推崇琐罗亚斯德教，一边排挤其他宗教，这成为波斯复兴时期的一大特点。由于被认为与波斯有着同样的价值观，并为萨珊帝国提供了精神支柱，琐罗亚斯德教正越发以国教的形象展示在世人面前。[55]

帝国的行动也带来了连锁效应，凭借在资源竞争和军事冲突中的胜利，波斯推动了自身复杂宗教体系的发展，同时又将宗教看作是帝国取得最终胜利、削弱邻国敌对势力的力量源泉。对于波斯来说，这意味着它对自身宗教的信心越来越坚定，宗教的作用正如那些碑文所记载的那样，已经深入帝国的政治领域。

然而波斯人很快便尝到了恶果，特别是当他们将上述宗教意识形态输出到边界地区或新近征服的领土时。建造科德所引以为傲的琐罗亚斯德教神庙不仅会得罪当地人，而且也被看作是在用暴力推行教义和信仰。琐罗亚斯德教已成为波斯帝国的象征，人们很快就会把这种宗教当成一种侵略占领的工具，而并非一套精神解脱的哲学。那么接下来发生的事也就不足为奇了：有人开始对基督教进行认真研究，并将它作为对波斯暴行的一种反抗。

高加索统治者开始接受基督教的时间和具体过程都尚不清楚。公元4世纪初，亚美尼亚国王梯里达特三世（Tiridates III）皈依了基督教，这段历史在后人的记载中能找到，但记录者的主要目的是为了讲述一个动听的故事，文中还充满了自己对基督教的偏好。[56]根据传统说法，梯里达特先是变成了一头猪，赤裸地游荡在田野里，后因得到圣人格里高里（St Gregory，他曾因拒绝崇拜亚美尼亚女神而被扔进一个蛇坑）的治疗才皈依了基督教。格里高里去掉了梯里达特的猪鼻、长牙和皮毛，并为这君王在幼发拉底河施行了洗礼。[57]

梯里达特并非当时皈依基督教的唯一重要政治人物。在4世纪初期的君士坦丁，罗马帝国历史上最有影响力的人物之一同样皈依了基督教。神圣的时刻出现在公元312年意大利中部的米尔维安桥（Milvian Bridge）战役中，决战双方是君士坦丁和他的皇位竞争者马克森提乌斯（Maxentius）。据说开战前不久，君士坦丁曾仰望天空，看到"十字形状的光"出现在太阳之上，还显有"尊此象，汝必胜"的希腊文字。那天晚上，他梦见基督告诉他说，这十字之光将助他打败所有敌人，他一下全明白了。不管怎么说，这就是人们对于当时情景的描述。[58]

君士坦丁大帝开始以无限的热情大力推行基督教，并不惜以牺牲其他所有宗教为代价。如同一位当时人所描述的，君士坦丁堡新城没有"被祭坛、希腊庙宇或异教徒的殉道所污染"，而是遍布"辉煌的祷告堂，上帝将在此保佑帝王的英勇奋战"。[59]另一位作者说，一些著名的教派中心都被皇帝下令关闭，神谕、占卜、罗马神学都被禁止；原先官方活动前举行的日常祭祀仪式也被取消，异教的塑像被推倒，并被列为非法。[60]这些作者的故事都毫不含糊，坚定地表明君士坦丁是新宗教一往无前的推动者。

事实上，君士坦丁皈依基督教的真正原因远非那些与他同时代的作家所描述的那样简单，而且比他死后不久人们所说的情况也要复杂得多。首先，在军队中已经存在大量基督徒的情况下接受基督教，是一项精明的政治考量；其次，遍布帝国的纪念碑、碑刻和钱币上的文字都将君士坦丁描述为"无敌太阳"（Sol Invictus）教派的坚定支持者，这说明他那对基督教顿悟般的皈依或许远不如人们所称颂的那样虔诚。另外，尽管有人会反对这一说法，但我认为皇帝并非在一夜之间改变了信仰，因为作为帝国的核心，君士坦丁堡及其周边地区在皇帝皈依并热情支持新宗教之后的很长一段时间里，仍在坚持奉行其传统的信仰。【61】

无论怎样，君士坦丁对基督教的接受显然给罗马带来了翻天覆地的变化。就在大约十年前的戴克里先时期，罗马帝国对基督教的迫害曾达到顶峰，如今却宣告终止。观看角斗士决斗一直是罗马公民的主要娱乐项目，但也因基督教厌恶其有损生命的圣洁而遭到废止。"血腥场景令人不快，"325年通过的一项法令这样写道，"因此我们全面禁止角斗士的存在。"那些原来因犯罪或因拒绝放弃信仰而被送到角斗场接受惩罚的人，如今都被送到"矿山服役，接受犯罪惩处但不必流血送命"。【62】

整个帝国为基督教投入了巨额的资金，而耶路撒冷是唯一一个被指定建造大型建筑的地方，于是这里便成了大量捐助资金的聚集地。如果说罗马城和君士坦丁堡是帝国的行政中心，那么耶路撒冷就是帝国的精神心脏。城中的许多地段都被夷平，从"异教"神殿废墟下挖出的泥土因为已经"受到恶性崇拜的熏染"而被扔得尽可能的远。人们在挖掘工作中发现了一处又一处的圣地，包括耶稣休息过的洞穴——经过一番整修之后，教徒们感到由衷的欣喜："如同我们的救世主从此再生。"【63】

君士坦丁亲自负责这些建筑工程，告诉人们圣墓教堂应该用哪些材料来建造。皇帝授权指定的官员选择墙面的布料和装饰品，但在大理石纹路和圆柱的选择问题上必须有他本人参与。"我想知道你们的想法，"他写信给耶路撒冷主教马卡里乌斯（Macarius）说，"天顶是否应该铺成或装饰成别的样式？如果是面板式的，也许能用金子装饰。"所有诸如此类的细节都需要他亲自批准。[64]

君士坦丁的皈依翻开了罗马帝国的历史新篇章。尽管基督教尚未成为国教，但随着限制的日渐宽松和惩罚的逐步取消，新宗教开始蒸蒸日上。这对西方教徒和教会来说都是一个好消息，但却造成了东方基督教的灾难。尽管发行带有其他宗教神像的钱币以及在新城市竖立以自己形象为模板的太阳神雕像等行为，使他最初的皈依多少显得有些老奸巨猾，但没过多久他就对自己的信仰变得狂热起来。[65]他把自己描述成基督徒的保护者，无论他们所处何地，即便是在罗马帝国之外。

在公元4世纪30年代，谣传说君士坦丁正准备攻打波斯，借口则是支援波斯国王一位失意的兄弟，他曾向罗马帝国寻求政治避难。在收到君士坦丁信件的时候，波斯帝国的神经一定在激烈震颤。君士坦丁说，很高兴得知"波斯最主要的行省中遍布着可以由我代表他们说话的臣民，我指的是那些基督徒"。他还专门对波斯国王沙卜尔二世说："我推荐这些基督徒给您，来当你的保护神……请用您的仁慈、好意和礼节善待他们。在这种信仰的保佑下，贵我两国都将获益无穷。"[66]这可能是比较温和的建议，但听上去仍然充满威胁。此前不久，罗马人已将东部边界推进到了波斯境内，并且马上就要着手修筑防御工事和道路，以确保既占的领土。[67]

然而，当另外一个占据着贸易和战略要地的高加索地区王国——格鲁吉亚王国的国王通过顿悟（传奇性略逊于君士坦丁）皈依基督教后，他的期盼却变成了恐惧。[68]趁君士坦丁不在多瑙河边疆，沙卜尔二世对高加索地区发动了偷袭，废黜了这位当地的统治者并安插了自己的亲信。君士坦丁大帝立即采取强硬对策：他组织起一支大军，令主教们陪同征战，并仿制出一个可以运放约柜的移动壁龛，然后宣称要惩罚波斯并用约旦河的河水进行洗礼。[69]

君士坦丁大帝的野心无限，他事先铸造了钱币，并给他的表侄子封了一个新的皇家头衔：波斯国王。[70]激动人心的消息在东方基督徒中迅速传播，如摩苏尔（Mosul）修道院院主亚弗拉哈特（Aphrahat）在他的信中所说："善意已降临到上帝子民的头上。"这正是他所期待的时刻：在尘世建立一个永久的基督之国。他还说："要相信，野兽注定会灭亡。"[71]

面对强敌，紧张备战中的波斯人撞上了大运：远征尚未开始，君士坦丁大帝患病身亡。沙卜尔二世开始对波斯当地的基督徒施压，以此作为对君士坦丁侵略行为的报复。在琐罗亚斯德政权的怂恿下，波斯国王"渴得想喝基督圣人之血"。[72]数十个人成为了殉道者：5世纪初埃德萨的一份手稿称，当时遭到处罚的人至少包括16名主教、50名教士。[73]此时的基督徒被视作潜入波斯的奸细，以便配合罗马军队征服波斯。领头的主教被指控唆使波斯国王的"追随者们反抗自己的国王，并成为异教皇帝的奴才"。[74]

这一流血事件可以说是罗马热情接受基督教的直接结果。波斯国王对基督教徒的迫害完全是因为君士坦丁对基督教的推崇。皇帝的话也许让亚弗拉哈特这样的人深感振奋，但同时也激怒了波斯的统治阶层。在君士坦丁皈依基督教之前，罗马的身份一清二楚；而如今的皇帝——以及他的继承者们——却都不得不考虑如何既保护罗马及其公民，又要保护所有的基督徒。这真是一个骑虎难下的局面，至少在国内，舆论都将向着那些主教和教徒；而对于那些生活在帝国之外的教徒来说，等待他们的恐怕只能是灾难——如同沙卜尔统治下的受害者所经历的。

颇具讽刺意味的是，君士坦丁作为罗马皇帝荣耀无限，他奠定了欧洲基督教的基础，但却从未有人注意到接纳一个新宗教必须付出的代价：它严重影响了基督教在东方的生存前景。现在的问题是，已经扎根于亚洲的基督教能否在注定要面临的挑战中幸存下来。

| 第三章 |

基督之路

然而没过多久，罗马和波斯的紧张关系便逐渐缓和，对待宗教的压迫也日趋宽松。之所以出现这种局面，是因为罗马人在公元4世纪时有了新的威胁，他们必须为保全自身而战，因此被迫从波斯撤退。在沙卜尔二世去世（公元379年）前的一系列战役中，波斯成功夺取了通往地中海的贸易要道及交通关塞：尼西比（Nisibis）和西纳格拉（Sinagra）被重新收复，大半个亚美尼亚被纳入版图。虽然地区间的重新平衡有助于化解仇恨，但一直要等到罗马和波斯共同面临新的挑战，双方才真正化敌为友：灾难正沿着草原飞驰而来。

此时的世界正在经历一场气候环境变化。欧洲的海平面上涨明显，北海沿岸疟疾盛行；在亚洲，咸海的盐分从4世纪初便出现骤减，干草原上植被的变化（这一点通过高精度的花粉分析可以证明）以及天山山脉上新冰川的形成，一切都表明，这是一场影响广泛的全球性环境变化。[1]

这种变化的后果是毁灭性的。比如近期在中国敦煌附近发现的4世纪古粟特商人的一封信中所说的：食物短缺，饥荒遍地，死了很多人，灾难已经降临，难以描述；皇帝已逃出都城，逃走前放火烧了皇宫；粟特商人被饥饿和死亡折磨殆尽。写信人提醒他的同伴：别再去中国做生意，那里根本无利可图。他还描述了一座又一座被洗劫一空的城池。不得不说，这一切都是上天造成的。[2]

混乱局面给原本各自为营的草原部落创造了绝佳的统一机会。这些民族的活动范围从蒙古高原一直延伸到中欧平原，最好的牧场以及可靠的水源确保了政权的稳固。其中一个部落在击败其他竞争者之后成为草原上的霸主。那位粟特商人在信中把这些人叫作xwn，即匈奴人，西方的称法是匈人（Hun）。[3]

公元350年到360年间，草原部落开始放弃自己的地盘向西部移动，于是引发了一股较大的移民浪潮。这很可能和气候变化有关，因为这让草原生活变得格外艰难并导致了激烈的资源竞争。移民浪潮的影响波及了从阿富汗北部的巴克特里亚到多瑙河畔的罗马边界之间广阔的区域。在多瑙河地区，难民的数量大幅增加，匈奴入侵黑海北部使他们丧失了家园，他们乞求能在罗马帝国落脚。局势瞬间变得异常危急。派往前线稳定局面的罗马大军于公元378年在色雷斯（Thrace）平原被打败，皇帝瓦伦斯（Valens）战死。[4]防线已被突破，一支支草原部族如潮水般涌入帝国的西部行省，直接威胁着帝国心脏。过去，从黑海北部延伸至亚洲内陆的草原带一直被看作是难以生存的蛮荒之地，那里只有野蛮的武士，没有文明和资源。罗马人做梦也没想到，那里也能像连接东西方、穿越波斯和埃及的路线一样，成为世界的主干道。然而现在，草原部落正是通过这一地区，将死亡和灾难带入了欧洲的中心。

波斯人面对草原部落的威胁同样感到震惊。他们的东部边境行省遭受着疯狂的袭击，灌溉系统严重失修，人去城空，几近崩溃。[5]匈奴对高加索地区的攻击规模同样浩大，战俘和残骸遍及美索不达米亚、叙利亚和小亚细亚的各个城市。随后，在公元395年的一次大规模进攻中，匈奴人摧毁了底格里斯河和幼发拉底河的主要城市，在被击退前一直打到了都城泰西封。[6]

为了驱除野蛮部落，维护共同的利益，波斯和罗马出人意料地达成了联盟。他们一起修筑了一道防护墙以阻止游牧部落顺高加索山脉南下，总长近125英里，在南方文明世界和北方野蛮世界之间构成一道天然屏障，保护波斯内陆免遭外部攻击。这是建筑工程史上的一项奇迹，防护墙全部用从大量砖窑烧制出的砖块砌成，墙脚下挖有一条15英尺[1]深的护卫运河，沿线还均匀地建有40座要塞——要塞由大约3万名士兵把守，驻扎在远离城墙的营地。【7】这道屏障只是萨珊王朝保卫波斯北疆免受草原部落侵袭的众多革新举措之一，同时也是为了确保梅尔夫等贸易中心的安全——进攻者若来自卡拉库姆荒原（Karakum，位于今土库曼斯坦），梅尔夫将首当其冲。【8】

罗马不仅愿意为这道波斯城墙的维护提供常规的资金资助，而且还派出了军队协助保护。【9】公元402年，君士坦丁堡的皇帝霍诺留（Honorius）指定只有波斯国王一人可以做他儿子即罗马皇储的监护人，表明他正设法与过去的敌人重归于好。【10】

但一切都已为时过晚，至少对罗马来说是如此。黑海北部草原部落的迁移已经在帝国莱茵河边界掀起狂风暴雨，令罗马人难以应对。4世纪后期的一系列进攻致使罗马的西部行省门户大开，部落首领不仅获得了军事上的荣耀，更有物质上的收获，这无疑吸引了更多的追随者，从而为后续进攻奠定了基础。帝国军队在边疆保卫战中苦苦挣扎，一轮又一轮的防卫被击溃，最终导致高卢沦陷。当颇具野心和手段的阿拉里克（Alaric）带领他的西哥特部族进军意大利并屯兵罗马城外的时候，局势开始急转直下。元老院很愿意接受阿拉里克提出的条件，但阿拉里克失去了耐心，并于公元410年一举攻下罗马。【11】

令人震惊的消息立即传遍了地中海。耶路撒冷根本不相信这一噩耗。"信使的声音被淹没了，哭泣之声打断了他的讲话，"圣杰罗姆（St Jerome）写道，"一个征服了整个世界的城市却遭遇了征服……谁会相信？谁能相信几百年来靠征服世界建成的罗马已经崩溃，众国之母如今已成为坟墓？"【12】至少罗马城未被大火焚烧——历史学家约尔丹尼斯（Jordanes）在一个世纪以后写道。【13】然而，无论是否被大火焚烧，西罗马帝国的崩溃如今已成为事实。

没过多久，西班牙地区也因遭受阿兰人（Alan）等部落的攻击而失陷。阿兰人的家乡远在里海和黑海之间，他们的貂皮贸易活动曾被两千年前的中国历史学家详细记载。【14】另有一支名叫汪达尔（Vandal）的蛮族，他们曾被

---

[1] 1英尺约合30厘米。——编者注

匈奴击败，但之后于公元4世纪20年代攻入罗马的北非领地，占领了主城迦太基，以及周围为帝国西部供应大部分谷物的美丽富饶的行省。[15]

这些似乎还不够。公元5世纪中叶，在纠集了一大群蛮族——特里温哥特（Terevingian Goth）、阿兰、汪达尔、苏维汇（Suevi）、戈比德（Gepid）、纽里（Neurian）、巴斯塔尼（Bastarnian）——之后，匈奴王阿提拉（Attila）亲自率兵出征欧洲。[16]匈奴人的到来造成了极大的恐惧。他们"就是罪恶之源"，一位罗马学者写道，而且"极端野蛮"。他们从小就在极为寒冷、极为饥渴的条件下生活，身上穿的是用野外老鼠皮缝在一起的衣服，吃的是草根和生肉——也许在吃之前会在两腿之间温热一下。[17]他们对农耕毫无兴趣，另一位学者说，他们只想从邻邦掠夺粮食，并在这个过程中奴役邻邦——他们就像是一群狼。[18]匈奴人用刀在自己刚出生的孩子的脸上刻下划痕，以防他们长大后脸上长毛；他们在马背上的时间太长，以至于整个身体都已经蜷曲变形；他们用弯腿站立的时候就像是野兽。[19]

尽管我们想摒除这些偏见，但对古代头盖骨的研究证明，匈奴人可能的确存在人为挤压小孩前额和脑后头骨的情况，目的是使其头部能够长得更为尖细。虽不能就此认为匈奴人极端残暴，但至少在当时人看来是如此。[20]

匈奴的到来给东罗马帝国也造成严重威胁，而在此前，影响欧洲大部分地区的各种动乱均未曾殃及过这里。虽然小亚细亚的各行省、叙利亚、巴勒斯坦和埃及尚未受到冲击，都城君士坦丁堡也安然无恙，但他们不敢心存侥幸。皇帝狄奥多西二世（Theodosius II）严阵以待，包括建筑了一系列巨大的防御城墙。

这些城墙连同分割欧洲和亚洲的河道水网起到了至关重要的作用。匈奴王阿提拉在夺取多瑙河北部之后，曾侵掠巴尔干半岛达十五年之久。君士坦丁堡政府不得不向匈奴人纳贡以换取和平，后者由此获得了大批的珠宝和黄金。通过各种赎金和贿赂从罗马人手中拿足财富后，阿提拉又转道向西，但他的铁蹄却遭遇到了阻碍——不是罗马军队，而是匈奴的宿敌们。在公元451年的卡塔洛尼平原（位于今法国中部）战役中，阿提拉被一支由众多草原部落民族组成的联军打败。匈奴王在新婚之夜（并非首次）死去。他兴奋过度，最终因脑出血死于睡梦之中。据当时人描述："他平躺在那里，沉浸在美酒和美梦

中……醉酒而死对一个驰骋沙场的王者来说是一种耻辱。"【21】

那些日子里，人们更愿意谈论罗马崩溃后的世界将何去何从，而不是将其视作"黑暗时代"。但即便如此，当时的惨象也如一位现代学者所说的：哥特、阿兰、汪达尔和匈奴横扫欧洲和北非，他们烧杀、奸淫、掠夺的程度已难以言述；帝国的文明水准一落千丈，石构建筑几近消失，原先的富庶和雄心彻底崩塌；曾经能将陶器远送至苏格兰爱奥那岛（Iona）的长途贸易线路，如今被地方市场的小商品交易所占据；据格陵兰北极冰层污染检测表明，当时的帝国冶炼活动大幅缩减，其技术已回落到史前时代。【22】

当时的人无法理解世界秩序的崩溃到底意味着什么。"为什么（上帝）让我们比部落蛮族赢弱？为什么让我们遭受如此煎熬？"5世纪基督教作家撒维安（Salvian）感叹道，"为什么让我们被蛮族征服？为什么让我们臣服于敌人的统治？"他总结出的答案很简单：我们有原罪，上帝在惩罚我们。【23】也有人得出不同的结论，比如历史学家、非基督教徒佐西姆斯（Zosimus）就认为，罗马人坚守自己信仰的时候可以称霸世界，一旦他们放弃信仰转而接受新宗教，灾难便降临了——这不是一种臆断，这是事实。【24】

罗马的崩溃让亚洲的基督教徒们松了口气，抵抗草原部落的共同目标让他们与波斯帝国的关系大为改善。而且随着罗马的衰落，基督教对于波斯人来说，再也不像一个世纪以前君士坦丁大帝率兵进攻波斯并试图解放那里的基督教徒时那样颇具威胁，如今甚至都很难在波斯找到基督徒的踪迹。因此在公元410年，一系列由国王伊嗣俟一世（Yazdagird I）提议的会谈开始举行，目的是为了正式确立基督教在波斯的地位，并规范其信仰。

如同在西方一样，亚洲的基督徒对于"跟随耶稣"的准确含义、信徒该如何生活，以及如何表达和追求自己的信仰等方面，都产生了许多分歧性的见解。前面说过，科德在3世纪的碑文中提到两种基督徒，即通常意义上的波斯本地皈依者拿撒勒以及被罗马帝国放逐的基督信徒。他们的崇拜方式和宗教教义均不同，这并不奇怪，因为像在伊朗南部法尔斯（Fars）的阿尔达希尔（Ardashīr）等地就有两种教派，一派是用希腊语布道祈祷，另一派则用古代叙利亚语。不同教派的冲突有时会酿成暴力，比如在苏兹阿纳（Susiana，位于今伊朗西南），主教们都试图用拳头来与对立派算账。[25]在波斯帝国最重要的城市之一泰西封，主教们试图为当地所有的基督教团体建立统一的秩序，结果却困难重重、不了了之。[26]

其实，要想解决教派冲突，莫过于一次性消除所有分歧，就像早期圣徒们在一开始所尝试的那样。[27]"我们已经说了，现在又说，"圣保罗提醒加拉太人，"若有人传福音给你们，与你们所领受的不同，他就应当被诅咒！"（《加拉太书》1:9）传福音——顾名思义就是"传递好的消息"——靠的是确定的经文，这样便能解释圣子是谁、他要传达的准确信息是什么，并确立统一的信仰体系。[28]

为了结束西方早期基督教争论不休的局面，君士坦丁大帝曾于公元325年在尼西亚（Nicaea）组织了一个宗教公会。来自帝国各地的主教聚集在一起，就圣父、圣子之间的关系进行探讨（这是导致争端和教派分裂的主要问题），同时也解决其他一系列有争议的问题。尼西亚公会议的成果是在教会的组织结构上达成了一致，解决了计算复活节日期的问题，并将基督教信仰的内容立典成文，即现今仍存于世的《尼西亚信经》。君士坦丁此举意在解决宗教纷争问题，以确保帝国的完整和统一。[29]

波斯的主教和罗马帝国疆域之外的主教都未被邀请参加尼西亚公会议。于是波斯分别在公元410年、420年和424年单独举行会议，让主教们有机会探讨解决和西方同僚所面临的同样的问题。会议得到波斯国王的大力支持，他被誉为"常胜王中王，教会的仰仗"，他像君士坦丁一样，热衷的是从基督教的支持中获益，而不是卷入教会之间的争端。[30]

这几次会议取得的成果并不牢靠，为之后的教会权力斗争埋下了隐患。不过，会议还是就教会组织结构等重大问题达成了共识（尽管仍是充满争议和不快）：在泰西封辖区设立大主教一职，"作为整个（波斯）帝国所有兄弟主教的首领和管理者"。[31]他们就神职任命这一重要问题也进行了广泛的讨论，主要目的是避免竞争教区重复设置神职机构的情况发生。人们也确定了一些重要宗教节日的日期，并决定应当脱离"西方主教"的领导和干涉，因为这将影响到东方基督教会的领导地位。[32]最后，会议接受了尼西亚公会议的信经和准则，以及在此期间其他西方公会议达成的协议。[33]

这应该是一个具有开创性意义的时刻，一个基督教灵魂和肉体重归一体的时刻。靠着两条强有力的臂膀（即罗马和波斯，两个最伟大的文明古国）的并肩合作，大西洋与喜马拉雅山脉被紧紧联系在了一起。有了罗马的资助以及波斯统治者的接纳，基督教本当成为不仅是欧洲而且是亚洲的主流宗教。但不幸的是，一场内讧爆发了。

一些主教认为教会的和解决议削弱了自己的地位，并开始指责教会某些领导人物不仅没有受过正规教育，而且也没有得到过任何正式任命。接着，基督教内部爆发了武装冲突，导致许多琐罗亚斯德教的神庙被焚毁。这使原本已经妥协的波斯国王不得不改变了态度：放弃宗教宽容立场，重新开始捍卫波斯上层贵族的信仰体系。这无疑是一种倒退，基督教未能顺利地迎接一个黄金时代的到来，反而将面临新一轮的挑战和迫害。[34]

早期激烈的宗教争端大多是地方性的。公元4世纪君士坦丁堡主教、最杰出的早期基督教神学家之一圣格列高利（Gregory of Nazianzus）记载了他曾被诽谤者当面怒斥的情景。他写道，那些人朝着他号叫，像一群乌鸦。遭受攻击的他如同身处巨大的沙尘暴中，被各种猛兽围攻："他们就像一群炸窝的黄蜂突然飞到你的脸上。"[35]

相比之下，发生在5世纪中期的这次内讧波及范围更广、斗争更加激烈。内讧在西方的两个对立教派之间展开。一方是君士坦丁堡的宗主教聂斯脱里（Nestorius），另一方是亚历山大城的宗主教区利罗（Cyril），他们的主要争端在于耶稣究竟是神还是人。显然，此类问题并不能靠和平商讨解决。区利罗是个天生的政治家，为了赢得支持不择手段，比如大量的贿赂行径：给具有影响力的人物以及他们的夫人送上精致地毯、象牙座椅、高档桌布等奢侈品，有时甚至直接送现金。[36]

东方基督徒对于如何解决这些争论感到束手无策。他们认为问题出在古叙利亚语翻译成希腊语的过程中，具体说来，是对"化身"（incarnation）一词的理解。事实上，争论的背后完全是一场两位教会首脑之间的权力斗争，最终只有一个人的教义会被采纳接受并因此获得荣耀。争论的焦点最后落到童贞玛利亚（耶稣之母）的身份上。在聂斯脱里看来，对她的描述不应该使用 *Theotokos*（神的母亲），而应使用 *Christotokos*（耶稣的母亲）——换句话说，耶稣只是个人类。[37]

最终区利罗技高一筹，聂斯脱里遭到罢免。突然改变的神学立场破坏了教会的稳定。一个公会议上做出的决定或许会在其他公会议上遭到反对，因为对立教派会采取激烈的游说。争论的核心围绕着耶稣是不是神人二性的问题：二者如何神奇地融于一体，二者的关联又是怎样？耶稣和上帝的确切关系也是热议的问题，即耶稣是由上帝创造，因而处于从属地位？还是说耶稣也是万能的，故而二者互相平等、共同永生？这些问题在公元451年的卡尔西顿（Chalcedon）大公会议上引起了激烈的交锋。最终，会议确定了新的宗教定义[1]，并且应当被整个基督教世界所接受。定义的附加条款警告说，任何持有异见者都将被逐出教会。[38]

东方的教会马上对此提出强烈抗议。东方的主教说，西方教会的新教义不仅是错误的，而且有点接近于异端邪说。于是他们公布了新的信条，明确了耶稣的一元性，并威胁任何胆敢"认为或宣传我圣主受难与变化"的人都将被罚入地狱。[39]连罗马皇帝都被卷入了这场争论。他关闭了一所位于埃德萨（Edessa）的东方基督教派学校，该校不仅以叙利亚语、埃德萨方言阿拉美语，还以波斯语和粟特语来教授经书和圣人的言行。[40]与使用希腊语的地中海地区基督教不同，东方基督教从一开始就认为，想要吸引更多的新信徒，就得提供能够让尽可能多的族群看得懂的传教资料。

埃德萨学校的关闭加深了东西方教派之间的分裂，特别是由于许多学者被罗马帝国驱逐出境，最后都到波斯寻求避难。时间久了，麻烦越来越大，因为住在君士坦丁堡的皇帝们被认为理应捍卫"正统"教义，并镇压任何邪教和异端。公元532年，经过在高加索山脉的一系列冲突与动荡之后，罗马与波斯达成了一项和平协议，其中的主要条款是：波斯官员应该对那些违反卡尔西顿大公会议决

---

[1] 即界定了"基督的神人二性"，声明只有一位耶稣基督，他是真上帝又是真人。并将基督一性论定为异端。——编者注

议，或被罗马官方视作危险分子的主教和教士进行搜捕并关押。[41]

试图调解教派之间的冲突是件费力不讨好的事情，东罗马帝国皇帝查士丁尼（Justinian）的做法就是再好不过的例子。查士丁尼曾几次三番地试图融合对立双方的见解，并于公元553年主持了由东罗马天主教和一性论派主教共同参加的特别大公会议，旨在结束由来已久、愈演愈烈的相互指责；同时他还亲自出席许多神职人员参加的小型会议，寻求解决问题的途径。[42]在他死后，有人写过一篇文章，记录了人们如何看待他为寻求和解所做的努力："他把局面搅得一团糟，却还在生前赢得了荣誉；但在死后，作为惩罚，他只能去到最底层（即地狱）。"[43]其他人采取不同的办法，甚至为了平复争议，干脆就避免谈论宗教。[44]

当西方还在为各种不同见解吵得不可开交时，东方教会却发起了一场有史以来最具雄心、最具深远影响的运动，一场在规模上可以和后来发生在美国及非洲的福音主义运动相媲美的活动：基督教在没有政治权力做后盾的条件下在新的地域迅速传播。

阿拉伯半岛最南端涌现出大批殉道者，表明宗教触角延伸之广，甚至连也门的国王都成了基督徒。[45]一位会讲希腊语的旅人在公元550年去到斯里兰卡，发现了一个势力庞大的基督教群体，领袖则是一位由波斯任命的教士。[46]

基督教甚至触及草原部落的游牧民族，这让君士坦丁堡的官员们非常吃惊。作为和平谈判的条件之一，君士坦丁堡要向这些草原部落派遣人质。等到这些人质回国，大家发现有些人额头上居然刻着十字架的刺青。问他们原因，他们说，当时发生了瘟疫，人群中的基督徒建议这么做（以求上帝保佑），自那以后，那边的国家一直都安然无恙。[47]

到6世纪中叶，亚洲腹地已拥有了自己的地区主教。巴士拉、摩苏尔、提克里特等城市聚集着大批的基督教信众。福音遍及的范围已经相当广阔，位于泰西封附近的科赫（Kokhe）都有不下五个主教辖区。像梅尔夫、贡德沙普尔等城市，甚至是中国的西部绿洲之城喀什，都比坎特伯雷[1]更早拥有了自己的主教。[48]这里的许多基督教中心在首批传教士抵达波兰和斯堪的纳维亚半岛几世纪之前就已存在。撒马尔罕和布哈拉（Bukhara，位于今乌兹别克斯坦）同样是大量基督徒的家园，比基督教进入美国早了一千年。[49]事实上，即使在中世纪，亚洲的基督徒也比欧洲的多得多。[50]毕竟巴格达、德黑兰、撒马尔罕这些地方到圣地耶路撒冷的距离，要比雅典、罗马、伦敦、巴黎近得多。只不过基督教在亚洲的成功长久以来被后人所遗忘。

基督教的传播要归功于波斯帝国萨珊统治者的包容和变通。国王库思老一世（Khusraw I，531—579年在位）以善待外国神学家著称。在当时的君士坦丁堡，他被人们誉为"文学爱好者和睿智的哲学家"。一位君士坦丁堡的学者对此颇有微词：这真是不可思议，前不久他还在反对历史学者阿加提阿斯（Agathias），现在一下子却变得这么聪明；他的讲话粗鲁野蛮，怎么可能理解哲学的精髓？[51]

到6世纪下半叶，东方教会上甚至开始出现为波斯统治者祝寿祷告的场景。不久之后，人们还将看到波斯国王亲自组织新教区的选举，并鼓励他治下的所有主教："快来……选出你们的领袖……在他的管理和领导下，让我主耶稣基督的圣坛和圣殿布满整个波斯帝国。"[52]萨珊统治者已经从曾经的亚洲基督教迫害者变成了它的捍卫人。

这是波斯帝国自信心增强的一种体现。现在君士坦丁堡需要定期给波斯献上贡金，因为罗马人的军事和政治重点都转移到其他问题上了：草原部落略有消停，罗马正将精力放在收复和重建地中海地区曾经陷落的行省上。5世纪和6世纪是波斯的繁荣期：宗教的宽容带来了经济的增长。中央政府将越来越多的税收资金用于基础设施建设，无数的新城在波斯大地拔地而起。[53]大型的水利灌溉工程，特别是在胡齐斯坦和伊拉克，极大地推动了农业生产，有些地方的供水系统可以绵延若干英里。复杂的政府管理机制从容运作，从黎凡特

---

[1] 英国东南部城市，全英格兰首席主教（The Primate of All England）的驻地。——编者注

（Levant）[1]一直覆盖到中亚腹地。【54】

萨珊帝国在这一时期形成了高度的中央集权。【55】国家的控制甚至深入到了集市上每个铺位的布局。有份文献记载了政府如何把商人的贸易组织成规范的行会，并指派专门官员亲自监督商品的质量及价格。【56】随着财富的增长，长途的奢侈品贸易和贵重品贸易也在发展：在这一时期，成千上万的商品被敲上印章，作为出售或出口的许可；成捆的合同文件被存放在政府的档案机构。【57】商品从波斯湾运到里海，然后又通过海路和陆路运往印度。与斯里兰卡和中国的交易量大幅上涨，与地中海东部地区的交易同样如此。【58】自始至终，萨珊统治者们都对帝国境内境外的一切动向充满了兴致。

这些长途贸易的相当一部分是由粟特商人承担的。粟特人以其大型商队、精明的头脑和紧密的家庭关系著称，他们有能力在穿越中亚、进入新疆等中国西部地区的主要干道上从事商品贸易活动。奥莱尔·斯坦因（Auriel Stein）在20世纪初发现的一大批珍藏信件完整记载了粟特人的贸易模式、复杂的信贷体系、运输方式，以及所销售的货物。他们的商品中有很多是金银饰品，如精致的发卡和器皿，此外还有大麻、亚麻、皮毛、藏红花、胡椒、樟脑，但他们最擅长的是丝绸贸易。【59】粟特人是连接城镇、绿洲和不同区域的黏合剂。他们在中国丝绸（深受罗马皇帝和贵族喜爱）抵达地中海东岸的过程中发挥了关键作用。同样，他们在返程中也会购买别的货物：在中亚各地都可以找到君士坦丁堡铸造的钱币，即使在中国腹地都能看到银质水罐这样的贵重物品——在6世纪中叶宁夏固原北周李贤的墓葬中发现了一个雕刻着特洛伊战争场景的银罐。【60】

当各种宗教开始互相接触，借鉴便不可避免。我们很难深究其中的细节，但你会吃惊地发现，光环是印度教、佛教、琐罗亚斯德教和基督教艺术的共同视觉形象，它连接着上天和人间，象征着所有这些宗教中有关发光、照耀等最为重要的元素。在当代伊朗塔齐布斯坦（Tāq-i Bustān）有一座著名的雕像，纪念的是一位马背上的统治者，他被飞翔的天使所环绕，头上有一个光环，让这个地区的任何宗教信徒都非常容易辨认。另外，人物的手势造型也同样如此。佛教的毗怛

---

[1] 指托罗斯山脉以南、阿拉伯沙漠以北、美索不达米亚平原以西的地中海东岸地区。——编者注

迦手印（vitarka mudra）——右手拇指和食指相捏，其他手指微微伸开——被视为是和上天的沟通，特别为基督教艺术家们所推崇。[61]

　　基督教沿着商道广泛传播，但也遇到过阻碍。世界的中心向来纷乱嘈杂，各种信仰、观念和宗教在这里相互借鉴，当然也少不了碰撞和冲突。精神权威地位的争夺变得越来越激烈。基督教和犹太教之间的紧张关系由来已久，双方的宗教领袖都在试图划清两者的界限：前者坚持反对异族通婚，有意更改了复活节的日期，以免和犹太教的逾越节相冲突。[62]但这对有些人来说还不够。君士坦丁堡大主教约翰·克里梭斯顿（John Chrysostom）在4世纪初极力倡导礼拜仪式应要更加打动人心，抱怨基督教目前的状态很难和犹太教竞争，因为对方用的是戏剧场一样的教堂，礼拜的时候有大鼓、七弦琴、竖琴和其他乐器鸣奏，还有演员和舞者出来活跃气氛。[63]

　　犹太教的元老们对于吸纳新的信徒并不热衷。就像著名的拉比海亚（Ḥiyya）说的："不要去相信异教皈依者，因为他们仍心存罪恶。"另一位知名拉比赫尔伯（Ḥelbo）则说，皈依的异教徒如无赖般让人恼怒、不易相处。[64]波斯的犹太教对基督教的态度尤其强硬，认为他们属于入侵者，这在《犹太法典》（众拉比阐释犹太法律的文献汇集）里可以清楚地看到。与巴勒斯坦那版只略微顺带提及耶稣的《犹太法典》不同，这部巴比伦版的法典对基督教极尽所能的残暴以及福音中的教义、故事和人物统统发起攻击。比如，圣母诞子就被嘲笑为骡子生崽；耶稣复活的说法也同样遭到无情讽刺。他们编写了有关耶稣详细而复杂的负面故事，包括恶搞《新约》特别是圣约翰四福音书中的某些场景，试图表明基督教的入侵将是多么大的威胁。他们系统地论证了耶稣只是一个伪先知，说他被钉上十字架完全是由于他自己的过错——换句话说，不关犹太人什么事。犹太教徒试图通过这些粗暴的做法来抵抗以牺牲犹太教来获益的基督教。[65]

　　当然，犹太教自身也开辟出了一些根据地。在阿拉伯半岛西南角的希木叶尔（Ḥimyar）王国，即今沙特阿拉伯和也门的所在地，犹太教越来越占据主要地位——如近期在卡拿（Qana）等地发现的4世纪犹太教堂所示。[66]事实上，希木叶尔对犹太教十分热衷，并将之定为国教。等到5世纪末，在拉比

公会谴责基督教之后，当地的基督徒纷纷因信仰遭到迫害，其中包括大批修道士和主教。【67】

6世纪初，一支实力平庸的埃塞俄比亚远征军穿过红海入侵希木叶尔，试图以一个基督徒傀儡取代当地的犹太统治者，结果导致一场针对基督教的严厉清算报复：教堂或被摧毁，或被改作犹太教堂；成百上千的基督教徒遭到驱逐和迫害——有一次，共计两百名基督徒被赶入教堂圣殿，全部被活活烧死。所有这些行动都作为喜讯报告给国王，国王向整个阿拉伯地区发布消息，庆祝这场由他发动的灾难。【68】

对于基督教在萨珊帝国的发展，琐罗亚斯德教的祭司们也同样开始做出回应，特别是在数位当政权贵也转投基督教之后——这无疑又是一系列的报复和悲剧。【69】另一方面，基督徒则开始通过道德故事鼓励人们坚定信仰，其中最出名的就是史诗般的"三月的传说"（Qardagh）。一个聪明的年轻人，狩猎时像波斯国王那样勇猛，争辩时如希腊哲学家那般敏锐，但他放弃了波斯行省总督这样的光荣职位而选择皈依基督教，结果被判了死刑。他逃出了囚牢，不料却做了一个梦，那梦告诉他：不必抗争，要为信念而死。执行石刑时，他的父亲朝他投掷了第一块石头。基督徒用一篇优美的叙事文来纪念他，以此鼓励其他人找到信仰、皈依基督。【70】

基督教成功的秘诀部分在于它对宗教使命的执着和投入，但它也会适当地调和宗教热情与现实情况之间的矛盾。据7世纪初的文献记载，教士们曾花大量时间试图融合佛教的观点——这种做法也许十分费力，但至少会使问题简单些。一位抵达中国的传教士写道，圣灵的观念与当地人的信仰完全相符："诸佛乘着一股慈悲之风（这便是圣灵）度化整个世界。"他接着说，上帝自创世之日起便掌管永生和长乐，因此"人们将永远崇拜佛祖"。【71】他认为，基督教与佛教不仅仅是契合那么简单，从广义的角度讲，基督教就是佛教。

有些人试图规范基督教与佛教的融合，于是创造了一套混合的"福音"。它有效地简化了前者复杂的教义和故事，结合东方人熟悉并容易接受的元素，以便加快基督教在亚洲的发展。这种双重混合的神学理论通常被称为诺斯替教派（Gnosticism），它认为，用人们易懂的文化和熟悉的语言进行布道才是传教的最佳途径。[72]结果可想而知，基督教得到了大批人群的广泛支持，因为这些教义被人为地诠释得似曾相识、更易接受。

其他宗教和信仰也依靠类似的方法获益不少。颇具魅力的马兹达克教（Mazdak）在5世纪末和6世纪初开始迅速流行——这从基督教、琐罗亚斯德教评论家对该教信众大量褒贬不一的评论中可以得见。马兹达克教的态度和行为，包括饮食习惯，都遭到了恶意的诽谤，他们甚至被污蔑为喜欢群交。事实上，就我们所接触到的重要资料来看，马兹达克提倡的是禁欲主义的生活方式，这与佛教对待物质享受的态度、琐罗亚斯德教对物质世界的怀疑以及基督教长期奉行的苦行主义都有明显的共通之处。[73]

在这种充满竞争的宗教环境里，维护好自己的物质财富同坚持信仰一样重要。一个在7世纪穿越撒马尔罕（乌兹别克东部城市）的中国旅者[1]注意到，当地人坚决抵制佛教，任何寻求栖居的佛教徒都会遭到烈火驱逐。[74]不过这一次却是例外：这位来自中国的到访者被允许当众讲法。在他的个人魅力和出色口才下，很多当地人都转信了佛教。[75]

没有人比佛教徒更了解展示自己信仰和宗教信物的重要性了。另一位前往中亚取经的中国僧人曾吃惊地发现，巴克特里亚当地人对圣物遗迹都非常崇敬，包括一颗佛陀的牙齿、一只佛陀用过的盥洗盆，以及一把装饰着精美珠宝的荞麦扫帚。[76]

还有人用更直观、更富戏剧感的手段来赢得支持。洞窟是宣传和强化宗教信仰的传统场所，它们通常沿贸易通道而建，一方面省去了寺庙和管理人员，另一方面又为贸易和旅行提供了方便。孟买海岸的象窟和印度北部埃罗拉（Ellora）的洞窟庙宇就是最典型的例子：洞窟内满是宏伟华丽的神祇雕像，意在展示道德和信仰的至高无上——当然，在这里是指印度教的至高无上。[77]

不过这些都显然无法与巴米扬（Bamiyan，位于今阿富汗）相比。地处向南通往印度、向北通往巴克特里亚、向西通往波斯的十字路口上，巴米扬拥有751座雕满佛像的洞窟。[78]其中的两座塑像——一座高180英尺，另一座有前者三

---

[1] 即唐代高僧玄奘。——编者注

分之二的高度，但更为古老——矗立在山崖岩刻壁龛中近1500年之久，直到2001年被塔利班摧毁。这不得不说是一种无知、野蛮的行径，与"宗教改革"运动中英国及欧洲中北部地区毁坏宗教艺术品的暴行如出一辙。[79]

当我们说到丝绸之路，印象中总是东方和西方之间的来往交流。其实，在其他方向上也存在着大量的互动。就如公元7世纪的一位中国人所描述的，叙利亚是一个"出产防火布、还魂香、月光珍珠和夜光宝石的地方。那里从未听说过土匪和盗贼，百姓安居乐业。人人遵纪守法，国君任人唯贤。此地幅员广阔，物秀丰登，文学作品繁荣淳朴"。[80]

从实际情况看，尽管各派宗教竞争激烈，但最终在取代传统信仰、习俗和价值观上逐渐占据优势的还是基督教。公元635年，远赴中国的传教士成功说服皇帝取消对这一西方宗教的抵制，并让它成为合法信仰，因为它非但不会对帝国造成影响，反而能增强帝国的实力。[81]

到了公元7世纪中叶，竞争格局似乎变得更加明朗了。基督教压过琐罗亚斯德教、犹太教和佛教，长驱直入地向亚洲进军。[82]长期以来，各种宗教在这一地区相互竞争，它们不断学习以求赢得更多关注。谁能想到最具竞争力、最有可能获得最终成功的，却是这个诞生于小镇伯利恒（Bethlehem）的宗教。[83]离耶稣在本丢·彼拉多手下受难已经过去了几个世纪，就目前的进展来看，基督教要将触角远抵太平洋，从而向西贯穿至大西洋，只是个时间问题了。

不过，就在基督教取得胜利的关口，阻碍出现了。一个强大的势力正在崛起，它不仅覆盖了建有城镇的大片区域，还连接着陆地和海洋。一场激战削弱了这一地区现存的所有政权，从而为新势力的诞生创造了机遇。那时的情形就好比互联网突然出现在古代：各种新思潮、新理论、新趋势一方面威胁、削弱既有的秩序，一方面又在利用着过去几个世纪构建起来的交通网络。这种全新世界观的名称——"伊斯兰"未能反映它的变革特性，因为这个词的原意是"顺从"，没有表达出世界将如何改变。然而不管怎么说，变革已经到来。

| 第四章 |

变革之路

伊斯兰教诞生在一个充满动乱、争议和灾难的世纪里。公元541年，在先知穆罕默德得到启示的一个世纪前，一场异样的灾难将恐怖气氛洒向整个地中海地区。它的传播速度快似闪电，等到人们从惊恐中回过神来，一切已为时过晚。无人能够幸免，死亡人数难以想象。据一个几乎失去所有家人的当事者说，埃及边境的一座城市被一扫而空：原本人口密集的城中只剩下七个男人和一个十岁的孩子；屋舍的大门敞开，家中的金银财宝无人看管。[1]众多城市遭受着毁灭性的袭击，君士坦丁堡在5世纪40年代中期曾每天有1万人死亡。[2]不仅是罗马帝国遭此劫难，没过多久，东方城市同样受到影响，灾难沿着交通贸易要道蔓延，袭击了波斯和美索不达米亚，逐渐进入中国[3]——鼠疫带来了太多的灾难、绝望和死亡。

随之而来的还有长期的经济衰退：田野里没有农民，城镇里没有商人；整整一代年轻人不幸遇难，直接影响到人口数量，导致严重的经济危机。[4]自然，这也影响到君士坦丁堡皇帝们的外交策略。查士丁尼（Justinian，527—565年在位）执政前期，帝国取得了一系列优异的成绩：北非各行省的经济开始复苏，意大利行省也取得了长足的发展。为应对漫长的边界，包括东方边界上随时可能出现的任何问题，帝国精密布置、灵活用兵。但到查士丁尼执政后期，想要维持这种状态已非常困难：人力出现短缺，军队遭受质疑，在大瘟疫袭击之前，帝国财政已开始出现严重赤字。[5]

经济停滞让民众对查士丁尼的统治怨声载道。最严厉的批评是指责他为了讨好邻国，大笔出钱，胡乱捐赠。查士丁尼非常愚蠢，以为"散发罗马帝国的财富去满足那些蛮族就能破财免灾"——查士丁尼时代最尖刻也是最著名的历史学家普罗科匹厄斯（Procopius）这样评价道。他冷酷地嘲笑皇帝"迫不及待地将帝国的大笔资金送给蛮族"，送给东南西北的所有的蛮族，甚至送给那些以前从来没有听说过的人。[6]

查士丁尼的继任者放弃了这一策略，对罗马的邻国采取一种非常强硬的非妥协政策。公元565年查士丁尼死后不久，阿瓦尔人（Avar，草原最大部落之一）的大使向君士坦丁堡催收贡品，遭到了新皇帝查士丁二世（Justin II）的轻蔑对待："你不用再指望从本帝国得到大笔财富，也不用再想着为我们做任何事情。从我这里你什么也得不到。"听到对方警告这样做的后果之后，皇帝震怒了："你们这帮死狗还想威胁罗马帝国？听着，我将切断所有的供奉，然后砍掉你们的头颅！"[7]

罗马皇帝对波斯也采取了类似的立场，特别是后来得到消息说，一群突厥游牧部落已经在中亚草原取代了匈奴人，并威胁着波斯的东部边疆。突厥人在商业贸易中越来越占据主要地位，这让中国人颇感不快，他们认为突厥人不好对付、不值得信赖，这显然是因为突厥人获得了越来越大的商业优势。[8]突厥人的首领是著名的西突厥可汗室点密（Sizabul）：他在牙帐中接受朝拜，半躺在金床上，床的支脚是四个纯金孔雀，室外的大车上满载银盘和银制动物肖像。[9]

突厥人野心勃勃，他们曾派特使赴君士坦丁堡提议建立远程军事联盟。大使们告诉查士丁二世，若能联合发动进攻，波斯唾手可得。[10]罗马皇帝急于凭借战胜君士坦丁堡的老对手以获得荣耀，同时又受到其他预言的鼓励，于是便得意扬扬地同意了这一计划。他向波斯国王发出威胁，要其归还以前协议中割让出去的城镇和疆域。然而，罗马发动的进攻以失败告终，波斯的反攻直逼达拉城（位于今土耳其南部），即罗马的边防要塞。在长达六个月的围攻之后，波斯终于在公元574年夺下该城。罗马皇帝最后在身体和精神的双重崩溃下郁郁而终。[11]

这次惨败让突厥人相信，君士坦丁堡是个价值不大且靠不住的同盟。突厥的大使在公元576年直截了当地说明了这一点，并愤怒地拒绝了任何进攻波斯的提议。他把双手放进嘴里，然后生气地说："我嘴里有十根手指，所以你们罗马人得用更多条舌头来对付我！"罗马曾向突厥人承诺会尽力抗击波斯，结果却让突厥人遭遇惨败。[12]

与波斯重燃战火，意味着一段混乱时期的开始，并且带来了难以预料的结果。随后的二十年间战争不断，有时甚至十分激烈，比如波斯大军深入小亚细亚后的返程之战。这次战役中，波斯遭到了伏击，王后被俘，落入敌手的还有镶满珍珠玉石的纯金銮驾。波斯国王携带着参战的"至高无上的"圣火被罗马人夺走并扔进了河里，琐罗亚斯德教的大祭司和众多帝国要员统统被淹死。熄灭圣火是一个颇具挑衅性的举动，意在动摇波斯宗教信仰的基石。这一消息引起了罗马上下及其同盟国之间的一阵狂欢。[13]

随着战争愈演愈烈，信仰变得至关重要。例如，当士兵因为军饷缩减准备发动暴乱时，指挥官便会拿出耶稣的圣像，让士兵们知道为皇帝效劳就等于是在为上帝效劳；当波斯国王库思老一世于公元579年去世时，有人竟信口开河地宣称："圣光将围绕他闪烁，因为他信仰基督。"[14]强硬的宗教观还驱使着君士坦丁堡对琐罗亚斯德教发起激烈的攻击，说它低级、虚假、颓废。阿伽提亚斯（Agathias）写道，波斯人在琐罗亚斯德教义下已经养成了"一种离经叛道、腐化堕落的习俗"。[15]

向帝国边疆的臣民灌输带有浓厚宗教色彩的军国主义思想，能够让他们更加尽心尽责地服务帝国。[16]对于阿拉伯南部和西部部落，罗马经过一番周折并承诺给予物质奖励后，争取到了他们的支持。授予皇家头衔——这种新的皇室亲属关系能让获得者在地方上作威作福——同样能让更多的人坚定地追随君士坦丁堡。[17]

这种与波斯对峙期间的强硬宗教态度给罗马带来了苦果。因为某些部落所接受的基督教并非公元451年卡尔西顿大公会议上定义的基督教，而是其他派别的基督教，对基督人神二性的看法差距甚大。随着君士坦丁堡发出强硬的宗教声明，罗马人与他们在阿拉伯的长期盟友加萨尼人（Ghassānid）的关系也变得紧张了。[18]或许是由于各教派之间的相互猜疑，原先建立起来的合作关系在这个敏感时刻发生了破裂。这为波斯提供了一个绝佳的可乘之机，他们控制了阿拉伯西部和南部的港口与市场，并新建了一条从波斯通往麦加和欧卡兹（'Ukāẓ）的陆路通道。根据伊斯兰的传统说法，这种变化促使一位麦加的当地领袖向君士坦丁堡提出要求，任命自己为罗马帝国在麦加的"飞拉哈"（Phylarch），即护卫者。日后，这些拥有皇室头衔的麦加护卫者将被皇帝授予"奥斯曼"（'Uthmān）的称号。类似的任命在耶斯里卜（Yathrib）[1]同时进行，不过是以波斯的名义。[19]

阿拉伯半岛上的局势持续紧张，而北部主战场上的拉锯战却毫无进展。最终，历史的转折点没有出现在沙场，而是出现在波斯的宫廷。6世纪80年代末，一位叫瓦赫兰（Vahrām）的极富名望的将军（他曾打败突厥人，稳固了东部边疆）自恃功高，背叛了波斯国王库思老二世。国王逃到君士坦丁堡，向罗马皇帝摩里斯（Maurice）寻求支援，条件是割让高加索山脉和美索不达米亚的大片疆土，并归还达拉。公元591年，库思老二世得以重返家园，他与他的对手进行了交涉，谈判出乎意料的顺利。随后他便开始着手兑现自己的诺言。如一位知名学者所说，那是一个"凡尔赛会议"般的时刻：太多的城池、据点和战略要地都拱手送给了罗马人，甚至将波斯腹地的经济政治中心都暴露给了对方。波斯所受的屈辱如此之大，注定会有猛烈的反扑。[20]

过去二十年的激战中，胜利的天平始终摇摆不定。综合来看，似乎是罗马在外交和政治上占据了较大的优势。如今它拥有了曾经梦寐以求的扩张基础，终于有机会可以在近东建立自己的永久统治。正如历史学家普罗科匹厄斯（Procopius）所指出的，从河流、湖泊和山脉来讲，跨越两河流域的美索不达米亚平原上并没有太多的边防据点，[21]这意味着罗马势必夺取更多的周边领

---

[1] 麦地那（Madina）的旧称。——编者注

土来巩固他们的既得利益。库思老二世虽然夺回了王位，但代价未免太大。

然而在随后不到十年的时间里，局势发生了戏剧性的逆转。公元602年，罗马宫廷发生政变，皇帝摩里斯被他的将军福卡斯（Phokas）所杀。库思老二世看到了机会，提出要重新谈判。他在攻取达拉——罗马在美索不达米亚北部的防御要地——的战役中找回了自信，也从福卡斯的夺权行动中吸取了教训，进一步巩固自己在国内的统治地位。当听说新一波蛮族正在进攻巴尔干半岛时，波斯国王的野心迅速膨胀。之前用于统治阿拉伯北部归降民族的传统管理方法全被废除，边疆地区被重新整合，以适应波斯人的扩张。【22】

波斯对基督教徒的监管非常严密。基督主教们从过去的经验中知道战争不是好事，波斯对罗马的敌意通常会让他们因勾结罪受到惩处。公元605年，波斯国王亲自主持新一任元老的大选，并邀请基督教高层人士参加。这是在有意释放友好的信号，向少数派宗教人士表明统治者对他们的事务非常关心。这一举动非常奏效，在基督教群体中获得极高评价。主教们十分感激库思老二世，赞誉他是"伟大、慷慨、善良、宽宏的众王之王"。【23】

趁着罗马帝国深陷一桩桩内部反叛的泥潭中，波斯帝国开始了复仇：美索不达米亚的城池像骨牌一样接连沦陷，最后一座城市埃德萨于公元609年投诚；随后波斯人将注意力转向叙利亚，奥伦特斯河上的伟大城市安条克——叙利亚最重要的城市之一，圣彼得曾在此建立首个主教辖区——于公元610年沦陷，叙利亚西部的埃美萨（Emesa）于第二年失陷，另一个核心要地大马士革也于公元613年落入波斯人之手。

局势的恶化远未停歇。在君士坦丁堡，虽然不受拥戴的福卡斯被谋杀，他那身首异处的裸尸被挂在街头示众，但新皇帝赫拉克利乌斯（Heraclius）似乎无力阻挡波斯人越来越强劲的进攻步伐。在小亚细亚挫败罗马的一次反攻后，波斯国王转道向南进攻耶路撒冷，其目的非常明显：夺取基督教的圣城，由此建立波斯在文化、宗教上的最后胜利。

公元614年5月，圣城在波斯的围攻下很快失陷。罗马世界对此事件的反应近乎歇斯底里：犹太人被指控不仅与波斯人同谋，而且还给予了实际支持。据一份基督教文献记载，犹太人"像恶毒的野兽"，竟去帮助那些毒蛇般的入侵者；

他们参与屠杀当地虔诚的百姓，但那些百姓毫无怨言，"因为他们是为基督而死，是为基督流血"；传言说教堂都被拆毁，十字架被砸到地上，圣徽遭到凌辱，不过，钉死耶稣用的真十字架被运到了波斯的首都，作为库思老二世的战利品。这对罗马来说真是一场灾难，帝国不得不向民众封锁这些噩耗。[24]

面对如此局面，赫拉克利乌斯曾一度考虑退位，但最终还是绝望地做出了回应：派大使面见库思老二世，表示为了争取和平，可以同意任何条款。罗马皇帝还通过特使乞求得到原谅，把罗马这些年的入侵行动都归咎到前任福卡斯身上。他把自己说成是一个随从，并称波斯国王为"至高无上的大帝"。库思老二世仔细听完大使们的陈述，然后把他们杀了。[25]

消息传回到罗马，惊慌和恐惧压得君士坦丁堡喘不过气来。毫无疑问，罗马必须迅速做出改变以应对这场灾难。皇帝手下官员的薪俸一律减半，部队的军饷同样减半；取消免费发放面包及其他一切赢得首都民心的政治福利[26]；接管教会的黄金白银，以补国库之需。为备战眼前的大战，并求上帝停止惩罚罗马人的罪孽，赫拉克利乌斯更改了罗马钱币的设计：钱币正面的皇帝半身像仍然存在，但新币的背面改成了一个十字架的图案，以此将抗击波斯人与保卫基督教信仰等同起来；另外，币值也大幅增加。[27]

从短期来看，这些措施收效并不大。拿下巴勒斯坦之后，波斯人又向尼罗河三角洲转进，并于公元619年攻占了亚历山大港。[28]在不到两年时间内，埃及——这个地中海的面包篮子和罗马农业经济的大本营——终于失陷。下一个目标是小亚细亚，于公元622年遭受攻击。尽管扩张步伐一度受阻，但到公元626年，从君士坦丁堡的城墙上已经可以看见波斯军队的兵营了。这似乎还不是罗马面临的最坏境地。波斯国王和横扫了巴尔干半岛，并与已从北部进发攻城略地的阿瓦尔人结成了同盟。事到如今，唯一能让罗马帝国免遭覆灭的只剩下君士坦丁堡——这座君士坦丁大帝之城，这座新罗马之城——那堵厚厚的城墙了。帝国进入倒计时，灭亡似乎无法避免。

然而，赫拉克利乌斯最终还是得到了上帝迟来的眷顾。敌人的首轮攻城并未成功，后续的进攻也被轻松击败。敌方的士气有所受挫，尤其是阿瓦尔人，这些为放牧马匹头痛不已的草原民族，在部落纷争威胁到首领权威的情况下首先撤退。波斯人随后不久也开始撤退，主要原因是有情报称高加索地区正受到突厥人的进攻，波斯不得不全力应付：领土的迅速扩张导致资源紧张，新征服的疆土无人防卫，自然引来了突厥人的觊觎。君士坦丁堡得以死里逃生。【29】

都城被困时，赫拉克利乌斯一直在小亚细亚统领着帝国军队。在一次出奇制胜的反攻战役中，他击退了敌人。他首先前往高加索，与突厥可汗会面，同意建立联盟——他扔给可汗许多荣誉和礼物，并愿把自己的女儿尤多基娅（Eudokia）嫁给他做新娘，结成姻亲【30】；接着，他马不停蹄地一路南下，于公元627年秋在尼尼微（Nineveh，位于今伊拉克北部）击败了一支波斯大军；随后又向泰西封进发，那里的敌人势力正在减弱。

重压之下，波斯高层开始崩溃。库思老二世被谋杀，他的儿子卡瓦德（Kavad）继位，立即向赫拉克利乌斯提出议和。【31】罗马皇帝对于波斯割让领土的许诺和各种赞誉非常满意，于是撤军到君士坦丁堡，并派出他的特使前去谈判，条件包括归还历次战争中占领的罗马土地，以及公元614年从耶路撒冷夺走的圣物耶稣真十字架。【32】这标志着罗马获得了一场辉煌的、决定性的胜利。

厄运并未结束，一场将波斯帝国吹向崩溃边缘的风暴正在酝酿着。看到形势遭遇逆转，曾策划闪电进攻埃及的波斯将军沙赫巴勒兹（Shahrbarāz）盯上了国王的宝座：帝国已深陷泥潭，东部边疆随时可能遭到突厥人的袭击，有人篡位在所难免。政变正在紧张策划，将军和赫拉克利乌斯取得了接触，希望罗马能够给予支持，帮助他从埃及撤军，然后向泰西封进发。赫拉克利乌斯自然很高兴看到波斯的瓦解，并借此确立自己的地位。

在帝国最艰难的时刻，赫拉克利乌斯一直努力依靠宗教来赢得国人的支持和信心。库思老二世的进攻就被解释成是针对基督教发起的。比如在一场为帝国军队表演的戏剧中，演员念了一封虚构的波斯国王亲笔信：它不仅嘲笑赫拉克利乌斯，而且还嘲笑基督教上帝的无能。【33】罗马人一直在为信仰而战：这是一场彻头彻尾的宗教战争。

因此，当罗马人以胜利者的姿态做出丑陋的行径时，也就不足为奇了：赫拉克利乌斯于公元630年3月率军进入耶路撒冷，将真十字架立在圣墓大教堂，并下令所有犹太人都必须受洗，作为对他们16年前圣城沦陷时投靠波斯人的惩罚，逃走的人则被禁止进入耶路撒冷三英里之内。【34】东方基督徒——这些被判定不奉正统的教徒，同样成为帝国官员的打压目标：他们被迫放弃自己的信仰，去接受被证明是唯一能得到上帝祝福的正统基督教义。【35】

这给波斯的基督教会造成了极大的困扰。他们已经有一个多世纪没有和西方进行过面对面的交流，其高层教士一直都认为自己才是正统信仰的传递者，在他们眼中，西方教会早已系统化地受到邪门歪道的腐蚀。在公元612年的会议上，波斯的主教们一致认为，一些主要的异教几乎都已经在罗马帝国猖獗过，而波斯则"从未出现过异教"。【36】在埃德萨，赫拉克利乌斯下令要东方基督教"改邪归正"，并将东方基督徒逐出他们过去祈祷的地方。显然，他的目的是让所有的波斯人转信西方基督教，从而归顺罗马帝国——这是赫拉克利乌斯在赢得胜利后一直想做的一件事。【37】

西方基督教在君士坦丁堡的推动下占尽优势，一些巧合事件的发生也让旧信仰雪上加霜：泰西封暴发了一场瘟疫，波斯国王卡瓦德成为牺牲品——看来琐罗亚斯德教不过是一厢情愿，只有基督教才是正统，它的信众都得到了保佑。【38】在这宗教局势发生改变的时候，阿拉伯半岛的南方腹地也在发生翻天覆地的变化。这一地区未被几百英里外罗马和波斯的战火燃及，但这并不意味着丝毫不受影响。事实上，阿拉伯西南端一直是两大帝国的必争之地。不到一个世纪之前，希木叶尔王国、麦加和麦地那曾与波斯帝国共同抵抗君士坦丁堡的基督教势力，以及希木叶尔在红海对面的死敌——埃塞俄比亚。【39】

这是一个近百年来信仰不断变化、相互适应、充满竞争的地区。当年多崇拜、多偶像、多信仰的多神教世界已经让位于一元化的全能神教。多神教的圣殿无人问津，一位学者这样说道，在伊斯兰教诞生的前夜，多神教"正在死去"，替代它的是犹太教和基督教的唯一全能的上帝观念，以及从6世纪末、7世纪初开始在阿拉伯半岛激增的天使、乐园、祈祷和施舍的雕刻。【40】

当战事在北方蔓延，一个叫穆罕默德的商人——古来氏（Quraysh）部落哈希姆家族（Banū Hāshim）的成员——独自来到离麦加城不远的一个洞窟中冥思。按照伊斯兰传统说法，他于公元610年得到真主天启。当时穆罕默德听到一个声音，让他以"创造主的名义"宣读经文。[41]他惊恐万分地离开了洞窟，只见一个人"在明显的天边"[1]，洪亮的声音在头顶震响："穆罕默德啊，你是真主的使者，我是吉卜利勒（Jibrīl）天使。"[42]后来的几年里，一系列天启接踵而至，在7世纪后半叶被用文字记录下来——这就是《古兰经》。[43]

吉卜利勒告诉穆罕默德，真主派遣使者们传达喜信或提出警告。[44]穆罕默德是被万能真主选中的使者，他被告知世上有太多的黑暗、太多的恐惧，灾难遍布在各个角落；他被劝说宣读天启，这样才能得到真主的保护，以防受到恶魔的干扰。[45]穆罕默德被不停地告知，真主是最为仁慈的，但他同样也会严厉惩罚那些不愿敬畏他的人。[46]

有关伊斯兰教早期发展的史料卷帙浩繁，这给后世的理解造成极大困难。[47]想确定当时或后来的政治因素如何影响了穆罕默德的故事和教义，并不是一件容易的事情，当代学者在此问题上仍存在着激烈的争论。比如，我们很难弄清伊斯兰信仰在塑造人们精神世界的过程中究竟扮演了何种角色。因为早在7世纪中叶，真正的伊斯兰教信仰者（mu'minūn）和仅仅是臣服于穆斯林权威的追随者（muslimūn）之间，就已经存在着非常明显的差异。

后世的学者都非常关注宗教的作用，不仅指出伊斯兰教为精神启迪提供了力量，更强调说是伊斯兰教让阿拉伯人变得精诚团结。然而事实上，在描述之后的征服行动时，人们始终无法说清究竟是"穆斯林"发动的征战还是"阿拉伯人"发动的征战。从我们这些旁观者的角度看，这两者之间的界线从征服时期起就已经模糊了。

不过有一点是获得普遍认同的，穆罕默德并非7世纪初期阿拉伯半岛上唯一一个传播一神论的人，因为当时还有很多"假冒的先知"。这些人抓住波斯—罗马战争期间的混乱，趁势涌现。其中一些有影响力的人甚至提出了与穆罕默德教义非常相似的救世理论和先知预言，他们都宣称天启来自吉卜利勒天使，都指出了获得赎罪和拯救的道路，有些还会拿出所谓的圣书来支撑他们的教义。[48]另外，考古记录清楚地表明，在这一时期，基督教堂也开始出现在

---

[1] 本书中所引用的《古兰经》译文均参考马坚译本《古兰经》（第4版，中国社会科学出版社）。——编者按

麦加及周边地区，新的钱币和墓地都表明有不少人改宗皈依了基督教。可见在当时的阿拉伯半岛，思想和灵魂上的竞争都十分激烈。[49]

还有一点也得到了人们的共识，穆罕默德当时是在一个因波斯—罗马战争导致经济衰退的社会中进行传教活动的。[50]罗马与波斯的对峙与冲突严重阻塞了通往汉志（Hijāz）[1]的贸易路线。政府的开销主要用于军队，由于国内经济长期支援战争，人们对奢侈品的需求自然大幅降低。传统的交易市场，特别是位于黎凡特和波斯的城镇，常常会被卷入战事，这给阿拉伯南部地区的经济造成更大的压力。[51]

没人比麦加的古来氏部落更痛心了——过去，他们的商队一直都是向叙利亚运送黄金和珍宝的主力；此外他们还失去了向罗马军队贩卖皮革的利润，这些皮革被用于制作马鞍、靴子、盾牌、皮带等等。[52]而且，随着去哈拉姆（haram）——位于麦加的神祇圣地——朝拜的信徒数量骤减，他们的生活也许会受到进一步影响。此地有众多的神祇偶像，据说包括一座"亚伯拉罕原像"——全身由红玛瑙雕成，金色的右手旁环绕着七只占卜用的箭头。[53]作为麦加的坐地户，古来氏人靠着给信徒做仪式、供水、供食，收入颇丰。随着叙利亚和美索不达米亚的动乱愈演愈烈，阿拉伯人的日常生活受到巨大影响，难怪人们会深信穆罕默德所警告的世界末日了。

穆罕默德的教义找到了肥沃的土壤，他以极大的热情和信念大胆而详细地解释了这场灾难性的剧变。他受到的启示力量无穷，他发出的告诫绝非戏言。追随他教义的人会发现自己的土地五谷丰登、花果满园，违背他教义的人则将看到一片荒芜。[54]通过精神救赎，信仰者将得到天堂般的生活："其中有水河，水质不腐；有乳河，乳味不变；有酒河，饮者称快；有蜜河，蜜质纯洁。"他们将能享受到各种水果以及来自真主的赦宥。[55]

拒绝神圣教义的人不仅会有灭顶之灾，而且将遭受天谴。任何向信仰者发起战争的人都将受到无情的惩罚：或被处以死刑，或钉死在十字架上，或截去四肢，或驱逐出境。穆罕默德的敌人就是真主的敌人，他们定将面临可怕的

---

[1] 阿拉伯半岛西部沿海地带，辖区包括麦加和麦地那。——编者注

命运。[56]他们还可能被投入烈火地狱，每当皮肤烧焦的时候，他们就会被换上一套新的皮肤重新感受，所以折磨是永无尽止的。[57]那些不来信教的人将"永居火狱，常饮沸水，肠寸寸断"。[58]

这些激进的言辞无视传统的多神教信仰，引起了麦加高层保守派的愤怒指责和强烈反抗。[59]穆罕默德不得不于公元622年逃到耶斯里卜，也就是后来的麦地那，以躲避迫害。他的逃亡被后人称为"希吉拉"（*hijra*），成为伊斯兰发展史上的重要转折点，这一年也成为伊斯兰历的元年。近年来发现的一份纸草文献证明，正是从那时起，穆罕默德创立了一种全新的宗教和群体认同。[60]

建立新群体认同的关键在于统一。穆罕默德力求整合阿拉伯南方的众多部落，因为罗马和波斯一直在利用这些地方的敌对势力，使他们鹬蚌相争，从而坐收渔利。通过高官厚禄，罗马和波斯培植了一大批附庸和恪守规矩的权贵，只要他们听话，就能从罗马和泰西封获得奖赏。但残酷的战争已使这一附庸体系支离破碎：长期的动荡意味着某些部落"与罗马帝国的贸易中获得的30磅黄金的常规收入"开始缩水。更糟的是，他们的合理请求和正当权益开始遭到拒绝。"皇帝连军饷都捉襟见肘，"一位官员称，"更不用说支付（你们这些）猪狗不如的人了！"当另外一位特使前去告诉各部落，未来的贸易将更受限制时，他竟被杀死并缝在一头骆驼体内。各部落离掌握自主权已经不远，他们的报复目标是"让罗马大地成为废墟"。[61]

用地方语言传教为新宗教的发展提供了极大帮助。虽然《古兰经》中提到："我确已以此为阿拉伯文的《古兰经》，以便你们了解。"[62]这让阿拉伯人看到了自己的宗教，一个全新的群体认同，然而这同时又是一个为其他地方人创立的宗教，不分地位、部落、种族和语言。穆罕默德用来记录真主启示的《古兰经》中有众多的外来词汇，来源包括希腊语、阿拉美语、叙利亚语、希伯来语和波斯语，这说明穆罕默德的目标是打造一个跨越语言界限、强调求同存异的宗教环境。[63]统一是核心教义，也是伊斯兰教取得巨大成功的关键所在。"不要再让阿拉伯世界存在两种宗教"，这是穆罕默德的最后嘱托——8世纪的一位知名伊斯兰学者在他的著作中这样写道。[64]

穆罕默德逃到耶斯里卜时只有少数追随者，他的教义看似毫无希望。向乌玛（*umma*，即穆斯林公社）灌输教义的进展十分缓慢，前来消灭叛教者的麦加军队越来越近，局势非常危险。穆罕默德及其追随者开始寻求武装抵抗，通过一系列以商队为目标的大胆突袭，他们迅速积累起了优势。面对麦加贵族以寡敌众的胜利——如公元624年的白德尔（Badr）战役——极大地鼓舞了人心，这证明穆罕默德及其追随者得到了真主的护佑，而丰厚的战利品同样让观望者兴趣倍增。经过一轮与麦加古来氏部落首领的紧张谈判后，双方达成了和解，并签订了《侯代比亚和约》（al-Ḥudaybiya），规定麦加和耶斯里卜停战十年，并取消对穆罕默德追随者的种种限制。于是，皈依伊斯兰教的人数开始与日俱增。

随着穆斯林人口的增长，该宗教的野心也越来越大。首先是要确立一个宗教中心。过去人们朝拜的时候都是面向耶路撒冷，但在公元628年，再获天启的穆罕默德宣布说，之前的做法只是一个考验[1]，现在进行修正，今后朝拜的方向不再是别处，而是麦加。【65】

于是，过去阿拉伯最出名的多神教中心克尔白天房（Kaʻba）被认定为麦加城内的朝拜圣地。天房据说是由以实玛利（Ishmael）——亚伯拉罕的儿子，公认的十二个阿拉伯支派的祖先——建造的。穆罕默德宣布，外来的朝圣者都要呼唤着真主的名字到这一神圣的地点朝拜，以便履行天降以实玛利的教诲：凡来自阿拉伯和远方国土的朝圣者，无论是步行还是骑着骆驼，都要参拜天房中央的那块黑色石头——那是天使从天堂带来的圣石。【66】将克尔白定为伊斯兰圣地，无疑能够继承历史传统、强化文化认同。除了提供精神指导，新的宗教还通过将麦加建设成该地首屈一指的宗教中心，使之在政治、经济、文化上也都取得长足发展。它缓和了麦加人与古来氏人之间多年来的敌意，以至于当地的上层精英都开始宣誓效忠伊斯兰教和穆罕默德。

穆罕默德的领袖才能还不止于此。随着阿拉伯地区的障碍和冲突逐渐消失，他决定向其他地域派遣远征军，搜寻任何不容错过的发展良机。巧合的

---

[1]《古兰经》第2章第143节："我以你原来所对的方向为朝向，只为辨别谁是顺从使者的，谁是背叛的。"——编者注

是，在公元628年至632年，局势不断恶化的波斯帝国恰好处于崩溃的边缘。这一段时期内至少有六位国王登基，据一位知名的阿拉伯历史学家后来补充，其实是八位——另加两位皇后。[67]

边防力量薄弱的波斯南部首当其冲。随着穆斯林在该地区吞并一个又一个的城镇和村庄，其宗教实力和人口也逐渐壮大。希拉镇（al-Ḥīra，位于今伊拉克中南部）便是一个典型，面对进攻的波斯守兵迅速投诚，并答应满足敌人的一切要求以换取和平。[68]波斯的统帅们也都士气不振，同样建议向阿拉伯军队缴纳赎金，"只要他们愿意撤军"。[69]

仅靠纯粹的精神指导并不能赢得人们对伊斯兰教义的信赖，充足的物质资源也十分重要。据说有一位阿拉伯将军告诉他在萨珊帝国的对手："我们不再执着于尘世的得失，远征军要做的是传播真主的启示。"[70]很明显，传道的热情是早期伊斯兰教成功的关键，但也需要辅以创新性的战利品及财富分配方案。穆罕默德愿意通过物质鼓励来换取忠诚和服从，他承诺从敌人手中缴获的财富全都归他的追随者所有。[71]这样，物质兴趣和宗教兴趣便被密切地结合在了一起。[72]

在一个有效的金字塔型利益分配体系下，早期皈依伊斯兰教的人获利丰厚。该体系于7世纪30年代初期由"迪万"（dīwān）——监督战利品分配的官方机构——创立：伊斯兰的领袖哈里发（Caliph）能得到20%的战利分成，但全部所得应该在他的追随者和参战者之间分享。[73]早期信众从征服行动中获利最多，新教徒也热切希望能够分享胜利成果，这便为帝国的扩张提供了源源不断的动力。

穆斯林军队持续向一个被称为贝都因人（Bedouin，意为"荒原上的游牧民"）的草原部落灌输政治和宗教权威，同时也进行经济渗透，并以惊人的速度赢得了大面积的疆域。尽管我们很难确切地列出一张大事记年表，但近来的研究证明，穆斯林向波斯的扩张行动要比人们通常认为的早若干年——即公元628年到632年萨珊王朝内乱之时，而非内乱之后。[74]确认这一时间点是极具意义的，因为它有助于解释7世纪30年代穆斯林在巴勒斯坦（包括刚刚被罗马人收复的耶路撒冷）的迅速成功。[75]

面对穆斯林的威胁，罗马和波斯都显得有些反应迟钝。以波斯为例，公元636年穆斯林在卡迪西亚（Qādisiyyah）的大获全胜，极大地鼓舞了阿拉伯新军的士气，伊斯兰教徒由此信心倍增。波斯贵族在战役中纷纷败下阵来，严重削弱了后续的抵抗能力，使本来就摇摇欲坠的帝国变得不堪一击。[76]罗马人也同样遭遇挫折：公元636年，由皇帝的弟弟西奥多统领的一支大军在加利利海（Galilee）以南的耶尔穆克河（Yarmuk）惨败，原因是他严重低估了阿拉伯军队的人数、战力和决心。[77]

世界的中心如今已经门户大开。穆斯林大军不断逼近泰西封，一座座城池先后陷落。在长期围困下，都城最终失陷，城中的金银财宝都被阿拉伯人掠走。波斯虽被罗马人的绝地反击所打败，但最后还是倒在了穆罕默德及其追随者的铁蹄下。现在唯一的问题是，伊斯兰的势力究竟能够扩散到多远。

第五章

和睦之路

　　沙场上的军事天赋和战略专家帮助穆罕默德及其追随者赢得了一系列令人瞩目的成就。古来氏部落和麦加上层精英的支持也起到了关键作用，推动了新宗教在阿拉伯南方部落的宣扬和壮大。波斯的崩溃同样在恰当时刻为穆斯林提供了机遇。但还有另外两个原因也可以解释伊斯兰在7世纪初的成功：基督徒的支持，以及更关键的犹太人的支持。

　　在一个宗教与暴力紧密相连的世界里，我们很容易忽略那些伟大信仰之间相互学习、相互借鉴的一面。在现代人看来，基督教和伊斯兰教简直是水火不容，但在它们早期共存的年代，二者的关系并非那样紧张，而是和平共处。伊斯兰教和犹太教的关系更是如此，两者的互容性令人吃惊。中东地区犹太人的支持对穆罕默德宗教的繁衍和散播起到至关重要的作用。

　　尽管有关伊斯兰早期历史的资料并非全都可靠，但从当时的文献中——无论是阿拉伯文献、亚美尼亚文献还是叙利亚文献、希腊文献、希伯来文献——我们仍可梳理出一些准确无误的史实，并找到考古学上的证据：随着穆斯林势力的逐渐扩张，穆罕默德及其追随者曾极力减缓犹太教徒和基督教徒对他们的恐惧。

　　穆罕默德在7世纪20年代逃到阿拉伯南部耶斯里卜的时候，他的主要策略之一便是想办法求得犹太人的帮助。这是一座渗透着犹太教和犹太历史的城镇，不到一个世纪以前，一位狂热的希木叶尔犹太统治者曾策动一起针对当地少数教派基督教的迫害行动，以此巩固与盟友之间的关系：波斯曾援助希木叶尔人一起抵抗罗马人和埃塞俄比亚人的联盟。

　　耶斯里卜的犹太领袖答应支持穆罕默德，条件是结成防卫同盟。他们还签订了一份正式协议，规定犹太人的宗教和财产都将永远受到穆斯林的尊重。协议还要求犹太教和伊斯兰教必须互帮互助：在任何一方受到第三方攻击时，两教的信众都要奋起保护对方；穆斯林不得损害犹太人的利益，更不能帮助犹太教的敌人；穆斯林和犹太人将携手合作，共同传递"圣言与真谛"。[1]这些举措非常奏效，穆罕默德的教义看上去不仅充满善意，而且并不陌生：比如，它和《旧约》有很多共通之处，尤其是在敬奉先知、敬奉亚伯拉罕方面；此外，在拒绝承认耶稣是救世主这一点上，大家也达成一致。犹太人相信伊斯兰教不会对自己构成威胁，双方似乎存在许多共识和默契。[2]

　　与穆罕默德及其信众成为同盟的消息在犹太社会中迅速传播。7世纪30年代的一份北非文献记载了巴勒斯坦地区的犹太人热忱欢迎阿拉伯人的情景，这表明当时的罗马及基督教在该地区已经完全失势。关于古代预言将要实现的说法开始盛行起来："先知已经出现，和撒拉逊人[1]一同到来，他向世人宣告受膏者的降临、基督的降临。"[3]而一些犹太人则认为这是弥赛亚的降临，正好证明耶稣基督是个骗子，人类的末日已经到来。[4]当然并非所有人都相信，比如一位犹太拉比就说穆罕默德是个假先知，"先知不会佩带长剑而来"。[5]

　　还有文献提到，一些犹太人把穆斯林当成救星，因为他们让犹太人摆脱了罗马人的统治。这进一步证实了当地人对伊斯兰教所持的肯定态度。一个世纪后的另一份有关这一时期的文献则记载了天使如何降临到拉比西蒙·本·约亥（Shim'on b. Yoḥai）的身旁，当时拉比正因赫拉克利乌斯占领耶路撒冷而

---

[1] Saracen，阿拉伯人的古称。——译者注

被迫受洗、遭受磨难。"我们如何知道（穆斯林）是来拯救我们的呢？"据说拉比这样问道。天使对他说："上帝带来（阿拉伯）王国，只为让你们从邪恶（罗马）中解脱。按照上帝的意愿，将这些人中挑选出一位先知。他将率领这些人征服这片土地，并在此实现伟大复兴。"穆罕默德被犹太人视作救世主，这些土地现在又属于亚伯拉罕的后裔，这意味着阿拉伯人与犹太人更加休戚与共。【6】

此外，与阿拉伯军队合作还有其他利益上的考虑。比如在希伯伦（Hebron），犹太人向伊斯兰统帅提出交易："保障我们的安全，确保我们与你们地位同等，允许我们在麦比拉洞（Machpelah，亚伯拉罕的安葬地）的入口处建立犹太教堂。作为回报，"犹太人说，"我们将告诉你们一条绕过城市防线的通道。"【7】

由此可见，在7世纪30年代初，能够得到当地人口的支持是穆斯林在巴勒斯坦和叙利亚地区取得成功的关键因素。近期有关希腊、叙利亚和阿拉伯的研究证明，在早期记述中，伊斯兰军队的到来是受到犹太人欢迎的。这并不奇怪，除掉某些过于粉饰性的赞扬或敌意性的诋毁（如称穆斯林是"虚伪的恶魔"），我们能读到这样的史实：率军进入耶路撒冷的将领们在入圣城时穿着俭朴，如同虔诚的朝圣者，热切盼望与那些信仰虽然不同但至少不会大相径庭的沿途百姓共同祈祷。【8】

在中东，还有其他一些宗教群体也对伊斯兰教的崛起抱有幻想。这一地区存在着大量不守规矩的教徒，许多基督教分支对教会的决策提出异议，甚至直接反对在他们看来是异端的教义。这种情形在巴勒斯坦和西奈（Sinai）半岛特别明显。这里有许多基督教团体暴力反抗公元451年卡尔西顿大公会议上做出的决议，即关于耶稣基督的人神二性以及他最终遭到迫害的原因。【9】这些基督教徒发现自己在追随赫拉克利乌斯之后并没有得到什么好处，他们认为当时赫拉克利乌斯之所以能从波斯魔爪下逃过一劫并展开绝地反击，靠的是他们这些东方基督教派的坚定支持。

于是这些基督教派开始转向穆斯林寻求同情和支持。尼西比斯大主教约翰达森（John of Dasen）便收到这样的消息，一位伊斯兰军官向他表示：希望能得到主教的支持，在城里站住脚；作为回报，他将不仅愿意帮助教会推翻西方基督教派的领袖人物，并且还将让约翰身居要位。【10】7世纪40年代一封教士写的信表明，新的统治者不仅没有反抗基督教，"还帮助我们宣传教义，向我们的神职人员、修道院和圣人表示敬意，还给宗教机构捐赠了礼物。"【11】

这种情况下，穆罕默德及其追随者赢得了当地基督教信众的认同。从一个方面讲，伊斯兰教与基督教在反对多神教和崇拜偶像上也存在明显的共鸣，其自身的教义与基督教观念多有相似。《古兰经》里出现的摩西、诺亚、约伯和撒迦利亚等一系列熟悉的形象，让基督徒备感亲切；明确陈述了上帝授予摩西经文，并在他之后又派遣了许多使者，现在又挑选了另一位先知广传上帝的教义。【12】

通过挖掘信仰中的共同来源，以及强调双方习俗和教义之间的相似性，伊斯兰教不断强化着与基督教的共识。上帝并未选择仅仅向穆罕默德传递启示，《古兰经》中这样写道："他降示你这部包含真理的经典，以证实以前的一切天经；他曾降示《讨拉特》和《引支勒》。"【13】另一段内容则是让圣母玛利亚记住天使告诉她的话，伊斯兰圣书对圣母的赞美语气与基督教相差无几："麦尔彦（即玛丽亚）啊！真主确已拣选你，使你纯洁，使你超越全世界的妇女。麦尔彦啊！你当顺服你的主，你当叩头，你当与鞠躬的人一同鞠躬。"【14】

那些纠结于耶稣身世和三位一体争论的基督徒可能会感到吃惊，穆罕默德得到的启示居然包含着如此简单而有说服力的关键信息：世上只有一位上帝，穆罕默德是他的信使。【15】这从基督教的角度看，全能上帝的概念非常容易理解，而门徒们不时传递上帝的教义也顺理成章。

对于基督教和犹太教的激烈争辩，《古兰经》中如此评价："信奉天经的人啊！你们为什么和我们辩论易卜拉欣（的宗教）呢？《讨拉特》和《引支勒》是在他弃世之后才降示的。难道你们不了解吗？"【16】穆罕默德的经文还说："要坚持真主的绳索，不要自己分裂。"【17】这些明显都是调解之词。犹太教众和基督教徒都能"没有恐惧，也不忧愁"，《古兰经》中不止一处这样说，"凡信真主和末日，并且行善的，将来在主那里必得享受自己的报

酬"。【18】

一些相似的习俗和法规也强化了三教之间的关系。它们被说成是在穆罕默德之前就已存在，后来遗失了，现在要重新恢复。比如说，截肢是对偷窃罪犯的惩罚，也是免除叛教者死刑的替代措施，这种做法现已成为穆斯林的惯例。其他活动如施舍、斋戒、朝拜和祷告等也被纳入伊斯兰教的核心仪式。【19】伊斯兰教与基督教和犹太教之间的相似点后来成了一个敏感话题，部分人将此归咎于穆罕默德，说他是文盲，因而不可能熟知《托拉》[1]（Torah）和《圣经》中的教义——尽管与穆罕默德差不多同时期的人曾明确说过他对《旧约》和《新约》都有很深的造诣。【20】有些人更为过分，试图证明《古兰经》是以《圣经》选文为基础、用阿拉美语写成的经文，后来还经过了加工和改造。这种说法与其他试图挑战甚至否定伊斯兰传统的说法一样，虽被有限的学者支持，但最终还是遭到了摒弃。【21】

基督教和犹太教的支持是伊斯兰教早期发展的关键，这一事实足以说明为什么穆罕默德在有生之年会对罗马人做出肯定的评价。"罗马人已败北。"《古兰经》写道，指的是罗马人在7世纪初与波斯对抗中的一系列失利。"他们既败之后，将获胜利，于数年之间……真主应许（他们胜利）"，【22】这一点确切无疑，因为"真主并不爽约"。【23】这一说法听上去非常包容、顺耳，多少让当时处在崩溃边缘的基督徒得到安慰。在他们看来，伊斯兰教心胸广阔、充满善意，似乎能够缓和当时的紧张局势。

事实上，历史文献中满是基督徒羡慕穆斯林及其军队的例子。一份8世纪的文献表明，一位基督教僧侣被派往敌营探视，结果大为震撼。"那个民族每天晚上熬夜祈祷，"他和身边的人说，"白天则在禁欲、趋善避恶。他们夜里是僧，白天是狮。"这看起来非常值得称赞，而且有效地模糊了基督教与伊斯兰教之间的界限。这一时期的其他记载还谈到基督教徒接受穆罕默德的教义，说明教派之间的差异并非泾渭分明。【24】早期穆斯林倡导的苦行主义也与希腊—罗马文化非常相近。【25】

---

[1] 犹太教最重要的经书，用希伯来语写就。——编者注

为了调和与基督教之间的关系，穆斯林还出台了相关政策来维护和尊重圣书当中的人物——也就是说，犹太教和基督教的人物。《古兰经》里清楚地表明，早期穆斯林并未将自己看作是基督教和犹太教的对手，而是一脉相承：穆罕默德的教义从前就受到易卜拉欣（亚伯拉罕）、易司马仪（以实玛利）、易司哈格（以撒）、叶尔孤白（雅各）的启示；上帝曾将同样的"经典"赐给穆萨（摩西）和尔撒（耶稣）。"我们对于他们中的任何人，都不加以歧视。"《古兰经》中如是说。换言之，犹太教和基督教的先知和伊斯兰的先知别无二致。[26]

所以，《古兰经》中有60多处提到"乌玛"一词，不仅是指一个族裔，而且是指一个信众群体，并说在信仰产生分歧之前，人类只有一个"乌玛"。[27]当然，在分裂之后，上帝会根据自己的意愿偏向其中一方。一些重要的一神教教义在《古兰经》和穆罕默德的圣训（ḥadīth）中都有记载，并且均将分歧搁置到了一边。穆斯林相信，用宽容和尊重对待犹太教和基督教，是不会有错的。

这一时段的许多资料都比较复杂，甚至相互矛盾，主要原因是有些文字写于事件发生的很多年之后。不过，随着近期古文书研究的进展，一些从前未知的文献资料得以重见天日，改变了人们对此一历史时期的认识。比如，伊斯兰传统一直认为穆罕默德死于公元632年，但据现代学者分析，这位先知很可能活了更长的时间。7世纪和8世纪的许多文献都记载了一个据有神赐能力的传道者——近期研究表明这个人就是穆罕默德本人——指挥着阿拉伯军队并率领他们向耶路撒冷的大门前进。[28]

面对穆罕默德信众取得的优势，巴勒斯坦当权者的对策显得愚昧低效。某些基督教徒采取绝望的反攻手段，说阿拉伯人最阴险、最恶毒，以企图劝说当地人不要因为他们的教义简单和熟悉就盲目轻信。那些"撒拉逊人"复仇心强，仇恨上帝，耶路撒冷的元老在圣城被征服后不久就这样警告道。他们掠夺城市，蹂躏乡村，火烧教堂，摧毁寺庙；他们对基督和教会犯下的罪行，以及他们"对上帝的亵渎"，都骇人听闻。[29]

事实上，阿拉伯征服者既不像人们说的那么野蛮，也并不可怕。据考古资料记载，在整个叙利亚和巴勒斯坦地区，人们很少能发现暴力征服的痕迹。[30] 再比如，在叙利亚北部最重要城市大马士革，当地主教和阿拉伯将领达成协议后，整个城市迅速投降，未造成任何伤亡——就算其中有故意美化的成分，但从双方达成的协议看，至少都非常理性、现实：为了能使教堂不受影响并正常开放，为了让基督徒们不受侵扰，当地居民愿意承认新征服者的霸主地位。也就是说，他们不再向君士坦丁堡交税，而是向代表"先知、哈里发及其信众"的地方管理者交税。[31]

沿着贸易要道，阿拉伯人不断朝各个方向扩张。军队云集到伊朗西南部，随后将目标转向伊嗣俟三世（Yazdagird III）——向东部逃亡的波斯萨珊王朝末代国王。进攻埃及的远征军只遇到有限的军事抵抗，当地人或是在内讧，或是愿意寻求和谈。地中海上的明珠亚历山大港很快缴械，被迫同意献上大量贡品以求阿拉伯人不要摧毁他们的教堂，不要伤害当地的基督教徒。消息一经传出，亚历山大港一片哀号，人们甚至叫喊着将协议签订者主教赛勒斯（Cyrus）以叛国罪用乱石砸死。"我签了协议，"赛勒斯辩护说，"但为的是你们和你们的孩子。"一个多世纪以后一位学者写道：这样，"穆斯林控制了整个埃及，从南至北。靠着新税收，他们的收入比之前增加了三倍"。[32] "上帝在惩罚基督徒的原罪。"同时代的另一位学者写道。[33]

这是一次近乎完美的扩张行动。面对军事威胁，一个又一个行省接连向新征服者屈服，签订和谈协议。君主在新征服领土上的权力并不强大，甚至不太引人注目。总体而言，当地大多数居民仍照常活动，未受新征服者的影响，后者建立的堡垒和据点都远离都市中心。[34] 一些专门给穆斯林居住的新兴城市被另外建起，如埃及的福斯塔特（Fusṭāṭ）、幼发拉底河畔的库法（Kūfa）、巴勒斯坦的拉姆拉（Ramla）以及位于今天约旦的艾拉（Ayla）。在这些地方，清真寺和统治者官邸都可以自由选址建造。[35]

与此同时，在北非、埃及和巴勒斯坦，许多新的基督教堂也被允许兴建起来，这说明某种妥协正在迅速达成，对宗教的包容一如既往。[36] 在从萨珊帝国获取的土地上也有类似的政策——至少在刚开始，琐罗亚斯德教基本无人干预，任其自由行事。[37] 对于犹太教和基督教，甚至被允许使用更加正式的手段来予以保护。有一份叫《乌马尔公约》（Pact of 'Umar）、内容繁复又颇具争议的文献，其中明确规定了基督徒在新征服者的统治下应享有的权利，并规定了基督教与伊斯兰教共存的基本原则：不会在清真寺上安置十字架；不可向非穆斯林子女讲授《古兰经》，但也不能禁止任何人转信伊斯兰教；穆斯林在任何场合都应得到尊崇和帮助。多种信仰并存是早期伊斯兰扩张的重要特色，也是它成功的关键因素之一。[38]

在约旦北部杰拉什古城（Jerash）陶瓷烧窑里发现的证据表明，即便在这种宽容政策下，有些人也依然小心翼翼。这个公元7世纪烧制的台灯上，一面用拉丁文刻着基督教的祷告词，一面用阿拉伯语刻着伊斯兰教的祈福语。[39]如果考虑到之前波斯对这一地区的占领只持续了25年的话，这种做法的确很是稳妥。正如7世纪某希腊文献上写的，谁也无法保证阿拉伯人能长久待下去，枯木还能再生，穆斯林征服者也许就是昙花一现。[40]

行政管理方面的新政策也颇具亮点。在新征服的地区，罗马钱币沿用了几十年，同时新铸造的钱币也在发行，但刻有基督教长期使用的类似图案；现存法律系统也保持不变；征服者还采纳了现存的社会习俗，包括财产继承、婚丧嫁娶、婚姻誓约、朝圣戒斋。多数情况下，前萨珊帝国和罗马帝国地区的总督和官员都保有其原先的职位。[41]这种做法基于简单的数学考虑，新统治者——无论是阿拉伯人还是其他民族，即便算上自愿和被迫皈依的新信徒——在人数上均居于弱势，这意味着争取当地人的支持不是一种选择，而是一种必须。

从大的方面讲，这种宽容局面的出现是由于伊斯兰在波斯、巴勒斯坦、叙利亚和埃及获胜之后仍有很多大仗要打。其中之一便是和罗马帝国残余势力的持续纠缠，阿拉伯领袖希望彻底击溃罗马人，因此需要不断向君士坦丁堡施压。不过，更重要的还不是这些，而是关于伊斯兰信仰的战役。

与早期基督教的内部争端相似，如何确定穆罕默德所受的神启、如何记录和传播这些神启以及传播给什么人，这些在穆罕默德死后都成为了主要问题。斗争十分激烈、残酷：被指定为穆罕默德的代表和继承者（即"哈里发"）的前四个人中，竟有三个是遇刺身亡。在如何解释穆罕默德教义的问题上也是争得难分难解，无论是为了曲解还是继承，人们都付出了绝望的努力。人们想搞清楚，在7世纪最后的25年中，穆罕默德到底得到过什么样的启示，才最终得以形成唯一的圣书《古兰经》。[42]

伊斯兰内部诸教派的对立状态加剧了各方对待非穆斯林态度的转变。每个教派都宣称自己是先知箴言的捍卫者，代表着真主的旨意，因此可以想见，争斗者的注意力很快就转移到了那些"卡菲尔"（kāfir，即异教徒）身上。

过去，穆斯林领袖能够容忍、善待基督教徒，甚至还在公元679年地震后重建了埃德萨教堂。[43]但到7世纪末，情况发生了变化。人们开始致力于让当地人换教、皈依伊斯兰，随之而来的还有对这些人的敌意。

这一转变在货币上得到体现，因为货币可以被用来宣传宗教信息，这一行为被学者们称为"钱币战争"。伊斯兰领袖哈里发于7世纪90年代发行新钱币，上刻"真主是唯一的，穆罕默德是真主的使者"。随后，君士坦丁堡开始反击，钱币正面没有皇帝的头像，头像被放在了背面，正面的形象全然一新：耶稣基督。其用意很明显，就是为了强化基督教的身份认同，表明帝国正得到上帝的护佑。[44]

经过一番奇迹般的发展，如今伊斯兰世界已经能够和基督教世界平起平坐了。有趣的是，针对罗马新版的耶稣像钱币，穆斯林的最初应对政策也是发行新币：以另一个人的头像替代耶稣，并以他作为帝国和宗教的保护神——尽管据说这个人是哈里发阿卜杜勒·麦利克（'Abd al-Malik），但他完全有可能就是穆罕默德本人。他身着长袍，留着精致的胡须，手持带鞘的宝剑。如果这人就是先知，那这就是已知最早的穆罕默德的形象了——人们在他活着的时候亲眼所见的形象。阿拉伯历史学家拜拉祖里（Al-Balādhurī）在一个世纪后写道，有证据表明，在当年追随穆罕默德逃亡麦地那的信徒中，有健在者见过这些钱币。另一位更晚一些的学者——他有机会接触到伊斯兰的早期资料——也有类似的记述，说当时先知的朋友们对如此使用他形象的行为十分不满。新钱币并没有流通多久，因为到7世纪90年代末，伊斯兰世界的流通货币被重新设计：所有的头像都被去掉了，钱币的两面都是《古兰经》的经文。[45]

不过在7世纪末，让基督徒皈依伊斯兰教还不是最重要的事情，主战场仍在穆斯林各敌对教派之间。许多人宣称自己是穆罕默德的合法继承人，因此谁若更了解先知的早年生活，谁便算掌握了撒手锏。竞争如此激烈，以至于在中东出现了一个强有力的教派，他们反对阿拉伯南部的传统主义教派，决定在耶路撒冷新建一个像麦加那样的宗教中心。兴建于7世纪90年代初的神殿圆顶清真寺是当地第一座伊斯兰圣殿，其意图之一就是转移人们对麦加圣地的关注。[46]如一位当代学者所说，在内战期间（也就是哈里发拿起武器对抗先知穆罕默德嫡系后代的时代），包括建筑物本身在内的众多物质文化都被用作"意识领域斗争的武器"。[47]

为了赢得伊斯兰世界激烈的内部斗争，圆顶清真寺内外的铭文明显有着拉拢基督教的意图。铭文写道：崇拜真主，善良仁慈的真主，祝福他的先知穆罕默德并以他为荣。但有的文字却又宣称耶稣是弥赛亚："相信真主和他的使者……祝福您的使者以及您仆人、圣母玛丽亚的儿子耶稣，在出生之时、死亡之日、复活之际，都赐予他和平。"[48]换句话说，即使在7世纪90年代，各宗教之间的界线仍十分模糊。事实上，伊斯兰教和基督教确实十分接近，当时的某些基督教学者甚至认为伊斯兰教并非一个新的宗教，而是对基督教义的另一种阐释。据当时知名的神学家大马士革的约翰（John of Damascus）所说，伊斯兰是基督教的一支异教派而不是一种新的宗教。他写道，穆罕默德的思想来自于他阅读的《旧约》和《新约》，来自于与一位离经叛道的基督教士的交谈。[49]

尽管为了争夺权威和地位，各宗教在伊斯兰世界的核心地区拼得你死我活，但也正由于纷争都集中在中心区域，边缘地带仍能够实施大规模的向外扩张。比起政治斗争和意识形态的争论，将军们更愿意驰骋沙场，因此，伊斯兰教得以向中亚、高加索地区和北非不断挺进。即便当内部斗争白热化的时候，进攻速度仍然不减。在跨越直布罗陀海峡之后，军队横扫西班牙、直逼法兰西，最终在巴黎之外不到200英里的普瓦捷（Poitiers）和图尔斯（Tours）才遇到抵抗。在一场抵御伊斯兰入侵者的血腥战役中，查尔斯·马特尔（Charles Martel）的军队遭遇惨败。基督教欧洲命悬一线，正如后来一位历史学家所说，英雄气概和抵抗策略都是徒劳，欧洲大陆注定要陷于穆斯林的魔爪之下。[50]事实上，失败虽令人沮丧，但并不意味着局面就一定不可挽回，只要可获得的奖励足够的多。但就此时的西欧而言，奖励并不大，而且相距甚远：财富和赏赐都还在别的地方。

经历了两个世纪之前哥特、匈奴及其他族群的入侵后，欧洲在伊斯兰的征服行动下彻底陷入了黑暗。罗马帝国的领土只剩下君士坦丁堡及其内陆地区，并且毫无战力，处在崩溃的边缘；地中海基督教区的贸易活动在罗马与波斯开战之前就已全面垮塌；曾经繁荣昌盛的城市，像雅典、科林斯，如今实力锐减，人口下滑，贸易中心几近废弃；自7世纪以来，海上的沉船记录（商业交流量的重要标志）几乎完全消失；跨地域的长途贸易活动就此终止。[51]

伊斯兰世界与基督教世界形成了鲜明的对比。过去那些属于罗马帝国和波斯帝国的经济中心不仅要接受统治，而且要面临重新整合。埃及—美索不达米亚成为这个从喜马拉雅山脉贯穿至大西洋的新兴庞大经济政治体的中心。除了意识形态上的分歧和因敌对派之间偶尔争斗所引发的动荡——如公元750年，当朝政权被阿拔斯王朝（'Abbāsid dynasty）所取代——之外，伊斯兰世界，即新的帝国，满载着自己的思想、货物和金钱稳步发展壮大。而这也正造就了"阿拔斯政变"背后的原因：中亚的各座城市为政权变更铺平了道路——这些地方是学者们交流探讨的圣殿，也是反叛者筹集资金的温床，这里是伊斯兰崛起的关键之地。[52]

穆斯林征服了一个秩序井然的世界，一个点缀着几百座城市的世界，一个拥有几百座城市中消费者（换言之，纳税者）的世界。随着一座座城市落入哈里发帝国之手，越来越多的资源和金钱都汇集到中央政府的掌控之下。贸易线路、绿洲、城市和自然资源都一并被帝国收入囊中，包括连接波斯湾和中国的商业港口，以及已经建成的横跨撒哈拉地区的商业要道——它曾使非斯城（Fez，位于今摩洛哥）"一夜暴富"，当时人称赞它是产生"巨额利润"的贸易中心。征服扩张给穆斯林帝国带来了巨大的财富：据一位阿拉伯历史学家估计，仅征服信德省（Sindh，位于今巴基斯坦）就有6000万迪拉赫姆（dirham）的收益，更不用说日后通过苛捐杂税可敛聚的财富。[53]按今天的币值换算，这相当于数十亿美元。

随着大军东进，收到的贡品也越来越来丰厚、越来越顺利，如同之前在巴勒斯坦、埃及和其他地方一样。中亚城市被逐一征服，城镇之间的微弱联系使这些地方不堪一击：没有协调的联防系统，每个城镇只能等待着自己厄运的到来。【54】尽管知道自己迟早会投降，撒马尔罕的居民还是被迫支付大笔钱财以换取穆斯林大军的撤退，不过，至少该城的总督可以逃脱德瓦什提奇（Dewashtich）的命运。后者是片治肯特（Panjikent，位于今塔吉克斯坦）的首领，自封粟特王，但他不幸上当被捕，在国人面前被钉上了十字架。巴克特里亚（位于今阿富汗北部）的总督也遭受到同样的命运。【55】

在波斯瓦解的同时，草原部落地区也开始出现混乱，这给阿拉伯人向中亚推进提供了天赐良机。公元627年至628年的寒冬导致饥荒，大批牲畜死亡，从而引发了一系列重大的权力变更。在东进的过程中，穆斯林的主要对手便是这些同样因波斯衰亡而受益的草原部落。8世纪30年代，突厥人遭遇到一场大败。随后，突厥首领苏禄（Sulu）因一次双陆棋游戏中的暴脾气而惨遭仇杀，使局势变得更加恶劣。【56】

随着草原部落的衰弱，穆斯林横扫东部的进程虽然缓慢，但大局已定，它先后拿下了若干城市、绿洲和许多交通要塞，至8世纪初已抵达中国西部边境。【57】公元751年，阿拉伯征服者终于和中国人面对面了，并在中亚怛罗斯河（Talas）的一场战役中取得了决定性的胜利。这把穆斯林带到了一个天然边界，意味着至少在短时期内，已经没有太大的空间让他们继续扩张。另一方面，败仗给中国带来了震荡和余波，触发了粟特将领安禄山反抗唐朝统治的著名叛乱。在此后一段相当长时间的动荡中，阿拉伯人的开拓行动告一段落。【58】

接着崛起的是回鹘人。这是一个游牧部落，曾经支持过唐朝，让唐朝在撤回到安全的中国本土后有机会休养生息。为了维护自己的疆土，回鹘人建立了许多永久居住地，其中最重要的当属可汗（khagan）王廷的所在地哈拉巴勒嘎斯（Karabalghasun），或称窝鲁朵八里（Ordu Baliq，回鹘牙帐城，位于今蒙古）。这是一座城邑与军营混杂在一起的奇妙都市，可汗就住在一个安有王座的金顶帐篷里。该城共有十二扇城门，有城墙和塔楼防卫。据后世学者判断，这只是8世纪以降大量涌现的众多回鹘城市之一。【59】

回鹘人迅速成为伊斯兰在东方前沿的强大对手。他们先逐渐取代了粟特人，成为长途贸易——特别是丝绸生意——的主力军。一座座富丽堂皇的宫殿见证着回鹘人在这一时期的富裕程度。[60] 比如胡赫俄东（Khukh Ordung）城就是一个典型，这同样是一座暂时性营帐和永久性建筑并存的城市，其中还有一座供可汗接待贵宾和举行重大宗教仪式的大型楼台。[61] 面对穆斯林的冲击，回鹘人想保持自己的独立，因此他们决定信仰摩尼教——在西方伊斯兰世界和东方中国世界之间，这也许是一个最佳选择。

穆斯林的征服行动促进了它治下的大面积贸易交通网络的发展，他们将阿富汗及费尔干纳谷地的绿洲城镇与北非及大西洋地区都联系在了一起。聚集在中亚的财富多到令人震惊。在片治肯特城和今乌兹别克斯坦巴拉雷克特佩（Balalyk-Tepe）等地出土的文物表明，当时的人们极端崇尚艺术，同时也暗示了他们的富裕程度。宫廷生活的场景，以及波斯史诗文学中所描述的情景，都被生动地展现在私人住宅的墙壁上。其中一幅在撒马尔罕某宫殿中发现的壁画，表现出伊斯兰世界的辉煌：地方首领在接受外国（中国、波斯、印度，甚至可能还有朝鲜）使者的供奉和朝拜。穆斯林势力下的这些城镇、行省和宫殿，遍布所有商业通道沿线。[62]

随着巨额财富汇集到中央政府，大量的投资项目开始在叙利亚等地上马。公元8世纪，在杰拉什、西多波利（Scythopolis）、帕尔米拉等城市，大规模的商业建筑拔地而起。[63] 最令人震惊的是其中一座崭新城市的崛起，它是当时世界上最富有、人口最多的都邑，并且在几个世纪内长盛不衰。据一位10世纪学者过于夸张的估算，从当时城里公共浴室的数量、所需的服务人员以及私人浴室的拥有率来看，该城人口接近1亿（100 million）。[64] 它被称为麦地那·阿萨拉姆（Madīnat al-Salām），意思是和平之城。而它今天的名字，是巴格达。

巴格达是伊斯兰世界权力、富足和威望的象征，是穆罕默德继承者们创造的新宗教、经济、政治轴心，将穆斯林大地同周围的四面八方联系在了一起。它极力展示着令人惊叹的辉煌和奢华，比如公元781年哈里发之子哈伦·拉希德（Hārūn al-Rashīd）的婚礼盛典：新郎除了给新娘献上一串串世所罕见的珠宝饰品、一件红宝石镶嵌的束腰外衣以及一场"前所未有的盛大宴会"之外，还给来自各方的宾客准备了丰厚赠礼；盛满银子的金碗、盛满金子的银碗以及装着香水的玻璃瓶子，在来宾中传递、观赏；出席盛典的女宾都得到一个手袋，里边有金币银币，还有一个"大大的银制香水盘，一件色彩鲜艳、镶满珠饰的长裙"。至少在伊斯兰时代，"如此盛况，可谓空前绝后"。【65】

所有的这些奢华，靠的都是这个多产、统一、庞大帝国的巨额税收。哈伦·拉希德在公元809年去世之时，他的财产包括4000条穆斯林头巾、1000件珍稀瓷器、多种昂贵香水、大量金银珠宝、15万套长矛盾牌以及几千双靴子——很多都是用紫貂皮、水貂皮和其他皮革制成。【66】"我用小部分臣子统治的小部分地域赢得了大笔的财富，远远超过你整个帝国的所得。"据说9世纪中叶的一位哈里发在给君士坦丁堡皇帝的信中这样写道。【67】过多的财富自然会带来一段时期的繁荣兴旺以及一场知识领域的革命。

个人收入水平的大幅提高促进了私有经济的发展。波斯湾沿岸的巴士拉港被人誉为能在该地找到任何商品，包括丝绸麻布、珍珠翡翠、指甲花油和玫瑰香水。据12世纪的一位学者说，摩苏尔——一座拥有豪华楼舍和公共浴室的城市——是淘觅箭头、马镫和鞍座的绝佳去处。他还说，如果你非要吃最好的开心果、最好的芝麻油、最好的石榴和大枣，那么你就应该去你沙不儿（Nīshāpūr）。【68】

人们都渴望找到上好的作料、精美的工艺品和最新鲜的农产品。与饮食要求同时增长的，还有人们的文化鉴赏能力。据说，在公元751年怛罗斯战役中被抓获的中国俘虏将造纸术介绍到了伊斯兰世界。此说法虽颇具浪漫色彩，但从8世纪后期起，纸张的出现使知识的记录、分享和传播更为广泛、便利、高效，却是不争的事实。这一事件影响深远，文字的使用开始涵盖科学、数学、地理和旅行等所有领域。【69】

人们用文字记录下最好的温柏树出自耶路撒冷，最好吃的油酥糕点出自埃及，叙利亚的无花果肉多甘甜，设拉子（Shiraz，位于今伊朗南部）的乌马里（umari）李子深受追捧。随着人们有能力享受各种口味，一些挑剔的评价也开始出现。有人说，大马士革的水果最好不要吃，因为味道很一般，而且当地居民的脾气过于暴躁。不过幸好大马士革城市本身还不像耶路撒冷那么糟。耶路撒冷，一个"装满蝎子的金盆"，公共浴室肮脏无比，物价过高，生活成本甚至让过路旅客望而却步。[70]

贸易商和旅行者将他们的所见所闻带回家乡，比如市场上卖什么东西、伊斯兰世界之外的人长什么样等。一位辑录海外见闻的作者这样写道，中国人无论长幼，"春夏秋冬都穿丝绸"，有些料子的质地相当精良，令人难以想象；然而这种奢华并非涵盖所有方面："中国人不讲卫生，他们便后不洗屁股，只是用中国纸擦擦而已。"[71]但至少中国人喜欢戏曲，不像印度人，将娱乐表演视作"羞耻"。印度的所有统治者都滴酒不沾，他们这样做并非出于宗教原因，而是出于一种质疑：如果一个人喝了酒，"怎能清醒地治理一个王国呢"？尽管印度是"一个遍布草药和哲人的国度"，但中华大地"更为健康，那里疾病更少、空气更好"，一位作者这样总结道。在中国很少看见"盲人、独眼人和残疾人"，而"在印度，这样的人遍地都是"。[72]

奢侈品潮水般地从国外涌来。中国陶瓷器的大批量进口，直接影响了当地同行业的设计及工艺风格：独具特色的白釉唐碗成为当时的绝对潮流。先进的烧窑工艺确保了陶制品的供应量能跟得上需求。窑炉的容量也在不断扩大，据估计，当时最大的窑炉能同时烧制12000件到15000件制品。

贸易活动日益频繁，已经开始横跨一位知名学者提出的"世界上最大的海运商贸系统"（the world's largest maritime trading system）。9世纪在印度尼西亚海岸沉没的一艘海轮上竟运载着7万多件瓷器，另有多种装饰盒及银器、金锭、铅锭。[73]这只是当时阿拔斯王朝大批进口瓷器、丝绸、热带硬木和奇异动物的冰山一角。[74]此外，大量遭遗弃的货物漂流到波斯湾各港口，政府必须雇用专人清理和运送从商船上掉落或被丢弃在港口的各种商品。[75]

倒卖热门商品能获得巨大利润。尸罗夫港（Sīrāf）是进口东方商品的主要通道，那里的商人向当地富裕的居民承诺，他们一定以令人心动的价格提供所有商品。"我从未在伊斯兰世界见过如此雄伟、如此美丽的建筑。"10世纪的一位作者这样称赞尸罗夫港。[76]一系列资料表明，在波斯湾以及纵横中亚的商道上存在规模巨大的交易活动。【77】不断增长的需求推动着当地陶瓷业的发展，消费者或许是那些买不起产自中国的上等瓷器的人群。于是，美索不达米亚和波斯湾的陶瓷工匠开始模仿进口的白瓷，用碱、锌甚至石英去仿制透明的、高质量的、看上去很像中国瓷器的器皿。在巴士拉和撒马拉（Samarra），人们发明出用钴制作"青花瓷"的工艺，几世纪后，这种瓷器不仅流行于远东，而且还成了近代早期中国瓷器的标志性风格。【78】

在公元8世纪和9世纪，世界贸易的中心所在已毋庸置疑。当时一位访问阿拉伯帝国的中国旅行家[1]对此地的繁华和富裕颇感震惊："郛郭之内，里闬之中，土地所生，无物不有。四方辐辏，万货丰贱；锦绣珠贝，满于市肆；驼马驴骡，充于街巷。"【79】

人们的嗜好和娱乐趣味也在发生改变。作于公元10世纪的《皇冠之书》规定了统治者与司法官员之间正确的交往礼节，并建议贵族参加狩猎、击剑、下棋等类似的活动。【80】这些做法都是直接借鉴萨珊人的观念，其影响之大可以从当时的室内装饰风格上得见，特别是以狩猎为主题的装饰品，在贵族私人宫殿中非常流行。【81】

另外，富贵阶层的投资还掀起了一场有史以来最令人难忘的学术研究热潮。许多并非穆斯林的杰出学者被召集到巴格达皇宫中，或被吸引到遍布中亚地区的顶级学术中心，如布哈拉、梅尔夫、贡德沙普尔和加兹尼等城市，甚至扩展到伊斯兰在西班牙和埃及的领地。学者们在那里从事数学、哲学、物理、地理等一系列专业领域的研究。

大量的文献被汇集到一起，并从希腊文、波斯文和叙利亚文翻译成阿拉伯文。文献内容涵盖从马匹医药手册这样的兽医科学到古希腊哲学的各个领域。【82】学者们如饥似渴地学习各方的知识，将其作为未来深入研究的基础。教育和求学成为一种文化时尚。像巴尔马克（Barmakid）这种在9世纪的巴格达颇具实力和影响力的大家族——原先巴克特里亚佛教世家的后裔——不遗余力地将各类重要的梵文作品译成阿拉伯文，甚至还开了一家造纸作坊，极大地

---

[1] 即唐代旅行家杜环，他曾在怛罗斯战役中被俘，此后游历西亚、北非，最后于公元762年搭乘商船回到中国，著有《经行记》一书。——编者注

推动了文献的传播。[83]

还有布克提舒（Buk̲h̲tīs̲h̲ūʿ）家族——波斯帝国贡德沙普尔的基督教世家。这个家族的几代人都是知识分子，他们的医学著述汗牛充栋，其中甚至包括有关相思病的论述；同时他们还行医治病，有人甚至成为哈里发的御用医师。[84]这一时期编著的医学文献成为后几个世纪伊斯兰医学发展的奠基之作。"那个得焦虑症的人脉象如何？"这是中世纪某埃及文献中的一道问答题，其答案是"微弱、无力、不齐"。该文献的作者说，这些内容在一本10世纪的百科全书中均有记载。[85]

当时的《药典》列举了如何用柠檬香草、桃金娘籽、孜然芹和酒醋、芹菜籽和甘松配药的过程。[86]另外还有人进行光学方面的研究：埃及一位名叫伊本·海赛姆（Ibn al-Haytham）的学者写出了一本有关光学的开山之作，他不仅提出人的视觉与大脑有关，还指出了知觉与知识之间的区别。[87]

另有比鲁尼（Abū Rayḥān al-Bīrūnī），他提出世界围绕着太阳旋转，并沿着一根轴自转。还有像阿布·阿里·侯赛因·伊本·西纳（Abū ʿAlī Ḥusayn ibn Sīnā）这样的博学者——在西方以阿维森纳（Avicenna）的名字为人熟知——他的著作包括逻辑学、神学、数学、医学和哲学，每门学科的著述都充满了智慧、条理和真诚。他写道："我读过亚里士多德的《形而上学》，但并不理解其中的真谛……来回看了40多遍都没有用，最后我都能背诵下来了。"这是一本"根本就没法读懂的书"，他后来这样说——这可能给现在那些满心困惑、读不懂此书的学生们带来一点心灵宽慰。不过在某一天，在某个市场的书摊上，他买到了一本阿尔·法拉比（Abū Naṣr al-Fārābī，当时另外一位思想家）所写的分析亚里士多德作品的书，读了之后他恍然大悟。"我欣喜若狂，"伊本·西纳写道，"第二天以感激真主之心向穷人慷慨施舍。"[88]

另外还有来自印度的资料，包括用梵文写成的科学、数学和天文学著作。整理加工这些著作的是一位叫穆萨·阿尔·花剌子模（Mūsā al-Khwārizmī）的学者，他提出了一个被认为是最简洁的证明零这一概念存在的数字理论。这些著作的引进让代数学、应用数学、三角学和天文学取得了突飞猛进的发展。其中天文学的发展还受到实际需求的推动：人们需要知道麦加所处的方位，这样祷告才不会出错。

学者们不满足于收集和研究四面八方的资料，他们还在文献翻译中找到了乐趣。"印度的文献被翻译（成阿拉伯文），希腊人的智慧也被译了出来，还有波斯的文学，也（被我们）翻译了，"一位学者写道，"这让一些作品增色不少。"他觉得阿拉伯语是一种非常精致的语言，几乎不可能翻译成其他语言，他为此感到十分可惜。【89】

可以说，这是一个黄金时代，一个能够由像金迪（al-Kindī）这样的智者来引领哲学和科学发展的时代。这一时期的女性也不甘落后，比如公元10世纪的著名诗人拉比·巴尔基（Rabī'a Balkhī），今日阿富汗喀布尔的一所妇女医院就以她的名字命名；还有马赫萨缇·甘伽维（Mahsatī Ganjavī），她的波斯语作品清新流畅、极富趣味。【90】

在伊斯兰世界被革新、进步和新观念充斥的同时，欧洲基督教世界却低沉萎靡，在资源缺乏和灵魂枯竭中苦苦挣扎。圣奥古斯丁（St Augustine）一直对学术研究深怀敌意。"人们总是为求知而求知"，他以轻蔑的口气写道，"其实那些知识对他们来说毫无用处。"用他的话来说，求知欲其实就是一种病态心理。【91】

这种对知识和学术的蔑视让穆斯林学者深感困惑，因为他们都是托勒密、欧几里得、荷马和亚里士多德的崇拜者，并对他们的理论深信不疑。历史学家马苏迪（al-Mas'ūdī）写道，古希腊和古罗马的科学曾经相当繁荣，但后来他们接受了基督教，于是他们"清除了（学术的）成就、传统和道路"。【92】科学被信仰击败。

这几乎和我们今天看到的情况完全相反：当时的激进主义者并非穆斯林，而是基督徒；当时那些思想开放、求知欲强、慷慨大度的智者都在东方，而不是欧美。正如当时的一位作家所说，在涉及非伊斯兰世界的时候，"我们不愿将其写进书中，因为他们根本不值得花笔墨描述"，那里是知识的荒漠。【93】

文化的启蒙和发展同样惠及了少数派的宗教及文化。在穆斯林西班牙地区，接受统治的当地人被允许将西哥特（Visigothic）的建筑风格作为一种历史文化延续下去。[94] 我们还可以从蒂莫太（Timothy，8世纪末9世纪初东方教会巴格达教区教主）的书信中了解到基督教高层人士与哈里发之间的愉快交往和私人关系，以及基督教得以向印度、唐帝国、吐蕃和草原部落传递福音并取得重大成果的情况。[95] 北非的情况也大致如此，基督教社群和犹太教社群不仅得以生存和发展，甚至在被穆斯林征服之后的多年间仍呈繁荣趋势。[96]

不过人们很容易被这些景象所误导。要知道，尽管在宗教大旗下呈现出一派和谐气象，但伊斯兰世界内部仍存在激烈的分歧。从公元10世纪90年代起出现了三股主要政治势力：一股集中在科尔多瓦（Córdoba）和西班牙；一股在埃及和尼罗河上游；还有一股位于美索不达米亚和阿拉伯半岛大部。三股势力为教义和权力争斗不休。在穆罕默德去世后谁是先知真正继承人的问题上，伊斯兰内部也迅速分裂，其中最具代表性的两大敌对阵营便是逊尼派（Sunnī）和什叶派（Shī'a）。后者力争只有阿里（先知的堂弟和女婿）的后代才有资格成为哈里发，而前者则极力寻求更广泛的选择。

因此，尽管穆斯林已经靠着宗教关系建立起一座将美索不达米亚与北非地区、兴都库什山脉与比利牛斯山脉连接在一起的桥梁，但各方仍找不到一个广泛的共识。同样，对宗教信仰的宽松政策也半途而废。尽管在此前某些时段曾有过容忍其他信仰的做法，但到后来也不乏残忍迫害和强迫改教的做法。穆罕默德去世后的100年里，穆斯林并未全要求当地人皈依，但没过多久，官方便极力规劝那些生活在穆斯林封建君主统治下的人们转投伊斯兰教。其手段不仅仅是单纯的宗教宣传和福音传道。如在8世纪的布哈拉，总督宣布，凡在星期五祷告中到场的人均可得到高达两迪拉赫姆的奖金，旨在吸引穷人接受新的信仰，尽管他们根本读不懂阿拉伯文的《古兰经》，在祷告时还必须告诉他们该如何做。[97]

罗马和波斯之间的激烈冲突，导致了一连串令人瞠目结舌的意外结果。就在这两大古代势力舒展筋骨准备最后一搏的当口，很少人能预计到，远方的阿拉伯半岛将自立门户、一跃而起，并将前面两者取而代之。那些受穆罕默德启示的人继承了整块领土，建立了世界上前所未有的伟大帝国，一个将两河流域的灌溉技术和农作物引进到伊比利亚半岛的帝国，并由此引发了一场跨越数千英里的农耕革命。[98]

穆斯林的征服行动创造了一种新的世界秩序，以及一个自信、开放、热衷发展的经济巨人。繁盛富足，没有政敌，没有宗教对手，这是一个真正的、靠着讲规矩就能取胜的地方，一片商人能够致富、智者得到尊重、异见可以陈述和争论的世界。麦加山洞中那个毫不起眼的开端，居然孕育出一个全球性、多样化的乌托邦。

生在伊斯兰帝国边疆甚至更远处的壮志男儿，像蜜蜂逐蜜一样聚集在丝绸之路上。无论是意大利的沼泽之地，还是中欧大陆或者斯堪的纳维亚半岛，都不足以吸引年轻人前去建功或赚钱。在19世纪，西方和美国是年轻人成名和致富的地方，但1000年以前，年轻人的目光聚焦在东方。比如，有一种来源充足、市场成熟的产品，就值得那些想要一夜暴富的年轻人为之奋斗拼搏。

| 第六章 |

皮毛之路

在其巅峰期，巴格达是一座绚丽辉煌的城市。公园、市场、清真寺、公共浴室，还有学校、医院和慈善机构，使这座城市成为"豪华镀金装饰的、悬挂着华丽挂毯和丝绸锦缎"的殿堂之都。客厅和迎宾室布置得"轻盈雅趣。沙发精致华丽，桌台昂贵无比，室内点缀着成色绝佳的中国花瓶和无数的金银饰品"。底格里斯河顺流而下，岸边满是宫殿、华亭和花园，都是贵族阶层享受的场所；"河面上有上千只小船，个个插着小旗，跃动在河面上如阳光飞舞，将巴格达城内寻乐的人们从一个景点带往另一个景点"。[1]

热闹的集市、宫廷及民众的富裕程度及购买力，都让这座城市充满魅力。繁荣的景象并不局限于伊斯兰世界内部，穆斯林的征服行动开辟出延伸至四面八方的贸易通道，将货物、思想和人群都聚集到了一起。对某些人来说，如此大规模的扩张也带来了某种焦虑。公元9世纪40年代，哈里发瓦提克（al-Wāthiq）派出探险队，调查他假想中食人族突破一座城墙的情况，传说这堵城墙是万能的神为抵御野蛮人而建的。探险队在一个叫萨拉姆（Sallām）的顾问带领下，经过近一年半时间的考察，发回了关于城墙现状的报告。他汇报了城墙维护的所有细节：保护城墙可是件大事，一个值得信赖的家族专门负责日常检查，他们每周用锤子敲击城墙两次，每次敲三下并倾听声响，以确保安全。"如果你把耳朵贴在城门上听见蜂巢般的沉闷声音，"一个人汇报说，"那就说明平安无事。"检查的目的是让可能怀着恶意而来的野蛮人知道：城墙有人看管，谁也别想通过。[2]

有关城墙检查的描述如此生动细致，就连某些历史学家都相信这次城墙调查活动是真实存在的，那堵城墙指的也许就是玉门关——从敦煌以西进入中国的必经之路。[3]事实上，关于世界毁灭者来自东方山脉之外的这种想象，源自《新约》《旧约》和《古兰经》的描述。[4]无论萨拉姆是否真的做过探险旅行，边疆以外的威胁一直都是存在的。世界分成了两半：一半是秩序和文明均占据上风的雅利安世界；一半是混乱不堪、无法无天、危险异常的图兰（Turan）世界。去过草原地区的旅行家和地理学家留下了大量记载，清楚地表明那些生活在伊斯兰世界之外的人行为古怪，尽管他们在某些方面略显奇巧，但总体来说比较危险。

当时最著名的使者之一叫伊本·法德兰（Ibn Faḍlān），他曾在10世纪初应伏尔加保加尔人（Volga Bulghār）首领的请求，被派往草原地区解释伊斯兰教义。伊本·法德兰说，该草原部落——他们的领土跨越里海北部伏尔加河（Volga）与卡马河（Kama）交界处——的首领层都已经成了穆斯林，但他们对伊斯兰教义的了解尚处于入门阶段。伏尔加保加尔人的首领表示愿意建立一座清真寺并进一步学习穆罕默德的启示，但事实很快证明，他只不过是想寻求援助，以对付草原上的其他部落。

相较之下，反倒是北上旅途中的见闻让伊本·法德兰深感困惑、吃惊和恐惧。游牧民族的生活漂泊不定，与巴格达和其他地方的都市文明截然不同。古兹（Ghuzz）是伊本·法德兰遇到的第一个部落。"他们住在临时的毡帐里，每到一个新的地方便会重新搭建。"他写道，"他们生活贫困，如同流浪狗。他们不敬神，做事也不求诸理性。"他还说，"他们在大便和小便后并不清洗……（事实上）他们根本就不怎么用水，特别是在冬天。"女人不戴面纱。一天傍晚，法德兰一行和几个部落男人坐在一起，其中一人的妻子也来了。"我们说话的时候，她竟当着我们的面在私处抓痒。我们用手遮住脸，私下念着'上帝保佑'。"她的丈夫只是对这些外来人的大惊小怪报以大笑。[5]

草原部落的宗教信仰无奇不有：有的部落崇拜蛇，有的部落崇拜鱼；还有人崇拜鸟，因为他们相信鹤群的到来能让他们在战争中获胜；有一些人还在脖子上挂一个木制的阴茎，出远门前会亲吻几下，以求好运。巴什基尔部落（Bashgird）是臭名昭著的野蛮人，他们以敌人的头颅为战利品并携带着四处炫耀，他们的习俗令人难以接受，包括吃虱子、吃跳蚤。伊本·法德兰曾看见有一个人在衣服上找到一只跳蚤："用指甲挤死后吞到口中，然后对我说：味道好极了！"[6]

尽管草原上的生活令伊本·法德兰这样的外人难以理解，但游牧民族和坐落在他们南部的定居民族有着密切的交往。伊斯兰教在部落之间的广泛传播便是一个很好的例子，尽管他们对待信仰的态度显得有些反复无常。比如说在古兹部落，人们声称自己信奉穆斯林，也能在恰当场合念出虔诚的祈祷，"以便给同行的穆斯林留下良好的印象"，法德兰说。但他也注意到，这些信仰往往只是流于表面。"如果一个人遇到了不公，或是遭遇意外，他会仰头向天，念道 *bir tengri*"，也就是说，他祷告的对象不是真主安拉（Allah），而是腾格里（Tengri），即游牧民族的天神。[7]

事实上，草原部落的宗教信仰十分复杂、从未统一，受到基督教、伊斯兰教、犹太教、琐罗亚斯德教以及各种其他宗教的影响。各种宗教交杂在一起，形成一种难以拆解的混合性世界观。[8]这种飘忽不定、适应性强的信仰观，部分是由一些新派穆斯林圣者以传教士的身份带来的。这些神秘主义者以苏非派（*sufi*）著称，他们游荡于草原部落，有时不穿衣服，只戴一副动物的犄角；他们给动物治病，以怪异的行为和喋喋不休的虔诚说教吸引人们的注意。他们似乎在劝说人们改变宗教信仰方面发挥了重要作用，成功地将散布在中亚各地的萨满教祭司和泛灵论者都收揽到了伊斯兰教帐下。[9]

发挥影响的还不只是苏非派。其他来访者在传播宗教方面也起到决定性的作用。一份有关伏尔加保加尔人改教的记录表明，一位过路的穆斯林商人治好了部落首领及其妻子久治不愈的怪症。他们承诺，如果痊愈，他们就信仰他的宗教。商人给他们开药，"然后病好了，他们和所有部落的人都皈依了伊斯

兰教"。【10】这是个典型的皈依案例，即先由首领和他亲近的人接受一种新的宗教，再大规模推广到部落。【11】

为宗教信仰开辟新的领土确实能让地方统治者赢得荣誉，不仅会得到哈里发的赏识，而且在当地也能获得一定的声望。比如说，布哈拉的萨曼王朝（Sāmānid）就曾热衷于推崇伊斯兰教。他们采取的方式之一是借鉴佛教寺院的做法，推广伊斯兰教学校，正规教授《古兰经》，同时专注于穆罕默德圣训的研究；为参与者慷慨支付学费，还能确保学员满堂。【12】

不过，干草原绝不是北方荒漠，不是满布蛮人和奇风异俗的边缘地带，也不是穆斯林向非文明人群传播宗教的空旷之地。伊本·法德兰所描述的完全是一副野蛮人的景象，但其实游牧民族的生活方式很有规律、很讲秩序。不断迁移并非无目的地漫游，而是为了满足畜牧的需要：对于豢养着大批牛羊的他们来说，找到水草丰盛的牧场不仅能让部落走向成功，更重要的是关系到部落的生死存亡。在外界看来混乱不堪的生活方式，在这些草原民族看来都缺一不可。

所有的这些，在10世纪君士坦丁堡编著的文献中都得到了突出的体现。该文献记录了黑海北部某部落的生存情况。那里的佩切涅格人（Pecheneg）总共分为8个部落，下边又分成40个居住单位，每个居住单位还有明确划分的行动区域。可见，四处游牧并不意味着部落社会就一定显得混乱无章。【13】

尽管当时有不少钟情于草原部落的作家、旅行家、地理学家和历史学家对他们所见到的生活习俗深感兴趣，但他们的兴趣同样来自游牧民族在经济上的贡献，特别是他们在农产品方面的贡献。游牧民族为定居民族提供着珍贵的服务和产品。在伊本·法德兰的记述中，古兹部落拥有上万匹骏马和10倍以上的羊群。尽管我们不必去追求数字的准确，但游牧民族的运作规模显然不可小觑。【14】

马匹是构成草原经济的关键。众多资料清晰地表明，一些大型部落均有大量的骑兵可以在原野上驰骋。据公元8世纪阿拉伯进攻时摧毁的大型牧场以及黑海北部考古遗址中发现的骨骼判断，当时的马匹养殖已具有商业规模。【15】农耕同样成为草原经济的重要组成部分。农作物在伏尔加河下游地区种植生长，那里已有"许多中耕作物和林木果园"。【16】这一时期克里米亚的考古发现证明，小麦、小米和黑麦的种植已达到相当的规模。[17]榛果、猎鹰和长剑是此时期销往南部市场的主要货物。[18]此外还有白蜡和蜂蜜，据说前者可以用来防寒。[19]琥珀也被运送到这里的市场，它们不仅来自大草原，也来自西欧，其数量之大令某位历史学家以"琥珀之路"来描述这条给那些东方的热切买家带去凝固树脂的商业通道。[20]

除以上各种商品外，还有动物的毛皮贸易。毛皮价格高昂，它不仅可以保暖，还能彰显穿着者的身份。[21]公元8世纪的一位哈里发甚至做过试验，将各种不同的毛皮进行冷冻，看看哪种毛皮的御寒性能最好。他将若干个容器灌满了水，放在户外的冰冻天气下过夜。"到了清晨，他让人把容器拿进来。所有的容器都已结冰，只有一个包裹着黑狐皮的容器例外。于是他知道了哪种皮毛是最干燥、最保暖的。"一位阿拉伯作家写道。[22]

穆斯林商人能区分不同的动物毛皮，由此确定其各自的价格。10世纪的一位作家提到过从草原进口的紫貂、灰松鼠、白鼬、水貂、狐狸、貂鼠、海狸和斑兔等各种动物的毛皮，以及有眼光的商家如何通过加价赚取不菲的利润。[23]事实上，在某些草原部落，毛皮甚至被当作货币使用，有着固定的交换价格：18张旧松鼠皮值一枚银币，而用单张皮可以换到"一条大面包，足够一个成年男子食用"。这对一位外国旅行者来说简直难以置信："在任何其他国度，1000套毛皮也未必能买到一根豆角。"[24]然而这种货币体制的存在自有其内在逻辑：对一个交易频繁却缺乏能够大规模铸造钱币的中央财政机构的社会来说，拥有一种兑换手段非常重要，而毛皮、兽皮和皮革都很适用于货币尚未畅行的社会。

据一位历史学家说，每年从草原出口的兽皮至少有50万张。不断扩张的伊斯兰帝国开辟了新的贸易路线。向北通往干草原及森林地带的"毛皮之路"，是7世纪和8世纪大规模征服行动之后几百年间财富增长的直接产物。[25]

因此毫无疑问，接近贸易中心比什么都重要，这样便能够轻松地将动物、毛皮和其他货物运抵交易市场。最富裕的游牧部落必然是那些占据地域优势并能积极可靠地和定居民族长久交易的族群。同样，靠近草原部落的城镇也尽享贸易财富。梅尔夫受益最多，一位当时的作家称，它已发展成了"世界之母"。梅尔夫坐落在草原南端，既能与游牧部落频繁往来，又成为欧亚大陆东西方贸易的节点。用一位作家的话说，这是一座"快乐、精致、高雅、智慧、开放和舒适的城市"。[26] 坐落在西部的赖伊（Rayy）以"商业之门"著称，是"地球新郎"和"天造之城"。[27] 还有巴尔克，即便在伊斯兰世界也是无与伦比的，它可以吹嘘自己宽广的大道、辉煌的大厦和纯净的流水，外加廉价的消费品——这要多亏繁盛的贸易交流和城内的商业竞争。[28]

像石头扔进水里会荡起波纹一样，最接近这些市场的人感受到的震荡也最大、能获得的受益也最大。草原上率先致富的人，最先感到来自其他部落群体的压力。原本对于最佳牧场和水源的竞争，因为最接近城市和贸易市场的地方的出现而变得更加激烈。这必然导致两种可能的结局：要么冲突升级，走向暴力和分裂；要么完成部落之间的整合。可选择的只有是战争或者合作。

随着时间的推移，一种均衡局面逐渐形成，并为整个草原西部带来了稳定和繁荣。其中的关键因素是突厥部落对黑海和里海北部地区的统治。他们被称作可萨人（Khazar），占领着黑海北部的大草原。在穆罕默德死后的几十年内，他们靠着大规模的征服行动逐渐增强了军事实力并不断崛起。[29] 他们对穆斯林敌人的有效抵抗赢得了其他众多部落的支持，这些人都愿意团结在他们麾下。这同样引起了君士坦丁堡罗马皇帝的注意，他知道与草原上最强大的势力合作共同打击对手，一定会让双方获利。可萨这个同盟实在是太重要了，于是在8世纪初，可萨汗国和拜占庭帝国（对这一时期罗马剩余领土的通称）达成了政治联姻。[30]

在拜占庭首都君士坦丁堡看来，皇族与外国人通婚非常罕见，尤其对方还是草原游牧族，更是前所未有。[31] 因此这场联姻清楚地表明了可萨在当时拜占庭的外交和军事考量中是何等重要，以及当时帝国面临的来自东部小亚细亚穆斯林的压力是多么巨大。同时，可萨人的首领可汗收获了大量的贡品和荣耀，这在可萨社会产生了深刻的影响，它强化了最高统帅的地位，并为部落内部的等级划分铺平了道路——因为财富和地位都赐给了那些被选中的部落精英。更重要的是，这促使了其他部落逐渐成为可萨人的附庸，并以朝贡的形式换取保护和赏赐。据伊本·法德兰说，可汗有25个妻子，每个妻子都来自不同的部落，每个人都是当地部落首领的女儿。【32】9世纪一份用希伯来语写成的文献同样谈到臣服于可萨的各部落，只是作者不确定到底是25个还是28个。【33】像波利阿纳（Poliane）、拉的米奇（Radmichi）和塞维利安纳（Severliane）都承认可萨的统治，他们的支持强化了后者的地位，使可萨汗国由此成为西部草原（即今日的乌克兰和俄罗斯南部）上的霸主。【34】

贸易的持续繁荣和长期的和平稳定给可萨社会带来了重大的转型。部落统治者的领导方式发生了变化：可汗从日常事务中脱离出来，渐渐向神圣君主的身份靠拢。【35】人们的生活也开始改变：周边地区对农产品（主要由可萨和其附庸部落生产）的需求大幅上涨，水果的长途贸易也同样在增加，原来的小聚集地开始逐渐发展成城镇。【36】

到公元10世纪初，位于伏尔加河下游河口的阿铁尔（Atil）被定为都城，即可汗的永久居住地。阿铁尔拥有众多人口，城市规模非常复杂，仅为解决各种民间纠纷就要设立不同的法庭，由法官来裁决穆斯林之间的争端、基督徒之间的争端，甚至是其他宗教教徒之间的争端。为此还形成了一套机制，专门解决法官无法裁决的案子。【37】

拥有毡帐、集市和皇宫的阿铁尔只是游牧民族改变居住方式的例子之一。【38】随着贸易活动的增加，可萨汗国的领土上建立起越来越多的定居城镇。萨曼达尔（Samandar）就是其中之一，城中木质房屋上的圆顶可能就是在模仿传统帐篷。至9世纪初，有相当数量的基督徒来到可萨，他们被任命为主教甚至是大主教来管理当地教徒。【39】在萨曼达尔和阿铁尔等地还拥有大批穆斯林信众，来自阿拉伯的文献清楚地表明，该地区曾修建了大批的清真寺。【40】

可萨人本身也接受了新的宗教信仰，却并不是伊斯兰教。在9世纪中叶，他们决定成为犹太教徒。可萨的使团大约于公元860年抵达君士坦丁堡，邀请教士过来解释基督教的基本教义。"自古以来我们只知道一个上帝（即腾格里），他掌管着一切……"他们说，"现在，犹太人让我们接受他们的宗教和习俗，而阿拉伯人又让我们追随他们的信仰，并承诺给我们和平和礼物。"【41】

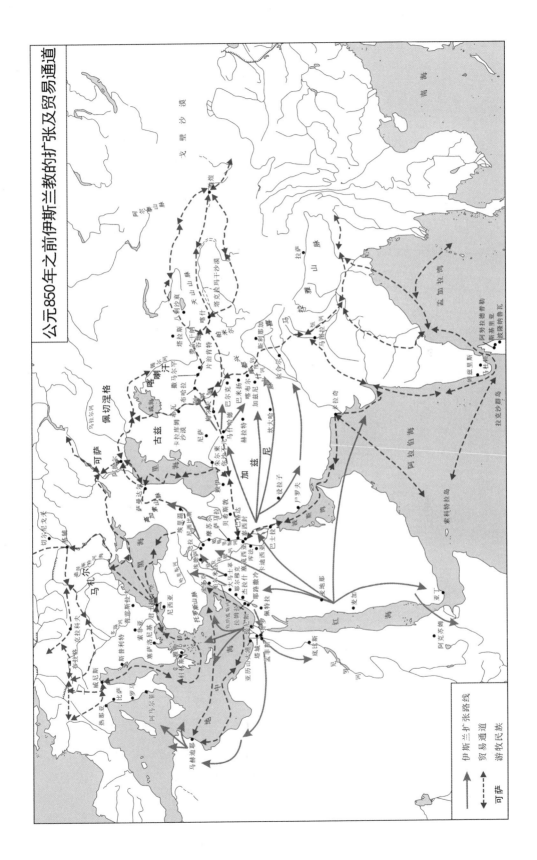

公元850年之前伊斯兰教的扩张及贸易通道

于是一支旨在劝说可萨人皈依基督教的使团被派往可萨。使团由康斯坦丁（Constantine）挂帅。此人以斯拉夫名字西里尔（Cyril）行世，因为他为斯拉夫人创建了以他名字命名的斯拉夫—西里尔字母（Slavs-Cyrillic）。同他的兄弟美多德（Methodius）一样，康斯坦丁也是一位严肃的学者，他在去往东方的路途中停留了整个冬天，专门学习希伯来语并熟悉《托拉》，以备届时和同样被邀前往可汗宫廷的犹太学者论战。[42]抵达可萨汗国的首都后，特使们参加了一系列辩论，对手是应邀前来宣传伊斯兰教和犹太教的学者。康斯坦丁的博学多才——这从他平时的生活记录中也可以得见——使他大获全胜。[43]尽管康斯坦丁拥有过人的才智，他那有关基督教经文的演说还被可汗赞为"甘甜如蜜"，但使团的努力仍不能取得预期的效果，因为可萨首领最终认定，对他的臣民来说，犹太教才是最佳选择。[44]

故事还有另一个版本，出现在一个世纪之后。可萨转教的消息传到了几千英里以外的西方犹太教社会，那里的人很想知道可萨究竟是谁，为什么他们会信仰犹太教。传言说他们可能是遗失的古代以色列支派之一。身居安达卢西亚（al-Andalus）科尔多瓦（西班牙穆斯林地区）的犹太博学家哈斯代·本·沙普鲁特（Ḥasdai b. Shaprūṭ）最终和这一部落取得了联系。他很想搞清楚究竟可萨是真的信仰犹太教，或者仅仅是那些希望得到可萨支持的人在大吹其牛、无中生有。当他最后得到确切消息，可萨人真的皈依了犹太教，而且非常富有，"实力强大，屯兵无数"，他恨不得鞠躬作揖、感天谢地。"保佑我们的可汗和豫安康，"他在写给可汗的信中说，"愿他的家族、王宫和汗位千秋万载。愿他的时光和他儿子们的时光与以色列一起延绵永存！"[45]

令人吃惊的是，可汗的回信居然留存了下来。可汗在信中解释了为什么他的部落会改信犹太教。可汗写道，改教的决定是由一位睿智的先王做出的，他曾邀请代表各宗教的特使前来讲述他们的信仰。他想出了一个探得真相的办法，于是先问基督教徒，伊斯兰教和犹太教哪个更好一些，基督教徒回答说，当然是后者优于前者；之后他又问穆斯林们，基督教和犹太教哪个更好，这些人先是抨击基督教，然后回答说，两者之中犹太教稍好一些。于是可萨统治者宣布他已有了结论：两者都承认"以色列的宗教更胜一筹，所以承蒙上帝和万能的主的恩典，我宣布选择追随以色列人的宗教，也就是亚伯拉罕的宗教"。此后，他将特使团送回各家，亲身实施了割礼，并下令侍从、卫士和所有手下人都照做。[46]

然而事实上，犹太教在9世纪中叶就已经向可萨社会发起过相当强度的冲击。据阿拉伯文献记载，早在宗教特使团抵达可汗王宫几十年前，就已有改信犹太教的记录出现，埋葬习俗也在这一时期发生改变。除此之外，近期发现的众多可萨钱币也可充分证明，犹太教早在9世纪30年代已正式成为可萨人的国教。

从钱币传达的信息中我们还能看出，宗教信仰可以通过包装改造来满足各类人的诉求。钱币上的文字捍卫了《旧约》先知的伟大：*Mūsā rasūl allāh*，意为"摩西是上帝的使者"。[47]从字面上或许还看不出足够的煽动性，因为毕竟《古兰经》中明确规定，所有先知之间没有区别，他们所传递的真主启示都该得到信奉。[48]伊斯兰教承认摩西也尊崇摩西，因此，膜拜摩西在某种程度上并没有争议。但从另外一个角度看，穆罕默德作为真主使者的特殊地位仍不可动摇，清真寺里每天五次的祷告中，呼唤穆罕默德的名字仍是人们祈祷的核心内容。于是，将摩西的名字铸在钱币上便是一种颇具挑战性的做法，说明可萨人仍然独立自主，与伊斯兰世界没有什么关系。因此，与7世纪末期罗马帝国和穆斯林的冲突一样，这不仅是战场上的军事作战，而且还是意识形态、语言使用甚至是钱币设计上的斗智斗勇。

事实上，可萨人接触到犹太教可能是通过两条途径。首先，高加索地区自古以来就存在犹太人社群，他们必然受到草原部落经济发展的影响。[49]据10世纪的一位作家记载，当时很多犹太教徒都被劝说"从穆斯林城市和基督教城市"移民到可萨，因为那里不仅正式接受犹太教，而且多数高官贵族也都信奉此教。[50]10世纪可萨统治者和科尔多瓦的哈斯代（Ḥasdai）之间的通信表明，当时可萨正积极招募拉比，修建学校和犹太教堂，以确保正确地传播犹太教义。据许多编年史的记述，当时可萨汗国的各个城镇星罗棋布着犹太教建筑，以及根据《托拉》教义做出各种裁决的法院。[51]

第二个引发犹太教兴趣的因素来自于贸易商人，他们远道而来，只因受到可萨汗国的吸引——它作为国际贸易中心，不仅连接着草原部落和伊斯兰世界的贸易，而且也连接着东西方之间的贸易。无数的资料表明，犹太商人在长途贸易活动中非常活跃，扮演着与粟特人在伊斯兰崛起时期沟通中国和波斯过程中相同的角色。

犹太商人颇具语言天赋，据当时某文献记载，他们能用流利的"阿拉伯语、波斯语、拉丁语、法兰克语、安达卢西亚语及斯拉夫语"和人们交流。[52]他们立足于地中海地区，但似乎经常前往印度和中国，带回麝香、沉香、樟脑、桂皮和"其他东方特产"。在麦加、麦地那、君士坦丁堡以及两河流域的一连串港口和城镇中，都能看到犹太商人从事贸易交流的身影。[53]他们还凭借陆上通道穿过中亚抵达中国，途中会经过巴格达和波斯，或在去往巴尔克和乌浒河东部时跨越可萨国境。[54]这些路线上的关键点之一是里海南岸的赖伊，它负责处理来自高加索、东方、可萨和其他草原地区的货物。这些货物似乎是先在朱尔柬城（Jurjān，即今伊朗北部的戈尔干Gorgan）过关——可能还有关税，然后再运往赖伊。10世纪的一位阿拉伯作家写道："真是令人震惊，这里竟是全球的贸易中心。"[55]

来自斯堪的纳维亚的商人同样受到商业机遇的诱惑。说起维京人（Viking），我们自然联想到横渡北海向不列颠和爱尔兰发起的进攻，想到穿越迷雾、满载海盗准备实施强暴和掠夺的北欧龙头长船，或许我们还想问，为什么这些维京人能在哥伦布探险之前几个世纪就已经抵达了北美。但在维京时代，这些最勇敢、最强壮的勇士并未把目光投向西方，而是东方和南方。很多人获得财富和名誉的地点不仅限于家乡，还包括被他们征服的新领域。在东方，他们留下的足迹并非如他们在北美的那样微不足道、转瞬即逝，他们将建立一个新的国家，并以那些通过波罗的海、里海和黑海三大水域系统的贸易商、旅行者和入侵者的名字命名——这些人叫罗斯（Rus），或拼写为rhos，这也许是得名于他们的红发（red hair），也可能是因为他们擅长划桨（oar）——他们就是俄罗斯（Russia）的祖先。[56]

鼓励维京人开始向南方开拓的，其实还是商业利润的诱惑和伊斯兰世界的富有。自9世纪初，斯堪的纳维亚人就开始与草原部落和巴格达的哈里发积极沟通。他们的聚集地沿奥得河、涅瓦河、伏尔加河和第聂伯河（Dnieper）分布。随着商人们将货物从南方带来，在这些居住地上逐渐出现了市场和贸易站。斯塔拉雅拉多加（Staraya Ladoga）、茹里科沃葛洛帝什（Rurikovo Gorodische）、贝鲁佐罗（Beloozero）和诺夫哥罗德（Novgorod，就是"新城"的意思）都是新的据点，它们将欧亚大陆的贸易通道延伸到了最远的地方——北欧。[57]

维京人的长船非常著名。经过他们的改造，这种船的体形很小，便于在河道、湖泊等狭小水域中自由行驶。用这些单体小船远距离航行是十分危险的。一份10世纪中叶汇编于君士坦丁堡的资料记载了维京人向南航行途中遇到的险情：德涅斯特河（Dniester）上的险峻航道非常危险，狭窄的拦河坝之下满是露出水面的岩石，"就像是一簇岛屿。此外，一边的水急如泉涌，另一边的水飞流直下，隆隆的巨响着实令人胆战"。这一危险河段有一个充满黑色幽默的昵称，就叫"别打瞌睡"。[58]资料中还说，那些"罗斯人"特别容易受到攻击，掠夺者看到险峻航道上疲乏的旅行者，一定找机会下手。半游牧民族佩切涅格人会等到货船被拖出水时发起攻击，抢夺所有货物后迅速消失。于是人们开始雇用护船的卫士，以戒备突然的袭击。如果斯堪的纳维亚人得以顺利通过危险地段，他们便会聚集在一座小岛上，用小公鸡作为祭品，或将木箭钉在圣树上，以此感谢那些保佑他们的神灵。[59]

那些能在里海和黑海地区的市场中确保安全的人至少要身体强壮。"他们精力旺盛，耐力持久。"某穆斯林作家羡慕地写道。[60]伊本·法德兰也提到，罗斯人身材高大，"像棕榈树"，但更重要的是，他们总是全副武装，非常危险，"每个人都带着板斧、长剑和匕首"。[61]

他们的行为更像冷酷的犯罪团伙。比如，虽然他们并肩抵抗敌人，但他们之间并非相互信任。"他们从不敢单独行动、放松警惕，"一位作家写道，"并总会带三个随从负责保护自己，人人手持长剑，因为他们互不信任。"没人会觉得抢劫同伴是不当行为，哪怕把他杀了。[62]他们经常纵酒狂欢，当着别人的面尽情做爱。任何人得病后都会被抛弃。他们的装扮也很特殊："从脚趾到脖颈，每人都有深绿色文身，图案还各不相同。"[63]这是一些生活在艰难时代的硬汉。

他们会从事白蜡、琥珀和蜂蜜贸易，同样还有阿拉伯世界非常崇尚的精致长剑。不过，另外一条商路似乎更赚钱，并导致大批的资金流先是向北流动，然后又沿俄罗斯和斯堪的纳维亚半岛之间的河道返回。我们在瑞典、丹麦、芬兰和挪威的墓穴里发现了大量来自叙利亚、拜占庭甚至是中国的丝绸，足以证明以上的推断。而且这些一定只是其中的一小部分，大批当时买回的丝织品都未能留存下来。【64】

钱币上的文字最能说明当时与远方地域之间的贸易规模。沿着河道北上，在俄罗斯北部、芬兰、瑞典，特别是哥德兰岛（瑞典最大岛屿）等地发现的大量钱币表明，维京罗斯人曾与穆斯林有过大规模的贸易活动。【65】据一位货币学专家估算，当时从伊斯兰土地上带回的钱币总额可能达到千万甚至上亿——若以现代概念讲，那可是数十亿美元的贸易额。【66】

从斯堪的纳维亚至里海，旅程长达3000英里，长途货运的风险和艰辛需要丰厚的贸易利润加以回报。因此可以想象，货物必须大批量交易，这样才能确保可观的收益。通过水路运往南方的货物有很多种，但其中最重要的货物，是奴隶——贩卖人口可以赚大钱。

▲ 织物在丝绸之路上极受欢迎，有时甚至被用来代替货币。这一公元8或9世纪的织物上展现的是中亚地区的名马。

▲▼ 丝绸之路上充满了挑战、困难和天然屏障。其中就包括中国西部新疆境内变化莫测的塔克拉玛干沙漠（上图），以及山口有重兵把守的帕米尔高原，如喀什附近的塔什库尔干石头城（下图）。

▲ 妇女们正在捣洗新织好的绸缎。此画摹本的作者系12世纪初的中国皇帝宋徽宗。

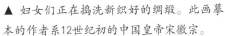

◀ 唐代（公元618—907年）陶塑：一个骑着巴克特里亚双峰骆驼的粟特商人。

▼ 片治肯特粟特皇宫里的豪华装饰，证明他们从横跨亚洲的贸易活动中获取了丰厚的回报。

▲ 位于纳克歇·鲁斯塔姆的琐罗亚斯德教主科德的碑铭，内容是宣扬该教的胜利。

▲ 巴米扬大佛，佛教在中亚传播的象征。

▶ 用叙利亚字母书写的粟特语基督教《圣诗集》译本。以当地语言传播信仰是宗教扩散的重要手段。

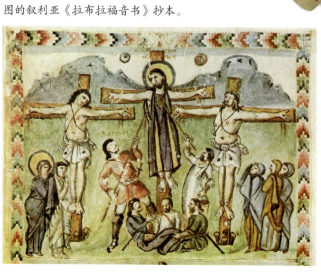

▼ 耶稣受难图，出自6世纪带有彩色插图的叙利亚《拉布拉福音书》抄本。

▲ 铸有"站立的哈里发"的硬币，其形象很可能就是先知穆罕默德本人。

▲ 一页染成靛蓝的《古兰经》抄本，出自公元9或10世纪的北非。

▲ 新登基的穆斯林苏丹将财富聚集到帝国中央。图中描绘了苏丹被廷臣所簇拥的尊贵场景。出自费尔杜西所著的波斯史诗《王书》抄本。

▶ 穆斯林统治者是艺术和学术
的伟大赞助者。此图出自哈利
利的《麦卡麦》，展示了学者
们在阿拔斯图书馆里切磋探讨
的场景。

◀ 在马哈茂德·喀什噶里所绘的
地图中，八剌沙衮被标为世界的
中心。

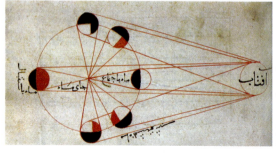

▶ 比鲁尼的绘图解释了月球的
周期运动。

▲ 战争和贸易密不可分。布哈拉令人生畏的城墙。

▲ 瑞典提灵格的神符石局部，以纪念死于撒兰（意为撒拉逊人或阿拉伯人之地）的斯堪的纳维亚冒险家。

◀ 维京人大规模从事非法的人口交易。暴力是他们取得成功的重要手段之一。

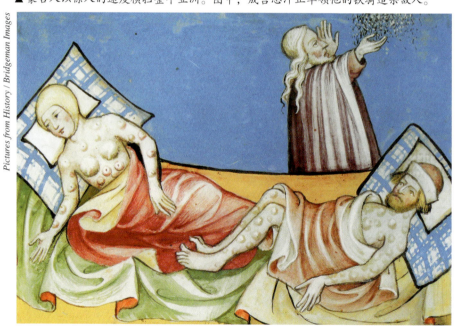

▲ 蒙古人以惊人的速度横扫整个亚洲。图中，成吉思汗正率领他的铁骑追杀敌人。

▲ 沿着丝绸之路传播的不仅仅是贸易和征服，还有疾病。其中最具毁灭性的当属黑死病，它在14世纪蹂躏了欧亚大陆。吐根堡的《圣经》中描绘了患者的惨状，他们身上布满了薄伽丘所说的像苹果那样大的肿块。

| 第七章 |

奴隶之路

罗斯人在奴役当地百姓并将他们运往南方的时候的确表现得残酷无情。以"块头、体重和勇猛"著称的维京罗斯人，原本就是"毫无文化，靠掠夺为生"，一位阿拉伯作家这样评价。[1]遭到迫害的主要都是当地土著，被抓的人实在太多，于是人们给他们取了个名字：斯拉夫人（Slav）。从此他们都成为失去自由的人：奴隶（slave）。

罗斯人对待俘虏非常小心翼翼。"他们善待奴隶，并让这些人穿着得体，因为对他们来说，奴隶是一种贸易商品。"某同时代人这样说道。[2]这些奴隶是通过河道运送的，那里河网交错、水流湍急。[3]漂亮女人的价格特别高，通常被卖给可萨人和伏尔加保加利尔的突厥人，这些人会把她们再转卖到南方——当然，这些都是罗斯捕手和她们性交完之后的事情了。[4]

奴隶是维京社会的关键组成，也是重要的经济来源。不列颠群岛上的大量文献和资料表明，维京长船的袭击通常都不是人们想象中的强奸或劫货，而是为了抓人。[5]"上天啊，救命吧，"9世纪的一位法兰西祈祷者恳求道，"残忍的斯堪的纳维亚人毁了我们的国家，抓走了我们的孩子。求求您让我们躲过这些恶魔。"[6]手铐、脚铐和枷锁在奴隶之路上随处可见，特别是在欧洲东部和北部的贸易通道之上。最新研究发现，人们以前认为是贩卖牲畜时用的圈笼，其实是用来装载奴隶的。这些奴隶将在诺夫哥罗德"高街"（High Street）和"奴街"（Slave Street）的交叉口集市上被出售。[7]

人们疯狂地追逐奴隶贸易的利润。尽管一些斯堪的纳维亚人从地方当局获得了在新地区掠夺和贩奴的特殊许可，但其他人也不甘放弃。"只要他们抓到人"，他们就会进行私下交易，9世纪北欧某位见多识广的教士这样写道，一有机会，"他们就会毫不犹豫地将奴隶卖给同伙或者蛮族"。[8]

许多奴隶都被交易到了斯堪的纳维亚半岛。如一首挪威古诗《里格叙事》所言，世人可简单分为三种类型：贵族、自由人和奴隶。[9]但也有很多奴隶被送到价格更高的地方：没有哪个地方比阿铁尔有更多的需求，没有哪个地方比阿铁尔有更富足的市场，因为它最终将供应巴格达和亚洲腹地，供应伊斯兰世界的其他地方，包括北非和西班牙。

有钱人愿意出高价，这极大地刺激了北欧的贸易增长。从出土的钱币来看，9世纪下半叶曾呈现出贸易繁盛期，波罗的海和瑞典及丹麦南部，特别是海泽比（Hedeby）、比尔卡（Birka）、沃林（Wolin）和隆德（Lund）等城市都得到了快速扩张。钱币的发现地点沿着俄罗斯境内的河道一路扩散，说明贸易活动的日益频繁；出土钱币还一直延伸到中亚，特别是撒马尔罕、塔什干、巴尔克等地，沿着传统的贸易、运输、交流路线直通今日的阿富汗国境。[10]

这些富庶地区对奴隶的需求非常迫切。除了来自北方的奴隶，人们同样从撒哈拉以南的非洲地区进口了大批的奴隶。有位商人夸口说，他一个人就在波斯市场上卖掉了12000名奴隶。[11]还有的奴隶来自中亚的突厥部落。据一位当时的作家说，这些奴隶价格更高，因为他们性格勇敢、比较聪明。另一位则说："挑选最好的奴隶，最佳地点就是突厥。世上没有其他地方的奴隶可以和突厥奴隶相比。"[12]

对比罗马帝国的奴隶人口（已有大量细致的研究），我们也许能推断出当时奴隶贸易的规模。近来的研究发现，在罗马帝国的全盛期，若想维持奴隶人口的水准，则需要每年买进25万到40万名奴隶。[13]即便假定人均需求量差不多，阿拉伯语世界的奴隶市场也要大得多，因为它的疆域从西班牙一直延伸到阿富汗，也就是说，奴隶交易的数量远远大于罗马帝国。虽然资料有限，但仍有份文献可以帮我们估算当时伊斯兰世界的奴隶规模：哈里发和他的妻子每人都拥有1000名奴隶女孩；另一份文献则说他们拥有的奴隶不下4000。拥有奴隶在伊斯兰世界太司空见惯了，因此没太多记载，就跟罗马帝国一样。[14]

罗马同样是奴隶买卖的重要参照体。在罗马世界，凡在境外抓获奴隶都有奖励，奖品的贵重程度依奴隶的长相和谈吐而定，竞争非常激烈。个人偏好也是重要因素，比如某位知名贵族就坚持要求奴隶整齐划一，必须是同样招人喜爱、同样年纪。[15]伊斯兰世界的口味也差不多，一本稍后问世的贩奴指南手册证明了这一点。"在黑人奴隶中，"一位11世纪的作家写道，"努比亚（Nubian）的女人最受欢迎，她们温柔，而且懂礼貌。她们身材苗条，皮肤光滑，比例匀称……好像天生就是服侍主人的。"贝雅族（Beja，分布于今苏丹、厄立特里亚和埃及）女子"面色金黄，容貌俏丽，身材精致，肤质柔滑。若是她们在年轻时被弄到了国外，那可是最极品的床上伴侣"。一千多年以前，钱买不来爱情，但钱能帮你得到想要的东西。[16]

其他贩奴指南也提到了类似的信息。"购买奴隶时需要谨慎，"11世纪另一位作家、波斯名著《卡布斯教诲录》（Qābūs-nāma）的作者说，"买奴隶很有难度和技巧，因为他们看上去都很好。"但事实正好相反。他还说，"很多人认为购买奴隶和购买其他东西一样简单"，其实不然，购买奴隶的技巧可以"算得上哲学领域的一个分支了"。[17]请注意那些面色金黄的人——那是痔疮的症状；还请注意那些相貌英俊、头发蓬松、眼神漂移的男子——"那是一种要么纵欲过度、要么可能从事拉皮条的男人"。做买卖时，要"给双方施加压力并认真观察"，注意捕捉任何炎症或疼痛的迹象，特别注意"隐藏的缺陷"，如口臭、耳聋、口吃或牙龈不健康的情况。作者说，如果能遵守这些原则，你日后就不会失望。[18]

奴隶市场在欧洲蓬勃发展，那里挤满了准备被贩往东方的男人、女人和儿童——当然，他们也可能被卖到科尔多瓦的宫廷，那里在公元961年就已有13000多名斯拉夫奴隶。[19]到了10世纪中叶，布拉格（Prague）发展成为主要商业中心，吸引着维京罗斯人和穆斯林商人到此交易锡器、皮革和人口。波希米亚（Bohemia）地区的其他城市则是购买面粉、大麦和家禽的好去处——当然也有奴隶。一位犹太旅行者说，这里的奴隶价格相当公平。[20]

奴隶通常被当作礼品供奉给穆斯林统治者。如10世纪初，一位从托斯卡尼（Tuscany）前往巴格达的大使给阿拔斯帝国的哈里发穆克台菲（al-Muktafī）带了很多贵重的礼品，有宝剑、盾牌、猎犬和宠物鸟，另外还包括20名斯拉夫阉人和20名姿色绝佳的斯拉夫姑娘。年轻美丽的花朵被当作货物出口到另一个世界供他人享用。[21]

长途贸易的规模相当之大，易卜拉欣·伊本·亚古伯（Ibrāhīm ibn Yaʿqūb）对美因茨（Mainz）市场颇感震惊："太难以置信了！在如此遥远的西方地域，你能看到只有在东方才能出产的香水和香料，比如说胡椒、生姜、丁香、甘松和高莎草。这些植物在印度有很多，都是从那里进口的。"他的吃惊还不止于此：银质的迪拉姆被用作货币，甚至还有撒马尔罕铸造的钱币。[22]

事实上，伊斯兰世界货币的影响还不止于此。公元800年前后，英格兰麦西亚国（Mercia）国王奥法（Offa）（著名的防威尔士人入侵的矮石墙的建设者）就模仿伊斯兰金币的设计来铸造自己国家的钱币：一面印有"奥法王"字样，另一面则是仿制拙劣的阿拉伯文——而这对该国臣民来说可能毫无意义。[23]大量银币窖藏在兰开夏郡（Lancashire）库尔谷（Cuerdale）中被发现，牛津大学阿什莫林博物馆（Ashmolean Museum）中同样收藏着许多铸造于9世纪的阿拔斯钱币。这些货币能抵达不列颠群岛的偏远地带，足见伊斯兰市场的影响之远。

出卖奴隶的收入支撑着9世纪欧洲进口贸易的飞速增长。靠着在大规模人口买卖中赚取的资金，人们对一些紧俏奢侈品——丝绸、香料和药物的需求量开始增加。[24]从贪婪的人口交易中获利的不仅是维京人，凡尔登（Verdun）商人在买卖阉人过程中也赢得了巨额利润，买家通常是来自西班牙的穆斯林。从事长途贸易的犹太商人同样深深涉足于"少男少女"（包括阉人）的交易——如这一时期的某阿拉伯文献所说。[25]另有其他资料表明，犹太商人在将这些"少男少女的奴隶"带出欧洲时，会对男孩子实施去势手术，以符合某种残忍的合格认定程序。[26]

　　贩卖奴隶的利润如此诱人，不仅仅是欧洲人将奴隶售往东方，穆斯林商人同样卷入了这样的生意。他们从伊朗东部袭击斯拉夫人的土地并抓捕奴隶，尽管被抓的奴隶并"没有被去势，幸而保留了身体的完整"。[27]但这些被抓的人最终还是会成为阉人，因为这样售价更高。当时的一位阿拉伯作家说，如果有一对斯拉夫双胞胎，哥哥被阉，那么他肯定会比未被阉割的弟弟更灵巧，"在智力和沟通上"更活跃，而弟弟则总是无知、蠢笨，显示出斯拉夫人天生的单一思维。阉割被认为能够净化和改进斯拉夫人的头脑。[28]该作者还说，虽然阉割具有很好的效果，但并不适用于"黑人"，"黑人的天生才智"会因去势而减损。[29]斯拉夫奴隶的买卖规模如此之大，以至于都影响到了阿拉伯的语言：阿拉伯语中的"阉人"（ṣiqlabī）一词就来自一种斯拉夫族群的名称ṣaqālibī。

　　穆斯林商人在地中海地区非常活跃。北欧各个地方的男人、女人和儿童都被带到马赛（Marseilles）繁忙的奴隶交易市场——通常还会经过鲁昂（Rouen）这样的二级市场，爱尔兰和佛兰德（Flander）奴隶将被在这里卖给第三方。[30]罗马是另一个奴隶贸易的中心（尽管有人反对这种说法）。公元776年，教皇哈德良一世（Pope Hadrian I）指责有些人将人口像牲畜一样贩卖，居然将男人和女人卖给那些"不值一提的撒拉逊人"。他指出，有些奴隶是自愿卖身上船前往东方的，但"那都是被逼无奈"，近来的饥荒和贫困已达到难以忍受的程度。"好在我们从未干过卖掉基督徒同伴这样令人羞耻的事情，而且上帝也不会允许我们这么做！"他写道。[31]地中海和阿拉伯世界的奴隶贸易影响甚广，连人们日常打招呼都和人口买卖有关：在意大利，人们相互打招呼都说"schiavo"，用的还是威尼斯口音，其实这个词就是"奴隶"的意思；"Ciao"的原意并非"你好"，而是在说"我是你的奴隶"。[32]

　　然而有人认为，基督徒被抓并被卖给穆斯林当奴隶是不可避免的。德国西北部不来梅城（Bremen）的主教林伯特（Rimbert）就持这种看法。他曾在9世纪末远游到海泽比（Hedeby，位于今德国和丹麦的边界）市场，赎回那些声称自己信仰基督教的奴隶（对不承认自己是基督徒的奴隶自然不屑一顾）。[33]当然，并非所有人都如此敬重宗教。在那些对贩卖奴隶毫无愧疚之心的人贩子中，有一群居住在亚得里亚海（Adriatic）北岸荒芜的潟湖岛礁上，他们靠着奴隶贸易和他人苦难积攒起来的财富，将为日后华丽转身为中世纪地中海上的耀眼明珠奠定基础——这个地方，叫威尼斯。

威尼斯人在商业上的成功令人难以置信。这片原先的珊瑚湖沼之地，靠着从大规模的东方贸易中获得的巨额收益，摇身一变成了一座点缀着精美教堂和奢华宫殿的富丽都市。今日的威尼斯是古代辉煌成就的缩影，但让威尼斯崛起的星星之火却发端于无情的人口贩卖。早在8世纪后半叶，也就是威尼斯刚刚成为定居地的黎明时期，当地商人们就已参与到奴隶交易当中——尽管当时交易量并不大，需要假以时日才能见到收益和利润。他们真正得到收获是在一个世纪之后，大批买卖的协议被签订，威尼斯人同意遵守奴隶贸易中的限制条款，包括归还从意大利其他城市非法运送到威尼斯出售的奴隶。这些协议实际上都是对威尼斯迅速崛起的一种反制，那些受到利益威胁的人企图借此剪去威尼斯逐渐丰满的羽翼。[34]

在短期内，这些限制条款会被想方设法地规避，他们会派一些突袭团伙从波希米亚和达尔马提亚（Dalmatia）抓捕非基督徒，然后将其出售获利。[35]但从长期看，贸易活动又逐渐恢复了原样。9世纪末的一些协议表明，威尼斯人只是在敷衍那些禁止贩卖自由人的当地统治者。根据某些指控说，威尼斯人经常卖掉从邻邦土地上抓获的人，无论他们是基督徒还是非基督徒。[36]

随着时间的推移，奴隶贸易的规模逐渐缩小——至少在东欧和中欧是如此。其中的一个原因是维京罗斯人开始将他们的注意力从长途人口贩卖转移到花天酒地的社交生活上。他们还开始眼红可萨人在阿铁尔等城镇获得的贸易收益，因为可萨人加大了对过往货物的征税力度。波斯著名地理著作《世界境域志》（*Hudūd al-ʿĀlam*）中记载，可萨的经济基础在于它的税收："可汗的安宁和财富大多归功于海上贸易关税。"[37]其他穆斯林学者也一再提及可萨政权从商业活动中征得的高额税款，其中包括向首都居民征收的人头税。[38]

同样引起维京罗斯人注意的，还有各个称臣部落缴纳给可汗的年贡。罗斯人开始逐一征服这些部落，迫使他们向新霸主效忠、进贡。到了9世纪下半叶，俄罗斯中部和南部的斯拉夫部落不仅要向斯堪的纳维亚人进贡，而且还被禁止"向可萨进贡，因为没有那个义务"。所有税款都应该交给罗斯国的统治者。[39]爱尔兰也同样如此，在那里，保护费竟逐渐取代了人口掠夺。圣伯丁（St Bertin）的编年史记载说，在遭受连年的袭击后，爱尔兰人同意向罗斯统治者支付年贡，以此来换取和平。[40]

在东方，罗斯人带来的持续不断的压力，不久便引发了他们与可萨人之间的直接冲突。罗斯人先是对里海地区的穆斯林贸易集市发动一系列"血流成河"的袭击，之后开始"疯狂掠夺"，最后可萨人本身也受到了直接攻击。[41]公元965年，阿铁尔被洗劫一空，全城被毁。"如果还有一片叶子留在树枝上，罗斯人也会把它揪下来，"一名作家说，"（可萨）没有留下一颗葡萄或一粒葡萄干。"[42]可萨的败落打破了原先的平衡，与伊斯兰世界的贸易利润开始以更大的数额流向北欧，正如沿俄罗斯水路发现的大量窖藏钱币所显示的那样。[43]

到了10世纪末期，罗斯人已成为西部草原上的主要势力，占有从里海、黑海远跨至多瑙河流域的大片疆土。一份资料谈到他们繁盛的市场，你能在这里买到"黄金、丝绸、葡萄酒、各种希腊水果、白银、匈牙利及波希米亚的马匹，还有罗斯人的毛皮、白蜡、蜂蜜和奴隶"。[44]然而，他们在这些土地上并非拥有绝对的权威。因为资源竞争，他们和游牧民族之间的关系通常十分紧张。比如，此时期佩切涅格草原半游牧族就成功抓获了一名罗斯的著名领袖人物，他们欢呼雀跃，并将此人的头颅镀上黄金，在庆祝仪式上朝这个战利品举杯共饮。[45]

不过在10世纪，当罗斯人还在为控制水路及草原地带不断努力时，通往南部的通道却已变得越来越安全，商业、宗教和政治运作也在循序渐进地发生转型。其中的原因之一是，在度过了三百年稳定富足的日子之后，巴格达的哈里发陷入了一系列的混乱。繁荣昌盛削弱了中央和边远地区之间的联系，由此引发了地方权贵的相互竞争和摩擦。危机就此爆发：公元923年，巴士拉遭遇什叶派叛乱分子的洗劫；七年后，麦加受到攻击，克尔白天房中的黑色圣石被盗走。[46]

10世纪20年代到60年代，连年的严冬季节让穆斯林雪上加霜。食物短缺成为常态，"人们从马粪和驴粪中挑拣大麦粒为食"的情况也并非罕见，一位作家写道，民间暴乱经常出现。[47]正如一部亚美尼亚编年史所称，10世纪50年代连续七年的粮食歉收让"很多人都失去了理智"，他们开始掠夺和攻击对方。[48]

一个新的王朝在内部动荡中诞生，即白益（Būyid）王朝。它在伊朗和伊拉克等哈里发核心地区建立了政治控制，虽然哈里发的领袖地位得以保留，但他的权力大幅缩减。然而在埃及，整个政权都被推翻了。据记载，什叶派穆斯林以前曾在北非建立了一个酋长国，或多或少地独立于巴格达和科尔多瓦的逊尼派主流统治，如今他们转移到了埃及的首都，当时叫福斯塔特。公元969年，尼罗河暴发了年度性洪灾，很多人陷入饥荒，革命风潮开始遍及整个北非。[49]新的王朝君主统称法蒂玛（Fāṭimid），他们作为什叶派穆斯林，在合法性、权威性和什么是真正的穆罕默德遗教上都有不同见解。他们的崛起对伊斯兰世界的统一性影响巨大：缺口已被打开，人们开始重新审视一些有关穆斯林的过去、现在和未来的基本问题。

时局的动荡以及由此导致的贸易下滑，是维京罗斯人没有沿着伏尔加河向里海扩张的原因之一。他们将注意力转向了注入黑海的第聂伯河和德涅斯特河，并将目光从伊斯兰世界转向了拜占庭帝国、转向了君士坦丁堡——即挪威民间传说中所说的"米科利加"（Mikli-garðr），意思是"伟大都城"。拜占庭人对罗斯人不得不倍加警惕，因为罗斯人曾在公元860年向他们发起过一场大胆的突袭，让当时的居民和守卫官兵都大吃一惊。一位君士坦丁堡的元老哀号道，这些"勇猛残忍"的武士都是什么人？他们"扫荡乡村，毁灭一切"，"长剑所指，所向披靡，毫无怜悯，毫无珍惜"；那些最先死去的人算是幸运的，至少他们给随后而来的灾难敲响了警钟。[50]

进入君士坦丁堡市场的罗斯人是受到当局严格限制的。10世纪的一份条约写道，任何时间段，单次入城的人数最多不得超过50人；要在指定的城门入城；必须登记人名，行动有人监控；他们能卖或不能买什么东西也有规定。[51]他们被当作应该小心对待的危险分子。不过，随着诺夫哥罗德、切尔尼戈夫（Chernigov）特别是基辅（Kiev）这些贸易站点发展成为永久居住地，双方的关系也开始逐渐走向正常。[52]罗斯统治者弗拉基米尔（Vladimir）于公元988年皈依基督教一事也很关键，这不仅导致了当地教会网络的建立（由君士坦丁堡的教士牵头指导），帝国的文化也同样不可避免地被借鉴到了北欧——从钱币样式到宗教器物，从教堂设计到罗斯人的装束，影响渗及方方面面。[53] 随着罗斯的经济更具商业性，传统的武士社会也开始变得越来越都市化、全球化。[54] 贸易者们用桦树皮书写着账单和收据，从拜占庭运来的葡萄酒、食用油和丝绸等奢侈品被销往各地。[55]

罗斯人的目光从伊斯兰世界转向君士坦丁堡，是西亚局势动荡的结果。继任的罗马皇帝想利用阿拔斯政权的动荡和危机捞取利益。拜占庭的许多东部省份曾经在穆斯林的征服行动中丧失，这导致了帝国行省管理结构的根本性重组。然而到了10世纪上半叶，局面开始逆转：安纳托利亚（Anatolia）地区上那些曾被用来向帝国领土发动进攻的基地被一个个地收复；克里特岛和塞浦路斯也被夺回，几十年来一直在阿拉伯海盗控制下的东地中海和爱琴海重获安定；然后在公元969年，作为主要商业中心和纺织品生产中心的著名城市安条克也被帝国拿下。[56]

这一逆袭对基督教世界来说是一种强势复兴。大量的资产和资金开始从巴格达向君士坦丁堡转移：以前缴纳给穆斯林政权的税金和商业收入，如今统统流进了帝国的金库。这同时还预兆着拜占庭黄金时代的开始：一个让哲学家、学者和历史学家尽情复兴艺术和文化的时代，一个大规模建造教堂和修道院、创立各种学院特别是法学院（培养法官以监督扩张之后的帝国的运作）的时代。拜占庭还是10世纪末巴格达与埃及关系破裂过程中的主要受益者。10世纪80年代末，罗马皇帝巴西尔二世（Basil II）与新登场的法蒂玛哈里发达成协议，建立正常的贸易关系，并承诺让君士坦丁堡的清真寺每日祈祷咏颂法蒂玛哈里发的名字，而不是对手巴格达阿拔斯哈里发的名字。[57]

随着经济的繁荣和人口的增长，拜占庭帝国的首都焕发了新生，而阿拔斯的哈里发则只能陷入自省和担忧。东方贸易通道也随之改变，原先的可萨和高加索的内陆通道开始向红海通道转移。陆上通道曾给梅尔夫、赖伊和巴格达带来过辉煌，现在却被海上的货运路线所替代。福斯塔特、开罗特别是亚历山大港的重新崛起已是确定无疑，中产阶级的数量也如雨后春笋般地增长。[58] 拜占庭有天时地利，很快就开始享受到与法蒂玛建立商业联系的成果：据阿拉伯和希伯来资料，自10世纪末开始，从埃及各港口始发和入港的商船昼夜不停，它们的目的地都是君士坦丁堡。[59]

埃及纺织品在东地中海地区的价格不断走高。当时的作家兼旅行家纳西尔·霍斯鲁（Nāṣir-i Khusraw）写道："我听说拜占庭统治者曾给埃及苏丹传信，他愿以他治下的一百座城池来换取一个提尼斯（Tinnīs）。"消息一传出，提尼斯的亚麻立即变得供不应求。[60]自11世纪30年代起出现在埃及的阿玛菲（Amalfi）商人和威尼斯商人，连同30年以后出现的热那亚商人都说明，即便在那些比君士坦丁堡远很多的地方，人们也都已看到全新的贸易货源。[61]

从罗斯人和北方新贸易网的角度来看，东方商品（丝绸、调料、胡椒、硬木等）运输通道的变更似乎并没有给他们带来太大影响，他们无须在基督教的君士坦丁堡和穆斯林的巴格达之间进行任何选择。就算有影响的话也是好的影响，有两条可能的买卖通道总比只有一条强。人们在挪威出土的奥塞贝格号（Oseberg）海盗船上拼接修复了一百多块丝绸断片，证明运抵斯堪的纳维亚的丝绸数量巨大；在维京人的墓穴中同样发现了来自拜占庭和波斯的丝绸，这些墓穴主人生前喜爱的高贵物品都被用来随葬。[62]

即便到了11世纪中叶，仍有人认为他们能像先辈一样在东方的伊斯兰土地上发大财。比如，有位叫托拉的妇女在瑞典斯德哥尔摩附近的梅拉湖（Mälar）竖了一座刻有卢恩文字（rune）的石碑，目的是纪念她的儿子哈拉尔德及其战友。石头上写着："像其他男人一样，他们远行去寻找黄金"，他们成功了，但后来死在了"撒兰（Serkland）南部"——也就是说，死在了撒拉逊人即穆斯林的辖地。[63]还有一块石碑是古德列夫为纪念他儿子斯拉格夫设立的，他"最后在花剌子模丧生"。[64]萨迦（saga）文学中关于哈拉尔德的兄弟英格瓦的故事，同样记载了斯堪的纳维亚人采取大胆行动到里海及更远地区探险的经历。事实上，近来的研究资料表明，在这一时期的波斯湾沿岸，很可能已经存在一个由维京人建立的殖民地。[65]

然而，人们的兴趣仍然集中在东方的基督教，集中在拜占庭。随着西欧人眼界的开拓，那里的人们越来越渴望拜访耶稣基督曾经生活、死去并复活的土地。不难理解，能够前往耶路撒冷朝圣是一种多么高的荣耀。[66]亲临圣城的热情还凸显了西方基督教遗物的匮乏，特别是和拜占庭帝国相比。早在4世纪，君士坦丁大帝的母亲海伦娜（Helena）就已经开始将一些圣物带回到君士坦丁堡。到了11世纪，城中收藏的珍品数量已令人震惊，包括钉过耶稣的圣钉、圣荆棘冠、支离破碎的圣袍、部分真十字架，还有圣母玛丽亚的头发和施洗约翰的头颅。[67] 相比之下，欧洲留存下的遗物几乎毫无记载。尽管国王、城市和教堂都在日益富裕，但这些物质成就似乎都和耶稣及其门徒的故事没有太大关系。

作为基督教的发源地和守护城，耶路撒冷和君士坦丁堡吸引了越来越多的人前来，尤其是帝国的首都——他们或是从事贸易，或是侍奉他人，或仅仅是在前往圣地的旅途中路过。来自斯堪的纳维亚和不列颠群岛的人能够顺利进入瓦兰吉卫队（Varangian guard，负责保卫拜占庭皇帝的精锐部队）。加入卫队后来成为一种固定的仪式，像哈拉尔德·西格奥尔森（Haraldr Sigurðarson）这样的人——后来的挪威国王，以哈拉尔·哈德拉达（Harald Hardrada）著称——都曾在卫队中服役过一段时间，然后才返回家乡。君士坦丁堡的召唤在11世纪的整个欧洲都得到了巨大的回响。有文献记载，在11世纪，君士坦丁堡是不列颠、意大利、法兰西和日耳曼许多男人梦想中的家园——当然还包括基辅、斯堪的纳维亚和冰岛等地。威尼斯、比萨、阿玛尔菲、热那亚的商人都在该城建立了聚居地，为的是将货物运回家乡。[68]

关键地点不是在巴黎或伦敦、德国或意大利，而是在东方。和东方连接的城市才是最重要的，如诺夫哥罗德和克里米亚的赫尔松（Kherson），也就是那些联系着亚洲脊梁通道——丝绸之路上的城市。在11世纪下半叶与外界建立联姻后，基辅成了中世纪的中心城市。雅罗斯拉夫（Yaroslav，1054年前的基辅大公）的四个女儿，分别嫁给了挪威国王、匈牙利国王、瑞典国王和法兰西国王；一个儿子娶了波兰国王的女儿，另一个儿子和君士坦丁堡的皇室女子成亲。下一代的联姻更加引人注目，罗斯的两位公主分别嫁给了匈牙利国王、波兰和德国 [1] 的皇帝亨利四世。此外，像吉莎（Gytha）——基辅大公弗拉基米尔二世莫诺马赫（Vladimir II Monomakh）的妻子——其实是英格兰国王哈

---

[1] 即神圣罗马帝国（962—1806）。——编者注

罗德二世（Harold II，1066年在黑斯廷斯战役中遇难）的女儿。基辅统治者是当时欧洲对外联系最活跃的一个王公家族。

众多的城镇和聚集地也如雨后春笋般在俄罗斯各地涌现，就像是一串长长的珍珠项链。柳别奇（Lyubech）、斯摩棱斯克（Smolensk）、明斯克（Minsk）、波洛茨克（Polotsk）等城镇正随着基辅一道成长，在它们前面发展起来的还有切尔尼戈夫（Chernigov）和诺夫哥罗德。这和威尼斯、热那亚、比萨和阿玛菲的崛起过程如出一辙，其关键都在于东方贸易。

意大利南部的情况也是一样。中世纪初期最突出的成就要数诺曼（Norman）雇佣军，他们先是在11世纪统治了普利亚（Apulia）和卡拉布里亚（Calabria），之后渐渐发展成地中海上的霸主。[69] 在短短二三十年的时间里，他们抛弃了雇佣他们的拜占庭老板，将目光转向了穆斯林控制下的西西里岛——一个财源充足并极具战略意义的据点，它连接着北非和欧洲，控扼着地中海。[70]

所有繁荣的关键都在于贸易渠道。因此，基督教世界和伊斯兰世界的分界线到底在哪里，最佳市场到底在君士坦丁堡还是在阿铁尔，在巴格达还是在布哈拉，或是（至11世纪）在马迪亚（Mahdia）、亚历山大港、开罗，这些问题都已经不太重要。尽管对一些地点的控制权在政治和宗教上意义重大，但对绝大多数商人来说却无关痛痒。事实上，问题的关键不在于到哪里做生意或者和谁做生意，而是如何通过倒卖那些奢侈品赚到更多的钱。在8世纪到10世纪期间，常见的商品是奴隶。但是随着欧洲东西部经济的发展，外加伊斯兰银币的大量涌入，城镇和人口都取得了突飞猛进的增长。紧随其后的是城镇之间联系的强化以及货币需求量的增加，也就是说，贸易活动开始以货币为基础，而不是（比如说）以毛皮为基础。随着这一转型的出现，地方社会开始变得更为复杂、更为成熟。社会开始分层，都市中产阶级也涌现出来。金钱，而不是人力，成为与东方贸易交往中的通用媒介。

同时，对西方存在巨大吸引力的东方，其本身也在发生改变。到了11世纪，那些曾被穆斯林征服的中亚边疆逐渐趋于瓦解。与巴格达政权一样，中亚的各个伊斯兰王朝长久以来一直从大草原上雇佣士兵，如同君士坦丁堡皇帝们对待北欧和西欧外来人的做法。萨曼（Sāmānid）等王朝从突厥部落招募了大量雇佣兵，组成"古拉姆"（ghulām），即奴隶军。但随着这些雇佣军的作用越来越重要，他们的地位也在不断提高，不仅成了正式兵，还开始进入指挥层。于是不久之后，伊斯兰高层官员就开始为自己的实权担忧了。军队确实应该重用志向远大的人，但绝不能把王国的权柄让给这些人。

局势发展十分引人注目。11世纪初，一个以加兹尼城（Ghazna，位于今阿富汗东部）为中心的新帝国横空出世，其建立者是过去一位突厥奴隶将军的后代子孙，他们能将无数的兵力调动到战场上。同时代的某作家将他们比作"蝗虫或蚂蚁，不可胜数，不可估量，如荒漠上的沙粒"。【71】加兹尼人征服了从伊朗东部至印度北部的大片土地，并有力推动了艺术和文学的发展。帝国中涌现出许多著名作家，如费尔杜西（Firdawsī），中世纪早期波斯文学中最著名的史诗《王书》（Shāhnāma）的作者——尽管近期的研究认为，大诗人可能并没有像人们所想象的那样，亲自去阿富汗宫廷呈上自己的作品。【72】

喀喇汗国（Qarakhānid）的突厥人则是巴格达政权衰落的受益者。他们逐步占据阿姆河（流经今乌兹别克斯坦和土库曼斯坦的边界）北部，由此获得了对中亚河中地区（Transoxiana）的控制权，并与加兹尼人达成协议，将大河作为双方所辖地域的分界线。【73】像他们的邻居一样，喀喇汗人也积极扶持学术事业。幸存下来的最著名的文献也许是麻赫穆德·喀什噶里（Maḥmūd al-Kāshgharī）编撰的《突厥语方言词典》（Dīwān lughāt al-turk）。词典将喀喇汗王朝位于中亚的都城八剌沙衮作为世界中心，精致的地图充分地展示出这位博学者是如何观察他所在的世界。【74】

当时还有更多的文字创作，详细记载了一个活跃富足社会中的优雅生活及担忧。其中比较杰出的是玉素甫·哈斯·哈吉甫（Yūsuf Khāṣṣ Ḥājib）于11世纪末期在喀喇汗国写就的《福乐智慧》（Kutadgu Bilig）。这篇长诗充满了劝诫性的哲理，内容既有君王该如何处理危机、悉心纳谏，也有富人该怎样主持一场盛大晚宴。当我们看到当代有些书籍就显而易见的交往礼节喋喋不休的时候，我们很难不敬佩这位一千年以前建议统治者认真筹备晚宴的作家："杯子和餐布要干净，房间和厅堂要整洁，家具要合理放置。食品和饮料要有益健康、清洁可口，这样您的客人才能吃得舒心满意。"他还建议道，不能让客人的玻璃杯空下来，对待迟到者要宽容大度，不要让任何人觉得没有吃饱或心存不快。【75】

新晋的权贵们最需要这些建议，就像当今的暴发户，他们浑身不适，总想着室内怎样装修才合适，客人来了之后应该用什么样的食品和饮料招待——《福乐智慧》的作者说，用玫瑰味的开水准没错。然而，有些心气更高的人并不会纠结于宫廷装饰或珍馐玉馔，他们心里装的是更大的欲望：巴格达城。从10世纪末开始，塞尔柱人（Seljuk）——原古兹部落（主要分布在今哈萨克斯坦）某首领的后代——开始逐渐蓄积实力。他们擅长在关键时刻选择靠山，通过适时地为地方统治者效劳以换取奖赏。没过多久，这种做法就让他们赢得了实质性的力量。从11世纪20年代末至30年代末，塞尔柱人控制了一座又一座城池，梅尔夫、你沙不儿、巴尔克相继归降。之后，在1040年，他们又打败了加兹尼人：面对数量占优的敌人，塞尔柱人在丹丹那堪（Dandanakan）大获全胜。【76】

从奴隶军一路飞速崛起的塞尔柱人在1055年得到了承认，他们应哈里发之邀挺进巴格达，赶走了没落的白益王朝。哈里发以塞尔柱首领托格洛尔（Ṭughrıl）的名字铸造钱币，还要求以他的名字称颂"胡特巴"（ḫuṭba）[1]，即在每日的祈祷中都要祝福他。他还被授予两个新头衔：al-Sulṭān Rukn al-Dawla和Yamīn Amīr al-Muʾminīn——即"国家栋梁"和"教主右臂"，进一步说明了他在巴格达取得的统治地位。【77】

颇具讽刺意味的是，塞尔柱——王朝创建者——后代们的名字暗示出，塞尔柱人原本可能是基督徒，甚至是犹太教徒。像拥有米歇尔、以色列、摩西和约拿这样名字的人，他们的草原部落祖先很可能曾被基督传教士或是将犹太教传入可萨的商人劝服信教。【78】尽管他们改信伊斯兰教的具体时间和情况我

---

[1] 胡特巴是伊斯兰教于星期五中午举行的说道和祈祷，在此过程中要称呼统治者之名，并为他祝福。引自商务印书馆蓝琪译本《草原帝国》（上册）第217页译注2。——编者注

们不得而知，但可以想象，面对这么多的穆斯林，他们要在不失去统治地位的前提下坚持自己的少数派信仰，的确很难。如果当时他们能够稳扎稳打，成功得慢一些，世界将可能是另外一番景象——届时世界的东方也许会出现一个由基督徒或犹太教徒统治的国度。然而事实是，塞尔柱人选择了皈依伊斯兰教。这些偏远地区的非穆斯林新贵们把自己当成穆罕默德遗教的捍卫者、伊斯兰世界的守护者，并由此建立了人类历史上最强盛的帝国之一。

早在塞尔柱人挺进阿拔斯夺取权力之前，拜占庭帝国就已预感到威胁。塞尔柱人的崛起激励了其他突厥部落，他们向巴尔干、高加索和小亚细亚地区频频发动进攻，殃及了许多当地居民。他们的马匹"快如飞鹰，马蹄坚如岩石"，一位当时的作家这样描述道，他们对城市的攻击"如饿狼扑食般贪婪"。[79]

在一次东部边疆保卫战中，拜占庭皇帝罗曼诺斯四世（Romanos IV）于1071年从君士坦丁堡率大军出征，却在曼齐刻尔特（Manzikert）遭遇突袭，拜占庭军队备受屈辱。这场到了今天仍被人们不停称道的著名战役，成了突厥兴起之路上的决定性时刻。帝国军队遭到包围、全军覆没，连皇帝都成了俘虏。塞尔柱人首领艾勒卜·阿尔斯兰（Alp Arslan）将拜占庭皇帝推倒在地，并一脚踩在了他的脖子上。[80]

其实巴格达的塞尔柱人并不太把拜占庭帝国放在眼里，埃及的什叶派法蒂玛帝国才是难啃的骨头。两方势力很快卷入冲突，他们都想尽快控制耶路撒冷。当时，法蒂玛与君士坦丁堡之间的关系，与其说友好不如说是互相利用。好在双方有着共同的利益，都想遏制小亚细亚的势力，那里的敌人用着古老的游牧部落策略，发动袭击，然后勒索钱财以换取和平。对拜占庭来说，这无疑威胁着边疆省区的经济稳定；而对法蒂玛来说，这分明是在挑战它新兴霸主的权威。在过去20多年的大部分时间里，皇帝和苏丹携手合作，双方的高层会晤甚至谈到以联姻的方式巩固他们的关系。然而到了11世纪90年代，平衡终于被打破，法蒂玛王朝遭遇到一系列内部危机，使得小亚细亚的突厥人优势大增，他们建立了许多事实上已独立于巴格达政权外的领地，这让拜占庭一方深感担忧。[81]

　　局面急转直下，拜占庭基督教帝国很快便陷入困境。皇帝手中已经没有什么牌了，只得采取大胆行动：向欧洲的首脑人物紧急求助，其中就包括教皇乌尔班二世（Pope Urban II）。这种做法是避免拜占庭滑入深渊的最后一搏，但并非没有风险。40年前，罗马教会和君士坦丁堡教会之间的冲突升级，结果导致教派分裂：皇帝和元老被逐出教会，教士们相互威胁要用地狱之火烧死对方。双方的一部分争执最后来到教义的诠释上，特别是关于圣灵究竟来自于圣子还是圣父，其核心依旧是基督教该由谁来控制的问题。所以向教皇求救就意味着要掩盖分歧、修复关系——两者都是说着容易做着难。[82]

　　皇帝的特使于1095年3月在皮亚琴察（Piacenza）见到教皇乌尔班二世："请求阁下倾基督教所有力量协助我们抵抗异教，以保圣教的安危。异端邪教已抵达君士坦丁堡城下，该地区的圣教已危在旦夕。"[83] 教皇立即表示同意并开始采取行动。他来到阿尔卑斯山以北，在克莱蒙特（Clermont）召开教廷公会，宣称是基督教骑士精神责令他们进军东方援助同教兄弟，随后开始不遗余力地争取各方首脑的支援。特别是在法兰西王国，教皇为了哄骗劝说他们参加远征行动，声称最终的回报可能就是圣城耶路撒冷。看来东方的危机似乎有希望将基督教带向统一。[84]

　　战斗号召一呼百应。事实上，几十年来，有越来越多的基督教信众前往圣地拜谒。靠着西欧和君士坦丁堡之间千丝万缕的联系，消息传播得非常快。小亚细亚和中东局势的动荡导致朝圣之路被阻断，突厥人挺进安纳托利亚，人们很容易想象出基督徒在东方的遭遇。许多人坚信，灾难也许就在眼前。于是，教皇的动员得到广泛的响应：1096年，几万人的大军开始向耶路撒冷进军。[85]

　　很多资料显示，参与东征的士兵大多都是受信仰驱使，受影响切身利益的恐怖报道所驱使。然而，虽然十字军东征被认为是一场宗教战争，但其背后隐藏着更为重要的世俗动力。为了地位、财富和尊严，被现实利益所引诱的欧洲列强，即将在遥远的疆土上展开他们之间的首场争斗。局势突然发生了变化，西方正逐渐将自己拖向世界的中心。

第八章

天堂之路

1099年7月15日，耶路撒冷陷落于第一次参加东征的十字军骑士之手。东征的历程十分艰辛。很多踏上征程的人根本就没能抵达圣城，他们或死于战场、或死于疾病、或死于饥饿、或成了俘虏。当最终来到耶路撒冷城墙边的时候，东征将士流下了幸福和解脱的泪水。[1] 在长达六个星期的包围后，圣城终于被攻陷，战士们磨刀霍霍，准备大开杀戒。据血腥场面的目击者说，耶路撒冷瞬间变得满地都是尸体，"堆起的尸体如同城外的房子一般高。如此残酷的屠杀真是前所未有"。[2] 几年后另一位作者写道："如果当时你在现场，你的双脚会被鲜血淹到踝骨。我还能说什么？一个活口都没剩！妇女和儿童也没能幸免！"[3]

夺取圣城的消息如野火般迅速蔓延。远征军首领们的名字一夜之间变得家喻户晓。其中最引人注目的当属博希蒙德（Bohemond），他是诺曼某传奇英雄（在意大利南部和西西里岛都非常有名）的儿子、十字军中最早的明星。博希蒙德长相英俊，有着碧蓝的眼睛、修长的下巴、干练的短发，浑身透着西欧人常说的那种勇敢和机智。他在12世纪初从东方回到家乡时受到了英雄般的礼遇，所到之处观者如堵，很多待嫁姑娘都被推到他面前供他挑选。[4]

博希蒙德代表着新世界的崛起。纵观拉丁历史，他是权力从东方转移至西方的过程中完美的代言人。拯救基督教世界的是跋涉千里抵达圣城的十字军骑士们，解放耶路撒冷的是基督徒——不是拜占庭帝国的东正教基督徒，而是诺曼人、法兰西人和佛兰德人，他们才是远征军的主力。穆斯林统治耶路撒冷达几个世纪之久，最终却被驱逐而出。在十字军抵达的前夕，有关未来灾难的绝望预测四处蔓延，但目前都被乐观的自信和期望所取代。只用了五年时间，人们就将对世界末日的恐惧转为了对新时代的展望——一个由西欧人主导的全新时代。【5】

新殖民地纷纷建立，全由基督徒领导统治。耶路撒冷、的黎波里、提尔（Tyre）和安条克如今都归欧洲人管辖。从新移民的财产权，到社会税收，到耶路撒冷国王应有的权力，都要遵守西方的封建法规。中东将照着西欧的样子重新规划布局。

随后的两个世纪中，人们将为维护第一次十字军东征的成果投入大量精力。罗马教皇一直在强调，欧洲骑士有责任捍卫圣城的疆土，为耶路撒冷国王效力就是为上帝效力。这一观念广为传播，越来越多的人被怂恿着踏上东进的征程，其中一些人后来成了圣殿骑士——一个代表着勇气、奉献和虔诚，充满无限光彩和荣耀的新头衔。

前往耶路撒冷的征程还成为一条通向天堂之路。1095年十字军第一次出征的时候，乌尔班二世曾宣称，那些带着十字架向圣城远征的人都将被上帝赦免原罪。但这一说法在远征过程中发生了变化，人们相信凡是在与异教徒战斗中倒下的人，都会踏上最终的救赎之路。东征之行不仅是此生之旅，更是来生进入天堂的通道。

基督教取得了巨大的胜利，从教堂讲坛到酒馆客栈，教皇和骑士都被充满赞誉之声的歌曲和诗句所包围。反观伊斯兰世界则显得有些无动于衷。在耶路撒冷陷落之前，城内曾制订过对付十字军的计划，但抵抗行动仅限于局部地区，而且实力非常有限。有些人曾对这种松懈政策颇感困惑。据说当时有一位巴格达法官曾冲进哈里发的宫廷，谴责当局对待欧洲敌人的态度："你们还敢这样高枕无忧？"他对在场的人说，"你们过着鲜花一般的浮华生活，而你们那些在叙利亚的兄弟却连安身之所都没有了！"其实在当时，巴格达和开罗这两个对手已经达成了某种意外的默契，让基督徒统治耶路撒冷总比让他们的对手什叶派或逊尼派统治来得强，因此双方都选择袖手旁观。法官的演说让哈里发身边的某些官员掉泪，但多数人仍是置若罔闻、无所作为。[6]

首次东征的胜利并没有给欧洲或巴勒斯坦的犹太人带来任何好印象，因为他们亲眼目睹了所谓高贵的十字军的暴力行为。在莱茵兰（Rhineland），反犹太情绪的升级导致大批欧洲犹太妇女、儿童和老人惨遭屠杀。犹太人为欧洲在东方的崛起付出了惨重的代价。[7]之所以会有屠杀行为，是因为基督徒始终认为耶稣的受难是犹太人的责任，以色列的土地应该由基督教的欧洲来掌管。任何人都无法阻挡欧洲向黎凡特进军的步伐。

对拜占庭来讲，第一次十字军东征也算不上什么胜利。因为在军事胜利和明星英雄博希蒙德的背后，其实隐藏着一个并不光彩的故事：帝国被出卖了。在1096年至1097年间路过帝国首都时，远征军的所有首领曾一同面见皇帝阿列克修斯一世（Alexios I），并朝着十字架赌咒发誓，他们将如数归还征服行动前原本属于拜占庭帝国的所有城镇和疆土。[8]然而随着征服行动的开展，博希蒙德开始盘算如何摆脱这份承诺，并为自己捞取尽可能多的利益，比如如何将名城安条克收入囊中。

当该城在重兵包围下被攻破后，他觉得机会到了。在安条克圣彼得大教堂一次著名的面对面交锋中，他坚持拒绝将城市交还给拜占庭皇帝。图卢兹（Toulouse）的雷蒙德（Raymond）——十字军领袖中权力最大的人——严肃地提醒他："我们在主的十字架、荆棘冠和其他许多圣物面前发过誓，非经皇帝许可，我们不会将任何皇帝治下的城市和城堡据为己有。"但博希蒙德却只是说，那些承诺已然无效，因为阿列克修斯一世也没有履行自己的承诺。他提出要退出远征行动。[9]

在12世纪初，所有关于远征行动的宣传中，博希蒙德都被摆在最核心的位置。从未有人提到，这个人们假想中的远征军英雄，在圣城陷落之时其实根本就没在现场。安条克的僵局拖延了近一年的时间，十字军最后决定留下博希蒙德继续前行。为了感谢上帝，骑士们在发动围攻之前绕着耶路撒冷环行，有些人甚至光着脚以表示自己的谦恭。而此时，博希蒙德却正在数百英里开外，独自欣赏这份靠着自己的固执和冷酷赚得的大礼。【10】

博希蒙德之所以能在安条克及其周边地区立足，主要靠的还是东地中海地区超乎寻常的机遇。从这种意义上说，他占据安条克的行动，是几十年甚至几个世纪以来，东方世界不断吸引雄心壮志的西欧人和北欧人的必然结果。十字军东征是场宗教战争，但同样也是通往财富和权力的跳板。

不仅是拜占庭人对东征行动不以为然——主要原因自然是博希蒙德拒绝归还安条克以及其他的恶毒行为，比如他的支持者们在欧洲捏造扩散有关阿列克修斯一世的恶意传闻——还有一些人在最开始就对十字军东征冷眼相待，特别是像西西里岛的罗杰（Roger）这样的老一辈人，他们已经积累了足够的财富，不希望自己的地位受到任何挑战。据一位阿拉伯历史学家称，罗杰不看好进攻耶路撒冷的计划，并试图让那些热衷于在地中海建立基督教新殖民区的人冷静下来。据说在听说进攻计划之后，"罗杰抬起腿放了一个响屁。'我的宗教理念是，'他说，'事实胜于雄辩。'"其实罗杰之所以反对东征，是因为任何针对穆斯林的进攻都将影响他和北非穆斯林头面人物的关系，甚至可能中断他们之间的贸易，更不用说给拥有相当数量穆斯林居民的西西里岛本身带来麻烦了。他表示，东征将造成损失巨大，因为出口受限将严重影响农业收入。他说，"如果你们非要向穆斯林开战"，随意，但别动我西西里岛。【11】

罗杰等人的担心并非没有道理。地中海市场在十字军东征前几十年一直都很动荡。君士坦丁堡的购买力因重大金融危机大幅下降。亚历山大港销售的蓝靛染料的价格，仅在1094年就下跌了30%，由此可以想象胡椒、桂皮和干姜的价格波动。【12】通过巴勒斯坦连接的北非和欧洲之间的高利润贸易（比如在1085年，苏木的利润便高达150%）也一定出现了收益下滑。【13】突然间的供需失衡导致了价格的巨幅波动：小麦成本在诺曼人征服西西里后迅速蹿升，而供应过度的亚麻则在11世纪中期的地中海只能以半价出售。【14】

但是，若与十字军冲击下的地中海地区巨大转型相比，上述的市场价格波动和个人财富变化根本算不上什么。北非历史学家伊本·卡尔敦（Ibn Khaldūn）写道，在10世纪和11世纪，穆斯林的舰队曾是海上霸主，当时的基督教徒连想在海上漂根木片都不太可能。【15】然而尽管阿拉伯人长期以来都占据着地中海,他们最终仍将控制权拱手让给了新对手们:那些新近加入东方贸易网络的意大利城邦。

　　阿玛菲、热那亚、比萨和威尼斯早在11世纪90年代前就开始舒展自己的筋骨了。拿威尼斯来说,奴隶交易和货品交易使其和达尔马提亚海岸的城镇,如扎拉(Zara)、特罗吉尔(Trogir)、斯普利特(Split)和杜布罗夫尼克(Dubrovnik)等,建立了密切的联系,于是也奠定了它向亚得里亚海及更远地区发展的基础。这些贸易站点同样也是当地市场的所在地,并为长途旅行提供了安全的港湾。意大利商人在君士坦丁堡及拜占庭其他城市都有自己的永久居住地,这说明他们在东地中海地区的贸易活动中正扮演着越来越重要的角色。【16】同样,这也促进了意大利当地的经济发展:比萨的富豪人数在12世纪末激增,他们为了炫耀自己的财富不断兴建塔楼,以至于主教和市民不得不出台政策限制楼房的高度。【17】

　　意大利城邦自然不会放过十字军东征耶路撒冷所带来的令人振奋的商业机遇。早在十字军抵达圣城之前,就有热那亚、比萨和威尼斯的商船在海上活动,并曾抵达叙利亚和巴勒斯坦。其动因不外乎两种,或是教皇也想参与商业活动,或是试图保护基督教徒,因为来自拜占庭的特使和目击者称,叙利亚和巴勒斯坦的基督徒正遭受惨绝人寰的迫害。【18】精神信仰固然重要,但物质利益也不能忽视。夺取耶路撒冷之后,十字军的立足点并不稳固,急需休整并和欧洲母国取得联系。城外的舰船帮助他们在争取圣城新主人的谈判中占据了有利地位。他们还打算夺取沿海城市和港口来强化自己的实力,如海法(Haifa)、雅法(Jaffa)、阿卡(Acre)和的黎波里,围攻这些城市都需要强大的海上力量。

　　威尼斯人同意助十字军一臂之力,因为十字军承诺将给他们丰厚的回报。比如说,作为参与1100年围攻阿卡的犒劳,每个新来的威尼斯人将在十字军夺取的每一座城市中得到一座教堂和一个贸易广场,外加三分之一的战利品,并被免除全部税收。正如某学者所说,这是典型的威尼斯式的"虔信和贪婪"的结合。【19】

1101年卡萨里亚（Caesarea）被攻下之后，热那亚人赢得了大批战利品和贸易利益。三年后，耶路撒冷国王鲍德温一世（Baldwin I）为他们颁布了一系列税务减免政策，还授予他们其他法律和贸易上的特权，比如万一热那亚人犯下极刑罪，可以免于皇家法律的判罚，这进一步增强了热那亚人的实力。国王还将卡萨里亚、阿苏夫、阿卡每座城市的三分之一交给热那亚管辖作为海外殖民地，并从阿卡的贸易税收中分出一大部分给他们。国王还每年向热那亚支付定金，并承诺如果他们能在未来的军事行动中继续提供支援，所有征服成果的三分之一都会分给热那亚。[20]如此这般的协议体现出十字军在东方的地位十分不稳，但对意大利各城邦来说，这些协议都是使他们从地区中心晋升为国际强权的基础。[21]

如此诱人的利益自然会引发比萨、热那亚和威尼斯之间的激烈竞争（阿玛菲在驶向东方的道路上起步略晚，无法再参与竞争，被排除在准入、和谈和利益的商业游戏之外）。早在1099年，比萨人就已经和威尼斯人开战，后者在罗得斯（Rhodes）海域击沉了比萨人50艘强大舰船中的28艘。战斗中缴获的舰船和俘虏，后来都被释放，目的是为了展现一种宽宏大量，因为据后来的人说，威尼斯人全都拥有主的十字架，不仅把它绣在衣服上（如教皇要求十字军那样），而且是刻在了心里。[22]

这场冲突的导火索要从1092年说起，当时的拜占庭皇帝阿列克修斯从刺激经济的整体策略出发，为威尼斯在拜占庭帝国的贸易活动提供了许多商业便利，比如在君士坦丁堡港口为威尼斯人修建登陆浮桥，还有免除威尼斯人所有进口和出口的关税。[23]因此为了维护他们与皇帝之间达成的那些诱人的贸易条款，威尼斯人的首要目标就是设法将比萨赶出这个市场。战败后的比萨人被迫同意，除祭拜圣墓外，将不再因贸易活动进入拜占庭，并在任何情况下都不能与基督徒开战。至少据威尼斯人所说，这就是当时冲突的背景。[24]

然而实施这些战败协议并不那么容易，事实上直到12世纪初，拜占庭皇帝还在授予比萨人类似威尼斯得到的那些特权，尽管不如从前那样慷慨：他们在帝国首都同样有码头和锚地，但比萨商人只得到了关税折扣，而不是关税全免。[25]皇帝的做法是为了避免威尼斯一家独大，造成垄断市场的局面。[26]

意大利诸城邦为统治东地中海地区贸易所展开的争斗相当疯狂、残酷。但没过多久，威尼斯人就开始逐渐甩开其他的竞争对手。这应该归功于威尼斯在亚得里亚海得天独厚的地理位置：一方面，从东地中海航行到威尼斯的距离比航行到比萨和热那亚的距离都短；另一方面，那里的地形有助于航船抛锚，为航行提供安全保障（当然，在此之前必须先搞定那些狡诈的伯罗奔尼撒人）。还有一个重要原因，由于缺少地方上阻碍它发展的竞争者，威尼斯拥有更雄厚的经济实力以及更适宜的发展环境——不像比萨和热那亚，二者的激烈竞争使他们在关键时刻失去了控制各自的海岸线，特别是控制科西嘉岛的优势。[27]

西方骑士大军全面挺进，并发起了后来著名的1119年"血地之战"（Battle of the Field of Blood）[1]。这场战役让安条克失去了十字军独立公国的地位，但却让威尼斯获益匪浅。[28]。比萨和热那亚也卷入危机当中，近乎绝望地从安条克派遣特使面见威尼斯总督，以耶稣基督的名义乞求援助。威尼斯人很快就组建起一支强有力的大军，因为——正如当时一位评论家所说——威尼斯人想"借助主的力量扩展它在耶路撒冷及周边地区的实力，为基督教王国争取利益和荣耀"。[29]更重要的是，国王鲍德温二世的援助请求又给威尼斯人带来了许多特权许诺。[30]

威尼斯人还利用这个机会把拜占庭人好好教训了一顿。1118年继承父亲阿列克修皇位的新皇帝约翰二世认为，国内经济现已全面恢复，无须续签20多年前授予威尼斯人的特权协议。结果，威尼斯船队立刻朝安条克东进，并包围了科孚岛（Corfu）。他们威胁说，如果皇帝不续签贸易协定，将会采取进一步行动。双方对峙下，皇帝最终让步，重新确认了当年他父亲签署的特权协议。[31]

当威尼斯总督的船队最终抵达圣地的时候，获得的回报远远超过了当初的预测。威尼斯人精于计算，给耶路撒冷的西方统治者提供了一笔贷款，让他们有能力组织自己的兵力向穆斯林控制下的港口发起进攻，由此抽取丰厚的利息：在耶路撒冷王国的每个城区，威尼斯人都将得到一座教堂、一条街道和一片广

---

[1] 由安条克公国发起，对阵伊斯兰国家阿尔图格王朝（Artuqid），结果安条克军队于6月28日战败，几乎全军覆没。8月14日，鲍德温二世（耶路撒冷国王鲍德温一世的弟弟）率军前往救援，并兼任安条克公国摄政。——编者注。

场；威尼斯人还能获得年贡，即当地主要商业贸易港提尔港的部分贸易关税。当1124年该港口在围困下最终陷落的时候，威尼斯人已经得到了可适用于整个耶路撒冷王国的各种特权，他们在当地的地位也随之改变。这个意大利城市从前只是一个仅堪立足的弹丸之地，如今却已经拥有了非常强大的势力。有人甚至意识到他们可能对皇权构成威胁，认为应立即对某些特权条款做出修正。[32]

从表面上看，这是一个信仰至上的年代，一个为基督教牺牲自我的年代。但教会各阶层都心知肚明，宗教信仰必须依托经济基础和财政实力。因此当拜占庭皇帝保罗二世提出对安条克拥有主权的时候，教皇向所有教派发表了一份声明，称所有援助拜占庭的人都将受到永久的谴责。[33]这样的做法完全是为了取悦罗马教廷的盟友，与任何神学和教义均无关。

精神信仰和物质追求融合的绝佳例证是在1144年埃德萨失陷——东征过程中的另一次巨大失利——之后。当时整个欧洲都被号召增兵参战，组织第二次东征。呼声最高的人当属克莱尔沃的圣伯纳德（Bernard of Clairvaux），他是个口才不错的壮汉，而且非常现实，懂得宽恕原罪和殉难救赎等说辞未必能劝服人们出征东方。"我请所有的商人，那些想尽快获利的商人们听着，"他在一封广为流传的公开信中写道，"这绝对是个千载难逢的机会，千万不可错过！"[34]

至12世纪中期，意大利城邦已成功抢占了东方世界一切有利可图的地域。凭借着在君士坦丁堡等拜占庭帝国海岸城市以及巴勒斯坦的特权，威尼斯的垫脚石已经直抵地中海东岸，并很快穿越黎凡特通向埃及。这让一些人感到嫉妒，中世纪热那亚著名历史学家卡法罗（Caffaro）在12世纪50年代悲伤地写道，整个过程中，热那亚都"在冷漠中沉睡、忍受"，像"海上一条没有导航者的破船"。[35]当然，这样的描述略显夸张，作者借以抒发对热那亚统治家族的些许不满。事实上，热那亚在此时期同样繁荣增长。除了不时地维护他们在十字军领土上的地位，热那亚人还与西地中海地区建立了广泛的联系。1161年，他们与摩洛哥的阿尔穆哈德（Almohad）哈里发达成休战协议，从而得以进入摩洛哥市场并在遭受攻击时得到保护。到了12世纪80年代，来自北非的贸易额占到热那亚贸易总额的三分之一以上。沿海地区遍布着仓库和旅店等基础设施，足以让商人们毫无顾虑地做生意。[36]

　　热那亚、比萨和威尼斯的崛起还刺激了周边城市的发展，正如基辅在俄罗斯带来的影响一样。那不勒斯、佩鲁贾（Perugia）、帕多瓦（Padua）和维罗纳（Verona）等城市迅速成长：这些城区扩展太快，连城墙都必须不断地重建，离城市中心越来越远。尽管在缺乏相关数据的情况下我们很难推算当时的城市人口，但毫无疑问，12世纪的意大利已经迈入了城市化的进程：市场繁荣，收入增加，中产阶层开始涌现。【37】

　　颇具讽刺意味的是，十字军东征时代的这种繁荣其实是根植于伊斯兰世界与基督教世界的良好关系。无论是在圣城还是其他地区，都是如此。尽管在1099年夺取耶路撒冷后的几十年里不断有摩擦争斗出现，但直到12世纪70年代末，冲突才真正全面升级。从整体上讲，这段时期的十字军学会了如何与自己治下及附近地区的穆斯林相处。耶路撒冷国王也经常发出警告，不许对过路的商队发动进攻，也不许攻击任何可能对当地十字军统治者心怀敌意，或者可能向巴格达或开罗请求支援的周边城市。

　　这种做法让新近抵达圣城的人很难理解，并认为这可能会引发许多问题。然而新来者可能很难相信，与这些"异教徒"进行贸易交往是日常行为，而且要花上很长时间才能意识到，事实上许多事情并不如他们在欧洲想象的那样黑白分明。没过多久，歧视心理开始淡化。已经在东方待过一段时间的西方人"比那些新来者强多了"，一位阿拉伯作者有感于新来者的残酷行为和粗俗举止，特别是他们对待非基督徒的态度，得出了以上的结论。【38】

　　穆斯林中也有人持相同的看法。12世纪30年代发表的一份声明（fatwa）告诫穆斯林既不要到西方旅行，也不要和基督徒做生意："如果我们到他们的国家旅行，商品就会涨价。他们从我们手里抢钱，然后用来攻打穆斯林并侵占我们的土地。"【39】

　　不过从整体上说，两方的矛盾还算在理性范围内，能够顾全大局。在西欧，人们对伊斯兰世界充满了好奇。在第一次十字军出征之后没多久，不少人就开始对穆斯林突厥人产生了好感。"如果突厥人坚定基督教信仰并建立基督教王国，你恐怕再找不到其他更强壮、更勇敢和更能打仗的士兵了。"一位著名的十字军东征历史学家这样写道，同时可能也是在暗示塞尔柱人在转信伊斯兰教之前的宗教背景。[40]

同样，伊斯兰世界的科学造诣和智慧成就也很快引起了西方学者的广泛兴趣，其中就有巴思的阿德拉德（Adelard of Bath），[41]正是他翻阅了安条克和大马士革图书馆的资料，才将数字运算表格带回了欧洲，奠定了基督教世界数学研究的基础。这次东方之旅还使他大开眼界，回到英格兰后，他发现"王子粗俗不堪，主教贪杯好饮，法官收取贿赂，主顾不可信赖，顾客趋炎附势，承诺全是谎言，朋友相互嫉妒，几乎所有人都野心勃勃"。[42]他之所以会有这样的观点，是因为他看到东方世界的发展非常成熟，相形之下，基督教世界则显得十分局限。阿德拉德的观点得到了其他人的赞同，比如12世纪后半叶从英格兰到巴黎求学的莫里丹尼尔（Daniel of Morley）：那里尽是些装模作样、欺世盗名的知识分子，他们就"像雕塑一样端坐在那里，一言不发，假装自己无所不知"。丹尼尔意识到他从这些人身上什么也学不到，于是辗转来到穆斯林的托莱多城（Toledo），"以便尽快聆听世上最聪明的哲人的教诲"。[43]

西方人如饥似渴地吸收东方思想。克吕尼隐修院（Cluny，中世纪法国极具影响力的神学中心）的院长可敬者彼得（Peter the Venerable）就曾组织翻译《可兰经》，以便让自己和其他基督教学者更好地理解经文——当然，其目的仍是继续强化人们将伊斯兰教视作异端、粗鄙和危险的固有观念。[44]西欧人不仅仅向伊斯兰世界寻求启发，君士坦丁堡刊行的许多论著同样被译成了拉丁文。比如对亚里士多德《尼各马可伦理学》（*Nicomachaean Ethics*）的注解，就是由阿列克修斯一世的女儿安娜·科穆宁娜（Anna Komnene）主持译介的。这些注解后来引起了托马斯·阿奎纳（Thomas Aquinas）的关注，并将其中的思想汇入基督教哲学的主流。[45]

同样，12世纪的社会经济繁荣靠的也不只是欧洲和穆斯林之间的贸易，君士坦丁堡和拜占庭帝国也是基督教地中海商业活动的主力军。从这一时期留存的资料判断，威尼斯与拜占庭的贸易占到其国际贸易总额的一半。[46]

尽管拜占庭的玻璃、金属制品、食油、葡萄酒和食盐一直在向意大利、德国和法国的市场出口，但来自更遥远地域的商品，价格更贵、需求更大、利润更高。西欧的存货清单、贸易账本和教会财政记录清楚地表明，人们对产于地中海东部、中亚或中国的丝绸、棉花、亚麻和织品的需求巨大。【47】

黎凡特的城市在新兴市场下开始资本化：安条克已被建立成一个贸易中心，原材料可以由此运往西方；它同时也是一个生产中心，来自这个城市的纺织品，如"安条克布"，十分畅销，以至于英格兰亨利三世国王在每个行宫都设了一个"安条克屋"，包括伦敦塔、克拉伦敦（Clarendon）、温彻斯特宫和威斯敏斯特。【48】

调味品同样从东方向欧洲大量流动。这些香料主要抵达三个集散中心：君士坦丁堡、耶路撒冷和亚历山大港。然后从那里运往意大利诸城邦，运往德国、法国、佛兰德和不列颠。因为在这些地方，域外产品的利润十分丰厚。某种程度上讲，他们购买东方奢侈品的欲望与草原牧民渴望中国宫廷丝绸的欲望非常相似：如同在今天一样，在中世纪，富人要靠这些展示自己的身份，要显得和别人不一样。尽管从事昂贵商品贸易的商人只占总人口的很小一部分，但他们非常重要，因为他们使发家致富成为可能，从而激发了社会活力和不断发展的动力。

耶路撒冷在扮演着基督教圣城角色的同时还有另一个角色，它本身也是一个重要的商业中心（尽管比不上作为贸易中心的阿卡城）。12世纪后半叶的王国税务清单展现了当时那里能购买到的所有商品，同样也可以看出结构复杂的政府机关是如何密切地关注市场，以确保不漏掉任何贸易收入：胡椒、桂皮、明矾、清漆、肉豆蔻、亚麻、丁香、沉香木、蔗糖、咸鱼、熏香、小豆蔻、氨水、象牙等物品的销售都需缴税。【49】绝大多数物品都并非产自圣地，而是通过穆斯林控制的商业路线运达于此——其中自然包括埃及的诸港口，从这一时期的一份阿拉伯税收协议看，从埃及港口运出的各种香料、纺织品和奢侈品，数额巨大。【50】

因此，具有讽刺意味的是，十字军东征不仅刺激了西欧的经济增长和社会发展，而且还喂饱了那些看准新市场赚钱机遇的穆斯林商人。在这些最精明的人中，有一个就是在12世纪大发其财的波斯湾尸罗夫城的哈密斯（Rāmisht）。他的聪明之处在于他看准了市场需求，引进并转卖中国和印度的商品。他的某个航运代理商每年要运载超过50万第纳尔的货物。与他的财富同样为人津津乐道的，还有他的慷慨施舍。他捐资将麦加卡巴神殿的银制喷泉换成了金制，并亲自出钱更换了神殿中受损的窗帘（由"价值连城"的中国布料制成）。由于这些善举，麦加在他死后为他举办了罕见的高规格葬礼，他的墓碑上写着："船王阿布·哈密斯在此安息。愿真主赐福于他，并赐福于所有崇敬他的人。"【51】

雄厚的财富积累引发了强烈的对抗竞争，翻开了中世纪的新篇章，即不惜代价地追求东地中海地区所蕴藏的巨额财富。到了12世纪60年代，意大利诸城邦之间的竞争已经十分激烈，甚至在君士坦丁堡的街头都会出现威尼斯人、热那亚人和波斯人之间的斗殴。拜占庭皇帝试图出面干预，但街头暴力冲突早已司空见惯。这可能缘于商业竞争的加剧，从而导致货物价格的下降。他们必须保护自己的贸易据点，哪怕是采取武力手段。

各城邦之间的争战严重影响了都城居民的利益，不仅因为他们给城市财产造成损害，还因为西方势力的不断渗透。1171年，面对百姓的失望情绪，拜占庭皇帝采取行动关押了数千名威尼斯人，并且无视赔偿要求，更不用说为他的单方面突然行动表示道歉。威尼斯总督维塔雷·米希尔（Vitale Michiel）亲自来到君士坦丁堡处理争端，人们本指望听到一些好消息，结果总督也无能为力，局势变得一发不可收拾。人们失望的情绪转为愤怒，最终演化为暴力。为了躲避他自己的臣民，总督试图逃往圣撒卡利亚（San Zaccaria）修道院，但未能成功，最后被一伙人抓住并私下处死。【52】

现在，拜占庭帝国已不再是威尼斯的盟友和赞助者，而是成了对手和竞争者。1182年，君士坦丁堡的居民向当地的意大利人发动袭击。很多人被杀，其中包括拉丁教会的代表，他的头颅被街上一只奔跑的狗拖着。【53】这只是欧洲两派基督徒之间仇视对立的开始。1185年，拜占庭帝国最重要城市之一塞萨洛尼基（Thessaloniki）被来自意大利南部的一支西欧军队攻陷。西方人在第一次十字军东征时将一支鱼叉投入东地中海，现在这支鱼叉开始展现它捕捉猎物的威力了。

不过对某些人来说，冲突就是机遇。在埃及有一位叫作萨拉丁·阿尤比

（Ṣalāḥ al-Dīn al-Ayyubī）的将军，已如一颗新星冉冉升起。人们都称他萨拉丁（Saladin）。他人缘极佳、头脑灵活、颇具魅力，并且早已意识到君士坦丁堡的冲突对他有利。他迅速采取行动，邀请耶路撒冷的希腊族长访问大马士革，对他慷慨之至，表明自己才是拜占庭帝国的盟友，而并非那些来自西方的基督教徒。[54]

12世纪80年代末，拜占庭皇帝艾萨克二世（Isaac II）满怀激情地写下如下话语，"我愿与（我的）兄弟、埃及苏丹萨拉丁"分享重要军事情报。他还警告说，任何有关帝国企图的流言都是无稽之谈，我请求萨拉丁派遣援兵抵抗西方人。[55]君士坦丁堡的反西方情绪已经酝酿了几十年。12世纪中期的一位作家说过，西欧人并不可靠，他们性情贪婪，为了钱甚至可以出卖家人。皇帝的女儿写道：尽管许多所谓的朝圣者都自诩虔诚无比，但其实他们心中满是贪欲，他们一直在想着如何夺取圣城，毁坏帝国的声誉，毁坏同族基督徒的声誉。[56]这些说法广为流传，并铭刻在12世纪末拜占庭人的记忆当中，尤其是在1204年以后。

耶路撒冷的百姓也认同这种说法，因为那里的十字军骑士残暴异常、不负责任，似乎完全不在乎死后会进地狱。12世纪末常常出现的情景是，十字军首领们一次次做出愚蠢的决定，一次次愚蠢地相互征战，完全不顾眼前的危机和明显的警示。

但当时的情况让一位来自西班牙的穆斯林非常困惑。伊本·朱巴伊尔（Ibn Jubayr）写道，在基督徒和穆斯林之间，若说到政治和战争，双方"势不两立"，但若说到贸易，双方的旅行者则都"来去自由，未受任何阻挠"。[57]不管商人走到哪里，都会得到安全保障，无论他们的信仰如何，无论在和平时期还是在战争时期。作者还说，这才是良好贸易关系应有的结果，税务协定确保了贸易合作的正常进行，也确保违反协定者受到严厉的惩罚。不遵守贸易协定或越过底线的拉丁人，哪怕是"仅仅越过一臂的距离"，都将被他们的基督教同族处以极刑，因为他们不想得罪穆斯林商人，也不想损害多年建立起来的贸易关系。伊本·朱巴伊尔对此深表赞同：这是"（西方人）建立的最好的、最具特色的传统之一"。[58]

　　然而，耶路撒冷的宫廷内讧致使王国内部出现了多个互相敌对的割据势力，众多野心勃勃的、不择手段的人物开始涌现，并对基督教和伊斯兰教之间的关系造成巨大损害。其中最主要的人物当属沙蒂永的雷纳德（Reynald of Châtillon），他一个人的鲁莽行为几乎毁掉了整个耶路撒冷王国。

　　雷纳德是圣城的一名老兵，他逐渐意识到，随着萨拉丁在埃及的实力不断增强，他将面临越来越大的压力，特别是在萨拉丁开始控制叙利亚大片地区之后（这意味着能够对基督教王国形成包围）。面对威胁，雷纳德鲁莽地决定进攻红海的亚喀巴湾港口，结果不但没取得成功，反而还激发了阿拉伯人歇斯底里的斗志，他们嘶声呐喊："麦地那和麦加危在旦夕，天启和末日即将来临！"[59]

　　不仅如此，这样的冲动行为还可能提升萨拉丁的地位和声望，从而对十字军国家构成更大的威胁。对所有东方的基督徒来说，雷纳德是"最背信弃义、最不讲道德的人，也是最危险、最邪恶的人……他违背誓言，甚至背叛他自己"。萨拉丁将发誓"会亲手杀了他"，同时代的一位穆斯林作家这样写道。[60]

　　他很快就找到了机会。1187年7月，耶路撒冷王国的十字军骑士在哈丁角（Horns of Hattin）的激烈战役中被萨拉丁击败，几乎所有西方士兵都战死或被活捉。军中的神职人员也成了战俘，特别值得一提的是医院骑士团和圣殿骑士团，他们是最不愿与非基督教社会妥协的激进者，结果都被立即处死。萨拉丁亲自追捕雷纳德，并砍下了他的头颅。虽然雷纳德是不是这次十字军会战的主谋仍存在争议，但他毫无疑问地成了拉丁人败给穆斯林的替罪羊。无论真实情况如何，战役结束不到两个月，耶路撒冷便向穆斯林投诚了——在穆斯林承诺会饶恕城中的百姓后，城门立刻打开。[61]

　　圣城的沦陷给基督教世界带来了耻辱，也给欧洲与东方世界的联系造成了重创。罗马教皇简直无法接受战败的消息，乌尔班三世在听到这个噩耗后当场气死。他的继任者格雷戈里八世（Gregory Ⅷ）不得不认真反省，他虔诚地宣告，圣城陷落了，不仅应归咎于"该城居民的原罪，还包括我们自身和整个基督教徒群体的原罪"。他警告说，穆斯林的实力在增长，若不引起警惕，他们还会继续强大。他呼吁国王、公爵、男爵和所有相互争斗的城邦摒弃前嫌，共同面对眼前的危机。这等于是坦白地承认了所谓为了信仰和虔诚的骑士精神，如今都和个人利益、地方对手和相互争执相关。教皇说，耶路撒冷的陷落是由于基督徒没能坚持自己的信仰，让原罪和邪恶占据了上风造成的。[62]

这些煽动性的措辞很快便取得成效，西方世界三个最具影响力的人物都开始备战报复性的远征行动。英格兰的理查一世、法兰西的腓力二世、德国神圣罗马帝国皇帝腓特烈·巴巴罗萨（Frederick Barbarossa）都发誓夺回圣城，而且必须在中东重新确立基督教的地位。不过，1189年至1192年的远征行动仍是一场惨败。腓特烈在跨越小亚细亚时落入河中溺水身亡，那儿离原定的主战场只有几英里之遥。军队指挥层还在战略目标问题上发生激烈争论，导致整个军队几乎停滞不前。这主要是由于"狮心王"理查力主将攻击目标从耶路撒冷转移至财富更为丰厚的埃及。最终这一行动既未取得实质性的成果，也没给耶路撒冷带来更多的压力。事实上，在将领们返回家园的路上，他们又出人意料地将注意力放在了黎凡特的贸易中心阿卡——一个从圣经或宗教上讲都不具任何价值的地方。[63]

不到十年，欧洲再次试图进攻圣地。这次威尼斯人将成为主力，负责将大批士兵船运到东方。起初威尼斯总督并不愿意协助，直至参战方承诺运输大批士兵的绝大部分造船费用将由各方分摊后才同意。威尼斯还要求参与制订战役主攻方向的决策，确保有权将战船驶向埃及港口，而不是耶路撒冷附近的任何地方。据某个参与决策的高层军官记载，这一决定"是高级机密；对外界，我们只说是海外航行"。[64]

这样的远征计划还与天堂的景象相吻合，即参与者将不仅得到精神上的拯救，还能获取物质上的奖励。埃及拥有着神话一般的财富。埃及人"沉浸在奢侈的生活之中"，该时期的一位作家感叹道，他们因"海岸城市和内陆城市的关税"而富得流油，这种关税为埃及赢得了"每年大量的收入"。[65]

威尼斯人非常明白东方通道上的危机和动乱对他们的意义。看到萨拉丁获胜后赢得的财富以及拜占庭帝国的动荡后，威尼斯人急不可待地想前往亚历山大港等尼罗河港口做生意。这些港口原先一直没有受到太多的重视，13世纪之前，威尼斯和埃及的贸易仅占其总贸易额的10%。[66]威尼斯曾一度落后于它的意大利对手比萨和热那亚，当时后两者靠的就是在与红海地区（而非君士坦丁堡或耶路撒冷等陆路地区）的贸易关系和贸易总量上所占具的优势。【67】摆在威尼斯人面前的是长远利益，远胜于组建一支渡海舰队所冒的风险。

不过，组建一支舰队将意味着在接下来近两年的时间里，威尼斯人必须停下手头上的其他一切工作。结果，热情参与行动的人数远不如预期，这让威尼斯陷入了入不敷出的境地。面对突发危机，十字军只能草草做出应对决策。1202年，舰队抵达达尔马提亚海岸的扎拉港——威尼斯和匈牙利一直在激烈争夺的中心城市。进攻方的优势已十分明显，不明真相的市民在城墙上升起了画有十字架的旗帜，他们猜想这场战斗一定是出于误会，不相信一支基督教军队会对一座基督教城市不宣而战，而且还违反教皇英诺森三世（Innocent III）的紧急命令。但最终城市还是被攻破了，威尼斯人从骑士们身上索取着不该讨回的旧账。[1]【68】

就当十字军在纠结这样做是否正确，并争论着下一步该怎么办时，一个黄金般的机遇自动送上了门。拜占庭的一个皇位觊觎者说，如果十字军帮助他在君士坦丁堡夺取皇帝的宝座，他将拿出重金作为回报。原本朝着埃及进发但始终以为自己是在向耶路撒冷进军的东征部队突然发现自己出现在了拜占庭的都城下，而且还面临着重大的抉择。城内各势力之间的谈判迟迟没有结果，十字军内部也在讨论究竟该如何夺取城市，特别是讨论如何瓜分这座城市和帝国的其他地区。【69】

威尼斯早已学会如何保护它在亚得里亚海和地中海的利益，如今又因直接控制扎拉而变得更加强势。他们当然不会放过这个难得一遇的机会，只要成功，他们不仅能获取大量财富，还能确保今后前往东方的路上畅通无阻。1204年3月末，十字军开始包围"新罗马城"，并于4月的第二个星期发动全面进攻。本该用来进攻穆斯林城市的长梯、重锤和石弩，现在却被用作攻击这座当时世界上最大的基督教城市；原本计划用以封锁埃及和黎凡特港口的舰船，如

---

[1] 原文pound of flesh直译为"一磅肉"，此典出自莎士比亚的喜剧《威尼斯商人》：安东尼奥是个为人宽厚的威尼斯富商，借钱给别人从来不收取利息，这让犹太人夏洛克十分嫉恨。安东尼奥为帮助好友求婚，向夏洛克借贷，夏洛克假装慷慨不取利息，但却同安东尼奥签约规定，若逾期不还就要从安东尼奥身上割一磅肉，意在取其性命。——译者注

今却被用作封锁拥有圣索非亚大教堂的金角湾（Golden Horn）。大战前夕，主教们让士兵放心，说"战争是正义的，他们攻打（拜占庭）并没有错"。说到有关教义的争论以及其他实质性问题的时候，教士们更认为君士坦丁堡的居民也该打，因为这些人叫嚣"罗马的法律一钱不值，狗才相信"。他们告诉十字军将士，拜占庭人比犹太人更坏，"他们是上帝的敌人"。[70]

城墙很快被攻破，西方人搜刮了一切，城内一片狼藉。在愤怒的反抗和恶毒的叫骂声中，十字军无情地掠夺、亵渎这座城市的所有教堂：他们洗劫了圣索非亚大教堂，偷走了装有圣者遗物的宝石容器，挥舞着曾刺伤耶稣的长枪恣意取笑；圣餐上所用的银器和贵金属物品都被劫走；马匹和骡子被牵入教堂驮运赃物，一些战利品滑落到大理石地板上，与"血泊和污水"融在一起。更为过分的是，一个风骚的妓女坐在主教的座位上，哼唱着淫荡的曲调。据一位拜占庭目击者说，十字军简直成了反基督教的先驱。[71]

大量的文献资料证明，上面的描述绝非夸张。某个西方修道士甚至闯入12世纪皇家修建的潘托克拉托教堂（Pantokrator，意为"全能基督"）。"把你们这儿最珍贵的遗物拿出来，"他命令一个教士，"否则马上杀了你！"他发现一个装满教堂珍宝的箱子，恨不得"双手去抓"。后来别人问他战事期间人在哪里、是否也抢过东西，他笑着点点头，只说："我们的收获还不错。"[72]

所以当看到一个拜占庭人离开城市时曾泪流满面地趴在地上责骂城墙的时候，就不足为奇了，因为"城墙竟然无动于衷，没有眼泪，也没有被夷为平地；它们依旧巍然挺立"。然而或许应该是城墙在嘲笑他：你们怎么没能保护这城市？这城市的灵魂就这样在1204年惨遭蹂躏。[73]

君士坦丁堡的物质财富被西欧各教堂、修道院和私人收藏者瓜分。曾经矗立在赛马场（Hippodrome）上的骏马雕像被装载上船，运回了威尼斯，改放在圣马可大教堂的门口。无数的宗教遗物和珍贵物品同样被运回威尼斯，至今仍保存完好，供游客观赏——作为基督教的精美艺术品，而不是战争中掠夺的赃物。[74]

这还没完。年老失明的总督恩里科·丹多罗（Enrico Dandolo）之前亲自从威尼斯前往君士坦丁堡参与攻城行动，结果在第二年去世。人们认为他应该被葬在圣索菲亚大教堂，于是他成为历史上第一个被葬在大教堂的人。[75]这是欧洲崛起最强有力的象征。几个世纪以来，人们都向往东方并渴望在那里成名立业、实现野心——无论是精神上还是物质上。世界上最大、最重要的基督教王国的陷落表明，没有什么能阻止欧洲人追求自己的欲望，没什么能阻止他们直取世界的财富和权力中心。尽管他们看上去像人，但行为却像野兽——某著名希腊传教士悲伤地写道。他还说，拜占庭人遭受着残酷虐待，处女被强奸，百姓被杀害。城市本身也被洗劫一空，某当代学者将第四次十字军东征后的几年称为"迷失的一代"，因为当时的拜占庭皇家机构不得不前往小亚细亚的尼西亚重组。[76]

与此同时，西方人却正在考虑着如何瓜分帝国。在仔细翻阅了君士坦丁堡的税收账簿后，大家签订了一份名为《罗马帝国土地分割条例》（*Partitio terrarum imperii Romaniae*）的文件，规定了谁应该得到什么。这并非一个临时制订的方案，而是一种蓄谋已久的瓜分计划。[77]从一开始，像博希蒙德这样的人就已经说过，号称保卫基督教王国、以主的名义拯救十字架下所有信众的十字军，可能会被目的不纯的人所利用。君士坦丁堡的陷落充分显示了欧洲人真正的欲望所在：与东方建立联系并逐步占据那里。

随着拜占庭帝国的陷落，以意大利比萨、热那亚、威尼斯等城邦为首的欧洲人迅速夺取了其他具有重要战略或经济价值的地区、城镇和岛屿。克里特岛和科孚岛海域的舰队频频发生冲突，双方都意在控制最佳的贸易据点和贸易路线。[78]陆地上的情况也是一样，人们在争夺土地肥沃、有着"君士坦丁堡的面包篮子"之誉的色雷斯时，同样也打得不可开交。[79]

十字军又迅速将注意力转向了埃及。1218年，埃及再次成为另一场大规模远征的主要目标，行动计划穿越尼罗河三角洲，最后进入耶路撒冷。随军出征的阿西昔的弗朗西斯（Francis of Assisi）希望能劝说埃及苏丹卡米尔（al-Kāmil）放弃伊斯兰教而成为基督徒。尽管弗朗西斯获得了当面与苏丹交谈的机会，但伶牙俐齿的他最终还是没能成功。[80]十字军在1219年夺取达米埃塔（Damietta）之后继续向开罗进发，结果他们的退路被未改教的苏丹卡米尔截断，远征行动只好以一场羞辱的惨败告终。

当大败之后的十字军首领们正在为如何接受停战条款以及下一步的行动

计划争论不休时，他们收到了一个宛如奇迹的消息：一支大部队正从亚洲内陆向这里进发，帮助西方骑士攻打埃及。他们势如破竹，前来为十字军解围。

援军的身份很快就非常清楚了：他们是祭司王约翰（Prester John）的部队。传说祭司王约翰是一个疆域辽阔、繁华富庶的王国的统治者，他的臣民包括亚马逊人[1]、婆罗门人、以色列遗失的支派以及其他一些神话和半神话中提到的族群。祭司王约翰所统治的不仅是一个基督教王国，而且是一个世界上最接近天堂的王国。滥觞于12世纪的一些文字作品对约翰王国的辉煌和荣耀都毫不怀疑："我，祭司王约翰，是王者之王。我的财富、品德和权力超越世上所有的国王……在我们这儿，牛奶和蜂蜜满地流淌，毒物不会造成伤害，青蛙不会乱声聒噪，草地上没有蝎子和毒蛇爬行。"王国满是翡翠、钻石、紫晶等各种宝石，还有包治百病的胡椒和仙丹。[81]因此，有关祭司王约翰抵达的传言足以影响十字军在埃及的决策：他们只要坚持下去，就一定能稳操胜券。[82]

这将是欧洲人在亚洲学到的第一堂课。十字军完全不知道该相信什么，他们的认知还停留在几十年前，即12世纪40年代塞尔柱苏丹桑贾尔（Aḥmad Sanjar）在中亚被打败的相关传说。这一事件使人们产生了过于乐观的幻想。当大军挺近的消息传遍高加索地区之时，所有谣传都迅速变成了事实：据说"巫师"（magi）们带着十字架以及可瞬间变成教堂的行军帐篷向西挺进。基督教王国的解放似乎已指日可待。[83]一位著名教士将这个消息进一步演绎，他在达米埃塔布道时宣称："两印度的国王大卫正在火速赶来解救众基督徒。他带着勇猛的将士，像野兽一样吞噬那些该遭天谴的阿拉伯人。"[84]

没过多久人们就知道这一切都是胡说。从东方传来的铁蹄声既不是祭司王约翰的部队，也不是他的儿子"大卫王"或前来解救同教兄弟的基督教大军，而是暴风雨来临前的隆隆雷声。十字军所面临的，也是欧洲所面临的，并不是一条通往天堂的道路，反而似乎是一条地狱之路。驰骋在这条路上的，是蒙古人。[85]

---

[1] 希腊神话中一个纯女性的部族。——编者注

| 第九章 |

铁蹄之路

人们在埃及感受到的震荡来自世界的另一端。11世纪末，蒙古人是中国北部诸多草原部族中的一支，有人将他们描述为"活得像动物，既不信宗教，也没有法律，只知道四处游牧，与那些吃草的野生动物没什么区别"。[1]另外一位作者则说："他们把抢劫、暴力、卑鄙和无耻视作是刚毅和出色。"他们的长相同样令人厌恶，与4世纪的匈奴人一样，身上穿的都是"狗皮和鼠皮"。[2]这是当时外界人对草原游牧部落最常见的描述。

蒙古人的生活看似混乱、野蛮、漂泊不定，但他们的崛起绝不是混乱无序的结果。果断的决策制订、简洁的组织结构和清晰的战略目标是他们成为历史上最大的陆上帝国的关键。蒙古人成功的背后有一个至关重要的领袖人物：铁木真。他的另一些称号更为世人所熟知："世界统治者"或"凶猛的统治者"，"成吉思"或"成吉思汗"。[3]

成吉思汗出身于一个部落联盟首领的家庭，他的命运在他诞生时就已经注定："生时，右手握着髀石般的一块血"，据说是寓意将掌握天降的生杀大权。[4]尽管他在后来的中世纪时代让人闻风丧胆，但他早期奠定自己地位和权力的过程却是非常缓慢的，他必须和其他部落的首领达成协议，并谨慎地挑选战略同盟。他在选择对手方面也特别讲究，他总是能在最佳时机将对手干掉。他用最忠实的随从作为贴身保镖和战士，组成最牢不可破的核心集团，并给予他们最大的信任。这是一个精英人才体制，本领和忠心远比部落背景及他们和首领的亲缘程度重要。作为对忠诚效力的回报，首领会在货物、战利品和职位上给予奖赏——这些做法已经成为一种惯例，因为成吉思汗的军事天赋足以让他慷慨解囊来保证部下的忠诚。[5]

这些巨额奖赏是以一系列成功的征服行动为基础的。他靠着武力或恐吓连续征服了一个又一个部落，直到他在1206年成为蒙古草原上无可争议的真正霸主。随后，他又将注意力转向了其他族群，如吉尔吉斯人（Kyrgyz）、斡亦剌惕人（Oirat）和居住在中国西部及中亚地区的回鹘人，这些人都曾发誓效忠蒙古帝国。1211年回鹘人的归顺极为关键，在回鹘首领巴而述（Barchuq）宣布愿意成为成吉思汗的第五个儿子后，蒙古首领立刻将自己的女儿嫁给了巴而述。[6]这一方面说明了回鹘人在塔里木盆地的重要地位，一方面也说明了回鹘人的语言和文字，对蒙古人来说显得越来越重要。蒙古人将有文化的回鹘人收编为文书和官员，其中就包括塔塔统阿（Tatar-Tonga）[1]，他后来担任了成吉思汗儿子们的老师。[7]

然后蒙古人将注意力转向了更大的目标。从1211年开始，他们发动了一系列进攻，最后挺进到中国金朝的国土，夺取了中都[2]，迫使金国皇帝出逃，并几次向南方迁都，使入侵者可以毫无顾忌地掠夺。蒙古人朝其他方向扩张的时机也恰到好处。穆斯林政权在12世纪始终萎靡不振、难以统一，各个大小不一、强弱不均的地方势力都渴望挑战巴格达政权的至上地位。危机到来之时，花剌子模的统治者正忙于应对国内的对手，同时还用一只眼睛觊觎着东方的中国。很显然，只要蒙古人打败了花剌子模——他们后来也确实做到了，花剌子模的统治者被逐入里海的一个岛上，不久便去世——就意味着通往中亚的大门会统统敞开，道路上将没有任何障碍。[8]

大量的文献资料生动地描绘了1219年蒙古人进攻花剌子模时的凄惨场

---

[1] 塔塔统阿用畏兀儿字书创制了蒙古文字，对蒙古帝国产生了深远的影响。——编者注
[2] 今北京。——译者注

景。入侵者"来了，打了仗，放了火，杀了人，抢了东西，然后离开了"，一位历史学家这样写道。[9]我宁愿没生在这世上，那样就不必亲历如此残酷的场景了，另一位作者说。穆斯林只求消灭他们的基督教敌人，但蒙古人不一样，他们"谁都不放过，他们杀女人、杀男人、杀孩子，甚至将孕妇开膛破肚，杀死还未出生的胚胎"。[10]

蒙古人是在有意制造这些恐怖景象，因为事实上，成吉思汗使用暴力也是有选择性的，也是经过精心考虑的。他洗劫一座城市的目的是想让其他城市和平投降、快速投降，并用这些恐怖的屠杀昭示其他统治者，最好的做法是谈判而不是抵抗。

你沙不儿（Nīshāpūr）就是一个典型的例子。那里成了重灾区，所有的生物——从女人、孩子和老人，到牲畜，到家禽——都遭到了屠杀。因为上边下达了命令，连小狗小猫都不要放过。所有的尸体被堆成小山，警告着世人，如果和蒙古人作对将会是什么下场。这足以让其他城镇放下武器、进行谈判，否则只有死路一条。[11]

有关残忍屠杀的消息很快传到了那些还在为如何抉择犹豫不决的地区。一则故事在当时广为流传，有一位地方高官被命令面见一位新来的蒙古统治者，在这之前他的眼睛和耳朵里都被灌入了熔金。据说这是一种正常的惩处，所有"行为不轨，粗暴残忍"的人都应受到这样的刑罚。[12]这也是对其他打算阻挡蒙古前进步伐的人的一种警告。顺从屈服将得到奖赏，顽固抵抗将受到严惩。

成吉思汗有着高超的用兵能力，同时也具备过人的智慧谋略。长时间地围攻某个据点是很费力费财的事情，在草原上长期屯集的大部队将很快耗尽周围地区的资源。因此，能够帮助部队快速取胜的军事技术师就成了香饽饽。比如在1221年的你沙不儿战役中，蒙古人共使用了3000张巨弩、3000架投石机以及700台燃物发射器。后来，蒙古人又对西欧人发明使用的一些军事技术产生了极大兴趣，并抄袭了他们的石弩和十字军攻城器械的设计，并在13世纪用它们来攻击东亚的敌人。对丝绸之路的控制使蒙古统治者们得以接触到大量的信息和思想，并将之复制、运用到千里之外的战场上。[13]

考虑到蒙古人的坏名声，有人对13世纪初蒙古人在中国、中亚等地取得奇迹般的胜利颇感好奇，并给出了一种解释，说是因为他们其实并未被一直视作压迫者。花剌子模就是一个很好的例子：当地人曾接到花剌子模政府的命令，需要预先支付一年的税金，用以建设撒马尔罕周围的新据点、组建骑兵射手来防范蒙古军队。将如此沉重的负担压在百姓头上显然不得人心。相反，蒙古人却将大笔资金用作被征服城市的基础设施建设。一位中国道士[1]在撒马尔罕被征服后不久访问该城，他惊奇地看到这里竟有那么多来自中国的工匠，有那么多来自周边地区的人在帮助照看荒置的田地和果园。[14]

历史似乎在重演：资金投向城镇，以利于重建和再生，艺术、手工艺和生产力也重获新生。从这些角度看，蒙古人所有的野蛮形象都不见了。这说明后来写成的历史过分强调了蒙古人带来的毁灭和灾难。这种偏见也为我们提供了生动的一课，如果一个统治者想要流芳百世，那么他就必须善待那些热衷于记录当时帝国历史的历史学家们——蒙古人显然没能做到这一点。[15]

但也不要误解，蒙古人的武力的确让对手毛骨悚然。蒙古铁骑一边席卷西进一边追击那些准备抵抗或出逃的人，他们的威力让敌人闻风丧胆。1221年，成吉思汗的两个儿子统帅部队以闪电般的速度横扫阿富汗和波斯，可谓所向披靡。你沙不儿、赫拉特和巴尔克被攻破；梅尔夫被夷为平地，所有百姓均遭屠杀，据一位波斯历史学家说，只留下400名工匠被带回到东方的蒙古宫廷服役。土地被死者的鲜血染成了红色，据少数幸存者统计，遇难人数超过了130万。[16]其他地区有关死亡人数的报道同样令人窒息，有些当代学者更认为这无疑是种族灭绝式的屠杀，大屠杀的比例超过了人口总数的90%。[17]

我们很难精确统计战争中人员死亡的规模，但值得注意的是，许多（甚至可能是全部）在进攻中被摧毁的城市都很快得到重建，这说明那些后世的波斯历史学家或许过度夸张了蒙古人进攻的负面影响。然而尽管如此，来自东方的暴力之风都毫无疑问地带来了灾难性的破坏。

蒙古人并未停下脚步。他们很快攻破了中亚的重要城市，征服了高加

---

[1] 即道教全真派的掌教长春真人丘处机。——编者注

索山脉地区，随后出现在了俄罗斯南部。他们还追讨部落劲敌奇普恰克人（Qıpchāq）或库曼人（Cuman），这些部落不愿降服，必须给予教训。成吉思汗大约在1227年去世，但他的继承者毫不逊色，同样取得了辉煌的成功。

13世纪30年代末，窝阔台在父亲死后成为大可汗，即最高首领，他率军在中亚取得了非凡的胜利。此后不久，蒙古人发起了历史上最大的攻势之一，在速度上和规模上甚至超过了亚历山大大帝的东征。已经跨越草原挺进到俄罗斯疆土的蒙古大军"数不胜数，如同蝗虫一样"，一个诺夫哥罗德的僧侣如是说，"我们不知道他们来自哪里、去往何处。只有上帝知道，因为是他们上帝派来惩罚我们罪恶的"。[18]教科书上的说法是，蒙古人杀来的时候，要求各个国家进贡，并威胁若不服从将被全部消灭。一座座城池遭到攻陷，梁赞（Ryazan）、特维尔（Tver），最后是基辅，统统被收入囊中。在弗拉基米尔，大公和他的家人，连同城里的主教和权贵一同躲到圣母大教堂避难。蒙古人放火烧了教堂，里面的人都被活活烧死。[19]某位继任主教写道，教堂被毁，"圣器惨遭玷污，圣物被肆意践踏，神职人员死于剑下"。[20]此情此景如同凶狠的野兽在吞噬强者的肌肉，渴饮贵族的鲜血。这不是来自东方祭司王约翰的拯救，而是蒙古人带来的世界末日。

蒙古人带来的恐惧反映在后来人们给他们起的一个名字上：鞑靼人（Tatar），暗指"塔耳塔洛斯"（Tartarus），古神话中地狱的代名词。[21]据说他们前进的足迹远抵苏格兰，导致不列颠东海岸港口的鲱鱼都卖不出去了，因为原先从波罗的海来的商人们现在都不敢出门了。[22]

1241年，蒙古人直插欧洲的心脏，兵分两路，一路攻打波兰，另一路挺进匈牙利平原。整个欧洲大陆一片恐慌，特别是在波兰国王和西里西亚公爵率领的大军被击败之后。公爵的头颅被插在标枪上示众，死者的耳朵装满了九个麻袋。蒙古大军继续向西进发，匈牙利国王贝拉四世（Béla IV）逃往达尔马提亚的特罗吉尔城避难。这时教士们站出来了，他们祈祷灾难远去，并带领教徒们列队等待上帝的援助。教皇格列高里九世（Gregory IX）宣布，任何能够解救匈牙利的人都将得到与十字军骑士同等的待遇。他的许诺并未得到热情的响应：德国皇帝和威尼斯总督都清楚地知道，即便他们出手相救，最终还是会以失败告终。如果蒙古人继续西进，如某当代学者所说，"也许不会遇到任何协作抵抗"。【23】欧洲遭受报应的时刻到了。

然而当时有一些历史学家却以令人钦佩的胆识宣称，蒙古人确实遭到过勇敢军队的抵抗，甚至还在某些战役中吃了败仗。久而久之，也有人相信这些话。事实上，蒙古人对西欧根本不感兴趣，至少在当时是这样。他们攻打匈牙利主要是为了警告贝拉对库曼人提供保护甚至拒绝将库曼人交出来的行为：这种抵抗必遭惩罚，不惜一切代价。【24】

"我知道你是一个有钱有势的君主，"某位蒙古首领在写给贝拉国王的信上这样说，"你拥有无数士兵，而你本人还统治着一个伟大的王国。"对任何一个职业敲诈者来说，这些话语都很熟悉，也很直白。他继续写道："对你来说，自愿向我臣服不是一件容易的事，但为了你未来的日子，你最好还是尽快这样做。"【25】在大草原世界，羞辱一个强大的对手如同向之宣战。蒙古人认为有必要教训一下贝拉。于是匈牙利国王逃到了达尔马提亚，尽管他还有其他的逃路。蒙古人一路疯狂蹂躏，他们洗劫了一座城池，据一本当地的编年史记载，城里连一个"对着墙撒尿的人"都没有留下。【26】

然而就在这时，幸运女神拯救了贝拉国王以及全欧洲的命运：蒙古大可汗窝阔台突然去世。虔诚的人坚信这一定是他们的祈祷灵验了。而对蒙古族高层来说，当务之急是挑选一位新领袖。蒙古人没有长子继承权位之说，汗位的继承权取决于谁能在一个机密高层会议中证明自己是最好的。支持谁来继任将决定一个将军的事业和生命：如果他所支持的人最终成为最高领袖，那么作为回报的奖赏将是无比丰厚的。因此，现在可不是追捕巴尔干地区各国王的时候，而是应该回到家乡、静观局势发展。于是，蒙古人决定从基督教欧洲的咽喉之地暂时撤离。

尽管成吉思汗的名字和在亚洲及其他地域的征服行动紧密相连，但这位蒙古首领在1227年就已经去世，当时还在创建中国和中亚帝国的初期阶段。那时蒙古人还没有向俄罗斯和中亚发动大规模的进攻，也未涉足欧洲并使其屈服。目睹蒙古帝国的扩张和强势统治的是他的儿子窝阔台。窝阔台策划了从朝鲜半岛、西藏、巴基斯坦和印度北部一直到西方欧洲的所有战役，他是蒙古所有成就的最大功臣，但同时也是导致蒙古停下征伐脚步的最大责任人：1241年他的去世为蒙古的对手们提供了关键的喘息机会。

整个世界都在观望谁将会是蒙古帝国的下一任统治者。欧洲、高加索和亚洲分别派出一批批特使，想弄清楚这些掠夺者究竟是什么人、他们来自哪里、他们的习俗是什么，由此来加深对他们的了解。两个使团带着书信，以上帝的名义乞求蒙古人不要向基督徒发起进攻，并接受基督教信仰。[27]1243年到1253年期间，教皇英诺森四世（Innocent IV）派出了四个外交使团，法国国王路易九世（Louis IX）也派出了一个由佛兰德传教士卢布鲁克（Rubruck）带领的外交代表团。[28]他们返回后写出了内容新鲜、图文并茂的出使报告，同9世纪、10世纪穆斯林旅行者前往大草原后写的报告一样。欧洲人对此感到痴迷和惊叹。卢布鲁克写道，尽管蒙古人无比强大，但这些亚洲的新主人并不定居在城里，除了首都哈拉和林（Karakorum）——那是他谒见大汗的地方，那里有一座巨大的蒙古包，"帐内的装饰全是黄金织品"。[29]这里的人群都充满异国情调，他们的行为举止和生活习俗令人难以理解：不吃蔬菜，喝发酵的马奶；在公众场合完全不管谈话对象，只顾低头猛吃，即便客人和他们都近在咫尺。[30]

另一位特使——方济各会（Franciscan）修士约翰·卡皮尼（John of Plano Carpini），成为当时欧洲众所周知的名人。他同样在报告中描绘了一个肮脏、堕落、稀奇古怪的世界，一个把狗、狼、狐狸和虱子都当成食物的地方。他还根据传言说，蒙古大地上存在这样的生物，人可以长着动物的蹄子或狗的脑袋。[31]卡皮尼还带回了一个不祥的消息，即将继位的下一任大汗是孛儿只斤·贵由。从承认蒙古统治的各地区和各部落权贵名单上可以看出，蒙古帝国当时的规模大得令人震惊：俄罗斯、格鲁吉亚、亚美尼亚、西伯利亚大草原、中国和朝鲜的首要人物全部在列，还有不下10位苏丹以及上千位来自伊斯兰国家的特使。[32]

大汗还让卡皮尼带了封信回到罗马。整个世界都已被蒙古人征服，信上说，"你要亲自前来，带着所有的君主为我们效劳"。这是对教皇提出的要求。大汗警告说，如果不愿服从，"我将视你为敌"。至于让蒙古统治者皈依基督教的请求，大汗给了强硬的回复："你怎么知道上帝将赦免谁，宽恕谁？

从日出之地到日落之地都是我的领土。"他继续炫耀着并未再提到教皇所说的上帝。这封信加盖了象征着大汗权力和腾格里（传统草原游牧部落信仰中的至上天神）的封印。前景看起来仍然不妙。[33]

然而蒙古人并未确定继续进攻中欧和北欧的计划。[34]他们有更为远大的目标，那就是统治全球。征服欧洲只不过是成吉思汗后代为这一目标所迈出的合理步骤而已。[35]

对蒙古人的恐惧还在欧洲掀起了一波宗教领域的多米诺骨牌效应。亚美尼亚教会与希腊东正教教会进行商讨，希望相互结成联盟，以共同抵御未来的攻击。亚美尼亚人还和罗马人会谈，表示他们愿意公开同意教皇关于圣灵的解释——这在以往可是一个引起主要争端的关键问题。[36]拜占庭也在做同样的事情，它派遣了一个特使团到罗马，提议结束自11世纪以来将基督教派一分为二的争端，指出十字军东征并没有解决问题，反而是加深了这种冲突。[37]过去欧洲的教士和君主们没能完成的事业，最后反倒靠着蒙古人成功了：同从前一样，只有来自东方的进攻，才能使基督教会走到一起。

正当宗教和谐似乎已成定局的时候，散落的沙子开始朝分散的方向漂移。大汗贵由在1248年突然死去，蒙古内部展开了激烈而漫长的王位争夺战。随着局势发生变化，亚美尼亚和拜占庭得到确切消息，他们暂时不会受到攻击。根据卢布鲁克的记述，蒙古人不攻击拜占庭还有另有原因：蒙古大使拿了拜占庭太多的贿赂，因而出面干预过进攻计划。[38]的确，拜占庭人为转移蒙古人的注意力想尽了办法，以避免遭受践踏。例如，在13世纪50年代，一个来自哈拉和林的外交使团被故意带到小亚细亚的一处穷山恶水，陪同那里的拜占庭皇帝一起检阅帝国军队。这是极力想让蒙古人相信，帝国根本不值得他们武力夺取，或就算进攻的话，帝国军队也是有备无患。[39]

事实上，蒙古人决定暂不发起进攻还有别的原因：安纳托利亚和欧洲都不是他们的主要目标，在别的地方还有更鲜美的肥肉。在13世纪末中国被完全征服之前，远征军的主力一直都在那里。当时蒙古帝国已经以"元"为名号，并在古城中都上建立了新城。这里成了蒙古人的新首都，以炫耀征服从太平洋到地中海之间所有地域的辉煌成就。自那时起，这座新城便获得了延续至今的重要地位，它就是北京。

世界其他主要城市也同样受到重视。新可汗蒙哥将蒙古大军瞄准在伊斯兰世界的珍珠财宝上。大军一路西征，摧毁了一座又一座城市。1258年，他们攻到了巴格达城下，稍加围攻后便彻底攻陷。他们扫荡着这座城市，"如同饥鹰捕鸽、饿狼逐羊"，一位作者在此后不久写道，城中的平民像玩具一样被拖着穿过大街小巷，"人人都成了玩弄的对象"。哈里发穆斯塔西姆（al-Mustaʿṣim）被蒙古大军生擒，全身裹着破布被乱马踩死。[40]此时的情景充分说明，谁才是这个世界的真正主宰。

征服行动带来了无数的战利品和无穷的财富。据高加索地区蒙古同盟军中的某人记载，胜利者被"掩埋在黄金、白银、宝石、珍珠、绸缎、衣物、金盘和银罐当中，因为他们只抢夺这两种最贵的金属，只抢夺宝石和珍珠，只抢夺绸缎和衣服"。对纺织品的掠取行为具有特殊意义。当过去匈奴人如日中天的时候，丝绸和奢侈品就在部落权力等级划分的过程中扮演着重要的角色，因此被极为珍视。蒙古人也不例外，他们常常对贡品有特殊的要求，一定要是金线织品、紫色薄纱、珍贵衣料或丝绸；偶尔还规定，贡品可以用披挂着绸缎、金丝和珍贵宝石的牲畜来替代。进贡的"金、银和棉织品"在质量和数量上都有严格的要求，一位该领域的顶尖学者将这些要求列成单子，发现制定者"既苛刻又见多识广"。[41]

人们还未从巴格达陷落的消息中缓过神，蒙古人再一次出现在了欧洲。1259年，他们进入波兰，夺取了克拉科夫（Kraków），然后派人出使巴黎，要求法兰西投降。[42]与此同时，另一支大军从巴格达向西挺近，直取叙利亚并进入巴勒斯坦。这一举动给居住在东方的拉丁人带来巨大的恐慌——13世纪中叶，基督教在圣城的地位已经靠着十字军得到了巩固，神圣罗马帝国皇帝腓特烈二世（Frederick II）以及后来的路易九世已经基本上将耶路撒冷夺回到基督教手中。没人相信安条克、阿卡和其他城市会存在任何危机，直到蒙古人的出现。

而且这场危机似乎是来自于一个已经在埃及得势的、野心勃勃的新政权。颇具讽刺意味的是，埃及的新君主与蒙古人同根同枝，也是来自草原的游牧部落。正如巴格达的阿拔斯哈里发最后被他那些从草原上招募的突厥雇佣兵击败一样，同样的命运也于1250年降临到开罗的哈里发身上。埃及的新君主名叫马穆鲁克（Mamlūk），他的祖先原是黑海以北的游牧部落，后来被当作奴隶从克里米亚和高加索的港口交易到埃及军队中服役。这支奴隶军中也包括一些蒙古人，以及一些所谓的"新来的人"（wāfidīyah），即在草原常见的内部混战中战败、为寻求避难最终来到开罗服役的人。【43】

中世纪的欧洲一般被人看作是十字军东征时代、骑士时代和罗马教皇掌权的时代，但如果和远东的巨大战役相比，则所有的这些都基本上只能算是串场表演。蒙古人差点就征服了全世界，他们统治的地域几乎涵盖了整个亚洲。欧洲和北非也已是门户大开，但令人吃惊的是，蒙古统治者聚焦的不是前者，而是后者。换句话说，欧洲已经算不上最大的猎物。阻挡蒙古人控制尼罗河、控制埃及肥沃农耕土地以及四通八达贸易通道的，居然是同样来自草原的游牧民族。这已不仅仅是一场地区霸主之战，而是一场基于政治、文化和社会体系上的胜利。中世纪的战役将在中亚和东亚的两个游牧民族之间打响。

耶路撒冷的基督徒对蒙古人的进攻深感恐慌。他们先是放弃了十字军的掌上明珠安条克，同时阿卡的守军也在权衡之下与蒙古人达成了妥协。他们近乎绝望地向英格兰和法兰西乞求军事援助。但是最终拯救西方人的，居然是他们不共戴天的敌人——埃及的马穆鲁克人，此时正在向北挺进，去对付那些横扫巴勒斯坦的蒙古军队。【44】

过去60年的大多数时间里，蒙古人所向披靡，如今他们却要面临首次大败。1260年9月，蒙古人在巴勒斯坦北部的艾因贾鲁（'Ayn Jālūt）遭遇惨败。尽管忽都斯苏丹（Sultan Quṭuz）在内部权力争夺中被暗杀，但马穆鲁克人的进攻步伐几乎未受影响。与此同时，他们还发现蒙古人帮了他们很大的忙：蒙古为粉碎当地人的抵抗势力，已经将城镇连为一片。正如中亚的整合为成吉思汗在13世纪的进攻提供方便一样，此时的蒙古人也不经意地将叙利亚、阿勒颇和大马士革等重要城市拱手送给了对手。马穆鲁克人最后进城的时候，几乎没有遭到任何抵抗。【45】

圣地上的基督徒，连同欧洲的基督徒在内，都在惊恐地观察着这一切，他们不知道事情会怎样发展，他们的结局又会是什么。但没过多久，人们对蒙古人的态度就发生了根本性的变化。基督教欧洲渐渐开始理解，尽管这些游牧骑兵从黑海北部长驱直入横扫匈牙利平原，尽管他们遭受了无数的苦难，但蒙古人可能真的如最初他们谣传的那样，是欧洲人的救世主。

在1260年以后的几十年间，欧洲和圣地派遣了多个使团，试图与蒙古人结成联盟，一同抵抗马穆鲁克人。身居亚洲的蒙古首领旭烈兀以及他的儿子阿八哈（Abaqa）也在派遣外交使臣前往西方，他们愿意谈判主要是因为他们希望利用西方人的海上力量攻击埃及，以及埃及人新近征服的巴勒斯坦和叙利亚地区。但是合作远非那么简单，因为蒙古人内部已经开始出现分裂的迹象。

到了13世纪下半叶，蒙古人的疆域已经非常辽阔——从太平洋到黑海，从大草原到印度北部再到波斯湾。于是，分裂在所难免。帝国被划分为四个主要分支，这些分支之间的矛盾越来越严重。最重要的一支仍是以中国为中心[1]；中亚则由察合台统治[2]，一位波斯作者曾将之描述为"屠夫和暴君"，一个万人痛骂的"残忍的吸血鬼"，一个彻头彻尾的恶魔[46]；在西部，占领了俄罗斯至中欧草原地带的蒙古人建立了"金帐汗国"（Golden Horde）；而大伊朗地区的统治者则被称为"伊利汗"（Īlkhānid）[3]，源自Īl-Khān一词，就是蒙古帝国分支的意思。

马穆鲁克人玩起了巧妙的政治手段，最后成功地和"金帐汗国"的首领别儿哥联手——之前别儿哥和伊利汗的冲突已经公开化。这种联手无疑将促使基督教欧洲和伊利汗之间达成合作协议。最具实质效果的协议之一出现在13世纪80年代末，伊利汗派遣来自中国的回纥人主教拉班·扫马（Rabban Sauma）[4]率领使团造访西欧的主要首脑们，就军事联盟的有关条款进行商议。选择拉班·扫马出使是一个正确的决策，此人温文尔雅、聪颖智慧，而且

---

[1] 即元朝。——译者注

[2] 即察合台汗国。——编者注

[3] 建立者即上文提到的旭烈兀。——编者注

[4] 拉班·扫马，1225年生于北京，景教（即传入中国的基督教聂斯脱里派）教士，其足迹东起北京，西至巴黎，被称为在丝绸之路上走得最远的人。——译者注

还是个基督徒。蒙古人虽然以野蛮著称，但他们在鉴别外国人才方面还是非常在行的。

没有人比英格兰国王爱德华一世（Edward I）在听说联合行动计划后更加兴奋了。爱德华是一个十字军东征的狂热分子，曾在1271年亲自造访过圣地，对他的所见所闻深感失望。他总结说，这真是糟透了，基督徒似乎将大量的时间消耗在窝里斗，而不是去进攻穆斯林。但真正使他感到震惊的是威尼斯人：他们不仅和"异教徒"做生意，而且还给他们提供物质援助，帮他们制造围城机器，这些机器最后都被用来攻击基督教城镇和港口。[47]

于是，国王非常高兴地接待了来自东方的主教，并清楚表明，他的主要目标是看到耶路撒冷重新崛起。"除此之外我们没有别的祈求。"英格兰君主在邀请他的贵客加入他和随从举办的圣餐之前，对主教这样说。他对主教尊崇有加，在举办庆贺未来胜利的宴会后还向主教赠送了丰厚的礼物和钱财。[48]合作协议最终敲定，目的是帮助基督教王国一次性收复圣地。这是基督教世界期盼已久的胜利，罗马的部队甚至为即将打败穆斯林欢呼庆祝。在过去的几十年里，欧洲人心目中的蒙古人从救世主变成恶魔，又从恶魔变回为救世主。人们相信，即将到来的并非世界末日，而是新的开始。

宏伟的计划最终没有取得任何成果。正如十字军多次东征并未实现诺言一样，由于联盟跨越几千英里，并且牵涉全球宗教的利益，所有美好的承诺最终都不了了之。而对爱德华一世来说，本国面临的危机才是最重要的事情。英格兰国王没有和蒙古人结成反伊斯兰埃及同盟，而是被迫向苏格兰发动进攻，去平息威廉·华莱士（William Wallace）领导的叛乱。其他欧洲君主都在忙着自己的事情，圣地基督徒的命运最终走到了尽头：在十字军骑士首次夺取耶路撒冷的两个世纪后，他们被迫放弃了最后的立足地。1291年，西顿（Sidon）、提尔、贝鲁特（Beirut）和阿卡纷纷落入马穆鲁克人手中。结果证明，良好意愿和作战热情并没有什么用，并不能挽救和坚守基督教信仰的中心地域。

一段时间内，人们一直心存幻想。1299年冬季，蒙古人终于实现了他们一代人寻求的梦想：彻底打败马穆鲁克。他们取得的胜利辉煌而巨大，以至于欧洲的传言说，东方基督教徒和蒙古族同盟一同攻克了耶路撒冷。传言还说，伊利汗首领转信了基督教，成了圣城的新的保卫者。某些报道甚至发布了更好的消息：蒙古人并不满足于将马穆鲁克逐出叙利亚和巴勒斯坦，而且还冲破防线拿下了埃及。【49】这些消息太好，让人难以置信。蒙古人的确在战场上取得了重大胜利，但那些激奋人心的故事不过是误解、传言和美好愿望。基督教圣城其实已永不复存。【50】

中世纪西方的发展过程中，十字军扮演了至关重要的角色。教皇层次的权力和地位发生了变化：罗马教皇本人不仅是宗教权威人士，而且是一个具有军事能力和政治能力的人物；精英阶层的职责转向了服役、奉献和虔诚；基督教作为欧洲大陆共同基础的思想已经生根。从理论上讲，夺取并占据耶路撒冷是一个美妙的想法，但从事实上讲，很难、很贵、很危险。所以在欧洲人的意识中存留了两个世纪之后，圣地已开始逐渐消失。正如英格兰诗人威廉·布莱克在19世纪所写，重建耶路撒冷绝对可以选一个更容易和更方便的地方——比如在"英格兰青青快乐的土地之上"。【51】

十字军最终还是失败了：想要在基督教王国最重要城市建立殖民的企图并未获得成功。不过，也不能说意大利城邦受到称赞的基督教骑士都是失败的。虔诚的骑士杀向疆场，海洋城邦及时调整，深入亚洲腹地。他们不可能放弃自己的目标。相反，在失去圣地之后，他们没有放弃努力，而是决定继续前行。

| 第十章 |

重生之路

早在黎凡特的城市和港口陷落之前，热那亚和威尼斯就已采取行动，寻找新的贸易通道和据点，努力确保生意不亏本。13世纪，圣地战事频仍，途经这一地区的贸易活动颇受影响。两大贸易巨头已经开始在克里米亚的黑海北岸、亚速海口、亚美尼亚的西里西亚（Cilicia）建立新的殖民地，其中西里西亚的阿亚斯（Ayas）成为从东方进口货物和奢侈品的新通道。

赚钱的机会非常多。黑海南岸和北岸的粮食差价所创造的利润就足以让各城邦竞争，因为他们的商船有能力运输大量的货物，[1]包括活人。热那亚和威尼斯一直在从事大规模的奴隶贸易，将买来的奴隶转卖给埃及的马穆鲁克人。这实际上违反了教皇禁止与穆斯林商人交易男人、妇女和儿童的法律规定。[2]

昔日的敌手也不可忘记。热那亚人曾在1282年将比萨舰队全部摧毁，并拒绝交换俘虏，以此展现出击垮对手的决心。战败后的比萨从此一蹶不振。被俘的人当中有一个叫鲁斯蒂谦（Rustichello），他在监狱里住了十几年，后来与一位同样在海战中（这次热那亚是在亚得里亚海战胜了威尼斯人）被抓获的战俘关在了一起。鲁斯蒂谦和他成了朋友，并执笔为狱友写下有关他生活和旅行的回忆——于是，我们不仅看到了热那亚在争夺中世纪霸权时的疯狂和残忍，也看到了《马可·波罗游记》。

威尼斯和热那亚这对宿敌无时无刻不在商业竞争上展开惨烈对决：他们在君士坦丁堡发生过暴力冲突，在爱琴海和塞浦路斯出现过紧张对峙，在亚得里亚海爆发过流血战役。到了1299年，当教皇卜尼法斯八世（Boniface Ⅷ）调和停战协议时，两方的竞争已到了白热化的地步。他们为此付出的时间、精力和财力充分表明，他们是多么想和亚洲建立联系。

不过，所有的付出都是值得的。比如在1301年，人们认为国会大厅的空间太小，不足以容纳随着城市的富强而不断增多的国会成员，于是一致同意扩建威尼斯国会大厅。[3] 在热那亚，有一首写于13世纪末的诗歌对这座城市不吝赞美之辞："到处都是宫殿"，楼台高塔鳞次栉比；城市的财富完全依靠来自东方的货物，包括貂皮、松鼠皮和其他与草原部落贸易所得的毛皮，还有胡椒、生姜、麝香、香料、锦缎、丝绒、金锦、珍珠和宝石。诗人还写道，热那亚如此富强，靠的是它用强大舰队构筑起的贸易网络。热那亚人遍布世界，他们在所到之处都会创建一个新的热那亚。这位无名诗人祝福道，愿上帝保佑这座城市的繁荣。[4]

威尼斯和热那亚的繁荣，要归功于他们的真知灼见，他们看到了顾客的需求，以及那些来自欧洲其他城市的贸易商的需求。埃及和圣地的贸易环境动荡不安、时有风险，于是黑海迅速升级为最为重要的贸易区。但若说到商业税收，意大利城邦崛起的背后还与复杂的财政体系和蒙古人的支持有关。大量资料显示，进出黑海港口的关税税率始终维持在货物总值的3%到5%，这和进出亚历山大港的货物税率（据说是10%、20%甚至30%）[5] 相比具有相当强的竞争力。所有的商人都明白，利润就是一切，所以黑海成了通往东方的重要贸易通道。

灵活的定价和刻意的低关税政策显示出蒙古帝国的商业智慧，但它很容易被残暴野蛮的印象所掩盖。事实上，蒙古人的成功不在于它的暴力和粗鲁，而在于它愿意让步和合作，以及它不遗余力建立起来的一个稳固的中央集权体系。尽管后来的波斯历史学家坚称蒙古人当时已脱离了朝政，已将日常事务交给他人处理，但近来的研究表明，蒙古人从来都是事必躬亲，掌控着帝国所有的细节。[6] 成吉思汗及其后人的巨大成就不在于他们的烧杀抢夺，而在于精心打造了一个延续数个世纪都繁荣不衰的伟大帝国。因此我们能够看到，俄罗斯语中吸纳了许多来自蒙古的外来词，都和贸易交流相关，像利润（barysh）、金钱（dengi）和财政（kazna），都源于他们和东方新主人的交往。俄罗斯邮驿体系的建立也是一样，都是基于蒙古人的驿站网络，从而有效快捷地将信息从帝国的一处传递到另一处。[7]

这就是蒙古人的智慧，一个长久稳定的帝国必须建立在无数正确的决策上。随着成吉思汗及其后人的不断扩张，他们开始把新的民族也纳入整体当中。部落结构被刻意打散，他们将为各自新的军队集团出力，并效忠于蒙古统治者。各部落的差异，比如怎样装扮头饰，都得到了强制性的统一。那些投降或被征服的部落，都被分散到蒙古帝国控制的不同地区，以弱化他们在语言、血缘方面的认同感，加快与蒙古人的同化进程。旧的部族名字被新的称呼所取代，以此强调新身份的转换。这些做法之所以受到认可，全都靠着帝国统一的封赏体系，所有人都有机会分享到战利品和贡品。帝国施行严格的任人唯贤制度，凡有能力者皆可得到重赏，凡失败者都会被迅速抛弃。[8]

虽然蒙古人极力弱化各部落的自我认同，但在宗教信仰方面却表现得非常宽松。自成吉思汗时代起，统治者在宗教方面的政策基本上是各随其好。成吉思汗本人虽"对伊斯兰教另眼相看，但他对基督教和佛教也很尊重"，一位波斯作者如是说。至于他的后代和继任者信仰哪种宗教，那就是他们自己的事了。有人选择了伊斯兰教，有人选择了基督教，还有人"追随他们的父辈和祖辈，不倾向于任何一种宗教"。[9]

当时蜂拥前往东方的传教士们也对这种宽容政策深有体会。[10]卢布鲁克在他去往蒙古朝廷的旅途中遇见过亚洲各地区的基督教教士，让他备感吃惊的是，每年春天当牲畜于哈拉和林附近聚集时，他们都一同向一匹白马祈祷，采用的还是异教习俗，而非基督教仪式。[11]虽然一时之间基督教无法在蒙古取得成功，但时间久了，小溪也能逐渐汇成江河。随着欧洲和中亚之间的联系日趋频繁，东方教区的数量也再次开始增多，包括在草原腹地，如波斯北部大不里士（Tabriz）等地区，都能找到修道院。大不里士已成为日益兴盛的方济各会教士的聚居地。[12]之所以会有这样快速的发展，显然是因为他们受到了一定的保护，这种保护来自于蒙古人对宗教信仰自始至终的宽松态度。

事情的发展还不止于此。到了13世纪末，罗马教皇派遣孟高维诺（John of Montecorvino）访问大汗，带着一封亲笔信"邀他接受我主耶稣基督的信仰"。尽管孟高维诺此行并未取得预期成果，但他也劝说了很多人信教，支付赎金帮助被俘的儿童获得自由，并在学校教他们拉丁文和希腊文，为他们亲自手书圣诗集。有时连大汗本人都曾亲自前往聆听教堂的吟唱，并被美妙的圣歌和神秘的圣餐所感动。为了表彰孟高维诺的成就，14世纪30年代初，罗马教皇克莱门特五世（Clement V）派他前往亚洲任职——不是一般的主教，而是一个更高的职位，任务是在整个蒙古帝国建立基督教教区：北京大主教。十字军的失败并不意味着基督教在亚洲的失败。[13]

蒙古人宽松的宗教政策包含着一定的政治智慧。伊利汗好像一直比较擅长对宗教人士说一些他们希望听到的声音。比如说，大汗旭烈兀就告诉亚美尼亚教士，他在儿童时代就曾受洗。西方教会听说之后深信不疑，他的故事在欧洲广为传颂，人们把旭烈兀描述成基督教的圣人。不过也有人听说过其他的故事，譬如说佛教徒就相信旭烈兀正在努力修成正果。蒙古有很多高层精英曾先信仰基督教，然后又改信伊斯兰教，或由伊斯兰教改信基督教，都是任意变换。这个民族对宗教信仰并不敏感。[14]

赢得人心和宗教支持是帝国顺利扩张的关键。这在亚历山大大帝打败波斯人时就是如此，古罗马历史学家塔西佗（Tacitus）曾对此大加赞赏，他最反对目光短浅的掠夺和盲目的破坏。蒙古人似乎天生就知道他们该怎样打造一个伟大的帝国：军事强权之后必须是宽容和善政。

对于重要的、有潜力的盟友，蒙古人还会精明地给予他们一些慷慨的回报。比如在俄罗斯，蒙古人宣布免除教堂的税收和军队服役义务，这让他们在当地大受欢迎，可以作为野蛮征服后再施恩泽的一个好例子。[15]另外，将责任下放同样也是消除敌意和缓解冲突的有效手段。还是以俄罗斯为例，一位当地统治者被挑选负责收税征贡，以至于他能从中抽取丰厚的油水。这位统治者就是莫斯科大公伊凡一世（Ivan I），人称"伊凡·卡利塔"，也就是"钱袋子"的意思。他的头衔可不是白来的，他通过在当地征收税贡来为蒙古人敛财，并从中为自己捞上一票。权力和财富都集中在像伊凡这样受信任的人的手上，其结果便是孕育出一个强大的王朝，并靠着征服邻邦对手逐渐兴盛。这一结果所带来的影响非常深远、长久，有些学者甚至认为，正是蒙古人的行政体系导致了俄罗斯转型为少数人统治多数人的独裁政权。[16]

军事统治、精明政策和意识形态上的宽容，在我们以前对蒙古人的看法中是不曾有过的。虽然其统治手段可圈可点，但是他们的成功也离不开天时的因素。在中国，他们目睹了一个以发达农业为基础的人口激增、经济飙升、科技进步的世界[17]；在中亚，他们发现无数弱小却互相敌对分裂的城邦，正等着被人吞并、整合；在中东和欧洲，他们接触到的社会均实现了货币化和阶层化，这些地方能用现金的方式纳贡，当地百姓拥有强大的奢饰品购买能力。横跨欧亚大陆，成吉思汗及继承者不仅是踏入了一个遍地财富的世界，而且是踏入了一个真正的黄金时代。[18]

正如穆斯林在7世纪征服世界，导致关税、贡物和资金从各个角落流向伊斯兰中心并对全球经济造成重大影响一样，蒙古人在13世纪也取得了同样的成就：重建了欧亚大陆的整个经济体系。在印度，他们引进了来自大草原的新礼仪习俗和休闲方式，比如设立仪仗队捧举统治者华丽的马鞍以示尊荣。[19]同时在中国，饮食也开始发生改变，在口味、食材和烹饪方式上都迎合草原新统治者的喜好。《饮膳正要》是一本帝王饮食指南，其中收录了许多受草原部落饮食和口味影响的菜肴，而且特别注重煲煮这一游牧人最爱的烹饪方式。[20]他们还会食用动物的各个部位，这曾是他们为了确保生存的一种必要做法。成吉思汗是一个尊崇祖先饮食习惯的人，据说他的宫宴上一定要有酸奶、马肉、驼峰和羊汤再加谷物主食[21]——不过这些听起来至少比14世纪食谱中的羊肺或用羊尾羊头做成的肉酱更为可口。[22]

欧洲同样感受到蒙古征服者的文化冲击。来自新帝国的风俗大量涌入，并在最初的恐惧风潮过后迅速流行。在英格兰，250条由深蓝色鞑靼麻布制作的缎带，被用于制作英国最古老、最伟大的骑士团——嘉德骑士团（Knights of Garter）——的勋章。在1331年齐普赛街骑士比武赛（Cheapside

Tournament）的开幕式上，男人们都穿着精致的鞑靼制服，戴着类似蒙古武士的面罩。连后来在文艺复兴时期风靡整个欧洲的汉宁帽（hennin）都深受东方风格的影响：这种14世纪的肖像画上颇受女性们崇拜的尖顶帽子，显然是在模仿当时的蒙古尖顶毡帽。【23】

蒙古人的征服行动还影响到了整个欧洲的经济格局。追随派往大汗朝廷的欧洲特使的脚步，传教士和商人也开始踏上东方的土地。突然间，进入欧洲人视野中的不仅是蒙古，而且是整个亚洲。

旅行者带回了大量引人关注的异域他国的故事，这些故事都受到了人们格外的喜爱。据马可·波罗说，中国有一个小岛，岛上统治者的宫殿有着纯金屋顶以及数英寸厚的纯金墙壁。在印度有一个满是钻石的峭壁深渊，马可·波罗说，但下面也有很多蛇，人们为了将钻石取出，就把动物的尸体扔下去，这样便能吸引秃鹰俯冲捕食，然后把附着在肉块上的钻石带出来。此时期的另一位旅行者还说，那里的胡椒出自满是鳄鱼的沼泽，一定要用大火把鳄鱼吓走才能取得。在当时人笔下，东方的富裕程度颇具传奇色彩，与欧洲形成了鲜明的对比。【24】

其实这些描述并不新奇。随着欧洲大陆社会和经济的发展，人们开始通过阅读古典文献来重新关注自身文化。人们发现马可·波罗等人的记载能够在希罗多德、塔西佗、普林尼的作品甚至《雅歌》（*the Song of Solomon*）[1]中找到母本：那里的蝙蝠用飞爪保护长有桂树的湿地，阿拉伯半岛的香树则由会飞的毒蛇守护，凤凰用桂皮和乳香筑巢，并用其他香料将巢填满。【25】

当然，有关东方的神秘传闻，以及那些关于寻找稀有珍贵物品的危险故事，很有可能是商人为了提高他们从东方带回到欧洲的货物的价格而编造的。毫无疑问，那些难以得到或运送的物品和香料，价格自然昂贵。【26】为了获取更多可靠的信息，1300年前后出现了许多关于如何在亚洲旅行贸易的指南，重中之重自然是如何确保价格公平。"首先，你要蓄胡子"，并且一定要带一个向导——尽量找个好的，这笔额外的钱你迟早能赚回来，弗朗西斯科·佩戈洛

---

[1]《圣经》旧约中的一卷书，作者相传为所罗门王。——编者注

蒂（Francesco Pegolotti，当时最著名的指南作者）这样忠告道。不过，他提供的最重要的消息是在不同地方应缴纳多少关税，每个地区重量、尺寸的度量和货币制度有什么不同，还有各种香料在外观上有什么区别，大致都值多少钱，等等。如同在当今一样，中世纪的所有这些指南都是教人们谨防上当，别让黑心商人欺骗。【27】

佩戈洛蒂本人并非出生于威尼斯或热那亚这两个13世纪和14世纪的欧洲经济重镇，而是生于一座正逐渐崭露头角的城市——佛罗伦萨。那里有不少新贵都渴望也能在东方分到一杯羹，卢卡（Lucca）和锡耶纳（Siena）的商人在大不里士、阿亚斯和其他东方贸易点随处可见，他们一般都是去购买中国、印度、波斯等地的香料、丝绸和布匹。这一时期的对外开拓反映在锡耶纳市政厅（Palazzo Pubblico）内悬挂的地图上：地图是可以用手旋转的，它以托斯卡纳为世界中心，标识出贸易交通线路，以及一直延伸到亚洲腹地的锡耶纳商人在海外的代理人、中间商的分布点。就连意大利中部一些并不知名的小镇都开始注目东方，都想着和丝绸之路发展联系，从中汲取思想和利润。【28】

欧洲之所以能够扩张，靠的是蒙古人在整个亚洲打造的稳定平台。尽管各部落之间的关系仍旧紧张、充满敌意，但若涉及商业利益，人们还是会遵循一定的严格法规。比如，中国的道路系统能确保旅行商人的安全，其管理制度让到访者颇感欣慰和震惊。"中国是能让旅行者感到最安全、最开心的国家"，14世纪旅行家伊本·白图泰（Ibn Baṭṭūṭa）这样写道，当地政府部门会详细记录每个外来者每一天的活动，也就是说，"一个人带着钱财单独旅行九个月都不用担惊受怕"。【29】

佩戈洛蒂也有相同的看法。他曾说，从黑海至中国的通道"无论日夜，绝对安全"。这一方面缘自草原对待外来人时好客的传统，另一方面则来自对商业活动的崇尚。在这种观念下，黑海的贸易关税和亚洲另一边所收取的几乎一致，因为中国太平洋沿岸港口的海上贸易同样得益于蒙古帝国在鼓励贸易上所做的努力。【30】

税收政策带来的效益体现在13世纪和14世纪极为繁荣的纺织品出口上。你沙不儿、赫拉特和巴格达的纺织工业兴起，仅大不里士一城就在100年内扩张了四倍，以容纳那些在被蒙古人征服之后备受优待的商人、工匠和艺人。尽管绸缎和布匹在东方也常常供不应求，但自13世纪末开始，仍有越来越多的织物被运往欧洲销售。[31]

繁荣景象延伸至全球各个角落。在中国，像广州这样的港口一直是面向亚洲南部世界的窗口。如此重要的商业枢纽对波斯商人、阿拉伯地理学家和穆斯林旅行者来说早已耳熟能详，他们曾记载了沿海城镇和内陆地区熙攘热闹的生活场景，以及来自全世界的混杂人口。波斯人和阿拉伯人的贸易活动为当地带来了大批的外来词和俗语，如今仍保留在现代汉语当中。[32]

但从另外一个角度讲，当时中国对外界的了解还十分粗略有限，一份13世纪早期的某官方文献很好地说明了这一点，其作者是负责珠江三角洲口岸城市广州对外贸易事务的官员。该文献是写给去阿拉伯语世界的商人、海员和旅行者看的，试图解释阿拉伯的商业活动方式，列出可以买到的以及可能受到中国商人青睐的货品。但正如当时其他旅行者所记述的，该文献同样充满了奇闻异谈和半神秘性的观念。比如说，麦加是佛陀的故乡，佛徒们每年都会去那里朝拜；有一个地方能让女人"裸而感风，即生女也"；西班牙出产巨型西瓜，其直径达到六英尺，可供20多人食用；欧洲的绵羊比一个成年人还高，而且每年春天打开它们的肚子就能取出十几磅肥油，之后用线缝合便能安然无恙。[33]

不过，当蒙古帝国将亚洲大部分疆土统一之后，海上贸易便得到了长足的发展。特别是一些战略经济要地——如波斯湾——都得到了新政权的特别关注。帝国十分鼓励长途贸易，并从中获取高速增长的贸易收入。[34]结果，13世纪的广州声名远播，而不仅仅局限于周边。到13世纪70年代，广州已成为中国海上进出口的贸易中心。马可·波罗记载道，每批驶往亚历山大港的船队（带着运往基督教世界的胡椒等物）当中，都有100多艘来自中国的港口。伊本·白图泰稍后的记述则与之相呼应：到达这个城市的时候，他看见上百艘船驶入广州湾，同时还有无数的小船。[35]地中海的贸易活动只能算是热闹，太平洋地区的贸易活动才是名副其实的繁盛。

除了依靠模糊的记述和不太可靠的文献来证明广州成为重要的商业中心外，我们还有其他例证。[36]当时在广州湾失事的一艘沉船准确地记录了从整个南亚以及（可能还有的）波斯湾和东非进口商品的详细情况。胡椒、乳香、龙涎香、玻璃和棉花只是那些1271年年初沉没在中国沿海海域珍贵货物中的一部分。[37] 活跃在中国南海上的商人人数众多，随处可见，甚至在苏门答腊和马来半岛上都有贸易据点。特别是在印度南部的马拉巴尔（Malabar）海岸，此处是全球最大的胡椒供应地，中国、欧洲和亚洲其他地方都离不开胡椒这种常用品。[38] 到了14世纪中叶，卡利卡特（Calicut）等城镇的中国船只如此之多，以至于某评论家认为，中国人包揽了印度次大陆上所有海运和载客的业务。近期在喀拉拉邦（Kerala）海岸发现的一艘沉船残骸，为我们展现了中国当时独特的平底船设计。[39]

这种长途贸易的润滑剂是银子，也就是欧亚大陆唯一使用的货币。之所以会有这样，部分要归功于中国在成吉思汗时代之前发明的一种金融信贷体制，包括汇票和纸币的使用。[40] 蒙古人采纳并改进了这种体制，其结果就是大量的银子流入了新的货币信用体系。这种贵重金属的供应量大幅飙升，导致它和金价的比值发生了巨大的变化。在欧洲的某些地方，银价严重下跌，从1250年到1338年跌幅达一半以上。[41] 仅伦敦一城，大量的银子供应使皇家的钱币铸造量得以在1278年到1279年一年间就翻了四倍。亚洲的银币出产同样快速攀升：在草原部落，随着统治者大量铸造银币，金帐汗国的银币产量开始飞涨[42]；新的地域也同样受到刺激，过去严重依赖物物交换或以大米换取其他产品的日本，此时也转向了货币经济并在长途贸易中越来越活跃。[43]

然而，蒙古人的征服行动给欧洲带来的最重要的影响并不是贸易、战争、文化或货币，也不是野蛮勇士、异域物品、贵重金属以及流行于整个世界的思想和风尚。事实上，造成更为极端影响的是某种彻底融入血液的东西：那就是疾病。亚洲、欧洲和非洲暴发了瘟疫，正吞噬着千百万人的生命。蒙古人没有毁掉整个世界，但"黑死病"却可能做到。

几千年来，欧亚草原曾是各种牲畜和游牧民族生存的家园，但它同样也是滋生世界上最危险的瘟疫的温床。受灾地区从黑海一直绵延到中国东北。干旱和半干旱的生态环境极利于鼠疫耶氏菌（Yersinia pestis）的传播，特别是通过跳蚤叮咬的方式。传播瘟疫最有效、最迅速的载体是啮齿类动物，比如老鼠；骆驼同样可能受到感染，它们也在传染过程中扮演着重要角色——冷战中的某项研究就曾把骆驼与苏联的生物战争计划紧密地联系在一起。[44]虽然瘟疫可通过饮食、呼吸或接触病菌宿主来传染，但从动物传播到人类则主要是通过跳蚤：它们在吸血前先将杆菌传入人体血液，或通过接触将杆菌传入人体受伤的皮肤；杆菌顺着血液流向人体的各淋巴结，如腋窝或腹股沟，然后迅速复制并引发肿胀或淋巴结炎。经历了此次瘟疫的著名意大利作家薄伽丘（Boccaccio）描述道，淋巴会肿成像苹果那样大，或至少是"鸡蛋的大小"。[45]人体的其他器官也会受到感染，最终导致内脏大出血。黑色的脓水包和血水包不仅肉眼可见，而且是致命的。

现代鼠疫耶氏菌和瘟疫的相关研究证明，环境因素可改变流行病的循环周期，一些看似微不足道的因素就能将一场小型、可控的流行病发展成大规模的瘟疫。比如说温度和降雨量的微弱变化可大幅改变跳蚤的繁殖周期，由此改变杆菌本身的再生周期和啮齿目动物的行为模式。[46]近来的一项研究认为，只要将气温增加1℃，就可能将大沙鼠（大草原上的首要鼠疫携带者）的免疫力提高50%。[47]

尽管我们不十分清楚14世纪中叶的这场瘟疫到底源于何物，但它在14世纪40年代迅速冲出了草原，蔓延至欧洲、伊朗、中东、埃及和阿拉伯半岛。[48]瘟疫暴发于1346年，当时的一位意大利人描述道："这种神秘得能让人立即死去的疾病"横扫了黑海边上的金帐汗国。为了解决一次贸易争端，一支蒙古军队包围了热那亚的贸易小城卡法（Caffa），然而大部队却被疾病吞噬，"每天有成千上万的人死去"，一位评论家如是说。军队撤退之前"受令将死尸用投石机抛入城中，希望用无法忍受的恶臭把城里人熏死"。但城里人并没有被恶臭熏死，而是被极具传染性的病菌所感染。最终蒙古人无意间用生物武器打败了敌人。[49]

连接欧洲和世界各地的贸易通道如今变成了传播黑死病的死亡之路。1347年，疾病抵达君士坦丁堡，然后是热那亚、威尼斯和地中海。病菌都是通过避难回家的商人传入的。当西西里岛的墨西拿人（Messina）意识到回来的热那亚人状况异常时（满身满脸的脓包），已经为时太晚了。越来越多的人开始呕吐、咳血，然后就死了。尽管他们赶走了热那亚人的帆船，但当地人已经开始遭受灭顶之灾。[50]

在北方，瘟疫也同样扩展迅速，至1348年中期已直抵法兰西北部和巴伐利亚。当时，船只已经将"商人和海员携带的……首批瘟疫"传入不列颠的各个港口。[51]英格兰众多城镇和乡村人口开始死去，教皇不得不"善意地宽容了所有悔过的罪孽"以希冀消除灾情。据同时代的人估算，大约只有不到10%的人最终存活了下来。其他文献上则说，死人太多，已经没有活人去掩埋他们。[52]

穿越地中海的商船带回的不是货物和珍品，而是死亡和悲伤。病菌传染并非只通过瘟疫死者或船上常见的老鼠，船上的货物同样是致命的传染源。跳蚤会藏到运往欧洲大陆、埃及港口、黎凡特和塞浦路斯的皮毛和食物当中。在这些地方，最先遭到感染的似乎是婴儿和年轻人。很快，疾病沿着商道传播，抵达了麦加，导致大量朝圣者和学者丧生，并引发了新的灵魂困惑：先知穆罕默德应该说过，7世纪袭击美索不达米亚的瘟疫永远不会进入伊斯兰的各座神圣城市。[53]

伊本·瓦尔迪（Ibn al-Wardī）写道，在大马士革，瘟疫"坐在国王的宝座上施威，每天处死上千人，毁灭着人类"。[54]开罗到巴勒斯坦的道路上死者遍布，野狗在撕咬着比勒拜斯清真寺（Bilbais）墙下堆满的尸体。同时在埃及北部的亚西乌特（Asyut）地区，纳税人的人数从黑死病前的6000人降低到了116人，降幅高达98%。[55]

尽管人口数量的骤降可能包含着人群避难的因素，但仍可以毫无疑问地说，死亡人数相当巨大。"人类的所有智慧"对此都无能为力，谁都无法阻止疾病的扩散，薄伽丘在他的《十日谈》前言中写道。他还说，在三个月之内，仅佛罗伦萨就丧失了10万多条性命。[56]威尼斯的人口也大幅缩减：统计数字均说，瘟疫暴发期间，至少有四分之三的人口丧命。[57]

对很多人来说，这好像就是世界末日的到来。在爱尔兰，某方济各会的修士在他关于瘟疫灾难的记录中用一段空白作为结尾："如果将来万一有人能活下来，请将我的工作继续下去。"[58]人们已经意识到世界末日将要来临，法兰西编年史中说天上"掉下了许多青蛙、毒蛇、蜥蜴、毒蝎和其他很多类似的有毒动物"。天上也有明显的表示上帝沮丧的迹象：冰雹席卷大地，造成数十人死亡；城镇和乡村被闪电击中烧毁，散发"恶臭熏烟"。[59]

有些人，如英格兰国王爱德华三世以及追随他号令的主教们，将希望寄托于禁食和祈祷。1350年前后写成的各种阿拉伯手册为穆斯林信众提供宗教指南，也建议采取同样的举动，并指示说，把固定的祷告词默诵11遍就会奏效，祷告词与穆罕默德的生平有关，默诵它就能免于脓疮。在罗马，人们庄严列队，跣足褐衣，自答悔罪。[60]

还有少数人想出其他办法来平息上帝的震怒。瑞典一教士强调，要禁止性生活和"任何对女性肉体的欲望"，因此不要洗浴，避免在午前吹到南风。如果说这是一种理想化状态的话，英格兰的做法则至少比较直接：英国的一个教士说，妇女应该改变自己的穿着，为了她们自己，也为了其他人。奇装异服和暴露的运动服都将受到神圣惩罚，"她们戴上了毫无用途的头罩，纽扣和拉绳紧紧系在脖子上，面罩只能覆盖到双肩"，这还不算，"她们穿一种短衣（paltoks），很短，甚至盖不住屁股和私处"。其他都不说了，"关键是她们穿着这些紧身衣服便无法给上帝和圣人跪拜"。[61]

在德国还流传着一种谣言，说瘟疫不是从天而降，而是犹太人在水井和河流里投的毒。于是人们开始实施一个邪恶的计划，据说德国人将"所有从科隆到奥地利的犹太人"统统抓起来活活烧死。反犹太热潮开始爆发，教皇不得不出面干预。他发布指令，禁止在基督教国家对犹太人采取任何暴力行动，并要求所有犹太人的财产和资产都应受到保护。[62]这项指令是否有效另当别论，不过由于对灾难、苦难和宗教泛滥的恐惧，在德国大规模屠杀犹太人早已不是第一次：第一次十字军东征的时候，莱茵兰的犹太人就因信仰不同而遭到迫害。在危急时刻，不同信仰的存在是非常危险的。

欧洲在这场瘟疫中至少损失了三分之一的人口。据保守估计，死亡人数在2500万左右，而欧洲总人口数估算为7500万。[63]后世对瘟疫的研究还表明，在大面积传染病暴发之际，小型村落和远郊地区的人口死亡率都远远高于城镇。看起来瘟疫传播的关键因素并不是以前人们所认为的人口密度，而是大量聚居的老鼠。疾病在人口众多的都市地区传播并不比乡村地区更快，所以其实，从都市逃往乡村并不能增加任何存活的概率。[64]从田野到农场，从城市到乡村，处处是黑死病造成的人间地狱：腐烂的尸体，鼓起的脓包，大范围的恐怖、焦虑和怀疑。

其影响是毁灭性的。"我们对未来的希望都随着朋友的死去而一起埋葬。"意大利诗人彼特拉克（Petrarch）这样说。人们对未来在东方谋取利润的野心于此蒙上了深深的阴影。彼特拉克还说，唯一的慰藉是，"我们还可以追随先人的智慧。我不知道我们的日子还有多久，但我知道那天很快会到来"。他写道，印度洋、里海或是黑海的所有富商都无法弥补灾难造成的损失。[65]

瘟疫带来了恐怖景象，但它也成为社会变革和经济变革的催化剂。其深刻影响远不只是欧洲的死亡，它促进了欧洲整体的再生。这一变革为欧洲在西方的崛起奠定了重要的基础。这种影响分为几个阶段。首先是社会结构的彻底重组。黑死病之后，人口长期缩减，导致劳工工资陡升，因为劳动力变得更抢手了。那么多人死于瘟疫，直到14世纪50年代，"侍从、工匠、技工、农业工人和普通劳工"的短缺状况才终于开始缓解。这为曾经处在较低社会阶层和经济阶层的人提供了相当大的谈价资本。有些人根本"对打工不屑一顾，除非有三倍的工资，否则极少有人入职"。[66]有证据显示，黑死病之后的10年间，城市雇员的工资出现了巨幅上涨。[67]

农民、劳工和妇女同样从有产阶级的衰落中感受到益处。地主和房主被迫接受更低的租金，有租金总比没有好。低租金、轻义务和长合同都让农民和城市租户获得了大量利益。这种状况还得到低税率的推动，14世纪和15世纪整个欧洲的贷款税率都大幅下降。[68]

显然，随着财富在各社会阶层的分配日趋平均，人们对奢侈品（进口商品）的需求大幅回升，因为有更多的消费者能够购买他们原来买不起的商品。[69]瘟疫带来的人口变化还影响到了消费模式，特别是那些工薪族的年轻人，他们面前摆着各种新的机遇。新生代们与死神擦肩而过，他们本来就不愿意省钱，挣的工资还比父母要多，前途更为广阔，所以愿意花钱买他们感兴趣的东西，尤其是追赶时尚。[70]这反过来又刺激了欧洲纺织工业的投资和发展，欧洲纺织品的产量巨大，导致亚历山大港进口规模的大幅缩减。欧洲甚至开始转进口为出口，他们的纺织品充斥中东市场。面对西方生机蓬勃的经济发展，中东不得不为经济紧缩感到忧愁。[71]

近来伦敦一座古墓中发现的尸骨研究显示，当时财富的增长促进了人们的饮食结构和健康水平。统计结果表明，瘟疫之后的重大影响之一是延长了人们的寿命。伦敦瘟疫的幸存者在身体素质上明显比黑死病暴发前的人更为健康，当然也使人的平均寿命显著提升。[72]

欧洲的经济发展和社会发展并不平衡。大陆北部和西北部的变革最为迅猛，主要是由于这些地区与南部相比经济水平更低。这意味着地主和租户的关系比较融洽，因而更容易达成适合双方利益的协议。[73]还有一个同样重要的因素，即北方城市与地中海城市拥有不同的意识形态和政治理念。在地中海城市，几个世纪的地区及长途贸易已经形成了一些能够操控商业竞争的机构（如行会），由个别商业团体垄断。相比之下，欧洲北部的繁荣则是得益于在商业竞争方面没有限制，因此在都市化和经济成长上比南方更为迅速。[74]

新的生活方式也开始在欧洲各地出现。比如在意大利，女性一般不愿意，也没太多能力进入劳工市场，还像瘟疫暴发前一样，到了年纪就结婚，努力生更多的孩子。而在欧洲北部国家，情况却有所不同。这些地区的人口缩减为妇女提供了更多的就业机会，从而推迟了女性的结婚年龄，并对家庭规模产生了长远影响。"别那么着急结婚，"诗人安那·拜恩（Anna Bijns）在尼德兰（Netherlands）写成的诗歌中建议说，"能为自己挣到衣食的女人不要急着去忍受男人的棍棒……尽管我不反对结婚生子。没有束缚最好！祝没有男人的女人幸福！"[75]

黑死病带来的转型为欧洲西北部的发展奠定了长期的基础。尽管这些改变还未在欧洲各地全面开花结果，但灵活的体制、开放的竞争，以及最重要的，意识到只有勤奋劳作才能克服北方恶劣地理条件从而赢得收益，都为后来欧洲在近代早期的彻底转型奠定了基础。正如现代研究所不断昭示的，18世

纪的工业革命根植于瘟疫后的世界：随着产量的提升，人们的野心变得更大，财富不断积累，同时消费的机会也变得更多。【76】

随着尸体被掩埋，黑死病逐渐成为一种恐怖的记忆（后有周期性的二次复发）。南欧同样经历了重大变革。14世纪70年代，热那亚想趁着大瘟疫给威尼斯造成重大灾难之际夺取对亚得里亚海的控制权。但这一赌局发生了巨大的逆转：热那亚未能发动一次决胜性的进攻，于是突然陷入了战线过长的困境。通过几个世纪建立起来的一个个连接中东、黑海和北非的商业城镇据点，统统丧于敌手。热那亚败了，威尼斯胜了。

摆脱了宿敌的威尼斯，如今一切转入正规，可以专心从事香料贸易。通过亚历山大港进口的胡椒、生姜、豆蔻和丁香越来越多。平均算来，威尼斯商船每年要从埃及运回400多吨胡椒，与从黎凡特运入的数量相当。至15世纪末，每年有近500万磅的香料（用于食物、药品和化妆品）进入威尼斯，然后再以不菲的利润售往其他地方。【77】

威尼斯还是绘画颜料的进出港。这些颜料通常被统称为"海外来的威尼斯产品"（oltremare de venecia），包括铜绿（verdigris，直译就是"希腊绿"）、朱红、胡芦巴、铅锡黄、骨黑，还有黄金的替代品，比如紫金（purpurinus）或彩金（mosaic gold）。不过，最著名、最独特的颜色是从中亚开采的青金石中提取的纯蓝。于是欧洲艺术的黄金时期——也就是15世纪法拉·安吉里柯（Fra Angelico）和皮耶罗·戴拉·弗朗西丝卡（Piero della Francesca），以及后来的米开朗基罗、利奥纳多·达·芬奇、拉斐尔和提香等艺术家生活的时代——孕育而出：一方面，与亚洲贸易的扩大使得他们能够接触到这么多样的颜料；另一方面，富裕程度的增加使他们有钱购买这些颜料。【78】

与东方的贸易利润如此丰厚，威尼斯政府不得不对贸易权进行事先竞拍，以保证中标者在遇到生意、运输或政治风险时仍能得到付款。一位威尼斯人自豪地说，商船从城市出发可驶往世界各地：非洲海岸、贝鲁特和亚历山大港、希腊各地，还有法国南部和佛兰德。财富的流入导致意大利房价大涨，特别是在靠近里亚托（Rialto）和圣马克大教堂的黄金地段。由于土地稀少、价格昂贵，人们开始使用新的建筑技巧，如用节省面积的小型楼梯井替代富丽奢侈花园双向楼梯。不过，一位威尼斯人骄傲地说，就算是一个普通商人的房子，都会装有金顶天花板、大理石楼梯，阳台和窗户都镶着由附近梅拉诺（Murano）生产的精致玻璃。威尼斯是欧洲、非洲和亚洲贸易的最佳集散地，并且能够用优雅得体的形象展示这一身份。[79]

兴盛繁荣的城市不只是威尼斯。达尔马提亚海岸星罗棋布的城镇都是进口和出航的停留地点。拉古萨（Ragusa，即今克罗地亚的杜布罗夫尼克）见证了14世纪和15世纪的繁荣盛况。1300年到1400年间，当地的财富增长了四倍，人们不得不为嫁妆的价格设一个上限，以限制过高的消费。城市资金过于泛滥，人们甚至开始考虑废除家奴：家庭资产已经如此富余，继续奴役一个和自己一样的人而不付工钱好像不那么仗义。[80]像威尼斯一样，拉古萨也在忙于建立自己的贸易网络，加强与西班牙、意大利、保加利亚甚至是印度之间的关系。他们在印度的果阿（Goa）建立了一个殖民地，并以圣布莱斯（St Blaise，守护拉古萨的圣人）教堂为中心。[81]

亚洲许多地方同样出现了类似的野心和成长。随着和中国及波斯湾地区的贸易活动日趋频繁，印度南部的商业景象异常繁荣。行会相继成立，以确保商业活动的安全和货物质量，同时也是一个垄断机制，防止地方竞争的出现。这些商业行会将钱财和权力集中在自选的一群人手中，在马拉巴尔沿海地带和斯里兰卡占有举足轻重的地位。[82]在这样的体系下，商业行为走向正规化，交易的效率和公平得到保障。据中国旅行家马欢在15世纪初的记载，买方和卖方的价格是由一个中间人确定的，所有的税款和费用都经过事先计算并且必须支付，否则无法放货。这对长期贸易商来说是个好消息。我们找的是诚实可信的人——马欢这样说道。[83]

但不管怎么说，这些都是书上的记载。事实上，印度南岸的城镇并非一片和谐，它们相互之间存在激烈的竞争。科钦（Cochin）作为卡利卡特的对手在15世纪出现，它以优惠的税率吸引大量的贸易，从而获得成功。这构成了某种程度上的良性循环，因为它引起了中国人的关注。大航海家郑和（信奉伊斯兰教的宦官）几次率领着中国舰队下西洋，展现出中国的海上实力、影响，以及直通印度洋、波斯湾和红海的长途贸易能力，并特别注重和科钦统治者建立友好关系。[84]

这些出使行动是14世纪中叶取代蒙古元朝的明帝国展示野心的举措之一。北京投入了大笔资金，建立了支援、保卫都城的基础设施。大批兵力调到了边塞，以守卫北部草原边疆，并与复兴的高丽人争夺满洲。南部的军事力量则是为了确保柬埔寨和暹罗的进贡通道畅通，他们能带来大量的当地特产和奢侈品，为的是以财物换得平安。比如说在1387年，暹罗王国进贡了1.5万磅的胡椒和檀香木，两年后又送上了10倍数量的胡椒、檀香木和燃香。[85]

当然，对外开拓是需付出代价的。郑和的第一次远航带了60多艘大船、数百艘小船和大约3万名水手；光是军饷、设备还有将军们携带的用作外交的礼品，就花费巨大。支付这次以及此后数次远航的都是大量生产的纸币，当然也同样得益于金银矿开采的增加——1390年以后的10年间，通过采矿获得的资金增加了三倍。[86]此外，农业经济的发展和税收政策的完善同样给中央政权带来了大笔的收入。某当代学者称这是一种计划经济的建立。[87]

中国的财富还得益于中亚的发展。在那里有一个军事将领突然崛起，成为中世纪后期唯一一个最令人瞩目的人物，他就是帖木儿。他的成就巨大，连英格兰的戏剧都写到了他；他的疯狂进攻在现代印度人心目中都留有记忆。帖木儿从14世纪60年代起跨越蒙古旧土，在从小亚细亚到喜马拉雅山脉的广阔土地上建立了一个庞大的帝国，并且还着手实施雄心勃勃的工程：在他的疆土上，如撒马尔罕、赫拉特和麦什德（Mashad）等城市，大量修建清真寺和各种皇家建筑。大马士革陷落后，一位当时的评论家说道，木匠、画匠、织工、裁缝、宝石切割师，"总之所有的手艺人"都被遣往东方的其他城市参加修建工程。西班牙国王派往帖木儿宫廷的特使生动地描述了当时的建筑规模，以及新型建筑的装饰标准：撒马尔罕附近的萨赖宫（Aq Saray palace）走廊"装饰精美，用的都是金色和蓝色的瓷砖"，接待大厅"也是金砖蓝砖，宫顶全是金子"，就算是巴黎最有名的工匠也做不出这样的精品。[88]但这些和撒马尔罕城以及帖木儿本人的宫殿相比还不算什么：帖木儿的宫殿里装点着金树，"树干如人的大腿一般粗"，金树上结着"水果"，近处观察才知道，那都是红宝

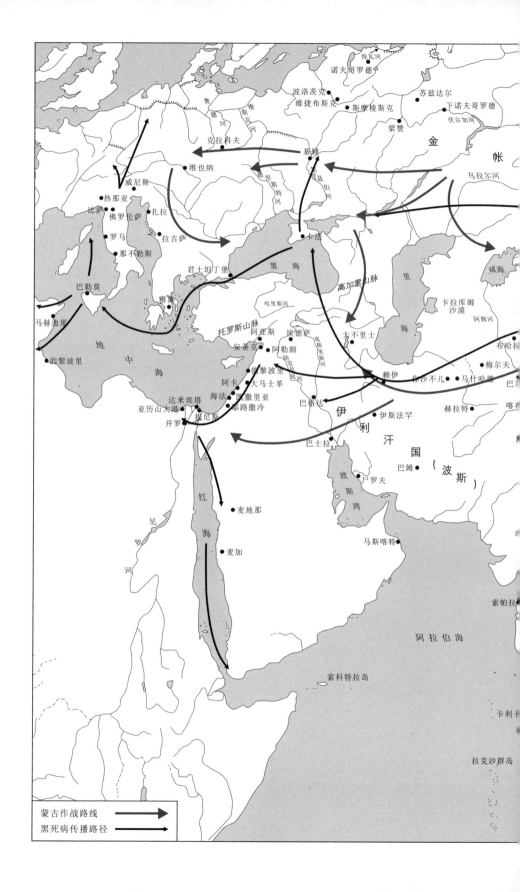

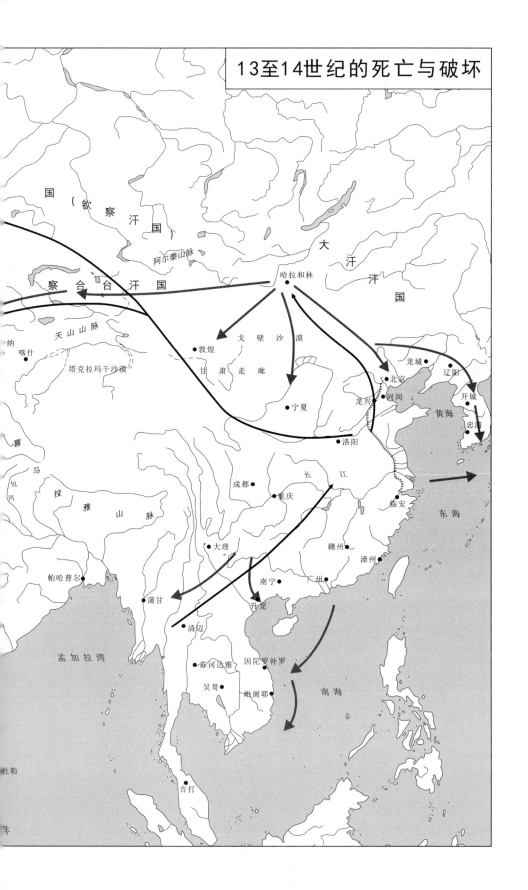

13至14世纪的死亡与破坏

石、绿宝石、松石和蓝宝石，还有硕大浑圆的珍珠。[89]

帖木儿并不在意挥霍他从降服者手中获得的金钱。他从中国购买的丝绸"都是全世界最好的"，还有麝香、宝石、钻石、大黄和其他香料。多达800峰骆驼同时将商品运送进入撒马尔罕。和其他人，如被征服时被屠杀的10万德里人的命运不同，中国人在分享着帖木儿大帝的成功。[90]

不过他们看起来是下一个即将遭受苦难的人群。据一项记载说，帖木儿曾沉下心来回顾自己的早年生涯，决定应该为"掠夺、抓捕和屠杀的行为"赎罪。他觉得赎罪的最佳方式应该是"向异教徒发起一场圣战，如格言所说'善行洗刷恶行'，这样的话，罪孽也许能得到宽恕"。帖木儿终止了和明朝的关系，1405年离世之时，他正在进攻中国的路上。[91]

麻烦很快就来了。波斯各行省出现分裂和暴乱，帖木儿的继承人在相互争夺帝国的统治权。但更具结构性的灾难是，15世纪出现的全球金融危机席卷了整个欧洲和亚洲。危机由一系列因素引发（600年后又重新出现）：市场过度饱和，货币持续贬值，支付平衡扭曲。尽管市场对丝绸和其他奢侈品的需求仍在增长，但市场的吸收力毕竟有限。并非人们的欣赏趣味发生了变化，而是交流互换的机制出了问题。特别是欧洲，它几乎没有什么东西可以用来换取价格高昂的纺织品、陶瓷品和各种香料。中国的出产量高于它向海外的出口量，结果便是购买力的不断降低，引起"金银荒"（bullion famine）[92]，用我们今天的话来说，就是"信贷危机"（credit crunch）。

在中国，政府官员的薪俸不足，导致腐败丑闻和政务荒疏愈发常见。更糟糕的是，就算官员办事公平合理，百姓也负担不起政府的浮夸奢侈和铺张浪费。上层人士一直在臆想收入总会越来越多——这当然是不可能的。至15世纪20年代，中国一些最富裕的地方也开始财政吃紧。[93]泡沫终于在15世纪的前25年破裂了。明朝的皇帝紧急缩减开支，下旨放缓北京建设工程，暂停耗资巨大的海上探险和疏浚京杭大运河等重大工程（这一工程最多时曾动用数万甚至数十万的劳力）。[94]在欧洲，人们费尽心机，试图以减少货币含金量来应对危机——尽管贵重金属的短缺、货币储蓄和财经政策之间的关系非常复杂。[95]

显然，全球的货币供应都呈短缺势态，从朝鲜到日本，从越南到爪哇，从印度到奥斯曼帝国（Ottoman Empire），从北非到欧洲大陆。只有马来半岛的商人自行其是，以当地盛产的锡金属来铸造钱币。但简单地说，这些都不能发挥作用：钱就是不够用。以往支持共同货币（尽管在单位、重量和精度上并非一直统一）并让全球认可的贵重金属出现了问题。【96】

在如此艰难的时刻，气候的变化很可能会使局势变得更糟。中国出现了饥荒、罕见的旱灾和严重的洪涝，证明环境因素对经济发展造成的重大破坏。据南北半球冰芯中的硫酸化物研究显示，15世纪是一个范围极广的火山活跃期，并导致全球变冷，给整个干草原世界带来严重打击。特别是在15世纪40年代，食物和饮水的短缺预示着一次大迁徙的到来。总而言之，这是一个停滞、困苦、奋力求生的时期。【97】

气候变化的效应波及了地中海到太平洋的所有地区。人们对世界的改变深感不安。尽管帖木儿帝国的兴起并未给欧洲世界造成大范围恐慌，但奥斯曼帝国的兴起的确引发了人们越来越多的焦虑。奥斯曼在14世纪末席卷博斯普鲁斯海峡，击败了拜占庭人、保加利亚人和塞尔维亚人，在色雷斯和巴尔干站稳了脚跟。君士坦丁堡命悬一线，成了一座陷入穆斯林重重包围的基督教孤岛。危在旦夕的他们多次向欧洲王国乞求军事援助，均未得到回应。1453年，帝都陷落，穆斯林终于夺取了世界上最伟大的基督教王国，再次显示出伊斯兰世界的强大优势。在罗马，当君士坦丁堡陷落的消息传来时，据说人们捶胸顿足、哭号呐喊，教皇为困在城里的人们默默祈祷。但欧洲在关键时刻没有出手相助，现在一切都已为时过晚。

君士坦丁堡的命运引起了俄罗斯的密切关注，在他们看来，穆斯林的复活预示着整个世界将濒临末日。长期以来，东正教一直有一个预言，说耶稣将在第八个千年降临，亲自主持最后的审判——而现在看来，那一时刻似乎即将来临：恶魔的力量已经崛起，已然对基督教世界产生灾难性的冲击。宗教高层对于末世预言深信不疑，遂派一名教士前往西欧探听消息，看看末日究竟会是在哪一天。还有人觉得既然末日即将来临，计算复活节或其他圣餐日的具体日期已经没有意义。根据俄罗斯所使用的拜占庭日历，末日似乎已清晰可见。如果将耶稣诞生之前的5508年作为创世纪的话，世界末日就在1492年的9月1日。[98]

在欧洲的另一端，也有一群人同样相信世界末日即将到来。在西班牙，随着宗教和文化矛盾的加剧，人们渐渐将注意力集中到穆斯林和犹太人身上。前者被从安达卢西亚（Andalusia）武力驱逐而出，后者则被迫信奉基督教，否则将被逐出西班牙或处以死刑。穆斯林和犹太人绝望地变卖资产，而且必须廉价出售。这让投资商占了便宜，他们用几件衣物就能换取大片的葡萄园，地产和房屋均以非常便宜的价格入手。[99]关键是，在未来的10年里，这些廉价资产的价值将无限飙升。

许多犹太人选择前往君士坦丁堡。他们受到城市新主人的欢迎。"你们将费迪南德誉为贤明的君主，"据称巴耶塞特二世（Bāyezīd II）在1492年欢迎犹太人到来时这样说，"但他驱逐了你们，他使自己的国家陷入贫困而让我变得富裕。"[100]这不仅是口头上说说，当时的场景会让今天的人难以置信，但却与伊斯兰早期阶段遥相呼应：犹太人获得的不仅是尊重，而且还受到了热烈欢迎，新移民的权益得到法律保护，而且他们还在许多方面获得了当地人的帮助，得以在陌生的国度展开新的生活。容忍是一个社会自强自信的主要标志，反观基督教世界，却越来越走向愚顽和激进主义。

不少人对宗教信仰的未来颇感担忧，其中就有一个名叫克里斯托弗·科隆（Christopher Colón）的男人。虽然按他自己的推算，离基督的第二次降临还有155年，但他为那些所谓的"虔诚者"对基督教的敷衍了事而感到愤怒，特别在看到欧洲对耶路撒冷的陷落似乎漠不关心后。带着一股热情和执着，他拟订了一系列计划，准备展开新一轮解救圣城的行动，同时也准备重新追逐亚洲廉价而多产的贵重金属、香料和宝石[101]——他说，如果我们能够从事这些贸易，就可以轻松筹得解放耶路撒冷所需的资金。[102]但问题是，他身在伊比利亚半岛，那是地中海最远的边缘地带，这使得他的宏伟理想几乎等同于白日做梦。[103]

也许，可能还有一线希望。毕竟像佛罗伦萨的占星家和地图专家保罗·托斯堪尼（Paolo Toscanelli）就曾提出过，从欧洲的边缘向西航行或许也可以抵达亚洲。在为这一鲁莽大胆的观点费了一大通口舌之后，科隆的计划最终得到了认可。他准备了一封写给大汗的致敬信，大汗的名字空着，等到知道确切的名字后再填上——拯救耶路撒冷的伟业即将起航。他雇佣了翻译，以便和蒙古首领交谈；他还聘请了懂希伯来语、迦勒底语（与耶稣及门徒所操的亚拉姆语关系密切）和阿拉伯语的专家，可能在和大汗以及臣僚的交往中派上用场。如某位学者所说，也许欧洲日益浓厚的反伊斯兰情绪，正预示着西欧与远东最佳沟通时机的到来。[104]

1492年8月2日，也就是俄罗斯人预计的世界末日到来前的一个月，三艘大船从西班牙南部的巴罗斯·德拉弗龙特拉港（Palos de Frontera）起航。当他的船队朝着未知的地域进发时，这个叫科隆的人——更为人熟知的名字是克里斯托弗·哥伦布（Christopher Columbus）——意识到他可能是在做一件了不起的事情：他将要把欧洲的重心从东方转向西方。

五年后，当另一支小型船队在瓦斯科·达·伽马（Vasco da Gama）的统帅下由里斯本起航进行长途探险（绕过非洲的最南端抵达印度洋）时，欧洲转型所需的所有零散要素终于各归其位。突然间，欧洲大陆不再是终点，不再是丝绸之路的末端，它将成为整个世界的中心。

第十一章

黄金之路

整个世界在15世纪末发生了根本性的转变。没有哥伦布等人所惧怕的世界末日，没有时间终结——至少在欧洲是这样的。一系列从西班牙和葡萄牙起航的、将来把南北美洲和非洲及欧洲连接起来并最终通向亚洲的远航均已起锚。在此过程当中又出现了若干条新的贸易通道，多数是现存通道的扩展和延伸，也有的是新通道取代了旧通道。新思想、新商品和新人物将以人类历史上前所未有的数量和速度向新世界转移。

新的黎明又将欧洲推向了舞台的中心，并为它披上了一层金色的霞光，赐予它一个黄金时代。不过，欧洲的崛起给新发现的地域带来很多灾难。自16世纪开始出现的辉煌的教堂、精美的艺术和高档的生活标准，其背后都是有一定代价的：代价都来自生活在大洋彼岸的人。欧洲人不仅在探索世界，而且想统治世界。他们之所以能这样做，应该感谢他们所能接触到的军事技术和海洋技术的不断发展。帝国时代的建立和西方世界的崛起是基于某种大范围的暴力行动。启蒙时代和理性时代，即通往民主、自由和人权的道路，并非古代雅典或欧洲自然发展的结果，而是源于在遥远大陆政治、军事和经济上的胜利。

这些胜利在1492年哥伦布驶往未知地域时看起来似乎不太可能。即便在21

世纪阅读他的航海日志，仍能感受到他当时的兴奋和恐惧、乐观和焦虑。哥伦布相信他肯定能见到大汗，也能在解放耶路撒冷的过程中发挥重要作用，但他也知道此行充满了危机、灾难和死亡。他的目的地是东方，他写道，但不是沿着"传统的航道，而是向西的航道，一条我们觉得以前可能没人走过的航道"。[1]

然而，如此雄心勃勃的远航并非没有先例。哥伦布和他的船员们所处的是一个大航海时代，此前已经有许多成功的远航，将非洲和东大西洋的新世界展现在伊比利亚半岛的基督教徒面前。而为这些航行提供动力的，则是非洲西部的黄金。关于那里矿产资源的传说由来已久，早期穆斯林作家一直将它称作"黄金之地"，有些人更附和说："金子像红萝卜一样从地里生长，日出之时就可以收获。"还有些人认为这里的河水有神奇的功效，能让金条在夜里生长。[2]黄金的出产量高得惊人，以至于对经济产生了巨大的影响：化学分析表明，穆斯林埃及著名的高档钱币是用西非出土、跨越撒哈拉大沙漠运送而来的黄金铸造的。[3]

这里的大多数贸易活动都由古典时代晚期的万加腊（Wangara）商人控制。[4]这些部落商人来自马里，扮演着和古代亚洲粟特商人同样的角色：穿越险阻地段，沿着危险的沙漠路线建立据点，以便从事长途贸易活动。一张将绿洲和贸易据点连在一起的商业网络由此形成。一些城市如杰内（Djenné）、加奥（Gao）和廷巴克图（Timbuktu）等开始蓬勃发展，这些城市后来都成了有砖砌城墙保护的皇家宫殿和辉煌寺院的所在地。[5]

在14世纪初期，廷巴克图不仅是重要的商业中心，而且是学者、音乐家、艺术家和学生们的聚居地。知识分子们在尚科尔（Sankoré）的金格瑞巴清真寺（Djinguereber）和西迪叶海亚清真寺（Sīdī Yaḥyā）集会活动。这就是当时非洲智慧的灯塔和一些著名文献的诞生地。[6]

因此毫不奇怪，这一地区将千里之外的人都吸引了过来。当曼萨·穆萨（Mansa Musa）——或称马里的众王之王穆萨，"一个虔诚、公正的人"——路过开罗时，所有的人都不由得倒吸一口冷气：14世纪他在去往麦加朝拜的路上于开罗暂留，带着众多随从和大量作为礼物的金银财宝。他在造访开罗市场期间花了太多太多的钱，以至于有可能触发地中海盆地和中东地区的小型经济动荡，因为大量新资金的流入使得黄金和白银的价格明显贬值。[7]

来自远方国度的作家和旅行家详细记录了马里国王的世系，并记载了廷巴克图宫廷的仪式。比如说，北非的著名旅行家伊本·白图泰就曾亲自穿越撒哈拉沙漠造访穆萨和他的都城。国王走出宫廷，头戴纯金无檐帽，身着红色短上衣，身后有弹奏金银乐器的乐师护卫。他坐在一座豪华的亭阁中听取帝国当天的消息汇报，亭阁上装饰着猎鹰大小的金鸟。虽然国王的财富无比充裕，但白图泰难以掩饰他对穆萨的失望："他是个非常小气的国王，谁也别想从他那里得到贵重礼物。"[8]

基督教欧洲对埃及的兴趣同样受到有关黄金传说的影响。北非海岸，如突尼斯、休达（Ceuta）和布日伊（Bougie）等城，都是黄金贸易的根据地。几个世纪以来，比萨、阿玛菲，特别是热那亚商人都将这里作为他们在地中海地区从事黄金贸易的重要基地。[9]不过除了商业交往之外，欧洲人几乎一无所知，他们不了解黄金是如何运抵这些海岸城市的，也不知道复杂的运输系统是如何将象牙、水晶石、兽皮和龟甲从斯瓦希里（Swahili）海岸的林波波（Limpopo）地区运到了非洲内陆、红海、波斯湾和印度洋。在欧洲人的眼里，撒哈拉大沙漠是一张巨毯，将非洲大陆掩盖在神秘之中。人们无法知道在北非狭窄而富裕的海岸线深处究竟还有什么其他事情发生。[10]

从另一方面讲，人们当然也意识到，沙漠的另一侧就是财富的蕴藏地。这些在著名的《加泰罗尼亚地图集》（*Catalan Atlas*）——14世纪阿拉贡王佩德罗四世（Pedro IV of Aragon）下令编纂的地图集——中都有精准的描绘：一个肤色较深的统治者，据说是穆萨，身着西式服装，手持金条，旁边的文字显示着他的财富，"该国的黄金取之不尽，他是这块土地上最富有、最高贵的国王"。[11]

不过长期以来，人们对西非黄金宝物的探求基本上是无果而归。荒凉的海岸线（位于今摩洛哥南部和毛里塔尼亚）在当时根本没有太大的吸引力，根本不值得人们远航几百英里去那不为人知的沙漠地带进行任何探索。然而到了15世纪，这一世界慢慢开始向人们敞开。

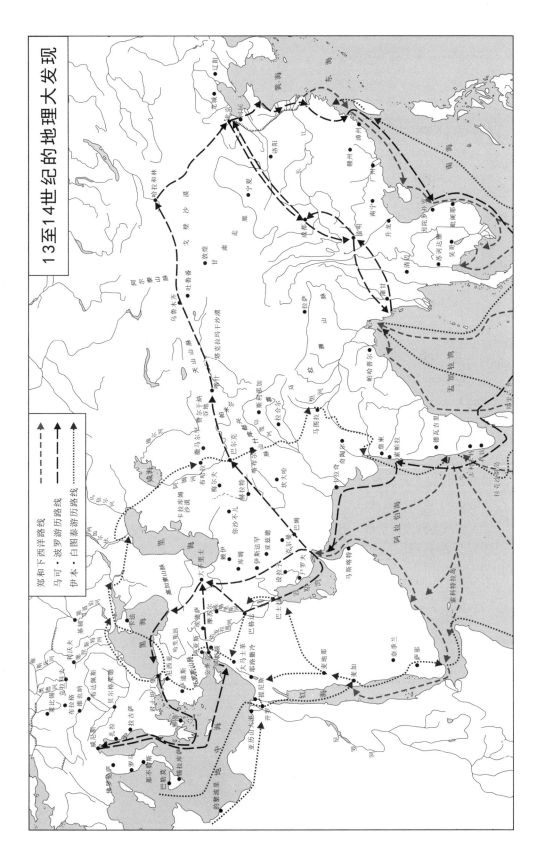

沿着东大西洋和非洲海岸的航海探险发现了一系列群岛，其中包括加那利群岛（CanaryIslands）、马德拉群岛（Madeira）和亚速尔群岛（Azores）。这些发现为新探索提供了支持，而且这些群岛本身也创造了丰厚的利润，因为这里气候温和、土壤肥沃，特别适合甘蔗等作物的生长——此时的甘蔗不仅出口到布里斯托尔（Bristol）和佛兰德，而且远达黑海地区。到哥伦布出海之时，马德拉群岛已拥有每年300多万磅的甘蔗产量。这当然是以近代早期的所谓"生态灭绝"为代价，如一位学者所说。森林遭到砍伐，非原生物种（如野兔和老鼠）成倍繁殖，它们数量如此庞大，简直像是上天降下的惩罚。[12]

尽管卡斯蒂利亚（Castile）的统治者（逐渐夺取了伊比利亚半岛大部分的控制权）有意放眼新世界，但最终还是让葡萄牙抓住了先机。[13]自13世纪起，葡萄牙一直在积极建立与北欧、南欧和非洲市场之间的联系。早在迪尼什国王（King Dinis）统治时代（1279—1325），满载着来自穆斯林北非等地区大批物资的大吨位运输船，已频繁驶往佛兰德、英格兰、诺曼底、不列颠和拉罗歇尔（La Rochelle），以及地中海地区的塞维利亚（Seville）等城市。[14]

如今，葡萄牙的野心与日俱增，它的实力也不断增强。首先，热那亚已经被挤出了黄金贸易圈；接着，在1415年，北非海岸的穆斯林城市休达（Ceuta）也被征服，目的只是为了展现积极进取的姿态，因为这个城市没有太大的战略和经济价值。但事实上，征服行动适得其反，因为夺取该城的代价太高，不仅搅乱了建立已久的商业纽带，而且愚蠢的统治政策还引起了当地人的敌意，比如将该城的一座大清真寺改成了基督教堂。[15]

此次交战只是当时伊比利亚向穆斯林展现敌对态度的行动之一。当葡萄牙王子、航海家亨利在1454年写信给教皇，请求得到大西洋独家探索权的时候，他说他的动因是想去接触那些"印度人，据说他们信仰基督，所以我们可以……规劝他们帮助基督徒一起对抗撒拉逊人"。[16]

这并不是真实的意图，因为将葡萄牙扩张合法化的请求不仅意味着阻挠欧洲其他对手，更会被伊斯兰世界看成一种挑衅。事实上，葡萄牙的野心并不是插手穆斯林贸易、搅扰传统市场，而是在于开发新的贸易路线。具有重要意义的是大西洋东部的各个群岛，正是它们为葡萄牙人提供了探险基地和停泊港口，提供了淡水以及支撑船只继续安全远航的基地。

自15世纪中期开始，葡萄牙就有计划地开始在海外建立殖民地，以便延伸自己的触角并逐渐控制重要航道。阿尔金（Arguim，位于今毛利塔尼亚西岸）和圣乔治·达米纳（São Jorge da Mina，位于今加纳大西洋海岸）都被建成了军事要塞和仓储城市。[17]这些地方的建立主要是为了便于进口管理，15世纪中叶的葡萄牙人坚信，从事非洲贸易是皇家的专利。[18]葡萄牙还在一开始就制定出一个行政框架，正式规定了如何管理将来探索到的每一块土地。新的发现（如15世纪50年代发现的佛得角群岛）正好为葡萄牙提供了试验的机会。[19]

在此过程中，卡斯蒂利亚人并非毫无作为。他们试图削弱葡萄牙人沿着海岸不断向南扩张的势力，直接用武力攻击悬挂对手旗帜的船只。1479年的《阿尔卡苏瓦什条约》（*Treaty of Alcáçovas*）使紧张局势有所缓和，一方面是给卡斯蒂利亚人控制加那利群岛的权力，另一方面则承认了葡萄牙在西非及其他群岛的特权。[20]

然而，揭开非洲面纱、引发西欧转型的并非针对领土资源的高层政治、教皇特许或王室竞争。真正的突破出现于富有企业精神的船长意识到，除了买卖食油、皮革和黄金之外，还有更为简单轻松的赚钱机会。正像欧洲历史在过去多次证明的那样，收益最大的莫过于贩卖人口。

非洲奴隶贸易在15世纪进入爆发期，并从一开始就展现出这是一桩非常赚钱的买卖。葡萄牙的农场和种植园需要大批的人力。可以这么说，通过葡萄牙王子资助的首次非洲远航带回的奴隶数目，足以帮助亚历山大大帝打造一个全新的帝国。没过多久，富人的家里就"住满了男奴和女奴"，而奴隶主则把资金投向了别处从而变得更加富有。[21]

很少有人对抓捕西非奴隶表示出道义上的不满，有的只是同情之声。一位葡萄牙编年史家记载过一次西非海岸捕捉非洲人的行动，描绘了1444年拉各斯港（Lagos）的呻吟、哀号和泪水。当俘虏们意识到必须"父子分离，夫妻诀别，兄弟永隔"的时候，他们的悲伤无以复加。"再怎么铁石心肠的人，都无法忍受这样撕心裂肺的场景！"一位旁观者这样写道。[22]

　　然而这样的同情还是比较少见的，因为买者和卖者都不太在意他们交易的是什么。王室也不在意，在他们看来，奴隶不仅是额外的劳力，而且还是另一种收入渠道："昆托"（quinto），一种占非洲贸易收益五分之一的税。所以，带来的奴隶越多，卖掉越多，收益也就越高。[23]连那位曾被自己的所见所闻深深打动的编年史家在两年后再次见到类似的场景时，都已经麻木了。他亲自参与了一场抓捕奴隶的行动，一个女人和她两岁的儿子在海边拾捡生贝，结果被抓了起来，同时被抓的还有一个14岁的姑娘。这姑娘奋力挣扎，结果三个男人一起用力才把她押到了船上。至少她在几内亚算得上是个美人，那位编年史家实事求是地说道。[24]那里的男人、女人和孩子像动物一样，经常遭到围困。有人乞求王子签发特许令，配备多功能航船，并要求护航。王子不仅恩准，而且"马上挂帅出征……旗帜上印的是耶稣基督的十字架"，悬挂在每一艘船上。于是，人口贩卖与王室行为联系在了一起，也与上帝联系在了一起。[25]

　　然而，这些新的财富并没有给家乡欧洲的所有人都留下美好印象。15世纪末的一位波兰到访者对那里国民缺乏优雅礼貌的待客态度而深感失望。他写道，葡萄牙国王"粗俗、穷酸，没有风度，愚昧无知却非要将自己装成智者"。至于女人，"没有几个是长得漂亮的，她们看上去都像是男人，尽管整体上讲她们的黑眼睛都还比较可爱"。他还说，这些女人的屁股都很漂亮，"看上去如此丰满，事实上我得说，世上再看不到如此美妙的后臀"。不过应该注意的是，这些女人同样淫荡、贪婪、薄情、虚伪。[26]

　　奴隶贸易给葡萄牙国内经济带来了显著的影响，但在15世纪探索和发现非洲海岸线过程中，奴隶贸易所发挥的作用更为重大。葡萄牙船队一直在向南航行寻找猎物，并建立自己的据点。那些好奇的乡间老者出门迎接这些来自欧洲的外人，结果大多被当场杀死。他们的长矛和盾牌通常被国王或王储作为纪念品收藏。[27]

　　受到金钱的诱惑，探险者在15世纪的最后25年间沿非洲海岸线不断推进。除了运送奴隶的航行之外，葡萄牙国王若昂二世（João II）向非洲派遣特使，他想和当地统治者建立密切的关系，以维护葡萄牙的强势地位，同时抵抗西班牙。其中最具代表性的一位当然要属克里斯托弗·哥伦布，没过多久他便根据自己的经历推算出继续远航所需的补给和服务。他还利用非洲海岸线的长度估算出整个地球的大致规模，满心期待着他未来野心勃勃的远航大业。【28】

当时还有其他的探险家。迪奥戈·康（Diogo Cão）于15世纪80年代发现了刚果河口，让派遣大使与该地区国王交往成为可能，最终居然还成功地让国王同意受洗。这让葡萄牙人非常高兴，他们在罗马教皇面前炫耀此事，还特别强调刚果国王和敌人作战时打的是教廷印有十字架的旗帜。【29】1488年，巴尔托洛梅乌·迪亚士（Bartolomeu Dias）的船队抵达了非洲大陆最南端，他将这地方命名为风暴角，然后返回故里，结束了这次充满风险的旅程。

葡萄牙小心翼翼地维护着它的扩张成果，以至于哥伦布于1484年年底向国王若昂二世提出的资助他向西跨越大西洋远航的请求最终石沉大海。尽管葡萄牙国王听后兴趣大增，准备"私下派小吨位快船实现哥伦布所说的航程"，但事实上，就连迪亚士的新发现也没有得到太多的后续进展，说明葡萄牙最关注的是如何整合目前已发现的世界，而不是继续探索更多未知的领域。【30】

当哥伦布最终从卡斯蒂利亚君主费迪南德和伊莎贝拉那里得到资助，并于1492年扬帆远航的时候，局势开始发生变化了。他在大西洋彼岸的发现让欧洲备感兴奋。"我们发现了印度恒河以外的陆地和岛屿。"他在返回西班牙的途中给费迪南德和伊莎贝拉写信说。这些新的地域"富饶无边……无可比拟"，那里生长的物种数量惊人，令人难以想象；那里有"大量金子和其他金属"等待着人们去开采；还能"与那里的大汗"展开大规模贸易。棉花、乳香、芦荟、大黄、香料、奴隶和"上千种其他珍贵物品"均取之不竭。【31】

事实上，哥伦布被他的发现迷惑了。他预期见到的文明人其实是几乎全裸的原住民，他惊讶地发现这些人十分原始。他写道，他们"发育良好，体形健硕，长相英俊"，而且很单纯，收到红帽子、小珠饰，甚至是打碎的玻璃和陶器都非常开心。他们对武器没什么概念，看到剑就直接去握锋刃，因"完全无知"而把自己的手都弄破了。【32】

某种程度上讲这是好消息。他发现他所见到的人"非常温柔，不知道什么叫罪恶"，他们"知道天上有个上帝，于是相信我们就来自上天。他们很快

就学会了我们教他们所说的祷告，以及做画十字的动作"。用不了多久，"一大批的异族人"就会皈依"我们神圣的宗教"。【33】

事实上，这些骄傲地记录他伟大发现的信件，早在他和他的水手们抵达家乡之前就已经传遍了巴塞尔、巴黎、安特卫普和罗马。其实这些描述基本上都是子虚乌有，即某些历史学家所说的"夸张、误会和彻头彻尾的谎言"。【34】他没有找到金矿，也根本没有发现桂皮、大黄和芦荟等植物，所谓的大汗也是无中生有。他宣称的用七年就可以从那里积攒到足够的财富让5000名骑士和5万名步兵重新征服耶路撒冷的说法，同样完全是欺骗。【35】

哥伦布为穿越大西洋的后续航行继续撒谎。他再次告诉赞助人费迪南德和伊莎贝拉他发现了金矿，只是因为疾病和后勤问题而无法带来确凿的证据；他只能带回一些鹦鹉、食人兽和被阉割的男性来试图掩盖事实。正如他第一次航行时坚信自己已经抵达日本一样，这次在伊斯帕尼奥拉岛（Hispaniola）发现大量的金块后，他以绝对的自信报告称他已找到俄斐（Ophir，《圣经》中记载出产黄金以供建造所罗门神殿的地方）的金矿。随后他还宣称发现了进入天堂的大门，其实那是奥里诺科河（Orinoco）的河口。【36】

哥伦布手下的人对他感到非常不满，因为他对航行过程中的每个细节都要管，对船员十分吝啬，只要不顺他的意思就会大发脾气。这些人回到欧洲后给他的报告泼了不少脏水，他们对这种天花乱坠的乐观表述感到厌烦。穿越大西洋本身就是一场闹剧，西班牙探险家佩德罗·玛格丽特（Pedro Margarit）和传教士伯纳多·布伊尔（Bernardo Buyl）告诉西班牙国王：根本就没有什么金子，他们带回来的东西，除了裸体印度人、漂亮的小鸟和几件小玩意儿之外，什么都没有；为远航投入的成本永远不可能得到回报。【37】寻找财宝的彻底失败也许是人们随后将注意力从物质财富转向异域色情的原因之一。15世纪末16世纪初有关新地域的记载越来越把兴趣投向人们出格的性行为——公开场合性交，甚至是鸡奸。【38】

但此后时运发生了逆转。1498年，在探索帕里亚半岛（Paria，位于今委内瑞拉北部）时，哥伦布遇到了脖子上戴着珍珠项链的当地人。随后不久，他又发现了一系列岛屿，那些地方均盛产牡蛎。探险者不遗余力地将这些宝物装满货船。据当时的文献记载，装满珍珠的袋子几乎被撑破，"如榛子一般大小、晶莹透亮、光彩夺目的珍珠"都被运回西班牙，负责运输的船长和船员发了大财。【39】可以获取大批珍珠的消息让人们激动不已，特别是相传的珍珠硕大的个头以及当地售价，更让人们觉得疯狂。随着谣言在欧洲不断传播，事实被无限夸大。一份据说是阿美利哥·维斯普西（Amerigo Vespucci）所写但很明显是夸张伪造的文献，说这位意大利探险家如何得到了119马克的珍珠（重约60磅），但却是用"铃铛、镜子、玻璃珠和铜叶装饰换得的。有个（当地）人拿出他所有的珍珠，只为换取一只铃铛"。【40】

有些珍珠个头巨大，成了名珠，比如说"漫游者珍珠"（La Peregrina）。它是人们发现的最大珍珠之一，成色也非其他珍珠可比。几个世纪以来它一直是欧洲皇家和帝国的宝物，被西班牙画家委拉兹开斯（Velázquez）画入肖像画，并成为现代收藏中的最为耀眼的珍品，当然也是伊丽莎白·泰勒的珍品。

随着珍珠而来的是金和银，西班牙人在中南美洲发现了这些矿藏，并开始接触那里的复杂社会，比如阿兹特克（Aztec）和印加。不可避免的是，探险转为了征服。哥伦布在他首次探险时就发现，欧洲人拥有的技术要比他们接触到的人先进得多。"这些印度人，"他错误地把他们当成了印度人，"赤身裸体，没有武器，也不会使用武器。他们生性懦弱，就算他们有一千个也抵不过我们三个。"【41】在一次宴会上，他们吃惊地看着哥伦布为他们展示土耳其弓箭如何精准，还有小加农炮和火绳枪的威力。这些欧洲外来人可能很羡慕新世界的田园风光和新族群的淳朴性格，但同时也为自己拥有死亡武器而感到骄傲，那可是几个世纪以来他们与穆斯林王国、与邻邦基督教王国不断争战进化而来的武器。【42】

哥伦布在首次航海时就已见识过美洲人的愚钝和天真。"他们愿意服从命令，去干活，去种地，去干任何事情，也愿意建设城镇，并学习我们的习俗。"他这样写道。【43】从一开始，这些当地人就扮演着奴隶的角色。暴力的惩罚很快就成为一种常态。1513年的古巴群岛上，村民们给西班牙人敬献上粮食、炖鱼和面包作为礼物。他们"已经是倾其所有"，但还是被"毫无怜悯之心"地杀死，一位目击者失望地写道。而这只不过是冰山一角。"我看到过……任何活人都不忍看到的情景。"西班牙修士巴托洛梅·德拉斯·卡萨斯（Bartolomé de las

Casas）在一份写给国人看的新大陆纪闻中如此记录他早期定居的经历。[44] 其实他所见到的还只是开始，他之后还专门撰写了一本《西印度毁灭述略》（*Historia de las Indias*），对"印度人"如何被虐待进行了精彩的描述。

加勒比海和美洲大陆的当地居民都遭受了劫难。哥伦布首次航行之后的几十年间，泰诺（Taíno）原住民的人口从50万锐减到只剩2000人。这其中的部分原因是那些"征服者"——如埃尔南·科尔特斯（Hernán Cortés）——在探险过程中血腥对待中美洲土著人，并最终导致阿兹特克国王蒙特祖玛（Moctezuma）之死和阿兹特克帝国的灭亡。科尔特斯为了掠夺财富不择手段，他告诉阿兹特克人说："我和我的随从得了一种心病，只有黄金才能医治。"[45] 据称他还对蒙特祖玛说："别害怕，我们很爱你。如今我们希望和平。"[46]

科尔特斯对局势的把控力非常强，尽管有故事说他的成功是因为阿兹特克人相信他就是羽蛇神[1] 显灵的化身。[47] 他和特拉斯卡拉人（Tlaxcalan）的首领希库特奈特勒（Xicoténcatl）达成协议，后者急于从阿兹特克的没落中获取利益，西班牙人开始肢解这个成熟复杂的社会。[48] 在美洲的其他地方，当地人都被当成是低人一等的种族，这已经是人们的普遍态度。一位16世纪中叶的评论家说，原住民"就是一群懦夫，我们的人一出现他们就吓得屁滚尿流……见到几个西班牙人便像女人一样逃之夭夭"。他写道，在判断能力、聪明程度和心智性格方面，"他们跟一般人的差距就像孩子和大人"。他接着说，这些人的确更像猴子，而不是人类——也就是说，你根本就不用把他们当人看。[49]

像蒙古人在亚洲采取的冷酷无情的行动一样，科尔特斯和他的手下洗劫了阿兹特克的所有财物。"一个个都像贪婪的小动物一样。"一份16世纪编纂的目击者资料记载道。"宝石项链、精雕踝环、手链、脚铃，以及象征着王位的、饰有金铃铛的唯一皇冠"均未能幸免于难。金子被从外层装饰上刮下

---

[1] 古代中美洲文明普遍崇奉的重要神祇，形象是一条长满羽毛的蛇。——译者注

来，熔成金条；袋子里装满了宝石和翡翠。"他们什么都没有留下"。[50]

这还不算什么。在近代早期历史上，还有一场滔天罪行：神圣高贵的阿兹特克首都特诺奇蒂特兰（Tenochtitlán）在一个宗教节日当天惨遭屠城。一小群西班牙士兵大发淫威，先是斩掉鼓手的双手，然后用长矛和刀剑向人群进攻。"鲜血像水、像黏稠的水一样流淌。空气中弥漫着血腥味"，而这些欧洲人还在挨门挨户地追杀幸存者。[51]

给原住民带来灾难的不仅是屠杀和财产掠夺，还有来自欧洲的疾病。[52]特诺奇蒂特兰人口因传染性天花的暴发而大幅锐减，因为当1520年天花在南美首次暴发时，当地土著人不具备任何免疫力。[53]随后到来的是饥荒。女性人口的死亡比例相当之高，主要由女性从事的农业生产彻底崩溃。当人们为躲避疾病纷纷出逃后，事情开始变得更糟：没人再去耕种和收割，因此整个粮食供应链很快便完全断裂。疾病和饥饿带来的死亡是毁灭性的。[54]

可能是流感，但更可能是天花的再度暴发，导致16世纪20年代危地马拉的卡克奇克尔玛雅人（Cakchiquel Mayan）大批死亡。腐尸的气味弥漫天空，野狗和秃鹰在尸体上撕咬啄食。几年之后流行病又一次来袭，这次是麻疹。新大陆的古老住民完全无法抵抗。[55]

通往欧洲的航道如今已挤满来自美洲的货船。这是一个新的贸易网络，从距离和规模上都可以和亚洲的商业通道相媲美，而且在货物价值上很快就超过了后者。难以估量的黄金、白银、宝石和财富在跨大西洋的航道上运输。有关新大陆财富的故事广泛传播，不断夸大。16世纪初最流行的消息说，成吨的金块被从山上冲到了河里，当地人可以用渔网去捞。[56]

不同于哥伦布当初的夸张和造假，如今贵重金属真的是在向欧洲本土流动。1520年，德国木版画家阿尔布雷希特·丢勒（Albrecht Dürer）看到展出的阿兹特克珍品，备感震惊："我平生从未见过如此令我激动的东西。"包括"一块用金子制成的太阳"和用银子制成的月亮，两者直径都达16英寸。他被这些"迷人的艺术品"深深打动，备感"这些远方的艺人真是心灵手巧"。[57]像皮德罗·齐耶萨·迪里昂（Pedro Cieza de León）这样的孩子——日后秘鲁的

征服者——当年都曾站在塞维利亚的码头上，惊奇地看着金银财宝被从一艘艘大船上卸下，然后又被一车车运走。【58】

心怀壮志的男人们都奋不顾身地涌向大西洋，去新大陆追逐各种机遇。他们带着西班牙皇家的特许和协议，由一些知名航海家领航出征，其中就包括迭戈·德奥拉斯（Diego de Ordás）——他曾跟随科尔特斯在墨西哥探险，后率领舰队探索今天委内瑞拉周围的中美洲大陆。这些人最后都获得了大笔财富，还迫使当地人给他们朝贡。他们的行为也充实了西班牙的皇家金库，王室当然会从中抽取一定的利润。【59】

西班牙本土的信息收集技术和管理体系也在迅速发展：地图绘制更为可靠，新的发现被及时记录，水手开始接受培训，当然，进口商品也被详细登记、制定合理税收。【60】这就像开启了一架高性能的引擎，将中南美洲的财富源源不断地泵向欧洲。

此外，意外巧合、婚姻关系、不孕不育和破裂的婚约，最终为那不勒斯、西西里、撒丁、勃艮第等低地国家，以及西班牙，诞生了唯一的一位王位继承人。无限的资金跨越大西洋流回到西班牙，国王查理五世（Charles V）不仅成为美洲新帝国的主人，而且成为欧洲政治的主宰者。于是野心也开始逐渐膨胀：1519年，查理再度强化了自己的地位，运用他的经济实力当上了神圣罗马帝国的皇帝。【61】

查理的好运给欧洲各国带来毁灭性的冲击，他们发现无论是军队武器还是政治手段，都难以与这个决意扩张的统治者匹敌。查理的财富和影响力与欧洲其他重要人物形成了鲜明对比：英格兰亨利八世（Henry VIII）的收入连他自己国家的教会都比不上，更不用说和他的西班牙对手相比了。亨利很有魅力，用一位威尼斯驻伦敦特使的话说，他的"小腿肌肉特别发达"，一头"法式"短发梳得很直，一张圆脸"英俊得像一个漂亮的女人"，但他却在一个错误的时机扰乱了局势。【62】

当查理五世成为欧洲大陆和教廷的幕后主宰时，亨利却在坚持要求与现任妻子离婚，然后和侍女安妮·博林（Anne Boleyn）在一起。用当时人们的话说，安妮"并非世界上最美的女人，但长着一双漂亮的黑眼睛"。他要遗弃的妻子是西班牙公主，阿拉贡的凯瑟琳（Catherine of Aragon），也是查理五世的小姨。[63] 罗马教皇拒绝批准离婚请求，于是英格兰国王的行为不仅是脱离了罗马教廷，而且是在向世界上最富的人，也是两片大陆的主人发出了挑战。

西班牙在欧洲的势力增长以及它在中南美洲的迅速扩张，都给世界造成了奇迹般的影响。在经历了财富、权力和机遇上的巨大转变后，西班牙从一个地中海尽头的闭塞之地摇身一变成了全球性的强国。对某位西班牙编年史家来说，"除了上帝的降世和死亡之外，这是创世纪以来最伟大的壮举"。[64] 对另外一位作者来说，这显然是上帝本人"将那个遥远的秘鲁、那个隐藏着金银财宝的秘鲁送给了我们"，佩德罗·麦西亚（Pedro Mexía）写道，后世不会相信当时的人们曾发现了多少财宝。[65]

紧随美洲大发现而来的就是奴隶的进口。奴隶都来自葡萄牙的市场。葡萄牙人从他们在大西洋群岛和西非的管理经验中知道，要让欧洲人去新的地方定居代价高昂，不一定有经济回报，而且通常是说说容易做起来难。因为想让人们离开家人远行就已经够困难了，再加上高死亡率和恶劣的当地环境更是难上加难。有一个办法是强行把孤儿和罪犯送往圣多美（São Tomé）[1]等地，外加一些激励机制，比如"男奴或女奴可供自己私用"，由此建立一个能维持行政运作的人口基础。[66]

在哥伦布航海跨越后的30年间，西班牙王室已经形成了从非洲向新大陆进口并运输奴隶的正规管理机制，即向那些几十年来一心一意专门从事人口贩卖的葡萄牙商人发放特许状。[67] 在一些因暴力和疾病导致人口寿命缩短的地区，奴隶的需求几乎永远无法满足。正如8世纪伊斯兰世界走向繁荣时一样，某一地区的财富集中会导致其他地区的奴隶需求急速上升。财富和奴役向来都是形影不离。

没过多久，非洲的统治者便开始出面抗议。刚果国王向葡萄牙国王提出一系列申诉，严厉谴责蓄奴行为带来的后果。他谴责年轻男女——包括贵族出

---

[1] 位于非洲西海岸几内亚湾上的小岛。——编者注

身的男女——在光天化日之下遭到绑架、并被欧洲商人烙上印记售往欧洲的行径。[68]而葡萄牙君主则认为刚果国王应该停止抱怨，刚果地域广阔，有足够多的人口可以被运到国外，再者说来，他能得到的收益也不薄，特别是来自奴隶贸易的利润。[69]

然而至少有一部分欧洲人，他们既对奴隶所处的困境感到愤怒，也对人们贪婪地从新大陆攫取财富嗤之以鼻。尽管恢复耶路撒冷已经毫无希望，但作为基督徒传递福音的责任感不久便重新浮现。[70]某位耶稣会高级会士在1559年愤怒地写道，那些定居南美洲的欧洲人"不明白"殖民的目的"根本就不是金银财宝，也不是占领那些土地、修建磨坊，或是将财富带回家……而是弘扬天主教信仰和拯救灵魂"。[71]这与几个世纪前行走在贸易通道上并在南俄罗斯及中亚草原上定居的基督教传教士的想法一模一样，他们都曾抱怨过度注重商业贸易可能会耽误更重要的事情。

在新大陆，人们更有理由抱怨精神追求的丧失。黄金被大批地运回西班牙，以至于到了16世纪中叶，当时的时代甚至被认为已经超越了传说中的所罗门时代。1551年，有人曾对查理五世说，我们运回了这么多的财富，"真算得上是'黄金时代'（era dorada）了"。[72]

当然，并非所有在美洲攫取的财富都被运回了西班牙。几乎在运送财富的舰队刚起航之际，来自法兰西和北非港口的那些嗅觉敏锐的投机分子和海盗就已经盯上了他们，试图将财富截为己有。这些人或在运输目的地守株待兔，或（随着时间推移）在加勒比海途中劫取大船。[73]

有关货船被掠夺的消息引起了各地投机者的关注。一位当时人绝望地写道，在北非大西洋海岸能够获得"巨额财富的报道"吸引着大批的人群到来，他们兴奋得如同"当初在印度找到金矿的西班牙人"。[74]这些人包括穆斯林掠夺者，他们也准备截获满载商品的入港货船，同时觊觎着西班牙的沿海港口和城镇。他们挟持了成千上万的俘虏，或是索要赎金，或是将人质当作奴隶出售。

尽管并不怎么奏效，但抢劫行动通常会打着宗教的幌子，甚至连一些欧洲海盗都会用政治矛盾作为掠夺的借口。抢劫伊比利亚商船似乎已经成为一种正规行业，西班牙国王的基督教对手们还为此发出特许状，即所谓的《货船逮捕特许函》。作为回应，西班牙人立马发布《反海盗公告》，大力悬赏打击海盗的行动，誓将罪犯绳之以法。成功者不仅得到了王室的重赏，还提升了名望，比如佩德罗·梅嫩德斯·德阿维莱斯（Pedro Menéndez de Avilés）[1]，他所率领的战舰斩获良多，从而名利双收。[75]

新世界在海外被发现，但同时国内也出现了一个全新的世界：各种新思想百花齐放，各种新尝试广受欢迎，知识分子和科学家在为资金和赞助相互竞争。新大陆探索者可支配收入的增加以及他们带回的财富奠定了欧洲文化转型的基础。几十年间，欧洲涌现出一大批热衷于追求奢华生活的富豪。人们越来越渴望得到异域稀有的奇珍异宝。

欧洲的新财富给予它荣耀和自信，同样在某种程度上增强了它复兴耶路撒冷的信念。对很多人来说，从美洲带回的无限财富显然是上帝保佑的结果，"主在按自己的意愿安排各王国的存亡"。[76]新世纪的黎明和真正的黄金时代，让人们忘却了1453年君士坦丁堡被土耳其人攻陷时，罗马街头的哀号、悲痛和泪水。

如今的使命在于重新找回过去。古老帝国都城的沦陷为新继承者们重振古希腊和古罗马的辉煌提供了机遇。当然，这还需要极大的热情。但事实上，法兰西、日耳曼、奥地利、西班牙、葡萄牙和英格兰都和雅典及古希腊世界没任何关系，在罗马的整个发展史中也无足轻重。这些热情都要归功于艺术家、作家和建筑家的粉饰，他们借鉴了古代的元素、思想和文字，选择性地引用史料，编成了一个随着时间推移越发让人觉得可信、越发被人认为是标准的故事。因此虽然学者们一直将这一时期称作文艺复兴，但其实根本就不是复兴。相反，这是一次新兴、一次新生。在人类历史上，欧洲首次成为世界的中心。

---

[1] 1565年，他受命登上美洲新大陆，在佛罗里达建立了第一座殖民城市，也是美国最古老的城市之一，圣奥古斯丁。——译者注

第十二章

白银之路

　　早在美洲新大陆被发现之前，全球的贸易就已经开始从15世纪的经济震荡中慢慢复苏。有些学者认为，这要归功于西非黄金市场的开发，另外还有巴尔干半岛及欧洲其他地区的矿产输出量的增加，这也许是得益于贵金属提炼技术的发展。比如说，1460年之后的几十年间，萨克森（Saxony）、波希米亚、匈牙利和瑞典的白银产量都多了五倍。[1] 有学者还指出，15世纪后半叶的税收制度也更加有效。经济紧缩给人们带来了许多教训，尤其让人们知道了谨慎控制税收体系的必要性，这便导致所谓"君主统治复兴"的出现。中央集权制十分重要，无论从经济、社会还是政治角度看都是如此。[2]

　　在一位朝鲜旅行者眼中，15世纪末期的全球贸易速度似乎也在增长。据崔溥[1]记载，在距离上海约70英里的苏州港，船舶"云集"，等待着将薄丝、纱布、黄金、白银、珠宝和工艺品运往新的集市。苏州城内满是富裕的商人，他们都过着令人羡慕的生活。"人们生活奢侈，"他羡慕地写道，"在发达地

---

[1] 崔溥（최부，1454—1504），朝鲜官员，因遭遇海难而漂流到中国，后被送回朝鲜。回国后他用汉文记录了自己在中国的经历，即《锦南漂海录》，内容涉及中国明朝弘治初年政治、军事、经济、文化、交通以及市井风情等方面。——编者注

区，商铺可谓星罗棋布。"[3]尽管这里的商业十分繁荣，但当时世界的关键点并非中国沿海的各个港口，而是在几千英里以外的伊比利亚半岛。

这要分两个方面来谈。15世纪下半叶，欧洲经济逐渐复苏，已经刺激了消费者对奢侈品的需求。随着新大陆的财富不断运往西班牙，资源的储备大幅增加。在塞维利亚，黄金和白银"像麦子一样"堆放在海关的库房中，港口不得不修建更多的新库房以应对更多到港的货物，也便于更好地管理税收。[4]一位观察员记录了他所目睹的货船卸载的情景：他在一天之内看到了"322车黄金、白银和珍珠被登记入账"；六星期之后，他又看到686车贵金属进港入库。货物太多，"贸易馆（Casa de Contratación）实在容纳不下，最后只能堆放在露天平台"。[5]

在哥伦布跨越大西洋带来意外收获的同时，另一路同样雄心勃勃的海上探险也获得了巨大成功。当西班牙还在担心哥伦布探索亚洲通道的计划是否代价太高时，另一支船队已经整装待发，由瓦斯科·达·伽马（Vasco da Gama）担任统帅。船队在起航前受到了葡萄牙国王曼努埃尔一世（Manuel I）的接见。国王似乎有意忽略了近来在大西洋彼岸的发现，并为达·伽马下达明确目标：找到一条"通往印度及附近国家的新通道"。如此，他接着说，"我主耶稣基督"将从那些异教徒（意指穆斯林）手中获得新的王国和疆土。但同时他也看重眼前利益。他想，如果能征服"古人笔下的最富有的东方"，不是更好吗？他接着说，看看威尼斯、热那亚和佛罗伦萨，还有其他意大利城邦怎么从东方获得利益。葡萄牙人痛苦地意识到，他们不仅身处世界的尽头，连在欧洲都是末端。[6]

这一切在达·伽马精心策划的远航后发生了变化。他的舰队首次抵达南非的时候，前景依然不容乐观。他们的失望还不在于看到那些衣不遮体甚至裸露阴部的土著人，而更在于难以下咽的食物——可供他们咀嚼的只有海豹和羚羊的生肉以及野草的草根。当土著人看到桂皮、丁香、珍珠、黄金及"其他物品"时，"他们对这些东西毫无概念"。[7]

当达·伽马绕过好望角向北航行之时，他的命运开始发生根本性的转变。在马林迪（Malindi），他不仅发现了通往东方的航道，而且还找到了一个领航员，这个人愿意帮他利用季风顺利抵达印度。经过10个月的航行之后，他终于在卡利卡特港抛锚。[8]他取得了哥伦布所没能取得的成就——他发现了驶往亚洲的海上通道。

那里已经存在一些来自家乡附近的商人。他首先听到非常熟悉的口音："是魔鬼把你们带到这儿来的吗？！"两个来自突尼斯的穆斯林商人看到了他们，其中一个会说西班牙语和热那亚语的人高声叫喊。一番询问过后，他们的对话便如音乐般动听："你们的运气太好了，真的是太好了！这地方满是红宝石和祖母绿！你们应该好好感谢上帝把你们带到了这片如此富裕的土地！"[9]

不过，葡萄牙人真是费了好大力气才弄清楚他们的亲眼所见——正如哥伦布当年的经历一样。满是印度神像的寺庙被误认为是供奉基督教圣人的教堂，圣洁仪式上的泼水被误认为是基督教教士在弹洒圣水。[10]欧洲一直流传着耶稣门徒圣托马斯（St Thomas）抵达印度并使众人皈依基督教的传说，因此达·伽马等人不断得出错误结论并将之传回欧洲，尤其是声称东方有众多基督教王国准备和伊斯兰世界开战。许多人们从东方世界发回的报道最后都被证明是以讹传讹。[11]

与卡利卡特首领萨摩林（Zamorin）的谈判对达·伽马来说是更艰巨的考验，他必须解释为什么虽然葡萄牙国王拥有巨量财富，远超"这里的任何国王"，但他却无法提供任何证据来证明这一点。事实上，当他拿出帽子、脸盆、珊瑚串、白糖和蜂蜜作为礼物时，廷臣均大笑不止：即便是麦加最穷的商人，都不会用这些可怜的礼品羞辱他们的首领。[12]

紧张局势逐步升级。葡萄牙人发现他们的行动受到了限制，周围有很多监视他们的人，"这些人都带着长剑、双刃斧、盾牌和弓箭"。达·伽马和他的手下也非常紧张，但萨摩林突然宣布，他将允许葡萄牙人卸载货物并从事正常贸易。于是葡萄牙人迫不及待地将香料和其他商品装上货船，以展示他们旅行的收获，然后起航回家。这些被他们带回欧洲的物品将会改变世界。

历经两年的伟大航行后，达·伽马在家乡受到了疯狂的欢迎。在里斯本大教堂的庆功仪式上，人们甚至公开地将达·伽马比作亚历山大大帝。这种比喻一直延续到当代，许多作家（不仅仅是葡萄牙作家）用它来描述打开通往东方世界新道路的成就。[13]

国王曼努埃尔将抵达印度的航行视为一种壮举，他立即写信给费迪南德和伊莎贝拉（自己的岳父母），极力夸大达·伽马取得的成就，毫不掩饰自己的兴奋之情：他手下的人带回了"桂皮、丁香、生姜、豆蔻和胡椒"及其他香料和花卉，还有"各种珍贵的石头，比如说红宝石"。"毫无疑问，"他还高兴地添上一句，"阁下听到这些消息时必定会感到无比的快乐和满足。"【14】哥伦布当时说的是可能，达·伽马给出的却是实实在在的结果。

当然，西班牙统治者也得到了一些安慰。第一次跨大西洋远航后，费迪南德和伊莎贝拉曾向教皇游说，请求批准西班牙拥有大西洋彼岸所有新发现地域的主权，就像教皇对15世纪以来葡萄牙在非洲探险的结果所做的。仅1493年一年，教皇就发布了至少四封训令，规定了新发现的地域该如何分配。在就如何划定经线进行了一番激烈的争论之后，双方终于在1494年签署了《托尔德西里亚斯条约》（*Treaty of Tordesillas*）。条约确定了位于佛得角群岛以西370里格[1]的一条分界线："一条笔直的、从南到北、从地球的一极到另一极、位于上述海洋区域的分界线。"界线以西的一切归西班牙所有，界线以东的一切归葡萄牙所有。【15】

30年后，这一条约的重要意义才体现出来。到1520年，葡萄牙船队向东方的探索更进一步，航行越过印度后直达马六甲海峡、香料群岛[2]和中国广州。与此同时，西班牙人不仅意识到他们发现了南美洲和北美洲两块大陆，而且实现了前所未有的环游全球的壮举：一位航海家成功穿越了太平洋，抵达菲律宾和香料群岛。具有讽刺意味的是，率领这次远航的是葡萄牙人，他为西班牙服役，因为西班牙愿意资助他从西方探索香料群岛，并征服该地——不是以他祖国的名义，而是以邻国和敌国的名义。【16】当斐迪南·麦哲伦（Ferdinand Magellan）开启他这一史诗般的航行（1519—1520）时，葡萄牙和西班牙又重新回到了谈判桌上。他们同意在太平洋上再画一条分界线，与大西洋上的分界线对应。于是，这两个伊比利亚邻国瓜分了整个地球，他们得到了教皇的祝福——当然，更是上帝的祝福。【17】

---

[1] 一种古老的长度测量单位。1里格约合3海里，5.557公里。——译者注
[2] 即东印度群岛。——编者注

此时，欧洲其他国家必须学会适应西班牙和葡萄牙的强势崛起。1499年，达·伽马回国的消息在威尼斯引发了种种复杂情绪：震惊、焦虑、歇斯底里。一种主流声音是，经由南非抵达印度的海上通道的发现，直接意味着本城命运的终结。[18]威尼斯总督吉罗拉莫·普列里（Girolamo Priuli）说，事实已经非常明显，里斯本将取代威尼斯成为欧洲贸易的中心。"毫无疑问，"他写道，"匈牙利人、德国人、佛兰德人和法国人，以及所有翻山越岭到威尼斯花大价钱购买香料的人，如今都将转向里斯本。"其中的道理在普列里看来非常简单。人人都知道，他在日记里说，货物从陆地抵达威尼斯，必须经过无数道关卡，并缴纳关税；而从海上运输货物的葡萄牙人则不用承担这些成本，他们能够开出让威尼斯根本无法与之竞争的超低价格。数字说明了一切，威尼斯的厄运真的来了。[19]其他人也得出了类似的结论，16世纪初，定居葡萄牙的佛罗伦萨商人吉多·代迪（Guido Detti）同样坚信，威尼斯人将失去对贸易通道的控制权，因为他们无法与通过海运抵达里斯本的货物竞争价格。威尼斯人将重新去做渔民，威尼斯城将退回到它发迹之前的潟湖。[20]

然而，威尼斯即将没落的传言实在是令人多虑了，至少在短期内确实如此。正如某些头脑清醒的声音所说，经由海路前往东方的通道上并非没有风险。许多葡萄牙海船并没能安全回家，114艘船中只有不到一半绕过了非洲的最南端平安返回——文森佐·奎瑞尼（Vicenzo Querini）议员于1506年向威尼斯议会报告说："19艘满载香料的货船已确认全部沉没，另外那40艘船至今下落不明。"[21]

不管情况如何，威尼斯还是很快派特使前往穆斯林埃及，讨论如何共同抵抗葡萄牙，并建议采取联合军事行动，甚至想到了是否能开挖一条通往红海的水上通道，让"多艘舰船随意通行"——这一想法要等到几百年后苏伊士运河竣工后才告实现。[22]

葡萄牙人坚信，16世纪初期在红海地区及印度海岸针对他们的抵抗行为，是由威尼斯人策划的联合举动，但事实上，埃及人不用联合也会奋起保卫他们自己的水上航线。越来越多的葡萄牙商船的出现已经让他们非常不安，更不用说这些新来者都非常具有攻击性和侵略性了。有一次，达·伽马本人截获了一艘装载着几百名穆斯林的大船，他们是从麦加朝圣后返回印度的。船上的人百般求饶，表示愿意支付巨额赎金，但他仍然下令烧毁大船。这种行为简直不可理喻，一位观察家声称，"此情此景将每天浮现在我脑海中，终身难忘"。大火和海水中的妇女高举着珍珠首饰求饶，也有人举起她们的婴儿以求不被淹死。对于这一切，达·伽马无动于衷，"毫无悲悯之心"，眼睁睁看着船上最后的乘客和船员被淹死。[23]

令人担忧的是，埃及的港口和战略要地正不断遭受攻击。麦加的吉达港（Jeddah）于1505年受到侵袭，此后不久，波斯湾重镇马斯喀特（Muscat）和加尔哈特（Qalhāt）相继陷落，寺庙被焚为灰烬。[24]葡萄牙人也有担忧，他们开始考虑建立成网络的据点链，直通家乡里斯本。葡萄牙殖民长官、探险家弗朗西斯科·德阿尔梅达（Francisco de Almeida）在1504年说，没有什么比"在红海海口附近建造一座城堡更为重要"，因为那将意味着"所有印度人都会和我们做生意，否则他们会发现自己太不理智"。[25]

面对如此暴力行动和危险局势，开罗的苏丹开始派遣军队在红海及附近地区巡逻，下令若有情况出现可直接采取行动。[26]对此，一些葡萄牙指挥官认为他们应该相应地更改策略。有人向葡萄牙国王禀告说，他们没必要将货船暴露在危险区域，更好的做法应该是放弃以前在红海海口索科特拉岛（Soqotra）等敏感地带修建的港口，而去考虑如何与穆斯林埃及建立友好关系。[27]

虽然葡萄牙最初的海上探险一直都伴随着残忍、暴力和偏见，不过这种局势并没有持续太久，人们开始更注重实际利益，当初那些宣扬基督教胜利、伊斯兰灭亡的虚张声势已经逐渐被更为乐观、更为现实的策略所取代。商业机遇随处可见，人们对伊斯兰教、印度教和佛教的敌意也逐渐开始缓和，正如十字军东征时对待各行省的态度一样——冲突逐渐转化为理解，人数过少的群体必须和他人建立友好关系，才能维持自己的生存。

这种改变是相互的。在彼此敌对的印度各统治者以及澳门和马来半岛等地看来，他们更愿意互相竞争为欧洲商人提供更为优惠的贸易条款，以便让更多的货币流向自己，而不是流向自己的对手。[28]这种情况下，各方都在尽可能地减少宗教信仰上的差异。不过仍然有人喜欢张扬和自喜，比如阿方索·德阿尔布克尔克（Afonso de Albuquerque）就认为，夺取马六甲海峡意味着"开罗和麦加将统统完蛋，威尼斯人将再也得不到香料，除非他们的商人向葡萄牙购买"，因此他下令屠杀城里所有的穆斯林——其结果只能是贸易的中断并引发更深的仇怨。[29]当地的统治家族撤退了，在霹雳州（Perak）和柔佛（Johor）重新建立了一个苏丹国，以应对来自欧洲持续不断的强势竞争。[30]不过，从更为宽泛的角度来看，这一东方航道的发现与美洲大发现完全不同，它通常被看作是一种相互合作，而不是一项征服行动。其成果便是东西方贸易的大幅增长。

随着欧洲人尽享来自美洲的财富，他们购买亚洲奢侈品的能力也与日俱增。没过多久，里斯本、安特卫普和其他欧洲商场便充满了中国瓷器和明朝丝绸。[31]不过，从需求量上讲，进口最多的商品还是香料。价格高昂的胡椒、豆蔻、丁香、乳香、生姜、檀香、小豆蔻和姜黄，自罗马时代起就成为烹饪过程中不可或缺的角色，它们不仅是改善口感的作料，而且还具有药用价值。比如说桂皮，据说它对心、胃、脑都有好处，还能治疗癫痫和瘫痪；肉豆蔻油被认为是一种治疗腹泻、呕吐的良药，对一般的感冒也有效果；小豆蔻油能缓解肠道不适和胃肠胀气。[32]当时地中海地区有一份用阿拉伯语写成的文献，其中有一章的标题是"小部位雄起之秘方"，说的是用生姜和蜂蜜的混合液涂抹私处，会有相当神奇的效果，保证让男人的性伴侣"欲罢不能"。[33]

供应此类商品的新兴市场竞争十分激烈。尽管达·伽马首次航行的消息让威尼斯人大感不安，但建立已久的传统商业通道并非一夜之间就可被取代。当然，他们更应该感谢欧洲人不断增长的需求。同过去一样，消费者并不关心商品怎样抵达市场，他们唯一在乎的，是价格。

贸易商们嫉妒地观察着对手的行动，记录着他们都买了什么、进价是多少。葡萄牙人甚至雇用了黎凡特的马修·比克度（Mathew Becudo）等商人刺探来自埃及和大马士革的货车及船队的规模，汇报运载货物的数量。有关作物歉收、货船失踪或政治动荡的传言都会影响商品每日的价格，这让生意变得更加捉摸不定。香料船队出发时间的细微差别可能引起供应渠道的大幅动荡，这对东地中海商人来说更有利，因为他们的消息更灵通，他们的商道比绕非洲大陆的海运路线风险更小。[34]

与此同时，选择投资也是一件费神的事。1560年，威尼斯的年轻商人亚历桑德罗·马格诺（Alessandro Magno）焦急地看着亚历山大港的胡椒价格持续飞涨，数天之内就上涨了10%，这迫使他撤销订单，将投资转向丁香和生姜。避免陷入泡沫而落得血本无归是最为关键的，作为中间商，他必须对进货做出正确抉择，并为他的客户提供他们愿意支付的价格。[35]

每年有上百万吨的香料（主要是胡椒）运抵欧洲，这种原本属于上等阶层的奢侈品，如今在广泛的需求驱动下迅速成为文化和商业的主流。为了这些潜在的巨额利润，葡萄牙决心建造一条属于它自己的丝绸之路：将所有的港口，将里斯本和安哥拉、莫桑比克和东非的各商业据点都连接在一起，从印度到马六甲海峡到香料群岛都建立永久的殖民社区。他们的此番努力取得了相当大的成就，在达·伽马航行到印度后的几十年间，葡萄牙政府从香料贸易中获得了很大一部分收入。[36]

当然，他们也面临着严峻的挑战，尤其是各方竞争对手不会坐以待毙，将市场份额拱手相让。在近东和中东经历了一段时期的动荡之后，奥斯曼于1517年夺取埃及，一跃晋升为东地中海地区的霸主，并成为欧洲的头号威胁。"来势凶猛的土耳其人已经占领了埃及和亚历山大港，"罗马教皇里奥十世（Leo X）写道，"他们觊觎的不仅是西西里和意大利，而是整个世界。"[37]

奥斯曼在巴尔干的成功及进一步深入欧洲中部的势头强化了人们的危机感。大哲学家伊拉斯谟（Erasmus）在16世纪初写给朋友的一封信中说，一场决定世界命运的激战即将来临，"这世界无法允许天上有两个太阳"。未来要么属于穆斯林，要么属于基督教，但绝不会同时属于两者。[38]

伊拉斯谟错了，对手奥斯曼也错了，虽然后者依然认为"既然天上只有一个上帝，那么地上就应该只有一个帝国"。[39]尽管土耳其人在匈牙利南部的莫哈奇（Mohács）战胜了西方人，并在近东和远东一段时间的动荡之后，于1526年将大部队朝匈牙利和中欧挺进，引起了一轮又一轮的战争恐慌，但殊死之战并未出现。然而，这些行动导致的长期敌视和对立，其影响一直蔓延到印度洋、红海和波斯湾。

奥斯曼帝国信心十足，为强化它在亚洲的商业地位投下重金：建立海外贸易代理网络，重修、加固众多城堡以确保地中海、红海和波斯湾海上运输的安全。从波斯湾经巴士拉到黎凡特的各条公路保障了贸易的畅通无比、安全快捷，就连葡萄牙人都开始逐渐使用这条通道，用于和里斯本之间的交通往来。[40]

这对通常用武力来对抗葡萄牙的奥斯曼来说，真是有点不可思议。1538年，奥斯曼向印度西北部的第乌港（Diu）发起了大规模进攻，随后还连续袭击葡萄牙的舰船。[41]其中一位奥斯曼舰长名叫赛菲尔（Sefer），他在16世纪中叶凭借一系列成功获得了巨额的财富。奥斯曼"尽享葡萄牙的战利品，如今已变得越来越富有"，一名欧洲船长这样说道，并详述了塞菲尔的船队变得如何发展壮大，如何凭借几艘小船取得巨大的成功。"他究竟还能给我们带来多少麻烦？究竟还想把多少财富运回家乡"？[42]奥斯曼显然是一个难以对付的敌人。据另一位观察家在1560年的记载，每年都有几百万磅的香料运抵亚历山大港，"难怪运往里斯本的货物变得那么少"。[43]

到了这一时期，香料贸易的利润已经开始慢慢回落。所以葡萄牙人开始把投资从香料转向其他商品，特别是棉花和丝绸。这一转向在16世纪末令人瞩目，此时的纺织品正以前所未有的数量运往欧洲。[44]某些当时的评论家认为（当代学者也表示认同），导致这一结果的是插手香料贸易的葡萄牙政府高层的腐败，以及许多来自皇家的错误决策：不仅征收高额的进口税，而且在欧洲建立了一个效率很低的物流系统。奥斯曼帝国的成功给葡萄牙以及周边地区带来了巨大的压力。[45]

称霸印度洋的关键在于谁能从卖往欧洲的商品中争取到最大的税收。奥斯曼顺利地从中分得了不小的份额。红海、波斯湾和地中海港口的物流不断增加，君士坦丁堡中央银行的收入也与日俱增（尽管国内需求的增加同样增加了政府的收入）。[46]整个16世纪，人们的年收入均有大幅度增长，这不仅促进了城市的社会生活和经济状况，也让乡村焕然一新。[47]

黄金时代的黎明并不只属于欧洲。从巴尔干半岛到北非，大规模建设工程在整个奥斯曼帝国纷纷上马，而支撑这些项目的则是越来越多的关税收入。许多极负盛名的辉煌建筑都是由苏莱曼大帝（Sultan Sulaymān the Magnificent，1520—1566年在位）——这位大帝的名号本身就是当时时代精神和富裕的象征——时期的首席建筑师希南（Sinān）所设计。希南建造了80多座清真寺、60多所伊斯兰学校、32座宫殿、17家救济所和3所医院，还有在苏莱曼大帝及他儿子的统治时期设计的多座桥梁、水渠、澡堂和仓储货栈等建筑。赛里米耶清真寺（Selimiye）建于1564年至1575年间，坐落在今天土耳其西北部的埃迪尔，是建筑学和工程学上的辉煌成就，"值得人类膜拜和敬仰"，当时人说。它同时还是一个宗教野心的宣言："世人们"认为，我们不可能"在伊斯兰的土地上"建立一座像圣索菲亚大教堂那样伟大的建筑，埃迪尔的清真寺证明他们错了。[48]

在波斯，类似的辉煌建筑同样拔地而起，同时还发展出了完全可以与欧洲文化繁盛时期相媲美的视觉艺术。一个新帝国于15世纪初帖木儿去世之后在大汗的领土上突然崛起，它就是萨法维（Safavid）王朝。到阿拔斯一世大帝（Shah ʿAbbās I，1588—1629年在位）时，帝国的国力达到了顶峰。大帝目睹了伊斯法罕（Isfahan，今伊朗中部城市）令人惊叹的重建过程：根据精心规划的城市布局，旧市场和旧街道被全部拆毁，取而代之的是店铺、澡堂和清真寺；大型灌溉系统能确保伊斯法罕新城的用水供应——这对坐落在城市中心的园林杰作国王广场（Bāgh-i Naqsh-i Jahān）来说至关重要，它被誉为"润饰世界的花园"。辉煌的国王清真寺（Masjid-i Shāh）也建于这一时期，人们希望它能与埃迪尔一样，成为伊斯兰世界最璀璨夺目的明珠。如当时某评论者所说，阿拔斯大帝使伊斯法罕看上去"如同一座充满华丽建筑的天堂，公园里花香四溢，为花园和小溪平添生气"。[49]

在一个自信、求知以及越来越国际化的文化环境中，书籍、书法和其他视觉艺术，特别是细密画（miniature painting）开始走向繁荣。一些作品专门论述如何进行艺术创作，比如《卡隆苏瓦尔》（Qānūn al-Ṣuvar），它用韵文的形式巧妙而优美地阐述了艺术创作的技巧。不过作者也警告读者，虽然人人都想掌握绘画技艺，但"你必须知道，若想在此领域取得成就，天赋是必不可少的"。[50]

财富和繁荣带来了一番新景象：伊斯法罕的加尔默罗会（Carmelite）[1]教士能向波斯国王呈上一本波斯文译本的《旧约·诗篇》（*Book of Psalms*），并受到了热情的接纳；教皇保罗五世（Paul V）送上的中世纪插图版《圣经》也让波斯国王非常高兴，国王还让波斯学者解释图中描绘的内容；当时正值当地犹太人以波斯语（但用的是希伯来字母）抄写《托拉》的时代，展现出波斯人不断增强的宗教宽容和文化自信。[51]

奥斯曼帝国和波斯帝国都发了大财，这要归功于远东贸易中的关税和过境税，当然还有欧洲本土新富对各种奢侈品需求的增长——从皇室到商人，从宫廷大臣到富裕农民。然而尽管这些近东国家在从美洲跨大西洋涌入黄金、白银和珍宝的冲击中获益甚多，但最大的收益来源还是要属那些出口量最高的货源地，即印度、中国和中亚。

欧洲成了黄金白银的交易所，这些贵金属都来自资源富足的地方，比如波多西（Potosí）——安第斯山脉上的银矿（位于今玻利维亚）——它是迄今发现的最大的单一银矿，仅一个世纪内的产量就超过了全球产量的一半。[52]用汞提炼白银的技术也得到了发展，使得整个采矿运作成本更低、速度更快、利润更高。[53]这一发明极大加快了南美资源经伊比利亚流向亚洲的再分配进程。

大量的贵金属被熔铸成钱币，然后运往东方。自16世纪中叶开始，每年都有几百吨的白银出口到亚洲，以换取人们紧缺的东方商品和香料。[54]16世纪80年代佛罗伦萨的一张购物清单显示出人们的胃口究竟有多大。弗朗切斯科·德美第奇（Francesco de Medici）公爵出资高额赞助佛罗伦萨商人菲利普·萨塞蒂（Filippo Sassetti）到印度远航，同时还给了他一张购买各种海外商品的清单。公爵最后收到的礼物包括斗篷、绸缎、香料、种子和腊塑植物模型，还有各种药品，包括一种治疗毒蛇咬伤的药。这些都是公爵和他的弟弟费迪南多主教（Cardinal Ferdinando）特别喜爱的东西。[55]对于当时高层权贵来说，这类奢欲是十分普遍的。

---

[1] 中世纪天主教四大托钵修会之一，由意大利人贝托尔德（Berthold）于1155年左右在巴勒斯坦加尔默罗山（Carme）创建。——译者注

因美洲的发现和非洲海上通道的开辟，欧洲及近东地区得到了蓬勃的发展，但要论辉煌程度，可能当时世上任何地方都比不上印度。哥伦布跨越大西洋之后的一段时间内，该地区在帖木儿去世后经历了一场大规模的整合过程。1494年，帖木儿的后裔之一巴布尔（Bābur）在继承了中亚费尔干纳谷地的全部领土后，将扩张的目光盯向撒马尔罕，并迅速取得成功。在遭到乌兹别克对手的驱逐后，他率军南下，经过数年收效甚微的征战，他又将注意力转向了他方。他先将喀布尔收入囊中，随后通过驱逐残暴专制、怨声载道的洛迪（Lodi）王朝，成为德里（Delhi）的主人。【56】

巴布尔展现出自己是一个热情的建设者。他兴致勃勃地建造了喀布尔壮丽的巴布尔花园（Bāgh-i Wafa），里面不仅有喷泉，还有石榴树、苜蓿草坪、橘树以及从遥远的原产地带来的其他植物。巴布尔自豪地写道，当橘子变黄的时候，"景致最佳，布局最精"。【57】征服印度之后，他依然热衷于设计花园，只是抱怨当地的地形不好。他对印度次大陆北部的水源供应相当不满："放眼望去，一片荒凉，根本不值得再花费任何精力进行开发。"最后他终于在阿格拉（Agra）附近找到了安居之地："（该城附近）并没有真正合适的地方，我们也只能将就将就了。"最后，在耗费了巨大的人力财力之后，他终于在"糟心、混乱的印度"打造了豪华的花园。【58】

尽管巴布尔对当初的南征多有担忧，但他的行动时机选择得恰到好处。没过多久，这片新领土就发展成一个强大的帝国。新商业通道的开辟、欧洲购买需求和能力的增长，都意味着有大笔的现金涌入印度。大部分收入都被印度人用来购买马匹。我们说过，在14世纪曾有成千上万的马匹经中亚贸易商之手售出。【59】大草原上的马匹十分抢手，它们营养好、体形大，不像次大陆的马"那么小，一个人骑上去就几乎四脚着地"。【60】流入欧洲的银子先是被用来购买东方的商品，而后，为了展现体面和社会地位，又被花在了最好的坐骑上——就像当今那些石油国的富豪们把流入的钱花到法拉利、兰博基尼和其他豪车上面一样。

马匹贸易的利润很大。葡萄牙人刚抵达波斯湾和印度洋的时候，最先引起他们注意的商品之一就是马匹。他们在16世纪初向国内发回激动人心的报告，描述当地人对纯种阿拉伯马和波斯马的需求，还说印度王公们愿意出高价购买这些骏马。随后，越来越多的葡萄牙人开始涌入运送马匹的高利润贸易，以至于还引发了某些技术革新，比如一些海船被设计出专门用作马匹运输的功能。[61] 这些马匹大多数都来自中亚。随着资金源源不断地流入印度，马匹的需求量大幅上涨，激增的收益甚至引起了中亚地区的通货膨胀。[62] 巨额利润为修筑桥梁、扩建旅舍以及确保通往北方地区主要商道的安全提供了支持，这些工程项目又为中亚各城市开启了新一轮的繁华兴盛。[63]

建设马匹贸易所需的基础设施同样有利可图。一位嗅觉敏锐的投资商将目光转向了贸易要道上的驿站建设，并在16世纪中叶的15年内建造了1500多座驿站。这一时期的资金涌入情况甚至在锡克教[1]经典《格兰特·沙哈卜》（Granth Saheb）中都有反映（在这本经典中，世俗、商业和灵魂处于同等地位）：上师告诉他的随从们说，要购买效用长久的商品，而且要详细记账，这是铭记真理的法门。[64]

一些坐落在交通要道上的关口城市因便于马匹贸易而蓬勃发展，其中就包括喀布尔。不过，最令人瞩目的繁荣发生在德里，它因靠近兴都库什山脉而得到了飞速的成长。随着该城商业地位的提升，其统治者也声望日隆。[65] 在莫卧儿帝国的扶持下，当地的纺织工业也发展迅猛，其产品能在亚洲和其他地区卖出高价。[66]

没过多久，强大的帝国便开始扩张，用它的经济实力征服了一个又一个地区，并将它们整合在一起。在整个16世纪，巴布尔和他的儿子胡马雍（Humāyūn）及孙子阿克巴一世（Akbar I）目睹了莫卧儿帝国大范围的扩张过程：至1600年，其疆域已西起印度西海岸的古吉拉特（Gujarat），东至孟加拉，北连旁遮普的拉合尔（Lahore），南抵印度中部。这并非为了征服而征服，而是把握良机夺取富饶城市和地区的控制权，以强化和巩固新生的帝国。如一位葡萄牙耶稣会会士在他写给国内的报告中所说，征服古吉拉特和孟加拉（两地都拥有繁荣的城市和可观的税收）使阿克巴成为"印度王冠"的主人。[67] 每一次

---

[1] 锡克教（Sikhism），15世纪创立于印度西北部旁遮普地区的一神教，主要流行于印度旁遮普邦、巴基斯坦以及马来西亚。——编者注

扩张都强化了中央的权力，并为帝国提供了持续发展的动力。

莫卧儿帝国还带来了新的思想、趣味和风尚。曾长期被蒙古人和帖木儿崇尚的细密画，如今受到了新统治者的青睐，他们从远方各地聘请艺术大师前来创办美术学校。观看赛鸽和柔术表演——两项在中亚地区颇受欢迎的消遣活动——成为一种潮流。[68]

建筑风格和花园设计的革新更为显著，来自撒马尔罕完美的建筑和园林艺术风靡了整个新帝国。这些建筑成就在今天仍然可以得见。胡马雍位于德里的华丽墓地不仅延续了帖木儿时代的风格（由布哈拉的一位建筑师设计），更标志着印度历史崭新时代的到来。[69]同时引进的还有园林风格：将建筑与环境巧妙融合，显然是受到了中亚的影响。[70]在繁华的拉合尔，到处都是新建成的纪念碑和精心设计的广场。[71]凭借本身拥有的巨大资源以及有利的全球局势，莫卧儿人能够按照自己的意愿改造帝国，并最终取得了辉煌的成就。

帝国的新首都法地布尔·西格里（Fatehpur Sikri）建于16世纪下半叶，其豪华程度充分展现了帝国的无限资源和皇家理想。精巧设计、由红砂岩建构的庭院楼阁融合了波斯、中亚和印度的建筑风格。来访者若在这里受到接待，便不可能再对当地统治者的权力有半点质疑。[72]

一座最为著名的纪念性建筑可以成为欧洲财富大量流入亚洲的佐证，那就是沙·贾汗（Shah Jahān）在17世纪初为他的妃子阿姬曼·芭奴（Mumtāz）所建的陵墓。在妃子去世的那天，沙·贾汗向穷人施舍了大量的金钱和食物。在选定一个最佳葬礼方案后，沙·贾汗拿出相当于今天几百万美元的资金修建了一座圆顶建筑，随后又花了几百万美元，用最好的镀金工艺和数不尽的黄金来装饰墙壁和圆顶。陵墓两侧建有"顶着华丽天篷"的亭子，亭子周围又有花园环绕。附近市场的税收则被拨出，用于陵园日后的维护和修缮。[73]

对许多人来说，泰姬陵（Taj Mahal）是世上最具浪漫色彩的建筑，充分展现了一位丈夫对妻子深深的爱，但它同时也反映出其他内容：环球贸易给莫卧儿统治者带来了巨额的财富，使他有财力向自己可爱的妻子表达深刻的思念之情。他之所以能做到这一点，是由于世界轴心的重大转移，此时欧洲和印度的财富都是以南北美洲的付出为代价的。

沙·贾汗对妻子去世的哀思，与不久之前发生在地球另一端的事件形成了完美的对应。玛雅帝国在欧洲人到来之前同样非常繁荣。"那时的人们都十分健康，从不会有骨痛的毛病，也不会发烧，不会得水痘，没有胸痛，没有肺病。那个时代，人们的发展井井有条。后来欧洲人来了，他们改变了这一切。他们带来了很多可怕的东西。"一位作家在此之后不久写道。[74]在美洲发现的黄金和白银被运到了亚洲，就是这种财富的再分配促成了泰姬陵的诞生。这不得不说相当讽刺，印度（India）的富强竟然是以地球另一端的"印第安人"（Indian）的苦难为代价的。

靠着白银的流通，几块主要大陆已经紧密相连。白银吸引着许多人到新世界去寻找财富。在16世纪末，一个游历至波斯湾霍尔木兹（Hormuz）的英国人记述说，该城到处都是"法国人、佛兰德人、日耳曼人（Almain）、匈牙利人、意大利人、希腊人、亚美尼亚人、拿撒勒人，土耳其人和莫尔人（Moor），犹太人和非犹太人（Gentile），波斯人和莫斯科人"。[75]在极具诱惑力的东方，吸引越来越多的欧洲人前往的不仅是商业利益，还有挣钱更多的工作机遇。在波斯、印度、马来半岛甚至是日本，炮手、向导、领航员和船长都不难找到工作机会。那些想重新开始新生活的人——逃兵、罪犯和不良分子——都有新生的机会，这些人的技艺和经历会得到当地统治者的重用。干得出色的人真有可能成为自由王子，比如那位在孟加拉湾和马鲁古海（Molucca）的幸运的荷兰人，"愿意和多少女人跳舞都可以"，"几乎整天"都在"全裸"地欢歌舞蹈、酩酊大醉。[76]

1571年，西班牙人建造了马尼拉城（Manila），由此改变了环球贸易的格局。此番殖民活动给当地居民带来的损害要比第一次跨越大西洋的殖民小得多。[77]西班牙人的初衷只想建立一个获取香料的基地，但它很快发展成了一座大城市，一个亚洲与美洲之间的联络点。现在，货物无须先经过欧洲，而是直接跨越太平洋运达，用来支付的白银也同样不需要绕道。马尼拉成了可以买到各种商品的贸易中心。据1600年左右该城的一位高级官员称，这里能得到不同种类的丝绸、丝绒、缎子、织锦和其他各类纺织品。除此之外，还有"许多床上饰品、卧室挂布、被单和挂毯"，桌布、坐垫、地毯、金属盆、铜壶和铁锅应有尽有。锡、铅、硝石和来自中国的火药同样能够买到。还有其他罕见的东西，比如"用柑橘、桃子、鸭梨、豆蔻和生姜制成的防腐剂"，栗子、胡桃、马匹、类似于天鹅的亚洲家鹅、八哥以及其他许多稀有物品。官员接着说，如果我要把市场上能买到的东西全都罗列出来，那将"永远也写不完，纸都不够用"。[78]用当代评论家的话说，马尼拉应该算是"世界上首座全球性城市"。[79]

这自然会影响到其他的商业通道。可以想见，在马尼拉通道建成之后，奥斯曼帝国的经济开始出现长期的衰退。这其中有来自国内的经济压力，抵抗哈布斯堡（Habsburg）王朝和波斯帝国需要巨大的军事开销，但跨越数千英里的新贸易通道的出现，必定是奥斯曼帝国财政收入下滑的原因之一。[80]从美洲流经菲律宾至亚洲各地的白银数量令人震惊，至少比16世纪末17世纪初此条通道上流往欧洲的数量大得多。新世界流往欧洲的财富开始减少，引起了西班牙某些高层人士的警觉。[81]

白银之路像一根丝带一般环绕世界。贵金属最后都流向了一个地方：中国。这其中有两个原因。其一，中国辽阔的疆域和高度发展的社会使它成为一个奢侈品生产国，包括陶瓷。由于陶瓷在欧洲大受欢迎，中国甚至出现了超大型的仿制品市场。意大利耶稣会士利玛窦（Matteo Ricci）在造访南京时写道，中国人"素有仿制古董的天赋，能工巧匠辈出"，因工艺精良赚得了很多利润。[82]在中国，有专门的著作告诉你如何鉴别赝品，比如刘侗[1]的作品就能教你如何鉴定宣德铜炉或永乐瓷器。[83]

中国有能力满足巨大的出口市场需求，而且还能相应地提高产量。比如福建的德化县，就成为专门烧制满足欧洲人需求产品的瓷器之都。丝绸业同样得到大笔投资，以迎合西方人的口味。这是一项高瞻远瞩的商业行动，有利于明帝国资本的迅速积累。有些学者确信，明朝在1600年到1643年间的收入应当是多了四倍以上。[84]

大笔资金流向中国的第二个原因是贵重金属之间的汇率失衡。在中国，白

---

[1] 刘侗（约1593—约1636），明代散文家，著有《帝京景物略》。——编者注

银和黄金的价格比例一直在6:1左右浮动，远低于印度、波斯和奥斯曼帝国。白银价格几乎是16世纪初期欧洲的两倍。这便意味着欧洲的白银能在中国市场上购买到比其他地方更多的货物，这让他们越来越愿意从中国进口。这种利用不同市场货币差价的做法被当代银行家称作套汇。远东的新来者自然立即抓住了这一机遇，特别是那些意识到中国和日本黄金价格失衡的人，能够轻松地从中谋取利润。贸易商争先恐后地买卖贵金属，澳门的商人们把精心挑选的货物运往日本，只是意在换取白银——据某当事人所说。[85] 面对这一发财良机，有些人难掩内心的欢喜。白银对黄金的价格比例如此之高，这让后者的相对价格变得很低，佩德罗·拜萨（Pedro Baeza）写道，如果你在东方用白银购买黄金，然后再带到美洲的西班牙辖区或是西班牙本土，"你就可从中赚到70%到75%的利润"！[86]

　　白银的大量涌入对中国造成的影响十分复杂，很难全面评价。不过，随着16世纪和17世纪来自美洲的贵金属流入中国，中国的文化、艺术及学术开始蓬勃发展。画家沈周和"明四家"（明朝著名的四位同时代画家）[1]中的其他三位均凭借自己的作品得到了资助和金钱回报。陆治[2]等艺术家的才能也广受赏识，因为不断涌现而出的中产阶层都乐于提升他们的趣味和品位。[87]

　　这是一个探索和发现的时代。性爱小说《金瓶梅》（因书中主人公的名字也被称作《金色的莲花》[3]）不仅是对文学形式的挑战，更是对性爱这一话题本身的挑战。[88]富裕的社会使宋应星[4]这样的学者能够潜心研究，由他执笔的百科全书式著作涉及潜水技术和水利灌溉，获得了广泛的赞誉。[89]人们对儒学的关注也在增长，如对大儒王阳明[5]的尊崇就反映了身处变革时代的人们对于寻求人生真理的普遍渴望。[90]

---

[1] 四人分别是沈周（1427—1509）、文徵明（1470—1559）、唐寅（1470—1524）和仇英（1494—1552）。——编者注

[2] 陆治（1496—1576），明代画家，拜于祝枝山、文徵明门下。——编者注

[3] 是指在西方国家，《金瓶梅》会因主人公"潘金莲"的名字而被译作The Golden Lotus，即金色的莲花。——编者注

[4] 宋应星（1587—约1666），明末清初著名的科学家，其作品《天工开物》被誉为"中国17世纪的工艺百科全书"。——编者注

[5] 王阳明（1472—1529），明代著名的思想家和军事家，提出"知行合一""致良知"等哲学观点，对中国、日本和朝鲜半岛都产生了深远的影响，代表作有《传习录》。——编者注

近来在牛津大学波德林（Bodleian）图书馆发现的塞尔登（Selden）中国地图，展现出当时中国人对海外贸易和旅行的兴趣，地图还详细描绘了位于东南亚的航道。不过这或许只是个例外，因为和从前一样，当时中国的大多数地图仍是以闭塞的眼光看待世界，通常都是北至长城、东到大海。这说明当时的中国并不情愿放眼看世界。当然这也跟欧洲在东亚的海上力量有关，荷兰、西班牙、葡萄牙舰队相互对峙，并经常截获中国的海船和货物。[91]中国不愿意参与这些强敌之间的争斗，更不愿意在此过程中遭受损失。因此，面对这一局面，最好的办法就是向内收敛，同时继续与他们保持贸易并从中赢取收益。这种做法完全符合商业逻辑。

流向中国的大多数白银被用于一系列改革，尤其是完善经济货币化、鼓励自由劳工市场的繁荣以及刺激对外贸易等项目。颇具讽刺意味的是，中国对白银的偏爱和重视最后竟成为它的"阿喀琉斯之踵"。如此大量的白银经马尼拉流往中国，不可避免地导致白银价格的下降，时间一长自然就会引起物价上涨。最终，白银的价格，尤其是白银与黄金的价格比例，被迫降到与其他地区和大陆同等水平。向世界开放为印度人带来了一座奇迹，却将给中国造成一场17世纪严重的经济危机和政治危机。[92]五个世纪前全球化所带来的问题，并不比今天来的少。

正如亚当·斯密（Adam Smith）在他著名的《国富论》中所说的那样，"美洲的发现和经好望角抵达东印度航线的开辟，是人类历史上最伟大的壮举"。[93]在哥伦布首次探险和达·伽马从印度成功回国之后，世界真的发生了巨大变化。不过，亚当·斯密在1776年没有写到的是，英格兰如何面对这一世界局势。如果说15世纪90年代的发现及之后的一个世纪属于西班牙和葡萄牙（虽然好处都落在了东方帝国身上），那么之后的200年将属于欧洲西北部国家。世界的中心将再次出人意料地发生转移，这一次的机会将属于不列颠——它很快就将荣升为"大"不列颠。

| 第十三章 |

西欧之路

世界因15世纪90年代的新发现而发生了变化。欧洲再不是环球事务的边缘地带，而是世界发展的驱动引擎。马德里和里斯本做出的决策能影响到几千英里以外的世界，如同当年从阿拔斯的巴格达、中国唐朝的洛阳、蒙古首都哈拉和林或中亚撒马尔罕发出的号令一样。如今是条条大路通欧洲。

这种局面让有些人深感不快，其中最倒霉的莫过于英格兰人。他们对手的财富在一夜之间多了数倍；更糟的是，黄金和白银像下雨一样落到西班牙的头上，人们还说这是上帝的意愿。此外，英格兰和罗马教廷的决裂也让人备感绝望。一位16世纪的耶稣会会士写道，"上帝将最高权力交到了西班牙国王的手里"，西班牙的财富"是上帝的决定，主在按自己的意愿安排各王国的存亡"。[1]

言下之意，新教的统治者因背弃真正的信仰而理应遭到惩罚。宗教改革正如火如荼地展开，天主教和新教之间的暴力和迫害行动波及整个欧洲。谣言说英格兰即将受到军事打击，特别是玛丽一世（Mary I）去世之后——在她的治下，英格兰可能与罗马教廷重归于好，并服从教皇的权威。玛丽的异母妹妹伊丽莎白一世在1558年继位，她必须在两方之间像走钢丝一样行动：一方是相互竞争的宗教游说人士，另一方是对愤懑、失意、迫害忍无可忍的叛乱分子。作为一个处在欧洲边远地区的孤立小国，英格兰很难八面玲珑地讨好所有人。1570年，教皇皮乌斯五世（Pius V）在通谕《在至高处统治》（*Regnans in Excelsis*）中将伊丽莎白称为"徒有虚名的英格兰女王，罪恶的仆人"，并威胁任何服从她或遵守她法律的人都将被开除教籍，于是人们不得不考虑到如何抵抗（不是来不来，而是何时到来的）进攻。[2]

英格兰为皇家海军投下重资，希望打造一支坚不可摧的舰队来负责前线防御。最先进的军用船坞——如泰晤士河上负责设计和制造的德普特福德（Deptford）和伍立奇（Woolwich）——已经建成，同时还负责商船的改造。新型商船不仅载货量更大，航行速度更快，续航能力更持久，还能搭载更多的船员和更强力的火炮。[3]

造船大师马修·贝克（Matthew Baker）是一个建筑师的儿子。他用自己所学的数学和几何原理为伊丽莎白女王设计建造新一代的舰船，还发表了一篇题为《古代英格兰造船术概览》的文章。[4]这些技术被迅速运用到商业领域，英格兰100吨以上的商船数量在1560年以后的20年间多了三倍。很快，新一代舰船就因其出色的航行速度、良好的操控性以及强大的作战威力而备受关注。[5]

英格兰的努力取得了显著的成果。1588年夏天，西班牙从尼德兰派出一支庞大的舰队，准备全面入侵英格兰。结果英格兰人技高一筹，被打败的西班牙无敌舰队（Spanish Armada）只好铩羽而归。尽管大多数敌舰是毁于触礁和海上风暴而非英格兰之手，但没人怀疑英格兰的海军投资得到了丰硕的回报。[6]

四年之后，英格兰截获了葡萄牙的"圣母号"（Madre de Deus）快船，更证明了它的海上实力。快船满载着胡椒、丁香、豆蔻、乌木、挂毯、丝绸、布匹、珍珠和贵金属，从东印度群岛驶往亚速尔群岛。这些约占英格兰平均年进口量一半的货物，全都被拖至南海岸的达特茅斯港（Dartmouth）。王室和海军不得不就如何分配战利品展开漫长而痛苦的讨论，尤其是在一些小型的贵重物品已经失踪之后。[7]

这类成功在增强英格兰人自信的同时还鼓励了大西洋及周边地区越来越

多的侵犯性行为。英格兰开始和欧洲任何与天主教教廷为敌的国家建立联系。如在16世纪90年代，伊丽莎白女王宣布释放被俘获的西班牙舰船上做苦役的北非穆斯林，并给他们提供衣服、盘缠和其他必需品，然后护送他们安全回家。[8]当1596年英格兰人进攻加的斯港（Cádiz）时，还受到了北非穆斯林的援助——正如莎士比亚在《威尼斯商人》开头处所提及的。这样的同盟实在是太过神奇，以至于一位当代学者将此描述为一场由英格兰人和摩尔人共同参与的反对天主教西班牙的伊斯兰"圣战"（jihad）[1]。[9]

为了夺取西班牙和葡萄牙通往美洲和亚洲的新航道，英格兰开始花大力气与奥斯曼土耳其人搞好关系。当大多数欧洲国家都在惊恐地观望着土耳其人即将叩开维也纳的城门时，英格兰人却在动其他心思。1571年，其他欧洲基督教国家组成了"神圣同盟"，共同攻击位于科林斯湾（Gulf of Corinth）勒班陀（Lepanto）的奥斯曼海上舰队，英格兰并未参与。当胜利的消息传遍欧洲，诗歌、音乐、艺术及纪念碑纷纷被用以表达获胜的喜悦时，只有英格兰无动于衷。[10]

即便在此之后，伊丽莎白女王仍然谄媚地发出友好信件并将礼物送至君士坦丁堡的苏丹，并收到"真诚的问候，无限的敬意，一支芬芳的玫瑰，源于纯洁的信任和友谊"作为回馈。[11]英格兰送出的礼物中有一款由托马斯·达勒姆（Thomas Dallam）[2]设计的乐器，并于1599年运抵君士坦丁堡。不过由于炎热和潮湿，"所有的黏胶都失效了"，音管也在运输过程中出现了损坏，这让达勒姆吓坏了。英国大使看了一眼，"说这东西连两便士都不值"。好在达勒姆连夜赶工，修复了乐器，并最终让苏丹穆罕默德三世（Mehmet III）非常开心：达勒姆在为他演奏乐器之时，他甚至撒出了金子，并且要送达勒姆两名女子为妻，"可以从苏丹的妃子里选，也可以由苏丹为他挑选两个最好的处女"。[12]

---

[1] 吉哈德（jihad）在伊斯兰语中的原义为"奋斗"，包括在学业、事业、道德等精神层面上的努力拼搏，而不仅仅是西方学者所翻译的、带有明显偏见的"圣战"（Holy War）。但根据此处上下文的文义，仍采用"圣战"这一译法。——编者按
[2] 16至17世纪英国著名的管风琴制琴师。——编者注

伊丽莎白女王对待苏丹的策略是以土耳其进攻欧洲后带来的机遇和前景为基础的。罗马教皇一直在力劝基督教各国联合起来以避免更多的损失，并严厉警告称"如果匈牙利被征服，德国就会是下一个；如果达尔马提亚（Dalmatia）和伊利里亚（Illyria）被征服，意大利就会遭到入侵"。[13]英格兰下决心自力更生，和君士坦丁堡建立友好关系。这看上去是个非常明智的外交策略，同时又能带来贸易合作的前景。

因此，令人非常吃惊的是，奥斯曼帝国的英格兰商人在正规贸易协议中得到的特权，比其他任何国家得到的都更为慷慨。[14]同样令人吃惊的是新教徒和穆斯林交流时的措辞。比如，伊丽莎白女王在写给奥斯曼苏丹的信中就称自己是"蒙全能上帝之辉煌……基督信仰最强大、最坚定的守护者，反对任何基督徒的盲目崇拜，反对任何借基督之名的招摇撞骗"。[15]奥斯曼统治者同样希望拉拢从天主教廷分裂出来的基督徒，他强调双方在阐述各自信仰时的相似之处，特别是视觉形象方面。穆拉德（Murad）苏丹在写给"佛兰德和西班牙的路德会教派成员"的信中说，在"不可信的所谓教皇"的众多错误中，有一条就是偶像崇拜。多亏了马丁·路德（宗教改革的倡导者之一）追随者们的努力，才"禁止了偶像、肖像及教堂钟声"。[16]尽管困难重重，但英格兰的新教徒们似乎能够打开新局面的大门。[17]

对奥斯曼帝国和伊斯兰世界的认同逐渐扩散到英格兰的主流文化当中。在莎士比亚的《威尼斯商人》中，摩洛哥亲王在追求鲍西亚时就说："不要因我的肤色而厌憎我。"观众们都知道，亲王英勇作战，曾为苏丹出生入死，绝对能配得上鲍西亚嗣女（象征着伊丽莎白本人），而且足够睿智，早就明白"并非所有闪闪发光的东西都是黄金"的道理。再如莎士比亚《奥赛罗》中高尚却悲惨的主人公，一个威尼斯的"摩尔人"（很有可能是一个穆斯林），与他周围那些伪善欺诈、双重标准的基督徒形成了鲜明的对比。"摩尔人不会轻易改变他们的志向"，该剧向观众传达了这一信息，暗示穆斯林在履行承诺和签订协约时坚定可靠，因此他们是值得信赖的盟友。[18]事实上，在伊丽莎白时代英国文学中，波斯也同样以正常的、积极的、文明的形象出现。[19]

与英格兰正面描述伊斯兰世界相对应的，是人们对西班牙帝国的尖刻态度。巴托洛梅·德拉斯·卡萨斯的作品便认为西班牙征服新大陆是纯靠运气。这一作品靠着100年前德国活字印刷发明人约翰·谷登堡（Johannes Gutenberg）带来的革命，以令人难以想象的数量广为流传。[20]印刷革命使得一些多明我会教士德拉斯·卡萨斯等人的论著能够以低廉的价格快速传播。正如同21世纪初的科技进步，只有快速信息分享技术的出现才能带来真正的变革。

德拉斯·卡萨斯的作品之所以重要，是因为这位教士对亲眼目睹的美洲土著遭遇进行了细致的描述。这部充满令人发指的残暴细节的论著传到了英格兰，被译作《西印度毁灭述略》。此书以全本或保留暴行描写部分的删节本的形式在16世纪80年代广为流传，毫无掩饰地将西班牙人描述成大屠杀的凶手，将西班牙描述成一个嗜杀成性的帝国。译者詹姆斯·阿里格罗多（James Aligrodo）在译者序中写道："12万、15万或20万条可怜的生命"遭到屠杀。[21]

残暴的故事在欧洲新教徒间迅速传播，让人们看清了西班牙人是如何对待那些他们在心目中低他们一等的人的。人们自然而然会联想到，西班牙人是天生的迫害者，无论对谁，他们都会十分残忍；如果有人胆敢接近他们的本土，他们也将施以同样的手段。[22]这一结论在低地国家中引起恐慌。这一地区从16世纪末起就一直与西班牙争战不休，因为后者一直在寻求向支持宗教改革的地区施加权威。极力倡导英格兰人定居美洲的著名编年史家理查德·哈克卢特（Richard Hakluyt）在他的作品中描述了西班牙人如何"傲慢残暴地统治着西印度群岛"，将"和我们一样会哭泣"、向往着自由的无辜平民变成了奴隶。[23]换句话说，残忍、暴力和迫害是西班牙帝国特有的行为。英格兰人是绝不可能做出如此令人可耻的举动的。[24]

然而这些都只是理论。事实上，对待蓄奴和暴力的态度比这些高谈阔论更能说明问题。在16世纪60年代，英格兰水手们不断参与西非利润丰厚的奴隶贸易。约翰·霍金斯爵士（Sir John Hawkins）甚至动用伊丽莎白女王本人的投资从事跨大西洋奴隶运输，并从中大发横财。霍金斯总结道，"黑人在伊斯帕尼奥拉岛是非常受欢迎的商品，那里的黑人数量可能会很快超过几内亚（Guinea）海岸"，他和他的赞助者都更加愿意从事这项贸易。可见，英格兰的高层人士绝不会拒绝和新大陆的西班牙"暴君"合作，反而相处融洽。[25]

　　久而久之，英格兰强烈地意识到，在16世纪初巨大变革所带来的机遇中，他们处于弱势地位。宗教争端和时机不当，使得这个国家成为全球强国西班牙的宿敌，他们很难从美洲财富的涌入或经威尼斯的红海和陆地贸易中获益。虽然对西班牙人的抨击卓见成效，但这仍然无法掩盖英格兰人四处觅食还要为残羹剩饭感激不已的事实。理查德·哈克卢特写道，多亏经济不景气而导致的长期失业，英格兰"到处都是年轻力壮的勇士"。他问道，为什么不把年轻人组织到一起，创建一支能使"帝国称霸世界"的海上力量呢？[26] 这一称霸海洋的言论在当时看来颇具野心，但做做美梦似乎也没什么错。

　　英格兰人在南欧繁荣之时并未作壁上观。他们也曾向四面八方派遣探险队，试图开辟新的商业通道，建设新的贸易、运输和交流网络。但是所有方向的探索都未带来令人振奋的成果。16世纪70年代由马丁·弗罗比舍（Martin Frobisher）指挥的探险行动旨在探索一条通往亚洲的西北通道，最终无果而归。更令人尴尬的是，他们从今天加拿大地区带回的大批"黄金"（被视作能与南北美洲其他对手相媲美的重大发现）结果却被证明是假的。这闪光的金属原来是白铁矿（marcasite），俗称"愚人金"。[27]

　　灾难还不止这些。通过巴伦支海（Barents）抵达中国的企图最后以悲剧告终。休·威洛比爵士（Sir Hugh Willoughby）的舰队在摩尔曼斯克（Murmansk）为冬季的浮冰所困。所有人都冻死了，他们的尸体在第二年才被人发现。据威尼斯驻伦敦大使说，他们被冻成了"各种姿势的冰雕"，有些人"是写字的坐姿，手里握着笔，嘴里叼着勺子；还有人正在打开衣柜"。[28]

　　此外，为获取亚洲商品而与俄罗斯建立贸易联系的努力同样深受阻碍。首先是英格兰人抵达的时机不佳，正值伊凡四世（Ivan IV）[1] 最悲惨的时候；其次是由于16世纪的俄罗斯在亚洲的贸易活动本就有限，尽管贸易规模即将大幅扩展，但经由里海的商道仍非常危险，即使是重镖护卫的商队都有可能遭遇强盗袭击。[29]

---

[1] 伊凡四世（1530—1584），俄罗斯的首位沙皇，通过改革帮助俄罗斯走向强大。但他3岁登基，由母亲摄政，幼时饱受权贵的欺凌。——编者注

16世纪60年代，不少商人趁着各种机遇被派往波斯，这是英格兰人试图与那里建立商业联系的最后一搏。商人们通常携带着伊丽莎白女王的外交信，希望建立友好交往和贸易合作。特使们向波斯国王请求商业特权，"真诚希望能与陛下帝国的商人建立商贸关系"。【30】英格兰急于获取贸易许可，以至于商人们都被严格规定禁止谈论宗教：如果有任何人问及国家未来的国教，最好的办法是"以沉默避之，不予直言"。因为在此之前，曾有虔诚的穆斯林东道主问及伊斯兰教和基督教的相互优点，这让新教徒们不知道该如何回答。【31】在欧洲，天主教和新教的竞争如此激烈，任何有关宗教的表述都至关重要，一旦出错就可能被对手轻松击败。

至17世纪初，英格兰已经不怎么热衷于效仿西班牙人和葡萄牙人的成功方式了。为了募集私有资金，新的贸易实体开始出现，其中首推1551年成立的"未知地区、领域及岛屿商业探险公司"。在该公司周围还诞生了一系列关注不同地域的独立新公司，如"西班牙公司""北海公司""黎凡特公司""俄罗斯公司""土耳其公司"和"东印度公司"。这些公司都获得了皇家特许令，以确保它们在那些风险多、投资大的地区或国家取得垄断地位。用未来的成功来激励商人，成为建立英格兰贸易体系的新途径，同时还能将政治触角伸向远方。

尽管有响亮的名称、皇家的支持以及高远的目标，但在最开始还是步履维艰。英格兰仍处于国际事务的边缘，而西班牙的中心地位却越来越牢固。阿兹特克、西印度群岛等地用了几个世纪才积累形成的地下贵金属，在数十年间被搜刮殆尽、运往西班牙。一些没有被发现或没有被充分开采的矿区也被一扫而空，比如说波托西（Potosí），据说仅此一地就能为西班牙王室提供每年100万比索（peso）的产量。【32】

西班牙的发现为他们带来了巨额收入，但新大陆的财富也仅有那么多。资源毕竟有限，比如委内瑞拉海岸的牡蛎滩，经过16世纪初短短30年内的上百亿次捕捞，那里的牡蛎所剩无几。【33】但西班牙人却将这笔意外之财当成无底洞，他们把新取得的财富花费在一系列宏伟的建筑上，如修建埃斯科里亚尔（El Escorial）壮丽的宫殿，还有投资永无休止的对抗所有欧洲劲敌的军事行动。西班牙王室有一种强烈的意识，认为自己必须担当万能的警察，在全世界发号施令，必要时还可以使用武力。西班牙发现，与新教徒和穆斯林的军事对抗已不可避免。这将是圣战（Holy War）的新篇章。

如同早期的十字军东征所示，圣战对人力和财力的需求巨大，对皇家财政来说更是伤筋动骨。西班牙王室打算用发行债券的方式筹集资金，这有利于短期的野心行动，但显然于事无补，而且日后的反作用会非常明显，尤其是当局势发生恶化的时候。财政管理上的无能只是失败的一部分，真正的灾难来自于西班牙最终无法支撑军队的开销。16世纪下半叶，西班牙连续出现了债务拖欠的情况，至少有四次无法偿还债款。[34]这就像一个中了彩票的穷汉在一夜之间暴富，只知道将中奖的金钱挥霍在以前买不起的奢侈品上。

财富涌入的影响在其他地区同样明显。欧洲的物价因美洲金银的流入而出现上涨，越来越多的消费者不得不降低商品的购买量。持续的都市化进程使问题加剧，导致物价不断攀升。在哥伦布发现新大陆后的一个世纪中，仅西班牙的粮食价格就涨了五倍。[35]恶化的局势逐渐影响到低地国家的行省和城镇。这些地方都是西班牙帝国的领土，西班牙为解决财政危机，加重了他们的税收，从而引发整个地区的严重不满。

欧洲北部聚集着众多富有生产力的城镇，安特卫普、布鲁日（Bruges）、根特（Ghent）和阿姆斯特丹在14世纪和15世纪纷纷崛起，成为连接地中海、斯堪的纳维亚、波罗的海、俄罗斯以及不列颠群岛的贸易往来中心。通往印度和美洲的新贸易渠道的开辟，自然促进了这些城市的繁荣和发展。[36]这些城市后来都成为全球商人的聚集中心，不断积攒着自身的社会和经济实力。人口的增长意味着必须有效利用周边土地，不仅是要迅速增加周围农田的产量，还要提高周边地区的水利技术，如河堤和围海大坝的建造，以确保每一块土地都能被充分开发。低地国家各城市的迅速扩张和产量提升使它们成为当时的利润"蜜罐"。它们凭借着大量的贸易税收，再不输于那些靠联姻或继承控制这一地区的西班牙人。[37]

没过多久，行省和城镇的人们就开始对新近实施的惩罚性高额税率怨声载道，同时还对控制宗教信仰的做法表现出强烈的抵抗情绪。马丁·路德和约翰·卡尔文（John Calvin）等人不断强调着远方统治者由来已久的腐败问题以及个人精神独立的重要性，这些思想在高度城市化的地区找到了肥沃的土壤，并帮助新教在这一地区生根发芽。经济制裁加上宗教迫害激起了当地民众的反抗，并最终导致1581年"乌得勒支同盟"（Union of Utrecht）的出现：宣布七省独立，成立荷兰共和国。西班牙立即采取军事行动，并于1585年起对低地国家施行贸易禁运。这样做的目的是想切断各反叛行省的资源，迫使它们最终屈服。但正如以往一样，经济制裁起到了相反的效果：分裂派别无选择，只好继续抵抗。他们唯一的出路是利用一切对他们有利的知识、技术和专长。转败为胜很快就会到来。[38]

在16世纪的最后几年里，局势的变化为低地国家提供了创造奇迹的机会。西班牙的持续施压导致了该地区大规模的向外移民。而随着人口从北方向南方各省迁移，根特、布鲁日、安特卫普等城市承受着某学者所谓的"移民涌入灾"。幸运的是，贸易禁运确保了大量谷物和鲱鱼被囤积，也就意味着食品供应开始变得充足并且价格低廉。尽管房租涨得很快，但大量的移民同样推动了房地产业的繁荣，更使一大批试图逃离西班牙人高压统治的资深商人和专业人士走到了一起。[39]

当贸易禁运在1590年被最终解除时，荷兰迅速采取行动，趁着西班牙国王菲利普二世（Philip II）因卷入欧洲其他战事而应接不暇之机，一举赶走了被派往当地维持秩序的西班牙军队。从军事压迫中解放出来的荷兰人赢得了展示自己的机会，立马投身到国际贸易当中，寻求和美洲、非洲及亚洲建立真正的贸易联系。

荷兰人在建立自己的贸易渠道时有着明确的商业逻辑。将货物直接进口到荷兰共和国将能免去两重关税：一方面，运往北方的货物无须再给葡萄牙和西班牙的港口上缴关税；另一方面，荷兰政府将直接获得进口收入，不必再经伊比利亚人之手，也就是说，靠着低地国家商业繁荣赚来的财富将不会被帝国野心或奢侈花销所浪费。这同时还意味着快速的回报能被用于再次投资，形成高效的资金链，促进资金流动，无论是对个体商人还是新生的共和国都有好处。[40]

这个雄心勃勃的计划从一开始就收到了可观的回报。1597年，一支前往东方的远征船队凯旋，带回来的货物利润率高达400%。投资商见到如此高额的回报率，纷纷出资相助，于是商业舰队遍及世界各个角落。[41]仅1601年一年就有14支远航舰队驶往亚洲，同时每年都有数百艘货船跨越大西洋从阿拉亚半岛（Araya）运回海盐。[42]

这让西班牙人深感愤怒，他们重新采取军事行动并实施另一轮的贸易禁运。著名哲学家、大律师雨果·格劳秀斯（Hugo Grotius）说，这只能使荷兰人更加坚定地把命运掌握在自己手中。与其在威胁和压力面前后退，还不如尽快投资建立一个贸易网络，以此强化自身军事力量和独立地位——生死存亡在此一举。[43]

荷兰成功的关键在于高超的造船技术，特别是浅吃水的船体设计，能让船队在北海和浅港顺利航行。自16世纪50年代起，英格兰人开始建造高速、牢固的舰船，同时荷兰人也在开发更易操控、运载量更大、所需操作人员更少的航船，以便降低航行成本。这些帆船名叫"福禄特"（fluyt），它的出现为商业用船树立了一个新标杆。[44]

荷兰人在出航之前做足了准备。与他们的欧洲前辈在跨越大西洋、绕过好望角之前的一无所知不同，他们知道自己想要什么、怎样实现目标。一些人像是果阿大主教的秘书让·哈伊根·范林斯霍滕（Jan Huyghen van Linschoten），花费了毕生精力考察亚洲的贸易通道、港口、市场和地理情况，著成《航海记》（Itinerario）等作品，为前往东方的人们提供了详尽的指南。[45]

其他资料同样对东方旅行很有帮助。比如说到地图绘制，荷兰在当时就处于世界领先地位。16世纪80年代，卢卡斯·扬松·瓦格赫纳（Lucas Janszoon Waghenaer）绘制的地图精准详细，被当时的欧洲人认为是不可或缺的精品。这张地图包含了东印度群岛和加勒比海地区准确、最新、详细的信息，在17世纪初就为当代导航领域确立了标准。[46]

还有一些文献能够说明当时荷兰商人在旅途中可能遇到的奇怪词汇和语法。最早的语言学家之一弗莱德里克·德霍特曼（Fredrik de Houtman）于1603

年出版了他的《荷兰马来语词汇语法辞典》，他曾被苏门答腊的苏丹关押在亚齐（Aceh）的监狱中，并从狱卒那里学会了马来语。[47]16世纪前往亚洲的商人们均认真学习这部辞典中所收入的词汇。他们还将一些常用的词汇和短语从荷兰语翻译成马来亚拉姆语（Malayalam）、马来语、比沙鄢语（Bisayan）、他加禄语（Tagalog）、泰米尔语（Tamil）以及其他语言。[48]

荷兰人在17世纪成功的关键是其所拥有的知识和勤奋品质。荷兰人认为，若想成功就不能像英格兰那样，利用皇家特许权将利益局限于一个小集团中，他们相互勾结，用垄断方式保护自身的地位。相反，荷兰采取的方式是大规模集资，将风险分散到尽可能多的投资人身上。尽管各行省、城市和个体商人之间存在敌对和竞争，但没过多久，这种整合各方资源的手段就被证明是一种最有效、最强力的建立贸易的途径。[49]

1602年，联合行省政府创立了一个单一的亚洲贸易公司，并认为这一定会比每个单独个体的总和更为强大、更具实力。这是一项壮举，不仅缓和了各派之间的冲突，还使许多参与投资者相信，将来的利益不但能得到均衡分配，而且还能把蛋糕越做越大。荷兰东印度公司（Verenigde Oost-Indische Compagnie），以及随后不久在美洲成立的姐妹公司西印度公司（West-Indische Compagnie）的创建过程，均可作为建立世界级跨国企业的教科书。[50]

荷兰人采用的模式取得了巨大的成功。尽管有些人，像是西印度公司的财阀兼创建者威廉·乌塞林克（Willem Usselincx），主张在还没被定居的部分美洲地区上殖民，并且制订了一个明晰的计划。[51]但荷兰人的目标并不是同其他的欧洲对手竞争——比如在果阿那样，葡萄牙人、威尼斯人和德国人为了利益挤破了头——而是要取代他们。[52]

人们首先将目光转向了香料群岛。在那里，孤立无援的葡萄牙人于1605年被荷兰人驱逐而出，而这只是荷兰人控制东印度群岛整体计划中的一部分。随后的几十年间，荷兰人不断巩固自己的地位，并在巴达维亚（Batavia）建立了基地。巴达维亚是罗马帝国时代对低地国家定居者的一种正式称呼，在今天，这里被称为雅加达（Jakarta）。

为了确保各贸易站点与本土之间的交通路线都能安全畅通，荷兰人动用了军事力量。尽管荷兰人在某些地区（比如澳门和果阿）仍显薄弱，但他们在17世纪的确取得了不小的成就。很快，遭到荷兰人包围的不仅是海外的欧洲人，就连欧洲本土各君王的那些战略要地和经济重镇都深受威胁。在控制了马六甲、科伦坡（Colombo）、锡兰和科钦之后，荷兰人又于1669年将马卡萨苏丹国（Macassar，今印度尼西亚）定为了下一个目标。马卡萨是建立亚洲香料贸易垄断的关键之地。攻克之后，荷兰人将它更名为新鹿特丹，接着（像其他被征服的城市一样）建造了一座大型堡垒，以此警告对手不要觊觎这些地方。[53]收藏于海牙国家档案馆的一幅地图详细描绘了荷兰在东印度群岛确立地位后，建立了蜘蛛网般的贸易路线和据点。[54]

这一商业模式还被用在了其他地区。随着荷兰的黄金贸易以及向美洲运送人口的奴隶贸易的增长，其他对手均被挤出了西非。许多地方都出现了新建的贸易据点，比如位于今天加纳的拿骚堡（Fort Nassau）。葡萄牙人也失去了根基，比如加纳海岸的艾尔米纳（Elmina）就在17世纪中叶落入了荷兰人之手。荷兰人在加勒比海和美洲也取得了巨大收获，至17世纪40年代，荷兰人已经占据了跨大西洋船运中的主要份额，而且基本控制了整个的蔗糖贸易。[55]

荷兰本土也迎来了转型。那些最初投资远航贸易的人都赚了大钱，新的财富开始让更多的人获益。莱顿（Leiden）和格罗宁根（Groningen）建立了新的大学，在赞助商的慷慨支持下，学者们可以潜心拓展学科研究领域。一些新生的资产阶级热衷于炫耀自己的财富，于是艺术家和建筑师也开始纷纷涌现。在最繁荣的时期，人们甚至可以在阿姆斯特丹看到许多从水中建起的豪华建筑，与几个世纪前在威尼斯出现的情形一模一样。阿姆斯特丹的约丹区（Jordaan）是围海造田的成果，凯泽斯赫拉赫特（Keizersgracht）运河上建有房屋，运河周边还有着众多的工程和建筑奇迹。

丝绸之路的影响开始体现在艺术品当中。陶瓷业在哈勒姆（Haarlem）、阿姆斯特丹，特别是代尔夫特（Delft）蓬勃兴起，其工艺、外形、设计和手感都深受东方进口商品的影响。中国瓷器最为抢眼，这种青花瓷在几个世纪前就由波斯湾的陶艺师开发出来，之后流行于中国和奥斯曼，它们颇受欢迎，连荷兰陶器业都以之作为特色。这些模仿不仅仅是向东方工艺致敬，更是为了让

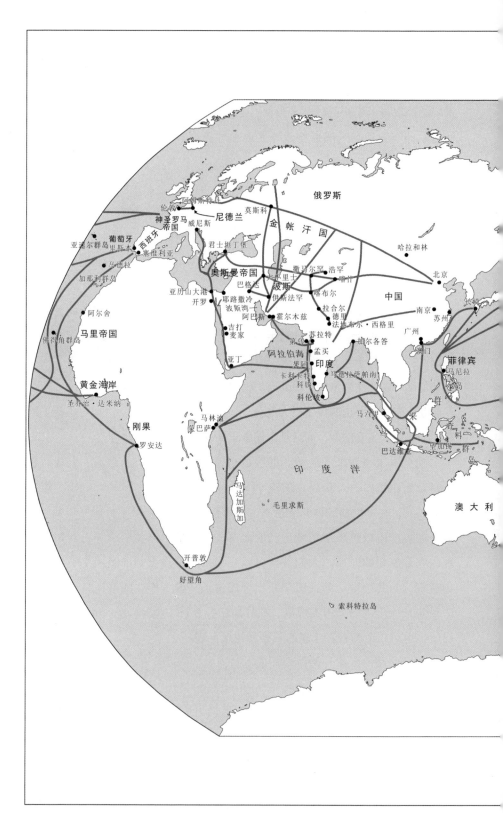

俄罗斯

伦敦 尼德兰
神圣罗马 威尼斯
帝国
葡萄牙 西班牙 里斯本
亚速尔群岛 塞维利亚
马德拉
加那利群岛

阿尔舍
马里帝国
佛得角群岛

黄金海岸
圣乔治·达米纳

刚果
罗安达

阿姆斯特丹
莫斯科
金帐汗国
君士坦丁堡 撒莱 浩罕
阿里士
奥斯曼帝国 喀什
巴格达 波斯 喀布尔
亚历山大港 伊斯法罕
耶路撒冷 德里
开罗 拉合尔 法地布尔·西格里
波斯湾 拉合尔
阿巴斯 霍尔木兹 苏拉特
吉打 苏拉特
麦家 开口
亚丁 阿拉伯海 孟买 柏尔各答
果阿
卡利卡特 里德拉萨帕南
科钦
科伦坡

哈拉和林
北京
中国
南京 苏州
广州
厦门

菲律宾
马尼拉

马林迪
蒙巴萨

马六甲
来
巴达维亚
群

印 度 洋

马达加斯加
毛里求斯

澳大利

开普敦
好望角

索科特拉岛

公元1650年之前的全球贸易路线

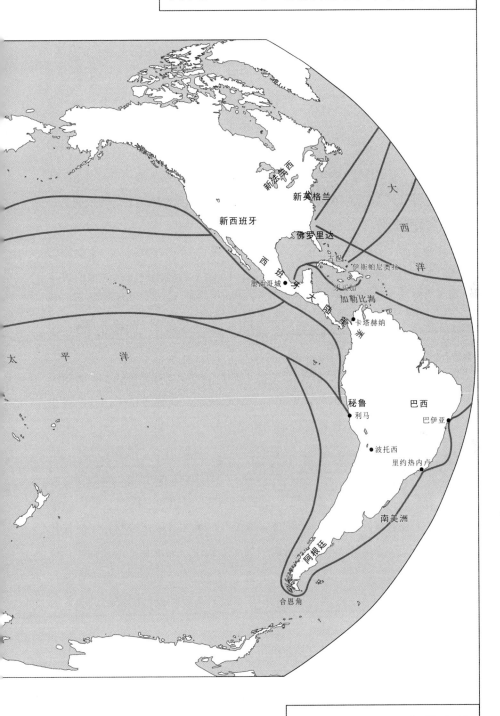

新法兰西
新英格兰
新西班牙
佛罗里达
大西洋
古巴
伊斯帕尼奥拉
墨西哥城
牙买加
加勒比海
大西洋洲
卡塔赫纳
太平洋
秘鲁
巴西
利马
巴伊亚
波托西
里约热内卢
南美洲
阿根廷
合恩角

—————— 贸易路线

自己融入环球物质文化的大潮流中，正是这股潮流将北海和印度洋与太平洋联系到了一起。[56]

随着能够象征身份的装饰品的需求量激增，荷兰的整个艺术领域也取得了蓬勃发展。有人说，仅在17世纪，就有大约300万幅画作问世。[57]弗兰斯·哈尔斯（Frans Hals）、伦勃朗（Rembrandt）和维米尔（Vermeer）的作品美得令人窒息，激发了人们的想象，提升了人们的品位。荷兰人通常从团队合作中取得成功，因此诞生了一些描绘群体场景的著名画作。比如弗兰斯·哈尔斯的《圣阿德里安卫队宴会图》，或称《哈勒姆的公民卫队》；以及伦勃朗的名作《夜巡》，描绘的是阿姆斯特丹公民卫队宴会厅中的场景。

个体肖像画也很有市场。商人安德里·比克（Andries Bicker）就雇用巴萨罗姆·凡·赫斯特（Bartholomeus van der Heist）为他作画以纪念他的成功及社会地位的提升；还有造船师简·里肯森（Jan Rijcksen），他曾请求伦勃朗将自己和妻子在海上工作的场景画成一幅画。这不仅是荷兰的黄金时代，更是荷兰艺术的黄金时代。[58]

荷兰人热衷于炫耀自己的家庭生活，如同在维米尔的画作《窗前读信的少女》中所描绘的那样，前景处还有一只青花碗。[59]1640年，一个造访阿姆斯特丹的英国人忍不住要说说他的所见所闻——他叫彼得·芒迪（Peter Mundy）——他写道，就连"很不起眼的房子里"都摆满了"昂贵、新式，带给人回家的快乐和温馨的"各种家具和装饰，"有壁橱，有衣柜，有画像，有瓷器，还有豢养着小鸟的精美鸟笼"，就连屠夫、面包师、铁匠、鞋匠的家里都拥有名画和奢侈饰品。[60]"我被震惊了"，英国日记作家约翰·伊夫林（John Evelyn）这样描写当时鹿特丹的一场年度集市，那里全部都是画作，特别是那些"风景画和被他们称作为'小丑鱼'的有趣的小品画"；就连普通农户都成了热心的艺术品收藏者。[61]这些在当时不断前往低地国家的英国人当中是普遍印象。[62]

荷兰的黄金时代要归功于完美地执行了自己的计划。当然，他们也赶上了好时机：当时欧洲大部分地区都处于混乱之中，在1618年到1648年的30年战争（Thirty Years' War）中，无休止的开销和无意义的战争吞没了这片大陆。这给荷兰人带来了机会，由于对手的精力和资源都被用在了本土战场，荷兰人不费吹灰之力就将其他大陆上的据点一个个地拿下。17世纪的血腥战争让荷兰人能够在东方建立起自己的统治地位——当然，这是以他的欧洲对手为代价的。

欧洲的战事还有另一个重要作用：它加快了西方的崛起。关于这一时期的欧洲，人们总是强调这是一个启蒙和理性时代，一个自由、人权、开放取代专制主义的时代。但要注意的是，在15世纪90年代的伟大探险之后，正是各种暴力和军事行动才使得欧洲成为世界的中心。

早在哥伦布和达·伽马的新发现之前，欧洲各国之间的竞争就已经非常激烈。几个世纪以来，相互对抗一直都是欧洲大陆的主旋律，并且会时不时地突然升级为公开敌对和战争。不过，这也促进了军事技术的发展：经过研发、测试和改进的新型武器被运用到战场；指挥官们的实战经验推动了战术理论的发展。暴力的概念也得到了正面的解释：欧洲的文学和艺术一直在颂扬骑士的生活风度和战斗精神，称这是一种爱和信仰，一种正义的象征。展现十字军高贵、英勇的故事被大肆宣扬，而变节、背叛和食言的行为则被刻意隐去，这种做法起到了极佳的效果。

只要被认为是正义的，争战、暴力、流血就无一不是光荣行动。这可能也是宗教为什么如此重要的一个原因，因为保卫全能上帝是让战争变得更为正义的最佳理由。从一开始，宗教就和扩张联系在一起，就连哥伦布的帆船上都挂着大号的十字架。正如当时的人们在谈到欧洲在美洲、非洲、印度和其他亚洲地区以及澳大利亚的扩张时会强调说，是上帝安排了西方人来统治全球。

事实上，欧洲与世界其他各地相比更具攻击性、动荡性和好战性的特点，如今得到了回报。这也解释了为什么是西班牙和葡萄牙的舰船发现了连接各大陆的海上通道。几个世纪以来，航行在印度洋和阿拉伯海上的传统船只在设计上始终没有太多改进，以至于被西方人的舰船轻松超越。造船技术的不断进步使他们变得更快、更强，从而能够探索更广阔的海域。[63]

军事技术的发展也是一样。比如说西班牙征服者在美洲使用的武器，其可靠性和精准性帮助少数的征服者战胜人数众多的土著人，征服了这个除武器之外都十分先进、复杂的社会。佩德罗·德希耶萨·德莱昂（Pedro de Cieza de Léon）在描写印加帝国时，称那里法律严明、秩序井然，人们极为重视"正义，因此没有人敢犯罪或偷窃"。[64]印加帝国每年都会进行全国普查，搜集出生和死亡的数据，保障税收的准确和公平。富人被规定每年必须抽出固定几天亲自到田间耕作，"以树立榜样，并让所有人都知道，没有任何富人可以轻视和侮辱穷人"。[65]

他们根本就不是欧洲胜利者口中所谓的野蛮人。事实上，他们似乎比欧洲大陆上已经出现的高级社会更为开化，因为欧洲人很重视对贵族遗产的保护，导致社会阶层僵化，贫富差距非常大。尽管欧洲人可能认为他们之所以能够统治这些族群，是因为这些人的原始，但其实这些都得益于从西方战场上带来的残酷武器和作战策略。

欧洲人得以统治非洲、亚洲和美洲的另一个原因，可能是他们积累了几个世纪的城堡建造经验。自中世纪以来，城堡是欧洲社会的主要修建项目。整个欧洲大陆矗立着成千上万坚不可摧的城堡。城堡的建设自然是为了有效抵御强敌进攻，因此城堡数量的剧增也说明了他们对经常可能出现的外来攻击的恐惧。欧洲人修建堡垒和攻击堡垒的技术处于世界领先地位。许多当地人都不明白欧洲人为何要这么坚持地建造那些将自己保护在里面的壮观建筑。其他地方的商人从来都不会想去建立什么城堡，孟加拉纳瓦布（Nawab）[1]在18世纪说，为什么欧洲人现在要在世界上建造那么多的城堡要塞呢？[66]

所以具有讽刺意味的是，尽管欧洲经历了一个辉煌的黄金时代，文学和艺术蓬勃发展，科学和技术进步领先，但这些都是通过暴力实现的。不仅如此，新大陆的发现还使得欧洲社会更加不安分。巨大的资源吸引着人们前去征战、冒险，局势变得愈加紧张，各方为了抢夺霸主地位而大打出手。

在欧洲称霸全球后的几个世纪里，一幕幕无情的兼并和贪婪开始上演。在1500年，欧洲大约有500个国家，到了1900年却只剩下了25个。这是强者不断吞并弱者的结果。[67]竞争和冲突成了欧洲的特色。从这个意义上讲，20世纪的

---

[1] 对印度地区地方行政长官的称呼。——译者注

恐怖袭击并非没有先例。为了战胜对手和邻国，武器、机械和后勤都得到了迅速发展，最终导致了战争的扩大以及死亡人数的飙升（从数百人增加到数百万人），并使得大规模的迫害行径成为可能。因此，世界大战和历史上最残酷的屠杀都能从欧洲找到根源，这些不过是漫长的残酷和暴力故事中的最新一章。

人们大多关注的是16世纪和17世纪的艺术投资以及财富给文化带来的影响，但我们也不妨来看一下当时武器制造业的发展。正像民众的需求引发了绘画作品的大量创作一样，枪支的生产也是如此。在17世纪90年代，军火商马克西米连·迪登（Maximilien Titon）仅在法国中部就售出了60万支燧发枪；当时的人甚至无法估算圣艾蒂安（Saint-Etienne）的手枪工厂到底雇用了多少的员工。从1600年到1750年，手枪的命中率提升了10倍。技术的革新——包括推弹杆、纸制弹药筒和刺刀的发明——让枪械变得价格更低、操控更佳、射速更快，当然，也更加致命。[68]

同样，尽管伽利略·伽利雷、艾萨克·牛顿和莱昂哈德·欧拉（Leonhard Euler）这些科学家的名字连小学生都知道，但是我们很容易忽略，他们工作中很重要的一部分是在研究弹道抛物线、解决偏离问题、提高炮弹的精准度。[69]这些出色的科学家使战争武器变得更加强大、更加可靠。在启蒙时代，军事与科技一道齐头并进。

我们并不是说其他地方就不存在侵略行为。各个大陆的无数证据显示，任何征服行动都会造成大规模的死伤。但是在亚洲和北非的大规模扩张的年代，比如伊斯兰教刚崛起的那几十年以及蒙古人征服的那些年，人们看到的大多是长时期的稳定、和平和繁荣。相比之下，欧洲人发动战争的频率和节奏就与其他地区不同：一方刚被平息，另一方争端又起。竞争是残酷的，从这种意义上说，托马斯·霍布斯（Thomas Hobbes）的名著《利维坦》（Leviathan）算是准确地道出了西方崛起的真相：人的天性本就处于一种亢奋不止的暴力状态。当然，只有一个欧洲作家才能得出这样的结论，而且只有欧洲作家得出的结论才会被认为是对的。[70]

对军事战争的渴望还带动了其他行业的发展，比如金融业。欧洲政府急需资金来创建军队，于是就出现了借贷市场，使政府可以用将来的税收收入作为抵押来筹集资金。通过参与这一关于未来的赌博，投资者们可以获取可观的利润、高贵的头衔以及其他社会利益，因为这些投资政府债券的人自然会被视为爱国者。可见，借钱给国家不仅可以提升地位，更有可能发家致富。就这样，伦敦和阿姆斯特丹发展成了全球的金融中心，特别是在国债以及日益复杂的股票市场上市方面。[71]

伦敦和阿姆斯特丹声名鹊起的原因之一，是欧洲北部地区快速发展的社会经济。近期的研究表明，1500年至1800年间，英格兰和低地国家的人口几乎多了一倍。增长在一些人口密集的大城市更为明显，有的城市的人口几乎多了三倍。[72]这一现象在低地国家表现得尤为突出：17世纪中叶，阿姆斯特丹多达半数的居民都想移居其他城市。[73]拥有更多城镇中心的国家自然比那些乡村人口占多数的国家更具优势。在城镇收税更加省时省力，尤其是那里的贸易效率比乡村高得多。人口密集地区还提供了更为可靠的收入渠道以及更低的放贷风险。相比其他商业和政治竞争对手，英格兰和荷兰可以以更低的汇率借到更多的钱。[74]所以，想要通过金融手段获得财富，光靠聪明可不够，还要选对地点，比如伦敦和阿姆斯特丹。

这一变化敲响了意大利和亚得里亚海命运的丧钟。随着新航道的开辟，无法将商品直接卖给最富顾客的意大利城邦本就已经处于下风，如今，这些长期分裂、结怨颇深的城邦根本敌不过将资源聚合在一起的其他城市。扩张行动需要筹集大量资金，以至于一半以上的政府收入都被用于偿还国债。[75]邻邦之间纠缠不清，总是想着在政治、商业和文化上全面压倒对方，如此势必付出高昂的代价。于是，欧洲大陆上出现了两种截然不同的景象：一个是曾经称霸东欧和南欧长达数世纪的旧欧洲，但如今已经日薄西山；一个是西北部的新欧洲，正在蓬勃发展。[76]

有些人早已见到了不祥之兆。早在1600年，不列颠驻威尼斯大使就写道："就贸易而言，这里的衰落已相当明显，不出二十年，此城将完全崩溃。"威尼斯曾称霸于东方贸易，但如今却毫无竞争力；曾经有无数艘千吨级的大船来回运载货物，但如今却连"一艘都看不见"。[77]没过多久，该城就开始重塑自己，从商业中心变成了一个供人享乐的淫逸之都。尽管政府试图禁止人们穿金戴银、禁止浮华聚会以及寻乐场所，但该城的重塑从任何方面看都是可以理解的：除此之外，它还有别的选择吗？[78]

在失去国际贸易和政治中心的地位之后，威尼斯、佛罗伦萨和罗马成为新富们旅行观光的站点。尽管"壮游"[1]这种说法直到1670年才出现，但是人们对这些地区的远游早在一个世纪前就已经开始了。当时到意大利旅行被视作是购买顶级古董和高档艺术品的难得机会，甚至因为访客的剧增，它们的价格也出现了飞涨。[79]这的确是一种成年礼，不仅仅是参与其中的年轻人，更是文化上的蜕变：南欧的果实正渐渐被欧洲北部所吞噬。随着欧洲大陆中心的改变，古代的珍珠和同时代的文化都会随之转移。古代世界最著名的雕塑中有三座分别被收藏在大英博物馆、剑桥的费兹威廉（Fitzwilliam）博物馆和牛津的阿什摩林（Ashmolean）博物馆，都是由富有且懂文化的旅行者购来的。[80]

他们还带回了建筑、纪念碑和雕塑方面的设计理念。很快，英格兰和低地国家就引进了诗歌、艺术、音乐、园艺、医药和古典时期的科学，并开始按照过往的荣耀来塑造今日的辉煌。[81]罗马人不禁目瞪口呆，一些来自帝国偏远外省的小地主和小官员竟然在用古罗马英雄（甚至是皇帝）的形象来为自己造半身像。[82]不过很快罗马人便会发现，他们的"不列颠尼亚"（Britannia）[2]即将统治世界。

---

[1] 16世纪末，欧洲贵族子弟在完成学业后，会带着家庭教师或男仆前往欧洲城市远游。久而久之成为欧洲人的成年礼。——编者注
[2] 不列颠的拉丁文名。——编者注

| 第十四章 |

帝国之路

权力向欧洲北部的转移让一些国家失去了竞争力。比如在奥斯曼帝国,人口多于1万的城市数量在1500年至1800年间几乎没有变化;农业产量也未获得提升,因为无须应对不断增长的需求压力。这些都意味着经济的停滞不前。此外,国家的税收也出现了不足,部分归咎于包税制(tax farming)的实行,这种制度能鼓励个人快速赚钱,而代价则是国家长期收入的短缺。[1]

奥斯曼帝国的官员确实是手段高超的管理者,善于集中资源、分置人口,以确保粮食和供应能够到达最需要的地方。这一运作有效、流畅的管理体系,帮助帝国在15世纪和16世纪有能力吞并更多的土地。然而,随着扩张的脚步放缓,这一体系的脆弱性显现了出来:奥斯曼帝国陷入了腹背受敌的困境,需要同时应付来自西方欧洲以及东方萨法维波斯的军事行动。另外,气候变化也给奥斯曼帝国造成了严重的影响。[2]

与西欧沿着不同轨迹发展的穆斯林社会结构,也是影响奥斯曼帝国停滞不前的一个重要因素。同基督教社会相比,伊斯兰社会的财富分配通常更为平均,这在很大程度上要归功于《古兰经》中对遗产的详细规定。包括在妇女继承权的问题上,《古兰经》也明确规定了她们可以并且应该得到父亲和丈夫的遗产。穆斯林女性能够期望的东西确实要比欧洲女性多得多，但是这种做法无法使大量财富长期留存在同一个家庭中。[3]这虽然意味着贫富差距永远会不像欧洲那样严重，因为财富得到了更为广泛的重新分配和再次流通，但同时也在一定程度上抑制了经济的增长：由于有关遗产的教义和规定，各个家庭很难通过连续几代人来累积资本，因为遗产在继承过程中被不断地平均分配；而在欧洲，长子继承制意味着资源将集中于一个儿子之手，这为积累大量财富铺平了道路。[4]

欧洲——更确切地说是欧洲西北部——从未有过的繁荣，令一些人感到担忧。低地国家加尔文教派的教士就认为，金钱是万恶的根源，会让人沉迷于奢侈品。[5]在英格兰也有类似的观点，托马斯·孟（Thomas Mun）是17世纪初的一位评论家，他愤怒地指出人们"整天无所事事，只知道享乐"，并警告说，物质财富将导致知识上的贫瘠以及精神和肉体上的"大麻风病"。[6]

当然，财富增长所带来的利益并没有得到平均分配。地租的上涨对地主是件好事，但对佃户来说就不太妙了；更开放的市场意味着国内羊毛、纺织品和其他行业面临更多竞争带来的价格压力。[7]经济和社会的剧变还导致了道德标准的降低，让一些人动起了歪脑筋。越来越多的保守人士断定，是时候去建立一个新的世外桃源了，一片能奉行简朴生活的、以宗教奉献和精神纯粹为先的乐土，一块能让一切重新开始并且返璞归真的土地。

定居在新英格兰的清教徒就是这样做的。他们不满于欧洲崛起所带来的变化，反对随之而来的富足生活。他们对那些让世界变得陌生的新思想和新事物十分反感：出现在家庭餐桌上的中国瓷器，与和欧洲人肤色不同的人结婚所导致的身份及种族问题，以及被某位学者称为"第一次性革命"的对待肉体态度的转变。[8]

摆脱这一切的答案就在大西洋的那一边。他们选择的目的地不是那些已经有人驱使奴隶开拓甘蔗种植园的加勒比地区，而是新英格兰的处女地。在这里，移民们能够过上一种理想化的虔敬而淳朴的生活。唯一难对付的是土著人，他们"喜欢用各种能想到的残忍手段折磨人，如用贝壳给活人剥皮、把人的四肢和关节一点点切下来、在活人面前烤他们的肉吃等各种可怕而残忍的行为"。[9]但即便如此还是值得冒险，这里仍然要比他们原来生活的世界好得多。人们很容易忘记，这些清教徒先辈们在安全抵达这片富饶土地之后首次庆祝的感恩节，其实也是一场反对全球化的纪念活动：不仅仅是对新发现的伊甸园的欢呼，也是对已遭破坏的故乡天堂的告别。[10]

对于那些有着不同想法的人来说（他们无意于坚持简朴的、宗教保守主义的生活状态，而是渴望在世界上发现新收益、寻找新乐子），还有另外一个选择：向东到亚洲去。不过，要想系统地、有组织地搭建一个将英格兰与亚洲连接在一起的平台并不容易，这是一个缓慢的、常常令人泄气的过程。早在1600年就已获得好望角以东地区皇家贸易专营权的英国东印度公司（EIC），借助武力成功地在波斯湾的阿巴斯港（Bandar Abbas）和印度西北部的苏拉特港（Surat）取代了葡萄牙人，并在那里建立了颇具潜力的贸易据点。然而，与无所不能的荷兰东印度公司（VOC）进行竞争是一项巨大挑战。[11]英格兰的贸易规模确实在增长，但处于霸主地位的荷兰人在17世纪中叶的货运量是英国人的三倍。[12]

英国与荷兰之间的关系很复杂。一方面，低地国家为英国商品提供了客户和贷款，因此尽管英国东印度公司与荷兰东印度公司之间存在着商业上的竞争，但是它们的成功并不是相互排斥的。另一方面，这两个坚定的新教国家不乏军事和政治合作的基础，因为它们拥有共同的敌人——西班牙。1639年，荷兰舰队在英吉利海峡击败了西班牙人，不久之后又在巴西沿海的伊塔马拉卡岛（Itamaracá）再次取胜，这令英格兰的一些上层人士深受鼓舞。于是，自命不凡的奥利弗·圣约翰（Oliver St John）率领代表团前往海牙，以求巩固同荷兰的关系，他甚至提出两国应当"结成更加紧密的联盟"——换句话说，双方应该合并为一个国家。[13]

不过，欧洲列强的行为向来难以捉摸。在提出结盟建议后仅仅一年，英国和荷兰就兵戎相见了。战争的导火索是圣约翰代表团回国后不久国会颁布的一项法律——《航海条例》。该条例规定，今后所有进入英国的货物必须是由英国的船只运抵英国港口。尽管这一以恢复内战之后的经济为名义的条例，隐藏在其背后的无疑是商业动机，但它也表明，在英国存在一个日益强大的游说团体，他们批评荷兰人只受金钱驱使，过于物质，而且缺乏宗教信仰。[14]

　　该条例展现了英国人的野心。正如一个世纪前他们对西班牙人的评价越来越恶毒一样，如今对荷兰人的批判也是如此，特别是当荷兰因试图为自己的港口打通英吉利海峡和北海之间的商道而与英国爆发激烈交战的时候。这导致了英国的海事改革。海军在都铎王朝时代就已经获得了大量的投资，现在更是被加以系统性的彻底改造。17世纪下半叶，英国人为大规模的造船计划投入了大批资源。海军开支剧增，很快就占到了整个国家预算的将近五分之一。[15] 塞缪尔·佩皮斯（Samuel Pepys）见证了这一进程，他的个人日记不仅记录了正在发生的军事和地缘政治上的转变，还描绘了小到造船厂、大到整个国家的翻天覆地的变化。[16] 佩皮斯收集了荷兰专业人士最新的相关作品——包括造船理论大师尼古拉斯·维特森（Nicolaes Witsen）的著作——并开始全面运用这些理论：从开办教授"航海艺术"的学校，到为志向远大、资金充沛的新一代设计师提供最前沿的技术参考。[17]

　　海事改革围绕着三个基本观点。首先是特制的重型战舰的效率要比轻型巡洋舰高。成功的关键在于能否发射密集的火力，以及抗密集火力打击的能力。因此人们在舰船设计上做出了相应的改进，力求建造出如同漂浮在海上的堡垒一般巨型强大的军舰。

　　第二个观点是，实战是更好的课堂。17世纪50年代和60年代与荷兰的对抗均以惨败告终，舰船被击沉或俘虏，高级将领和舰长战死沙场。仅在1666年的一次交战中，英国就丧失了几乎十分之一的海军高级指挥官。痛定思痛，英国人对海军战术进行了系统性的重新研究。由当时最杰出的海军统帅布莱克上将（Admiral Blake）所写的《战斗指令》等训练指南获得了广泛的传播，并被迅速运用。分享新知和以史为鉴是打造世界最强海军的关键。从1660年至1815年，英国舰长的阵亡人数令人吃惊地降低了98%。[18]

　　第三个也是最重要的观点：海军必须像一个正规机构那样运转。要想成为上尉，必须先在海上服役三年，然后通过由高层军官命题的考试。军队晋升严格地基于能力而非随意任命，这不仅意味着只有那些有才干的人才能升到高位，还意味着他们的晋升也必须得到同僚的认可。这种透明的任人唯贤的选拔机制后来又得到改进，以嘉奖那些在最重要的职位上服役最久的人。这与施行于伊斯兰早期、并在之后穆斯林的征服过程中被证明行之有效的组织规则大体一致。现在，英格兰也采取了这种根据预设规则分配利益的方式，军官和水手按级别和服役年限获得相应奖励。这使得晋升成为一种向人人开放的获利机会，促使人才向高层流动。这一制度还受到海军部门的监督，目的是杜绝偏袒和不公平，确保有功必赏。[19]

改革很快就收到了成效。对海军的重金投资大大增强了英国的实力，并使得它有机会利用任何欧洲内部对抗、战争以及加勒比等地的局势来让自己得益。[20]经过与改革一样的长期而缓慢的进程，英国人终于在亚洲确立了强大的贸易地位。除了苏拉特，东印度公司还在印度次大陆东南角的马德拉萨帕南（Madrasapatnam，即今印度金奈）建立了一个重要的贸易枢纽站点。英国人曾经在17世纪上半叶与当地的统治者通过谈判获得了免税贸易的特权。正如当代企业众所周知的，税务减免是相当大的便利，使得长途运抵的货物能够廉价出售，并且很快会带动国内物价的下降。另外，随着生意越做越大、越做越成功，东印度公司必将在未来的其他谈判中获得更有利条件。短短七年，马德拉萨帕南就发展成了一座繁荣的城市。英国在其他地区继续复制这一模式，效果最明显的要属孟加拉的明珠——孟买（Bombay）和加尔各答（Calcutta）。东印度公司的财富正稳步积累。[21]

与荷兰的东印度公司一样，英国东印度公司与英国政府之间界限也非常模糊。这两家公司都有权像一个准地方政府一样行事：它们有权铸币、缔结同盟，不仅可以拥有而且还可以使用武器。在这些高度商业化且享受着政府保护和巨额利益的公司工作，无疑是一条极富吸引力的职业道路。全英国甚至是世界各地的人都蜂拥而至，其中还有保守主义的新英格兰人。那些在公司内一路高升的野心家和聪明人都得到了丰厚的报酬。[22]

其中的典型代表是一个出生于1649年的马萨诸塞人，他在儿时随着家人搬回英格兰居住，之后进入东印度公司工作。一开始他只是个低级文员，但经过层层晋升，最终成为马德拉萨帕南的总督。他给自己捞取了相当多的油水，实际上，五年后当他被免职时，人们都纷纷猜测他在任期内到底赚了多少钱。他回国时带回了5吨香料、大量的钻石和不计其数的珍宝，这说明对他的非议并不是空穴来风。他死后葬于北威尔士的雷克瑟姆（Wrexham），墓志铭是这样写的："出生于美国，欧洲血统，在非洲游历，在亚洲结婚……他做了很多好事，也做过一些坏事。愿他的灵魂蒙主的恩赐进入天堂。"他对英国的回馈十分慷慨，但他也没有忘记他的出生地。他在生命的最后阶段向康涅狄格州（Connecticut）大学捐赠了一大笔钱，于是该大学以更名的方式纪念这位今后可能再次向他们捐钱的富商：伊莱胡·耶鲁（Elihu Yale）。[23]

耶鲁可谓遇上了好时机。17世纪80年代，中国清朝解除了对海外贸易的限制，这使得茶叶、瓷器和中国糖的出口量猛增。结果，像马德拉萨帕南和孟买这样的港口，不仅自身凭借地理位置发展为重要的贸易中心，而且还成了新兴活跃的全球贸易网络的补给站。[24]17世纪末，欧洲与中国的接触开启了一个新时代。这些接触不仅限于商业。凭借一位17世纪末住在北京的耶稣会朋友带回的有关中国算术理论的资料，提出二进制的数学家戈特弗里德·莱布尼茨（Gottfried Leibniz）进一步完善了他的思想。那些能够充分利用这种全新贸易活动和文化交流的人，必会为自己赢得巨大的利益。[25]

东方，尤其是印度，在人们眼中逐渐成了暴富的摇钱树，但捐赠了大笔财富的耶鲁本人对此却十分谨慎。他在给他的孙子伊莱胡·尼克斯（Elihu Nicks）的信中说："你必须耐心，不要急于发财。我的财富耗费了我将近三十年的耐心。"[26]作为第一批实现梦想的英国人，耶鲁完全有资格如此严厉地警告后代。然而事实上，在亚洲赢得巨额财富的机会正变得越来越大。黄金时代正在降临英国。

一个北大西洋上的岛屿渐渐开始左右国际事务，成为一个控制着四分之一个地球并且影响更为深远的帝国中心，这可能会让过去的历史学家和其他帝国缔造者们瞠目结舌。不列颠不是一个宜居的地方，一位古代历史学家就曾写道，那里的空气有毒，风向一变就能杀死人。[27]定居在那里的是"不列敦人"（Britons）——据一位稍晚时期的学者猜测，他们的名字出自拉丁语的"brutus"，意思是缺心眼和愚蠢的。[28]这个与欧洲大陆之间隔着英吉利海峡的岛屿，遥远、孤独、无关紧要。但现在，这些缺点却成了令人生畏的优势，并且成为这个历史上最伟大帝国兴起的基础。

不列颠最终的成功有很多原因。例如，有学者指出，英国社会和经济的不平等程度要低于欧洲其他国家，英国底层人口摄入的卡路里要远远高于欧洲大陆国家的同等阶层。[29]近来的研究表明，经济增长提升了人们的收入，改变了人们的生活方式，这反过来又大大提高了劳动参与率和工作效率。英国的迅速崛起在很大程度上还要归功于它是众多改革者的故乡。[30]另外，与绝大多数其他欧洲国家相比，更低的生育水平能让资源和资本得到更加集中的分配，这直接关系到人均收入的高低。[31]

不过，地理位置才是英国的制胜法宝。英格兰——或在1707年与苏格兰合并之后的不列颠——拥有抵抗入侵的天然屏障：海洋。这不仅有助于应对军事威胁，而且还为政府大大节省了开支：由于没有需要守卫的陆上边境，不列颠的军事开支仅仅是其大陆对手的零头。有人做过估测，1550年时，英、法两国的武装部队规模大致相当；而到了1700年，法国现役军人的数量几乎是英国的三倍。这些军队都需要装备和军饷，意味着法国的军事开支远远高于英国。这些法国的士兵和水手原本都是纳税人和潜在的消费税贡献者，当他们离开家乡、工厂和其他工作岗位，前去为国参军时，法国的财政收入自然也随之缩减。[32]

当17世纪和18世纪欧洲大陆上的国家陷入彼此争执和交战时，英国能够幸运地置身事外。英国人学会了谨慎地进行干预，并利用那些对自己有利的局面；但要是骰子不在自己一边，他们就会选择作壁上观。欧洲的局势将决定世界另外一边的命运。围绕着谁将继承奥地利王位的激烈争吵导致了欧洲各国在全球殖民地之间的战争和交易：玛丽娅·特蕾莎（Maria-Theresa）在17世纪40年代即位的正统性问题引发了从美洲到印度的持续了近十年的战火；当事情最终在1748年得到解决时，法国和英国互相交换了加拿大的布雷顿角岛（Cap Breton）和印度的马德拉萨帕南。

这仅仅是众多例子中的一个。17世纪90年代末，欧洲九年战争结束后，印度的一些城镇被从荷兰人手中转交给法国人；20年后欧洲列强的一次更加激烈的交战，使得加勒比群岛在英、法之间易手；西班牙王位争议尘埃落定后，英、法两国又相互交换了北美洲的殖民地。

通过联姻同样能获得大片领土、战略要地或大型城市。当葡萄牙公主凯瑟琳·布拉甘扎（Catherine of Braganza）在17世纪60年代嫁给英王查理二世时，她的嫁妆之一就是孟买。该市的葡萄牙市长准确地预见到，这一慷慨的行为意味着葡萄牙在印度统治的终结。[33]欧洲各国寝宫里的动静、宫殿走廊里关于未来新娘的私下猜测，或者朝三暮四的统治者的故意冷落，都会对几千英里之外的地区产生影响。

在某种层面上，这些阴谋对东方人而言毫无意义，他们不关心是荷兰、英国、法国或其他国家占了上风。事实上，欧洲列强之间的竞争似乎只会为他们带来越来越丰厚的利益。在整个17世纪，彼此竞争的欧洲各国都向莫卧儿帝国、中国和日本派出了使节，以博取这些东方统治者的欢心，巩固既得利益，争取新的贸易特权。这还提升了中介人的重要性，比如古吉拉特的一位港口官员莫卡拉布·汗（Muqarrab Khan），他曾向17世纪初的印度国王贾汗吉尔（Jahāngīr）行贿。[34]当然，这些中间人也从中捞取了不少钱财，以莫卡拉布·汗为例，他在1610年购买的货物包括阿拉伯马、非洲奴隶和其他奢侈品，仅仅办理海关手续就花了两个月。[35]

就像一位历史学家所说的，英国人在亚洲秉持的行事准则是"每件事、每个人都有其价格"。[36]这导致了没有节制的馈赠，以及对那些贪婪受贿者的抗议。例如，莫卧儿国王贾汗吉尔有个奇特的收礼癖好：未成年的大象，还有渡渡鸟。人们这样评价他："有着一颗贪得无厌的心，从来不知满足。就像一个永远也填不满的钱包，拥有得越多就越贪婪。"[37]

17世纪60年代，在失去台湾后不久，荷兰人带着马车、盔甲、珠宝、纺织品和眼镜来到北京，试图博取中国皇帝的好感。[38]另一份于1711年前往拉合尔的荷兰代表团的礼单，以及一组描绘使团向北行进途中在乌代普尔（Udaipur）接受招待的图画显示出，荷兰人为奉承当地人、争取合作付出了极大的努力。他们带来的礼物包括日本的漆器、锡兰大象、波斯马、荷兰殖民地的香料，以及来自欧洲的货物：大炮、望远镜、六分仪和显微镜。不过这些并没有起到什么作用，荷兰使团提出的续签贸易特权的要求仍旧被搁置了。[39]

欧洲冲突的影响要花很长的时间才会波及东方。基本上，来此交易的商人越多、他们乘坐的船只越大，这意味着有越多的礼物、更多的酬金和更大贸易额。事实上，莫卧儿国王阿克巴、沙·贾汗和奥朗则布（Awrangzīb，1658—1707年在位）都热衷于在其生日时将自己与珠宝、贵重金属和其他财宝一起称重，直到天平两边平衡——难怪他们没有动力保持苗条的身材。[40]

对中间人也同样需要送礼打点。他们索取钱财以"护送"旅者和商人到达目的地，而那些不愿遵守规矩、拒绝掏钱的人则会麻烦不断。1654年，在拉杰马哈尔（Rajmahal）被没收货物的英国商人除了贿赂长官和他的手下外别无他法——就像荷兰人一直被迫做的那样。[41]莫卧儿国王知道外国人的抱怨，有时他也惩罚那些做得过分的人：据说，曾经有一个被指控有失公正的人被押到国王面前，然后被眼镜蛇咬了一口；在另外一个案例中，一个门卫遭受了鞭刑，因为一位音乐家控诉他在出宫时不得不将国王的部分赏赐交给此人。[42]

16世纪初以来，伴随着资本的大量注入，印度的艺术、建筑和文化也开始走向繁荣。资金还不断向中亚渗透，一方面是因为奥朗则布等统治者为了维持和平关系而向北方贡献了大量的礼金，另一方面则是草原游牧民大规模出售马匹的结果。印度北方市场上每年交易的马匹数量多达10万，而且一些血统纯正的马还能够卖出天价。[43]数量更多的牲畜被卖给来自波斯、中国和俄罗斯的商人，使得越来越多的财富流入中亚地区。像浩罕（Khokand，位于今乌兹别克斯坦）这样的城市迅速繁荣起来，据记载，当时那里能够买到质量上佳的大黄、茶叶、瓷器和丝绸，而且价格低廉、货源充足。[44]

尽管欧洲的贸易大幅兴起，但遍布亚洲屋脊的贸易网络仍然十分活跃。荷兰东印度公司的记录显示，每年都有数万头骆驼途经中亚的古老路线将织物从印度运到波斯。英国、法国、印度和俄罗斯的文献资料同样提供了有关当时绵延不断的陆上贸易的信息，并对17世纪和18世纪的贸易规模做出了描述：中亚的旅人不断谈及市场上出售的大量货物、要卖到喀布尔等地的数量惊人的马匹，以及"繁华的贸易中心"；这里汇聚了来自亚洲各地的商队，交易着纺织品、芳香植物根茎、精制糖以及其他各种奢侈品。[45]在这些陆上贸易中，少数民族的重要性不断提升：凭借着相同的习俗、家庭纽带以及建立远距离信用体系的能力，他们的存在让商业贸易变得更加顺利。在过去，扮演这一角色的是粟特人，现在则是犹太人以及更为重要的亚美尼亚人。[46]

　　水面之下，暗流汹涌。欧洲对亚洲的态度正逐渐强硬，他们不再将亚洲视为充满奇异植物和财富的仙境，而是一个和新世界一样软弱可欺的地方。罗伯特·奥姆（Robert Orme）的观点在18世纪是一个典型。作为东印度公司的首位官方历史学家，奥姆写了一篇名为《论印度斯坦居民的柔弱》的文章，显示出当时的英国人有多么冷酷。他们对自身的权益充满了信心，[47]对亚洲的态度也从获利的兴奋转向了野蛮的剥削。

　　"印度财主"（nabob），这个用来称呼那些大捞了一笔的东印度公司官员的词，完美地诠释了这一观点。他们的行为就像流氓，他们在当地放贷，利息极高；利用公司的资源为自己谋利，并且从交易中抽取惊人的回扣。这里是"狂野的东方"，也是一个世纪之后北美洲类似景象的前奏。回忆录作家威廉·希基（William Hickey）的父亲告诉他："到印度去，砍下半打有钱人的脑袋……你就是个印度财主了。"在东印度公司工作成了一张通向财富的单程票。[48]

　　这条路并非一帆风顺，因为印度次大陆条件艰苦，发财的野心可能很快就会被疾病扼杀。有证据表明，尽管医疗保健和药物卫生方面的改善降低了死亡率，但是被送回国或者被认为无法胜任的人数仍旧一直上升。[49]这里的经历可能令人痛苦难忘。17世纪末，当商船水手托马斯·鲍雷（Thomas Bowrey）和他的朋友们花了六便士买了1品脱[1]的大麻液之后，出现了这样的情景：一个人坐在地上痛哭了整整一个下午，而另外一个人则"吓得把脑袋伸进了一个大罐子里，并将这一姿势保持了四个多小时"；"四五个人躺在地毯上，互相吹捧"，还有一个人"变得暴躁易怒，不停地捶打门廊上的木头柱子，连手指关节的皮都被磨掉了"。[50]显然，熟悉世界的其他地区是需要时间的。

　　然而另一方面，人们能获得的回报也是惊人的。剧作家、报纸记者和政客们经常调侃那些新晋的富人：大量的家庭教师被雇去教授击剑和舞蹈等绅士体面的活动；选择裁缝时显出神经质般的挑剔；连在晚餐上适合谈些什么都需

---

[1] 1品脱约合568毫升。——编者注

要从头学起。[51]

假仁假义随处可见。老威廉·皮特（William Pitt the Elder）在18世纪末告诉他的议员同事：荒谬之处在于，"那些进口海外黄金的商人通过大量的私下贿赂得以被选举进入国会，因为没有任何人的家产能够与之相抗衡"。[52]当然，他似乎认为没有必要指出，他自己的祖父就是那位曾从印度任上带回世界上最大钻石之一"皮特钻"（Pittdiamond）的马德拉萨帕南总督，他用任职期间积攒下来的财富买了一片田庄，以及一个议会席位。[53]直言不讳的不只皮特一人，暴怒的埃德蒙·伯克（Edmund Burke）在不久之后告诉下议院的一个调查团：可怕的是，"印度财主"正在摧毁这个社会，他们四处撒钱、当选议员，并且迎娶贵族的女儿。[54]然而生气并没有什么用，毕竟谁不想要一个野心勃勃、年轻有钱的公子哥做女婿，谁不想要一个慷慨大方的男人做丈夫呢？

开启这些巨额财富的关键在于，东印度公司从一个在两块大陆间运输货物的贸易企业转变成了一股扩张势力。毒品交易和敲诈勒索进行得十分顺畅。印度种植园里的鸦片越种越多，它们为购买中国的丝绸、瓷器以及最重要的茶叶提供了资金。于是，中国的出口激增，官方数字显示，茶叶出口从1711年的14.2万磅增加到8年后的15万磅，其中还不包括走私的数量。与西方人对奢侈品的上瘾相对应的，是中国人对鸦片的上瘾。[55]

除此之外还有其他获利丰厚却并不光彩的赚钱手段。英国从18世纪开始为印度当地的统治者提供逐渐常规化的大范围保护，因此当1757年加尔各答受到孟加拉纳瓦布的攻击时，一支由罗伯特·克莱武（Robert Clive）领导的远征军被派去救援。克莱武很快就得到了大笔资金，用于支持当地希望获得继任的权位争夺者。不久，他就被授予了在当地收税的权力，并且可以动用该市的财政收入。加尔各答是当时亚洲人口最稠密、经济最活跃的地区之一，纺织业（在英国从东方的进口额中占据着一半以上的比重）的基地。几乎在一夜之间，克莱武就成了世界上最有钱的人之一。[56]

为了对占领孟加拉的后续成果进行评估，一个下议院特别委员会在1773年成立。该委员会透露了从孟加拉攫取的难以置信的财富。超过200万英镑（相当于今天的数百亿英镑）的财富被作为"礼物"分发，几乎全部都落入了东印度公司员工的腰包。[57] 伴随着这一骇人听闻的消息的，则是孟加拉可怕的灾难场景。1770年，当地的粮食价格被抬得越来越高，结果造成了毁灭性的饥荒。据估计有数百万人饿死，即便是当地的总督也宣布有三分之一的人死亡。在当地人死于饥饿的时候，欧洲人却只惦记着自身发财的事。[58]

这场灾难是完全可以避免的。这完全是为了个别人的利益而使大众受苦。面对众人的嘲讽，克莱武仅仅像一个苦恼的银行总裁那样回答道：他的首要任务是维护股东而非当地居民的利益；若就他的工作而言，他不应该受到任何指责。[59] 事态进一步恶化，孟加拉劳动力的减少破坏了当地的生产力；随着财政崩溃，物价的飙升导致了大规模的恐慌——这头金鹅似乎已经下完了它的最后一个蛋。东印度公司的股票被大量抛售，从而将该公司推向了破产的边缘。[60] 公司的主管们远非万能的管理者和财富创造者。结果，东印度公司的做法和理念引发了一场洲际金融危机。

紧急的磋商之后，伦敦方面认为东印度公司实在太大，绝不能垮掉，因此同意采取应急措施。然而，援助行动需要筹集大量现金。于是英国将目光投向了北美的殖民地，那里的税率比英国本土要低很多。当诺斯勋爵（Lord North）[1] 的内阁在1773年颁布了《茶叶法案》后，他们认为自己已经找到了解救东印度公司的巧妙方法，同时还统一了美洲殖民地与英国本土的部分税制。然而让他们意想不到的是，这一法案点燃了大西洋彼岸定居者的怒火。

在宾夕法尼亚广泛散布的传单和小册子，将东印度公司描绘成制造"暴政、掠夺、压迫和流血"的老手、英国政府所有错误的代表。英国社会的最高阶层已经成了贪婪而自私的奴隶，为了自肥不惜损害普通大众的利益。[61] 由于英国政府不允许他们派代表参与政治决策，这些不满的殖民者结成了统一战线以拒绝政府的指令，并迫使一些运送茶叶的船只不得不返回英国。当三艘茶船进入波士顿港口时，当地人与英国当局之间发生了激烈的对峙。12月16日夜，一些人化装成印第安人登上茶船，将茶叶倾倒入海。他们宁愿茶叶沉入海底也不愿被迫向伦敦缴纳税金。[62]

---

[1] 腓特烈·诺斯（Frederick North，1732—1792），1770年至1782年出任英国首相，以"诺斯勋爵"的头衔为人熟知。——编者注

从美国人的立场看，导致美国《独立宣言》诞生的一连串事件都有着特定的美洲背景。但是从更宽广的角度看，其原因可以追溯到英国为寻求新机会的进一步扩张，以及在丝绸之路上因收获太多太快而造成的失衡。伦敦试图平衡地球两侧相互矛盾的要求，用从一个地方收上来的税款来填补地球另一侧的开支，从而引发了人们的失望、不满和造反。对利润孜孜不倦的追求还激发了英国人的自信和自大。克莱武在东印度公司倒闭前夕对检察官们说，除了它的名字，这家公司几乎就是一个帝国。它统治着那些"富裕、人口众多、物产丰盛"的国家，"拥有两千万臣民"。【63】正如美洲殖民地的居民所发现的，英国治下各地的臣民之间并没有什么根本上的不同。如果孟加拉人会饿死，那么并无更大权利的其他殖民地居民难道就不会吗？是时候必须靠自己了。

美国独立战争促使英国人深刻反省应该如何对待那些已经确立了贸易地位以及政治影响力的地区。对孟加拉的占领是一个分水岭，英国自此从一个通过本国移民管理殖民地的国家转变为一个统治着其他民族的政权。英国人必须理解这意味着什么以及如何平衡帝国中央与边疆的各自需求，而且留给他们的时间非常短。英国人发现他们统治的是一批拥有自己法律和习俗的人群，因此不得不搞清楚自己需要从这些新的社会群体中索取什么、为他们贡献什么，以及如何打造一个持续可行的共赢平台。

一个帝国正在诞生，它的诞生标志着一个时代的结束。随着购买力、资本和焦点无可挽回地转向欧洲，在印度的绝大部分地区都落入了英国手中之后，陆路贸易自然宣告终结。随着军事技术和战术的革新，尤其是火药和重型火炮的改进，使得骑兵的重要性大大降低，同样导致亚洲千年以来纵横交错的商路日益萧条。中亚和之前的南欧一样，开始迅速褪色。

丢失北美十三块殖民地让英国人颜面尽失，并且意识到确保英国领地的安全是多么的重要。从这个意义上讲，康沃利斯勋爵（Lord Cornwallis）被任命为印度总督实在是一个令人惊讶的决定：要为英军在大西洋对岸的溃散负首要责任的就是他，在约克镇向乔治·华盛顿投降的也是他。也许是认为他已经吸取过惨痛的教训，而最佳的选择是让这些吸取了教训的人确保不会再犯同样的错误。英国可能已经失去了美利坚合众国，但是它绝不能再失去印度。

| 第十五章 |

危机之路

美洲的失败大大震惊了英国人，这一挫折暗示出帝国的脆弱性。通过直接管辖或委任东印度公司，英国人千辛万苦地确立了统治地位，并从中收获了繁荣、权势和力量。英国疯狂地保护着它在通往帝国道路上的垫脚石：那些连接在一起并最终通向伦敦的绿洲。英国人牢牢控制着从爪哇海到加勒比海、从加拿大到印度洋的航道，并且对任何想要清除或削弱他们控制力的企图都心存警惕。

尽管19世纪通常被视为英帝国的全盛时期，一个英国地位不断巩固的时期，但这也意味着将出现盛极而衰的迹象：它的掌控开始放松，这常常给战略、军事和外交造成灾难性的后果。为了保护和控制遍布全球的领土，英国不得不与欧洲甚至全球的竞争对手展开赌博性的冒险游戏，其赌注也变得越来越高。到了1914年，事态终于一发不可收拾，连帝国本身的命运都被押在了一场爆发在欧洲的战事上。将欧洲拖入泥潭的并不是围绕伦敦、柏林、维也纳、巴黎、圣彼得堡等权力中心的长期误解和一系列不愉快事件，而是已经酝酿了数十年、为了争夺亚洲而引发的紧张局势。隐藏在第一次世界大战背后的不是德国，也不是俄罗斯，而是欧洲各国在东方投下的阴影。英国曾极力试图阻止阴影的扩散，最终却还是将世界拖入了战争。

在弗朗茨·斐迪南（Franz Ferdinand）[1]遇刺前的100年间，俄罗斯成功地从一个摇摇欲坠的古老农业王国转型成为一个改革后野心勃勃的帝国，它对英国的威胁就像恶性肿瘤一样不停增长。警钟不断地在伦敦敲响，人们越来越清晰地意识到，俄罗斯的壮大和扩张不仅触及了英国的利益，甚至还威胁到了英国本身。

麻烦最早出现在19世纪初。数十年来，俄罗斯一直在推进它的边界，吞噬着中亚大草原上新的领土和新的人口。其东部和南部的草原上错落地分布着吉尔吉斯人、哈萨克人和卫拉特人（Oirat）等部落。俄国的扩张首先从容易的地方开始。尽管马克思曾深刻地批判了"新俄罗斯"建立过程中的帝国主义行径，但是不得不说俄罗斯人在此进程中表现得相当理智。[1]很多时候，被征服的当地首脑不只得到了丰厚的回报，而且还被允许保留权力；他们在自己地盘上的地位得到了圣彼得堡的支持和正式认可。赋税减免、土地授予和兵役蠲除等优惠政策，使得俄国人的统治地位更容易被接受。[2]

领土的扩张促进了19世纪俄罗斯的经济增长。一方面，之前用于抵御来自大草原的掠夺和袭击的沉重开支逐渐减少，释放的资本可以被用在其他地方[3]；另一方面，从黑海北岸一直向东延伸的草原地带上有着肥沃的土地，给俄罗斯人带来了丰厚的回报。

俄国人以前不得已，只能在贫瘠的土地上种植谷物。其农作物的产量在欧洲是最低的，这使他们常常面临饥荒的威胁。据一位18世纪初的英国旅人记载，居住在伏尔加河下游及里海北岸的卡尔梅克人（Kalmyk，卫拉特人的一支）拥有10万名体格强壮、武器精良的男人，不过因为遭受几乎连续不断的袭击，他们没有充分发展农业。这位旅人写道，此处"几百英亩的肥沃土地在英格兰会很值钱，但是在这里却被荒废了"。[4]由于贸易受到了损害，城镇难以发展，其规模和数量都很一般，在19世纪之前仅有一小部分人口是城镇居民。[5]

---

[1] 弗朗茨·斐迪南（1863—1914），奥匈帝国的皇储，1914年在萨拉热窝被人刺杀，这一事件通常被认为是第一次世界大战的导火索。——编者注

随着这些情况得到改变，俄罗斯人的野心也开始膨胀。19世纪初，俄国军队袭击了奥斯曼帝国，以维护在当地的特权，包括位于德涅斯特河（Dniester）与普鲁特河（Prut）之间的比萨拉比亚（Bessarabia），以及里海沿岸的大片土地。之后不久，俄罗斯又进攻了高加索南部，但却被波斯人打败。

高加索地区的势力平衡正在被打破。这片土地上的疆域、省份和汗国要么已经独立，要么是波斯数百年来的附庸国。重新绘制势力地图意味着该地区的重大转变，同时也表明了俄罗斯向南扩张的野心。很快，英国人就了解了这一转变的意义，特别是当他们收到消息称，法国已向波斯派遣了一个使团，试图危及英国在东方的地位。1789年的法国大革命起到了类似黑死病的效果，继大规模混乱之后而来的是崛起复兴的新时代。

到了18世纪末，拿破仑不仅谋划着征服埃及，而且还想把英国从印度赶出去。据称他曾经写信给迈索尔（Mysore）[1] 的苏丹蒂普（Tipu），宣称数量庞大且战无不胜的法国军队很快就会"将他从英国人的枷锁中解救出来"。[6] 的确，印度对当时的法国战略家们来说极具诱惑力。[7] 深受拿破仑信任的将军加尔丹伯爵（Comte de Gardane）在1807年被派到波斯。加尔丹的任务是与波斯国王结盟，同时还要绘制一份详细的地图，为法国在印度次大陆采取大规模军事行动做准备。[8]

英国人立即做出了反应，他们派遣了一位高官——高尔·乌斯利爵士（Sir Gore Ouseley）面见波斯国王，以对抗法国的行动。与他一同前往的是一支庞大的代表团，"能够最大限度地向当地人展示我们之间长久的友谊"。[9] 英国代表团做了大量的工作来引起波斯国王及王室的注意，尽管关上门后没有人会掩饰他们对当地习俗的蔑视。波斯人不停地索要昂贵的礼物，这一点尤其让英国人瞧不起。与国王乔治三世（George III）的信一起送给波斯统治者的一枚戒指被认为太小了，不值什么钱，这让乌斯利忧心忡忡。他愤愤不平地写道："这些人的卑鄙和贪婪令人恶心！"[10] 另一位在同一时期访问德黑兰的英国官员也深有同

---

[1] 印度南部的反英邦国。——译者注

感。他写道，波斯人对纳贡和赏赐的仪式十分拘泥，那些关于"坐下和站起的规矩"都可以写一本厚厚的书。[11]

然而在正式场合中，一切都是另一副光景。波斯语说得相当流利的乌斯利确定，与法国大使相比，当他到达时，波斯人从首都出迎的距离更长，这意味着他和他的使团地位更高；他与国王的会面安排也会比对手快；此外乌斯利还高兴地注意到，他的座位比正常情况下更靠近王位。[12]为了争取波斯人的好感，英国人还派出一支由两名皇家炮兵军官、两名士官以及十名炮手组成的英国军事顾问团。他们负责训练波斯士兵，并就边境防务提出建议，甚至指挥突袭了位于苏尔塔纳巴德（Sultanabad）的俄罗斯人据点，迫使这里的守卫于1812年年初投降。

同年6月，随着拿破仑向俄罗斯发动进攻，局势发生了变化。当法国军队兵败莫斯科后，英国人看到了与波斯保持距离并与俄国人站在一边的好处。在发给外交部的报告中，乌斯利将俄国人称为"我们的好朋友"，而外交部也注意到了因法国进攻俄国所导致的更为复杂的局面。乌斯利总结道："波斯人性格怪癖，他们对所有给予他们的善意都毫无感觉、毫不领情"；波斯人可以轻易地牺牲别人辛辛苦苦建立起来的友谊，并且没有丝毫愧疚，因为他们是"世界上最自私自大的人"。[13]

英国人对英俄关系的重视让波斯人很失望，他们认为这个曾经坚定的盟友意外地改变了策略。1812年，俄国人携击败拿破仑的余勇穿过高加索山脉突袭波斯，从而引发了英国人和波斯人之间尖锐的相互指责。俄罗斯—波斯战争结束之后，曾经为讨好波斯国王付出极大努力的乌斯利于1813年起草了《古利斯坦条约》（*Treaty of Gulistan*），将里海西侧绝大部分地区——包括达吉斯坦（Dagestan）、明格雷利亚（Mingrelia）、阿布哈兹（Abkhazia）和特尔宾特（Derbent）——划归俄罗斯。这对波斯人来说无异于背叛行为。

这一严重偏向俄国的条约激起了波斯人的反感，他们将之视为英国人毫无信用、自私自利的表现。波斯大使在写给英国外务大臣卡斯特雷格勋爵（Lord Castlereagh）的信中说道："我对英国政府的行事深感失望。我信赖与英格兰的伟大友谊，信赖你们支持波斯的坚定承诺。"大使接着写道："然而，事情的结果却让我感到彻底失望。"他警告说："如果再继续这样下去，将有损于英格兰的声誉。"[14]拿破仑进攻的失败使得俄罗斯成为一个大有用处的盟友，但作为代价，英国人不得不牺牲与波斯的关系。

随着俄罗斯的势力不断扩张，它的国际影响力已经不局限于欧洲或近东。和我们现在看到的世界地图不同，19世纪上半叶俄罗斯的东部边境根本不在亚洲，而是在其他地方：北美。俄国人首先穿过白令海，在今天的阿拉斯加地区建立了殖民地，之后沿着加拿大西海岸一路向南修建了定居点，并于19世纪初抵达加利福尼亚索诺玛县（Sonoma County）的罗斯堡（Fort Ross）。这些并非临时的商人，而是永久的移民，他们在那里投资修建港口、仓库甚至是学校。北美沿海地区土生土长的克里奥尔人（Creole）男孩们在学校里学习俄语和其他俄罗斯课程，其中一些人被送到圣彼得堡深造，有时还会被招收进入最负盛名的医学院。[15]巧合的是，沙皇派出皇家公使抵达旧金山湾与西班牙总督商讨物资供应等事宜的那段日子，也正是高尔·乌斯利在1812年拿破仑入侵俄罗斯之后试探俄国人结盟意向的时刻。[16]

随着俄罗斯以更大的步伐扩张领土，它的野心也愈发膨胀。俄罗斯人对待边境线外那些人的态度也变得强硬起来。他们将南亚人及中亚人视为野蛮人，认为他们需要被教化，并且采取了相应的行动。这引发了一场灾难，尤其是在车臣（Chechnya），自大而残忍的阿列克谢·叶尔莫洛夫（Aleksei Ermolov）将军对当地人施加了令人震惊的暴行。这不仅催生出像伊玛目·沙米尔（Imam Shamil，他曾领导了卓有成效的抵抗运动）这样具有号召力的领袖，而且还使得该地区与俄罗斯的恶化关系持续了好几代人。[17]

人们对高加索和大草原的印象十分陈旧，认为那些地区充满了暴力和犯罪。这在诸如亚历山大·普希金（Alexander Pushkin）的《高加索的俘虏》以及米哈伊尔·莱蒙托夫（Mikhail Lermontov）的《摇篮曲》等诗篇当中均有体现：后者描绘了一个嗜杀成性的车臣人沿着河岸匍匐前进，手中握着匕首，准备杀死一个小孩。[18]一位政治激进主义者在基辅说道，俄罗斯的西部环绕着"最精致开明"的世界，而它的东部却面对着可怕的愚昧；因此，"与半野蛮人的邻居分享我们的知识"是我们的义务。[19]

然而并不是人人都认同这一做法。对于未来几十年中俄罗斯帝国到底应该将注意力放在哪里，俄国的知识分子争论不休：是西方优雅的沙龙，还是东方的西伯利亚和中亚？在皮奥特鲁·察达耶夫（Pyotr Chaadaev）看来，俄罗斯不属于"任何一个人类大家庭。我们既不是西方的，也不是东方的"。[20]但是对其他人而言，东方的处女地提供了一个机会，一个可以让俄罗斯拥有自己"印度"的机会。[21]欧洲列强不再被视为努力追赶的榜样，而是成了俄罗斯人的竞争对手，他们的优势将受到挑战。

作曲家米哈伊尔·格林卡（Mikhail Glinka）从俄国早期历史和可萨人的生活中为他的歌剧《鲁斯兰与柳德米拉》寻求灵感。亚历山大·鲍罗丁（Alexander Borodin）也把目光投向东方，他在交响诗《在中亚细亚草原上》中勾勒出大草原上商队连绵的远途贸易场景；由他创作的《波罗维茨舞曲》也受到了游牧生活节奏的启发。[22]无论在主题、旋律或乐器使用上是否模仿得当，"东方主义"韵味始终是19世纪俄国古典音乐的一大特色。[23]

陀思妥耶夫斯基在其作品中进一步提出，俄罗斯不仅应该涉足东方，而且还要拥抱它。19世纪末，他在一篇题为《对我们来说，亚洲是什么？》的著名短文中呼吁，俄罗斯必须从欧洲帝国主义的束缚中解放出来。他写道：在欧洲，我们是小丑和奴隶；但在亚洲，"我们是主人"。[24]

之所以会有这样的观点，要归功于俄罗斯人的不断成功。在击退了19世纪20年代波斯人的进犯后，俄罗斯又进一步获得了高加索地区的大片土地。受到当地人对叶尔莫洛夫将军的仇恨鼓动（他曾当众吊死女人和儿童），饱受《古利斯坦条约》打击的波斯国王法特赫·阿里（Fath ʿAlī）于1826年下令进攻俄军据点。[25]结果，叶尔莫洛夫被解除职务，沙皇的军队穿过高加索山口，击溃了波斯人，并在1828年迫使波斯签署了比15年前苛刻得多的条约：更多的土地被割让给俄国，同时还要支付巨额的现金赔款。更令人感到屈辱的是，波斯国王不得不请求沙皇，正式承诺支持他的太子阿巴斯·米尔扎（ʿAbbās Mīrzā）在他死后继位，因为老国王担心太子可能无法登基，更别说掌控大权了。

不久之后，德黑兰爆发了动乱。1829年2月，人群包围并攻占了俄国大使馆。36岁的公使、著名讽刺小说《聪明误》的作者、对波斯人态度强硬的亚历山大·格里鲍耶陀夫（Alexander Griboyedov）被杀害，他那还穿着制服的尸体被暴徒们拖着游街。[26] 波斯国王得知此事，立即采取行动以防止俄国发动全面入侵。他派深受他宠爱的孙子向沙皇致歉，并献上将沙皇称为"我们时代的苏莱曼"的诗歌，以及世界上最大的宝石之一作为礼物。这颗将近90克拉重的宝石曾被其他红宝石和绿宝石围绕、一同镶嵌在印度多位君主的王冠上，现在则作为换取和平的贡品被送往圣彼得堡，并且幸不辱命：沙皇尼古拉斯一世（Nicholas I）宣布，这件事情从现在起就会被忘记。[27]

伦敦开始紧张了。刚进入19世纪的时候，英国还派了一个代表团到波斯，试图对抗拿破仑的威胁和狂妄。然而如今英国人发现自己面临着另一个意料之外的对手：威胁更大的是俄罗斯而非法国，前者似乎每天都在朝各个方向扩张。一些人对此早有预见。时任英国驻德黑兰大使的哈福德·琼斯爵士（Sir Harford Jones）指出，英国的政策意味着"将波斯的手脚捆起来送给俄国"。其他人则更为直接。20年代，威灵顿公爵（Duke of Wellington）内阁中的重要成员埃伦伯勒勋爵（Lord Ellenborough）写道，英国在亚洲的政策很简单：制约俄国的力量。[28]

这的确令人担心，波斯发生的事变强化了沙皇的力量，并使他成为波斯国王及其政权的保护者。1836年至1837年，为了反对俄罗斯的统治，哈萨克草原爆发了大规模暴动，中断了俄罗斯与中亚和印度的贸易路线。于是俄国怂恿新任波斯国王对赫拉特[1]采取行动，希望打通一条连接东方的新路线。俄国还向波斯军队提供了军事及后勤援助，以帮助他们达成目标。[29] 英国人完全被打蒙了，顿时陷入一片恐慌。

外务大臣帕默斯顿勋爵（Lord Palmerston）始终警惕地关注着局势的演变。他在1838年春天写道："俄国和波斯正在阿富汗搞鬼。"尽管那时的他仍然乐观地认为事情很快就会得到令人满意的解决。[30] 然而几周之后，他不得

---

[1] 当时由英国控制。——编者注

不开始真的担心起来。不列颠帝国皇冠上的宝石突然变得摇摇欲坠。他在写给密友的信中说，俄国的行动让它"离我们的印度大门有点儿太近了"。一个月后，他又向其他人发出警告：欧洲与印度之间的障碍已经被清除，"入侵帝国领土的道路一片平坦"。【31】事态看起来的确不妙。

英国人紧急派出一支部队占领了哈尔克岛（Kharg）[1]，通过转移波斯国王的注意力，成功地替赫拉特解了围。不过接下来的一系列举动则给他们带来了灾难。英国急于在中亚扶植一个可以信赖的、能确保其统治地位的领导人，于是一头扎进了阿富汗乱成一团的局势当中。在收到报告说该国的统治者多斯特·穆罕默德汗（Dost Muḥammad）接受了俄罗斯使节的合作提议后，英国决定支持他的对手舒贾沙（Shah Shuja），帮助其取得统治权。作为回报，舒贾沙同意英国军队在喀布尔驻防，并承认英国的合作者、强大的旁遮普王公对白沙瓦的吞并。

事情在一开始进行得很顺利，英国没费多少力气就控制了奎达（Quetta）、坎大哈、加兹尼和喀布尔这些位于商道交会点的地区。但是，外部干涉再一次（而且绝对不是最后一次）为阿富汗境内相互迥异且常常是分裂的利益集团提供了庇护。部落、种族和语言上的隔阂被放到一边，当地人对多斯特·穆罕默德汗的支持像滚雪球一般越滚越大，同时抛弃了自私自利、不得人心的懦夫舒贾沙，特别是在他发布了看起来是为了讨好英国人而牺牲当地居民利益的政令之后。全国的清真寺都拒绝以舒贾沙的名字来称颂"胡特巴"这一统治者的荣誉称号。【32】没过多久，对英国人以及被认为是亲英分子的人来说，喀布尔已经是个危险之地了。

1841年11月，苏格兰人亚历山大·伯恩斯（Alexander Burnes）在喀布尔遭到伏击身亡。他曾在这一地区广泛游历，因其知名作品和无休止的自我推销而闻名英国。【33】不久之后，英国做出了撤兵退回印度的决定。1842年1月，少将埃尔芬斯通（Elphinstone）指挥的撤退队伍在前往贾拉拉巴德（Jalalabad）途中的山口处遭遇攻击，在冬季的雪地里几乎全军覆没，这是英国军事史上

---

[1] 位于波斯湾东北部的岛屿。——编者注

最耻辱和惨痛的记忆之一。只有一人奇迹般地生还——医生威廉·布莱顿（William Brydon）。一本《黑森林》（Blackwood）杂志救了他一命：为了保暖，他把杂志卷起来塞到帽子里，从而抵御了阿富汗砍刀的大部分力量，否则他必死无疑。[34]

英国人在其他地区也企图先发制人、遏制俄国人的势力，但这些努力并不比在阿富汗的更有成效。他们希望同布哈拉的埃米尔（Emir）[1]修好，并在阿富汗以北地区赢得影响力，最终却事与愿违。亚历山大·伯恩斯和其他人将这片地区描绘成一幅民风淳朴的画面，让英国人误以为自己会受到热烈的欢迎。然而事实远非如此，与世隔绝的希瓦（Khiva）、布哈拉和浩罕等中亚汗国，根本无意卷入一场被自私自利的英国人天真地称为"大博弈"（the great game）的游戏。[35]两位英国官员查尔斯·斯托达特（Charles Stoddart）和亚瑟·康诺利（Arthur Conolly）上尉于19世纪40年代初来到布哈拉，提出中亚地区英俄关系问题的解决方案，结果却在一大群狂热的围观者面前惨遭斩首。[36]

第三个来到布哈拉的是一位叫作约瑟夫·沃尔夫（Joseph Wolff）的不凡人物。沃尔夫的父亲是一名德国犹太拉比，但他自己却改信了基督教。他曾经被罗马的大学除名，之后又进入剑桥大学学习神学。其导师是一名反犹太主义者，曾因观点过激而被学生们在大街上扔臭鸡蛋。[37]作为一名传教士，沃尔夫最初前往东方是为了寻找遗失的以色列支派。最后，他设法进入布哈拉，试图找到失去音信的两位公使。在这之前，他还给埃米尔写了一封信，让埃米尔不禁猜想这可能是个怪人。信中称："我，约瑟夫·沃尔夫，著名的基督教犹太人。""你们要小心了，"信里接着说，"我就要进入布哈拉，对康诺利和斯托达特被处死一事进行调查。但我知道布哈拉居民热情好客，因此并不相信这个谣言。"他很幸运，没有享受到和那两个人一样的待遇，而是被关进监狱并被告知将会一直待在里面直到死去。不过最后他还是得到了释放，但他的遭遇和死亡也相差无几。[38]

具有讽刺意味的是，从战略的角度讲，俄罗斯对布哈拉和中亚地区其实

---

[1] 对中亚地区地方领主的称呼。——编者注

并没有太大兴趣。反倒是这一时期的一些民族学研究，比如在圣彼得堡大受欢迎的阿列克谢·李夫辛（Alexei Levshin）关于哈萨克人的著作，显示出俄罗斯人对那些没有读写能力但却极具"音乐和诗歌天赋"的民族越来越强的好奇心，尽管他们从表面上看既愚昧又野蛮。[39]正如伯恩斯所写的，俄罗斯人在该地区的野心并不大，他们最主要的两个目标是促进贸易和禁绝俄罗斯人从事奴隶贩卖的行为。问题是，英国人从伯恩斯的作品中读到的并不是这些，真正引起他们注意的是他那些危言耸听的报告："圣彼得堡宫廷对亚洲这一地区怀有长远的构想。"[40]

驻巴格达总领事亨利·劳林森（Henry Rawlinson）不知疲倦地游说，他警告所有愿意听他说的人，除非俄罗斯的崛起被抑制，否则英国将在印度面临严重的威胁。可行的办法有两个：英国可以将帝国延伸到美索不达米亚平原，并建立一个能够保护西方通道的缓冲区；或者从印度派出一支主力部队向高加索地区的俄国人发动攻击。[41]劳林森大力支持他能找到的当地反俄势力：他为伊玛目·沙米尔提供武器和资金，后者在车臣的军事基地是19世纪中叶俄罗斯境内一根拔不掉的刺。[42]劳林森的帮助导致车臣地区形成了长期反俄恐怖主义的传统。

所以，一旦出现可以削弱俄国的机会，英国自然不会放过。如何对待基督徒的问题让奥斯曼帝国陷入了混乱局势，并在煽风点火之下迅速升级。1854年，英国人向黑海派出了一支大部队，与那里的法国人会合——法国人急于保护其在君士坦丁堡、阿勒颇和大马士革的广泛商业利益。他们的目的很简单：要给俄国一个教训。[1][43]

正如帕默斯顿勋爵在战乱期间所指出的："真正的目标在于遏制俄罗斯的勃勃野心。"在克里米亚、亚速海和其他地方（如高加索和多瑙河沿岸）爆发的这场莫名其妙的战火，其表面下隐藏的是更深层次的利益斗争。这位魅力超

---

[1] 即克里米亚战争（1853—1855）。起因是法国天主教徒和俄罗斯东正教徒对圣城耶路撒冷（位于奥斯曼帝国境内）控制权的争夺。奥斯曼苏丹左右为难，最终在威胁之下屈服于法国人。于是爆发了这场俄罗斯和英法联军之间的战争，并以英法联军的获胜结果。——编者注

凡、受人尊敬的英国外务大臣还向他的政府同僚们提出了一个分裂俄国的计划：要想控制俄国同时捍卫英国在印度的利益，就必须让土耳其人获得对克里米亚和整个高加索地区的控制权。[44]尽管这一庞大的计划没能实施，但它却有力地证明了俄罗斯的扩张对英国官员来说不啻是个噩梦。

一些人对英、法两国的侵略行为感到震惊。随着战事的推进，卡尔·马克思写下了大量义愤填膺的文章。他从中找到了丰富的素材，用来完善几年前他在《共产党宣言》中提出的帝国主义具有破坏性影响的观点。马克思详细罗列了陆军和海军开支的增长，并在《纽约论坛报》（*New York Tribune*）发表数篇评论，强烈抨击那些将西方拖入战争的人的虚伪本质。当阿伯丁勋爵（Lord Aberdeen）因俄国战场上持续严重的伤亡而被迫辞去首相职务时，马克思难以抑制他的欣喜之情。伦敦物价的上涨引发了英国本土的抗议活动，对于马克思而言，这显然说明了受一小撮精英摆布的英国帝国主义政策是以牺牲广大人民的利益为代价的。共产主义并非出自于克里米亚战争，但是无疑因此而完善。[45]

意大利的统一运动也是如此。在俄罗斯被打得满脸开花后——其代价是大量英法士兵的牺牲，其中包括了那些参与了丢人现眼的冲锋行动的轻骑兵[1]——终于在巴黎举行了停战谈判。撒丁王国首相加富尔伯爵（Count Cavour）也是谈判桌上的一员，他之所以能够参加谈判，是多亏了他的国王维托里奥·埃马努埃莱（Vittorio Emanuele）曾派出过一队士兵去黑海支援法国。加富尔巧妙地利用了这次亮相的机会，呼吁意大利统一和独立。这一号召得到了盟友们的响应，并激起了支持者的归国热情。[46]五年后，撒丁国王成了意大利国王，这是一个由众多迥然不同的城市和地区组成的国家。坐落于罗马市中心、历时30年建成的、壮观的维托里亚诺纪念堂（Altaredella Patria）——用普里莫·莱维（Primo Levi）的话说，是为了让罗马感受意大利人，以及让意大利感受罗马人——标志着意大利的建国运动达到了顶峰，而推动这场运动的无疑是东方数千英里外的那场争夺土地和影响力的战事。[47]

---

[1] 由于一位英国军官的指挥失误，约900名英国骑兵在一次不到20分钟的冲锋行动中全军覆没。——编者注

对俄罗斯而言，1856年巴黎和谈上所提出的条件几乎是一场灾难。英国和法国勾结在一起，试图往他们对手的脖子上套绞绳。俄罗斯被剥夺了在高加索地区得来不易的果实，并承受了无法使用黑海军事通道的耻辱。黑海被宣布为中立区，任何军舰不得驶入。同样，黑海沿岸也要非军事化，不得修建防御工事和军火库。[48]

和谈的目的是羞辱俄国并扼杀它的野心，但结果却事与愿违。凡尔赛的和约起到了完全相反的作用，并造成了危险的后果。克里米亚战争暴露出沙皇军队与英法盟军的差距，后者经验丰富且训练有素。和约促使俄罗斯进入了一个转型改革期。战争的惩罚如此严厉，以至于俄国人试图尽快摆脱这一枷锁。沙皇亚历山大二世（Alexander II）在收到了一系列措辞尖锐、将俄国军队批得体无完肤的报告之后，开展了彻底的军事整顿。[49]

显而易见的措施包括：征兵年龄下限从25岁调整至15岁，一下子降低了军队的平均年龄；同时大量购入先进装备，以替换那些老旧失灵的装备。[50]不过，最惊人的改变来自于影响深远的社会改革。尽管爆发于19世纪50年代末的严重银行危机起到了一定的作用，但克里米亚的失利和之后的羞辱才是促使沙皇废除农奴制（该制度使得大量的人口被卖身给富裕地主并束缚在土地上）的主要因素。短短五年，这个在俄罗斯延续了数个世纪的奴隶制度就宣告终结了[51]——虽然与同时代的其他国家相比，俄罗斯还是晚了一步。[52]这预示着社会现代化和经济自由主义的浪潮，它们帮助俄罗斯在19世纪下半叶取得了惊人的发展速度：1870年至1890年间，钢铁产量增加了五倍；而铁路网的极大扩展，正如一位现代学者所指出的，"将俄罗斯从它的地理局限性当中解放了出来"——换句话说，即将广袤的国土连成了一个整体。[53]英国不仅没有将俄罗斯关起来，反而把这个"妖精"从魔瓶里放了出来。

人们甚至在巴黎和约笔墨未干之时，就能够感受到俄罗斯的远大抱负。代表沙皇参加和平谈判的代表之一、军事专员尼古拉·伊格纳提耶夫（Nikolai Ignat'ev）对俄罗斯的遭遇，尤其是对俄罗斯在本国黑海沿岸所受的制约深感愤怒。他与亚历山大·普希金的同学兼密友戈尔恰科夫（Gorchakov）公爵商量，要在中亚执行一项任务，目标很明确："发掘、促进（这一地区的）友好

关系，在提升俄罗斯影响力的同时，削弱不列颠的势力。"【54】

伊格纳提耶夫积极游说政府对波斯和阿富汗进行考察，并派外交代表出访希瓦汗国（Khiva）和布哈拉汗国。他直言不讳地说：我们的目标是找到一条沿着源自咸海的锡尔河和阿姆河中的任何一条通往印度的道路。他强调，如果俄罗斯能够与印度边境地区的当地人结成联盟，并激起他们对英国人的敌意，那将会是十分理想的：这能让俄罗斯取得捷足先登的优势，而且不仅仅是在亚洲。【55】

由伊格纳提耶夫等人主导的这一计划收获了成效。在克里米亚战争结束后的15年内，俄罗斯未费一兵一卒就将数十万平方英里的土地置于自己的控制之下。一位老练的观察员在一份1861年提交给伦敦外务部的报告中指出，组织有序的探险活动加上巧妙施加于中国的外交压力，使得俄国"于短短的十年间"就在远东取得了长足的进展。【56】

没过多久，大草原南部的更多疆域以及那些遍布亚洲心脏地带的绿洲，统统落入了俄罗斯人囊中。到了19世纪60年代末，塔什干、撒马尔罕、布哈拉以及富饶的费尔干纳谷地中的绝大部分，都成了圣彼得堡的附庸国，并且最终都会被帝国吞并。俄罗斯正在打造属于自己的庞大贸易交通网络，该网络将俄国的西部边界与东方的符拉迪沃斯托克（Vladivostok）、北部的白海（White Sea）与南部的高加索山脉和中亚全都连接在一起。

当然，事情并不可能一帆风顺。尽管在克里米亚溃败之后立马启动了现代化改革，但俄罗斯人在大踏步前进的过程中还是拉伤了肌肉。帝国的转型需要筹集大量的资金，出于地缘政治和财政考虑，俄罗斯只能将阿拉斯加贱卖给美国。【57】尽管如此，英国人还是越来越担心俄罗斯崛起所带来的威胁。伦敦的意见是尽可能想办法挽回颓势；或者，如果不行的话，就将俄罗斯的注意力转移至别的地方。

| 第十六章 |

战争之路

19世纪末，俄罗斯人的野心急速膨胀。没过多久，他们就废除了《巴黎和约》中所有关于黑海的条款。俄罗斯一个接一个地说服了欧洲各国政府，默许从整体上修改和约，或删去相关条款。绝大部分国家都没有提出反对，只有一个例外：英国。1870年冬，英国内阁收到的关于废除条款的提议副本被泄露给了圣彼得堡的媒体，同时泄露的还有伦敦断然拒绝的消息。戈尔恰科夫公爵推波助澜的努力在俄罗斯取得了不错的效果，英国媒体对此义愤填膺。[1]

《旁观者》（*Spectator*）杂志宣称，俄罗斯想要重新谈判的企图是十分恶劣的，"是对欧洲法律、国际道义和英国政策的公然挑衅和藐视"。[2]不少人相信战争迫在眉睫，因为除了使用武力遏制俄罗斯外，英国别无他法。约翰·斯图亚特·密尔（John Stuart Mill）在给《泰晤士报》（*The Times*）的信中写道：国人对此事的反应非常激烈；这些行动也许是在挑衅，但是不应该触发军事冲突。在给外务大臣格兰维尔勋爵（Lord Granville）的电报中，维多利亚女王也同意："能否给这些主要报刊一点暗示，不要在这里鼓动战争情绪？"[3]

引起英国人担忧的，与其说是黑海的局势，不如说是俄罗斯不断秀肌肉的行为。采取军事行动不切实际，手里又是一副政治烂牌，英国人除了让步别无选择。这也让首相威廉·格莱斯顿（William Gladstone）遭受到众议院富有魅力的政客本杰明·迪斯雷利（Benjamin Disraeli）的冷嘲热讽。俄罗斯得到了它想要的，即能够在黑海沿岸自由活动，以及在克里米亚和黑海北部沿岸的港口部署战舰的权力。一位英国目击者称，这一"胜利"结果使圣彼得堡感到非常满意。据说沙皇亚历山大二世（Alexander II）私下里为此欣喜若狂，他下令在冬宫的小教堂演唱《感恩曲》（*Te Deum*），之后在圣彼得保罗大教堂"虔诚地祈祷了一段时间"。[4]

英国人无法将其经济实力转化为外交和政治上的成功，但他们很快便想出了一些新的手段。关于英国统治者称号的议题被提交讨论：考虑到英国治下的领土、地域和人口的规模和分布，有人提议应该将君主的头衔从国王升级为皇帝。这一修饰性的改变在国会引发了激烈的争论，想要更改沿用了数个世纪的级别、头衔和名称的主意吓坏了传统主义者。格兰维尔勋爵告诉上议院，国王对下一级的统治者拥有最高权威，没有必要升级君主的头衔。他宣称："议员们，关于女王陛下本人的尊严，没有什么比'维多利亚''大不列颠及爱尔兰女王'这样的头衔更有吸引力了。"这才是君主应有的名称。[5]

问题的关键在于俄罗斯和沙皇。除了可以追溯到罗马帝国外（沙皇Tsar是恺撒Caesar的简化形式），为了在官方外交和正式场合中显示出他所有的荣耀，沙皇的正式头衔中罗列了完备而冗长的统治地区名单。在19世纪70年代中叶，新首相本杰明·迪斯雷利向国会强调，一个高于女王的头衔将提升印度人民的信心，他们对涉足中亚的俄国始终感到忧心忡忡。维多利亚女王赞同这一原则，她写信给迪斯雷利说："从印度打击俄国是正确的方式"，而且一个更高级别的头衔有助于加强印度臣民的忠诚。[6]

另一些议员怀疑用这样的方式竞争究竟是否有必要。一位议员说：我们英国人"已经统治了印度一百年"，难道仅仅"为了能与俄罗斯相提并论"，就要变更女王的头衔？[7]然而，东方的剧变还是让一些人深感压力，他们挑衅地宣告："不列颠对印度斯坦的统治将一直延续下去"，因此，"这一领土中的任何部分都不能割让出去"。俄国的边界距离女王在印度的领土只有数天的行军路程，这是造成恐慌的一个重要因素。[8]经过激烈的争论，国会终于在1876年通过了议案，宣称维多利亚不仅仅是一位加冕40多年的女王，还是一位女皇。她本人也很喜欢这一说法：在赐给迪斯雷利的圣诞贺卡中，她的签名是"女王兼女皇，维多利亚"。[9]

在这种看似肤浅的手段之后，是更为实际的措施。在日益紧张的局势下，英国越来越担心它的领土会被对手夺走。英国人和俄国人都致力于在对方的国土上建立间谍系统，试图赢得当地居民的支持，并拉拢那些有影响力的人士。旁遮普骑兵团的麦克林（Maclean）上校是19世纪80年代那些受委派监视波斯、印度和阿富汗边境活动的间谍之一。他建立了一些由当地商人和电报运营者组成的团体，并且鼓励他们打听传递有关这一地区事态发展的消息。麦克林的目标是穆斯林的神职人员，他送给他们围巾、地毯、雪茄甚至是钻戒，以显示与英国合作的好处。麦克林为这些贿赂行为辩护说，这是拉拢当地权势人物的必要手段。然而，这些礼物最后都被当地统治者用来在这片让外部势力激烈竞争的动荡地区上强化神权。[10]

真正让英国人担心的是俄国的意图和能力，以及俄国在中亚的扩张对印度施加的压力。伦敦开始将重点转到与俄罗斯的军事对峙上，迪斯雷利建议女王做好授权派遣英国军队进入波斯湾的准备，同样，作为印度女皇的她还应该命令她的军队将俄罗斯人逐出中亚、赶回里海。[11]局势愈发紧张，总督利顿勋爵（Lord Lytton）在1878年至1880年间两次下令入侵阿富汗，并在喀布尔统治家族中扶植了一个傀儡。英国锲而不舍地劝说波斯人签署《赫拉特公约》（Herat Convention），该公约承诺保护中亚地区抵抗俄罗斯的扩张。但这并不是一个轻松的任务，波斯人在该地区有着自己的利益，而且英国在近期的干预活动中不仅没有帮忙，反而使阿富汗获益，这让蒙受损失的波斯人耿耿于怀。[12]与此同时，英国还采取措施与坎大哈以北的人建立联系，以便更快获取任何俄国人的行动信息，无论是军事还是其他方面。[13]

政府高官们绞尽脑汁，商讨该如何应对俄罗斯可能入侵印度的情况。从19世纪70年代起，一系列报告开始从更宏观的战略角度研究这一问题，从中可以看出英国与俄罗斯在其他地区的分歧和紧张关系也会给东方带来压力：在1877年俄国入侵巴尔干后，一份备忘录探讨了"万一英国加入土耳其一方与俄国开战，他们可以在印度采取哪些手段";而一份写于1883年的备忘录则怀疑"俄国可能入侵印度吗";不久之后的另外一份备忘录的题目是"俄罗斯的弱点是什么,以及当前的局势对我们在印度制订的边疆政策有何影响"。这些文件的作者、鹰派人士的弗雷德里克爵士(Sir Frederick,后来升为勋爵)在1885年被任命为印度英军总司令,这清楚地表明了当时的形势有多么严峻。[14]

然而并不是所有人都对亚洲局势持悲观看法,即便在1886年英国获取了俄军上将阿列克谢·库罗帕特金(Alexei Kuropatkin)的一系列入侵计划。[15]军事情报机构的负责人亨利·布拉肯伯里(Henry Brackenbury)认为,从俄国人的进攻意愿以及沙皇军队的准备程度来看,俄国的威胁明显被夸大了。[16]乔治·寇松(George Curzon)曾经是一位前途无量的年轻议员和万灵学院(All Souls)[1]的奖学金获得者,但是在当了10年的印度总督后,变得愈发目中无人。他看不到俄国在东方利益的背后有什么大计划、大战略。他在1889年写道:"俄罗斯人的策略既不统一,也不犀利,更不持久。我认为这是一个十分多变的计划,它依赖于事态的发展。他们期望从其他人的失误中获利,但犯错的又往往是他们自己。"[17]

俄罗斯对中亚大局特别是印度的态度,的确有些虚张声势和一厢情愿。军中不乏头脑发热之人谈论着取代英国成为印度次大陆统治者的宏伟计划;一些实际行动也付诸实施,似乎表明俄罗斯对待利益并不消极。例如,一些官员被送去修习印地语,为即将介入印度做准备。一些令人振奋的消息也送上门来,如旁遮普大公达立普·辛格(Duleep Singh)就写信给沙皇亚历山大二世,希望"约250万的同胞能从英国统治者的残酷枷锁下被解放出来",并宣称其"代表了绝大多数有影响力的印度王公"。这似乎是在公开地邀请俄国人将国境线向南推进。[18]

然而事情远非这么简单。一方面,如何将新近征服的广袤疆域纳入帝国管理体系,对俄罗斯人来说是个难题。被派到突厥斯坦的官员们埋头于复杂且

---

[1] 牛津大学下属的一所学院,只招收牛津大学最优秀的学员。在英国,进入万灵学院被学生们视为最高荣誉。——编者注

错误百出的土地登记工作，在精简当地税务和法律的过程中也不可避免地遇到了阻力。[19]这引发当地民众不绝于耳的批评和抱怨，加上伊斯兰教影响着这些帝国治下"新俄罗斯人日常生活的几乎所有方面"，使得圣彼得堡内阁将之称为"我们东方边境上的宗教狂热"。[20]对这些新领土可能发生暴动和叛乱的担心如此强烈，以至于俄罗斯免除了当地的强制兵役制度，征税标准也被维持在一个较低的水平。一位颇具影响力的知识分子刻薄地指出，连俄罗斯的农民都没有享受过如此慷慨的待遇。[21]

另一方面，人们对当地居民的看法也是个棘手的问题。俄国批评家们提醒民众不要抱有像英国人那样的偏见态度，他们注意到英国士兵"像对待动物一样"对待塔什干集市中的商贩。据说，一位英国上校的妻子曾经拒绝参加克什米尔大公的晚宴，并称后者是一个"肮脏的印度人"。然而尽管有这些批判，俄国人的态度也没有开明到哪里去。沙皇的官员们也许会相互抱怨英国对待当地人的方式，但是几乎没有证据表明他们的言行有何不同。一位在19世纪来到印度的俄国游者写道："所有的印度人无一例外地将他们全部的才智和灵魂都奉献给了最可怕的高利贷。这些被诱骗上当的当地人真是活该倒霉！"[22]

尽管如此，人们对俄罗斯即将触摸到新世界仍然深感振奋，正如内政部长皮奥特鲁·瓦鲁耶夫（Pyotr Valuev）在1865年的日记中描述的那样："切尔尼亚耶夫（Cherniaev）上将已经占领了塔什干。没有人知道此举的意图何在……但是我们在帝国遥远边疆所做的一切事情总是那么的喜人。"疆域扩张的感觉实在是太美妙了。俄罗斯人第一次来到了阿姆河畔，接着是乌苏里江，现在又到了塔什干。[23]

尽管面临着这么多的新困难，但俄罗斯对东方的影响和介入仍在不断地推进，加速打造着属于自己的丝绸之路。西伯利亚大铁路的建设以及与中国的连通立即带来了贸易的繁荣：1895年至1914年间，俄罗斯的贸易量几乎涨了三倍。[24]新的企业实体，比如为在远东的经济扩张提供资金支持的华俄道胜银行（Russo-Chinese Bank）的成立，为这些发展提供了支持。[25]俄国首相皮奥特鲁·斯托雷平（Pyotr Stolypin）在1908年告诉杜马（Duma，俄罗斯议会），俄罗斯的东部是一个前景广阔、资源丰富的地区。"我们偏僻而荒凉的边疆蕴藏着大量的黄金、木材、皮毛，拥有适合耕种的广袤土地"，他提醒说，尽管目前人口稀少，但这种状态不会持续很久。俄罗斯必须抓住眼下的发展良机。[26]

不过对于同样希望精心维护其远东地位的英国人来说，事情就没那么顺利了。打开中国的市场尤其困难。例如，在1793年，第一个来到中国的英国使团在向乾隆皇帝提出建立贸易关系的请求后遭到了傲慢的对待。中国的关系网络渗透到"天朝治下的每一个村庄"。因此，大清皇帝在给英王乔治三世的信中说道，英国的请求真是出乎意料。"正如你的大使亲眼所见的，"他继续写道，"我们拥有一切。我不认为奇技淫巧有何价值，贵国的产品没有用处。"[27]

事实上，这是在自我吹嘘，清朝后来还是同意了这些条款。这种强势的答复恰恰是基于对英国人得寸进尺的敏锐认识，因此攻击就是最好的防守。[28]这种疑虑并没有错，一旦被授予了贸易特权，英国人便毫不犹豫地使用武力来保护并扩大它的利益。贸易扩张的核心是鸦片销售。尽管这遭到了中国人的强烈抗议，他们对药物上瘾导致的灾难性后果愤怒不已，但英国政府却对此不屑一顾。[29]鸦片贸易在1842年《南京条约》签订后更加猖獗，该条约打开了一些之前受到严格限制的通商口岸，并且将香港割让给了英国。在英法联军于1860年入侵北京、洗劫并烧毁了圆明园之后，他们获得了更多的特权。[30]

一些人将此视为西方的又一次伟大胜利。当时的一份英国报纸写道："英格兰人注定会打破这个政府的虚伪行径，欧洲人被它迷惑了太久，并向其子民揭露它的空虚和邪恶。"另外一位评论员也进行了同样的报道，他写道："中华帝国的神秘和排外作风已经被开放积极的西方文明所打破。"[31]

英国试图抑制俄国在远东的兴起，因此决定在1885年占领位于朝鲜半岛南部海域的巨文岛（Komondo）"作为基地"。英国内阁被告知："这次行动的目的在于封锁俄国在太平洋的势力，并且作为对符拉迪沃斯托克采取行动的前哨阵地。"[32]为了保护英国的战略地位，尤其是它在中国的贸易地位，在必要的情况下可以先发制人打击对手。1894年，在带来新机遇的铁路开通之前，中国超过80%的海关收入都来自英国和英国公司——他们的船队为中国贡献了全部贸易额中的五分之四。因此很显然，俄罗斯的崛起以及能将商品通过陆路运往欧洲的新贸易线路的出现，将大大损害英国人的利益。

随着对立气氛的日益紧张，到了19世纪90年代末，俄罗斯人开始着手拉拢波斯。俄国与波斯结盟的可能威胁到了印度的西北大门。经过深思熟虑的评估，伦敦认定俄国经由阿富汗和兴都库什山脉对印度次大陆施加的压力是有限的。对那些纸上谈兵的战略家来说，在中亚地区画出一条进军线路是件很容易的事；不过他们也得承认，这里的山路非常危险、难以通行，从而极大地降低了大规模军事行动的可能性（当然，小规模的突袭还是不能被忽视的）。

除了拉拢波斯，俄罗斯在其南部的行动同样越来越活跃。在1884年的一次行动中，俄罗斯人出乎英国的官员和情报人员意料地（他们是从报纸上得知这一消息的）占领了梅尔夫，并且还向德黑兰请求支援。现在，俄国的边境距离赫拉特只有不到200英里，通向坎大哈及印度的道路已被打通。更让英国担心的，是紧随着扩张行动建立起来的、连接新领土与俄罗斯腹地的基础设施：1880年，能够实现在撒马尔罕和塔什干之间快速往返的外里海铁路（Trans-Caspian Railway）动工修建；1899年，一条铁路支线连接了梅尔夫和库什克（Kushk），并将赫拉特纳入了军事打击范围内。[33]这些铁路线不仅仅是象征性的，它们是能够将物资、武器和士兵运输到大不列颠帝国后门的动脉。陆军元帅罗伯茨勋爵（Lord Roberts）不久之后便向东方司令部的官员强调说，这些延伸如此广泛的铁路很是棘手；必须确立一条"阻止俄国人前进"的界线。元帅表示，如果他们越界了，就将"被视为宣战行为"——即开战的理由。[34]

这些铁路线还带来了经济上的威胁。1900年，英国驻圣彼得堡大使转给伦敦一份小册子的摘要。这本小册子的作者是一位鼓吹将铁轨延伸进入波斯和阿富汗的俄国官员。他承认，英国可能不会欢迎这一新的交通体系，这一点儿都不奇怪，毕竟一个遍布亚洲的铁路网络将使得"印度和东亚、俄罗斯和欧洲之间的贸易全被掌握在俄罗斯人手中"。[35]这有些夸张了，资深外交家查尔斯·哈丁（Charles Hardinge）如此评论道，"作者提出的战略思想没有太大价值"，因为考虑到英国对波斯湾的控制，俄罗斯人只有疯了才会在该地区采取行动。[36]

尽管如此，面对俄国贸易触角的扩张，英国人仍然惴惴不安。幽灵和阴谋在每个角落里都可以被发现，并且都被焦虑的英国外交官们忠实地记录下来。比如一些难以回答的问题：为什么出现在布什尔（Bushihr）的俄罗斯医生帕斯楚斯基（Paschooski）没有在第一时间被发现？他声称是来治疗瘟疫患者的，这是真的吗？一位被确认为是达比扎大公（Prince Dabija）的俄罗斯贵族的到访也受到了极大怀疑，甚至他的一些看起来"十分低调的活动和意图"都被人们广泛关注和传播。[37] 在伦敦，俄国人登上了议会日程的头条，受到首相本人的重视，并且成为外务部的首要事务之一。

眼下，波斯成了竞争最为激烈的战场。波斯坐落在东西方的中心，拥有着令人垂涎的战略要地，它的统治者被那些争取与之建立友好关系的人所提供的慷慨软贷款[1] 给养胖了。英国一直小心翼翼地满足着波斯统治者的奢侈要求和物质欲望，直到1898年，挥霍无度、留着八字胡的伊朗国王穆扎法尔·奥丁（Mozaffar od-Dīn）扔下了一枚重磅炸弹：他拒绝了一项200万英镑的贷款。英国立即派了一位高级官员前去询问原因，但却吃了波斯人的"闭门羹"。连英国首相索尔兹伯里勋爵（Lord Salisbury）都开始亲自过问此事，指示财政部缓和局面并且提高贷款额度。有关幕后交易的谣言开始流传，最终确认的结果是，俄罗斯提供了金额大得多的贷款，而且条件更加优惠。[38]

这显示出圣彼得堡的高超手腕。俄罗斯的国内税收出现急速增长，同时外国投资开始大量进入。俄国的中产阶层逐渐涌现出来——就像契科夫戏剧《樱桃园》（Cherry Orchard）里的洛帕欣（Lopakhin），他这一代人在过去会被拴在土地上，现在借助社会的变革、新的国内市场和新的出口贸易机遇为自己赢得了财富。经济历史学家喜欢用城镇数量、生铁产量和铁路长度的大幅增加来表明经济的迅猛发展，但是只要看看这一时期文学、艺术、舞蹈和音乐等方面的兴盛，以及托尔斯泰、康定斯基（Kandinskii）、佳吉列夫（Diaghilev）和柴可夫斯基等人的成就，就能感受到当时正在发生的事情：俄罗斯的文化和经济欣欣向荣。

国家的日益兴盛使得俄罗斯有资本主动向波斯人示好，满足他们对金钱贪得无厌的欲望。这种对金钱的渴望一方面来自于政府的结构性低效，另一

---

[1] 软贷款（soft loan），即偿还时间宽裕、利率低于市场水平的优惠贷款。——编者注

方面则是统治阶层的骄奢淫逸。英国驻德黑兰公使莫蒂默·杜兰德（Mortimer Durand）发回了他的奥地利线人在20世纪初从君士坦丁堡收集的资料，该资料表明沙皇政府有意提供金额高于英国的贷款。伦敦顿时乱成了一片。【39】英国人组建了一个委员会，负责监督从奎达到锡斯坦的铁路扩建以及电报线路建设项目，目的正如寇松勋爵所写的那样："拯救南波斯，防止它落入俄国人手中。"【40】

一些人提出了更激进的建议，试图抵消俄国已经取得的优势，其中包括承建锡斯坦地区的大型水利工程，以作为土地开发和与当地建立联系的手段。甚至还有人提出租借赫尔曼德省（Helmand）的土地，这样就可以有效地保护通往印度的道路。【41】现在要考虑的已经不是俄国会不会发动进攻的问题，而是何时发动。正如寇松勋爵在1901年所说的："我们与俄罗斯之间需要一些国家来提供缓冲。"这样的国家越来越少：中国、突厥斯坦和阿富汗相继失守，现在又轮到了波斯。他继续说道，缓冲带已经被挤成了一张薄片。【42】

索尔兹伯里勋爵绝望了，他敦促外相兰斯多恩（Lansdowne）找到借钱给波斯的途径。首相在1901年10月写道："局势看起来……毫无希望。"财政部极不情愿地增加了贷款金额，然后震惊地看着波斯国王及其随从们迅速大笔挥霍。英国人别无选择，首相写道："如果找不到钱，波斯就会沦为俄罗斯的附庸国，届时我们只能靠武力保护波斯湾的港口不落入俄国人手中。"【43】

早在一年前英国人就已经开始担惊受怕了，当时有消息说，俄国正准备控制扼守着波斯湾最窄处霍尔木兹海峡的战略要冲阿巴斯港。一位惊慌的贵族告诉上议院："让一个强国在波斯湾建立海军兵工厂，不仅会威胁到我们与中国和印度的贸易，而且还威胁到我们与澳大利亚的贸易。"【44】英国军舰被授权对俄国人的任何可疑举动采取相应对策，兰斯多恩勋爵态度坚决："我们必须将其他大国在波斯湾建立的海军基地或者港口要塞视作对英国利益的重大威胁。"他说，后果将是严重的——换句话说，就是战争。【45】

俄罗斯的幽灵到处都是。有关俄国官员、工程师和勘测员进入波斯活动的情报如潮水般涌向伦敦，让英国外务部的官员们焦心不已。【46】议会就一家新成立的俄罗斯公司所代表的意义进行了激烈的讨论，该公司在黑海的敖德萨港

（Odessa）与波斯南部沿海的布什尔之间从事贸易活动。报告言之凿凿地称，那些以"鸟、蝴蝶和其他动物"为代号的模糊人物，实际上就是俄国间谍，他们正在向那些生活在边境争议地区的部落成员分发武器，并且煽风点火——这可吓坏了议员们。[47]这一局面引起了国王爱德华七世的注意，他在1901年写信给外相，表达了他对"俄国在波斯的影响力似乎正在日益扩大，损害了英格兰的利益"的关心，并敦促他转告波斯国王，英国绝不能容忍败给俄罗斯。[48]英国驻德黑兰公使塞西尔·斯普林·赖斯（Cecil Spring-Rice）报告称，波斯国王发誓他"不会让波斯卷入入侵印度的意图"——不过他的报告并未受到重视。[49]

当英国人意识到帝国已经扩张过度时，焦虑的心理达到了顶峰。与南非布尔人（Boer）以及中国义和团之间的冲突，使人们清楚地看到不列颠在海外面临着崩溃的风险——这进一步加深了人们对俄国扩张的恐惧。1901年年底，伦敦的内阁收到了一份悲观的报告：一旦铁路线从奥伦堡（Orenburg）延伸到塔什干，俄国人将有能力派遣20万人进入中亚，并且一半以上都会部署在印度边境附近。[50]前不久还有一份来自格鲁吉亚巴统市（Batumi）的报告称俄罗斯打算向中亚派出2万人，后来被证明是虚惊一场。[51]问题的关键在于，英国人并没有多少选择余地：他们无法承受巩固边境所需的开支——根据几年后的计算结果，至少需要2000万英镑，并且之后每年都会滚动增长。[52]

1905年圣彼得堡的暴动以及日俄战争中沙皇海军的惨败，给那些认定俄国迟早会大肆入侵的人带来了些许安慰。英国人难以抵御人们口中的"俄国危险的扩张"（menacing advance of Russia），他们需要其他方案以避免让事情变得更糟。一份来自军情处的报告建议，或许可以和德国达成协议，用来牵制俄罗斯的注意力。[53]

在伦敦，人们开始转而讨论英国军队是否能够介入美索不达米亚，因为当务之急是维护不列颠帝国在中东地区的存在。帝国国防委员会仔细评估了占领巴士拉的可能性，并且还激动地商讨着瓜分土耳其的亚洲部分以便进入幼发拉底河肥沃平原的方案。于是在1906年，英国向波斯提议修建一条从波斯湾通向摩苏尔的铁路线，除了其他的好处，这还使得英军能够进入俄罗斯的软肋高加索地区。[54]但是由于可行性和成本方面的原因，这些提议被一个个地否决了。正如新任外交大臣爱德华·格雷爵士（Sir Edward Grey）提醒的，入侵以及保护新的疆域，需要花费数百万英镑。[55]

格雷心中打着其他算盘。英国在东方的地位颇受制约，并且岌岌可危。英国所要做的，是转移俄罗斯人的视线，让他们的关注点远离这一地区。1905年年底，在接受任命前的一个月，他在《泰晤士报》上发表了一篇大胆的文章，声称如果能够就"各自在东方的财产"与俄国达成共识，一定获益良多。他说，英国政府从来都无意于"阻止或挫败俄罗斯在欧洲的政策"，因此完全可以帮助俄国扩大它在欧洲的"地位和影响力"——从而将俄罗斯人的注意力从亚洲转移出来。[56]

英国人遇上了一个好时机。法国对德国这一邻居兼可怕对手迅猛发展的经济感到日益不安。1870年至1871年的普法战争中，巴黎遭受围困，普鲁士军队在市中心耀武扬威，最后法国被迫签订停战协议，法国人对此历历在目。普鲁士的入侵速度令人震惊，法国人担心再一次的闪电打击仍然会令自己措手不及——尤其是考虑到，前一次战争的结果之一便是让德国在凡尔赛宫宣布了它的统一，成为一个帝国。

这些还不够糟。德国蓬勃发展的工业同样让法国人十分担忧，在1870年之后的20年里，德国的煤炭产量涨了一倍，钢铁产量则涨了三倍。[57]经济上的崛起使得德国那些已经很可观的陆地和海上军事力量得到了更多的投资。19世纪90年代初，法国外交官在幕后拼命活动，与俄罗斯缔结了一项军事协定，并且结成同盟。法俄同盟的首要宗旨是自卫：两国同意，一旦德国或其盟国出动军队，他们就对德国发起攻击；两国还正式承诺，如果伦敦对他们中的任何一方不利，他们也将对英国采取行动。[58]

不列颠急于将俄罗斯的注意力转移到其西部边境上来，这对法国来说真是个好消息。伦敦与巴黎重新联手的第一阶段发生在1904年，经过对双方在全球共同利益的详尽磋商，两国签订了《英法协约》（*Entente Cordiale*）。不出所料，俄罗斯的角色是这些协议的核心内容。1907年，三国协约正式建成。英、法两国与占据了世界中心地带的俄国达成了正式协定：一条固定的分界线划分了三国在波斯的势力范围；同时，协定的条款还将俄国在阿富汗的介入空间压缩到了最小。[59]爱德华·格雷主张，将印度从"紧张和不安"中解放出来的最佳途径是与俄罗斯取得更加积极的相互理解，这将确保"俄国无法在波斯占据到对我们构成威胁的部分领土"。[60]正如他在1912年时所吐露的，他对试图同时推动和遏制俄国的传统外交政策一直都抱有疑虑："多年来，我一直认为这是个错误的政策。"[61]换句话说，寻求盟友是更加体面、更富成效的前进方式。

然而资深外交家明白，与俄国的和解代价，是德国。正如伦敦外务部的常务副官查尔斯·哈丁爵士在1908年所强调的："对于我们而言，在亚洲和近东与俄罗斯达成充分谅解，远比与德国保持良好关系要重要得多。"[62]他竭力地反复强调这一点，即便在两年之后他被指派到印度担任总督时也是如此。他写道，如果俄罗斯意图在波斯扩张，"我们将对此无能为力"。因此，我们必须尽一切努力维持欧洲的均势："一个对我们有敌意的法国和一个对我们有敌意的俄罗斯所带来的不利影响，要远远高于一个对我们有敌意的德国。"[63]英国驻圣彼得堡大使亚瑟·尼科尔森爵士（Sir Arthur Nicolson）也认同这一观点：由于波斯的紧张局势，大不列颠与俄罗斯的关系已经"受到了严峻的挑战"。他接着说道："我想，我们应该不惜任何代价与俄罗斯保持充分的谅解，这是绝对有必要的。"[64]

同盟条约签署后，不计代价地取悦俄国就成了英国的首要政策。1907年，爱德华·格雷爵士告诉俄罗斯驻伦敦大使，英国会考虑在博斯普鲁斯海峡采取更加灵活的立场，如果俄罗斯人同意与英国建立"永久的友好关系"的话。[65]于是圣彼得堡发起了新一轮的外交博弈，其中包括以俄国对波斯尼亚（Bosnia）事件的默许换取奥地利在博斯普鲁斯海峡问题上的支持[1]——这一交易后患无穷，足以导致欧洲势力的重新洗牌。[66]

---

[1] 1908年，奥匈帝国（主体民族为奥地利人和匈牙利人）吞并了波斯尼亚（即今日的波黑，首都萨拉热窝）。俄罗斯默许奥匈帝国的这一行为，条件是奥匈帝国同意博斯普鲁斯海峡（出入黑海的要道）向俄罗斯开放。这导致塞尔维亚政府的不满，为萨拉热窝事件埋下了伏笔。——编者注

1910年，爱德华·格雷爵士再次强调牺牲英德关系的必要性："我们不能与德国达成可能分化我们与法俄关系的政治谅解。"[67] 这种坚定专一的政策让圣彼得堡方面深刻感受到了英国示好的热切程度，以及其中蕴藏的机会。俄罗斯外交大臣谢尔盖·萨佐诺夫（Sergei Sazonov）在1910年年末时深思熟虑地说道："在我看来，伦敦内阁似乎认为1907年的《英俄条约》（Anglo-Russian Convention）对于英国在亚洲的利益十分重要。"他接着说道，既然如此，看来英国会被迫做出重大让步，"以维持这一对其如此重要的条约"。[68] 这个判断真是一针见血。

当俄国军队在1910年对蒙古、西藏和新疆发起新一轮的攻势时，英国人几乎无法掩饰他们的惊恐。[69] 俄国人的扩张举动显示出英国的地位是多么的岌岌可危。就像格雷在1914年春天做出的悲观评估那样，事情不可能比这更糟了。同样的故事也在阿富汗和波斯上演："这条线上有我们想要的东西，但是我们并没有可以拿来交易的筹码。"格雷指出，在波斯，英国对俄罗斯已经"退无可退"了，在阿富汗也没有任何影响力可言。更糟糕的是，"俄国人想要占领波斯，而我们并不想"。[70] 大不列颠帝国正在成为过去时，至少在亚洲是如此。这场政治博弈终于接近了尾声，剩下的只是时间和地点的问题。

随着局面的急转直下，英国官员开始意识到一个可能使处境更为恶化的终极噩梦：俄国与德国结盟。这种忧虑已经困扰了英国决策层很长时间，因为事实上，1907年英俄同盟的基础就是必须在亚洲进行合作，并且找到一种对双方都有利的状态。为了维持微妙的平衡，亚瑟·尼科尔森爵士提醒格雷：必须"阻止俄罗斯人向柏林靠拢"。[71]

恐慌情绪因德国国力和野心的持续攀升而愈发严重。柏林经济的繁荣以及军事开支的增长是英国焦虑的根源。德国人的目标是"在欧洲大陆取得优势"，而这将引发军事上的冲突，英国外务部的一些资深官员对此深信不疑。所有帝国都面临着对手的挑战，尼科尔森提醒爱德华·格雷爵士道，"我本人确信，我们和德国之间也将迟早爆发一场争斗"，因此让法国和俄国保持满意是至关重要的。[72]

德国打破欧洲以及其他地区微妙平衡的可能性，意味着一场大风暴正在酝酿。英国人越来越害怕俄罗斯可能会加入同盟国阵营（即德国、奥匈帝国和意大利）。破坏英、法、俄之间的关系以及"粉碎三国协约"被认为是柏林的首要目标。[73] 格雷后来在焦虑的气氛中承认，"我们真的害怕"俄国被怂恿脱离三国协约的可能性。[74]

这些担心并不是没有根据。例如，德国驻波斯大使就意识到"我们在这个国家得不到什么好处"，但只要俄国认为其在波斯的利益受到威胁，我们就可以从圣彼得堡在其他地区的让步中得利。[75] 这就是1910年德国皇帝与沙皇尼古拉二世在波茨坦会面的背景。同时，双方的外交大臣还举行了一系列高级别的政治磋商。这显然加深了人们对亚瑟·尼科尔森爵士口中"欧洲集团"重组的恐惧，英国将为此蒙受巨大损失。[76]

在1907年与俄国结盟之前，英国的外交官们就已经对德国及其行为（实际发生的或者想象中的）充满了猜忌。三年前，在被任命为驻巴黎大使前不久，弗朗西斯·伯蒂（Francis Bertie）收到了外务部一名助理的来信，告诉他，英国驻法使团的领导人应该睁大眼睛盯紧德国人的动向。伯蒂在回信中指出，对德国的不信任是完全正确的，"它从来没为我们做过任何事，反而一直在伤害我们。它既虚伪又贪婪，是我们在商业和政治上的真正敌人"。[77]

具有讽刺意味的是，德国人却在为陷入法俄同盟的包围而烦恼不已。同盟涉及军事合作，并承诺任何一方受到挑衅都将采取联合行动，这让德国这个中欧国家毫无安全感，而正是这种不安全感构成了德国威胁的基础。没过多久，这种腹背受敌的妄想就促使德国最高司令部开始研究自己的对策。1904年法俄结盟后，德军总参谋长阿尔弗雷德·冯·施利芬伯爵（Count Alfred von Schlieffen）曾计划如法炮制1870年对法国的粉碎性进攻，并设想在掉头向东迎击俄国之前，德皇的军队能够迫使法国中立化。这一计划将给军事和后勤带来巨大压力：它需要100万名铁路工人、30000列火车、65000辆运兵车以及70万辆货车，这样才能够在17天内将300万士兵、86000匹马以及堆积如山的弹药运送至前线。[78]

同一时期，俄国军队也开始着手制订对策。1910年的"19号计划"（Plan

19）拟订了一系列应对德国进攻的具体方案，包括撤回到从科夫诺（Kovno）到布列斯特（Brest）南北一线的要塞中，同时准备反攻。1912年，基于这一意图，俄军又设计出两个修正方案："19A计划"（Plan 19A）和"G计划"（Plan G）。根据后者的方案，一旦德国发动战争，俄国军队可以迅速组织反击，并且拥有明确的目标：将战火烧到敌国境内——即进入德国和奥匈帝国。[79]

德国最高司令部和德国皇帝都强烈地感受到了外部日益增加的压力，觉得自己被逼入了墙角。公众对修建一条从柏林到巴格达铁路提议的反对让德皇头疼不已。不过他也知道，只要他的国家与英国开战，在数千英里之外铺设铁轨的举动当然就会成问题。他接着想到，一旦发生这种情况，将我们的士兵驻扎到离家那么远的地方是否现实？[80]

1911年，法国军队违反此前柏林与巴黎达成的协议，占领了摩洛哥。当时德国派出了"黑豹"号巡洋舰，企图用武力迫使法国妥协，结果却事与愿违。德国不仅尴尬地意识到自己的政治影响力受到严厉限制，而且更糟的是，柏林的股市出现了大幅下跌：1911年9月摩洛哥危机之后，德国的股票暴跌超过30%，导致德国国家银行在短短一个月内就损失了五分之一的外汇储备。尽管许多德国人相信这次经济灾难并不是法国人设计的，但是可以肯定的是，法国在此期间趁机撤出了短期资金，这一做法无疑加剧了德国金融市场的流动性危机。[81]

为了打通新的渠道、建立新的联系和同盟，德国人付出了相当大的努力。他们在近东和中东倾注了许多精力：德国人的银行在埃及、苏丹和奥斯曼帝国迅速扩张；同时，一个在阿拉伯和波斯建立邮政系统的计划及相关研究，不仅获得了大量资金投入，连德皇本人都慷慨解囊。伊斯兰世界与德语世界日益强化的联系，激起了年轻人、学者、士兵、外交官和政治家的想象力。20世纪初，一名年轻人曾经热切地写下，当眺望着维也纳精美的建筑和环城大道（Ringstraße）时，他不禁感受到一股"魔力"——阿道夫·希特勒并未觉得自己回到了神圣罗马帝国或者古典时代这两个被浪漫化了的过去，而是仿佛置身于《一千零一夜》中的场景。[82]

德国人正在建立一种被围困的危机感，他们强烈地意识到柏林的敌人非常强大，而且可以任意摆布他们。总参谋长施利芬的继任者赫尔穆特·冯·毛奇（Helmuth von Moltke）和其他高级军官确信，战争是不可避免的，而且爆发得越早越好。毛奇认为，拖延战争对德国不利。他在1914年春天说道，最好在"我们有机会取胜时"就将对手拖入战争。[83]

德国作家罗伯特·穆齐尔（Robert Musil）在1914年9月这样问道：为什么我们被如此憎恨？我们并没有做错什么，这些嫉妒心是从何而来？[84]他注意到了欧洲出现的紧张情绪，连流行文化也在煽风点火。有关德国间谍和德国统治欧洲的阴谋的书籍广受欢迎：威廉·勒寇（William LeQueux）所写的《入侵1910》一书卖了上百万册，并且被翻译成27种语言；还有萨基（Saki）的《威廉来了：霍亨索伦王朝统治下的伦敦》，也是战争前夕的畅销书，讲的是一位英雄从亚洲回来后发现，大不列颠已经战败并且被德国人占领。[85]

这几乎是一些自我实现式的预言，德国人甚至能从中找到降低或规避风险的方法。比如书中提到，德国人完全可以向俄罗斯寻求和解——这是英国人最不愿看到的。[86]同样地，科尔玛·冯·德·戈尔茨（Colmar von der Goltz）上将——他曾花了10多年的时间改造奥斯曼军队，并被那里的人尊称为"戈尔茨帕夏（Pasha）[1]"——给德国军队的建议，都是关于如何应对军事危机的。戈尔茨告诉他的同僚们，土耳其的支持不仅能在与俄国的对抗中派上用场，在与中东的英国人作战中也是"最宝贵的东西"。[87]

问题是，德国人对奥斯曼的关注严重刺激了俄罗斯人的神经。圣彼得堡的官员对博斯普鲁斯海峡十分在意，并且对硬挤入他们势力范围的新来者感到不安。在世纪之交，俄国人曾经无数次有过占领君士坦丁堡的念头；1912年年底，俄罗斯计划派军队控制这座城市，借口则是在巴尔干冲突中获取一个临时基地。[88]然而，对于德国逐步控制奥斯曼的军队——包括借调一名奥斯曼舰队的指挥官——的情况，英法盟友却漠不关心，这惹恼了俄国。更令俄罗斯人不满的是，英国即将交付给土耳其人两艘无敌战舰。这些最先进的战舰将使奥斯曼给俄海军造成极大威胁，沙皇的海军大臣在1914年悲叹道，奥斯曼将拥有

---

[1] 对奥斯曼帝国高级官员的尊称，通常为总督、将军和政府要员。——译者注

六倍于俄罗斯黑海舰队的压倒性优势。【89】

这一行为所带来的压力不仅仅是军事上的，还有经济上的。第一次世界大战前，俄罗斯有超过三分之一的贸易出口都要经过达达尼尔海峡（Dardanelles），其中几乎90%的谷物是在敖德萨和塞瓦斯托波尔（Sevastopol）等克里米亚港口装船。于是，为了让伦敦暂缓、搁置或取消交付军舰，俄罗斯和英国在一战爆发前陷入了一场无谓的政治博弈。【90】双方相互虚张声势，俄罗斯驻君士坦丁堡大使告诉圣彼得堡："我们在近东的地位受到了威胁，数世纪以来俄罗斯人用鲜血和牺牲换来的毋庸置疑的权利"已经岌岌可危。【91】

在这种背景下，一些国内外的机会主义者开始抓住奥斯曼帝国虚弱的时机，攫取一些边远省份，比如1911年意大利对利比亚的入侵，以及1912年至1913年的巴尔干战争。随着奥斯曼帝国在崩溃边缘垂死挣扎，欧洲列强的野心日益膨胀、冲突日益升级。德国人开始认真考虑向东扩张的问题，希望通过建立被保护国来打造"德国的东方"（German Orient）。【92】尽管这听起来像是扩张主义，德国最高司令部的态度也日益强硬，但在某种程度上，这也是一种重要的防守手段。【93】同英国一样，德国也在做着最坏的打算。对德国而言，他们必须阻止俄罗斯人占据奥斯曼帝国这一风中残烛中最好的部分；而对俄国来说，占领土耳其意味着夙愿的实现以及未来长久的安全保障，其重要性无论如何都不会被高估。

英国和德国之间的相互威胁，不过是某种掩人耳目的说辞。尽管当代历史学家一再谈及前者遏制后者的愿望，但是遍及欧洲的竞争却是交错多面的。实际情况远比第一次世界大战中展现出的这两个大国之间的简单对抗要复杂得多。到了1918年[1]，开支不断上涨的海军竞赛、幕后叫嚣战争的激进情绪，以及试图在欧洲大陆挑起争端的德国皇帝及其将军们的盲目杀戮，掩盖了冲突背后的真正原因。

---

[1] 1918年11月，德国宣布投降，一战结束。——编者注

历史的真相完全不同。尽管弗朗茨·斐迪南（Franz Ferdinand）的遇刺[1]导致了一连串的误解、争论、最后通牒以及根本不可能恢复的混乱秩序，但是真正让战争的种子破土而出的却是数千英里之外的局势变化。俄罗斯不断增长的野心给英国在波斯、中亚和远东的海外地位带来了巨大的压力，导致协约联盟陷入僵局。一系列互相承诺的条约，只是英国人用来阻止俄罗斯人更进一步的手段，它们首要目的是困住俄罗斯这个竞争者，以保护英国数世纪以来打造的令人眼红的阵地。

不过，尽管风暴正在酝酿，但是在1914年的头几个月里似乎看不到什么迫在眉睫的危险。亚瑟·尼科尔森在5月写道："自从我到外务部任职以来，还未见过局势如此平静。"[94]人们有理由指望这是个好年份：美国福特汽车厂的工人们在1月份庆祝他们的工资翻番，这要归功于销售提升和促进产量增加的创新举措[2]；医生们正在潜心分析首次成功间接输血的重要意义，这一成果是由一位比利时人对柠檬酸钠的开创性使用所带来的[3]；在圣彼得堡，让大多数人在初夏时分担心的是森林火灾，它的黑色浓烟将让阴沉的夏季天空变得更加压抑；在德国，巴伐利亚州北部菲尔特市（Fürth）的居民正在狂欢，他们的球队在一场扣人心弦的比赛中，凭借加时赛的一粒金球击败了夺冠呼声很高的莱比锡足球队（VfB Leipzig），首次赢得了全国冠军，这使得球队的教练、英国人威廉·汤利（William Townley）成了英雄；在英国，诗人艾丽斯·梅内尔（Alice Meynell）眼中的大自然善解人意——1914年的初夏有如田园诗一般，丰收在望，每月都能见到"天堂般的喜悦"，因为"收获如同丝绸一般撒向田野"。[95]

---

[1] 弗朗茨·斐迪南大公，奥匈帝国皇储，主张兼并塞尔维亚，1914年在萨拉热窝被塞尔维亚民族主义青年普林西普刺杀。这一事件（萨拉热窝事件）通常被视为第一次世界大战的导火索。——编者注

[2] 1913年，美国福特汽车公司的创办者亨利·福特创新地使用流水线大批量生产汽车，大大提高了生产效率、降低了成本。——编者注

[3] 1914年，比利时外科医生阿尔伯特·哈斯汀（Albert Hustin）找到了用柠檬酸钠制作抗血凝剂的方法，使得间接输血成为可能。——编者注

英国人并没有意识到厄运的来临以及即将与德国爆发的对抗。牛津大学的学者们正在准备歌颂德国人的文化与才智。考试院（Examination Schools）里悬挂着德皇威廉二世（Kaiser Wilhelm II）的大幅画像，这是这位德国统治者在获得民法荣誉博士学位后赠送给牛津大学的礼物。[96]即便是在战争爆发之前不到一个月的1914年6月底，这座城市里的重要人物还聚集在一起，出席一位杰出的德国人被授予荣誉学位的仪式。在掌声中，身穿五颜六色礼袍进入谢尔登剧院（Sheldonian Theatre）的人有：克森·科堡·哥达公爵（Duke of Saxe-Coburg-Gotha）、作曲家理查德·施特劳斯（Richard Strauss），以及当时还寂寂无闻的罗马法专家路德维希·米太伊斯（Ludwig Mitteis），而荣誉博士学位则被授予了符腾堡公爵（Duke of Württemberg）和德国驻伦敦大使利希诺夫斯基大公（Prince Lichnowsky）。[97]

三天后，一名还不满20岁的理想主义青年加夫里若·普林西普（Gavrilo Princip）用手枪向行驶在萨拉热窝大街上的一辆汽车连开两枪。第一枪没有射中目标，而是打中了汽车后排坐在丈夫身边的索菲亚王妃（Archduchess Sophie）的腹部，造成了致命的伤口。第二枪命中了目标：奥匈帝国的皇储弗朗茨·斐迪南。世界从此改变。[98]

当代的历史学家们常常将注意力集中在之后几周的"七月危机"（July Crisis）[1]、被错失的和平机会，或者是当时人们对战争爆发的担心和猜测上。近来的学术研究强调，将世界拖入战争的并非强烈的敌意，而是焦虑和误解。那是噩梦般的场景。一位一流的历史学家恰当地指出："1914年的主角是视而不见的梦游者，他们沉迷在梦境里，看不到他们所制造的恐怖的现实。"[99]当爱德华·格雷爵士意识到"整个欧洲的灯光正在熄灭"时，已经太迟了。[100]

刺杀发生后，对俄罗斯的恐惧导致了战争的爆发。在德国，起决定性作用的是人们对这个东方邻国普遍的不安心理。德皇不断地被他的将军们告知，随着俄国经济的持续发展，它所带来的威胁也会越来越大。[101]圣彼得堡对

---

[1] 指从1914年6月28日的萨拉热窝事件到7月28日奥匈帝国向塞尔维亚宣战期间的这段时间。——编者注

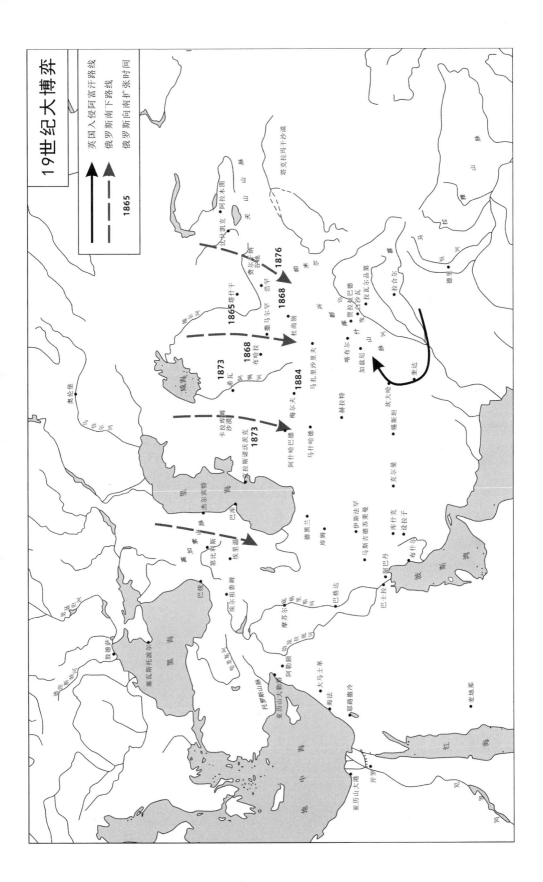

丝绸之路：一部全新的世界史

德国的判断也是如此，高级官员们达成了共识：战争是不可避免的，军事冲突发生得越早越好。【102】法国人也很紧张，他们在很早以前就得出了这样的结论：他们能够采取的最佳措施是竭力使圣彼得堡和伦敦保持克制，无论如何他们都会支持俄罗斯人。【103】

英国决策层所担心的依旧是俄国。事实上，外务部在1914年年初就已经开始讨论与德国再次结盟以遏制俄国的策略了。【104】当僵局演变成危机，外交官、军官和政治家们试图弄明白接下来的事态发展。7月底，外交官乔治·克拉克（George Clerk）在发自君士坦丁堡的信中焦虑地建议，英国需要采取一切必要的措施以迁就俄国。他说道，否则我们的"帝国将面临灭顶之灾"。【105】

尽管一些人企图给这种危言耸听的判断泼冷水，但是不久前，英国驻圣彼得堡大使刚刚警告说，俄罗斯太强大了，"我们必须留住她的友谊，几乎可以不计代价"【106】；现在他又发来意思更加明确的电报，他说，不列颠的地位岌岌可危，英国不得不在支持俄罗斯和"放弃她的友谊"之间做出选择。"如果我们现在舍弃她，对我们而言极其重要的、与俄罗斯在亚洲的友好合作"将不复存在。【107】

没有第三条路可选。正如俄国外交大臣在7月底时所明确表示的：尽管他在不到两周之前曾经保证，俄罗斯"没有任何侵略目标，也不会采用武力夺取任何东西"，但前提是盟友们必须在决断时刻站在俄罗斯一边。他警告说，如果不列颠现在保持中立，"就等同于自杀"。【108】这是对英国在波斯甚至是整个亚洲利益的毫不掩饰的威胁。

随着"七月危机"不断升级，英国官员开始公开谈论和会、调停和保卫比利时的主权。但是木已成舟，不列颠及其帝国的命运取决于俄罗斯的决定。这是两个伪装成盟友的对手，尽管两国并没有试图疏远或激怒对方，但是命运的钟摆已经从伦敦荡到了圣彼得堡。关于这一点，没有人比消息灵通的职业外交官特奥巴登·冯·贝特曼·霍尔维格（Theobald von Bethmann- Hollweg）知道得更清楚了，这段日子里他经常失眠，祈求上帝的保佑。萨拉热窝刺杀事件已经过去了10天，战争的齿轮已经就位，他坐在星空下的台阶上对他的秘书说："未来属于俄罗斯。"【109】

1914年时，这一未来到底会涉及什么尚不清楚。俄罗斯的强大很具欺骗性，因为它仍然处于社会、经济和政治转型的初级阶段。由于顽固保守的当权派对改革呼声视而不见，1905年的一次恐慌几乎使这个国家爆发彻底的革命。俄罗斯对外国资本的依赖非常严重，外来资金几乎占了1890年至1914年间新增投资的一半，而这些投资都建立在和平和局势稳定的基础上。[110]

大规模的转型需要时间，并且伴随着痛楚。如果俄罗斯保持冷静并且选择一种对抗性不那么强烈的方式来支持它的塞尔维亚盟友，它的命运，以及欧洲、亚洲甚至北美的命运，都将完全不同。事实上，维多利亚女王早在数十年前就已经预见到了1914年的对决时刻：她说，每件事都可以归结到"俄罗斯和不列颠在全球的霸权问题"上。[111]英国无法承受让俄国失望的后果。

于是，就像一场噩梦般的象棋比赛，每一步都是坏棋，终于把世界拖入了战争。当最初的胜利喜悦和沙文主义让位给无法想象的大规模悲剧和恐怖后，人们开始改变对过去的叙述，将这场战争描述成德国与协约国之间的斗争，一场前者的罪恶和后者的英勇之间的较量。

有关德国侵略和协约国正义之战的故事深入人心。人们需要给出解释，为何一代生机勃勃的年轻人和他们的未来会遭到抛弃；为何要牺牲掉像帕特里克·肖·斯图瓦特（Patrick Shaw Stewart）这样的杰出人物，他在中学、大学和商业上的最高成就曾经震惊了同龄人以及和他通信的戴安娜·曼纳斯（Diana Manners）女士，他在给后者的信中引用了大量的拉丁语和希腊语诗文[112]；或者，为何那些工人阶级的男人们要和他们的朋友组成"兄弟营"（Pals Battalion）并肩战斗，然后在1916年索姆河攻势的头几个小时内就被消灭殆尽[113]；亦或者，为何全国各地都要竖起刻着为祖国献身者名字的战争纪念碑——它们能够记录阵亡者的姓名，却不能记录那些因他们的去世而笼罩在城镇和乡村上空的死寂。

因此，一些歌颂这些士兵、赞美他们的勇气、向他们的牺牲致敬的感人说辞开始涌现而出。温斯顿·丘吉尔在战后写道，英国军队是历史上最了不起的军队，每个人"不仅被爱国精神所鼓舞，而且普遍坚信人类的自由正受到好战的帝国暴政的挑战"。战斗是崇高的和正义的。丘吉尔断言："如果他们的指挥官要求用两个人甚至十个人的生命去杀死一个德国人，士兵们也不会有任何怨言……无论多么残酷的杀戮都不能阻止他们再次发起冲锋。"阵亡的人"不仅仅是战士，而是履行了被赋予高尚职责的烈士"。【114】

然而在当时，很多人并不这样看。一些人，如充满希望应征入伍的年轻中尉埃德温·坎皮恩·沃恩（Edwin Campion Vaughan），就无法理解苦难的规模和意义。在亲眼见到他的连队被消灭之后，他在伤亡报告上写道："我坐在地上，一杯接着一杯地喝着威士忌，眼前是黑暗和空洞的未来。"【115】同样，一些令人震撼的战时诗集对战争的描绘也完全不同。能够提供不同视角的还有战争期间大量的军事审判，此类案件无需全体一致即可宣判：有超过30万被告经由军事法庭处理，更不用说那些以其他方式处理的、数量更多的违纪案件了。【116】

同样令人吃惊的是，交战地点锁定在佛兰德战场的战壕以及恐怖的索姆河两岸，而非将欧洲帝国与它们的全球领地连接在一起的交通线；战争爆发的地点远离波斯和中亚的敏感地区，远离英国决策者和外交官们在19世纪末和20世纪初高度关注的通向印度和远东的大门——即便那里的冲突已经延续了10多年。英国人知道，俄国会对塞尔维亚表现出全力支持，正如格雷在几年前就已指出的："俄罗斯出现了一种对斯拉夫人的强烈情感。"在巴尔干，要求俄罗斯人充当斯拉夫人保护者并且在这一地区发挥更大作用的呼声越来越高，而"奥地利人与塞尔维亚人之间的流血事件无疑会使这一情感上升到危险的高度"。【117】这就是点燃世界战争的导火索。

因此，当俄罗斯人开始准备向世界其他地区表明自己的态度时，英国人不得不全方位地支持它的盟友兼对手，哪怕很多人对此感到困惑。当战争爆发，很快将赢得战地诗人美誉的鲁伯特·布鲁克（Rupert Brooke）无法压制他的愤怒，他写道："每件事都彻底错了。我希望德国能消灭俄国人，接着让法国去打击德国人……俄国人意味着欧洲和文明的终结。"【118】他对不列颠的真正敌人是谁毫无疑问。

然而，随着1914年战争的爆发、战事的展开以及恐怖四年过去后的和谈，都让人们对德国的敌意不断加深。一位战地诗人写道："在牛津古老的学院注视下 / 无忧无虑的孩子们在玩耍 / 但是当号角声响起——战争！/ 他们收起了游戏。"学院里，"染血的草皮"取代了"茵茵绿草"："为了国家、为了上帝 / 他们献出了自己快乐的年轻时光。"【119】对英、德关系的歌颂以及授予后者最出色公民的荣誉学位成为最好被遗忘的苦涩记忆。

因此毫无疑问，战争的责任无论从原则还是事实上说，都被完全归咎于德国。《凡尔赛和约》（*Treaty of Versailles*）中无条件地认定了战争的责任："协约国及联合政府确认且德国承认，德国及其盟国的侵略行为使得协约国及联合政府以及他们的国民因战争而遭受损失和伤害，德国及其盟国要为这些损失和伤害负责。"【120】其目的当然是为了给赔款和补偿找到正当的理由，但它也为德国的煽动者提供了丰富的土壤，使其能够以统一民族情感为核心从灰烬中重建强大的德国。

胜利者仅仅是名义上的和幻想中的：在这四年的时间里，英国从世界上最大的债权国变成了最大的债务国；战争使得法国的劳动力、国家财政和自然资源不堪重负，导致战后的国内经济千疮百孔；有一位学者说，俄国"为了捍卫帝国而参战，（但是）帝国却因此而灭亡"。【121】

欧洲列强的崩溃为世界其他地区创造了机遇。为了填补农业生产的不足和购买武器军火，协约国许下了大量的承诺，从像J. P. 摩根公司这样的机构获取充足的商品和原料供应。【122】巨额的贷款导致了财富的再次彻底分配，其规模之大堪比400年前发现美洲大陆之时：财富以金条和支票的形式潮水般地从欧洲涌入美国。战争使旧的世界破产，使新的世界兴盛。从德国获得补偿的企图（其金额高得难以想象，相当于今天的数千亿美元）是白日做梦，第一次世界大战的参战国试图摧毁对方，结果被摧毁的却是他们自己。【123】

当那两颗子弹离开普林西普的勃朗宁左轮手枪枪膛时，欧洲是一个由各个帝国组成的大陆：意大利、法兰西、奥匈帝国、德意志、俄罗斯、奥斯曼土耳其、不列颠、葡萄牙、荷兰，以及到1831年才建国的小小的比利时。它们控制着全世界的广袤区域。然而这个影响深远的时刻却开启了使它们退化为地区性国家的进程。数年之内，那些在各自游艇上互相授予大骑士团勋章的君主们都不见了；一些海外的领土和殖民地也渐渐消失了，并纷纷踏上了不屈不挠的独立之路。

在这四年的时间里，可能有1000万人死在战场上，另外还有500万人死于疾病和饥饿。协约国与同盟国的战争开支超过2000亿美元。生产力的下降使得这一空前庞大的支出摧毁了欧洲的经济。参战各国财政告罄，债台高筑，且无力偿还。【124】那些统治了世界400年的大帝国虽然不会在一夜之间就消失，但是它们已然走上了下坡路。黄昏来临，几百年前曾被揭开的黑暗面纱再次落在欧洲头上。战争的经历是惨痛的，这使得控制丝绸之路及其沿路的财富变得空前重要。

| 第十七章 |

黑金之路

威廉·诺克斯·达西（William Knox D'Arcy）在伦敦著名的威斯敏斯特学院（Westminster School）的同学中，几乎没有人想到他会在改变世界的进程中扮演引人注目的角色，尤其是在1866年9月份之后他都没有回来上课。

威廉的父亲在德文郡（Devon）陷入了某些不光彩的生意，致使他不得不宣布破产，举家迁往澳大利亚昆士兰州（Queensland）的罗克汉普顿（Rockhampton），在这个宁静的小镇里开始新的生活。他那十几岁的儿子学习勤奋、成绩出色，获得了律师资格，不久之后便自己开业了。他生活舒适，逐渐在当地崭露头角。他供职于罗克汉普顿马术俱乐部委员会，并且只要时间允许，就会去参加他所钟爱的射击运动。

1882年，威廉的运气来了。三个叫摩根的人正在罗克汉普顿20英里外的铁皮山进行勘测，他们认为那里可能有个大型金矿。为了筹集组建采矿公司的资金，他们找到当地的银行经理，后者将他们介绍给了威廉·诺克斯·达西。诺克斯·达西受到回报前景的诱惑，与这位银行经理和另外一位朋友成立了一个财团，投资了摩根兄弟的项目。

和所有的采矿公司一样，当为一夜暴富而投入的资金达到警戒线时，需要一颗冷静的头脑。不过摩根兄弟却很快失去了耐心，花钱的速度让他们寝食难安，于是他们将自己的股份卖给了三位投资人。可惜这是一个错误的卖出时机。这座山后来被更名为摩根山，它的黄金储量是澳大利亚历史上最高的。那些被卖掉的股票价值涨了2000倍，10年内的投资回报率高达2000%。诺克斯·达西拥有的股份超过三分之一，多于他的合伙人，他从澳大利亚小镇上的一名律师一跃成为世界上最富有的人之一。[1]

不久之后，他收拾行装，带着大笔的财富返回了英格兰。他买下了位于伦敦格罗夫纳广场（Grosvenor Square）42号的一幢豪宅，还买下了与其财富相匹配的伦敦近郊的斯坦摩尔庄园（Stanmore Hall）。他改建了庄园，并且聘请由威廉·莫里斯（William Morris）[1]创办的莫里斯公司，用金钱能够买到的最好的家具进行装饰。他向著名画家爱德华·伯恩·琼斯（Edward Burne-Jones）订购了一组挂毯（后者花了四年的时间才完成，足见其品质之精美），用它们来庆祝达西那堪比追寻圣杯的发财经历再合适不过了。[2]

诺克斯·达西十分懂得如何享受好日子。他在诺福克（Norfolk）租下了一个射击会所，在埃普索姆（Epsom）赛马场的终点处买下了一个包厢。国家肖像馆（National Portrait Gallery）里陈列着他的两幅栩栩如生的画像：在一幅画像里，他心满意足地坐着，脸上挂着愉悦的笑容，庞大的腰身则证明了他对佳肴和美酒的热爱；在另外一幅里，他身体前倾，手里夹着雪茄，似乎在和朋友分享他的商业冒险故事，身前还摆放着一杯香槟酒。[3]

他的成功和惊人的财富使他成为摩根兄弟这样的人寻求投资的目标。消息灵通的波斯官员安托尼·奇塔卜基（Antoine Kitabgi）经前英国驻德黑兰公使亨利·德拉蒙德·沃尔夫爵士（Sir Henry Drummond-Wolff）的介绍，在1900年年末结识了诺克斯·达西。尽管有着格鲁吉亚的天主教背景，奇塔卜基在波斯的仕途却一帆风顺，经手的事情很多。他曾经多次试图吸引外国投资以刺激经济，并且就外国人进入波斯的银行业和烟草的生产及销售进行谈判。[4]

---

[1] 威廉·莫里斯（1834—1896），19世纪英国著名的设计师，设计范围涵盖建筑、家具、纺织品、花窗玻璃、壁纸及其他各类装饰品，并引发了工艺美术运动（The Arts & Crafts Movement）。——编者注

这些做法的动机不完全是利他主义或爱国主义，像奇塔卜基这样的人知道，如果能达成交易，他们的人脉就可能换来丰厚的回报。这能够极大地刺激伦敦、巴黎、圣彼得堡和柏林前来投资，那些地方的外交官、政客和商人们一直认为波斯人的经营方式是不透明的，甚至是彻底腐败的。该国的现代化努力成效甚微，而依赖于外国人管理军队或让外国人占据政府关键岗位的旧传统导致了全方位的失败。[5]每当波斯看似向前走了一步，其实都是在倒退。

对统治精英的批评无可非议，但是他们长期以来所受到的训练就是如此。波斯国王和他身边的人就像被惯坏了的小孩子，他们学到的是，如果坚持得足够久，就能从列强那里得到报酬。因为如果不掏钱，列强们在这一关键战略区域的地位就会岌岌可危。1902年，国王穆扎法尔·奥丁在访问英格兰时没有被授予嘉德勋章（Order of the Garter）[1]，而且他拒绝接受次一级的荣誉。他在离开时明确表示，他"非常不高兴"。这促使高级外交官们极力说服英王爱德华七世，在波斯国王回国后将勋章授予他。不料却还是发生了一个小意外，波斯国王这个"讨厌的授勋对象"没有仪式上要穿的及膝短裤——幸好一位机智的外交官发现了一个先例：曾经有人是穿着长裤授勋的。外务大臣兰斯多恩勋爵在事后抱怨道："这真是嘉德勋章历史上的一个噩梦。"[6]

事实上，尽管在波斯要做成任何事都得行贿这一点看似很低级，但是在许多方面，这些在19世纪末到20世纪初穿梭来往于权力走廊和欧洲金融中心的波斯人，与古代长途跋涉进行贸易的粟特商人，以及在近代早期扮演着同样角色的亚美尼亚人和犹太人并没有什么两样。区别只在于，粟特人不得不携带着他们要贩卖的货物，而他们后来的同行出售的则是服务和关系。由于回报丰厚，这些服务和关系被精确地商品化了。当然，如果没有买家，毫无疑问事情会变得完全不同。但是，波斯地处东西方之间，凭借阿拉伯半岛的尖端连接着波斯湾、印度、好望角以及苏伊士运河的入口，这意味着它会受到不计代价的追捧——尽管这些追捧的人都恨得咬牙切齿。

---

[1] 这是历史上最为悠久的授予英国骑士的勋章，可谓当世最高荣誉头衔。——译者注

当奇塔卜基经由德拉蒙德·沃尔夫与被誉为"最顶尖的资本家"诺克斯·达西接上头时，他关注的不是波斯的烟草或者银行业，而是矿物资源。诺克斯·达西是商议此事的完美人选，他之前曾在澳大利亚开采出黄金。奇塔卜基为他提供了一个再来一次的机会：这一次赌的是"黑金"。[7]

波斯有着庞大的石油储量，这几乎已经不是一个秘密了。古代晚期的拜占庭作家常常提到"米底亚火"（Median fire），很可能就源于波斯北部地表渗出的石油，它的破坏力与拜占庭人取自黑海地区的"希腊火"（Greek fire）不相上下。[8]

19世纪50年代的首次系统性地质勘测显示地下埋藏着丰富的资源，投资者获得了一系列的特许权。从加利福尼亚的"黄金之州"到南非的威特沃特斯兰德（Witwatersrand）盆地，当时的世界似乎要向那些受到发财前景吸引的幸运勘探者们敞开它的财富。[9]保罗·朱利叶斯·德·路透男爵（Baron Paul Julius de Reuter）就是进入波斯的人之一，日后还成立了以其名字命名的新闻社。1872年，德·路透获得了在波斯全境开采煤、铁、铜、铅和石油的"独家而明确"的特权，以及修建公路、公共设施和其他基础建设项目的权利。[10]

然而出于这样或那样的原因，这些特许权最后都落空了。当地人强烈反对这些授权，民粹主义者赛义德·哲马鲁丁·阿富汗尼（Sayyid Jamāl al-Dīn al-Afghānī）谴责道："这实际上是将治理的权力交到了伊斯兰的敌人手中。"正如一位最激进的批评人士所写的："伊斯兰的疆域很快就会被外国人所控制，他们将在这里为所欲为。"[11]德·路透还需要面对来自国际上的压力，这导致最初获得的特许权仅在一年之后就被宣布失效。[12]

德·路透给波斯国王及其主要官员送上了大笔的现金作为礼物，并同意从未来的利润中再支付一定的授权费，作为回报，他在1889年获得了第二份特许权，准许他开采除贵重金属之外所有的波斯矿产资源。然而，当在规定的十年期限内寻找可供商业开采的石油的努力失败后，这一授权也失效了。据一位知名的英国商人描述，这里的生活并不容易，"这个落后的国度没有通信和交通设施"，而"来自波斯政府高层的毫不掩饰的敌意、反对和怒火"则使事情变得更糟。[13]伦敦并未对此表示同情，一份内部的备忘录指出，在这个地区做生意是有风险的，任何幻想着能像在欧洲一样做事的人都是彻头彻尾的傻瓜。该备忘录冷酷地表示，如果希望破灭，"那都是他们自己的错"。[14]

然而诺克斯·达西还是被奇塔卜基的建议打动了。他研究了曾经在波斯勘探了近10年的法国地质学家的发现，并且听取了博弗顿·雷德伍德博士（Dr Boverton Redwood）的意见——雷德伍德博士是英国一流的石油专家，写过石油生产以及石油和其产品的安全储存、运输、配送和使用方面的指南。[15]同时，奇塔卜基向德拉蒙德·沃尔夫保证，无须再重新进行任何勘测，他声称："难以估量的财富源泉就在我们面前。"[16]

诺克斯·达西的所见所闻使其有足够的兴趣与那些能够帮助他赢得波斯国王特许权的人达成交易，比如曾经充当德·路透的代理人并在波斯人脉极广的爱德华·科特（Edouard Cotte），以及奇塔卜基本人。诺克斯·达西同时还向德拉蒙德·沃尔夫承诺，一旦该项目获得成功，他也会有报酬。接着，诺克斯·达西开始争取外务部对该项目的支持，并及时地派出代表阿尔弗雷德·马里奥特（Alfred Marriott）带着一封正式的介绍信前往德黑兰，着手进行谈判。

尽管这封信没有什么实际价值，仅仅是请求给予诺克斯·达西任何可能需要的协助，然而在一个很容易误读信息的世界，外务大臣的签名是个有力的工具，它暗示着诺克斯·达西的背后有英国政府的支持。[17]马里奥特好奇地观察着波斯的皇宫。他在日记中写道，宝座上"镶满了钻石、蓝宝石和绿宝石，旁边还立着珠光宝气的鸟（不是孔雀）"。他报告说，波斯国王是个"再好不过的目标"。[18]

其实，真正的工作是由奇塔卜基完成的。据一份报告称，他"以一种十分彻底的方式"——其实就是行贿的委婉说法——"确保了国王身边所有大臣和侍从们的支持，甚至没有忘记为国王递烟斗和咖啡的仆人"。诺克斯·达西被告知一切进展顺利，波斯政府似乎很可能批准一个开采石油的特许权。[19]

获得书面协议的过程相当曲折。突然冒出来的看不见的障碍促使马里奥特向伦敦发回电报，咨询诺克斯·达西的建议，并请求授予他继续花钱的权力。马里奥特急切地表示："希望您能够批准，否则将失去机会。"伦敦的回复是："不要有顾虑，如果你的任何建议能够使事情朝着对我有利的方向发展的话。"[20]

诺克斯·达西的意思是，他很高兴他的金钱能够派得上用场，并且愿意将之用在任何可以帮助他达成目标的事情上。不过，还是很难说什么时候会有新的要求，或者什么时候才能得到承诺，以及谁才是真正的受益者。有谣言说俄罗斯人听到了关于此次秘密谈判的风声，但是后来又被误导失去了线索。[21]

接着，在马里奥特参加德黑兰的一个晚宴时，消息几乎毫无预兆地传来了：国王签署了协议。诺克斯·达西获得了勘探和开发权，他在正式手续中被描述为"住在伦敦格罗夫纳广场42号的独立个人"；作为回报，他将在公司成立时支付2万英镑以及2万股的股票，另外还有每年16%的纯利润作为授权费。诺克斯·达西被授予了"为期60年的，在波斯帝国全境勘探、获得、开采、开发、运输和销售天然气、石油、沥青和石蜡等产品的特属专有权利"。此外，他还获得了铺设石油管道，修建存储设施、炼油厂、车站和油泵系统的专有权利。[22]

随后，一份皇家公告宣布诺克斯·达西及其"所有继承人、受让人和朋友"都被授予"为期60年的，在波斯土地深处自由勘探石油、打洞和钻井的完整的、不受限的权利"，并请"这一神圣王国的所有官员"都去帮助这个享有"国王恩德"的人。[23]他获得了进入这个王国的钥匙，接下来的问题是他能否找到那把锁。

德黑兰经验丰富的观察家们对此表示怀疑。英国驻波斯的代表亚瑟·哈丁爵士（Sir Arthur Hardinge）指出，即使"如他们的代理人所相信的那样发现了石油"，后面还有严峻的挑战等着他们。他接着说，需要记住的是，"无论是否埋藏着石油，波斯的土地上近年来遍布着商业和政治计划的失败残骸，因此谁又能保证这一最新的冒险行动一定能成功呢"。[24]

俄国人对诺克斯·达西得到特许权的消息反应强烈。事实上，当波斯国王收到一封沙皇本人发来的电报，要求他不要进行授权时，俄罗斯人差一点就成功了。[25]诺克斯·达西曾经十分担心这一授权协议会让俄国人感到不快，因此明确表示他获得的权利中不包括波斯的北方省份，以免激怒俄罗斯这个强大的北方邻国。而伦敦所担心的是，俄罗斯将出于挽回损失的心理，对波斯国王和他的官员们更加慷慨。[26]正如英国驻德黑兰代表向兰斯多恩勋爵警告的，获得特许权也许会导致"政治和经济上的不良后果"，如果我们找到了数量可观的石油的话。[27]很明显，对波斯湾地区影响力和资源的争夺正变得愈发激烈。

不过事态很快就平息了，主要是因为诺克斯·达西的项目似乎注定会失败。恶劣的气候、众多的宗教节日，以及钻机和钻头不时发生的令人沮丧的机械故障，使得工作进展缓慢。另外还有人们因报酬太低、工作方式不合理和当地雇员太少等因素而表现出来的公开抵制，以及那些等着被收买的当地部落带来的无止境的纠缠。[28]耗资巨大而一无所获，这让诺克斯·达西十分焦虑。获得特许权还不到一年，他就给钻井队发去电报抱怨道："进度太慢！祈祷尽早完成吧！"[29]一周后，他又发来一封急电，绝望地询问他的首席工程师："你找到地方打井了吗？"工作日志显示，大量的管道、铲车、钢板和铁砧，连同步枪、手枪和弹药从英国运来；1901年和1902年的工资单也表明，开支在不断增加。诺克斯·达西一定觉得，他是在把钱丢到沙子里。[30]

感到不安的不只他一个，他那些在劳埃德银行（Lloyds）的朋友们也同样焦虑不已，他们对诺克斯·达西的透支规模越来越担心，而他们原本以为这个人有着花不完的钱。[31]让事情变得更糟的是，这样艰苦的工作和高昂的成本却不见任何成效：诺克斯·达西需要说服其他投资人购买公司的股票以缓解他自己的现金压力，同时提供继续勘探所需的资金。他的团队不断传回好消息，并请求他批准一次大型的开采行动。

诺克斯·达西越来越绝望，开始为他的特许权寻找潜在的投资者甚至是买家。他前往夏纳与阿方索·罗斯柴尔德男爵（Baron Alphonse de Rothschild）碰面，后者的家族在巴库（Baku）石油业中占据着举足轻重的地位。这一行为敲响了伦敦的警钟，并且引起了英国海军的特别关注。海军大臣约翰·费希尔爵士（Sir John Fisher）坚信，海战的未来以及对海洋的控制将从煤炭向石油转移。他在1901年给一位友人的信中写道："石油燃料绝对会彻底改变海洋战略。这是'唤醒英国'的机会！"[32]尽管没有取得突破性发现，但是所有的证据都显示波斯很可能潜藏着大量的石油。皇家海军非常希望获得其独家使用权，但是前提是必须防止这些资源的控制权落入外国人手中。

于是海军部开始介入进来，并帮助诺克斯·达西与一家在缅甸成绩斐然的苏格兰石油公司达成了协议。1905年，在签署了一份每年向海军部提供5万吨石油的合同后，缅甸石油公司（Burmah Oil Company）的董事们同意买下更名为康瑟森斯辛迪加公司（Concessions Syndicate）的大部分股份。他们这样做不是出于爱国主义，而是因为这是一个明智的多元化战略，而且他们之前的优异成绩能使他们吸引到更多的投资。尽管这让诺克斯·达西松了一口气，他写道，"我不可能从其他公司获得更好的条件了"，但是，一直持怀疑态度的英国驻德黑兰外交代表在发回国的报告中严肃地指出，这并不能保证成功。找到石油是一个问题，对付那些无休止的敲诈勒索是另外一个问题。[33]

这家新公司在接下来的三年里同样没有取得什么进展。打下的油井出油很少，而勘探支出继续吞噬着股东的资本。到了1908年春天，缅甸石油公司的董事们开始公开地谈论是否要彻底从波斯撤资。1908年5月14日，他们给现场负责人乔治·雷诺兹（George Reynolds）——他被某个同事描述为是用"实心英国橡木"制成的死脑筋——发出指令，准备放弃勘探行动。雷诺兹会将位于马斯吉德苏莱曼（Masjed Soleymān）已经建好的钻井钻到1600英尺的深度；如果还是没有找到石油，他必须"放弃行动，拆除钻井，尽可能地收回设备"，并且运送到可能让它们发挥更大作用的缅甸。[34]

当这封信已经在从欧洲到黎凡特再到波斯的邮路上周转时，雷诺兹还是在坚持不懈，丝毫没有意识到他离停工的日子已经不远了。他的团队继续在岩层中钻井，坚硬的岩石使得钻头都脱落了。钻头丢失在洞里好几天，最后终于被找到并重新装上。5月28日凌晨4点，他们钻到了主脉，喷涌而出的黑金射向高空——他们终于成功了，而且是一个巨大的成功。[35]

负责现场安全的陆军中尉阿诺德·威尔逊（Arnold Wilson）用密电将这一消息发回英国。他写道："见《诗篇》第104篇第15节第2句。"[36]——该节祈求上帝从土中得油，以润人面。阿诺德·威尔逊告诉他的父亲，这一发现将会给英国带来难以置信的回报。也希望能回报那些工程师们，他们"在这种恶劣的环境中坚持了这么久，还要忍受那些戴着高帽子的董事们"，他补充道。[37]

1909年，控制着特许权的英波（Anglo-Persian）石油公司开始发售股票，蜂拥而来的投资者预测，马斯吉德苏莱曼的第一口油井只不过是冰山一角，未来的收益会更高。当然，修建石油出口所必要的基础设施，以及开钻新油井和寻找新油田，都需要时间和金钱。让事情顺利进展并不容易，阿诺德·威尔逊抱怨说，他不得不花大量时间消除"含糊其词的英国人与言不由衷的波斯人"之间的文化隔阂。他举例说，英国人认为合同是一份能够在法庭上站得住脚的协议，而波斯人仅仅将其视为一种意图的表达。[38]

尽管如此，一条输油管还是很快就竣工了，将首个油田中的石油运输至被选定为炼油厂和出口中心的、位于阿拉伯河上的阿巴丹岛（Ābādān）。波斯的石油抵达波斯湾，并在那里被装船运回欧洲，以满足欧洲大陆日益增加的能源需求。这条输油管本身就具有很强的象征性，它是未来亚洲交错纵横的输油管网中的第一部分，这些输油管网将为古老的丝绸之路带来新的表现形式和生命力。

麻烦随之开始酝酿。石油的发现使得波斯国王在1901年签署的那一纸条文成为20世纪最重要的文件之一。它奠定了一家价值数十亿美元的企业的基础（英波石油公司后来成为英国石油公司），同时也带来了政治上的混乱。协议的条款让外国投资者控制了波斯王冠上的宝石，这使得当地人对外部世界的仇恨日益加深，并进一步导致了民族主义，最终体现为现代伊斯兰激进主义对西方更深层次的怀疑和排斥。试图控制石油的野心将成为未来许多问题的源头。

在个人层面，诺克斯·达西获得特许权是一个凭借商业智慧战胜逆境的故事；但是它在全球层面的意义，却可以与哥伦布在1492年横越大西洋发现美洲相媲美。征服者再一次掠夺了大量的宝藏和财富并运回欧洲。其中的一个原因是密切关注着波斯局势的海军上将费希尔以及皇家海军对石油的高度重视。当英波石油公司在1912年出现了现金流问题时，费希尔迅速介入，他担心该公司的生意会被像荷兰皇家壳牌公司（Royal Dutch/Shell）这样的生产商获得，后者以荷属东印度群岛为基地已经建成了相当规模的生产和运输网络。费希尔前去拜会当时的海军大臣，强调将海军战舰的发动机由燃煤转为燃油的重要性。他宣称，石油就是未来，它可以大量存储，而且价格便宜；最重要的是，它能够让舰船跑得更快。他说，作为常识，决定海战的"首要因素是速度，它让你能够在你希望的时间、希望的地点，以希望的方式进行战斗"。它能让英国战舰比敌舰更胜一筹，并且在战场上拥有压倒性的优势。[39]听完费希尔的话，温斯顿·丘吉尔明白了他的意思。

改用石油意味着皇家海军的威力和功效将被提升到"一个明显的高度：更先进的舰船、更优秀的船员、更强大的经济力量，以及更加紧张的战争形势"。正如丘吉尔所指出的，这关系到能否实现对海洋的控制。[40]此时，英国在国际上正面临越来越大的压力，在欧洲或者其他地方发生冲突的可能性也日益增加，他们需要周密考虑如何建立并充分利用这一优势。1913年夏天，丘吉尔向内阁提交了一份名为《皇家海军石油燃料的供应》的文件。他提出，解决方案是从众多石油生产商手中提前买入燃油，甚至可以考虑直接"控股一些值得信任的资源供应商"。不过，随后的讨论并没有得出一个明确的结论，仅就一点达成了共识：海军部应保证范围最广、出产最多的石油供应地的安全。[41]

然而过了不到一个月，事情又发生了变化。首相和他的大臣们现在相信，石油是未来生存的必需品。他随即在定期汇报中告诉国王乔治五世，政府计划控股英波石油公司，以保证"可信资源供应"的安全。[42]

丘吉尔积极地推进他的事业。保证石油供应的安全不仅仅和海军有关，它还能够捍卫英国的未来。尽管他将煤炭资源视为帝国霸业的基石，但相比之下，石油更为重要。他在1913年7月告诉国会："如果我们得不到石油，我们就得不到粮食、棉花，以及保持大不列颠经济活力所必需的无数的商品。"我们必须为战争做好储备，但是不能指望公开市场，因为投机商们已经使该市场成了"一个众所周知的笑话"。[43]

因此，英波石油公司似乎给许多问题提供了一个解决方案。在前任海军情报机构负责人、该公司特遣保卫部队指挥官海军上将爱德蒙·斯雷德爵士（Sir Edmond Slade）看来，英波石油公司的特许权"十分合理"，如果有充足的资金，它将有可能"成长为一个庞然大物"。控制该公司，从而确保石油的供应，是上天赐予皇家海军的良机。斯雷德认为，当务之急是如何"以完全合理的成本"获得该公司的控股权。[44]

与英波石油公司的谈判进行得非常顺利，到了1914年夏天，英国政府成功买下该公司51%的股份，并获得了该公司的经营权。丘吉尔在国会下议院的雄辩赢得了多数人的支持。英国的决策者、规划者和军队感到十分满意，因为他们拥有了在未来的军事冲突中将起到决定性作用的石油资源。仅仅11天后，弗朗茨·斐迪南就在萨拉热窝遇刺身亡。

在开战后的一片混乱行动中，人们很容易忽视英国为确保其能源需求所采取的措施。一部分原因是很少人能够知道当时的幕后交易：除了买下英波石油公司的大部分股份之外，英国政府还签订了为期20年的向海军供应石油的秘密条款。这意味着1914年夏天出海的皇家海军军舰，在与德国军舰的拉锯战中，能够享受中途燃料补给的好处。以石油作为燃料，使得英国人的舰船比对手的更快更好，但是最重要的优势是它们能够停留在海上。1918年11月，寇松勋爵在签署停战协议后不到两周时，在伦敦发表了一次演说。他告诉听众："协约国是乘着石油的波浪驶向胜利的。"一位法国议员领袖对此表示欣然同意。他说，德国对钢铁和煤炭过分关注，但是对石油的重视却不够。石油是地球的血液，同时也是胜利的血脉。【45】

这的确说出了某些真相。虽然军事历史学家都把注意力集中在佛兰德的杀戮场上，但在亚洲心脏地带所发生的事情对第一次世界大战的结果却有着重大意义，甚至对战后的影响更大。当比利时和法国北部的第一枪打响时，奥斯曼帝国正在考虑自己将在愈演愈烈的欧洲冲突中扮演何种角色。尽管苏丹坚持认为他的帝国应该置身事外，但他的官员们强烈建议，将帝国与德国的亲密传统升级为同盟关系是最佳的行动方案。当欧洲列强忙于发布最后通牒和彼此宣战时，喜怒无常的奥斯曼帝国战争部长恩维尔·帕夏（Enver Pasha）联系了位于巴格达的陆军总部司令，警告他接下来会发生什么："我们很有可能与英国人开战。"如果战争爆发，阿拉伯的领导人将站起来支持奥斯曼帝国在圣战中的军事行动；波斯的穆斯林民众也将站起来反抗"俄国人和英国人的统治"。【46】

在这种情况下，战争打响的头几周内，英国就从孟买派出了一个师去保卫阿巴丹，确保输油管和油田的安全。之后，英军又于1914年11月占领了战略重镇巴士拉。珀西·考克斯爵士（Sir Percy Cox）在升旗仪式上向当地居民宣告："本地已无土耳其政府的残余势力。英国旗帜在此地升起，无论在宗教还是世俗方面，你们都将享受到自由和正义的恩泽。"【47】其实，当地的习俗和

中东大博弈

塞瓦斯托波尔　黑海
高加索山脉
伊斯坦布尔　　巴统　杰尔宾特　里
　　　哈里斯河　　　第比利斯　卡拉库姆沙漠　希瓦
　　　　　埃尔祖鲁姆　埃里温　巴库　　克拉斯诺沃茨克　阿姆河
　　托罗斯山脉　　阿勒颇　法国蓝区　　阿塞拜疆　布哈拉
地　　亚历山大勒塔　　　　摩苏尔　　美索不达米亚　阿什哈巴德　梅尔夫
中　巴勒斯坦　　法国A区　　基尔库克　英国红区　　马什哈德
海　国际区　　奥克特斯河　　　　　德黑兰　库姆　波　斯　赫拉特
　　卡纳　海法　大马士革　　　　　伊斯法罕　　　锡斯坦
　亚历山大港　　　　巴格达　　马斯吉德苏莱曼　　克尔曼
　开罗　耶路撒冷　伊拉克　　　　　设拉子　库什克
　　　　　　英国B区　阿巴丹　　布什尔
　　　尼　红　　科威特　波　巴林
　　　罗　海　　　中立区　斯　阿巴斯港
　　　河　　　　　达曼　　湾
　　麦地那
　吉打　利雅得
　麦加
　　　　　阿　拉　伯　海
　萨那
　亚丁　　　　索科特拉岛

　　　　　　　　　输油管
　　　　　　　　　1928年《红线协定》
　　　　　　　　《赛克斯—皮科协定》

信仰根本无关紧要，重要的是保证英国能够获得该地区的自然资源。

英国意识到其对波斯湾地区的控制十分薄弱，因而向阿拉伯世界的领导人——包括麦加的谢里夫（Sharīf）[1]侯赛因（Husayn）——提议：如果侯赛因"及大多数阿拉伯人"能够支持英国对抗土耳其，那么英国"将保障麦加酋长国的独立和特权不受任何外来侵略势力的影响，特别是来自奥斯曼帝国的"。这还不是最诱人的，作为支持英国的回报，圣城麦加的守护者和古莱氏族（Quraysh）的成员、先知穆罕默德的曾祖父哈希姆（Hāshim）的后代侯赛因，将得到一个帝国：也许现在该由"血统纯正的阿拉伯人"在麦加或麦地那建立一个哈里发国家。[48]

事实上，英国人根本没有这个打算，也没有实力去履行承诺。然而从1915年年初，当局势向着不好的一面发展时，英国人决定欺骗侯赛因。这部分是因为在欧洲战场上无法速战速决，但更为关键的原因是，奥斯曼帝国终于开始摆出与英国在波斯湾的对峙姿态。同样令英国担心的是，土耳其人还对埃及虎视眈眈，并且威胁到了苏伊士运河。东方来的船只如果不能够经由苏伊士运河抵达欧洲，那就不得不多耗费几个星期的时间绕非洲航行一圈。为了转移土耳其人的物力和注意力，英国人决定在地中海东部登陆并开辟新的战场。因此，只要能够减轻协约国军队的压力，英国便愿意与该地区的任何势力做交易，况且许下一个要很久以后才会履行的、不切实际的承诺并不是什么难事。

针对俄罗斯，伦敦也在打着类似的盘算。尽管对战争的恐惧很快四处蔓延，但是英国的一些核心人物却在思考是否要让战争尽快结束。前任首相亚瑟·贝尔福（Arthur Balfour）担心，迅速击败德国会让俄罗斯变得更加危险，促使后者野心膨胀，从而危及印度。此外贝尔福还听说，一个关系过硬的游说团体正在圣彼得堡试图劝说俄国人与德国人妥协——在贝尔福看来，游说成功等同于英国战败。[49]

英国人的担心意味着他们必须确保俄罗斯对联盟的忠诚。君士坦丁堡和达达尼尔海峡就是两个相当合适的诱饵，不仅可以维系协约国的团结，还能够

---

[1] "谢里夫"是麦加统治者的名号，源自哈希姆家族。——编者注

将沙俄政府的注意力转移到一个十分敏感的问题上来。尽管俄国很强大，但是它的"阿喀琉斯之踵"是它缺少黑海之外的不冻港。俄罗斯想要进入地中海，必须先后通过博斯普鲁斯海峡和达达尼尔海峡。这两个位于马尔马拉海（the Sea of Marmara）两端的狭长水道将欧洲与亚洲分开，是连接俄罗斯南部粮食产地与其出口市场的生命线。1912年至1913年巴尔干战争期间，达达尼尔海峡的封闭使得大量小麦烂在仓库里，给俄国的经济造成了重大损失，并且引发了是否要对控制着这两个海峡的奥斯曼帝国宣战的讨论。[50]

因此，当英国在1914年年底提出关于君士坦丁堡和达达尼尔海峡未来归属的问题时，俄罗斯人十分高兴。英国大使对沙皇的官员们说，这是"整个战争中最丰厚的战利品"。一旦战争结束，君士坦丁堡将转交给俄罗斯，但是要保留一个"非俄罗斯领土的、供货物往来的"自由港，并承诺"货船能够在这两个海峡间进行自由的商业通航"。[51]

尽管西部前线还未取得突破性进展，参战双方都在承受着巨大的损失，而且流血和厮杀预计还会持续几年，但是协约国已经开始坐下来讨论怎样瓜分敌人的土地和利益，以及停战后如何指控德国及其同伙的帝国主义行径了。这真是莫大的讽刺，战争爆发后仅仅几个月，协约国居然就在设想如何饱餐敌人战败后留下的尸体了。

用君士坦丁堡和达达尼尔海峡诱惑俄国还不是最夸张的事。1915年年初，一个以英国莫里斯·德邦森爵士（Sir Maurice de Bunsen）为主席的委员会被组建起来，负责对胜利之后如何处理奥斯曼帝国提出建议。其中一部分涉及对奥斯曼的瓜分方案，并且要让目前的盟友（过去的敌人和未来潜在的对手）感到满意。爱德华·格雷爵士认为，决不能让英国被人怀疑对叙利亚有任何企图："如果我们对叙利亚和黎巴嫩提出任何要求的话，这将意味着和法国关系的破裂。"因为法国企业曾于18世纪和19世纪在这个地区进行了大量的投资。[52]

于是，为了展现与俄罗斯的团结，并避免在叙利亚与法国人产生冲突，英国决定像最初计划的那样，从不列颠、澳大利亚和新西兰组建一支部队，不在亚历山大勒塔（Alexandretta，位于今土耳其东南部），而是在达达尼尔海峡咽喉处、守卫着君士坦丁堡的加利波利（Gallipoli）半岛登陆。[53]这是一个奇怪的登陆点，非常不适合发起大规模攻势，而且对许多登陆士兵而言也是一个死亡陷阱，他们不得强攻一个位于高处的、极其牢固的土耳其阵地。这一损失惨重的军事行动的初衷，是为了控制连接欧洲、近东和亚洲的交流及贸易网络。[54]

君士坦丁堡和达达尼尔海峡的未来已经安排好，现在需要解决的是中东问题。在1915年下半年及1916年年初举行的一系列会议中，自大且听命于陆军大臣基奇纳勋爵（Lord Kitchener）的议员马克·赛克斯爵士（Sir Mark Sykes）与傲慢的法国外交官弗朗索瓦·乔治·皮科（François Georges-Picot）瓜分了这一地区。两个人划定了一条分界线，从阿卡（位于今天以色列的北端）向东北方一直延伸到波斯的边境：法国可以在叙利亚和黎巴嫩自由行事；美索不达米亚、巴勒斯坦和苏伊士运河则由英国支配。

这种瓜分战利品的做法是危险的，尤其是在有关该地区命运的、相互矛盾的消息传开之后。侯赛因仍然收到承诺，在阿拉伯独立和哈里发国重建之后由他出任领导人；英国首相一直公开宣称，"人们应该承认阿拉伯、亚美尼亚、美索不达米亚、叙利亚和巴勒斯坦各自不同的民族情况"，这似乎是对主权和独立的承诺[55]；还有美国，英、法两国不断向其保证，他们"不是为了自私的利益而战，而是把捍卫民族、人权和人性的独立放在第一位"。按照伦敦《泰晤士报》的话说就是，英国和法国满怀热情地宣称，他们心中有着崇高的目标，要为了解放土耳其血腥暴政下的人民而奋斗。[56]威尔逊（Wilson）总统的外交顾问爱德华·豪斯（Edward House）在从英国外务大臣处得知了这一秘密协定后写道："一切都糟糕透了"，法国和英国"正在使中东变成未来战争的滋生地"。[57]他说对了。

问题的根源在于，波斯发现的自然资源让英国人很清楚这里的利益有多大，而美索不达米亚平原很可能埋藏着同样可观的资源。事实上，1914年弗朗茨·斐迪南遇刺当天，一项在该平原地区勘探石油的特许权就得到了批准。一个由土耳其石油公司领头的财团得到了这一授权，英波石油公司是其大股东，荷兰皇家壳牌公司以及促成这桩协议达成的出色交易人卡洛斯特·古本江（Calouste Gulbenkian）也获得了少数股权。[58]无论中东地区的人们和国家得到了什么样的承诺或保证，事实真相是，在幕后设计该地区未来的官员、政客和商人的脑袋里只有一件事：确保对石油，以及将石油输送到港口并装船的输油管的控制。

德国人很清楚正在发生的事情。一份落入英国人手中的简报文件判断称，英国有两个高于一切的战略目标：第一个是保持对有着独一无二的战略和商业价值的苏伊士运河的控制权；第二个是守住波斯和中东的油田。[59]这是一个敏锐的判断。大英帝国在各大陆的领土几乎覆盖了地球的四分之一，尽管这些地方有着丰富多样的气候环境、生态系统和资源储备，但仍然存在着一个明显的短板：石油。

英国的辖区内没有什么拿得出手的石油储备，因此战争给了英国人一个弥补这一不足的机会。充满书生气的战时内阁大臣莫里斯·汉基（Maurice Hankey）写道："唯一可能的大规模供应来自波斯和美索不达米亚。"因此，"控制这些石油供应地是战争的首要目标"。[60]同一天，汉基在给首相戴维·劳合·乔治（David Lloyd George）的信中强调，从军事角度看，这一地区没有什么价值，但是英国如果要"保护美索不达米亚宝贵的油井"的话，就应该积极采取行动。[61]

战争结束前，英国外务大臣在谈及他心中的未来时语气强硬。肢解敌人的帝国是确定无疑的，他对一些高级官员说："我不关心我们在何种体系下占有石油，无论是永久租借权还是其他任何形式，我只知道，得到这里的石油对我们而言至关重要。"[62]

这一决定及其背后的担心有着充分的理由：1915年年初，海军部每月消耗8万吨石油；两年后，随着大量军舰开始服役以及燃油发动机的普及，这一数字翻了一倍多，达到了19万吨；而随着1914年机动车辆的数量从100增加到数万，陆军对石油需求的增长更为夸张；到了1916年，这一负担耗尽了英国的石油储备——汽油库存从1月1日 3600万加仑骤降至六个月后的1900万加仑，又过了四周后只剩下了1250万加仑。[63]当一个政府委员会开始调查未来12个月的需求时，它发现，现有的库存仅能勉强支撑半年。[64]

尽管石油配给制度的施行取得了一些立竿见影的效果，但是对供给问题的持续担忧还是让海军大臣在1917年春下令：皇家海军的军舰要尽可能地待在港口里，在海上的巡航速度不得超过20节。1917年6月的一次需求预估显示出事态的紧迫性：到该年年底，海军的石油储备最多还够用六个星期。【65】

德国人发展出的高效潜艇战让事情变得更糟。英国一直从美国大量进口石油（而且价格越来越高），但是很多油轮都未能突破德国潜艇的封锁。美国驻伦敦大使沃尔特·佩奇（Walter Page）在1917年写道，德国人击沉了"如此多的运油船，这个国家（英国）的危机可能就在眼前"。【66】

一次使发动机转速更快、效率更高的技术革命导致了1914年后战争的迅速机械化。但是石油消耗的猛增反过来意味着，在战争爆发前就已经令人不安的石油问题，成了英国外交政策当中的一个重要的甚至是决定性的因素。

一些英国决策者对未来的期望很高。在波斯东部工作而且非常了解这个国家的珀西·考克斯在1917年就提出，英国有机会牢牢掌控波斯湾，并且将俄罗斯、法国、日本、德国和土耳其永远排斥在外。【67】因此，尽管就欧洲的战事而言，俄罗斯因1917年革命而崩溃，并且在布尔什维克党（Bolshevik）上台后迅速地与德国签订了和平条约，但是其他一些地区仍看到了不少希望。贝尔福勋爵在1918年夏天告诉首相，独裁统治下的俄罗斯曾经"对于它的邻国来说是一个危险；而在它的非邻国之中，我们受到的威胁是最大的"。【68】俄罗斯的内部破裂对于英国而言无疑是个好消息。英国人终于得到了一个真正的机会，可以强化他们对从苏伊士运河到印度这片地区的控制和保护。

| 第十八章 |

妥协之路

英国人决定在波斯扶持一个符合自身利益的、可靠的铁腕人物。一位波斯王室成员很快吸引了他们的目光：法尔曼·法尔玛亲王（Prince Farman-Farma）。众所周知，他在伦敦股市上投入了大量的资金，因此他的巨额财富也与大不列颠帝国的命运密切相关。英国人极力游说，争取把他扶上波斯首相的位置。英国驻德黑兰公使在1915年的圣诞夜前夕觐见波斯国王，明确地表示伦敦对法尔曼·法尔玛十分支持。他告诉国王："在不远的将来，更换首相是不可避免的。"特别是考虑到德黑兰政府里存在着不少的"敌对分子"。国王被轻易地说服了："他完全同意，并且主张立即进行任命。他承诺将敦促法尔曼·法尔玛尽快履职。"[1]几天后，法尔曼·法尔玛准时上任。

不过在美索不达米亚就没那么顺利了，当地缺乏可供扶植的傀儡。于是英国人决定自己动手，他们从巴士拉派出了军队，并于1917年春天占领了巴格达。正如哈丁勋爵（即之前的查尔斯爵士）从伦敦写给杰出的学者和旅行家格特鲁德·贝尔（Gertrude Bell）——她对这一地区知之甚详——的信中说的那样，没人关心会发生什么。他表示："我们可以从巴格达选出三个最胖的人，或者三个胡子最长的人，推举他们作为阿拉伯的统治者，这都无关紧要。"英国需要的只是一个能够牢记与占领军合作的好处的领导人。当然，这免不了大量的行贿。[2]

然而，英国还面临着另外一些比梳理该地区未来政治架构更重要、更严峻的问题。不少英国人甚至在《赛克斯—皮科协定》墨迹未干时就已经提出对该协定进行修订。这并非出于对帝国主义秘密交易的良心不安，而是因为前海军情报机构负责人、海军上将斯雷德的一份报告，他曾经于1913年负责波斯的石油勘探项目，并且在不久之后被任命为英波石油公司的理事。斯雷德强调，"在任何情况下，我们对波斯油田的使用权都不能被干扰"，而且在该地区的其他地方也应如此。他补充道，有证据表明，"美索不达米亚、科威特、巴林和阿拉伯半岛"都蕴藏着丰富的石油资源。他强烈建议重新划定《赛克斯—皮科协定》中的分界线，尽最大可能将这些地方纳入英国的控制下："必须确保对这些地区石油的所有权利，这样其他国家就无法通过开采石油而为自己谋利。"[3]英国外务部紧张地注视着局势的发展，并从欧洲各个报纸上搜集关于德国要求"波斯湾海域自由化"的文章，这意味着英国不得不巩固它在这一地区的地位，而且越早越好。[4]

战争刚刚结束几周后的1918年年底，英国人设法得到了他们想要的：首相戴维·劳合·乔治说服了法国总统克列孟梭（Clemenceau）同意修改协定，并放弃摩苏尔及周边地区。之所以能够做到这一点，部分原因是利用了法国人害怕英国有可能阻碍他们在叙利亚建立保护国的心理；同时，英国人还暗示他们对马上就要召开的有关阿尔萨斯—洛林地区（Alsace-Lorraine）归属问题的谈判尚不确定支持法国。克列孟梭在伦敦直截了当地问劳合·乔治："您想要什么？"英国首相回答："我想要摩苏尔。""您会得到它的。还有别的吗？""是的，我还想要耶路撒冷。"回答是同样的："您会得到它的。"劳合·乔治手下的一位高级文员回忆道：克列孟梭"诚实可靠，而且绝不反悔"。[5]

苏伊士运河是大英帝国最重要的命脉之一，英国人自1888年起就一直控制着它。鉴于巴勒斯坦的地理位置使它能够充当抵御任何对苏伊士运河攻击的缓冲地带，英国同样将巴勒斯坦视为一个目标。因此，当英国军队进入巴格达后，他们从东部继续向巴勒斯坦进发；同时，在1917年夏不可思议地攻克了亚喀巴港，来自沙漠的托马斯·爱德华·劳伦斯（T. E. Lawrence）也从南面赶来。尽管在德军总参谋长埃里希·冯·法金汉（Erich von Falkenhayn）将军的领导下，土耳其第七军和第八军发动了猛烈的反攻，但是几个月后，耶路撒冷还是陷落了。英军上将埃德蒙·艾伦比（Edmund Allenby）步行进入该城，以示敬意。英国首相将占领耶路撒冷称作"赐予英国人的圣诞礼物"。[6]

英国人看重巴勒斯坦还有另外一个原因。越来越多不断涌入英国的犹太移民加深着英国人的担心：1880年至1920年间，仅从俄罗斯移民到英国的犹太人数量就增长了五倍。在20世纪初，曾经有过关于在东非找一块地方安置犹太移民的讨论，但是随着战争的爆发，人们将目光转向了巴勒斯坦。1917年，外务大臣亚瑟·贝尔福写给罗斯柴尔德勋爵的一封信被泄露给了《泰晤士报》，信中提到："英国政府赞成在巴勒斯坦建立一个国家，作为犹太人的祖国。"[7]这一为犹太人指定一块定居地的设想被称为《贝尔福宣言》，后来贝尔福在上议院中将其形容为"解决由来已久且棘手的犹太人问题的一个部分方案"。[8]

除了出于为欧洲的犹太人建立一个祖国的考虑，巴勒斯坦那临近油田且位于通向地中海输油管终点站的地理位置，也同样吸引了英国人的目光。规划人员指出，它将省去1000英里的运输路程，并且将使英国能够"有效地控制有可能是世界上产量最大的油田"。[9]因而，英国人不可避免地会在巴勒斯坦争取举足轻重的影响力，而且还要控制海法，这里的优质深水港是将石油装上英国油轮的理想地点——输油管也必然会通到这里，而不是北部法国控制下的叙利亚。

随着英国战略的实施，海法将成为来自美索不达米亚的输油管的完美终点。它确实不负众望，到1940年时，有超过400万吨的石油是通过这条一战后修建的输油管输送的，这些石油足以支撑地中海舰队的需求。《时代》杂志将其称为"大英帝国的颈动脉"。[10]这一世界上最大的帝国正从世界心脏中抽取黑色的血液，灌输到自己身上。

于是，到了1918年年初，人们的注意力早已经转向如何塑造战后世界以及如何瓜分胜利的战利品了。但问题是，善于交际的政客、性急的外交官以及那些拿着地图和铅笔的设计者，在欧洲各国首都所达成的交易与实际情况并不完全相符。对领土的瓜分都已经规划好了，英、法两国的利益将得到扩充和保障，但是当涉及实质问题时，事情却变得复杂起来。

如在1918年夏天，英国上将莱昂内尔·邓斯特维尔（Lionel Dunsterville）接到命令，从波斯西北部向里海进军。同时其他高级军官被派往监视高加索地区，以确保土耳其人不会占据控制阿塞拜疆的油田、里海以南地区或通向阿富汗边境的中亚铁路。这是典型的伸手过长，一个根本不可能完成的任务，其结果必然是灾难性的。土耳其的先头部队包围了巴库，在放邓斯特维尔一条生路之前将他围困了六个星期。当地人在该城投降之后实施了报复性的血腥屠杀。[11]

恐慌之情包围着伦敦的印度事务部的官员们，他们极力请求向中亚派出情报人员，以监视土耳其复兴及俄罗斯动荡的后续发展。撒马尔罕地区、费尔干纳谷地和塔什干的暴动和游行示威，为奥斯曼帝国能够在全境爆发革命起到了一定的作用。[12] 1918年年初，国务大臣在给印度总督切尔姆斯福德勋爵（Lord Chelmsford）的信中写道："因为俄罗斯中央政府的倒台，以及俄国军队的瓦解，所有对土耳其斯坦当地居民的有效统治都消失了。"[13]

出于对这一地区高涨的穆斯林反英情绪的担忧，英国政府派出使节监督局势的进展并且着手开展亲英宣传工作。英国向喀什和麦什德派出官员以了解当地居民的心态，但对是否向阿富汗和塔什干派遣武装部队，或者是否推进更加不切实际的计划——如怂恿阿富汗的埃米尔向西扩张，并占据从穆尔加布（Murghab）河谷到梅尔夫一带的地区——的讨论都举棋不定。[14] 俄国革命之后，随着自我表达甚至是民族自决的呼声越来越大，整个乌克兰、高加索和中亚地区都萌发了新思想、新认同和新渴望。

当那些夺取了俄罗斯政权的人发现他们的国际革命梦想在欧洲受到了挫折时，他们将注意力投向了亚洲。托洛茨基（Trotsky）以其一如既往的热情投入东方的革命事业中来。"当前局势下，在印度成立苏维埃政权，要比在匈牙利容易快捷得多。"他在1919年给同事的备忘录中写道："我们要先从阿富汗、旁遮普和孟加拉入手，最终进入巴黎和伦敦。"[15]

来自"波斯、亚美尼亚和土耳其受奴役人民"的代表，连同那些来自美索不达米亚、叙利亚、阿拉伯半岛等地的劳苦大众，被召集参加了1920年在巴库举行的一次会议。作为布尔什维克党最主要的煽动者之一，托洛茨基的发言毫不隐讳。他告诉听众："我们现在的任务是点燃反对西方的圣战之火"，时机一到，"我们要教育东方的民众憎恨富人、反抗富人"。这意味着反抗富有的"俄罗斯人、犹太人、德国人、法国人……从打倒英帝国主义开始，发动一场真正的人民圣战"。[16]换句话说，东、西方最后对决的时刻到了。

这种说法取得了很好的效果：除了现场的欢呼声，一些人还开始采取行动，如《布尔什维克主义与伊斯兰民族》的作者、知识分子穆罕默德·马拉卡图拉（Muḥammad Barakatullāh），就在亚洲的穆斯林地区极力宣扬社会主义的优势。报社、大学和军校纷纷在中亚成立，使得当地民众更为激进。[17]

苏维埃政权展示出惊人的灵活性，他们愿意同任何有助于其事业发展的人妥协。例如，在阿富汗国王阿曼努拉（Amanullah）试图疏远英国并对开伯尔（Khyber）西部的驻印英军发起攻击后，布尔什维克领导人几乎毫无顾虑地向他传了善意。尽管这次军事行动以惨败告终，但布尔什维克政权很高兴他们能在东方找到一个盟友，并向后者提出了援助建议，宣称将东方从帝国主义的统治下解放出来是革命事业的根本任务之一。当然，这种说法不太可能令阿富汗国王彻底放心。

俄罗斯人大胆的投机行为引起了英国人的高度警惕，《泰晤士报》刊登文章《布尔什维克威胁印度：阿富汗是跳板》。于是英军开始向北移动进入阿富汗。其中有一位叫作查尔斯·卡瓦纳赫（Charles Kavanagh）的年轻下士，最近人们发现了他的日记，里面生动地描绘了他所见到的场景，不禁让人联想到近几年来西方军队在同一地区的经历。他写道，叛军的伏击和进攻是家常便饭；阿富汗男人经常装扮成妇女，这样他们的脸和来复枪就可以藏在长袍里了。卡瓦纳赫还写道："不要和你不认识的当地人握手，他们会用左手抓住你，然后用右手捅你一刀。"[18]

人们对于一战结束之后世界的未来存在着各种各样的看法。民族自决的冲动开始出现，并多多少少受到了布尔什维克主义者的拥护。列宁宣称："你们可以按照自己的想法选择安排你们的命运，没有任何障碍。要知道，你们的权利和所有俄罗斯人的权利一样，都受到革命的竭力保护。"[19]后来，这还引申出了男女平等的进步观点：吉尔吉斯斯坦、土库曼斯坦、乌克兰和阿塞拜疆等地的苏维埃共和国给予了妇女选举权——这比英国还要早。1920年，一份张贴在乌兹别克塔什干街头的海报，描绘了一位妇女向她面前四位戴着面纱的妇女呼吁穆斯林女性的解放："女人们！投苏维埃一票！"[20]

这种早期的后革命时代进步主义，同当时西方列强的帝国主义立场以及他们为维护国家利益控制财产和资源的做法，形成了强烈的对比。在这一点上没有人比英国人更加积极活跃了，因为他们必须尽一切努力保障对石油供应的控制。他们在这些地区驻军，并以符合自身需要的方式来重新布局。以美索不达米亚为例，他们在这里缔造了一个名叫伊拉克的新国家。这是一个由三个前奥斯曼帝国的省份组成的大杂烩，它们的历史、宗教和地貌没有任何共同点：巴士拉港面向东南的印度和波斯湾，巴格达和波斯关系密切，而摩苏尔则更偏向土耳其和叙利亚。[21]除了伦敦之外，没有人会对这种合并感到满意。

这是一个傀儡国家。英国人将麦加谢里夫的继任者、昔日的盟友费萨尔（Faisal）扶上宝座，作为他在一战中与英国合作的奖赏，以及对他被赶出叙利亚的同情和补偿（他最初得到的许诺是叙利亚的王位）。当然还有一部分原因是英国没有其他的合适人选了。英国人认为，通过一些诸如换防仪式、新国旗（由格特鲁德·贝尔设计）以及承认伊拉克国家主权的条约——但是伊拉克国王及其政府在"所有重要事务上"要听从英国的安排，包括外交和国防——等新的象征性手段，能够掩盖费萨尔属于逊尼派穆斯林而当地绝大多数居民都是什叶派这一事实。不久之后，英国人还取得了任命该国司法官员的权力，并通过安插财务顾问以左右该国的经济。[22]从财政角度看，对于面临着战时欠下巨额债务的英国政府来说，这种假手于人的帝国统治方式要比完全的殖民占领更为省钱省力。当然，这也会削弱政治影响力：在1920年这一年中，有2000多名英国士兵在美索不达米亚的暴动和内乱中丧生。[23]

英国在波斯也采取了类似的行动。1919年，一纸条约使得英国可以派出顾问干涉波斯的财政和军队，以及基础设施建设的实施。这些举动在波斯等地遭到了抵制。鉴于英国控股了英波石油公司，俄罗斯人和法国人也认为英国在波斯的影响力已经过于强大。英国人凭借贿赂（或"佣金"）使条约通过的做法，也在波斯引发了强烈的抗议，尤其是针对国王本人。当时一位著名的诗人写道："真主将谴责这一永久的耻辱 / 他背弃了萨珊的土地。"他还提到了波斯久远而光荣的过去："告诉热忱的'长手'阿尔塔薛西斯（Artaxerxes）[1] / 敌人侵吞了你的王国 / 将其并入英格兰。"[24]这些批评者后来都被关进了监狱。[25]

缺乏经验的苏联（Soviet Union）外交人民委员同样对此表示愤慨：英国人"正在试图往波斯人民的脖子上套上奴役的枷锁"。他在一份声明中宣称，这个国家的统治者将"你们卖给英国强盗"的行径是非常无耻的。[26]巴黎的反应有些许不同。法国人对石油之战毫无准备，而且包围摩苏尔似乎也没有任何好处，因此他们迫切地希望自己的顾问能够在德黑兰占有一席之地，以进一步争取自身的国家利益。然而寇松勋爵对此毫不理会，每当被问及是否会批准任命法国顾问时，他都难以压制自己的怒气。他告诉法国驻伦敦大使保罗·康邦（Paul Cambon）："全靠着英国的援助，波斯才免于彻底的破产"，法国不应该打这里的主意。[27]

法国人对此愤愤不平。波斯的报纸收到了用于反英宣传的资金，同时法国本土的媒体也开始发表严厉指责英波条约及波斯国王的文章。《费加罗报》（Le Figaro）的一篇文章在德黑兰被引用："这个半厘米高的侏儒，将他的国家卖了一分钱。"[28]虽然法国是一战中胜利的一方，但却终究不敌他们的盟友。

实际上，英国人对波斯国王像战前一样提出的金钱要求束手无策。法尔曼·法尔玛亲王方面也有问题，他的任命并没有像英国人希望的那样成功。一些发回伦敦的报告中说他"不愿意老老实实地去上班"，并且十分"贪婪"，这样下去"不可能保住他的官位"。[29]英国需要一个更加可靠的人选。

乱世出英雄。英国驻波斯代表珀西·洛兰爵士（Sir Percy Loraine）在1922年的报告中说，礼萨·汗（Reza Khan）是"一个实力强大、威望很高的大块头，并且拥有鹤立鸡群的身高"；他说话简洁明了，"不会把时间浪费在

---

[1] 古代波斯国王，《旧约》中的人物，因其帝国幅员辽阔而被称为"长手"。——编者注

辞藻优美却空洞无用的恭维上"。尽管他"鲁莽无知、缺乏教养",但让洛兰印象深刻的是:"和他交谈时,我感觉到的不是一颗未经开化的头脑,而是一颗未受重用的头脑。"这正是外务部想要的人选。伦敦一位官员对该报告的意见是:"洛兰爵士对礼萨·汗的评估无疑是鼓舞人心的。虽然他身上有着他同胞们的各种缺点,但他的心似乎长对了地方。"他的种族血缘也得到了认可,另外一份备忘录称:"他拥有一半的高加索血统(得自他的母亲),这是他的优势。"总之,他正是英国政府认为可以与之打交道的那类人。【30】

在受命保卫波斯北部的英军司令埃德蒙·艾恩赛德爵士(Sir Edmund Ironside)看来,礼萨·汗似乎是"一个强大而无所畏惧、牢记着国家利益的人"。英国人激烈地争论着到底要给予他多大的支持,以及到底该在扶植他成为具有影响力的人甚至最终登上宝座的过程中扮演何种角色。不过,后续的众多相关事件证明,英国人最终还是充当了国王缔造者的角色。【31】美国驻德黑兰代表约翰·考德威尔(John Caldwell)认为,礼萨·汗和英国人走得太近,他"实际上就是个间谍"。【32】

美国人也同样密切关注着这一地区,这一点儿也不奇怪。1918年美国海军计划处的一份报告提到,美国准备同英国在商业上展开竞争。该报告指出:"世界上曾经兴起过四个大国准备要挑战英国的商业霸权。"西班牙、荷兰、法国和德国都曾打算把英国人赶走,美国是"第五个,而且还是五个商业强国之中最大的……历史提醒我们必须盯紧"英国人的下一步动作。【33】油田的重要性将美国人的目光投向了这一地区。

美国越来越重视其自身的石油供应。当战前的英国人还在担心资源匮乏时,美国人已经开始为战后可能会立即出现的资源短缺而犯愁了:满足新兴的消费理念是犯愁的一个因素,对已探明的石油储量的预估是另外一个因素。据美国地质调查局局长判断,这些石油储量将在九年零三个月后被耗尽。威尔逊总统承认,缺乏"国内外的稳定供应"是一个大问题。【34】

为此,国务院怂恿美国最大的石油生产商之一标准石油公司(Standard Oil)研究"与伊朗政府就在英波石油公司特许权范围之外的伊朗北部达成协议的可能性"。[35]美国的兴趣在德黑兰引发了强烈的反应。当地媒体称，英国人和俄罗斯人在波斯的介入已经足够深了，他们不断地侵害着这个国家的独立性；美国这个新兴帝国是最好的救星。一家波斯报纸满怀希望地宣称："如果我们国家能够与富裕的美国人建立经济联系，可以肯定的是，我们在资源上将不会再一无所获，而且我们将很快脱离贫困的折磨。"[36]这一光明前景成了波斯全国的共同期望，潮水般的电报涌入首都，以表示对美国投资的欢迎。受宠若惊的美国大使注意到，在这些电报上落款的都是一些"最著名的毛拉、杰出人士、政府官员和商人"。[37]

英国人对此很是气愤，他们直截了当地告诉美国国务院，美国对波斯石油的觊觎不仅不受欢迎，而且是不合法的。英国人宣称，尽管争议地区没有授权给英波石油公司，但是他们之前已经就该地区与波斯政府达成了另外的协议。因此，不能将此地的勘探权给予美国或其他任何人。这些狡辩之词并没有起到效果，波斯人最终还是给了标准石油公司50年的特许权。[38]

然而，美国人的行动又一次成了梦幻泡影。他们曾希望通过对波斯的介入和投资，取代英国在该地区的影响力。但事实证明，任何经营者都需要与英波石油公司交易才能获得输油管的使用权。而谈判一旦开始，就会让原本充满期待的波斯人失望不已。一位驻华盛顿的波斯代表评价道，美国人"比英国人更像英国人"——当然，这并不是恭维之词。德黑兰的一份报纸发表了一篇怒气冲冲的社论：美国人和英国人完全就是一回事，他们都是"欺负弱小的拜金者"，只想着为自己捞好处，"并试图分割我们宝贵的石油资源，将它们从幼稚的波斯政客手中夺走"。[39]

这个故事就像是400年前发现美洲大陆时的翻版。尽管当地居民没有像美洲土著那样，被西班牙人屠杀殆尽，但实际过程是一样的：西方国家对宝藏的掠夺意味着财富从一个大洲流向另一个大洲，而这些土地上的居民却几乎毫无所得。哥伦布横渡大西洋之后所发生的事情再次重演。正如西班牙和葡萄牙根据1494年的《托尔德西里亚斯条约》和30年后的《萨拉戈萨条约》瓜分世界那样，西方国家现在正搜刮地中海与中亚之间的资源。

地图上用粗虚线圈画出的区域构成了英国与法国之间所谓的"红线协

定"（Red Line Agreement）的基础。这一协定规定了中东地区的石油资源如何在英波石油公司与土耳其石油公司（前者英波石油公司，即英国政府，是后者的大股东）之间进行分配，两家正式同意不在彼此的地盘上竞争[1]。这对要确保在黎凡特强势地位的法国而言十分重要，因为法国人自古以来就与这一地区有着贸易联系，而且数十年来不断地在此地投资。正如伊比利亚半岛国家所做的那样，英国和法国称他们对财富的掠夺是理所应当的。这似乎是进入了新一轮的帝国时代。

不过，大英帝国在该地区很快就身陷痛苦的现实当中：世界正在改变，而且改变得很快。维护对石油和输油管的控制是有代价的。英国的国债激增，帝国驻军需要大量成本，这引发了激烈的争论。寇松勋爵写道："无法再维持这一高昂的开销了。"时任殖民大臣的温斯顿·丘吉尔立即接受了这一论断，他认识到，"中东的一切政策都要让位于削减开支"。[40]

野心与能力之间的差距会带来灾难，而高级外交官们的顽固则加剧了这一危险。例如，英国驻德黑兰公使在波斯人面前颐指气使，被鄙视为"狡猾的臭畜生"。同时，英国驻巴格达的代表"为了扩建英国大使馆的花园"，把周围的房子拆了。一位观察家讽刺道："这无疑会让这栋原本就美丽无比的住宅更加辉煌，但是在伊拉克人中却不太受欢迎。"[41]这些都显示出一种傲慢的态度：该地区的今天和未来都掌握在英国人手中。当地的统治权是由伦敦的决策者恩赐的，他们几乎不会考虑当地居民的利益，而是会优先关注英国的战略和经济地位。仅在20世纪20年代，英国就直接或间接地操纵了伊拉克、波斯和阿富汗三国统治者的更替，同时还插手了埃及在1922年独立后的国王称号问题。[42]

毫无疑问，随着时间的推移，这些行径将使问题更加恶化。格特鲁德·贝尔早在1919年就曾正确地预测：近东正在变成"一团可怕的乱麻"，这种情形就像是"一场噩梦，你在其中可以预见到所有将要发生的恐怖事情，但是却无力伸手阻止"。[43]英国人正在玩一项危险的游戏：选择支持谁，以及在何

---

[1] 红线区域内的石油资源全归土耳其石油公司（法国、美国、荷兰都在其中占有股份）所有。——编者注

丝绸之路：一部全新的世界史

时何地插手。

从黎凡特一直向东，充斥着失信的诺言和失望的人群。支持、帮助和保护当地人利益的承诺，最终都成了对英国商业和战略利益的促进和保护。哪怕这意味着需要沿着人为的新边界线重新分割土地，或者放弃诸如生活在伊拉克的亚述基督徒这样的人群——这些基督徒在中东被瓜分完后，发现只有自己处于孤立无援的脆弱境地。【44】

这对伊拉克来说是一场灾难。随着当地权贵获得了以前属于奥斯曼帝国的大片土地（作为他们支持英国的报答），一种新型的封建主义开始生根发芽：它减少了社会流动性，增加了社会的不平等，并且使得农村人口在丧失了他们的土地权利和生存方式后爆发了强烈的不满。在伊拉克东部的库特（Kut）省，有两个家族在30年间就占有了超过50万英亩的土地。【45】在波斯也是如此，通过石油收入累积起来的大笔财富都集中在国王及其亲信手中。因此完全可以认为，正是英国政府作为英波石油公司的大股东（这在20年代为前者带来了将近一半的财政收入）这一事实，促成了坚定的反英情结以及高涨的民族主义。

这同样也是一个新时代的信号，整个帝国内部都出现了不可阻挡的反对殖民主义的势头。印度国民大会党（Indian National Congress）在拉合尔的分部发表了《印度独立宣言》（*Purna Swaraj*）。该宣言写道："印度的英国政府不仅剥夺了印度人民的自由，而且将他们的统治建立在了对大众的剥削上。"印度已经被破坏得千疮百孔，"必须立即脱离英国……实现彻底的独立"。"公民不服从"（civil disobedience）的时刻到了。【46】

这杯由觉醒、厌恶和剥夺权利混合而成的鸡尾酒将不可避免地流向其他地方。不过，让中东当地人愈发不满的另一个原因在于意识到难以把控油田的利润。拥有特许权的西方石油公司在支付授权费时显得相当狡猾而且富有创造力。同当代的一些做法类似，这些企业组建了一个由子公司构成的网络，其目的是通过内部借贷造成亏损，以削减甚至完全抵消掉运营公司的账面利润，最终减少根据特许权协议应付的授权费。这已成了这些公司的惯用伎俩。当地报纸愤怒地说道："那些获得准许开采波斯石油的外国人通过非法和不必要的关税免除故意压榨我国的财政收入。"不过至少波斯的情况不像它的邻国伊拉克那样糟糕，后者除了名义之外，几乎就是个殖民地。[47]

为了试图安抚当地不断高涨的愤怒情绪，英波石油公司的董事们展开了魅力攻势：他们许诺了一大堆新的好处，从提供受教育机会到帮助升级铁路，以及考虑支付更多的授权费。然而对于自己的政府无法持有该公司的股份，波斯的上层人士依然十分不满。一位观察者记录道："波斯人觉得，他们无法从这个以波斯石油为基础的行业中分享成果"，他们坚持说这不是钱的问题，因为"任何经济上的回报都不能消除这种被疏离的感觉"。[48]英波石油公司董事长、温文尔雅的约翰·卡德曼爵士（Sir John Cadman）力劝波斯人要冷静；他向谈判桌另一边的人建议，媒体不该制造出错误的印象，说该公司不是一家公平公正的企业，这不符合任何人的利益。[49]波斯人对他说：这很好，想让各方都获利，就应该达成合伙关系。事实上，这仅仅比彻底的剥削好一点点。[50]

一系列关于是否以及如何重新商定诺克斯·达西特许权的持久争论都没有结果。最后还是由波斯人作了了断。在1929年之前，墨西哥和委内瑞拉的石油发现（委内瑞拉勘探工作的负责人乔治·雷诺兹，他之前领导了最重要的马斯吉德苏莱曼油井的开挖）就已经使石油的价格大幅下调。华尔街崩盘后[1]，对石油的需求锐减，波斯人开始逐步把石油资源收回到自己手中。最后，1932年11月，在遭受授权费缴纳数额剧减，以及一系列帮助英国人向德黑兰隐瞒详细数据的财务骗局之后，波斯国王宣布取消诺克斯·达西的特许权，并且立即生效。

这让英国的外交官们大感羞辱。一位高级官员指出："如果我们现在不表现得强势一点，那么今后我们和波斯人之间将有更大的麻烦。"[51]另一位官员则声称，这一宣告是公然的冒犯。[52]在英国人看来，无论发生什么，30年前达成的协议都应该一直有效。诚然，当初开办石油公司时冒了极大的财务风险，而且在建造开采资源所必需的基础设施中耗费了惊人的投资；但因此发掘出来的财富同样是巨大的，英国人始终忽视了要求更加公平地分配这些财富的

---

[1] 是指发生在1929年10月29日的美国华尔街股市崩盘事件，被称作"黑色星期二"，使美国和全球进入了长达10年的经济大萧条。——编者注

呼声。20世纪初的大规模银行舞弊行为，已经让英波石油公司及其背后的利益成为一个决不能倒下的庞然大物。

还好，局面很快取得了平衡，事情也进入了正轨。这在很大程度上要归功于波斯人强有力的谈判手段：他们能够骚扰、阻挠和妨碍生产，以达到重启谈判的目的。1933年春，双方达成了一个新的协议。波斯代表团在日内瓦的美岸酒店（Beau Rivage hotel）见到了石油公司的领导层，表示他们已经了解到有关伊拉克石油的最新协议，并要求至少与此一致。最初的提议包括英波石油公司转让25%的股份，并保证波斯的最低年收益、利润分享以及让波斯人进驻董事会——这些都被约翰·卡德曼爵士驳回，他认为这是荒谬的、不可能的。[53]

尽管随后的会谈气氛亲切友好，但是英国人最终还是无法避免会导致重大改变的重新谈判。1933年4月，新协议出台。协议的关注重点在于石油业的"波斯化"，即在石油公司所有层面上（从管理层到基层岗位）雇佣并培训更多的当地人。特许权覆盖的范围比最初减少了四分之三，即便留下的是最好的部分；固定的授权费不受汇率和油价波动的影响；英国人承诺了一个最低的年度支付额度，无论该公司的产量或市场价格如何；如果英波石油公司从其他国家获得利润，波斯政府将一同分享。当波斯谈判人员告诉卡德曼，他应该将这份新协议视为"他本人及其同僚的个人成果"时，卡德曼一言不发。他的笔记透露了他的心声："我觉得我们被抢得一干二净。"[54]

波斯人以及那些关注此事的人，都在这个故事中看到了不同的寓意。他们在这一课中学到，所有那些虚张声势的西方国家在谈判桌上根本不堪一击，而那些占有资源的国家最终都能迫使这些获得特许权的人回到谈判桌上来。西方国家可以尽情地抱怨，但胜利终将属于资源占有者。

这成了20世纪下半叶最重要的主旋律之一。新的纽带跨越了亚洲屋脊的两端。一个不仅由城镇和绿洲而且由连接着油田与波斯湾（到30年代还连接到了地中海）的输油管构成的网络正在延伸。资源和财富沿着这些管道被输送到海法和阿巴丹这样的港口，它们在之后的50多年里都是世界上最大的炼油厂所在地。

英国在第一次世界大战爆发之前就已经意识到，控制了这一网络就等于控制了一切。如今在乐天派看来，事情仍然充满希望。尽管他们在1933年修订了特许权协议，但是毕竟英国人已经在这一地区建立了牢固的关系网，通过与那些拥有重要资源的国家合作，仍然可以取得丰厚的利益。这样看来，英国人确实比其他任何国家都有优势。

然而事实上，世界大势已然逆转。西方的力量和影响力正在衰退，并且似乎注定会进一步减弱。继续插手当地事务要付出代价，改建大使馆的花园要付出代价，从来不说实话也要付出代价。这些代价就是当地人的疑虑、担忧和不信任。

1920年，当近东和中东地区的新格局正逐渐成型时，在巴格达的一场晚宴上，两种截然不同的观点吸引了人们的注意力。精力充沛、头脑敏锐的格特鲁德·贝尔是参加晚宴的客人之一，她在一战初期就受雇于英国情报机构，并且是一位精明的阿拉伯政治观察家。她告诉即将被任命为新国家伊拉克总理的贾法尔·阿尔·阿斯卡里（Ja'far al-'Askarī）说："我们英国人希望最终给予（伊拉克）完全独立。"贾法尔答道："夫人，完全的独立不是给予的，它向来都是夺来的。"[55]像伊拉克和波斯这样的国家所面临的挑战就是如何摆脱外部干涉，自己决定自己的未来；而英国所面临的挑战则是如何阻止他们这么做。冲突即将爆发。不过在此之前还有另外一场同样是由资源支配引起的灾难。这一次，处于灾难中心的不是石油，而是小麦。

| 第十九章 |

小麦之路

英国的《家居与花园》（*Homes & Gardens*）杂志长期以来都因其引领着室内设计的潮流而自豪。它最近一期的宣传语是："将美丽的事物融入动人的真实家居和花园，专业的建议与实用的信息是装修灵感的终极源泉。"1938年11月的那期杂志对阿尔卑斯风格的山区度假屋赞誉有加。陶醉于主人所展示的插花，记者写道："这是一栋明亮通风的房屋，以淡翠绿色为基调。"而且，这栋度假小屋的"装修者、设计者、家具提供商和建筑师"都是这位主人自己。他的水彩速写就挂在客房的墙上，和古老的版画并列。作为一个幽默的故事高手，屋子的主人乐于被"才华横溢的外国人——特别是画家、音乐家和设计师——所包围"，并且经常邀请"当地大师"来演奏莫扎特或勃拉姆斯的作品片段，作为晚饭后的娱乐活动。显然，该记者对阿道夫·希特勒印象深刻。[1]

在《家居与花园》的报道中，希特勒现代化的办公室隔壁，是"元首"（Führer）用来会见"他的朋友或部长们"的房间。9个月后的1939年8月21日，该房间里的总机接进了一个期盼已久的电话。一张纸条被递给晚餐中的希特勒。据当时一位在场的人称，"他扫了一眼纸条，愣了一会儿，脸变得通红，然后大力地捶了下桌子，连杯子都震动了"。他转向他的客人们，兴奋地说道："到手了！到手了！"[2]他坐下来接着吃饭，面前毫无疑问是一年前被《家居与花园》的记者所推崇的"令人眼花缭乱、营养丰富、色香味俱全的一桌子素菜"。这些菜都是由希特勒的私人厨师亚瑟·凯恩伯格（Arthur Kannenberg）准备的，他经常在晚上走出厨房演奏手风琴。[3]

饭后，希特勒将客人们召集在一起，告诉他们，纸条上是他期待已久的来自莫斯科的回复。斯大林，苏联公认的统治者，已经同意与德国签订《互不侵犯条约》，他在电报里说："我希望这将为我们两国之间的关系带来决定性的转折。"[4]两个晚上之后，这一消息被公布，希特勒和他的随从们站在门廊上眺望着下方的山谷。纳粹头目之一的阿尔贝特·施佩尔（Albert Speer）感叹道："《诸神的黄昏》（Götterdämmerung）[1]的最后一幕真是太美了。"[5]

讽刺的是，这份不可思议的协议正是由英、法两国的外交政策所促成的。出于对德国总理在30年代高风险政治策略的警惕，这两个国家竭力试图找到遏制德国人的途径，但是成效甚微。墨索里尼甚至向他的外交大臣齐亚诺伯爵（Count Ciano）吐露说，英国的政客和外交官们"已经不是诸如弗朗西斯·德雷克（Francis Drakes）[2]这样创建大英帝国的杰出冒险家了，如今的他们只不过是一群腐朽的富家子弟，而且终将失去他们的帝国"。[6]

随着德国占领了捷克斯洛伐克，伦敦方面采取了更为强硬的手段。1939年3月31日下午，首相内维尔·张伯伦（Neville Chamberlain）来到下议院。他严肃地表示："如果出现任何威胁到波兰独立的行为，英国将立即给予波兰政府全力的支持。英国政府已经向波兰政府作出了保证。此外我还要补充一点，法国政府已经授权我作出明确说明，他们将在这一事件中与英国政府保持一致。"[7]

这与其说是为了保卫波兰的安全，不如说是决定了它的命运。尽管首相告诉下议院，当天早上外务大臣已经与苏联大使伊凡·麦斯基（Ivan Maiskii）碰过面，试图平息事态，然而给予波兰的保证仍然引发了一系列直

[1]《诸神的黄昏》是德国音乐家瓦格纳（Wagner）的歌剧《尼伯龙根的指环》（Der Ring des Nibelungen）的第四部。常被用来比喻一场灾难的结束。——编者注
[2] 弗朗西斯·德雷克（1540—1596），英国著名探险家，完成环球航行第二人。——译者注

指乌克兰和俄罗斯南部麦田的军事行动，并造成了数百万人的死亡。[8]

英国的目标是利用战争的威胁将德国困住，使其不敢对东部邻国采取任何攻击行动。实际上，正如希特勒马上就意识到的，他得到了一张王牌，不过打出这张牌需要极大的勇气：同共产主义苏联做交易。尽管对纳粹德国来说，苏联在所有方面都是一个难以对付的敌人，然而随着英国等国的突然介入，达成共识的机会来了。斯大林同样意识到了牌局的变化，他也有了一个机会，一个同样需要极大勇气才能抓住的机会：与希特勒达成协议。

无论是从理论还是从现实角度讲，这两个国家的结盟都让人觉得不可思议。1933年希特勒上台之后，德国与苏联的关系迅速恶化，两国都展开了恶毒的宣传活动，将对方丑化为残忍和危险的魔鬼。两国之间的贸易也几乎中断：1932年，苏联50%的进口货物都来自德国，而六年后这一数字下降到了不足5%。[9]不过，两国最终还是找到了一些共同点：那就是消灭夹在两国之间的波兰。[10]

1939年的春天是个外交活动频繁的季节。苏联驻柏林的临时代办与德国首席东欧问题专家会面，为改善两国关系打基础，并寻找可能的合作领域，包括重启贸易。很快，谈判就转往了莫斯科，由德国大使与苏联外交人民委员维亚切斯拉夫·莫洛托夫（Vyacheslav Molotov）继续进行商讨。后者的前任是马克西姆·利特维诺夫（Maxim Litvinov），因其犹太背景不利于与反犹的德国政府打交道，故而被刚刚解职。温斯顿·丘吉尔写道："作为一名杰出的犹太人，利特维诺夫成了德国人仇恨的对象。他就像一个破工具一样被丢在一边，从世界舞台跌落至无人问津的境地，收入微薄且受到监视。"[11]

到了夏天，德国外长约阿希姆·冯·里宾特洛甫（Joachim von Ribbentrop）已经能够向莫斯科传递消息，并解释说，正是因为国家社会主义与共产主义完全不同，因此"两国之间没有理由相互敌视"。他建议，如果双方有协商的意愿，两国恢复邦交并不是不可能。问题的核心在于波兰，德国和苏联的合作取决于能否就肢解和分割波兰达成协议。[12]

这一问题由斯大林本人提出。自革命以来，波兰就一直是苏联的眼中钉。首先是因为《凡尔赛和约》将1914年之前属于俄罗斯的一片土地划分给了波兰；另一个原因是在1917年之后的几年里，布尔什维克在彻底夺取政权的过程中曾受到过波兰军事行动的威胁。在30年代苏联清洗运动中，对波兰间谍的担忧成了当时的普遍心态。数百万人在清洗运动中遭到逮捕，有数十万人被处决。大概在与德国开启谈判的两年前，斯大林亲自签署了"清除波兰军事组织间谍网络"的命令，这又导致了数万人被逮捕，其中超过五分之四的人被枪决。[13]对于与德国合作一同对付波兰，斯大林显得非常积极。

事情进展得很快。在斯大林答复同意签署协定两天后，两架福克—沃尔夫秃鹰（Focke-Wulf Condor）战斗机在莫斯科降落。苏联仪仗队列队欢迎，两排旗帜在风中飘扬：一排是代表着城市工人阶级和农民的镰刀斧头图案，这显然是共产主义的象征；另外一排是由希特勒本人设计的第三帝国的旗帜。他在《我的奋斗》（*Mein Kampf*）中这样解释道："红色象征我们（国家社会主义）的社会意义，白色象征民族主义思想，'卐'则象征为雅利安人的胜利而斗争的使命。"[14]这是20世纪最奇异和最意想不到的场景之一，当德国人走下舷梯时，代表着共产主义和法西斯主义的旗帜一齐飘扬。德国代表团由德国外长里宾特洛甫率领，他的一位老师曾认为他是"班上最笨的学生，自负而固执"，然而现在他受命在两个敌国之间协调并达成协议。[15]

在进入克里姆林宫与斯大林和莫洛托夫会面时，里宾特洛甫表达了他对两国友好关系的期盼。他说道："除了和平与贸易之外，德国对苏联别无他求。"斯大林的答复一如既往地直接："许多年来，我们一直向对方的头上泼狗屎，我们的宣传机构乐此不疲。如今我们却突然要让我们的人民相信所有这些都已经过去了，可能吗？事情不会那么快。"[16]

然而实际上，事情进展确实很快。两国在几个小时之内就达成了协议的基本框架，其中包括一个公开的协议文本以及一个秘密附属议定书，规定了双方在波罗的海沿岸以及波兰的势力范围，并划定了一条明确的分界线，允许双方在各自地盘上肆意行事。斯大林非常满意，在次日凌晨叫了一瓶伏特加来庆祝。他用德语说："我知道德国人有多么爱戴他们的元首，我要为他的健康干杯。"几轮干杯之后，莫洛托夫几乎不能抑制他的兴奋之情，他眉开眼笑地说道："我们伟大的斯大林同志开启了这一特别的政治关系，为他的健康干

杯！"【17】

第二天，斯大林与政治局高层一起，在他莫斯科郊外的别墅中举行了一场射鸭子活动。他说道："毫无疑问，这完全是糊弄人的把戏，就看谁能骗了谁。我知道希特勒要干什么。他以为他比我聪明，但上当的是他。"【18】当然，希特勒也是这么想的：当协议签署的消息在夜半时分被送到他在阿尔卑斯山的小屋时，与斯大林一样，他的反应就像一个坚信自己会连连取胜的赌徒，得意洋洋地宣告："我们赢了。"【19】

苏联领导人是为了争取时间才同德国妥协。斯大林对希特勒及其带来的长期威胁没有丝毫幻想。事实上，1934年苏共第十七次代表大会上就引用了《我的奋斗》中的部分内容，以说明德国和这位德国总理的危险性。斯大林本人也读过这本声名狼藉的著作，该书强调，要满足德国的需求，只能向东扩张。【20】然而，苏联在漫长的动荡时期结束后需要时间来恢复。大面积的饥荒以及短视而残忍的政策，导致了数百万人在30年代初病死或饿死。这样的伤痛巨大而恐怖。当时一位年仅八岁的男孩后来回忆道，他眼看着一个女同学在上课时把脑袋靠到书桌上，然后闭上了眼睛，像是快速地睡着了——实际上，她是饿死了。他知道，人们会埋葬她，"就像在昨天、前天和过去每一天中埋葬其他人一样"。【21】

随后几年里，苏联出现了严重的内斗。即便是共产党中的高层人士也不能幸免，因为斯大林清算的对象不仅有身边的敌人，还包括曾经的同志。在莫斯科一系列令人震惊的公开审判中，那些不仅在苏联而且在国际上也家喻户晓的人物被指控为反革命分子，受到审判，并被处死。检察总长安德烈·维辛斯基（Andrei Vyshinskii）用恶毒的语言将格里戈里·季诺维也夫（Grigorii Zinoviev）、列夫·加米涅夫（Lev Kamenev）、尼古拉·布哈林（Nikolai Bukharin）和卡尔·拉狄克（Karl Radek）等1917年革命中的英雄贬斥为法西斯走狗、恐怖主义者、堕落分子和害群之马，并判处他们死刑。维辛斯基对学术和文化历史的曲解，以及其对被告的恶毒攻击，使其获得了一个殊荣：他的名字被用来命名苏联科学院法学研究所。【22】

接着，人们将注意力转向了军队。最高司令部虽然没有被完全摧毁，但还是因为一种扭曲而冷酷的逻辑遭到了破坏：如果低级军官犯有叛乱罪，那么他们的上级要么是共犯，要么应负失察之责。严刑拷打下的招供之后，是大范围的搜捕。一名秘密警察后来承认，大清洗的目的是要证明"军队中存在着阴谋，并且要牵扯到尽可能多的人"。【23】

在苏联军队总共101名的高层成员当中，仅有10人未遭逮捕。在被扣押的91人中，有9人遭到处决。被逮捕的人员包括5位苏联元帅中的3位、2名上将、空军的全体高层、所有军区的司令员以及几乎全部的师级干部。红军瞬间变得一蹶不振。【24】因此，斯大林需要时间来重建，而德国人的提议显然是天赐良机。

在另一边，希特勒也是孤注一掷。为了构建一个长久的强国，他急于得到资源。问题是，德国的地理位置不利于其进入大西洋与美国、非洲和亚洲开展贸易，因此希特勒将目光投向了东方。他之所以与苏联和解，是因为这样他就可以打通属于他自己的丝绸之路了。

于是，在协议签署后，希特勒将他的将军们召集到阿尔卑斯山小屋，向他们介绍协议的内容以及他的计划。他靠在一架三角钢琴上，自我吹嘘。他宣称，德国人很幸运，拥有一个像他这样可以完全信任的人。他对他的高级军官们说，"我们没有什么可失去的"，必须把握住眼前的机会。按照目前的经济状况，德国只能生存短短几年。他告诉将军们："我们没有其他选择。"【25】

与苏联结盟不仅能够收回《凡尔赛和约》中失去的土地，而且还能保证德国的未来。但要时刻牢记的是，所有的一切都取决于德国的成功。"收起你们的同情心吧，"他说道，"大胆去做。八千万（德国）人必须得到他们所应得的，他们的生存必须得到保障。"【26】他说的是入侵波兰，以及与苏联和解之后的新机遇。对希特勒而言，与苏联达成协议会增加其政治冒险游戏的风险，但也会带来丰富的资源。尽管自崭露头角以来，他经常会谈到所谓的德国人的"生存空间"（Lebensraum），但是他也告诉他的将军们，成败的关键是那些具体的战利品：粮食、牲畜、煤炭、铅和锌。拥有了这些，德国人才能获得最终的自由。【27】

然而并不是每个听众都对此深信不疑。希特勒声称战争将持续六周，但冯·赖歇瑙（von Reichenau）将军则小声抱怨说六年也打不完[28]；利伯曼（Liebmann）将军也无法认同，他说，希特勒的讲话总是自吹自擂、漏洞百出、令人厌恶，根本不具备一丁点儿的理智。然而，当代研究纳粹德国的一流权威专家指出，并没有一个人站出来反对他。[29]

希特勒坚信他已经找到了捍卫德国未来的道路。国内农业产量的不足是德国的一个明显软肋。最近的研究表明，在德国开始启动战争机器，并且消耗大量资源、时间和金钱的30年代，农业生产更是进一步恶化。事实上，这一时期还通过了新的法律，导致了对农业投资的大幅减少。[30]德国无法靠国内的生产自给自足，因此只能严重依赖进口。[31]1939年8月，在与一位但泽（Danzig）[1]的高级外交官谈话中，希特勒提及这一让德国在第一次世界大战中无法承受的压力——这也是他最常谈到的主题之一。然而现在，他声称找到了答案：我们需要乌克兰，"这样就没有人能够让我们像在上一次战争中那样挨饿了"。[32]

1939年的《互不侵犯条约》将乌克兰，或者说是其肥沃土地上的粮食收成送给了希特勒。里宾特洛甫造访苏联首都后的数月内，纳粹和苏联的官员在莫斯科和柏林之间不停往来穿梭。德国人相信，这一良好的开端终将带来进一步的协议，特别是关于里宾特洛甫在1939年8月对莫洛托夫所说的"从黑海到波罗的海之间的领土问题"。[33]更多细节的谈判都围绕着贸易条款进行，尤其是苏联小麦、石油和其他物资的数量和价格，这些都是德国人入侵波兰以及入侵之后所必需的。斯大林正在为希特勒的战争推波助澜。[34]

与苏联的结盟给了希特勒信心，他不仅有了入侵波兰的资源保障，而且他相信，他在东方的地位也会受到他与斯大林之间协议的保障（苏联领导人在签约时说："我用我的名誉担保，苏联不会背叛它的盟友。"）[35]然而，据一位更加敏锐的高级官员分析，瓜分波兰将使德国的防线更为脆弱，因为这让苏联的边界线大幅度地向西推进了。弗朗茨·哈尔德（Franz Halder）指出，德国人不如保

---

[1] 即今天波兰的北部港口格但斯克（Gdańsk），德国称但泽，在当时属于国际联盟保护下的半独立自由市。——编者注

持与苏联的友好关系，而将注意力集中在中东及地中海的英国人地盘。[36]

1939年9月1日，在这一历史性协议签署后仅仅一周，德国军队就越过国境，毫不留情地突破了波兰的防线。德国的先头部队包围了华沙，取得控制后立刻着手消灭波兰的精英阶层。在希特勒看来，"只有上层社会被粉碎的国家才能被奴役"。于是，官员和杰出人物成为清洗的目标。德国人很清楚他们要找什么样的人。在奉命进行搜捕和消灭工作的25名德国刺杀小组指挥官中，有15位拥有博士学位，其中绝大部分主修法律和哲学。[37]

得知德国与苏联的再次结盟以及对波兰的入侵后，英国和法国顿如冷水浇头。尽管这两个国家对德国宣战，但是它们都没有向波兰提供实质性的军事或后勤支援。皇家空军的确发起了有限的轰炸行动，但是飞越德国领空的战机上最常见的"弹药"不是燃烧物，而是一张张的传单，带着一厢情愿的甚至是完全天真的宣传语。"有理由相信，我们的宣传效果让德国的当权者感到害怕。"1939年9月初，内阁议事日程上第一项的摘要是这样写的："我们的飞机能够安然无恙地飞越德国西北部，这足以极大地打击到德国人的士气。"会议同意，将投放更多传单，以取得更好的效果。[38]

与此同时，印度和中亚地区对局势的恐慌性预测也开始传入伦敦。因为莫洛托夫与里宾特洛甫签订的协议不仅为德国提供了必要的物质资源，也为欧洲的战争铺平了道路。英国驻喀布尔公使克尔·弗雷泽·泰特勒爵士（Sir Kerr Fraser-Tytler）警告说，当地存在着大量投机分子，打赌英国在苏联入侵阿富汗时不会给予军事援助。[39]印度官员也有着同样的忧虑，印度事务大臣给伦敦的战时内阁发来一份危言耸听的报告，将印度的防御力量——特别是在防空方面——描述得不堪一击：印度全部的防空设备不过是一座由八架三英寸口径高射炮组成的炮台。[40]

尽管对中亚地区的危险是否迫在眉睫表示怀疑，但是伦敦仍然意识到，德国与苏联的结盟的确会威胁到自己在东方的利益。1940年春天，英国开始打算与德国一决胜负。据总参谋长提交给战时内阁的一份名为《1940年与俄罗斯交战的军事后果》的报告阐述，"苏联进犯印度和阿富汗可能耽误不了多长时间"，这将"极大地分散盟军的力量"。[41]另外一份清醒到令人恐惧的报告指出，德国与苏联之间有多种对盟军极为不利的合作方式：英国在伊朗和伊拉克的石油资源很有可能受到攻击，并落入敌手。[42]

这些担心并非没有依据。20世纪30年代，德国人在中东和中亚地区十分活跃，汉莎航空公司（Lufthansa）在该地区建立了广泛的商业航班体系，而西门子和托特组织（Todt organisation）等企业大规模进入伊拉克、伊朗和阿富汗的工业市场。德国的工程师们设计了无数的道路和桥梁，其建造也是由德国技术人员负责或监督。德律风根（Telefunken）等公司的专业技术大受欢迎，承接建设了当地通信基础设施。[43]与德国的联系在整个地区随处可见。伊斯兰世界甚至认为希特勒是一位意志坚定、追求自身信仰的领袖，这一看法促进了该地区与德国的深入合作。而德国军事情报局阿勃维尔（Abwehr）的情报人员进一步强化了这一看法，他们积极地在地中海东岸与喜马拉雅山脉之间的广袤地区拓展关系并争取支持。[44]

事实上，到了1940年1月，德国最高统帅部正在热议应该如何鼓动苏联介入中亚和印度。德意志国防军最受人尊敬的高级军官之一约德尔（Jodl）上将，就德苏和挺进中东的行动制订了多个计划："只需付出很少的努力"，就能够制造出"对英国的威胁"。[45]当然，德国人还精心地设计了一个大胆的单独计划，让下台后已经定居柏林的国王阿曼努拉（Amanullah）重新统治阿富汗。[46]因此，德国不断地在这一战略敏感地区制造混乱。"伊皮的法吉尔"（Faqīr of Ipi）可以说是20世纪30年代的奥萨马·本·拉登，他是一位禁欲的穆斯林，神秘而残忍，在宗教上十分保守，然而却支持社会革命。他被认为是破坏（巴基斯坦）西北边境稳定、转移英国精力物力的完美人选。不过，如何找到他是个难题，他行踪不定，曾经无数次从英国人手中逃脱。另外一个难题是如何悄悄地找到他：阿勃维尔认为假扮成麻风病专家可以不那么引人注目，但两名这么做的德国情报人员却在阿富汗军队的伏击中一死一伤，这一任务也以失败告终。当最后终于与法吉尔联系上时，他反而荒谬地要求德国帮助他对抗英国人。[47]

在该地区的其他地方，德国人同样地积极拉拢关系。许多伊朗人和伊拉克人被希特勒的活力和雄辩所征服。他们之间有着许多共同点，比如纳粹政权与一些伊斯兰杰出学者都是极端的反犹太主义者。耶路撒冷的大穆夫提（the Grand Mufti）[1]穆罕默德·阿尔·侯赛尼（Muḥammad al-Ḥusaynī）对希特勒的上台表示欢迎，称其为"阿尔哈吉·穆罕默德·希特勒"（al-ḥajj Muḥammad Hitler）。德国首脑的反犹观点很受穆斯林的支持，他们将犹太人视作"败类和病菌"。[48]

整个地区对德国的仰慕进一步加深。一些学者指出，希特勒在20世纪30年代为德国人打造的意识形态与波斯人当时的做法极为相似："净化"波斯语和波斯习俗，以及（像纳粹一样）努力重回半神话的黄金时代。实际上，据推测，将波斯正式改名为伊朗的决定，正是驻柏林的德黑兰外交官们向国王灌输"雅利安主义"（Aryanism）[2]思想、强调伊朗与德国拥有共同语源和历史遗产的结果。[49]

同样，伊拉克复兴党（Ba'ath Party）的成立在很大程度上也要归功于纳粹的宣传和复兴思想。[50]希特勒与沙特国王特使之间也有过交流。希特勒在1939年告诉特使："我们将阿拉伯人视作最亲密的伙伴，其原因有三：第一，我们对阿拉伯世界没有任何领土上的欲望；第二，我们有着共同的敌人；第三，我们同样都反对犹太人。我绝不会罢手，直到最后一个犹太人被赶出德国。"[51]

对此，伦敦和巴黎制定了一个又一个遏制德国和苏联的计划。法国陆军总司令甘末林（Gamelin）要求拟订一个据点建设计划，最好是将地点放在巴尔干半岛，如果有需要的话便可以从后方向德军施加压力。[52]经过慎重考虑，猪一样的法国总理爱德华·达拉第（Edouard Daladier）批准了该计划，但是随后又取消了。取而代之的是一项大胆的进攻斯堪的纳维亚半岛的计划，意图切断瑞典对德国的铁矿石供应。该计划受到了英国海军大臣丘吉尔的大力支持。丘吉尔写道："对德国来说，没有什么比中断铁矿石进口三个月甚至六个月更致命的了。英国应该打破挪威的中立地位，并且在其沿岸水域布雷。"这些措施将削弱德国"发动战争的能力"，并威胁到其自身安全。[53]

[1] 伊斯兰教的宗教领袖。——译者注
[2] 伊朗（Iran）就是雅利安（Aryan）的另一种拼写。——编者注

所有策略的核心都是切断德国的供应链。到了1940年春天，巴库又成为关注的焦点。法国空军参谋长维耶门（Vuillemin）将军支持盟军利用中东基地打击目标位于苏联阿塞拜疆等地区。盟军计划，飞行中队从英国的伊拉克以及法国的叙利亚基地发起进攻，将在两至三个月内使里海的石油产量减少一半。按照计划草案所说，这将给"俄罗斯和德国带来致命打击"。经过改进后，盟军还计划通过提高打击的频率，用更少的行动部队取得相同的效果。【54】

轰炸里海地区的计划是激动人心的，英国的战略家们认为：这将使俄罗斯的工农业陷入混乱并逐渐瘫痪，无法继续生产；这还将打破德国利用俄罗斯的生产为自己提供物资的美梦，从而决定战争的走向。法国和英国的参谋们相信，破坏俄罗斯的石油设施是消除德国威胁的最佳方式。【55】

然而，德国对法国发动的闪电战使得这些联合行动计划胎死腹中。在许多人看来，德国人的这次进攻可以说是战争史上的一个天才杰作，身经百战、对占领别国领土有着丰富经验的军队熟练地实现了事先精心布置的计划，通过一系列令人眩目的行动出其不意地突破了防线。不过最近的研究表明，德国人在法国取得的成功在很大程度上或许要归功于运气。开战后，希特勒不止一次失去了勇气，命令部队按兵不动。但是集团军司令部已经离开了他们本来驻扎的地点，直到推进了数英里之后才收到这些命令。勇往直前的坦克司令、普鲁士人海因茨·古德里安（Heinz Guderian）甚至因为拒不从命、继续前进而被解除了职务，尽管他很可能根本没有收到坚守阵地的命令。在此期间，连希特勒本人都认为他的军队正陷入敌人的陷阱，以至于害怕得几乎精神崩溃。【56】因此，德军的神速推进不过是赌徒碰运气的结果。

西欧帝国的时代早在一战结束就进入了尾声；而现在，它连缓缓落幕的机会都没有了——德国人打算给予其致命一击。随着英国皇家空军准备投入不列颠战役，一个时代宣告结束。德国驻喀布尔公使忙着预测，希特勒或许将在夏末出现在伦敦。为了迎接英帝国最后的崩溃，德国向阿富汗政府提出了具体提议：如果该国放弃自开战以来的中立立场，德国承诺将把到手后的印度西北大片土地以及卡拉奇（Karachi）港口割让给阿富汗。这无疑是个诱人的建议。连英国驻喀布尔公使也意识到，英国这艘船"看起来正在下沉"，想要"留在船上赌一把"需要足够的勇气和忠诚。英国人只能做出一些微不足道的、象征性的举动，比如削减阿富汗的棉花运输成本，以维持当地经济不至于崩溃——这也显示出英国选择的余地是多么的有限。幸好在这危急关头，阿富汗人还是坚持住了，或者至少他们犹豫了，没有直接投入德国的怀抱。[57]

1940年夏天，英国人和他们的帝国正在垂死挣扎。纳粹德国与共产主义苏联前一年夏天在莫斯科签订的协议很快就让这个世界看起来完全不同了。通过苏联，柏林与亚洲和印度次大陆建立了一系列新的联系，这将改变西欧与中亚地区未来的贸易和资源路线。

然而，这种改变极度依赖于苏联持续而坚定的支持。尽管在入侵波兰后的数月内，大批货物和原材料涌入德国，但这一过程并不总是那么顺利。谈判相当激烈，特别是涉及小麦和石油，德国人对这两项物资的需求极为迫切。斯大林亲自过问这些交易条款，决定是否批准满足德国要求的80万吨石油，或是仅仅运发其中的一小部分。每次交货的谈判都令人担忧且耗时长久，几乎成了德国人焦虑的最大根源。[58]

德国外交部自然意识到这种合作的脆弱，并在报告中强调对莫斯科过度依赖的危险性。不管什么原因——领导人的变更和固执己见，或者仅仅是商业上的分歧——一旦合作发生破裂，德国将立刻陷入窘境。对于志在欧洲赢得非凡军事胜利的希特勒来说，这无疑是最大的威胁。[59]

这种忧虑和不安致使德国作出了一个以数百万德国士兵和数百万苏联士兵——以及数百万犹太人——的生命为代价的决定：入侵苏联。1940年7月，希特勒以其最典型的风格宣布了这一冒险行动，他将其描述成意识形态之战。他对约德尔上将说，现在要抓住时机消灭布尔什维克。[60]而实际上，资源以及最重要的粮食，才是冒险的真正原因。

1940年下半年至1941年年初，为入侵作准备的不仅有军方，还有制订经济计划的人。他们由农业专家赫伯特·巴克（Herbert Backe）领导。巴克在20年代初就加入了纳粹党，之后一路稳步高升，成为食品与农业部长理查德·达里（Richard Darré）的接班人。巴克对纳粹事业的绝对忠诚结合他在农业方面的特长，使他有机会在30年代的改革中负责规范进出口市场定价及设置贸易限制，并逐渐积累了自己的影响力。[61]

俄罗斯也许就是德国人胜利的关键，巴克对这一想法念念不忘。随着俄罗斯帝国的扩张，那里从游牧民族的定居点逐渐转变为了优质粮仓，占据着平原上无边无际的广袤农田。那里的土地相当肥沃，特别是在那些土壤因矿物质丰富而呈黑色的地区。俄罗斯科学院的研究调查让人们对这片从黑海一直延伸到中亚的土地充满了期待，报告说，这里的条件非常适合大规模耕种高产作物。[62]

1917年革命之前，随着不断增长的国内和出口需求，以及对如何种植优质小麦、如何使这片游牧民族放牧了1000多年的土地产量最大化的科学研究，使得俄罗斯南部和乌克兰地区的农业取得了迅猛的发展。[63]没有人比赫伯特·巴克更清楚这片在19世纪末至20世纪初产量剧增的大平原的潜力了，他博士论文就是研究俄罗斯的粮食生产。[64]巴克是一个戴着眼镜、穿着讲究的小个子男人，他领导的团队作了一系列分析，以明确入侵的目标。正如他向希特勒所强调的，乌克兰是关键：占据从黑海北部到里海一带的肥沃平原，将"把我们从经济压力下彻底解放出来"。[65]如果得到这些"富得流油"的苏联土地，德国人将天下无敌，[66]不用再看苏联人的脸色；同时，英国封锁地中海和北海的战略意义也将大打折扣。这是一个让德国人获得其所需资源的良机。

希特勒同样认为这是成败攸关的一刻，并于1941年夏发起攻击。当德军在入侵的第一天以令人震惊的速度向东推进时，元首几乎无法抑制自己的兴奋。他高兴地表示，德国永远不会放弃这块新征服的土地；它将是"我们的印度""我们自己的伊甸园"。[67]

宣传部长约瑟夫·戈培尔（Joseph Goebbels）同样毫不怀疑入侵的目标是资源，特别是小麦和谷物。他在一篇写于1942年的文章中，以特有的冷酷无情的语言宣称，发动战争是"为了粮食和面包，为了充足的一日三餐"，这是德国的目标，除此之外不会要求更多。他继续写道："东方泛着金色麦浪的广阔土地足以养育我们的人民以及所有的欧洲人，甚至还能有剩余。"[68]

不过，眼下德国人正面临着残酷的现实：他们发现自身的粮食和物资越来越短缺，从苏联进口无法解决长期的供应问题。如在1941年2月，德国电台称，英国的贸易封锁造成了全欧洲的粮荒；而之前播音员在提到封锁行为时，还说英国人是患上了"精神错乱"或"不列颠痴呆症"。[69]到了1941年夏天，戈培尔在日记中记录道，柏林的商店里只剩货架了，罕有蔬菜出售。这导致了价格的波动以及黑市的繁荣，从而进一步加深了民众的焦虑。虽然还未表现出不满，但是人们已经开始质疑德国的扩张到底能带来什么好处——希特勒的宣传主管为此焦头烂额。[70]正如一位地方官员所指出的，他治下的德国男人和女人们"疲惫而劳累"，"不理解为什么战争一定要深入到亚洲和非洲"。那些无忧无虑的日子现在只剩下回忆。[71]

巴克及其率领的分析师们为此提供了解决方案。巴克本人在1940年年底的年度供应报告中痛苦地指出，德国国内的粮食形势正在恶化。事实上，在1941年1月由国务秘书们召开的一次关于赫尔曼·戈林（Hermann Göring）是否胜任"四年计划"负责人的会议中，他甚至警告说，要不了多久就将不得不实行食物配给制——这一措施曾被多次否决，因为政府担心这样做会失去人们对战争和纳粹的支持。[72]

巴克的提议十分激进。苏联幅员辽阔、气候多样，被一个自然的分界线分为两部分。在南部，包括乌克兰、南俄罗斯和高加索地区在内的土地和资源构成了一个"获利"区；北部则包含俄罗斯中北部、白俄罗斯和波罗的海各国，属于"亏损"区。在巴克看来，分界线的一边是粮食生产区，而另外一边则是粮食消耗区。德国要做的是占领前者，并且忽略后者。"获利"区必须拿到手，并将其资源和产出转移至德国；"亏损"区则必须被抛弃，而且无须关心它能否以及如何存活，失去这块地方就意味着得到。

在代号为"巴巴罗萨"（Barbarossa）的入侵苏联计划发动前几周的一次会议上，这一提议得到了明确。5月2日，计划制订者们讨论了攻击的先后顺序以及预期的效果：在先头部队的推进过程中，德军将搜刮一切能够搜刮到的以养活自己；尽快占领目标地区，并及早投入生产。一旦突破苏联防线，德军就将从俄罗斯获得给养。

此次会议还提到了入侵行动对生活在"亏损"区居民的影响。他们注定会被整体抛弃。一份历史上最冷酷无情的文件备忘录简单地写道："数百万人无疑会因此而饿死，如果我们必须如此榨取土地的话。"[73]德国人要养活自己，就必须以这些人的死亡为代价。这数百万人是德国赢取胜利和生存道路上的附带损害及必要牺牲。

会议继续讨论了确保计划顺利实施的其他后勤事务。德军必须确保运输通道能够将农耕平原上的物资运回德国。会议还仔细研究了今后负责监督收获以及耕种事宜的农业主管们的服装：带有银灰色条纹的平民装。正如一位一流学者所指出的，这是一场典型的糅合了日常琐事与冷血暴行的会议。[74]

在接下来的三周内，德国采取了具体的措施统计可能的死亡人数，以确定"亏损"区内究竟会死几百万人。5月23日，一份长达23页的报告出炉了，其内容不过是在已有结论上略加修正。苏联的"亏损"区将被分离出去，它的谷物及其他农产品将被集中起来运往德国。正如之前在柏林会议上所讨论的，其后果将由当地居民承受。连同之前的结论，这一报告对预计死亡人数进行了公开的评估。该报告称："这一地区将有数千万人是多余的，他们要么死亡，要么迁往西伯利亚。任何试图使这些人不被饿死的做法……都会损害欧洲的物资供应。他们的存在将使德国无法坚持到战争结束。"[75]入侵苏联不仅仅是为了战争的胜利，它在本质上关系到德国的生死存亡。

尽管参加5月2日会议的人员名单没有留存下来，但是在整个会议的过程和总结中都有巴克的身影。希特勒很看重他，对他的重视超过很多地位比他高的人。巴克的妻子在日记中写道：元首在任务布置会上首先征询了巴克的意见。于是，他在1941年夏出版的博士论文中增加了一篇新修订的前言。他写道，俄罗斯未能合理利用它的资源，如果德国取得了这些资源，一定能够发挥其更大的效用。[76]

最令人印象深刻的还是他在入侵前三周1941年6月1日写下的短评。他写道，对于俄罗斯人即将经历的事情，我们无须给予任何同情。"俄罗斯人已经忍受了数百年的贫穷、饥饿和简朴……不要以德国人的生活水平来作为俄罗斯人的标准，也不要试图改变俄国人的生活方式。"他接着写道，俄罗斯人的胃"是有弹性的"，因此完全没有必要去同情那些即将饿死的人。[77]巴克清晰的思路给其他人留下了深刻的印象。在准备打击苏联的集结势头时，戈培尔在日记中写道："巴克以高超的手腕统治着他的部门。有了他，每件事都有可能完成，而且也的确都完成了。"[78]

未来事态的严峻性并未被忽略。戈培尔在其日记中预测，1941年冬天将会出现异常严重的粮食短缺。但这不会是我们的麻烦，他补充说，显而易见，受到伤害的将是俄罗斯人，而非德国。[79] 如果德国人能像英国人一样仔细收听苏联的广播，这则开战前三天的新闻可能会让戈培尔改变看法："在俄罗斯中部，大地像是被铺上了绿色的地毯；在东南部，人们正在收割小麦。"收获的季节刚刚开始，而且很可能是个大丰收。[80]

随着进攻的准备工作进入最后阶段，德军的普通士兵和高级军官们都明白成败在此一举。在国防军内一路高升的巴伐利亚职业军人弗朗茨·哈尔德看来，希特勒总是那么的坦率而坚定。他在1941年告诉他的将军们，这是一场你死我活的殊死较量，必须"以最野蛮的形式"痛击俄罗斯，做到"斩草除根"。"部队司令必须知道，局势正处于紧急关头。"希特勒说，"对苏联的仁慈就是对我们的残忍。"[81]

1941年5月，所有的准备工作都已做得更加充分。官方已经制定好了《军队在俄罗斯的行为准则》，并且正分发给那些即将参与进攻的人。这些准则列出了"煽动者""游击队员"和犹太人可能制造出的威胁。德国士兵要明白，他们不能相信任何人，不能有丝毫的怜悯。[82] 同时，准则还规定了如何控制被占领区：那些有破坏德国利益嫌疑的人应该被当场审判，一旦确认有罪就要立即处决，无论他们是士兵还是平民。[83]

在最后发出的一系列指示中，包括所谓的"政委命令"（Commissar Order），对可能会发生的事情作出了生动的警告：敌人的做法很可能会违反国际法和违背人性，这些政委（Commissar，对苏联政治精英的简称）的战斗方式只能用"野蛮和亚细亚式"来形容，因此对他们不能心存任何仁慈。[84]

第二十章

纳粹之路

在入侵苏联前的集结过程中，德军将士得到的指令是一致而残酷的：尽一切努力夺取南部的麦田。战士们被告知，他们应该想象，苏联人所吃的食物是从德国儿童的嘴里夺走的。[1]高级军官告诉他们的士兵，德国的未来取决于他们的胜利。艾里希·霍普纳（Erich Hoepner）上将在巴巴罗萨战役打响前一刻给装甲集团军发布的作战命令中说，俄罗斯人必须被粉碎，被史无前例地粉碎。每一次的军事行动都必须贯彻钢铁一般的意志，无情地将敌人彻底消灭。[2]军队中充斥着对斯拉夫人的鄙视以及对布尔什维克和犹太人的厌恶。正如一位杰出的历史学家所指出的，这些混杂在一起的"意识形态发酵剂，很容易使普通人变成大屠杀的从犯"。[3]

希特勒一边在加紧实施恐怖政策，一边在幻想未来：克里米亚应该成为德国的里维埃拉（Riviera）[1]；如果能将这个位于黑海的半岛通过高速公路与祖国连接在一起，让每个德国人都能开着大众汽车到此游玩，这该有多美妙啊！他异想天开地希望自己能够年轻几岁，这样就可以看着这些一步步成为现实。一想到

---

[1] 地中海沿岸的度假胜地。——译者注

将错过数十年后那些激动人心的时刻，他便感到失落。[4]希姆莱（Himmler）同样构想了一个美好的未来："珍珠般的定居点"上住满了殖民者，周围被乡村环绕，以此为家的德国农民正在肥沃的黑土地上收割庄稼。[5]

在希特勒及其最亲密的同事看来，扩张德国资源基地的计划有两个模板可供参考：在广阔的东方新疆土上盖上德国的烙印，参照的是英国人在印度次大陆的做法；用一小部分德国移民管理俄罗斯，就好比少数英国人统治着印度。欧洲文明将战胜次等文明。纳粹领导层不断地提及印度的英国人，视其为少数人实现大规模治理的范本。[6]

不过，希特勒还经常提到另外一种类似的可作参照的模式：美国。希特勒告诉新任命的东部占领区行政长官阿尔弗雷德·罗森堡（Alfred Rosenberg），德国需要参照欧洲移民对待北美土著的做法，必须驱逐甚至消灭当地居民。他宣称，伏尔加河将成为德国的密西西比河，成为文明世界与无序世界的边境线。他说道，19世纪定居在美国大平原的那些人必将迁回到东方。他信心十足地预言，德国人、荷兰人、斯堪的纳维亚人和美国人都将在充满机会的新大陆上找到前程、得到回报。[7]乌克兰以及向东延伸的俄罗斯南部土地，将有助于世界新秩序的建立。希特勒宣布：这是美国梦的终结，"为人们提供无限机遇的将不再是美洲，而是欧洲"。[8]

他的兴奋不仅仅来自于黑海和里海北岸一带展现出来的前景，其他所有地方的迹象都让德国人激动不已。德军采取的是钳形攻势，一支从北方向世界中心地带进发，另外一支从南部进入北非和中东。1941年，北非沙漠中一连串闪电般的胜利将隆美尔（Rommel）和非洲军团带到了埃及，并准备进攻关键的苏伊士运河，就像巴巴罗萨行动那样。同时，法国的陷落使得德国空军能够使用法国在第一次世界大战后在叙利亚和黎凡特修建的空军基地，从而进一步扩张了德国的地盘。

世界的命运悬于一线。一切的关键都似乎取决于进攻苏联的时间表，以及斯大林是否会意外地被人取代。发动进攻的时机必须是在农作物播种之后、收获之前，这样有利于进入俄罗斯的德国军队。1940年与莫斯科签订的协议已经为德国人带来了100万吨的苏联谷物、几乎同样数量的石油以及大量的铁矿石和锰矿石。等到1941年5月另外一批货物运输完毕，动手的日子就不远了。[9]

1941年初夏，对在东部集结的德国军队感到担忧的国防部长铁木辛哥（Timoshenko）元帅和格奥尔吉·朱可夫（Georgi Zhukov）将军向斯大林建议先发制人，出兵进攻华沙、波兰北部和普鲁士。斯大林不假思索地否定了这一计划，并且非常生气地问道："你疯了吗？你想要激怒德国人吗？"接着又转向铁木辛哥："大家都看看……铁木辛哥身体健壮，而且有个大脑袋，但是显然脑仁很小。"然后他威胁道："如果你激怒了边境上的德国人，不经允许擅自行动，你的脑袋就掉了。"说完，他转身甩门而出。[10]

斯大林并不是不相信希特勒将要发动进攻，而是认为他现在还不敢。事实上，斯大林之所以要亲自监督与纳粹政府的贸易，是因为他在苏联红军迅速重建和现代化的同时一直密切关注着德国的动向。他坚信自己手握所有的牌，因此并不理会柏林、罗马甚至东京的情报人员发来的报告，以及莫斯科大使们对进攻迫在眉睫的警示。[11]斯大林对潜伏在德国空军司令部的苏联间谍在进攻前五天发来的报告的反应，最能说明他的严厉态度："你可以告诉你的'内线'……去他妈的。"他写道，"这不是内幕消息，这是某个人在传递假情报。"[12]

斯大林周围的人并不都像他一样无动于衷。德军在6月初的动向让一些人认为红军应该进驻防区。"我们与德国有互不侵犯条约，"斯大林难以置信地回答道，"德国在与西方国家的战争中难以抽身，而且我确信希特勒不敢通过进攻苏联来开辟第二战场。希特勒没有这么傻，他不会意识不到苏联和波兰或法国不一样，甚至也不同于英国。"[13]

到了6月21日，局势明显在进一步恶化。瑞典驻莫斯科大使威廉·阿萨尔森（Vilhelm Assarsson）认为，现在有两种可能：要么他将近距离目睹影响深远的"第三帝国（Third Reich）与苏联帝国"之间大规模的对峙，要么德国人将对"乌克兰和巴库的油井"提出更多要求。他谨慎地判断，如果是后者，他或许也将见证到"世界历史上最大的一次敲诈"。[14]

几个小时后，事情的发展显示这并不是一场虚张声势的游戏。1941年6月

22日凌晨3点45分，斯大林被朱可夫的电话叫醒。他告诉斯大林，所有防区的前线都已被突破，苏联正在遭受攻击。一开始，斯大林还拒不相信发生的事情，认为这是希特勒的诡计，目的在于以武力达成某种协议，也许是和贸易有关。慢慢地他才明白这是生死之战。他太过震惊，以至于晕倒在地，不得不让莫洛托夫（Molotov）替他发表公开声明。莫洛托夫通过无线电波严肃地宣布："一次文明历史上从未有过的背叛，已经发生。"但是毫无疑问，"敌人将被粉碎，胜利将属于我们"。然而没有人提到，事实上苏联一直在与魔鬼共舞，现在是付出代价的时候了。[15]

尽管前线部队没有预想中的那样准备充分、装备精良，但德军的进攻仍然显得残酷无情。[16]没过几天，明斯克就失守了，40万苏联士兵陷入了围困。布列斯特—立托夫斯克（Brest-Litovsk）孤立无援，那里的守军很快就耗尽了给养，但是他们没有绝望：1941年7月20日，一位士兵在墙上刻下"我就要死了，但我不会投降。再见了，祖国"。[17]

到了此刻，斯大林终于开始明白眼下发生的事究竟意味着什么了。7月3日，他发表广播演说，表示德国的侵略"对苏联人民来说生死攸关"。他告诉听众，侵略者打算恢复"沙皇独裁"和"地主阶级的统治"，并强调侵略者的意图是为"德国皇室和贵族"掳劫奴隶。[18]这或多或少是正确的，如果将"皇室和贵族"理解为纳粹官员和德国工业家的话。不久之后，德军就开始频繁地强迫被俘苏联士兵和当地居民进行劳动：超过1300万人被征用于修建公路、开垦土地，或在纳粹政府和德国私营的工厂里工作——这些工厂今天还在。奴隶制重返欧洲。[19]

1941年夏天之后，德国战车似乎已经停不下来了。9月，基辅被攻陷，50多万苏联士兵被俘。几个星期后，三支部队像长矛一样插入苏联腹地，直抵加里宁（Kalinin）、图拉（Tula）和伯罗的诺（Borodino）——1812年，拿破仑曾经在这里夸耀他的战果。德军继续突破苏联的防线。到了10月份，莫斯科岌岌可危。苏联制订了一个将领导人疏散到古比雪夫（Kuibyshev，旧称萨马拉Samara）的计划，该地位于莫斯科以东600英里的伏尔加河的一个拐弯处。列宁的遗体也从红场移出并被放进仓库。斯大林正在为放弃这座城市作准备，但是在最后一分钟，这位苏联领导人改变了主意，决定留下——一些记录显示，当时他的专列即将启动，警卫员们也已进入站台准备出发。【20】

11月，高加索山脚下的最后防线——顿河畔的罗斯托夫（Rostov）失陷了。到了月底，第三和第四装甲集团军已经距莫斯科不到20英里。12月1日，德国的摩托侦察部队离苏联首都仅有5英里。【21】希特勒欣喜若狂：攻陷北方的列宁格勒和莫斯科从而击败苏联的计划，是确保南部"获利"地区长期安全的核心，而目前该计划似乎进行得顺风顺水。进攻开始后的两个月里，苏联人的防线一直在后撤，这让希特勒备感振奋。他在1941年8月说道："乌克兰和伏尔加河盆地终有一天将成为欧洲的粮仓，我们的收获将远超过土地产出。"他还说，"即便有一天瑞典不再卖给我们铁矿也没关系，我们将从俄罗斯获得。"【22】

同时，施工和技术队伍也随着德军一路东进。1941年9月，新成立的R特遣队（Sonderkommando R，即俄罗斯特派司令部Special Command Russia）从柏林出发前往乌克兰，以协助在新占领区修建基础设施。该特遣队由野炊部队、移动指挥部、维修车间和警用电报部构成，由上百辆运输车组成，它的任务是使"欧洲征服及帝国建设历史上最激进的殖民运动"成为可能，一位历史学家这样描述道。【23】

当特遣队抵达黑海边上的敖德萨时，由差等生、逃兵和失意者组成的形形色色的主管人员为他们的司令官们强占最好的住处，并忙着修建一些基础设施，以表明德军长期占领的打算：图书馆、唱片店、演讲大厅以及放映宣传德国必胜电影的电影院。【24】

入侵行动似乎取得了完美的成果。在不到六个月的时间内，几乎所有计划中为德国提供资源的地区都被占领了。列宁格勒和莫斯科还没有被攻陷，但这只是时间问题。其他地方看起来也对德国人很有利：尽管英国军队扑灭了伊拉克的起义（为了仓促集结向东进发，英军甚至征用了海法大街上的公交车），但是似乎有理由认为，这片位于里海南部、蕴藏着丰富石油资源的土地很快就会成为德国人的新朋友。【25】

在侵略苏联时，希特勒还向阿拉伯人发去了正式祝福，愿他们早日取得独立，并致信耶路撒冷的大穆夫提表示支持，称赞阿拉伯文明是一个古老的文明，并且与德国有着共同的敌人：英国人和犹太人。[26]德国与穆斯林的关系如此亲密，以至于有一位学者献媚地将沙特阿拉伯称赞为"瓦哈比（Wahhabi）[1]式的第三帝国"。[27]

现在轮到英国人着急了。印度英军总司令韦维尔上将（General Wavell）指出，伊拉克差一点就成了噩梦，眼下我们必须采取措施捍卫伊朗，很难说德国的势力是否会扩张到那里。他在1941年夏天写信给首相温斯顿·丘吉尔说："一定要用印度的防御力量将德国人挡在伊朗之外，如果失败，那里很快就会重蹈伊拉克的覆辙。"[28]

将注意力集中在伊朗是正确的，自开战以来，德国在那里的宣传攻势就未曾停歇过。一名美国记者报道称，1941年夏，德黑兰街头的报亭上摆满了《信号》（Signal）杂志，该杂志是戈培尔的喉舌之一；同时电影院里还放映着《西线的胜利》（Sieg im Westen）等庆祝德国在法国和西欧取得胜利的影片。[29]

希特勒对苏联的入侵在伊朗也引起了热烈的反响。据一些报道称，人们聚集在德黑兰市中心的赛帕（Sepah）广场上，以庆祝德意志国防军攻下了一座又一座的苏联城市。[30]英国驻德黑兰大使里德·布拉德爵士（Sir Reader Bullard）在入侵行动几天后向伦敦报告说，麻烦的是"伊朗人对德国打击他们的宿敌俄罗斯普遍感到兴奋"。[31]

著名的波斯学者安·拉姆顿（Ann Lambton）在被问及对局势的看法时表示，伊朗的军队和街头巷尾都充斥着亲德的情绪，"尤其是年轻的军官们，他们都希望德国获胜"。[32]英国军官几乎持同样观点：当地民众对德国的热情和对英国的失望形成了鲜明的对比，"这里只有极少的人支持英国，因此可以预见，如果德国人进入波斯，他们将受到极大欢迎"。[33]德国驻德黑兰大使欧文·艾特尔（Erwin Ettel）也是这样认为的，他向柏林报告说，如果英国人在伊朗采取行动，他们将面临"顽强的军事抵抗"，并将促使伊朗国王正式向德国提出援助请求。[34]

---

[1] 伊斯兰教逊尼派的一支支脉，也称伊斯兰复古主义、激进主义，是沙特阿拉伯主要教派。——译者注

当英国人意识到如果德军东进，自己将毫无还手之力时，他们对伊朗投入德国人怀抱的可能性更加担忧了。不久前还是印度英军总司令、现被任命为中东英军总司令的奥金莱克（Auchinleck）上将被简要告知，希特勒的军队将在1941年8月中旬抵达高加索。[35] 在英国人看来，这无疑是一场灾难。德国人急需石油，如果让他们控制了巴库和高加索的石油生产，就大事不妙了。印度事务大臣里奥·艾默里（Leopold Amery）指出，更糟糕的是，他们还将因此离伊朗和伊拉克的油田"更近"，这无疑会埋下"各种各样的祸根"。[36] 换句话说，德国人似乎不仅能够找到可靠的石油来源以驱动其船只、飞机、坦克和其他机动装备，从而解决他们的"阿喀琉斯之踵"，还可能使英国无力继续支撑战斗。奥金莱克将军认为，有必要制订一项计划，以保卫从巴勒斯坦到巴士拉再到伊朗油田一带的土地——这一计划后来被命名为"支持行动"（Operation Countenance）。[37]

伊朗的战略位置使其成为兵家必争之地。尽管斯大林在1939年与希特勒达成了协议，但是两年后德国的入侵促使苏联转而成为英国及其友邦的盟友，这在以前是难以想象的。华盛顿随之宣布："美国政府决定将给予苏联一切可能的经济援助，以帮助其抵抗武装侵略。"[38] 同时，美国驻莫斯科大使也在私底下向斯大林保证，美国决心"尽全力"打败希特勒，并且准备好为此作出任何牺牲。[39]

问题在于如何将武器装备运到苏联。驶往北极圈内的港口需要极大的后勤保障，而且在深冬时是相当危险的。同时，在日本已经控制了太平洋西部海域的情况下，缺乏除符拉迪沃斯托克之外的可用港口也是个问题。显然，唯一的答案就是控制伊朗：这将防止德国在当地获取立足点和支持者，并且能更好地保护同盟国极其重要的自然资源，还将为阻止德军继续无情东进提供一个合作良机。

这不仅符合同盟国的战争目标，也与英国和苏联的长远利益相契合：占领伊朗将给予他们渴望已久的政治影响力、经济资源和战略价值。当希特勒决定背叛他的莫斯科盟友的时候，他就已经放弃了这些令人心动的机会。

1941年8月，德黑兰被英军占领，苏联士兵随后进驻。为了促进共同利益，维护这一具有长远战略意义和经济价值的地区，分歧被搁到了一边。当英军和苏军在伊朗北部城市加兹温（Qazvin）会师时，双方举行了众多的庆祝活动：士兵们互发香烟，诉说各自的故事；见到苏联军队的外国记者很快发现，用来招待他们的是伏特加；苏联士兵向盟军敬酒，并为斯大林、丘吉尔，接着是莫洛托夫和罗斯福的健康干杯，然后以同样的次序再来一轮。一位在场美国记者写道："在干掉30杯纯伏特加之后，一半记者都躺在了桌子底下，而俄罗斯人还在继续喝。"【40】

当伊朗国王还在犹豫是否要立即发布驱逐德国公民的最后通牒时，英国人开始通过新成立的BBC波斯电台发出通告，谴责国王将大批犹太人赶出首都，并为其私人的商业利益强迫劳工工作，以及用德黑兰的水资源灌溉他的私人花园。这些批评因英国驻德黑兰大使里德·布拉德的日记而广为流传。【41】

面对英国的要求，伊朗国王闪烁其词。他向罗斯福总统抱怨英、苏两国的"侵略行为"，并谴责对"国际正义和人民自由权利"的威胁。总统回答道，这很好，但是国王应该记住，"德国的占领行动必将继续，并且将从欧洲扩张到亚洲、非洲，甚至是美洲"。换句话说，波斯考虑与希特勒保持友好关系是一场后患无穷的冒险。【42】最终，英国掌握了主动权，迫使礼萨·汗退位，后者被认为是一个障碍。继任者是他的儿子穆罕默德·礼萨（Mohammed Reza），一个穿着整洁、喜欢读法国犯罪小说、开跑车、玩女人的花花公子。【43】

对许多伊朗人来说，这样的外部干涉是无法容忍的。1941年11月，一伙暴徒聚众高喊："希特勒万岁！""打倒英国人和俄罗斯人！"以此表达对英、俄占领军主宰祖国命运的憎恶。【44】这不应该是伊朗的战争，二战中的分歧和军事冲突与德黑兰和伊斯法罕等城镇中的居民没有任何关系，他们眼睁睁地看着自己的国家被卷入欧洲列强的争斗当中。当然，这些不满起不到任何作用。

随着伊朗的局势得到控制，英国人在法国投降之后对法国在叙利亚的军事基地也采取了措施，以免德国利用这些基地打击英国及其盟友。一支仓促组建的飓风战斗机中队从哈巴尼亚皇家空军基地（RAF Habbaniyah，它是一战后英国在伊拉克保留下来的机场之一）起飞，对法国维希政府（Vichy French）的基地进行了轰炸。一位年轻的飞行员参与了这次1941年下半年的空袭行动，他后来回忆道：低空突袭正赶上一场周日上午的鸡尾酒会，法国飞行员和"一群着装艳丽的姑娘"混杂在一起，热闹非凡；英军发动空袭后，到处都是酒杯、酒瓶和高跟鞋，所有人都藏了起来。这位叫罗尔德·达尔（Roald Dahl）[1]的飓风战斗机飞行员写道："这实在是太滑稽了。"【45】

消息传到柏林，德国人似乎还是一如既往地乐观。随着苏联陷入悲惨的境地，以及在波斯、伊拉克和叙利亚取得突破指日可待，德国人很有可能会展开一轮大规模的征服行动，以媲美7世纪伊斯兰大军或者成吉思汗及其继任者的成就。胜利看似唾手可得。

然而，现实却完全不同。在取得令人瞩目的进展之后，德国人在苏联和其他地区开始陷入困境。一方面，在向东突进过程中的战斗减员数量，远远超出了准备接替他们的预备役人数。辉煌的胜利使得大量的罪犯被允许征用，但这通常要付出巨大的代价。按照哈尔德自己的估计，苏联战争打响后的头两个月，国防军的损失超过10%，共有40多万士兵丧生；到了9月中旬，伤亡人数上升到50多万。【46】

部队的快速推进也给补给线带来了几乎难以承受的压力。缺少饮用水从一开始就是一个问题，并且导致了霍乱和痢疾的暴发。早在8月底之前，一些较为敏锐的人就已经清楚地意识到，事情并不像看起来的那样美好：剃须刀、牙膏、牙刷、书写纸和针线等基本物资，从入侵的第一天起就出现短缺了。【47】夏末连绵的雨水浸透了士兵和装备，一名战士在家信中抱怨道："根本没有机会晾干毯子、靴子和衣服。"【48】这一状况传到了戈培尔那里，他在日记中写道，克服这些可能需要钢铁般的意志，当前的艰苦"将是未来美好的回忆"。【49】

近东和中亚的前景同样被夸大其词。德国政府没有什么可向热情的大众交代的，他们在年初还乐观地宣称要打通北非和叙利亚、伊拉克和阿富汗之间的通道。然而，要在这些地方站住脚都像是在做梦，更别提控制该地区了。

因此，尽管已经占领了广阔的疆域，德国最高统帅部仍然要在苏联摇摇

---

[1] 罗尔德·达尔（1916—1990），挪威籍的英国著名儿童文学家，代表作有《查理与巧克力工厂》《了不起的狐狸爸爸》《好心眼儿巨人》等。——编者注

欲坠时试图鼓舞士气。1941年10月初，陆军元帅冯·赖歇瑙所率的部分南方集团军进入了"获利"区，他发表了一通讲话，试图给他的士兵们打气。他严肃地表示，每个人都是"国家信仰的旗手，都是为那些遭受暴行的德国人伸张正义的复仇者"。[50] 这些说辞当然没有问题，但是当士兵们不得不在靴子里塞入报纸来抵御寒冷时，很难说这些强硬的话语对那些如果受伤就会冻死、皮肤都粘在来复枪枪托上的人来说有什么效果。[51] 当要用斧头才能劈开面包的严冬到来时，希特勒不屑地告诉丹麦外交部长："德国士兵必须足够强壮并且准备好抛洒热血……否则他们就将死亡。"[52] 比起这些隔靴搔痒的话，化学兴奋剂或许更有效果，如在部队中大量分发以抵御东部前线严寒的甲基苯丙胺（Pervitin）[1]。[53]

入侵行动还面临着严重的供应不足。曾经有人估计，要让战斗部队逼近莫斯科，需要每天运送27车的石油；而整个11月，他们只得到了3车的石油。[54] 美国的经济学家在《德国的军事及经济状况》和《德国东部战线的供给问题》两篇报告中重点分析了战争中的这一问题。他们测算，德军每推进125英里将需要额外的35,000节火车的石油，或者至少每天向前线运送1万吨石油。由于资源匮乏，军队推进的速度受到极大影响。[55]

虽然后方对前线的后勤保障十分糟糕，但这还不算最大的问题。入侵的核心计划是占领乌克兰及俄罗斯南部的肥沃土地，即所谓的"获利"区。然而，即便在入侵前就从苏联输入粮食，依然还是跟不上德军的需求。事实上，德国人非但没能从东方获得大量的粮食，反而从1940年年底开始就不得不逐渐减少每日的卡路里摄入量，如今更是出现骤减。[56] 巴巴罗萨行动开始后，运回德国的粮食数量远低于1939年至1941年间从苏联进口的量。[57]

德国电台试图重振人们的信心，并且给予保证。1941年11月的一则新闻说，德国过去常常拥有大量的粮食储备，不过"现在是战时阶段，我们不得不放弃这一奢侈的想法"。不过也有好消息，该新闻接着说，现在我们无须再担心一战时粮食不足的问题。与1914年至1918年间不同，"德国人可以依靠管控

---

[1] 即冰毒。——编者注

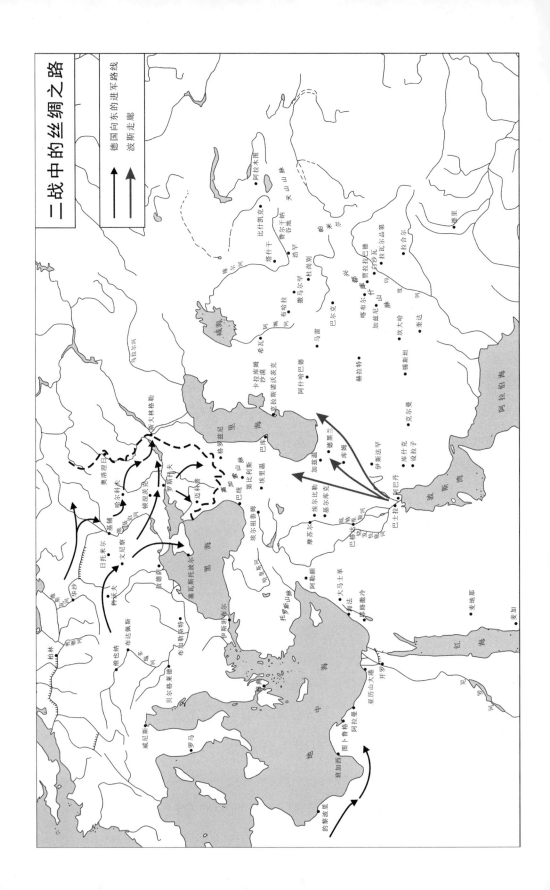

二战中的丝绸之路

德国向东的进军路线

波斯走廊

手段配给粮食"。[58]

这是一种好战的言论。事实上，东部战场显然是个消耗资源的无底洞，想要通过粮食管控来熬到胜利无疑是天方夜谭。军队接到的命令是就地补给，但是他们做不到，只能靠着偷来的牲畜维持生存。同时，被希特勒和他身边的人寄予厚望的目标地区根本无法改善本国的农业形势——它们已是一片荒地。苏联的焦土政策夺走了该地区绝大部分有价值的东西。而德军的混乱及自相矛盾的军事优先次序给他们埋下了致命的种子：各方为人员、坦克、物资和燃料应该配给给中线、北线还是南线争吵不休。1941年春天，美国人在估计苏联南部被占领区的农作物产量时，对乌克兰以及南俄罗斯地区的收成给出了一个非常悲观的结论。该报告称，今年的产量最多不超过入侵前的三分之二。然而即便如此，对德国人来说也已经算是很不错了。[59]

因此，就算占领了所有的目标领土，东方战场也丝毫不能带来计划中的收获，反而产生了更多的需求。入侵苏联仅仅两天后，巴克就提交了一份作为四年经济计划一部分的小麦需求规划：德国人正面临着每年250万吨的粮食缺口，国防军必须解决这一问题，并且还需获取数百万吨的含油种子以及数百万头的牛和猪，以供德国人食用。[60]这是希特勒指示他的将军们务必"将莫斯科和列宁格勒夷为平地"的原因之一：他不希望有人留在那里，"否则我们将不得不在冬季养活他们"。[61]

德国人预计将有数百万人会因粮食短缺和饥荒而死亡，于是开始鉴别哪些人该死。首先是苏联战俘。戈林轻蔑地写道：没有必要养活他们，没有任何国际义务能约束我们。[62]1941年9月，他命令取消为不干活的战俘提供食物，他们因过于虚弱或伤势严重而不堪驱使。一个月后，"有用"战俘的供应量也开始再次降低。[63]结果是灾难性的：截至1942年2月，（330万苏联战俘中）大约有200万人死亡，其中大部分是死于饥饿。[64]

为了进一步加快进度，德国人还发明了新的技术以减少需要养活的人口数量。战俘以百人为单位集合在一起，这样德国人就可以测试曾经用在波兰人身上的杀虫剂的效果了。借助货车排出的废气，德国人还进行了一氧化碳的毒性试验。因上述技术被大规模使用，这些在1941年秋天被用作进行试验的地点很快就变得臭名昭著：奥斯威辛（Auschwitz）和萨克森豪森（Sachsenhausen）。[65]

入侵后仅仅几周就发生的大屠杀，是德军面对进攻失败和经济及战略计划严重缺陷的病态反应。乌克兰和俄罗斯南部的大粮仓未能带来预想中的产出，这让德国人非常失望并决定让当地人付出代价。不过，正如希特勒在一次谈话中所提到的，这种代价并不是驱逐和迁移当地人口那么简单。因为人多粮少，两类人群自然而然地成为德国各行各业、媒体和大众妖魔化的对象：俄罗斯人和犹太人。

斯拉夫人是极其低劣的种族，他们反复无常，并且对痛苦和暴力的承受能力很强——这一形象在战前就已经牢固地树立在德国人心里。尽管在1939年签署了《苏德互不侵犯条约》之后，这种污蔑性的说法有所收敛，但随着德军的入侵又开始甚嚣尘上了。当今学界基本认为，这种印象直接导致了德国人在1941年夏对俄罗斯人种族灭绝的行为。[66]

德国人一直存在反犹太情绪，并且还在战前变得更加强烈。在退位的德国皇帝看来，魏玛共和国（Weimar Republic）"是犹太人所筹备的，由犹太人成立并且靠着犹太人的钱维持"。他在1925年写道：犹太人就像蚊子，"是人类应该想办法清除的公害……而我认为最好的清除手段就是毒气"！[67]这样的态度并非罕见，1938年11月9日至10日凌晨的"水晶之夜"（Kristallnacht）[1]就展示出德国人对犹太人态度一致的暴行。这样的事件表明，舆论敌意已经达到了巅峰，犹太人被认为是"以其他民族的血肉和劳动为食的寄生虫"。[68]

犹太人对此类言论和行为的恐惧愈发加深，他们开始考虑结成新的联盟。在20世纪30年代中期，后来成为以色列第一任总理的戴维·本·古里安（David Ben-Gurion）试图取得巴勒斯坦阿拉伯领导层的同意，允许更多的犹太人向中东

---

[1] 当晚，希特勒青年团、盖世太保和党卫军袭击了德国和奥地利的犹太人。造成约91位犹太人遇难，3万名犹太男子被送往集中营；另外约有267间犹太教堂、7000多间犹太商店、29间百货公司遭到打砸抢烧。——编者注

移民。但是此举并没有成功，一个据称由阿拉伯温和派组成的代表团被派往柏林，并与纳粹政权就如何配合阿拉伯人破坏英国在中东的利益达成了一致。[69]

早在战争爆发的第一个月，即1939年9月，德国人就制订了一项计划，同意把所有的犹太人安置在波兰。至少在一开始，该计划似乎加快了全体犹太人被强制从德国迁出的步伐。事实上，德国人曾在30年代末制订了一系列详细的把犹太人驱逐到马达加斯加（Madagascar）的计划。这一轻率的规划似乎是建立在19世纪末至20世纪初许多地理学家和人类学家的错误观点上，即位于印度洋西南部马达加斯加岛上的原住民，其人种起源可以追溯到犹太人。[70]

纳粹德国还曾经讨论过驱逐其他地区的犹太人。在过去20年的大部分时间里，希特勒一直执意推动在巴勒斯坦成立一个犹太国家。1938年春，他公开支持一项将德国犹太人移民到中东地区并为他们组建一个新国家作为其家园的政策。[71]在30年代末，一个由阿道夫·艾希曼（Adolf Eichmann）率领的高级使团曾被派去会见巴勒斯坦犹太复国运动的代理人，商讨如何一劳永逸地解决"犹太问题"。讽刺的是，艾希曼（后来因反人类罪在以色列被处决）发现自己在帮助犹太人从德国移民到巴勒斯坦，这似乎同时符合反犹主义的纳粹领导人以及耶路撒冷当地及周边地区犹太社团领导人的利益。[72]

尽管最终商讨并没有达成一致，德国人仍然被继续视作潜在的有益合作者，即便是在挑起战火之后。1940年秋天，利希组织（Lehi）——后来以巴勒斯坦政治团体"斯特恩帮"（Stern Gang）为人所熟知，其成员包括未来的总理伊扎克·沙米尔（Yitzhak Shamir）以及其他现代以色列的开国元勋——的创始人亚伯拉罕·斯特恩（Avraham Stern）给贝鲁特的德国高级外交官写了一封信，并提出了一个激进的建议。信的开头写道，德国与"犹太民族（斯特恩等人认为自己可以代表他们）之间可能存在着共同利益"。信中接着说，"如果德国人支持以色列的自由运动"，斯特恩承诺将"积极站在德国一方参战"。如果帮助犹太人建立国家从而获得自由，希特勒肯定会因此受益："不仅将巩固德国未来在中东的地位"，而且还将"在世人眼中显著强化第三帝国的道德形象"。[73]

斯特恩是个实用主义者，事实上，他所提出的与德国结盟的设想并没有得到自己组织内所有人的支持。他后来简短地阐述了其立场："我们需要德国人做的一切"，就是将犹太人送到巴勒斯坦，以便"在这里打响抵抗英国、解放祖国的战争。如此，犹太人将得到一个国家，而德国人将顺便摧毁英国在中东的一个基地，同时解决欧洲的犹太问题"。这看起来很符合逻辑，同时又令人毛骨悚然：杰出的犹太领袖正积极地考虑与人类历史上最大的反犹主义者合作，与大屠杀的元凶在种族灭绝爆发12个月前进行商议。【74】

在希特勒及其反犹主义力量看来，犹太人被驱逐到哪里并不重要。巴勒斯坦只不过是众多可能性中的一个，除此之外，俄罗斯腹地也被认真探讨过。希特勒在1941年告诉克罗地亚军事指挥官斯拉夫科·克瓦特尔尼克（Slavko Kvaternik）："犹太人被送到哪里根本不重要"，西伯利亚或者马达加斯加都可以。【75】

然而面对在俄罗斯的长期困难，纳粹策划者逐渐明白，让犹太人聚集在营地意味着可以毫无困难地实施大屠杀，这种原本漫不经心的想法如今正变得更加正式、更加冷酷。【76】随着稀有资源的逐渐枯竭，对于一个极具反犹色彩的政权来说，着手实施大规模屠杀并不需要太多考虑。当纳粹领导人意识到将有数百万张难以养活的嘴时，那些被关在波兰集中营里的犹太人无疑是现成又易得手的屠杀目标。

阿道夫·艾希曼早在1941年7月中旬就曾写道："这个冬天很危险，我们不能再继续为犹太人提供食物了。现在要考虑的问题是，使用速效药剂杀死这些失去工作能力的犹太人可能不是最人道的方式。"【77】老人、体弱的人、妇女和儿童，以及那些"没有工作能力的人"被作为废品消灭掉，他们是"数百万"被屠杀者中的第一批，他们的死亡在入侵苏联之前就已经出现了迹象。

一系列在规模和恐怖性上都前所未有的事件开始爆发。人们像牲畜一样被赶进南俄罗斯、乌克兰和西部草原的围栏里。在那里他们被分成两类：一类是可以劳作的奴隶，另一类则注定成为让其他人获得生存的牺牲品。而大屠杀的直接理由无疑就是这些土地生产的小麦没能达到预期收成。

在巴黎，那里的警察自30年代末以来一直在对犹太及非犹太外国人进行秘密登记，驱逐犹太人的过程只不过是在已经交给德国占领者的索引卡片里快速查找，然后派出警卫把犹太家庭运到东方的集中营（大部分都位于波兰）。[78] 作为纳粹反犹主义制度化的一部分，其他被占领国家同样开展了犹太人登记工作，这使得驱逐那些被判定为多余的人变得更加容易。[79]

当对入侵结果的希望破灭后，纳粹精英认为，只有一个办法可以解决德国的问题。在1941年5月2日柏林会议召开后不到8个月，德国人又在柏林树木繁茂的郊区万湖（Wannsee）召开了另外一次会议，再一次涉及难以具体估算的数百万死亡人数。在1942年1月20日那个多雾的清晨，与会者得出了一个令人毛骨悚然的结论。在他们看来，屠杀犹太人只不过是一时的应对措施，种族灭绝才是"最终的解决办法"。[80]

不久之后，反击德国的步伐开始加快，来自伦敦和华盛顿的坦克、飞机、军备和物资被大量运往莫斯科。从波斯湾的阿巴丹、巴士拉、布什尔等港口向内陆进发，取道阿拉克（Arak）和库姆（Qom），直抵内陆的德黑兰，并最终翻越高加索进入苏联——这便构成了所谓的波斯走廊（Persian Corridor），自古以来，这里就是一条重要的交流贸易网络。同时，一条穿越俄罗斯远东地区到达中亚的通道也被开辟出来。[81]

俄罗斯与英国旧有的商业联系被再次激活。不过，运送物资和资源到摩尔曼斯克及俄罗斯北部的北极航线在18世纪至19世纪是极其危险的事，而且要面对经常出没于挪威北海沿岸的德国潜艇以及提尔皮茨号（Tirpitz）和俾斯麦号（Bismarck）这样的战列舰，因此需要极大的适应能力和勇气。很多时候，能够返回的船只连一半都不到，而且许多服务于这一航线的船员在战争胜利数十年后都没有因他们的贡献和勇气而受到表彰。[82]

随着德国被赶出世界的中心地带，局势开始出现缓慢却坚定的逆转。希特勒的孤注一掷曾一度看上去将收获奇效：在征服欧洲之后，他的部队出现在伏尔加河岸边，眼看就要从南北两个方向成功地打通中亚。然而，当德军被无情、强制地赶回柏林后，这些成功一个接一个地烟消云散。

当希特勒明白发生了什么事情之后，他突然陷入了绝望。一份机密的英国报告显示，尽管在东线取得了明显的胜利，德国元首在1942年4月26日的一次讲话中却流露出清晰的疑虑和宿命论倾向，并且有越来越多的证据显示出他的救世主情结。[83] 从心理学的角度看，希特勒是个不可理喻的冒险家、一个上瘾的赌徒。[84] 不过，他的运气很快就要用光了。

局势的转折点出现在1942年夏天。隆美尔在阿拉曼（El Alamein）受阻，这打乱了穆罕默德·阿尔·胡塞尼（Muḥammad al-Ḥusaynī）[1] 的计划，后者曾经让开罗的居民为犹太定居者准备好屋子和厂房，并由派到当地的、狂热的德国官员改建成毒气室，这样就可以将当地的犹太人统统消灭了。[85]

美国的参战同样起到了作用。震惊于日本人对珍珠港的偷袭，美国人在两个月内就迅速地做好了战争准备。到了1942年年中，在中途岛战役中取得的辉煌胜利使得美国在太平洋战场上占据了优势。同时，从第二年年初起在北非、西西里和意大利南部以及之后欧洲其他地区的大规模军力部署，也保证了欧洲战局的扭转。[86]

不久，斯大林格勒的战况也发生了变化。1942年春，希特勒批准了一项代号为"蓝色行动"（Operation Blue）的计划，命令德军从俄罗斯南部出发攻占高加索地区的油田，这些油田已经成为第三帝国战争规划的核心。正如将军们和希特勒本人所意识到的，这是一次野心勃勃的大胆进攻，而且很可能会左右最终的胜利天平。"如果我得不到迈科普（Maikop）和格罗兹尼（Grozny）的石油，"德国元首说道，"那么我将结束这场战争。"[87]

斯大林格勒是一个大问题。如果这只是一座拥有一个极富威望名字的工业中心城市，德国人是不会花大力气去占领的。事实上，它的关键价值体现在其位于伏尔加河畔的战略位置：迫使斯大林格勒中立化，对于保护德国在高加索地区的资源至关重要。然而到了1942年秋天，局面已经十分糟糕。德军的攻势放缓，而且很快就陷入了困境。兵力、弹药以及日益宝贵的燃料（这些资源都让柏林难以负担）被大量地消耗在了斯大林格勒。更糟的是，德军的注意力已经渐渐偏离了本次行动的首要战略目标：石油。希特勒身边的一些核心成员，如阿尔伯特·斯佩尔（Albert Speer），都明白攻势变缓将意味着什么：德军必须在"10月底俄

---

[1] 阿尔·胡塞尼（1897—1974），20世纪巴勒斯坦地区的反犹太领导人。——编者注

罗斯寒冬到来之前结束战斗，否则我们将永远地失去它"[1]。【88】

　　尽管关于如何消灭东、西两线的德军，以及如何在钳形攻势中相互配合并在柏林会师等事宜，还有很多问题需要讨论，但是在1942年年底，英国、美国和苏联已经提出建立新同盟的想法，并开始把目光投向未来。当这三个国家的领导人在1943年的德黑兰、1945年春的雅尔塔以及几个月后的波茨坦会面时，欧洲显然已经被又一次的大规模对抗耗尽、榨干。

　　虽然英国人很清楚，他们的旧帝国必然会终结，但还是希望能将损失降到最低。面对这一道德崩坏的世界，眼下的问题是怎样作出最不坏的决定，哪怕不能被有效执行。1944年10月，结束莫斯科访问的丘吉尔"振作而坚定地"回到英国，他对斯大林说："感谢俄罗斯人久负盛名的殷切招待。"访问备忘录中记录了拉赫玛尼诺夫（Rachmaninov）第三钢琴协奏曲的表演、一些购物的机会，以及在会议中达成的许多结论。有关战后欧洲的讨论没有被记录下来，这部分在正式的报告中被删掉了。【89】

　　英国下议院曾在1939年发誓要保护波兰的领土完整，如今却食言了。温斯顿·丘吉尔看准了一个"恰当的交易时机"，用一支蓝笔在地图上把该国的三分之一划入德国，把另外三分之一送给了苏联，波兰的边界就这样被粗暴地调整了。他还建议按一定比例瓜分中东欧的其他国家：为了照顾苏联的影响力，罗马尼亚的90%归苏联，10%归英国；保加利亚、匈牙利和南斯拉夫则是对半开。丘吉尔也意识到，这种决定"数百万人"命运的做法会被认为是"过于自私"。不过要想取悦斯大林，就必须付出代价：牺牲半个欧洲大陆的自由。丘吉尔对苏联最高领导人说："让我们把文件烧掉吧。"斯大林回答道："不，你留着它。"【90】

　　当丘吉尔认清现实时，为时已晚。在他1946年发表于密苏里州富尔顿（Fulton）的、警告铁幕已经降临欧洲的著名演说中，他说道："所有中东欧古国的首都，华沙、柏林、布拉格、布达佩斯、贝尔格莱德和索非亚"，现在都已落入苏联势力的影响之下。【91】幸存的只有维也纳和半个柏林。第二次世

---

[1] 此即斯大林格勒保卫战（1942年6月28日—1943年2月2日），最终苏联红军击败了饥寒交迫的德军，成为二战东部战线的转折点。——编者注

界大战是为了阻止暴行在欧洲肆虐，但最终还是没有人能够阻止铁幕落下。

于是，欧洲在二战结束后被劈为两半。欧洲西半部在战争中表现英勇，他们在之后的数十年内仍然为自己打败纳粹恶魔的成就而感到欣慰，但却无人反思自身在一开始所扮演的角色。在安排战后的新世界时，他们也无法过多地替另一半被放弃的欧洲大陆着想。击败德国带来了长期的厌战心理，并且导致了英、法两国的经济萧条，以及荷兰、比利时、意大利和斯堪的纳维亚国家的崩溃。伴随着这些混乱的，还有对可能导致大范围核武器研发的军备竞赛甚至直接对抗的恐惧。苏联在欧洲的军队数量是其他国家的四倍，特别是在坦克部署方面，优势更为明显。人们确实有理由担心，在德国投降之后有可能爆发进一步的冲突。因此，丘吉尔认为希特勒的投降仅仅标志着一个阶段的结束，而非最终胜利，并下令制订一个应急方案。虽然该方案被命名为"不可思议行动"（Operation Unthinkable），但在英国计划制订者的脑袋里，对今后可能出现的突发局势却早已料到。[92]

德国崩溃后快速变化的局面，使人们不得不为突发事件作准备。斯大林的态度愈发强硬，这无疑是出于被希特勒背叛后的警惕心理：1939年的联盟被证明是一场灾难，苏联不得不付出极其惨痛的代价来抵御德国人的暴行，尤其是在斯大林格勒和列宁格勒的生死战中。[93]在莫斯科看来，必须建立一个由附属国家构成的缓冲地带，同时营造和强化一种对"如果苏联人感到威胁，就会采取直接行动"的恐惧。在这种情况下，苏联人通过侵占甚至迁移工业基础设施来削弱西方国家的实力，便是情理之中的措施了。这同时还能为那些新兴的共产主义政党提供财政和后勤支持。正如历史所证实的，进攻就是最好的防守。[94]

然而在西方国家看来，斯大林所带来的压迫要比希特勒的好得多。他们将这次战争描述为一场对抗暴行的胜利，通过树立一个共同的政治敌人来掩饰"新朋友"的错误。但中东欧的一些国家对此不敢苟同，他们不认为这是一场民主的胜利，因为在接下来的10多年里，他们将为自己站在独裁者一边而付出惨痛的代价。

然而西欧国家要维护他们的历史，这就意味着要强调胜利，并且无视他们的错误以及那些被批评为"现实政治"（realpolitik）[1]的决定。将2012年诺贝尔和平奖颁发给欧盟就是一个典型的例子：欧洲人是多么的伟大啊，他们成功地维持了数十年的和平，尽管对曾经发生在本大陆以及世界其他大陆接连不断的战争负有主要责任的也是他们。要是在古代，这样的殊荣或许也应该颁发给被哥特人洗劫100年之后的罗马人，或者是丢掉阿卡之后使基督教世界的反穆斯林舆论得以缓和的十字军。比起20世纪末至21世纪初那些所谓的和平缔造者们的睿智和胜利，或者是那些没用的欧洲国际组织（连它们自己的审计员都好几年未曾签核组织的账目了）所带来的成就，枪炮的沉寂或许更多地要归功于这一事实：欧洲人已经实在没有什么东西值得捍卫了。

1941年，当太阳在西欧落下，一个新的世界开始呈现。这一进程因1939年至1945年间的战争而加速，并且在战争结束后延续下来。现在的问题是谁将控制欧亚庞大的贸易网络。人们必须给予慎重对待，因为除了眼前可见的利益之外，在这世界心脏的肥沃土壤、金色沙漠以及里海区域上，还蕴藏着更多的财富。

---

[1] 一种政治观点，由19世纪的德国普鲁士宰相俾斯麦提出。主张一切内政外交事务都应将国家利益置于最高地位，而不应受到民族情感、道德伦理及意识形态的左右。——编者注

| 第二十一章 |

冷战之路

早在第二次世界大战结束之前，对亚洲中心地区的争夺就已经开始了。在1942年1月的一份冠冕堂皇的"三方协议"中，英国和苏联承诺要"保障伊朗人民免于当前战火所导致的贫困"，保障他们拥有足够的食物和衣服。事实上，随着协议的履行，人们发现该协议对保障伊朗百姓生活的作用甚微，真正目的是为了强占伊朗的基础设施：该协议宣称，英国和苏联可以随意使用该国的公路、河道、输油管、机场和通信站点。[1]这不是霸占，该协议声明，而是在向盟友提供援助——这真是一句富有创意的花言巧语。

表面上，这个协议是为了防止德国在伊朗扩张，并保证资源能够途经波斯湾进入同盟国。不过有些人推测，英国或许有着更为长远的考虑。例如，美国驻德黑兰公使路易斯·德雷福斯（Louis G. Dreyfus）就在发给华盛顿的例行电报中指出，英国人不断地向伊朗国王提出咄咄逼人的要求，并指责伊朗境内存在损害英国利益的间谍。他在1941年8月写道："我相信英国人正在利用这一形势作为最终占领伊朗的借口，并且故意夸大目前局势的危险程度。"[2]

英国人希望维护并强化他们在伊朗的地位，但英国官员和军队对待当地人民的态度却是背道而驰。在战争爆发的10年前，一位记者写了一篇尖刻的、关于英国行为的评论文章，证明伊朗人的待遇"就像二百年前东印度公司对待印度人那样"。[3]英国人坚持伊朗官员应在遇到同级别的英国官员时向后者敬礼，而后者却不必回礼，这加深了伊朗当地人对英国人的敌意。人们普遍抱怨英国人的行为就像是"大老爷、白种人，而把伊朗人当作被殖民者"。这与苏联官员形成了鲜明的对比，他们不善交际，很少出门，也不要求敬礼——至少一位当地的德国情报人员是这么说的。[4]

在二战这一微妙的时期里，英国大使里德·布拉德（Reader Bullard）的态度是很典型的。他认为战争后期的粮食短缺和通货膨胀与英国占领军的失败无关，与波斯湾北部运输武器和其他物资的波斯走廊所面临的后勤困难也无关。布拉德写道，失败的责任在于伊朗人自己："波斯人喜欢偷窃，热衷于将物价哄抬到饥荒时的水平。但他们却总在指责英国人。"[5]"我对伊朗人的评价很低，"他在一封写给伦敦的信件中轻蔑地表示，"大部分的伊朗人在下辈子都会变成绿头苍蝇。"[6]诸如此类的说法引起了温斯顿·丘吉尔的注意。首相写道："里德·布拉德爵士对伊朗人的蔑视太正常了，因为这些行为会损害他的工作效率以及我们的利益。"[7]

更糟的是，英国人的统治地位正变得岌岌可危，他们根深蒂固的特权和优越感正在被日渐蚕食。1944年，德黑兰爆发了一场恶性事件。当时伊朗人正在与美国人进行一项谈判，打算将伊朗北部的特许经营权授给一个美国石油财团，这让听到消息的俄罗斯人大为光火。由左翼军人组成的伊朗人民党（Tudeh Party of Iran）开始煽风点火，他们的改革、重新分配财富和现代化的纲领得到了莫斯科的大力支持。为了表示支持，苏联承诺将在局势最为紧张的时候派军队到大街上，以保护数千名的示威者。看到苏联似乎可以为所欲为地使用武力，而且导致协议被迫取消，很多外国势力都难以接受。于是，苏联对外关系部副部长、凶悍的谢尔盖·卡夫塔拉泽（Sergei Kavtaradze）受斯大林指派来到德黑兰，他警告说，惹怒苏联的后果很严重。[8]

该事件最终以极富戏剧性的结局收尾，负责收场的是精明善辩、手段高明、能够熟练把握时代潮流的政治家穆罕默德·摩萨台（Mohammed Mossadegh）。英国官员这样描写道："他看起来很像一匹拉车的马。他有些耳聋，因此在倾听时表情紧张或者没什么表情。他在谈话时与人的距离是六英寸，并且散发着轻微的鸦片臭味。他的发言常常很啰唆，并且给人一种与世无争的印象。"【9】外务部文件还援引了《观察家报》（*Observer*）对摩萨台的描述："一个老派的、彬彬有礼的波斯人，不吝于鞠躬或握手。"【10】后来的事实证明，英国人严重地低估了他。

1944年年底，摩萨台开始在议会上提出一个观点，即伊朗不能也不应该被国外列强操纵或胁迫。当年诺克斯·达西公司获得特许勘探权以及英伊石油公司（前身是英波石油公司）的所作所为，就是伊朗领导人立场不够坚定的后果。他说，伊朗几次三番地遭受欺骗，充当竞争利益者的马前卒，这对伊朗人民一点好处都没有。将选择权交给与伊朗做生意的人，这种做法大错特错，他呼吁："让我们和所有希望购买石油的国家进行谈判，为了国家的解放而努力。"【11】

摩萨台说出了很多人很久以来的不满：自己国土下埋藏的财富却只给伊朗人带来了非常有限的好处。事实确实如此，如在1942年，英国政府从英伊石油公司的业务活动中收取了660万英镑的税金，而伊朗政府拿到的特许授权费却仅仅是这一数额的60%。到了1945年，这一差距变得更加明显：伦敦的财政部从该公司获得了高达1600万英镑的税金，而德黑兰得到的数字是600万英镑，仅比英国的三分之一多一点点。【12】一位见多识广的英国观察家指出，这不仅仅是钱的问题，"比缺乏物质补偿更严重的是国格和民族尊严的丧失"。【13】

"不过很少人认识到这一点。"这位名叫劳伦斯·埃尔韦尔·萨顿（Laurence Elwell-Sutton）的观察家承认道。第二次世界大战之前，他曾在伦敦大学亚非学院学习阿拉伯语，之后进入英伊石油公司工作。埃尔韦尔·萨顿是一位热爱波斯文化、很有天赋的语言学家，英伊石油公司员工对待当地居民的方式让他目瞪口呆："很少有欧洲人愿意花时间去关注波斯人，他们把当地'土著'看作是肮脏、古怪的奴隶，也许只有人类学家才会对这些人感兴趣。"这种"种族歧视"注定会招致灾难："除非让这个民族消失，否则消失的就是这家公司。"【14】

既然如此，便不难看出摩萨台等改革家们背后的动力了。欧洲帝国的时代早已开始逐渐褪色，这一变化在伊拉克相当明显，因为连格特鲁德·贝尔都意识到"独立"并不在英国人要送的礼物清单上。在伊朗和其他地方都不可避免地会出现脱离国外统治和影响力的要求，并且随着战争的进行越来越强烈。因此，当英帝国的丝绸之路瓦解后，他们也不得不后撤了。

亚洲的军事高压导致了一系列东方的"敦刻尔克大撤退"（Dunkirks）[1]。极度混乱的撤退场面为大不列颠的黄金时代画上了一个令人难忘的句号。当日本军队在东南亚四处出击时，数十万人逃离了缅甸。那里的英国人和法国人一心想回家，于是日本打算趁机进入这块让东京垂涎已久的战略和经济要地。德国在东方的盟友日本很快意识到，眼下是一个大范围扩展其帝国威望的良机。日本军队的推进让许多人饱受折磨，大约有8万人死于饥饿和疾病。当数万人撤退到槟榔屿（Penang）和新加坡后，马来半岛的景象也同样变得十分凄惨。能够在新加坡陷落之前逃离是幸运的。一位及时撤离的未婚女性在几周后写道，英国人撤退时的混乱是那些亲眼目睹或亲身经历的人"永远不能忘记和释怀的"。[15]

即便当欧洲和太平洋战事进入尾声，撤退仍然在继续。在印度，长达30年的让步和承诺提高了人们对于自治以及彻底独立的期望，现在英国终于作出了完全撤出印度的决定。战争结束时，长达数月的骚乱、反帝国主义示威和罢工使得印度次大陆的北部城市运转陷入了停顿，英国的威望迅速瓦解并且有失控的危险。最初英国人计划在印度施行"阶段性撤退"，顺便也能为穆斯林少数民族提供保护，但终因耗时耗资巨大而被伦敦否决了。[16]于是在1947年年初，英国宣布将在六个月内全部撤走，结果却引发了混乱。战后被赶下台的温斯顿·丘吉尔告诉国会下议院，这是个灾难性的决定，"如果我们放任世界五分之一的人口……陷入动荡和种族屠杀，这难道不是对我们声誉和历史的严重损害吗？"[17]

这些警告显然没有被听进去，大范围的混乱席卷了整个印度次大陆。社区长久的宁静被突发的暴乱打破，那些在城镇和乡村生活了数个世纪的家庭不得不踏上人类历史上最大规模的迁徙之路。至少有1100万人越过了旁遮普与孟

[1] 指1940年第二次世界大战初期英法联军的一次大规模军事撤退行动，致使英国势力彻底撤出欧洲大陆，而德国获得了除英国外的大部分欧洲主要地区。——编者注

加拉之间的新边界。[18]同时，英国人还设计了详细的撤离计划，尽量保护本国侨民免遭冲突的波及，[19]但这一考虑并不包括当地的原著民。

英国磕磕绊绊地处理着一个又一个类似的危机。为了维持巴勒斯坦微妙的势力平衡，从而保证对海法的炼油厂和港口的控制权、保障苏伊士运河的安全以及建立与阿拉伯世界领导人的友好关系，英国采取的措施是试图限制犹太人从欧洲移民到此地。英国的情报机构拟订计划阻止难民船只进入巴勒斯坦，以及谴责貌似强大但实际上并不存在的阿拉伯恐怖组织。此后，英国还采取了更多的直接手段。[20]

危机出现在1947年夏天，一艘满载犹太难民的船只在法国港口遭到了英国人的侵扰。虽然该船的乘客在抵达巴勒斯坦时已经被拒绝进入，但这艘载有4000多名犹太人的轮船——其中包括孕妇、儿童和许多老人——还是被英国驱逐舰劫持着向东航行[1]。[21]如此对待那些集中营的幸存者以及在大屠杀中失去亲人的犹太人，让英国遭遇到了公关危机。很明显，为了维护其海外利益，英国人什么事都做得出来，而且在这一过程中丝毫不考虑其他人的感受。

英国对待外约旦（Transjordan）的统治者阿卜杜拉（'Abdullāh）的做法更加荒谬。在该政权于1946年独立后，英国人给予了阿卜杜拉大量关照，并签署了承诺军事支持的秘密协议。阿卜杜拉利用这一承诺着手实施他的边境扩张计划，一旦英国撤出，他将占据整个巴勒斯坦。而英国人则为这一行动开了绿灯，虽然并不是毫无条件的。[22]据称，英国外务大臣欧内斯特·贝文（Ernest Bevin）曾经对首相说："这是理所当然的，只要他们不进入分配给犹太人的区域就好。"[23]就这样，在世界的另一个地方，英国人的撤离又造成了一场大动乱，这有力地证明了欧洲帝国主义的不良影响：1948年的阿以战争（Arab–Israeli War）[2]也许不是英国那些不可告人的政策所直接导致的，但是

---

[1] 从巴勒斯坦的海法返航后，让犹太乘客在法国马赛港登陆的要求遭到了法国人的拒绝，于是英国人只好迫使轮船向东行驶到英国控制下的德国西北地区，并最后在汉堡停靠。——编者注
[2] 又称第一次中东战争。1947年11月，联合国大会表决决定在巴勒斯坦划分出14,000多平方公里作为犹太人的国家。这引起了阿拉伯人的不满，并在第二年爆发了这场犹太以色列与阿拉伯国家（埃及、叙利亚、外约旦、黎巴嫩、伊拉克、沙特阿拉伯、也门）之间的战争。最终，获胜的以色列巩固了自己的独立地位。——编者注

英军不负责任的撤离却让该地区瞬间陷入了权力真空。[24]

伊拉克的情况也不妙。总理萨利赫·贾巴尔（Ṣāliḥ Jabr）在1948年同意将英国对该国空军基地的使用年限延长25年。协议达成的消息引发了罢工和暴乱，最终，愤怒的人群将萨利赫赶下了台。[25]一系列事件使得伊拉克人对英国的怒火由来已久，其中包括二战期间英国对巴格达的占领，以及英国在支持巴勒斯坦阿拉伯人过程中显而易见的失败，尤其是伦敦对永久保留在伊拉克的军事据点的企图。严重的农业歉收所导致的通货膨胀和粮食短缺使得事态更加恶化。一位敏锐的观察家承认："伊拉克的国内局势十分危险。"[26]英国政府随即采取行动，"向伊拉克总理做出让步，以帮助后者平息民众的怒气"，包括共享哈巴尼亚空军基地。伦敦的政策制订者称："伊拉克人应对这一最高级别的合作模式感到高兴"，因为英国人"不会向其他任何国家提出同样的建议"；获得"高于其他中东国家一等的待遇"的伊拉克人应该感到十分荣幸。[27]

与其他国家的情况一样，从本国地下开采出来的石油基本没有给伊拉克带来收益。1950年，该国大约90%的人口还是文盲。这些都要归结于英国人对伊拉克贪得无厌的榨取。例如，当英国打算贷款给伊拉克用于修建和扩建铁路系统时，曾要求伊拉克将财政收入抵押给英国作为担保。如果伊拉克未能偿还贷款，那么当地的油田就将由英国人接管——就像19世纪英国在攫取苏伊士运河这一关键贸易渠道时所做的那样。[28]如今，英国人发现自己陷入了一个两败俱伤的局面：他们已经花掉了全部的政治资本，而且没有人会再相信他们。人们对英国的戒心是如此严重，以至于像中东反蝗虫联盟（Middle East Anti-Locust Unit，MEALU）这样成立于战时并取得了巨大成功的机构都被解散了，大批对消灭害虫和保障食物供应作出贡献的技术专家遭遇遣散。[29]中东地区国家显示了它们的力量，并且站到了西方的对立面。

与此同时，苏联也在复兴。打败德国之后，斯大林在战争初期曾经是希特勒的盟友这一污点迅速被人遗忘，取而代之的是胜利与成功的故事。[30]1917年的革命未能实现马克思及其学说所预言的全球改造，然而在30年后，似乎到了共产主义席卷全世界并统治亚洲的时候了，就像伊斯兰曾经在7世纪时那样。在中国，平等、公正以及最重要的土地改革使当地的共产党受到了人民的拥护，使他们打败了国民党的军队并最终将后者彻底赶出大陆。

同样的故事也发生在其他地方，欧洲和美国的左翼政党吸引了越来越多的支持力量。在广岛和长崎投下的两颗原子弹使战争的恐怖达到顶峰，许多人接受了与原来截然相反的、更为和谐的理念，其中甚至包括一些曾经为原子弹计划工作的人。在不到30年的时间里，欧洲国家之间相继爆发了两场大规模的战争，并给全世界带来了灾难性的后果，这一事实也使很多人幡然醒悟。

在1946年春天的一次被全世界广泛报道的演说中，斯大林精明地进一步鼓动这些苗头。他断言，第二次世界大战是不可避免的，这是由"现代垄断资本主义所固有的全球经济和政治缺陷"导致的。[31]该演说是一份声明：资本主义已经统治了这个世界太长时间，并且要为20世纪的战争所带来的痛苦、杀戮和仇恨负责；共产主义是取代这一已经被证明是错误的和危险的政治体系的合理选择。它是一个新的体系，更多地强调共识而非差异，并用平等取代阶级。换句话说，这不仅仅是一个诱人的想象，而且是一条切实可行的道路。

不久前，丘吉尔曾想拿位于苏联西部边境国家的未来冒险。在雅尔塔就战后世界秩序进行协商之后，丘吉尔对一位年轻的幕僚说："可怜的内维尔·张伯伦以为他能够信任希特勒，结果他错了。但是我不认为我看错了斯大林。"[32]张伯伦确实是错了，但丘吉尔也错了，而且他很快就承认了。他在1946年3月5日密苏里州富尔顿学院发表演讲时说道："没有人知道苏联将要做什么。"苏联的指导思想是扩张性的，而且是狂热的，这意味着对西方的威胁；"从波罗的海边的什切青（Stettin）到亚得里亚海边的里雅斯特（Trieste），一幅横贯欧洲大陆的铁幕已经拉下"。[33]

世界中心地区的命运悬而未决。伊朗是其中的关键。美国的战略家们相信，苏联想要完全控制伊朗，一方面是因为伊朗的石油，另一方面是因为它的海军基地以及其处于国际航空网络中心的地理位置。为了让伊朗政府将北部油田的特许开采权交给美国，美国大使保证，假如苏联对该授权协议表示强烈抗议并派出军队进入伊朗，在必要情况下美国将为伊朗提供军事援助。[34]

1946年夏天，伊朗全境爆发罢工，局势升级。德黑兰街头充斥着传播各种谣言和反谣言的小道消息，伊朗的未来岌岌可危。尽管英国拼命要保护它的资产，但是它痛苦地意识到它对一些关键的事务已经无能为力。情报机关沮丧地指出，苏联对伊朗和伊拉克的军事行动迫在眉睫；报告还描述了详细的侵略计划，其中包括了关于强大的、作为进攻核心力量的苏联装甲和摩托化部队的资料。该报告还称，苏联总参谋部对占领摩苏尔信心十足，并且准备在伊朗国王被推翻后组建一个"伊朗人民政府"。英国人判断，旧政权的领导层将被贴上"卖国贼和通敌者"的标签并遭到清算。苏联伞兵已经准备好被投放到德黑兰附近，并发起速战速决的攻击。[35]

华盛顿感到了切实的威胁。1942年12月，首批2万人的部队抵达波斯湾的霍拉姆沙赫尔港（Khoramshahr），帮助伊朗改进交通体系。自那以后，美国人就一直密切地关注着伊朗的局势。为了监督后勤工作，美国人还在德黑兰建立了一个大型的营地，后来成为美军在波斯湾的指挥总部。[36]英国和苏联也把首要目标放在了伊朗，因此双方在避免战争的同时，都在不断地削弱这个国家。帕特里克·赫尔利（Patrick Hurley）将军向罗斯福总统报告说，伊朗正处于被四分五裂的危险境地。[37]

被派到伊朗去支援和监督战争期间补给线的美国人首次经历了某种程度上的文化差异。克拉伦斯·里德雷（Clarence Ridley）少将发现，伊朗军队训练不足、物资短缺，基本可以说是毫无用处。如果要抵御恶邻们的进攻，必须投入大量的资金用于培养新一代的军官以及购买优良的装备。这对新任伊朗国王来说是个好消息，他正渴望在伊朗现代化的道路中打上自己的烙印。但他的预算顾问（美国人）坦白地告诉他，问题在于伊朗不可能按照西方的标准打造出一支军队。他被告知，如果将资金用于军事开支，那"就几乎没有钱可以投入农业、教育和公共医疗了"。[38]

斯大林的姿态和行动让美国人感到严重不安，而准备不足、组织涣散、力量薄弱的伊朗人又似乎没有什么机会能把苏联人赶走。一些听过斯大林演讲的人确信这就是"第三次世界大战的檄文"。[39]美国驻莫斯科临时代办乔治·凯南（George Kennan）曾亲眼目睹过斯大林的大清洗，他也得出了类似的结论，并在1946年年初对即将出现的全球竞争提出警告。他写道："苏联对待世界事务神经质般的做法，是出于俄罗斯人传统的、本能的不安全感。"他认为，苏联人对直接与美国展开竞争表现得非常狂热，他们的目标是"破坏我们国内的稳定，打乱我们传统的生活方式，以及让我们在国际上颜面扫地"。[40]

伊朗在政治和战略上的重要性将它推到了美国外交政策的前线。美国按照既定计划给予该国援助。1949年，美国之音广播电台开始用波斯语向当地人广播。在第一档节目中，杜鲁门总统就以"伊朗与美国之间历史性的友谊纽带"为题发表了评论，并承诺帮助伊朗人建立一个没有压迫的、"繁荣和平的世界"。[41]随着一年后朝鲜战争的爆发，美国开始向伊朗提供更多的直接援助。国务院的一份简报指出，趁伊朗经济衰退，"还没有到糟糕的地步"，应该立即给予强有力的援助，否则该国将有"经济彻底崩溃并很快加入苏联阵营"的危险。[42]杜鲁门本人也完全同意，他说："如果我们置之不理，苏联将进入伊朗，然后掌管整个中东。"[43]

广播节目的内容开始越来越尖锐，伊朗人被告知："自由国家必须团结一致""美国的安全与其他国家的安全息息相关""自由世界的力量"正不断加强。此外还有一些强调苏联对世界和平构成威胁的报道："共产党头目的目标是在全世界压制人类的自由。"甚至还宣称："苏联教师把家安在废弃的、不能再运牲口的货车车厢里"，缺少取暖和基本的医疗设施，以及清洁的用水。[44]

援助资金开始大量涌入伊朗，在三年里差不多翻了5倍，从1950年的1180万美元增加到1953年的5250万美元。援助的目标是促进伊朗的经济发展，稳定伊朗的政治文化并奠定其改革的基础，同时也为伊朗的自我防卫提供军事和技术支持。这是美国在中东打造附属国的开端。[45]

美国人之所以愿意做这些事情，部分是因为他们意识到了英国不可能再像以前那样扶植这些中东政权，部分是因为需要对苏联的扩张作出反应。然而，这些都不是美国密切关注伊朗的主要理由。例如，1943年在德黑兰举行的同盟国重要会议上，无论是温斯顿·丘吉尔还是罗斯福总统，都觉得与国王见面是件麻烦事。换句话说，这二位都不愿意为此浪费时间。[46]同样地，在第二年，因为其重要性有限，美国将沙特阿拉伯拒之门外。"那里对我们来说有点儿远。"罗斯福轻易地回绝了该国的经济援助请求。他还说，沙特最好还是去求助于英国，而不是美国。[47]但在战争结束后，事情完全不一样了。"对于美国外交事务来说"，沙特阿拉伯一个国家就"比其他任何小国都重要"[48]——原因就在于石油。

有一位叫作埃弗瑞特·李·戴高礼（Everette Lee DeGolyer）的勇敢的石油商人，他曾在俄克拉何马州学习了地质学，然后在美国石油业中赚到了第一桶金。战争期间，他来到中东对该地区现有的油田进行评估，对该地区的长期资源潜力和重要性提出意见，同时将其与墨西哥湾、委内瑞拉和美国本土的资源进行比较。尽管是保守估计而且附有说明，他的报告仍然令人震惊："世界石油生产的中心正在从墨西哥湾—加勒比海地区向中东和波斯湾地区转移，而且这一转移将会一直持续，直到后者完全超越前者。"[49]和他同行的一些人发回给国务院的报告更为坦率："这一地区的石油是迄今为止人类历史上得到的最大馈赠。"[50]

英国人也知道这一点，他们非常嫉妒在中东地区前景光明的美国。一位举足轻重的实业家告诉丘吉尔：美国人应该被告知离开中东，并且尊重英国业已取得的有利地位，"石油是我们在战后保留下来的最大的财富。我们应该拒绝同美国人分享我们这些剩下的资产"。[51]英国驻华盛顿大使哈利法克斯勋爵（Lord Halifax）同样言辞强烈，他对试图回避他的美国国务院官员感到非常生气。英国政策制订者们对未来感到担忧："美国意图夺取我们在中东的石油资产。"[52]连首相本人都直接介入，他在给罗斯福总统的电报中说道："我对协商的进展表示担心。您知道，我只希望这不会影响贵我两国之间的公平。"[53]

于是，英国和美国就如何瓜分这一世界上的重要地区取得了共识。哈利法克斯与罗斯福总统的会谈解决了这一问题："波斯的石油是英国的，巴林和沙特阿拉伯是美国的，而伊拉克和科威特的石油则由两国共同分享。"[54]这就像西班牙和葡萄牙在15世纪末到16世纪初，以及盟国领导人在二战期间及战后马上达成的那些协议一样，干净利落地把世界分成了两份。

不过，美国人和英国人对于瓜分世界的方式截然不同。在美国看来，关键的问题在于石油价格在1945年至1948年间涨了一倍。而在此期间，美国的汽车数量增加了一半以上，机动车厂家的销售额涨了七倍。[55]最初，美国对这一局面的反应被认为是比较开明的：那些拥有自然资源并且受到各方追捧的国家一定会寻求自身利益最大化，因此，最明智的做法就是重新商议石油特许开采权的授权条件，并且是以体面的方式而非强迫威逼。

实行油田国有化的传言和威胁甚嚣尘上，这反映出世界的新秩序。一些石油国开始获得越来越慷慨的、具有竞争性的新待遇。例如，美国石油富豪约翰·保罗·盖蒂（J. Paul Getty）为沙特与科威特之间中立地区的开采权支付的费用，几乎是其他中东地区的两倍，这引发了那些受制于早期协议的国家的抗议。这不仅使得它们对资源被征用的方式感到不满，而且促使它们提出了国有化的要求，并变得更易受到共产主义花言巧语以及莫斯科示好行动的影响。

随着美国放低贸易姿态并重新商定了一些交易草案，美国和阿拉伯国家的石油收入比出现了明显的转变。例如，1949年美国财政部从西方石油公司财团阿美石油公司（Aramco）获得了4300万美元的税金，而沙特阿拉伯的收入是3900万美元；两年后，随着税收减免机制的修改帮助企业能够冲抵开支，企业交给美国政府的税金为600万美元，而给沙特的则是1.1亿美元。[56]这引发了多米诺骨牌效应，沙特、科威特和伊拉克等国都重新制定了特许开采条款，这些新的条款更有利于当地的统治者和政府。

一些历史学家将这次资金流的重新分配与伦敦在印度和巴基斯坦之间进行的权力转移相提并论。[57]但事实上，它的影响更像是发现美洲大陆以及随后的全球财富再分配。控制着特许开采权并且主要供应欧洲和美国的西方企业开始向中东输入资金，并因此开启了世界重心转移的过程。蜘蛛网般纵横交错的输油管道连接着东方和西方，标志着该地区翻开了新的历史篇章。此时，在全球流动的不再是香料或丝绸、奴隶或白银，而是石油。

然而，英国人却没有像他们的美国盟友一样认清形势，他们有着别的想法。在伊朗，英伊石油公司成了抨击的焦点。原因很简单，缴纳给英国财政部的税金和支付给伊朗的授权费之间有着巨大的差距。[58]尽管本地区的其他国家同样在抱怨从石油行业获得的利润太少，但是伊朗的分配失衡使得该国陷入了更为糟糕的局面。1950年，尽管阿巴丹是此时世界上最大炼油厂的所在地，但是这座城市自身的电力供应量仅仅相当于伦敦的一条街道；由于缺少学校，25000名学龄儿童中只有十分之一能够上学。[59]

像在其他地方一样，英国进退两难、走投无路。头脑精明而且人脉广阔的美国国务卿迪恩·艾奇逊（Dean Acheson）认为，让英国人重新商定特许权条款几乎是不可能的。英伊石油公司由英国政府控股，自然被视为是英国及其外交政策的延伸。像东印度公司一样，英伊石油公司的企业利益和英国政府利益之间界限模糊。它的权力巨大，实际上就是一个"国中之国"，它的力量"就是英国的力量"。[60]艾奇逊指出，如果英伊石油公司最终屈从让步并给予伊朗更好的条件，这必将"粉碎人们对英国力量和英镑最后的信心"。他预言，如果这种情况发生，英国将在数月内失去全部的海外资产。[61]

艾奇逊意识到，伦敦对该公司严重依赖，这使得局势变得更加危险。他在电报中写道："英国正处在破产的边缘，没有了重要的海外利益和无形的收益项目，她无法生存。"这就是为什么英国要运用所有的外交手段大肆宣扬迫在眉睫的苏联入侵威胁。艾奇逊对此一点儿都不相信，与他们的宣扬相反，"英国人最主要的目的不是防止伊朗落入共产党之手，而是要保住他们最后的财源"。[62]

于是，当英国在1950年向伊拉克提供新的条件，并惹人注目地拒绝给予伊朗同样条件的时候，事态变得严峻起来。伊拉克石油公司的部分股权属于英伊石油公司这一事实就好像是在伤口上撒了把盐，在伊朗引发了强烈的反响。民族主义政治家猛烈地宣扬英伊石油公司的垄断是多么的邪恶，试图以此激起民众的愤慨。伊朗议会的一名议员称，伊朗所有的腐败都是英伊石油公司直接造成的。[63]一位煽动者断言："如果什么都不做，伊朗女人的罩袍早晚会从头上掉下来。"[64]另一位议员说，让整个伊朗石油工业都被原子弹炸毁，也比被英伊石油公司用来剥削伊朗和其人民要强得多。[65]摩萨台的态度没有这么生硬，据称他曾经说，如果他成为首相，他"不会与英国达成妥协"，相反，他将"用泥巴把油井全都封起来"。[66]

反英的言论已经沸沸扬扬地持续了一代人，如今更是进入了主流舆论：英国是伊朗问题的罪魁祸首，绝对不能信任它；英国只关心自己的利益，是万恶的帝国主义。伊朗民族尊严的缺失连同反西方情绪开始深入人心，这注定会造成深远的影响。

摩萨台迅速抓住这一时机，他呼吁：一切都到此为止了，是时候为保障伊朗繁荣和"捍卫世界和平"而战了。一项激进的提议在1950年年底被提出，称伊朗人的利益不应与英伊石油公司分享，相反，"应该宣布伊朗的石油工业统统国有化，不允许有例外"。【67】刚刚结束逃亡回到伊朗的卡沙尼（Kashani）是一位民粹主义阿訇，也是一位知名的反西方人士，他非常支持这项提议，并要求他的拥护者想尽一切办法促成这一转变。没过几天，伊朗首相阿里·拉兹马拉（'Alī Razmārā）遭到刺杀，之后不久，教育部长也遇刺身亡。伊朗陷入了无政府状态。

当摩萨台本人在1951年春天被议会选举为新一任的首相后，英国人最怕的事情成了现实。摩萨台立即通过了一项将英伊石油公司国有化的法律，并且宣布即刻生效。伦敦的媒体和英国内阁都认为这是一场灾难。国防大臣声称，必须"要让他们知道，我们的尾巴可不会一直蜷缩着"，如果"纵容伊朗逃脱惩罚，那么接下来就会出现国有化苏伊士运河的尝试"。【68】英国计划，如有必要，将向伊朗投放伞兵以保证阿巴丹炼油厂的安全。这些是伟大的帝国在倒下前的垂死挣扎，她徒劳地想要挽留昔日的荣光。

摩萨台继续咄咄逼人。1951年9月，他下令给英伊石油公司的英国员工一周的时间收拾行李并离开伊朗。除此之外，卡沙尼甚至还宣布设立了一个名为"憎恨英国政府日"的全国节日。英国已经成为伊朗所有坏事的代名词，并为政治联合提供了一个广泛的基础。摩萨台告诉一位美国高级外交官："您不知道英国人有多么狡猾，您不知道他们有多么邪恶，您不知道他们是怎么玷污了他们所接触到的一切。"【69】诸如此类的言辞使得摩萨台在国内大受欢迎，甚至在海外也声名鹊起：1952年，他登上了《时代》杂志的封面，并当选为该杂志的年度风云人物。【70】

英国人强行采取的拙劣措施未能奏效。面临失去英伊石油公司及其收入的危险，英国政府进入了危机状态，并宣布对所有伊朗石油实施禁运。英国的目标是打击摩萨台并使其屈服。英国驻德黑兰大使威廉·弗雷泽爵士（Sir William Fraser）认为，最快速有效的办法莫过于停止对伊朗的资助："当（伊

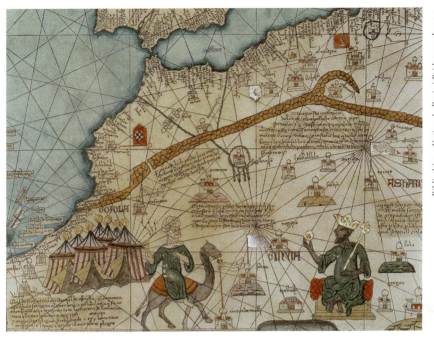

▲ 西非的黄金在地中海地区很出名。图中，"最富有、最尊贵的统治者"马里国王曼萨·穆萨手中拿着一大块天然金块。出自1375年《加泰罗尼亚地图集》局部。

▲ 15世纪时，中国对太平洋以外的世界越来越有兴趣。中国航海家郑和探索了印度洋及东非沿海。这幅马来西亚槟城寺庙里的壁画描绘了他的一艘宝船。

▲ 欧洲制图大师让·哈伊根·范林斯霍滕所绘的印度洋、波斯湾及孟加拉湾的地图。

◀ 图中是科尔特斯与希库特奈特勒,他们的结盟导致了阿兹特克的灭亡。科尔特斯称他患了一种只有金子才能治得好的病。

▲ 瓦斯科·达·伽马远航一个世纪之后,印度西南部繁忙的卡利卡特港。欧洲商人成群结队地来到亚洲,将货物带回家乡,出售给欧洲的新贵,从而获得巨大的利润。

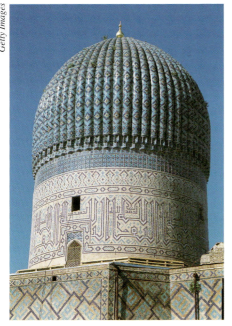

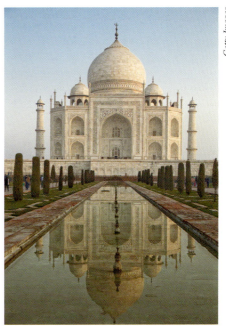

▲ 撒马尔罕附近令人惊叹的古尔·埃米尔陵，帖木儿大帝及其后嗣的陵寝。

▲ 象征着爱情以及17世纪印度财富剧增的泰姬陵。

▲ 1711年，马哈拉纳·桑格拉姆·辛格在乌代布尔接见荷兰代表团（局部）。双方就贸易特权进行协商和再次确认，这对维护欧洲的商业利益至关重要。

▲ 荷兰的黄金时代。维米尔作品《窗前读信的少女》，画面前景处有一件极具亚洲特色的青花瓷器。

▲ 东印度公司关乎到许多官员的利益，它的经营危机让政府不得不进行紧急援助，这引发了英国其他殖民地居民的不满。1773年，一些人化妆成印第安人来到波士顿港口，将茶叶倾倒入大海以示抗议。波士顿茶党是美国独立道路上的里程碑。

▲ 1841年11月2日，亚历山大·伯恩斯在喀布尔被刺杀。他此前是一位广受欢迎的中亚时事评论员。

▲ 爱德华·格雷爵士，第一次世界大战爆发时的英国外交大臣。格雷相信，与俄国的友好关系对英国在印度及波斯湾的利益至关重要。

▲ 波斯国王穆扎法尔·奥丁，他的借款
要求给伦敦和圣彼得堡带来了麻烦，也
创造了机遇。

▲ 赫伯特·巴克，计划将苏联划分为"获
利"区和"亏损"区的设计师。按照该计
划，将有数百万人会因饥饿而死去。

▲ 希特勒的山间小屋，《家居与花园》杂志称其为"装饰灵感的终极源泉"。从英属
印度以及美洲的欧洲移民中，希特勒得到了德国向东扩张的启发。伏尔加河将成为德
国的密西西比，而这里的本土居民将被驱逐。

▲ 威廉·诺克斯·达西，"最顶尖的资本家"，他获得了为期60年的"在波斯土地深处勘探石油、打洞和钻井"的独家权利。

▲ 穆罕默德·摩萨台，伊朗首相，在1953年被美国中央情报局策动的政变推翻。据说他身上散发着"轻微的鸦片臭味"。

▲ 1952年《时代》杂志年度人物穆罕默德·摩萨台。

▶ 伊朗国王礼萨·巴列维及其妻子。他告诉一位采访者："我靠着非凡的洞察力拯救了伊朗。"

▲ 当霍梅尼于1979年回到伊朗时，人们在德黑兰举行了盛大的欢迎仪式。据英国广播公司（BBC）估计，那天约有500万人走上街头。

▲ 萨达姆·侯赛因，身着他最爱的军装。英国人在20世纪60年代认为他是一个"可以共事的人"。

▲ 奥萨马·本·拉登。9·11事件之前，美国情报部门指出，他在阿拉伯语世界赢得了广泛的同情，尽管几乎没有人赞同他的恐怖主义手段。

▶ 位于哈萨克斯坦阿斯塔纳的可汗沙特尔休闲中心。这一透明的未来派建筑里有购物商场、运动设施、电影院，以及一个室内沙滩度假区。

▼ 位于阿塞拜疆首都巴库的盖达尔·阿利耶夫国际机场，是新丝绸之路上最先进的交通枢纽之一。

朗人）需要钱时，他们将五体投地拜倒在我们脚下。"

显然，这些发表在主流媒体上的类似声音几乎不可能为英国赢得公共舆论的支持，[71] 反而更加坚定了伊朗人的决心。到了1952年年底，英国人已经不再相信制裁会取得效果，因此他们向刚刚成立的美国中央情报局（CIA）提出一项"推翻（伊朗）首相摩萨台的联合政治行动"的计划，即发动政变。政权更迭似乎又一次成为解决这一地区问题的方法，而且绝对不会是最后一次。

美国官员对英国的提议表示赞同。中东地区的特工被赋予了尝试创造性解决方案的自由，以处理那些要么对美国不冷不热、要么与苏联打得火热的地区领导人。这群出身于东海岸特权阶层的、志同道合的年轻特工，曾经参与了1949年推翻叙利亚领导人的政变，以及三年后的赶跑肥胖、腐败、靠不住的埃及国王法鲁克（Farouk）的行动——该行动的非正式代号是"FF计划"，或称"胖子法鲁克计划"。[72]

与一个世纪以前那些觉得自己能够改变世界的英国中亚特工，以及那些热衷于为苏联传递情报的对手们一样，迈尔斯·科普兰（Miles Copeland）以及西奥多·罗斯福（Theodore Roosevelt）[1] 的两个孙子阿奇（Archie）和克米特（Kermit）对特工事业同样极富热情。叙利亚政府倒台之后，这些年轻的美国人前往"十字军城堡和一些冷僻之地"旅行，并在沿途欣赏阿勒颇的建筑和风景。[73] 行动的决定往往就是在这些旅途中作出的。"我伪造的报告和你让你手下做的有什么区别？"科普兰问冷峻而博学的阿奇·罗斯福，"至少我的看上去破绽更少。"[74] 这些一线人员快速而卖力的工作方式很快就受到了华盛顿的注意，一位高级情报官员告诫说："今后我们不会容忍这些不负责任的自作主张。"[75] 然而在处理伊朗问题时，他们的意见依然得到了采纳。

英国官员在1952年年底公开表达了他们对国有化将导致伊朗经济衰退的担心，这引起了美国人的共鸣。在华盛顿的一次例会之后，美国开始动手。中情局驻德黑兰情报站对摩萨台感到担忧，并建议华盛顿应在伊朗"扶植一个继

---

[1] 美国第26任总统，是二战期间第32任总统富兰克林·罗斯福的远房堂叔。——编者注

任政权"。政策制定者马上决定必须使伊朗国王成为统一与安定的代表，以便"合法或者准合法"地解除首相职务。[76]

劝服国王的工作说起来容易做起来难。当这位自负且有些神经质的国王第一次听到代号为"阿贾克斯行动"（Operation Ajax）的时候，他惊恐不已。英国的介入让他尤其害怕。据一位美国策划者称，国王对英国这只"看不见的手"有着一种病态的恐惧，担心这一行动是个陷阱。于是针对国王的威逼利诱开始了：BBC广播用一系列关键词语表明，这一行动得到了伦敦最高领导的批准；艾森豪威尔总统在一次广播演说中更是明确地承诺会支持伊朗，这进一步说服了他；同时，克米特·罗斯福还在私下告诉国王，如果他不合作，伊朗将会被"赤化"，成为第二个朝鲜。[77]

为了确保反对摩萨台的"公共舆论达到最高点"，华盛顿拿出重金结交关键人物，并使他们转变立场反对首相。几乎可以肯定，克米特·罗斯福通过行贿搞定了伊朗议会中的一些领导人。他委婉地写道，其目的是"说服"他们收回对摩萨台的支持。[78]

其他地方同样花钱如流水。据一位当事人称，巨额的美金涌入了德黑兰，以至于1953年夏天美元对伊朗里亚尔（rial）的汇率下跌了将近40%。一些资金被用于雇佣德黑兰街头的示威者，而示威的组织者是两名中情局的特工。被资助的名单中还包括一些关键人物，尤其是像卡沙尼这样的毛拉。据判断，他们的利益与政变者的目标一致。[79]这些穆斯林学者认为共产主义的学说和无神论是与伊斯兰教相违背的。因而，中情局与阿訇之间达成了共识，后者对共产主义伊朗的危险性尤其警惕。[80]

1953年6月，英国与美国的策划者在贝鲁特达成了一致。之后，英国首相温斯顿·丘吉尔亲自批准了一项计划；几天后的7月初，艾森豪威尔总统也批准了该计划。接着，情报人员对其加以改进，使之能够被"颇为啰唆且逻辑混乱的波斯人"理解：西方国家希望平稳顺利地实现伊朗的政府更迭。[81]

但最后还是出了大岔子。计划泄密，时间表也乱了套。随着局势陷入混乱，吓坏了的国王逃到国外，连穿袜子的时间都没有。在逃亡罗马的途中，他在巴格达见到了美国驻伊拉克大使，这使后者有机会向他提议："为了国王考虑，我建议，永远不要透露任何有关外国人参与了近期事件的消息"，这对您的名声没有任何好处；要想尽可能地保留余地，必须把美国撇干净。伊朗国王"经历了三个不眠之夜，他对事态的转变心有余悸"，几乎没有办法思考。不过，大使最终还是发回了令华盛顿欣慰的报告："国王同意了。"[82]

当得知国王流亡意大利后，伊朗的广播电台发布了严厉的声讨，媒体将其形容为一个男妓、强盗和小偷。[83]这段艰难的日子让国王年轻的妻子苏瑞亚（Soraya，许多人私下说她结婚时年龄还未满19岁）难以忘怀：她身穿印有白色波尔卡圆点的红色连衣裙漫步在罗马的威尼托大街（Via Veneto）上，讨论着德黑兰险恶的政局，并且悲伤地听从丈夫的建议考虑买下一小块地方开始新的生活——也许是在美国。[84]

然而，国王的逃离却造成了戏剧般的误解：街头巷尾充斥着摩萨台觊觎王位的谣言，事态随之逆转。几天后，尽管困难重重，国王还是踏上了回家之路，并在巴格达作了短暂停留以便穿上空军总司令的制服。盛大而光荣的回国场面表示他不是一个因害怕而逃走的懦夫，而是一位回来掌控局势的英雄。摩萨台被逮捕并遭到审判，他被单独监禁，之后又被长期流放，直到1967年去世。[85]

为了削弱西方势力并把他们彻底赶出中东，摩萨台付出了巨大的代价。他将人们对英伊石油公司的担心激发成对整个西方的厌恶和憎恨。这使得他成为了伊朗头号的麻烦制造者，足以促使英国人和美国人制定出斩草除根的肃清计划。不过，态度强硬的并不只有他一个，控制着东、西方连接通道的西方人还遭到了其他地方的强烈批评。在埃及，不断增加的仇恨情绪引发了反英暴乱，当地人要求英国军队撤出位于苏伊士运河的基地。一位访问开罗的美国国务院官员向参谋长联席会议提交了一份报告，准确地描述了当地的局势。他写道："人们痛恨英国人。这种仇恨既普遍又强烈，笼罩着这个国家的每一个人。"英国必须制订一个紧急的解决方案。[86]

时代在改变。关于西方撤出亚洲中心后该地区的新前景，摩萨台是表达得最清楚的一个。尽管情报机构将摩萨台下台的细节档案保密了数十年，并警告解密这些材料将带来"灾难性的后果"，但是几乎所有人都知道，摩萨台的下台显然是西方列强从自身利益出发策划的一场阴谋。[87]因此，摩萨台可以说是该地区众多后继者的精神之父。尽管霍梅尼、萨达姆·侯赛因、奥萨马·本·拉登以及塔利班的手段、目标和野心不尽相同，但是他们有着共同的核心理念，即西方人是奸诈和邪恶的，想让当地民众获得自由就必须要摆脱外部势力的影响。要实现这一点有很多途径，但是摩萨台的经历表明，那些给西方制造麻烦的人都要为可能面临的后果做好准备。

现在，这场政变正处于一个心理上的关键时刻。伊朗国王错误地认为自己很受伊朗人民的爱戴。事实上，人们对这位国王的态度顶多只能算是摇摆不定，毕竟从他那位当骑兵军官的父亲[1]夺取王位到现在只有短短30年的时间。他出逃罗马无疑是一种令人担忧的懦弱表现。他坚信自己是伊朗现代化过程中的领导者，但是这一身份需要很强的把握主流政治风向的能力，以及与西方（特别是美国）干涉保持距离的能力。这对一个爱慕虚荣、追求享受，从而为敌人提供机会、让自己手足无措的人来说，要求太高了。

然而更重要的是，在中情局支持下的1953年政变标志着美国在中东地区角色转变过程中的分水岭。新任国务卿约翰·福斯特·杜勒斯（John Foster Dulles）判断，伊朗还存在被"第二次"拯救的机会，一个确保伊朗留在西方势力范围内的机会。[88]美国驻德黑兰大使告诉国王，鉴于"目前的条件，（显然）不适合建立一个民主独立的伊朗"。现在有两个选择：一个自由的、"非民主的独立伊朗"，或者一个"永远被铁幕笼罩的、非民主的独立伊朗"。[89]这与西方国家在同共产主义就自由和民主斗争中所大声宣传的内容截然相反。

美国开始介入了，介入这个被丝绸之路连接沟通了数个世纪之久的地区，并试图将之纳入自己的控制。但是前途充满了荆棘。一边高举民主的旗帜，一边实施制裁甚至策划政变，这让美国的诸多盟友都感到非常不快。脚踏两只船是十分危险的，早晚会引发信任危机和信誉瓦解。当英国之星持续暗淡，未来将更多地取决于美国能否从1953年的事件中学到什么。

---

[1] 即前文提到的礼萨·汗，巴列维王朝的创建者。——编者注

| 第二十二章 |

美国之路

随着美国成为中东地区的老大，它也开始进入一个全新的世界：一方面要维护国家利益，另一方面要支持那些令人讨厌的政权和统治者。在推翻摩萨台后的那几周里，国务院开始着手联合美国的石油企业，以接管英伊石油公司的油井和基础设施。但是很少有人热衷于此事，人们更倾向于清除随着伊朗国王的回归而给油井带来的不确定性。事实上，为了稳定局势，后者正在考虑处决他的前首相，这可是个不祥的信号。

虽然其他地区的石油产量在增加，虽然一些新机会的出现能够帮助人们赚取比诺克斯·达西多得多的财富，但这些都无济于事。摩萨台下台前几周，约翰·保罗·盖蒂的一家公司在沙特阿拉伯与科威特之间的中立地区举行了一场规模空前的大罢工。这是可以理解的，毕竟没有任何一家公司愿意卷入德黑兰糟糕的政治局势。但是接管事宜对美国来说是首要且必须的：在20世纪50年代初的危机期间，伊朗几乎停止了石油出口，如果不尽快恢复生产，该国的经济就会崩溃，这将为那些危险分子打开大门，并可能将该国推向苏联的怀抱。石油供应的枯竭和价格的升高同样会给战后正努力重建中的欧洲带来不利影响。因此，美国国务院不得不鼓励美国生产商组成财团收购英伊石油公司的股权。但这也意味着这些生产商在科威特、伊拉克和沙特的特许权将受到威胁，如果他们什么也不做的话。

美国政府现在扮演的是驯兽师的角色，试图诱导美国公司彼此合作。正如一位石油公司的高层所言，从严格的商业角度来讲，"我们公司"对进入伊朗的石油工业"没有太大兴趣"，"但是我们十分清楚这将涉及到巨大的国家利益。因此我们准备在合理范围内尽可能地"提供协助。另外一位石油商人说道，如果政府"不敲打我们脑袋"的话，我们永远不会和伊朗扯上关系。[1]

然而，这些充当美国外交政策工具的石油公司却被指控违反了司法部的反垄断法，这让插足英伊石油公司的行动变得更加复杂。但正如宣扬民主的说辞能够变通，美国的法律也能够如此操作。应国家安全委员会要求，司法部长作出了表态："针对石油公司组建财团一案，美国反垄断法的实施应服从于美国的国家利益。"1954年春天，各家石油公司得到了被免予起诉的正式保证。掌控伊朗是如此重要，以至于美国政府连它的法律条文都可以丢到一边了。[2]

鼓励美国石油公司参与收购，仅仅是扶植伊朗并使其免受苏联支配的更广泛计划中的一部分。发展伊朗社会也是美国人需要努力的目标，特别是在农村地区。伊朗大约有四分之三的人口是农民，他们没有土地，收入微薄。在一个地主反对农业改革的国度里，他们的机会十分有限：给予小农的借贷利率从30%到75%不等，这无疑会大大阻碍社会的流动性。[3]

于是，大量的资金开始被投入到这些事务当中。美国最大的慈善组织福特基金会为小地主制定了微金融方案。合作社的成立使得他们能够走出当地低效的棉花交易市场，而将棉花销售给欧洲的中间商。尽管效果有限，而且那些试图说服伊朗高官重视农村的文盲和不平等现象的人也未成功，但伊朗国王和他的大臣们还是被迫接受了开发农村的理念。[4]

美国政府的直接援助也出现显著的增长，比摩萨台倒台前的年均2700万美元增加了五倍。[5]美国还提供贷款以资助卡拉杰河（Karaj）大型水坝的修建。该水坝位于德黑兰东北大约40英里处，将极大地提升首都电力及水资源供应的能力，同时也是伊朗现代化和进步的象征。[6]

这些行动只是美国人中东策略中的组成部分，他们的最终目的是巩固与本地区所有国家的关系。尽管伊朗的石油财富使得该国对于西方有着特殊的意义，但其邻国的重要性同样在日益提升，原因是它们都位于苏联的南部边境，而此时的冷战已经开始升温。

在地中海和喜马拉雅山之间，一条亲西方的国家带被成功地构建了起来。它们都得到了美国可观的经济、政治和军事援助。不苟言笑的国务卿约翰·福斯特·杜勒斯将这一国家带命名为"北线"（Northern Tier），主要有三个作用：充当阻止苏联势力扩张的桥头堡；保证能源丰富的海湾地区的安全，并使其继续为西方输送石油，从而刺激欧洲经济的复苏，同时为本地区的稳定提供至关重要的财政收入；构成一连串的情报站以及军事基地，以防备与苏联阵营的紧张关系升级为公开冲突。

例如在1949年，一份就南亚问题提交给参谋长联席会议的报告就提出，巴基斯坦"可以充当空袭苏联腹地的军事基地，以及防御或进攻中东油田的军事集结地"。同时该报告还指出，该国无疑是一个对苏联进行谍报行动的前沿阵地。[7]因此，向巴基斯坦及其他"北线"国家提供援助是至关重要的，否则这些地区就有可能对西方保持中立，"或者更糟糕的，落入苏联的势力范围"。[8]

这一担忧影响了二战后美国和西方对亚洲大部分地区的政策。1955年，在一个西起土耳其、经伊拉克和伊朗直至东方巴基斯坦的区域内，各国签署了一份单项条约，以取代之前在相互之间或与英国达成的联盟协议，建立了为人熟知的《巴格达条约》组织。尽管该条约的宗旨在表面上是为了"维护中东地区的和平与安全"并在此目标下进行共同防御，但实际上，它的目的是使西方能够对这一具有关键战略及经济意义的地区施加影响。[9]

尽管美国人在费尽心思地确保该地区对自己有利，但是华盛顿所犯的错误还是让莫斯科有了可乘之机。例如在1954年年底，阿富汗的领导人曾经小心翼翼地向美国提出援助和装备请求，但却被国务院拒绝了。阿富汗首相的兄弟纳伊姆（Naim）亲王被告知，阿富汗应该把注意力放在家门口，例如解决与巴基斯坦的边界纠纷，而不是寻求武器援助。这一拙劣的回复是为了展现对巴基斯坦卡拉奇政权的支持，前不久一位国防官员还称该政权"具有全球性的战略意义"。[10]

这一消息传回喀布尔没多久，苏联人就介入了，他们表示愿意提供军事装备及发展资金。这一提议迅速被阿富汗接受了。苏联人的首笔拨款就高达1000万美元，随后又提供了其他方面的支援，以帮助阿富汗修建桥梁、升级通信设施和扩建公路系统，包括坎大哈与赫拉特之间的公路。来自莫斯科的资金和专家还被用于建设了1.7英里长的萨朗隧道（Salang Tunnel），该隧道所在的公路向北一直通到苏联治下的中亚地区。这条象征着苏阿友谊的道路在20世纪80年代苏联入侵阿富汗时成为了苏军最重要的补给线。讽刺的是，它同样也是21世纪初将美国及其盟国车队带入阿富汗的关键运输路线。这条原本是为了增强阿富汗实力以对抗西方而修建的公路，后来却成了帮助西方根据自身利益重塑阿富汗的核心要道。[11]

这无疑是一次冰冷的教训。然而几个月后，类似的事件再次发生，而且更富戏剧性。1955年年底，曾经在美国中情局的帮助下推翻了埃及国王法鲁克统治的革命者迦玛尔·阿卜杜尔·纳赛尔（Gamal Abdel Nasser）也想向莫斯科寻求军事援助。这让美国人大吃一惊，立即表示愿意与英国和世界银行一起为阿斯旺（Aswan）大坝的修建提供资金。华盛顿与伦敦进行了数次高层磋商，讨论如何继续安抚纳赛尔。讨论的结果是承诺向埃及提供武器，并且向以色列施压，迫使其同意与埃及签订条约，希望以此改善两国之间日趋紧张的关系。[12]

其实，惹恼纳赛尔的是《巴格达条约》。他认为该条约阻碍了阿拉伯世界的联合，并且为西方人维护其在本地区的地位提供了工具。如果西方的资金和援助能够马上到位，他也许不会那么暴躁，至少在短期内如此。但是，由于美国议员担心大坝的修建将使得埃及棉花的产量激增，从而导致价格下跌，影响美国农民的利益，因此资助的承诺最终又被取消了。[13]这一私心是致命的，它成了压垮美国同埃及关系的最后一根稻草。

纳赛尔是一名玩弄政治冒险的高手，英国首相安东尼·艾登（Anthony Eden）曾经说他一心想要"成为阿拉伯的拿破仑"。现在，他决定让事态升级。[14]英国外务大臣在1956年春天傲慢地评论说：苏伊士运河是中东石油体系不可分割的一部分，并且对英国的利益来说至关重要。对此，纳赛尔尖锐地反驳道：如果是这样的话，埃及就该分享运河的利润，就像石油输出国分享石油的收入一样。[15] 他十分清楚，西方人为了维护其资产会不择手段，但是从长远角度看，将运河国有化必定会给埃及带来巨大的利益。

当美国人开始计算关闭运河将给石油价格带来什么样的影响时，英国的领导层却已陷入了一片悲观失望的气氛当中。"真相是，我们进退两难。"颇受好评、人缘极佳的英国财政大臣哈罗德·麦克米伦（Harold Macmillan）写道，"如果我们对埃及采取强硬手段从而导致运河被关闭、通向黎凡特的输油管被切断、波斯湾造反、石油生产停滞，那么，英国和西欧就没指望了。"[16] 但是反过来，如果西方人什么都不做，纳赛尔将不费吹灰之力就赢得胜利，而且还会在别的地方造成灾难性的后果：所有中东国家都将有样学样地将他们的石油工业国有化。

纳赛尔继承了摩萨台的衣钵，并在他倒下的地方重新出发。西方的外交官、政治家和情报人员们开始考虑联手行动，以应对这些与西方利益作对的领导人。没过多久，英国就开始寻找"推翻该政权的方法和途径"：[17] 伦敦的一位高级外交官指出，"我们必须要除掉纳赛尔"；首相安东尼·艾登则认为，不仅要推翻纳赛尔，还要把他弄死。[18] 在几轮外交商讨无果之后，英国和法国认为，有必要展示一下西方的力量，以便让中东地区的领导人牢记，任何胆敢对抗西方旨意的人都将遭到直接的打击。

1956年10月底，一场针对埃及的军事行动拉开了序幕。英国和法国的军队前往保护运河区，同时他们的以色列盟军发动了深入西奈半岛的打击，以协助对苏伊士运河的保护并给纳赛尔施加最大的压力。不过，此次侵略很快遭到了彻底的失败。在埃及将轮船、驳船和维修船沉入航道，并将伊斯梅利亚（Ismaila）北部富阿德港（El Fridan）的可移动铁路桥炸断掉入水中后，苏伊士运河被彻底堵塞。类似的障碍物约有49个，其影响比关闭运河要严重得多。当时有报告称："这使得正常的商品流通出现了严重的断层。"运往西欧的石油数量急剧减少。

后果远不止这些，据中情局判断："世界贸易中许多基本商品"的价格必将上涨，那些在经济上依赖于苏伊士运河的自由世界，很可能会"出现相当高的失业率"。苏联人也会感到压力，由于苏伊士运河的关闭，他们与远东进行贸易的船只不得不绕着非洲航行7000英里才能回到他们在黑海的母港。美国人注意到，莫斯科开始将基本必需品转由横跨亚洲的铁路线来运输，使得这些铁路的重要性迅速增加。[19]

尽管认识到埃及的局势正日益紧张，但是军事行动的爆发还是让艾森豪威尔政府大吃一惊，因为这一入侵计划并没有征求美国的意见。总统对此感到十分愤怒，并在私下里不留情面地指责了英国首相。在运河区使用武力对于自诩为"自由世界"捍卫者的国家而言无疑是一场舆论灾难，这与苏联当年坦克驶过布达佩斯的街道以镇压匈牙利大规模起义的行为毫无二致。不过，苏伊士行动最终还是带来了一个与众不同的结果：美国在20世纪时继承了西方列强的地位，如今它不得不在西方和中东的石油国之间作出选择——美国人的答案是后者。

艾森豪威尔总统解释道："我们不能让阿拉伯人生我们的气。"如果他们生气了，中东地区的石油供应量将出现整体下降，因为运河会被关闭，石油生产也可能被停止，那些对受到肆无忌惮恐吓的埃及抱有天然同情的本地区其他国家也会实行石油禁运。"只要中东地区拒绝向英国提供石油一至两年，我们的黄金储备就将不复存在。如果没有了黄金储备，英镑区（sterling area）[1]就会分崩离析。一旦英镑区崩溃而我们又没有任何储备……我很怀疑我们是否还能负担得起最低限度的国防开支。而一个国家如果没有国防，那它也就走到了尽头"。[20]这是不可避免的糟糕结局。"即便如此"，艾森豪威尔本人在私下承认道，"对于西欧面临的燃料及金融的困境"，我们还是"无法袖手旁观"。然而，正如他在给北约（NATO）首任秘书长伊斯梅勋爵（Lord Ismay）的信中所说的，做任何事都"不要激怒阿拉伯世界"。[21]

英法两国陷入了困境。尽管华盛顿设计了从美国向西欧运输石油的计划，但是为了解决埃及问题，该计划被故意搁置了。由于预见到英国经济会

---

[1] 由英国和一些国家在1939年组成的、以英镑为中心的货币集团。——编者注

崩溃、英镑将大幅贬值，伦敦被迫向国际货币基金组织（IMF）寻求财政援助——仅仅过了40年，英国就从世界的霸主沦落到了伸出帽子向人乞讨的境地。国际货币基金组织断然拒绝了英国人的请求，更丢人的是，为了争夺苏伊士运河这颗西欧最珍贵的宝石而向埃及派出的部队，现在没有完成任务就被撤回了。全球媒体都在关注英国部队的这次撤退，这标志着世界已然发生了改变：印度被放弃了，伊朗的油田也脱离了英国的控制，现在又轮到了苏伊士运河。1957年首相安东尼·艾登的辞职仅仅是帝国衰落尾声中的又一插曲。[22]

另一方面，当美国进入亚洲屋脊之后，它深切地意识到了自己的新责任。它不得不小心翼翼，苏伊士运河危机就是前车之鉴。英国的威望和影响力一蹶不振，预示着阻挡苏联向南扩张的计划很可能"因共产主义在中东地区的渗透和成功而彻底失败"，艾森豪威尔总统在1956年年底这样写道。[23]

而且，军事行动的流产还在整个中东地区重新唤起了一股反西方情绪。纳赛尔鼓起勇气并最终战胜西方军事压力的消息，极大地鼓舞了该地区的民族主义煽动者。随着埃及领导人地位的大幅提升，阿拉伯民族主义思想开始萌发，将所有阿拉伯人统一成一个国家的想法也随之扩散。这种团结一致的声音将使他们在西方集团和苏联阵营之间取得平衡。

其实早在纳赛尔的冒险政策取得成功之前，一些精明的观察者就已经预见到了这样的结果。美国驻德黑兰大使洛伊·亨德森（Loy Henderson）比其他任何美国人都了解这一地区，他认为民族主义的声音必将变得越来越清晰、越来越强烈。他在1953年写道："这似乎是不可避免的，未来的中东国家……将聚在一起共同商讨政策。"[24]纳赛尔正是这一趋势的带头人。

这些情况促使美国的立场发生了重大改变，即众所周知的艾森豪威尔主义。美国总统敏锐地意识到苏联正在中东寻找机会，他告诉国会："美国应该赶在苏联之前填补中东的权力真空"，这不仅对于美国的利益而言至关重要，也是"世界和平"的关键所在。[25]于是，国会批准了一项耗资巨大的预算，用以对该地区进行经济和军事援助，除此之外还授权为受到武装侵略威胁的国家提供保护。美国人必须抢在苏联前面先发制人，同时也为这些国家提供一个比纳赛尔更好的选择，一个能让他们从华盛顿获得大量拨款的选择。[26]

美国的新立场并没有获得所有人的赞成。以色列人对美国改善与阿拉伯人关系的努力就很不以为然，他们不愿意相信美国人的保证，即美国地位和影响力的提升也将使以色列受益。[27]以色列人的担心是可以理解的，因为他们正在被愤怒的敌人所包围，特别是在苏伊士干涉行动失败之后的沙特阿拉伯和伊拉克。虽然以色列军队为支援英法两国而进行的协同作战并没有起到什么作用，但关键问题在于，该国正在迅速成为西方干涉本地区事务的象征，以及这种干涉的受益人。因此，以色列与阿拉伯人的矛盾让美国援助的计划受到了不少质疑。

以色列现在成了阿拉伯民族主义者关注的重点。正如几百年前十字军在圣地所遇到的情况一样，以色列这个由外来户建立的国家，其本身就是让阿拉伯人摒弃分歧团结一致的原因。以色列人扮演了一个尴尬的角色，为原本四分五裂的敌人们提供了一个共同目标。

叙利亚领导人大力支持纳赛尔及其统一阿拉伯世界的构想，他的反以言论尤其强烈。1958年年初，叙利亚与埃及正式合并成为一个新的国家——阿拉伯联合共和国，这是统一阿拉伯人的第一步。华盛顿紧张地关注着事态的进展。亨德森大使警告说，阿拉伯的团结一致将带来"灾难性的后果"。美国全力应对着可能出现的局势变化，国务院当中充满了争议，很多人相当悲观。一份近东、南亚和非洲事务局的文件焦虑地指出，纳赛尔提出的激进民族主义很有可能席卷该地区，美国在中东地区的"资产"已经因埃及领导人在苏伊士运河的成功以及与叙利亚的合并而被削减。[28]中情局局长艾伦·杜勒斯（Allen Dulles）的哥哥、国务卿约翰·福斯特·杜勒斯认为：纳赛尔的成功将不可避免地为共产主义铺平道路；是时候下定决心采取行动了，"在我们必须要保护的地方垒起沙袋"。[29]

但美国人却懊恼地发现，事态正在继续恶化，并且开始向东蔓延。首先是伊拉克。埃及与叙利亚的合并引发了巴格达那些受过良好教育的精英们之间的热烈讨论，对他们来说，作为美苏之外第三条道路的泛阿拉伯主义正变得越加诱人。不过随着人们对纳赛尔支持的日趋狂热、当地反西方情绪的持续发酵，以及对以色列言辞的愈发激进，局面在1958年夏天的巴格达突然失控了。

7月14日，由阿卜杜勒·卡里姆·卡塞姆（Abdul Karim Qasim，20年前与他一起在英国受训的同学送给他"耍蛇者"的外号）领导的伊拉克高级军官们发动了政变。[30]

政变军官冲入王宫，抓获了王室成员，其中包括国王费萨尔二世（Faisal II），并在王宫前面的草坪上将其处决。王储阿卜杜勒·伊拉（Abd al-Ilha，一个沉着严肃的人）的尸体被"像狗一样拖到大街上"，然后遭到分尸和焚烧。第二天，曾亲眼见证了中东变革的老牌政治家、伊拉克首相、化装成老妇人出逃的努里·赛义德（Nuri al-Said）被人发现，并当场处决。人们兴高采烈地拖着他那残缺的尸体在全城游行示众。[31]

这些事件让苏联的扩张步伐更加坚定。苏联领导人尼基塔·赫鲁晓夫在1961年的首脑会晤中告诉美国总统约翰·肯尼迪，苏联很快就会像摘熟果子那样把伊朗收入囊中。这并不是虚张声势，伊朗秘密警察的头目已经在密谋推翻伊朗国王。在一次暗杀行动失败之后，苏联国家安全委员会（它还有一个更为人熟知的名字：克格勃）开始着手在伊朗全境布置着陆点和军火库，为煽动民众起义并推翻君主统治作准备。[32]

伊拉克的情况似乎更加糟糕，美国一位高级幕僚写道："它几乎注定会被共产主义者接管。"[33]局势的恶化导致了西方与纳赛尔的再次结盟，后者开始被认为是"两个魔鬼当中相对较好的那一个"。美国急于与这个喜怒无常的埃及领导人建立联系。纳赛尔本人也意识到，随着"共产主义在中东的进一步渗透"，阿拉伯民族主义很可能会与之妥协。[34]伊拉克的新领导层决定自己规划未来方向，从而脱离纳赛尔及泛阿拉伯主义，这恰好促使华盛顿与开罗走到一起，并且进一步加深了双方对"苏联幽灵"的担忧。[35]

针对巴格达的局面，美国组建了一个委员会来制订阻止"共产主义者控制伊拉克"的"公开或秘密的手段"。由于原始资料尚未公开，我们很难知道中情局是否或者在多大程度上参与了这次1959年下半年推翻卡塞姆（这位民族主义总理废除了伊拉克的君主体制）的阴谋。我们只知道有一位参与者在混乱中擦破了小腿，但他后来将自己在这场行动中的作用宣扬得近乎神话，以显示他的决心和勇气。他的名字叫作萨达姆·侯赛因。[36]

在这一事件中，中情局是否帮助了阴谋分子尚不能确定，尽管有记录显示美国情报机构在政变发生前就知道它会失败。[37]一些精心策划的、针对关键掌权人物的暗杀行动——比如一位伊拉克上校收到了一块印有字母的、已经失效的毒手帕——也表明有人试图确保巴格达不投入苏联阵营。[38]卡塞姆最终在1963年被推翻也许并不是个巧合，美国人对他的下台一点儿也不意外，并在后来称"中情局已经详细地预测到了这个结果"。[39]

美国之所以深度干涉伊拉克事务，主要是为了让苏联远离这个位于其南部边境的国家：与丝绸之路沿途国家建立联系是政治地位的一种体现，美国无法忍受让一个与自己世界观迥异的对手赢得这一地区。不过这并不是唯一的原因。

1955年，莫斯科认为大草原为建造一系列制导天线提供了一个完美的环境，让人们可以毫无阻碍地监控导弹的飞行，同时那里也足够偏僻，不会威胁到现有的城市，因此决定在今天哈萨克斯坦境内的秋拉塔姆（Tyuratam）修建一座大型的远程导弹测试基地——这就是后来的拜科努尔（Baikonur）航天发射基地，是苏联重要的弹道导弹研发和测试基地。[40]在该航天中心完工前，苏联就已经发射了射程超过600英里、能够运载核弹头的R-5导弹。1957年，它的下一代、射程为5000英里的R-7（它在北约的代号更为知名：SS6"警棍"）开始生产，极大地提升了苏联对西方的威胁程度。[41]

全世界第一颗人造卫星"伴侣号"（Sputnik）的发射，以及Tu-95"熊"和米亚西舍夫（Myasishchev）3M"野牛"远程战略轰炸机的投入使用，使得美国军方更加焦头烂额。美国人必须能够监视导弹测试，密切关注苏联在弹道导弹上的进展以及不怀好意的发射活动。[42]一提到冷战，人们通常会想起柏林墙，以及作为两个超级大国主要竞技场的东欧。然而，冷战的真正战场其实是位于苏联下腹部的那一长条地带。

美国很早就意识到了苏联南部边境诸国的战略意义。如今它们变得更加重要。巴基斯坦境内的空军基地、监听站和通信网络成为美国国防战略的关键部分。随着苏联的导弹技术发展到洲际阶段，巴基斯坦北部的白沙瓦机场承担着重要的情报搜集任务。U-2侦察机从这里起飞，负责对拜科努尔航天发射基地以及车里雅宾斯克（Chelyabinsk）的钸加工厂等主要军事设施进行侦察。

1960年，加里·鲍尔斯（Gary Powers）就是从白沙瓦起飞并在斯维尔德洛夫斯克（Sverdlovsk）附近的苏联领空被击落，这是冷战中最引人关注的事件之一。[43]

颇具讽刺意味的是，虽然美国人声称其政治和军事目标是为了捍卫自由世界和民主生活，但他们的所作所为却是背道而驰。为了巩固在该地区的地位，美国借助了多个铁腕人物的力量，这些人都有着反民主的天性，而且为了权力不择手段。在巴基斯坦，阿尤布·汗（Ayub Khan）于1958年领导了一场政变，并狡猾地称之为"摆脱共产主义的革命"，以获得美国的支持。美国很乐意和他打交道。他的西方朋友不会因他实施戒严令而谴责他，反而称他"打击的对象只是那些破坏巴基斯坦道德制度的人"。[44]"恢复宪政"不过是一句空话，每个人都清楚军事独裁会长期存在，特别是在阿尤布宣布它将持续"数十年"，直到教育水平提高到可以放手让民众投票选出他们的领导人之后。[45]美国非常愿意向这个立场可疑的盟友提供大量的武器：响尾蛇导弹、喷气式战斗机和B-57战术轰炸机不过是艾森豪威尔总统批准出售的众多武器中的一部分。[46]

这进一步提升了军队在巴基斯坦的地位，导致该国国家预算的65%以上都花在了军事开支上。这似乎是美国人为了保持友谊所必须付出的代价：相较于推进社会改革，与独裁者合作似乎更为快速有效，即便这样做会扼杀民主制度，会种下根深蒂固的恶果。

同样受到重视的还有阿富汗。例如，阿富汗总理穆罕默德·达乌德（Muḥammad Dāwud）在20世纪50年代末应邀对美国进行了为期两周的访问。为了表示重视，他在停机坪受到了美国副总统尼克松和国务卿约翰·福斯特·杜勒斯的热烈欢迎，之后又受到了总统艾森豪威尔的热情招待，后者竭力提醒阿富汗总理穆斯林所面临的共产主义威胁。美国在阿富汗推行了一系列雄心勃勃的发展计划，如赫尔曼德河的大规模灌溉系统，以及大刀阔斧的教育体制改革。如今美国承诺给予阿富汗更进一步的援助，以免落后于苏联人——后者为阿富汗送去了大量贷款，一些援建的基础设施也已投入使用。[47]

当然，相关国家的领导人很快就意识到，他们可以从这两超级大国的竞争中获取渔翁之利。当艾森豪威尔总统在50年代末以私人身份访问喀布尔时，他甚至被直接要求给予阿富汗同莫斯科提供的一样多的援助。[48]拒绝的后果是严重的，然而答应的结果也好不到哪里去。

伊朗的动摇也开始让美国的政策制订者深感不安。国王礼萨·巴列维（Reza Pahlavi）在50年代末表现出与莫斯科改善关系的倾向。在那之前，苏联资助的一个电台曾经展开了一场指责伊朗国王的宣传攻势，毫不留情地称这位伊朗统治者是西方国家的傀儡，并号召工人揭竿而起推翻他的残暴统治。[49]这足以让国王开始考虑改变伊朗与苏联之间所谓的"完全敌对"的关系，并开启更多的沟通与合作渠道。[50]

这给华盛顿敲响了警钟，美国的战略家们认定，伊朗是苏联南部边境地区一枚重要的棋子。一份报告指出，从60年代初开始，该国"在苏联与波斯湾之间的战略位置以及丰富的石油储量，使得伊朗的友谊、独立和领土完整"对美国而言十分关键。[51]为支援伊朗的经济和军事，为了帮助国王巩固对该国的统治，美国人付出了大量的精力和资源。

取悦于伊朗国王是如此重要，以至于美国对其排除异己、大规模腐败以及不可避免会导致经济停滞的行为统统视而不见。没有人对宗教迫害——如50年代巴哈伊教徒（Baha'i）[1]的悲惨境遇——说三道四。[52]同时，伊朗的石油收入剧增（在1954年至1960年间增长了七倍多）几乎没有给社会带来任何变化。国王的亲戚和相关利益集团在伊朗被称为"一千个家族"，他们牢牢控制着伊朗的出口贸易，像从前那样为自己谋取财富。华盛顿发放的低息贷款仅仅充实了极少数人的腰包，而代价则由穷人遭受：他们发现自己的收入很难赶上飞涨的生活成本，特别是在1959到1960年严重的粮食歉收之后。[53]

美国制定的一些刺激农业经济发展的计划并没有起到任何作用。用现代化杂交种子取代传统种子的做法导致了一场灾难：新的物种无法适应当地的地理条件，并且无法抵抗病害和虫害的袭击。由于饲养方法不当加上缺乏防疫措

---

[1] 一个由伊朗人巴哈欧拉（Bahá'u'lláh）创立于19世纪中叶的宗教。——编者注

施，一项将美国鸡引入伊朗以帮助伊朗和美国家禽饲养者的计划也惨遭失败。对伊朗地下水位的不了解导致了地下水储备被水井耗尽，让该国的许多农场难以为继。[54]

显然，这些事与愿违的项目很难让人们相信伊朗与西方特别是与美国的密切合作取得了富有成效的成果。它们为批评者提供了充足的弹药。没有人比什叶派学者鲁霍拉·穆萨维·霍梅尼（Ruhollah Moosavi Khomeini）更擅长此道了，他抓住了民众对低工资、经济停滞和显而易见的社会不公日益不满的情绪。"国王先生，让我给您一条建议，"在60年代初的一场言辞激烈的演讲中，这位阿亚图拉（Ayatollah）[1]宣告道，"您这个可怜虫难道不该反思一下，这些合作将会把您带向何方吗？……国王先生，难道您想让我说您不信伊斯兰教并把您踢出伊朗吗？"[55]说出这些话的霍梅尼毫无疑问地被捕入狱。德黑兰的市中心因此爆发了一场骚乱，人群高喊："选择霍梅尼或者选择死亡！"中情局情报人员的报告中称，甚至连一些政府雇员都参加了反对国王统治的游行示威。[56]

伊朗国王没有听从警告，反而进一步激怒了批评者。他在访问圣城库姆时鲁莽地宣称，伊朗的神职人员"愚昧无知、顽固腐朽，他们的脑袋几个世纪以来都没有清醒过"。[57]政府的精力没有放在与反对者达成妥协或是全心全意促进改革上，而是用于加大管控力度。霍梅尼被迫逃亡，并在邻国伊拉克的纳杰夫（Najaf）居住了十多年。在那里，他对伊朗国王的激烈指责不仅大受欢迎，而且还得到了支持和鼓励。[58]

伊朗秘密警察机构萨瓦克（Savak）被组建起来，并且很快变得臭名昭著。大量批判国王的人及其亲友不经审判就被监禁，并遭到折磨和杀害；在一些罕见的情况下，那些拥有较高声望的反对派人士——如霍梅尼——无法被秘密处理，他们会被软禁，或者被驱逐出境。[59]当苏联使用这些手段时，遭到了美国的强烈批评，指责其为民主的对立面和极权主义的工具；而在伊朗，它们被默许了。

---

[1] 伊斯兰宗教领袖头衔。——编者注

为了确保伊朗国王的支持率、巩固他的统治地位，华盛顿继续向伊朗倾注大量的资金，并帮助他们建造了一条连接波斯湾和里海、全长1500英里的公路网，协助修建了阿巴斯的大型深水港口，扩建和升级了电网，甚至为伊朗国家航空公司这样的面子项目提供资助。对许多美国观察家而言，伊朗代表着美国外交实实在在的胜利。1968年为约翰逊总统准备的一份报告中说道：美国在中东地区最忠诚的朋友之一伊朗，其经济一路高歌猛进；伊朗的国民生产总值增长如此迅猛，乃是当今世界"最引人注目的成功奇迹之一"。甚至在四年后，美国人依然强调这一成果。美国大使指出，随着二战的结束，美国不得不在伊朗孤注一掷，按照自己的规划改造这个国家。"这一冒险收到了巨大的回报，可能超过其他任何接受美国类似赞助的发展中国家"。该报告充满信心地预测：伊朗已经上了正轨，马上将成为仅次于日本的亚洲最富裕的国家，甚至还会超过许多欧洲国家。[60]

只有极少数人对此表示怀疑，其中就包括年轻的学者威廉·波尔克（William Polk），他被肯尼迪政府找来为外交政策提供建议。他警告说，如果伊朗国王不进行政治改革，伊朗将会出现暴动甚至革命；而一旦爆发动乱，警察早晚会向抗议人群开火。反对国王的人现在正团结在"伊朗强有力的伊斯兰组织"之下。[61]

波尔克的看法完全正确。然而在当时，更重要的似乎是继续支持这一反共盟友，而不是强迫他放下权力。随着伊朗国王推出越来越多劳民伤财的计划，事态变得愈加严重。巨额资金被投入到军备上：在不到15年的时间里，伊朗的军备开支从1963年的2.93亿美元增加到73亿美元，结果使得伊朗跻身世界上空军和陆军力量最强大的国家之列。[62]伊朗军力之所以能取得如此不可思议的提升，部分要归功于美国的军事援助和低息贷款（这是有利可图的，因为大部分装备都购自美国的军火承包商）。此外，石油收入也是伊朗发展军备的主要资金来源：全球主要石油生产商形成了垄断联盟，以此确保收益最大化。

为了统一协调石油生产国在公开市场上的供应量，1960年石油输出国组织（OPEC）宣布成立。该组织允许创始成员国——伊拉克、伊朗、沙特阿拉伯、科威特和委内瑞拉——通过控制产量进而操纵价格，达到整合各国利益、提高石油收入的目的。[63]这是诸石油国十分明智的一步棋，它们一方面试图夺取西方公司的权力，一方面又能迫使西方政府向它们提供更多的政治和资金支援。

OPEC通过深思熟虑的策略有效地削弱了西方的影响力。后者希望为国内市场提供廉价充足的能源供应，这与那些拥有丰富石油和天然气储备、渴望获得最大收入的国家完全不同。然而，OPEC的背后似乎可能是桀骜不驯的领袖摩萨台、民粹主义煽动家纳赛尔和卡塞姆的拥护者，以及在伊朗以霍梅尼为代表的逐渐增多的反西方人士。这些人共同的目标是使他们的国家摆脱强大的外部干涉。OPEC不是一个政治团体，但它却联合了众多国家，使它们行动一致，这是将政治权力从欧洲和美国手中夺回来的关键步骤。

伊拉克、伊朗、沙特阿拉伯和科威特庞大的石油储量，加上不断增长的全球需求，使得该地区的东西方力量在20世纪中叶又一次恢复了平衡。这种改变是如此彻底，以至于当纳赛尔在1967年把军队开进至边境并准备发动进攻时，以色列人着实吃了一惊。沙特阿拉伯、伊拉克和科威特在北非的阿尔及利亚和利比亚两国的支持下，停止了向英国和美国的石油运输，因为英美两国与以色列的友谊是众所周知的。随着精炼厂和输油管的关闭，噩梦开始笼罩在西方人头上：能源紧缺、油价飞涨、全球经济受到威胁———一切都在预料之中。

不过，事情其实并没有想象中那样糟糕，因为以色列的空袭让纳赛尔的进攻计划胎死腹中。阿拉伯军队在这场还未开始就已经结束的 "六天战争" 中遭遇了一场迅速而彻底的惨败，将纳赛尔从他的阿拉伯民族主义美梦中拉回到现实。有着西方技术和政治支持的以色列，被证明是一个强大的敌手。看来，无论是西方国家本身，还是他们在中东地区安插的傀儡国，都没有到束手就擒的地步。[64]

两个世纪以来，欧洲列强一直在争夺控制这片位于地中海和中国印度之间的地区。到了20世纪，西欧丧失了它们的地位，并把接力棒交到了美国人手中。从某种程度上讲，是英国、法国和西班牙之间的竞争促成了美国的独立，如今这个国家将担负起继续控制这一世界中心的任务。这将是一场艰巨的挑战，一场新的大博弈即将展开。

| 第二十三章 |

霸权之路

　　1967年的战争是一次示警，是一次力量的展示。对西方来说这是一个信号，标示着今后继续在这一世界心脏地区保持地位和影响力将会越来越难。而对英国来说，更已经是不可能的事了：1968年，首相哈罗德·威尔逊（Harold Wilson）宣布，大不列颠将全面放弃苏伊士以东地区的防务，包括波斯湾。[1]如今该轮到美国——这个欧洲帝国时代的幸存者和继承者——担负起保持在中东地区影响力的任务了。

　　然而，面对这个各方势力交织、局势复杂多变的地区，美国人遇到的阻碍可想而知。例如，伊拉克在1961年以未被开发为由收回了大面积的油田，而这些油田曾在30年前租借给了由西方生产商组成的财团。当总理卡塞姆被罢黜并且在摄像机前被处决后（目的是"让全世界都看到"），巴格达的态度变得更为强硬了。新政权非但不愿妥协，还宣称它正领导着"一场将阿拉伯国家从西方帝国主义的统治和石油巨头的剥削下解放出来的斗争"，并且在一夜之间提高了巴尼亚斯（Banias）输油管的使用费。[2]

　　苏联很高兴见到这一切。在中东地区的转变和反西方情绪高涨的背后，都有着苏联人小心翼翼的身影。一份中情局的报告指出，自1967年的阿以战争以来，苏联人"一直在寻找合适的时机，将其军事影响扩张到这一俄罗斯人素来关注的地区"。[3]苏联非常渴望填补（西方）留下的空白，并着手建立从地中海到兴都库什山脉、从里海到波斯湾的关系网络。

为了赢得这场两个超级大国之间的竞争，一些微小的进展也被宣传成重大胜利。例如在苏联向伊拉克鲁迈拉（Rumaila）油田提供财政和技术支持之后，俄罗斯《消息报》（*Izvestiya*）大力宣扬"阿拉伯国家与社会主义国家"之间的积极合作达到了新的高度，并针对性地强调苏联是多么希望促进"阿拉伯地区国有石油工业"的发展。相反，该报接着说道，西方"控制阿拉伯石油的计划正在破产"。[4]

在20世纪60年代，超级大国的势力范围开始明显扩张，超出了亚洲中部。60年代初，苏联对古巴革命的支持以及在该国部署核弹头的计划险些酿成战争。经过双方在海上的摊牌后，苏联最终没有选择强行突破美国海军舰队的包围圈，而是撤回了潜艇。在远东地区，二战结束后的朝鲜半岛爆发了南北对抗，对柬埔寨和老挝的入侵又引发了越南战争，这让美国陷入了代价巨大的战争泥潭。美国政府宣称这是自由世界与共产主义极权势力的对决。但是大量地面部队官兵的英勇献身没能赢得民众的认可，对越南不断加深的幻灭感在美国引发了反主流文化的运动。

在东南亚事态恶化的同时，莫斯科采取了一连串的行动试图利用越来越多的国家对美国人的敌意。这种敌意非常强烈，霍梅尼在1964年宣告："我们要让美国总统知道，在伊朗人民眼中，他是最令人厌恶的人类。"[5]与美国决裂的不仅有敌对派领袖、宗教人士和民粹主义煽动者，连邻国伊拉克的总统也开始称英国和美国的石油商为吸血鬼。巴格达的主流媒体将西方形容为帝国主义者、犹太复国主义者，或者干脆就是"犹太帝国复国主义者"。[6]

尽管存在这些敌意的表述，但是该地区对西方的态度并不都是消极的。事实上，人们对美国和英国的憎恨，并不是因为它们插足了地中海以东国家的事务，也不是因为它们纵容了腐败统治者中饱私囊的行为。这只不过是一个全新局面的必然结果：一个被边缘化了若干个世纪的地区，正在因其地下蕴藏的自然资源以及居高不下的需求而再次兴起，于是，摆脱外部利益和势力约束的愿望和野心变得愈发强烈。然而讽刺的是，这也导致该地区成了一座新的战场，超级大国们在这里相互较量、寻找对方的弱点，从而展开了一场新的"大博弈"。

伊拉克、叙利亚和阿富汗很高兴能够获得优惠贷款以购买苏联的武器。莫斯科还派出高级顾问和技术人员协助它们建造军事基地，这些基地包括位于波斯湾的伊拉克乌姆卡斯尔（Umm Qasr）深水港，以及六个军用机场。美国情报人员很快就意识到，这些基地将使得"苏联海军能够出现在印度洋"。[7]

打造自身的联盟和关系网，这是莫斯科对抗美国计划的一部分。二战后，美国人在这一地区建立了众多据点，以保障波斯湾和印度洋的安全，同时监视苏联的活动，甚至建造先发制人的进攻基地。现在，苏联人也在复制这一策略。60年代末，苏联在印度洋重新部署了军舰，以支援苏丹、也门和索马里，它们的革命党派在莫斯科的耐心扶植下已经取得了政权。苏联令人羡慕地获得了亚丁（Aden）、摩加迪沙（Mogadishu）和柏培拉（Berbera）等一系列据点，[8]并因此拥有了封锁苏伊士运河入口的能力。这对美国政策制订者来说无疑是个噩梦。[9]

中情局密切关注着苏联在整个印度洋（包括东非和波斯湾）的动向。后者正系统性地援助这一地区的渔业、农业和其他产业，包括训练渔民、更新港口设备，以及以极优惠的价格出售或出租渔船。作为回报，苏联被允许随意进出伊拉克、毛里求斯和索马里，并获得了亚丁和萨那（Sana'a）等港口的使用权。[10]苏联在伊拉克和印度身上也同样倾注了大量的心血。苏联在60年代向新德里提供了超过后者海外军事采购量四分之三的武器装备，并且在接下来的十年中继续增加。[11]这些出售的装备里有莫斯科最精密的武器，包括环礁（Atoll）导弹、冥河（Styx）导弹、米格-27和米格-29战斗机，以及最先进的驱逐舰。印度还得到了特别照顾，获准生产苏式军用飞机，而来自中国的同样的请求则遭到了拒绝。[12]

该地区的人们自然而然地学会了如何左右逢源，这被证明是有利可图的。在阿富汗，一个新造的词被用来形容让这两个超级大国都来支援自己的策略：bi-tarafi，字面上的意思是"不选边"，这成为了阿富汗外交政策的一个原则，试图在苏联和美国之间取得平衡。正如一位敏锐的观察家在1973年出版的经典报告中所指出的,苏联和美国都为阿富汗军官提供了留学接受正规训练的机会,以便美苏可以与这些未来领导人建立联系和纽带,但当他们回国之后,就会交换各自所学的内容。这些被选中的军官都有一个共同的感受:"美国和苏联都不是各自宣传工具中所描绘的天堂。"被送到国外的军官们没有被改造成新人,相反,他们的普遍选择是回国,并坚信阿富汗应当保持独立。[13]

在伊朗也有类似的情况。只要有听众,伊朗国王便会吹嘘说自己才是这个国家的救星。"我靠着非凡的洞察力拯救了伊朗,"他对采访者说道,"我的统治挽救了这个国家,这是因为真主站在我这一边。"当被问到为什么没有人敢在德黑兰的大街上提及国王的名字时,他似乎没有意识到,这一现象可能与维持其极权统治的暴力机构有关。"我猜",他说道,他们不谈论国王也许"是出于尊敬"。[14]

这种典型的自欺欺人的心态还蔓延到了对共产主义的看法上。"共产主义者图谋不轨,"伊朗国王轻蔑地表示,"共产主义者不是政治犯就是刑事犯……他们是我们必须要消灭的。"然而,几乎就在下一秒,他又大声宣称伊朗乐于"与苏联保持良好的外交和贸易关系"。[15]这正反映出冷战时期,这些位于亚洲屋脊的国家都试图在美苏之间达成微妙的平衡。伊朗国王凭借经验知道,激怒北方强大的邻国会招致严厉的反击。因此,最好的策略就是在与莫斯科如胶似漆的同时,接受美国和西方的支持。他很高兴与苏联达成一系列购买榴弹发射器、高射炮和火炮的协议,并允许苏联的技术人员协助建设伊斯法罕的钢铁厂。

虽然这种一切从国家利益出发的政策完全可以理解,但是也反映出这一地区国家的艰难处境。与任何一个超级大国结盟都会立即引起另外一个超级大国的反应;与任何一个超级大国疏远都会带来灾难性的后果,并容易给反对势力可乘之机。1968年伊拉克的一场政变,使得苏联人有机会加强他们在过去十年中一直努力维系的纽带。现在,这些努力收获了成果:1972年,双方签署了为期15年的《友好合作条约》。在伦敦看来,这完全等同于正式的"与苏联结盟"。[16]

此后，苏联的政治触手不断延伸，这让华盛顿非常焦虑。1971年，莫斯科与印度签署了一项为期25年的和平、友好及合作协议，苏联将向印度提供一系列经济、技术和军事援助。当达乌德和他的左翼支持者在1973年靠着政变上台后，阿富汗的局势也开始急转直下。众多伊斯兰政要或被迫或主动地逃离了这个新政权。他们在巴基斯坦找到了欢迎他们的家园，特别是在奎达周围所谓的部落区。他们在那里得到了佐勒菲卡尔·阿里·布托（Zulfiqar Ali Bhutto）政府的积极扶植，后者将这些人视为破坏阿富汗新政权的工具，以及让自己获得本国宗教人士认可的捷径。

随着位于地中海和喜马拉雅山之间的人们奋力掌握自身的未来，一个新的世界秩序正在从扑朔迷离的局势中应运而出。萨达姆·侯赛因后来常常说，当1972年伊拉克完成了石油工业的国有化并掌握了自身的命运之后，这个国家才真正获得了独立。西方人对当地人作威作福的日子一去不复返了。萨达姆宣称："外国统治和异族剥削"的时代"结束了"。[17]

摆脱外国强权运动的背后动力是石油，它引发了一系列连锁反应，且影响深远。新一轮的变化开始于一场由一位野心勃勃的利比亚年轻军官所领导的政变，这位军官在英国受训时曾经被指导他的英国教官形容为"活泼、勤奋，而且认真负责"。[18]穆阿迈尔·卡扎菲（Mu'ammar Gaddafi），在刚刚夺取政权的20世纪70年代初，他要求大幅提高利比亚的石油收入（当时利比亚的石油占到了欧洲进口总量的30%）。"兄弟们，"他向他的同胞宣告，"革命不会让利比亚人贫困，因为我们拥有着巨大的石油财富。当我们住在茅屋和帐篷里时，外国人却住在宫殿里。"卡扎菲继续说道，别的国家已经将人送到了月球上，而利比亚人却被剥削得连水和电都没有。[19]

新政权坚持要求合理的石油价格，这让当地的一些西方石油公司气急败坏。但是当发现石油国有化不是可能而是必然会发生时，它们很快就屈服了。看到利比亚领导人能够强制重新议价，其他石油国家也开始蠢蠢欲动：石油输出国组织在几周之后就以减少产量相威胁，迫使西方石油公司答应提高其成员国的收益。用壳牌公司主管的话说就是，"雪崩"开始了。[20]

事件造成了惊人的结果：在之后的三年内，石油的价格翻了两番，这给石油需求和消费都快速增长的欧洲和美国带来了巨大的经济压力；与此同时，石油生产国却迎来了前所未有的现金收入。在之后的数十年中，诺克斯·达西的石油勘探特许权协议被重新商定，虽然进展缓慢但却卓有成效，新的条款有利于伊朗。而位于亚洲心脏地带和波斯湾地区的国家几乎立刻就看到了回报的稳定增长。20世纪70年代所发生的事代表着利益分配比例的重大转变。十年间，伊朗政府的收入增长了30倍[21]；而邻国伊拉克的增幅更是达到了惊人的50倍，在1972年至1980年间从5.75亿美元增加到260亿美元。[22]

人们固然在抱怨"西方工业化国家对石油这一能源资源太过依赖"，正如一位美国高级官员在1973年为国务院准备的一份报告中所说的。[23]然而，权力和财富向跨越亚洲屋脊国家的转移是不可避免的，伊斯兰国家的国力必定会随着野心的膨胀而增强。

其中最为引人注目的表现，是这些国家再次试图清除中东地区外部势力的代表：以色列。1973年10月，叙利亚和埃及军队发起了以先知穆罕默德时代夺取了圣城麦加的战役命名的"白德尔行动"（Operation Badr）。[24]此次进攻不仅出乎以色列人的意料，连两个超级大国都大吃一惊。就在进攻开始前的几小时，一份中情局报告还言之凿凿地说道："我们认为这两个国家发动针对以色列的军事行动的可能性很低"，尽管我们知道埃及和叙利亚的军队正在边境集结。该报告对此的解释是，他们正在进行训练，或者是"害怕以色列（可能会采取的）攻击行为"。[25]有人认为克格勃似乎有可能被告知这一行动的计划，但其实在一年前，全体苏联观察员就已经被赶出埃及。这说明后者的复仇决心是多么的强烈，他们的行动绝不仅仅是冷战的一部分。[26]事实上，苏联之前一直在积极地试图平息中东地区的紧张局势，并寻求该地区的"军事缓和"。[27]

这场冲突震惊了全世界。美国将军事戒备状态提升至三级，这比1962年古巴导弹危机以来的任何时刻都高，意味着他们能够随时发射核武器。苏联的策略则是维持现状：他们一方面要求幕后的埃及总统萨达特（Sadat）下令停火；一方面让苏联外交部长、一位经验老到的政坛常青树安德烈·葛罗米柯（Andrei Gromyko）出面，亲自向尼克松总统及其新任命的国务卿亨利·基辛格施压，以期共同阻止这场战争，否则一旦战火蔓延，"真正的灾难"就来了。[28]

这场战争发生在犹太人的宗教节日"赎罪日"，因此也被称作"赎罪日战争"（Yom Kippur War）。其真正的意义不在于让华盛顿和莫斯科尝试合作，甚至也不在于以色列的反败为胜（在被击溃几个小时之后，以色列军队出人意料地粉碎了入侵军队，并向大马士革和开罗挺进，造就了历史上最伟大的军事逆转之一）。事实上，这场战争最值得注意的地方是阿拉伯世界联合行动的方式：简直就像是一个有实无名的哈里发帝国。其背后的主谋是拥有麦加的沙特阿拉伯人，他们不仅公开威胁要将石油作为武器，并且也如此做了：石油产量的剧减，加上政局的不稳定，使得油价迅速上涨，每桶油的价格几乎在一夜之间就涨了三倍。

看到美国境内的加油站前面排起长龙，国务卿基辛格指责这一行为是威胁到发达国家稳定的"政治讹诈"。该事件引发的震荡足以促使美国就确立新的战略展开探讨，以减少甚至完全摆脱对中东石油的依赖。1973年11月7日，尼克松总统在黄金时段发表了一场全国性的电视演说，宣布了一系列措施，以应对"近年来，我们的能源需求已经超出了供应能力"这一令人不快的事实。因此，总统郑重要求：发电厂不再使用石油，而是改用煤炭这一"我们最丰富的资源"；对航空燃料的限制立即生效；"除非情况紧急"，联邦政府所属车辆的时速不得超过50英里。"为了确保整个冬天有足够的石油，"尼克松继续说道，"我们所有人可能要在较低的温度下工作和生活。我们必须要求每个家庭至少将空调的温度降低6℉，这样我们才能实现全国的白天平均室内温度控制在68℉[1]。"似乎是作为安慰，总统又补充道，"我的医生对我说……在这一温度下生活，你会更加健康。"[29]

"现在，你们当中有些人可能想知道，"他接着说道，"我们是否正在退回到过去的时代。煤气限量、石油短缺、车辆限速——所有这些听起来

---

[1] 降低6℉约合降低3.34℃，68℉为20℃。——编者注

就像是我们那随着格伦·米勒（Glenn Miller）[1] 和40年代战争一道被抛弃的生活方式。但事实上，我们当前的问题根源仍然是战争——中东的战争。"尼克松称，我们还需要制订"一个国家目标"、一个积极进取的计划，使美国能够满足于"自身的能源需求，而无须依赖任何的国外能源供应"。受到载人登月的"阿波罗计划"以及为西方世界研制出核武器从而使其有能力摧毁世界的"曼哈顿计划"的鼓舞，这一计划被命名为"自主计划"（Project Independence）。美国是一个超级大国，但它也强烈地意识到自身的不足，现在它必须寻找替代品并减少对中东石油的依赖。[30]

这一转变还造成了一些令人意想不到的附带作用。为了减少石油消耗，高速公路的车速被限制在每小时55英里以下，这不仅节省了每天15万多桶的石油，而且还大幅度降低了全国交通事故的数量。美国公路交通安全管理局的统计显示，仅在1973年12月，限速令的实施就直接让车祸死亡率降低了15%。[31]犹他、伊利诺伊、肯塔基和加利福尼亚等州的研究表明，限制车速对挽救生命有着显著的作用。[32]

减少能源使用的重要性促使美国建筑师开始设计可以使能源再利用的建筑物。[33]这还是电动汽车研发的分水岭，一些稳定、高效的系统被研发出来，其中包括水溶电解质、固体电池和熔盐电池，这些为数十年后市场巨大的混合动力汽车提供了技术基础。[34]能源成为了引人关注的政治话题，美国佐治亚州州长——并且很快将成为总统候选人——吉米·卡特（Jimmy Carter）更是强烈呼吁确立"全面长期的国家能源政策"。[35]国会同意大力投资太阳能，同时对核工业的态度也逐渐积极起来，后者被认为在技术上是安全可行的，而且是一个很好的解决能源问题的办法。[36]

由于中东地区的石油价格高涨，人们开始转而勘探一些以前被视为不可能或代价过高的产油地区，如北海和墨西哥湾。近海石油的发展带来了深水平台钻井技术的飞速进步，以及对基础设施、石油管线、钻塔和劳动力的大量投资。

然而这些都不是立竿见影的办法。它们都需要研究和投资，而且更重要

---

[1] 20世纪三四十年代美国著名的爵士乐手，1944年12月他在乘飞机去演出的途中不幸遇难。——编者注

的是，它们都需要时间。正如尼克松总统在1973年6月份的一份备忘录里要求的那样，关掉政府大楼的空调、允许"（政府）雇员在穿着上适当放宽标准"、提倡拼车等，这些方法都很好，但却不可能解决根本问题。[37]同时，中东的石油生产国也在继续趁火打劫。对石油供应的不确定性引发了市场恐慌，石油输出国组织里的伊斯兰国家则将石油作为沙特国王所说的"战场上的武器"，这些都导致了石油价格的飙升几乎失控。在1973年下半年的6个月里，石油的挂牌价从每桶2.9美元涨到了11.65美元。[38]

虽然赎罪日战争在经过三周的激烈战斗后结束了，但局势已经不可逆转了。西方国家的资金开始大量涌入中东地区：仅仅用了五年时间，石油生产国的总收入就从1972年的230亿美元增长到了1400亿美元。[39]随着城市的繁荣，该地区出现了翻天覆地的变化：大量资金被用于修建铁路、学校和医院；巴格达还修建了一座新机场、一栋纪念性建筑物，甚至一个由勒·柯布西耶（Le Corbusier）[1]设计的体育场。这些变化是如此的巨大，以至于一位日本建筑杂志记者将伊拉克首都的转变与19世纪奥斯曼男爵（Baron Haussmann）[2]主导下的巴黎重建相媲美。[40]可以想见，这为当权者提供了宝贵的政治资本：波斯湾地区的统治者可以得意地宣称，当下的繁荣要归功于他们的个人能力。

然而，当流入这一世界心脏地区的资金从小溪变为洪流时，统治阶层的野心也开始更加膨胀了。尽管可以将这些钱以传统独裁的方式为民众提供面包和马戏，但是由于可支配的数额实在是太巨大了，以至于这些统治者无法割爱与他人分享。这导致了多元民主发展的明显放缓，取而代之的是小团体统治的强化，其统治成员要么是像在阿拉伯半岛和伊朗那样与统治者或统治者家族有血缘关系，要么是像在伊拉克和叙利亚那样拥有同样的政治理念。当工业化国家正积极打破阶级边界以促进社会流动性，并极力宣扬自由民主的价值观时，

---

[1] 勒·柯布西耶（1887—1965），20世纪最著名的建筑大师之一，代表作有朗香教堂、萨伏伊别墅和马塞公寓等。——译者注
[2] 乔治·欧仁·奥斯曼（1809—1891），法国城市规划师，在19世纪中叶领导了巴黎的重建工作。——译者注

这里却倒退成了王朝统治。

石油国——其中大部分位于波斯湾沿岸——的财富积累，是以发达国家经济的长期衰退为代价的。西方被经济萧条和停滞压弯了腰，而石油输出国组织的成员国则国库充盈。正如18世纪全盛时期的英国一样，这些中东国家可以随意挥霍金钱。20世纪70年代是富饶的10年：伊朗航空公司购入了协和式飞机（Concorde）；随着立体声音响和电视等奢侈品的进口量猛增，观众人数也从1970年的刚过200万人增加到了4年后的1500万人。[41] 钱花起来没有节制。

正如中世纪早期的欧洲对东方的精美织物、香料和奢侈品趋之若鹜一样，如今的西方也对石油同样渴求，但问题是用什么来支付这一价格高昂的必需品。1000年前，为了筹集这些交易的资金，西方将奴隶卖给伊斯兰国家；现在，为了购买石油，人们想出了更为阴暗的交易：武器及核技术销售。

各国政府积极游说国有企业或支持政府的企业对外销售武器，后者是主要的雇主和纳税者。在20世纪70年代中期，整个中东地区的武器进口超过了全球份额的50%。仅在伊朗，国防开支在1978年前的6年间就增长了差不多10倍，其中美国公司得到的订单总价约为200亿美元。同期，伊朗的全部军事开支估计超过了540亿美元，几乎占到该国国民生产总值的16%。[42]

谈及购买武器，伊朗国王举双手赞成。他痴迷于飞机、导弹和大炮，还曾经向英国驻伊朗大使请教："奇伏（Chieftain）坦克的马力是多少？"这让大使难以回答。[43] 从苏联到法国，从东德到英国，所有卖家都想分一杯羹。伊朗拥有着似乎无限的金钱，问题只在于购买谁家的地对空导弹系统、哪国的反坦克装置和战斗机，以及哪个中间人值得信任，以便局外人在这个陌生的圈子里能够顺利地完成交易。

在伊拉克，用于军事装备上的开支在1975年至1980年间增长了6倍，几乎占到国家预算的40%。很少有人担心伊朗与伊拉克之间的地区性军备竞赛会导致什么样的后果，或者不断增长的武器开支将使这两个国家走到怎样的危险地步。相反，只要有需求，只要有资金，中东和波斯湾地区国家大规模购买武器的道路就会畅通无阻。伊朗买进越多的奇伏坦克，以色列买进越多的幻影飞机，叙利亚买进越多的米格-21和米格-23战斗机，伊拉克买进越多的苏制T-72坦克，沙特阿拉伯买进越多的美式F-5战斗机，对英国、法国、苏联和美国的经济就越有好处。[44]

在核武器问题上也是如此。在21世纪初，像伊朗、伊拉克这样的国家，发展任何形式核力量的打算都会引起国际上的谴责和怀疑。核问题已经与大规模杀伤性武器的扩散密不可分。伊拉克的核潜力，以及国际原子能机构观察员无法核查可能的或已知的核设备、实验室和离心机的事实，甚至成为了美国2003年入侵伊拉克并推翻萨达姆统治的根本借口。

伊朗显而易见的发展核力量的决心，以及其处理放射性物质的能力，也引发了同样的问题。"我们不能让政治和谎言遮蔽现实，"美国国务卿约翰·克里（John Kerry）在2013年冬天说道，"（奥巴马总统）一直有决心，而且清楚地表示，他在必要的时候将准备用武力来解决伊朗的核武器问题，他已经部署了所需的部队和武器。"[45]对于地球及全球安全来说，想要研制核武器这一想法本身就是危险的。时任美国副总统迪克·切尼在2005年时说道："伊朗人坐拥储量庞大的石油和天然气。没有人能够解释为什么他们还需要核能来发电。"亨利·基辛格对此表示同意："对于像伊朗这样的主要产油国而言，使用核能是种资源浪费。"[46]

然而在数十年前，这些人与美国政府对此事的看法却全然不同。事实上，伊朗和伊拉克之所以能够获取核资源，要感谢美国的积极支持。当时，艾森豪威尔政府提出了一个名为"为了和平的原子能"（Atoms for Peace，现在看上去这个名字着实滑稽）的计划，目的在于使美国得以加入一个"国际原子能组织"，同时让一些好友政府获得用于非军事用途的4万千克铀-235。[47]

在长达30年的时间里，作为共同对抗苏联阵营的回报，分享核技术、设备和原料一直都是美国外交政策的一项基本内容。随着苏联人涉足亚洲和波斯湾地区，美国急需加强伊朗国王对自己的支持，他看起来像是该地区唯一可靠的领导人——即便也有一些人不这么认为：一位著名的沙特人曾经提醒美国驻利雅得（Riyadh）大使说，伊朗国王是个"反复无常的自大狂"，如果华盛顿没有认识到这一点，那么"美国的观察力一定出了问题。"[48]

　　尽管一些心存怀疑的人提出警告说不要对伊朗人"百依百顺"，但苏联势力在该地区的扩张还是促使其他人——尤其是基辛格——认为，对伊朗国王的支持力度应该加强。因此，当国王在70年代中期访问华盛顿时，基辛格在为总统准备的外交照会上强调美国明确支持伊朗国王的重要性，并称其为"一个有着非凡能力和见识的人"，尽管这样的赞誉无法掩盖伊朗政府腐败和无能的顽固程度。[49]

　　为了支持伊朗破坏邻国伊拉克稳定的计划，美国人甚至不惜挑起库尔德人（Kurd）的暴乱，从而酿成了一场悲剧。在扑灭一次暴动之后，伊拉克政府对北部库尔德少数民族展开了残酷的报复行动。但是，当伊朗与伊拉克就长期以来的领土边界问题达成协议后，曾经鼓动起义的美国现在退到一边，坐视库尔德人被牺牲掉。[50]负责调查70年代美国秘密外交政策的派克委员会（Pike Committee）得出结论："即便是在秘密行动中，我们的政策也是见利忘义的。"[51]基辛格称他的回忆录第一卷受篇幅所限无法讨论这一事件，但读者在第二卷中也没找到相关内容，这是完全可以预料到的。[52]

　　在其他方面，伊朗国王也在规划着未来。他意识到70年代初的石油财运不会永远都有，而且石油储备总会有开采完的那天，这将影响伊朗自身石油需求的稳定性。尽管美国限制了空调的运行，但对石油的需求仍然在上升，这使得伊朗以及其他石油国有充足的资金制订长期规划。由国王特别交代的一份报告称，核电是能够满足伊朗需求的"最经济的电力来源"。石油价格只会上涨，而核电站的建设和维护成本将会下降，发展核工业似乎是显而易见的策略，特别是这一盛大工程还能体现伊朗的现代化程度。[53]国王亲自主持该项目，并且让新成立的伊朗原子能组织负责人阿克巴尔·埃特马德（Akbar Etemad）博士直接向他汇报相关进度。[54]

　　第一个给予他们支持的是美国。在1974年签订的一份草案中，美国同意出售两个核反应堆和浓缩铀给伊朗。协议的内容在1975年得到进一步扩充，其中包括以64亿美元的固定价格向伊朗提供八座反应堆。[55]第二年，福特总统批准允许伊朗购买并使用一套美制的核系统。该系统中包括核废料回收设备，能够从核反应堆燃料中提取钚，从而使得伊朗具备了完成"核燃料循环"的能力。福特总统的白宫办公厅主任毫不犹豫地批准了这次交易，而这位主任正是迪克·切尼，在70年代，他似乎并不认为"弄清"伊朗需要核能来发电的原因是件多么困难的事。

伊朗从美国的收获是其野心勃勃计划中的第一步，其更大目标是获得其他西方国家的技术、专业知识和原材料。在与西德联合电力公司（Kraftwerk Union AG）签约后，波斯湾港口布什尔附近的两座压水反应堆开始动工；该公司还承诺提供初始的核燃料，并且在有必要时给予再次装载。伊朗还与联合电力公司、布朗·勃法瑞有限公司（Brown Boveri）和法马通公司（Framatome）签订了下一步有关另外八座反应堆的合作意向书，其中有向伊朗提供浓缩铀的条款。协议还规定，这些铀要在法国加工并回到德黑兰进行浓缩，或供伊朗国内再利用，或卖给由伊朗挑选的第三方。[56]

尽管伊朗是1968年《核不扩散条约》的签约国，但是情报委员会却一直在议论伊朗的秘密核武器计划。这一点儿也不奇怪，因为国王偶尔会宣称伊朗将提升其武器能力："这是确定无疑的，而且会比任何人认为的都要快。"[57]1974年，中情局一份评估核扩散的报告认为，尽管伊朗的核开发还处于早期阶段，但伊朗国王有可能在80年代中期实现这一目标——"如果他还活着的话"。[58]

其他国家同样在发展民用核设施的同时提升其武器能力。70年代，伊拉克在萨达姆·侯赛因的指示下，投入巨资研制核弹头。[59]萨达姆野心勃勃，为海达尔·哈姆扎（Khidir Hamza）博士设立了一个"每年六枚核弹头的生产目标"，后者在80年代中期被任命为该项目的负责人。这一生产速度将使伊拉克的核弹头数量在20年内超过中国。大批的伊拉克科学家和工程师被送到国外接受训练，其中法国和意大利是首选。与此同时，伊拉克国内也万事俱备，准备通过民用核计划获得建造核武器所需的科技、技能和基础设施。[60]

伊拉克人前进的步伐毫不动摇。他们从苏联得到一座2兆瓦的研究用反应堆，并在1967年达到临界状态。之后伊拉克将注意力转向石墨气冷反应堆，以及能够生产钚的回收设备。在遭到法国的断然拒绝后，伊拉克又向加拿大发出试探，希望购买类似于帮助印度在1974年成功进行核试验的反应堆。这一试探促使法国人重启了与伊拉克的谈判，并最终同意建造奥西里斯（Osiris）研究用反应堆以及一座更小的反应堆。这两座反应堆都将使用武器级的铀作为燃料。更多军民两用的设备购自意大利，其中包括热室以及钚分离和处理设施，它们能够从经辐射照射的铀中提取钚。利用这些设备，伊拉克每年可以生产8千克的钚。[61]

很少有人怀疑在这些表面行为的背后有着更多不为人知的动作，而且能源可能并不是唯一的动机。不过，以色列一直在密切监视着这些进展，并且获得了关于周边国家军事化的详细情报，尤其是位于巴格达附近图韦萨（al-Tuwaitha）的塔穆兹（Tammuz）核设施，即更为有名的奥西拉克（Osirak）核电站。以色列同样在本国的核武器计划上投入了巨资，同时对一套法国设计的、射程超过200英里的导弹系统进行改造。[62]到了1973年赎罪日战争时，以色列被认为已经建成了一座拥有13枚核弹头的军火库。[63]

对于这些行为，在必要的时候，西方国家会装作看不见。例如对伊拉克，英国在70年代初的结论是："尽管令人感觉压抑和非常不快，但是目前的政府似乎控制得很好。"这是一个稳定的政权，因此英国可以与之做生意。[64]同样地，巴基斯坦的活动也无人理会。该国于70年代在地下修建深层设施，以便进行秘密实验，并且最终成功试爆。他们在俾路支斯坦（Balochistan）的拉斯库山（Ras Koh）开凿了五条深入地下的平行隧道，每一条都能承受2万吨的核爆威力。[65]巴基斯坦的科学家遗憾地说："西方国家坚信，像巴基斯坦这样的发展中国家永远不可能掌握这一技术"，然后 "执着而兴奋地把所有东西都卖给我们……他们真的是在央求我们买他们的设备"。[66]事实上，像美国、英国和法国这样拒绝接受国际原子能机构检查和约束的国家，很难看到他们的核扩散行为遭到严厉的指责。他们对那些偷偷摸摸进行核试验的国家感到恼火，但事实上，隐藏在这些虚伪的发达国家背后的，是争先恐后掠取现金或廉价石油的狂热。

控制核材料扩散的努力也是敷衍了事。1976年，基辛格建议巴基斯坦停止它的（核材料）回收项目，而使用正在伊朗修建的美国设施。该设施的提议者正是迪克·切尼，意在使之成为本地区的能源枢纽。当巴基斯坦总统拒绝了这一提议后，美国威胁要中断对该国的援助。[67]

基辛格也开始重新考虑，允许外国政府获得构成核力量基础要素的技术及方案的做法是否明智。"我对伊朗（建造核反应堆的）交易感到十分厌倦，"他在1976年的一次国务院会议上这样说道，尽管他在这一交易中扮演了关键的角色，"虽然我批准了它，但我明白无论在哪里这都是场骗局……我们是唯一一个头脑发热、不切实际的国家，干着违背我们国家利益的蠢事。"[68]

在华盛顿，越来越多的类似观点表明美国已经陷入了困境，而且还没有太多的选择余地。美国国家安全委员会的成员在20世纪70年代后期也清楚地表达了这样的意思，并随后指出：鉴于与其他国家的政治关系已经破损，"美国眼下没有任何可以取代伊朗的潜在盟友"。[69]尽管伊朗国王的政权饱受批评，尽管西方媒体不断指责伊朗警察机构萨瓦克的残忍行径，美国政府仍然给予该国明确而坚定的支持。卡特总统在1978年的新年前夜作为晚宴嘉宾飞到德黑兰。总统说道："在这个日益混乱的地区，只有伊朗是一座稳定的岛屿"，这要归功于"国王的伟大领导"；这个国家的成就"依赖于陛下本人，依赖于您的领导，以及您的人民对您的敬佩和爱戴"。[70]

这与其说是怀揣理想，还不如说是对现实的视而不见。每个人都清楚风暴正在酝酿。在伊朗，人口增长、快速的城市化以及专制政权的铺张浪费，酿成了一杯有毒的鸡尾酒。习以为常的腐败，使得用来建造反应堆的数亿美元"佣金"统统落入了王室成员以及政治亲信的口袋。[71]到了20世纪70年代末，德黑兰的局势岌岌可危，越来越多的人涌上街头抗议社会不公和生活成本的增加，原因是全球石油供应超过需求导致了石油的价格一路狂跌。

不断加深的分歧对霍梅尼来说十分有利。作为1975与伊朗国王达成协议的一部分，伊拉克曾将他驱逐出境，之后他便流亡巴黎。他的大儿子可能在1977年被萨瓦克杀害。现在，霍梅尼站出来控制了局面，宣称将立即对伊朗的现有弊病开出药方并承诺治愈它们。霍梅尼是一个出色的宣传者，他能够抓住民众的情绪，就像30年前的摩萨台一样。在一场向左翼改革派、伊斯兰强硬派和几乎所有那些非既得利益者发起的呼吁行动中，霍梅尼宣称，现在是时候让国王靠边站了。社会发展的受益者应该是伊朗民众和伊斯兰教徒，而不是伊朗国王。

为了减轻人们对伊朗可能成为一个宗教国家而感到的恐惧，霍梅尼承诺，阿訇和宗教狂热分子不得直接统治国家，但是可以提供建议。他为未来确立了四条原则：使用伊斯兰律法，清除腐败，取消不公正的法律，终结外国势力对伊朗事务的干涉。这些并不容易让人们记住，但是这种将不仅是伊朗而是整个伊斯兰世界所面临的问题和困难都囊括进去的说法，为他赢得了各式各样的支持者。20世纪70年代，按照世界卫生组织的标准，该国有超过40%的人口都营养不良；不平等的现象随处可见，富人越来越富，而穷人的处境几乎毫无改善。[72]霍梅尼称，是时候该由伊朗人民来决定自己的命运了！他向战士们呼吁："即使他们向你们开枪并杀死你们"，死了成千上万，但终将证明，"鲜血的力量比刀剑更强大"！[73]

随着局势越来越紧张，寄托着美国人太多希望的伊朗国王前往德黑兰机场，他在那里发表了一个简短的声明："我觉得累了，需要休息。"然后最后一次飞离了这个国家。[74]没人知道他能否阻止后续事情的发生。而一些欧洲领导人的反应则更为明确：在这一被卡特总统称作"我的外交生涯中最糟糕的一天"的日子，西德总理施密特（Schmidt）在讨论中东问题时发出"人身攻击"，称是"美国（对这一地区）的干涉……才导致了全球的石油问题"。[75]

美国人还希望作最后的挣扎，事实证明他们醒悟得太晚了。1979年年初，华盛顿将美国欧洲司令部总司令罗伯特·哈伊瑟（Robert Huyser）派往德黑兰，以证明美国对伊朗国王的支持，并且特别强调，美国的军队将继续力挺该政权。然而没过多久，哈伊瑟就意识到前景的不妙，甚至还可能会危及自己的生命。他的亲眼所见足以让他明白，伊朗国王来日无多，霍梅尼不可阻挡。[76]

美国的政策可谓支离破碎。自二次大战结束以来，美国向伊朗及其周边国家投入了大量的时间、精力和资源。美国对这些国家的领导人百依百顺，同时赶走或替换那些拒绝与美国合作的人。这种试图控制亚洲复杂中心地区的政策，最后被证明是场彻彻底底的失败。用当时英国驻德黑兰大使安东尼·帕森斯爵士（Sir Anthony Parsons）的话说，西方国家"使用了正确的望远镜……但是（我们的）方向错了"。[77]更糟糕的是，反美言论现在几乎遍及该地区的所有国家。叙利亚和伊拉克已经转向苏联；印度和莫斯科的关系，也比和华盛顿的更亲密；而只要有可能，巴基斯坦将随时准备接受苏联的援助。在这幅拼图中，伊朗无疑是至关重要的一块，然而现在却面临着崩溃的危险。这看起来像一个时代的结束，正如霍梅尼在1979年年末所说的："东方所有问题的根源都出自那些西方的外国人，在当前则是美国人。我们所有的问题都是美国人造成的。"【78】

伊朗国王的倒台加深了华盛顿的恐慌，也增加了莫斯科的希望。对苏联人来说，伊朗的崩溃似乎意味着一个充满机遇的转折点。可笑的是，西方不仅误判了伊朗的局势，还误判了其他地区的局势——如阿富汗。美国驻喀布尔大使曾经在1978年的汇报中说，两国的关系相当好。【79】确实，在乐观的美国人看来，阿富汗的确是个很成功的案例，就像以前的伊朗一样。自50年代以来，当地学校的数量增加了十倍，更多的学生选择了像医学、法律和科学这样的技术性学科；女性的教育也开始取得成效，获得初等教育的女孩数量大幅增加。

有传言称，1973年上台的达乌德总统其实受雇于美国的中情局，而他推行的激进策略也是美国人一手策划的。尽管这是个无稽之谈，但还是引得华盛顿和莫斯科外交官们进行了大量调查，这显示出两个超级大国的竞争压力是多么的大——这可是它们在亚洲"大博弈"中的最后一局。【80】

在短暂的混乱过后，如何稳定局面成了当务之急。从任何角度看，美国都似乎严重偏离了它的路线。它在伊朗国王身上投下的赌注看来已经是赔光了，不过古老的丝绸之路上还有其他的国家正等着美国人去喊价。随着伊朗革命的结束，随着伊拉克倒向苏联，美国不得不认真考虑它的下一步动作，并且最终再次引发了一场灾难。

| 第二十四章 |

中东之路

　　伊朗革命使得美国在该地区搭建的纸牌屋轰然倒塌。其实，那里早就已经出现不稳定的迹象了。君主政权的腐败、经济萧条、政治瘫痪以及当局暴政，为那些勇敢的批评者提供了太多的把柄，使他们的改革承诺逐渐深入人心。

　　不少人为伊朗的前途愈发感到紧张、担忧，因为有迹象表明，苏联正积极密谋着如何利用这一局面。即便在克格勃失去了其在伊朗最重要的外交渠道艾哈迈德·莫哈拉比（Ahmad Mogharebi）将军之后，苏联的活动仍在继续。莫哈拉比因其"关系网遍布伊朗各精英阶层"而被莫斯科誉为"俄罗斯最优秀的代理人"，但他与克格勃上线的会面引起了萨瓦克的怀疑，并在1977年被逮捕。[1]这促使苏联人的活动更加小心翼翼。

　　在1978年年初的瑞士货币市场上，伊朗里亚尔被大量交易，这一反常的现象便是苏联代理人受命资助其伊朗支持者的结果。印刷精美的《纳维德》（*Navid*）是左翼党派人民党发行的报纸，该报社承认，他们不仅得到了苏联的资助，连这些报纸都是在苏联驻德黑兰大使馆印刷的。不断向伊朗反对派灌输游击战和马克思主义思想，预示着莫斯科正准备涉足这一君主倒台后权力空缺的国家。[2]苏联人的身影同样出现在该地区的其他地方：他们开始向叙利

393

亚总统阿萨德（Assad）提供更多的支援，尽管克格勃认为他是一个"小资产阶级的沙文主义自大狂"。[3]

另一方面，1978年年底，美国驻德黑兰大使威廉·沙利文（William Sullivan）发了一份题为"难以置信"的电报给华盛顿，极力主张马上实施应急方案。沙利文认为，美国应在霍梅尼掌权之前尝试与他沟通接触，而不是在他掌权之后。然而这封电报连同沙利文的建议一起，都被华盛顿忽略了。[4]白宫里的主流声音是，美国能够控制局势，继续向伊朗国王提供支持，并同意1979年1月底伊朗首相沙普尔·巴赫蒂亚尔（Shapur Bakhtiar）提出的建议：如果霍梅尼回到伊朗，就马上逮捕他。[5]

几天之后，这些想法就被证明是毫无远见的。1979年2月1日，在被迫流亡14年后，霍梅尼再次踏上了德黑兰的土地。人们蜂拥至机场欢迎他的归来，并尾随他来到德黑兰以南12英里的烈士陵园。在那里，还有25万名支持者等候着他。他怒吼道："我将用拳头击向这个政府！"英国广播公司（BBC）报道了他的演讲，并估计大约有500万人随他一同进入了首都。[6]

随着霍梅尼的支持者控制该国，局势开始急转直下。2月11日，美国关闭了驻伊朗大使馆。沙利文大使在发回美国的电报中说道："军队投降了，霍梅尼赢了，我正在销毁所有的保密文件。"三天之后，一些敏感资料还没来得及粉碎完，武装人员就已经攻破了美国大使馆的院墙，并很快在霍梅尼副官们的管控下恢复了秩序。[7]2月16日，沙利文大使见到了伊朗新总理迈赫迪·巴扎尔甘（Mahdī Bāzargān），并且告诉他，美国没有兴趣干涉伊朗的内部事务。[8]不到一个星期，美国就正式承认了（伊朗）新政府。经过全民公投，伊朗在4月1日更名为"伊朗伊斯兰共和国"。当年年底，人们又举行了第二次公投，通过了新的宪法。新宪法宣布：从今以后，"本国所有的民事、刑事、财务、经济、行政、文化、军事、政治以及其他法律法规，必须基于'伊斯兰的'标准"。[9]

数十年来，美国人在伊朗和伊朗国王身上投下了重注，如今，赌博失败的他们不得不为此付出代价。革命带来的影响波及全球，导致石油的价格几乎涨了三倍。这给急需石油的发展中国家造成了灾难性的打击，面临着通货膨胀失控的危险。危机带来的恐慌四处蔓延。截至6月底，全美有数不胜数的加油站因缺油而停业。卡特总统的支持率下降到28%，和因水门丑闻而跌到谷底的尼克松差不多。[10]随着美国总统大选步入高潮，德黑兰的政权更迭似乎成了一个左右竞选结果的关键因素。

威胁着西方经济的不仅仅是飞涨的石油价格，还有大量被取消的订单，以及工业的迅速国有化。在失去了占其全球产量40%的油田之后，继承了诺克斯·达西公司承租权的英国石油公司（BP）不得不进行重组、抛售股份。一夜之间，那些兴建钢铁厂、升级航站楼和改造港口的合同全部都作废了。1979年，霍梅尼取消了与美国的90亿美元采购合同，让那些生产厂家面对惨白的账本欲哭无泪。他们只能尝试将数量惊人的库存卖给其他不像伊朗国王那样热衷于军事的市场。[11]

革命爆发前，伊朗不堪一击的经济已经使得其核计划进展缓慢。革命发生后，这些计划干脆就被取消了。法国的克勒索·卢瓦尔（Creusot-Loire）公司、美国的西屋电气公司（Westinghouse Electric Corporation）和西德的联合电力公司在该地区的业务损失高达3300亿美元。[12]不过，一些人在面对逆境时却显出了令人敬佩的坚忍。"我们决不能忘记，我们在伊朗国王时代做得多么出色，"中东事务专家、英国驻德黑兰大使外交官安东尼·帕森斯爵士写道，"英国的工商业在伊朗赚到了巨额利润。"[13]事实上他或许应该这么说，好时光显然已经一去不复返了，与其哀叹未来的损失，还不如庆祝过去的收获。

对美国而言，代价并不仅限于经济和政治方面。虽然霍梅尼及其宗教伙伴几乎没有给苏联留下任何输入无神论政治的可乘之机，也不同情或亲近伊朗的左派分子，这些多少是个安慰。[14]但即便伊朗国王的倒台没有导致苏联势力范围的扩张，美国依然不可避免地陷入了被动局面。之前一些坚如磐石的据点现在却变得岌岌可危，有些甚至都丢失了。

在掌权之后，霍梅尼立刻关闭了美国在伊朗的情报设施。这些设施曾是防范苏联核攻击的预警机制，以及监视中亚地区导弹发射的监督哨。这让美国丧失了一条搜集对手情报的重要途径，尤其是当美、苏重启了关于把战略导弹发射器的数量限制在现有水平以内的谈判之后，这些情报变得更为关键。情报站在核实信息方面发挥了重要的作用，因而它们的关闭迫使美国人不得不在僵持了数年的战略武器协议上作出让步，并且还危及了一些正在进行的敏感谈判。

1979年年初，中情局局长、海军上将斯坦斯菲尔德·特纳（Stansfield Turner）对参议院情报委员会说，重新建立对苏联导弹试验和研制的监视系统，至少需要五年时间。[15] 中情局负责苏联情报的官员罗伯特·盖茨（Robert Gates，日后成为中情局局长和国防部部长）指出，如今伊朗人采取的这些措施，使得美国在伊朗的情报搜集工作出现了"真正的断层"。

……

与此同时，伊朗革命虽然没有在政治上倒向苏联人，但却在军事上帮了他们忙。尽管美国驻德黑兰大使馆已经在拼命地粉碎一些重要文件，翻天覆地的变革浪潮还是造成了一些不可挽回的损失。伊朗国王曾经购买了一组F-14战斗机群，以及当时最先进的"不死鸟"（Phoenix）空对空导弹系统、"霍克"（Hawk）地对空导弹和一系列高科技反坦克武器。这让苏联获得了一些宝贵的近距离武器照片，以及某些装备的操作说明。这不仅仅是面子上的丢失，更将严重威胁到美国及其盟国的国家安全。[18]

华盛顿越来越觉得，原先那个熟悉的世界正在迅速崩溃，因为发生改变的不仅仅是伊朗。美国一直在留意阿富汗的局势，自霍梅尼革命之后，阿富汗的战略地位变得更加重要。如在1979年春天，中情局的一个小组就展开了一项调查，以评估阿富汗是否有可能代替伊朗成为新的情报站点驻地。[19] 然而阿富汗的局势瞬息万变，甚至似乎很有可能成为第二个伊朗。

阿富汗的混乱始于1973年，喜好国际象棋的查希尔（Zahir）国王被其侄子穆罕默德·达乌德废黜，后者任命自己为总统。五年后，达乌德本人也被驱逐。他的下台并不令人感到意外，这要归咎于他那越来越残暴的统治：政治犯常常未经审判就被处决，面部朝下倒在喀布尔近郊那座臭名昭著的、常年人满为患的普里查可希（Pul-i Charkhi）监狱的地板上。[20]

取代了达乌德的共产党同样态度强硬，坚决要推进该国的现代化进程。他们声称，要大幅度提高人们的识字水平、打破部落体系的"封建"结构、结束种族歧视、给予妇女权利，包括平等的受教育权、工作保障和接受医疗。[21] 全方位变革的决心引发了热烈的反响，特别是在一些穆斯林阿訇当中。但正如之后的21世纪初时那样，改革的尝试仅在团结一致的传统派别、地主、部落首领和毛拉那里取得了成功，他们有着保护自身利益的共同目标。

紧随而来的是激烈的反抗。1979年3月，阿富汗西部的赫拉特首先爆发了大规模的起义，人们受到国境线另一边伊朗革命的鼓舞，强烈要求民族独立、回归传统并清除外来势力。任何人都有可能是暴徒们的目标，包括居住在这里的苏联人，他们惨遭暴民屠杀。[22]暴乱迅速蔓延到其他城市，如贾拉拉巴德，那里的军队拒绝与起义势力作战，转而杀死了他们的苏联顾问。[23]

对此，苏联人表现得十分小心谨慎。老成的政治局认为，应该支持既烦人又好战的阿富汗领导层（其中一些人与苏联关系紧密），以帮助他们扑灭已经波及喀布尔的暴乱。苏联采取了一系列措施以力挺总统努尔·穆罕默德·塔拉基（Nur Muḥammad Taraki）领导的政府。莫斯科非常重视这个人，还因他写过一些关于"科学社会主义"的著作而称其为"阿富汗的玛克西姆·高尔基"——这可是相当高的赞誉。[24]大量的粮食被源源不断地从边境线运送进来，同时阿富汗还被免除了借款利息。为了充实阿富汗政府的金库，苏联甚至提出以过去10年两倍的价格购买阿富汗的天然气。[25]尽管驳回了阿富汗对化学武器和毒气的请求，莫斯科还是提供了其他军事援助，包括140门大炮、48000挺机枪和将近1000台榴弹发射器。[26]

这引起了华盛顿的警觉，美国人密切地关注着苏联对阿富汗"逐步而明确"的介入。一份高层报告指出，如果苏联向塔拉基提供直接军事援助或者派出部队，这将不仅影响到阿富汗本身的局势，而且会波及伊朗、巴基斯坦和中国，甚至亚洲屋脊之外的其他地区。[27]1979年2月，美国驻喀布尔大使被刺事件使得原本不确定的未来开始变得明晰起来。就在霍梅尼回到祖国后仅仅几天，阿道夫·杜布斯（Adolph Dubs）所乘坐的装甲车于光天化日之下在阿富汗首都街边的警方检查站被绑架。他被扣押在喀布尔饭店（即现在豪华的塞雷纳酒店 Serena Hotel），几个小时后在一次失败的营救行动中被杀。[28]

尽管尚不确定绑架大使的幕后黑手及其动机，但这足以让美国更加直接地介入该国事务。美国立刻停止了对阿富汗的援助，并且向反共人士和其他反对新政府的人提供支持。[29]这标志着美国人一项新的长期策略的开始：他们主动寻求与伊斯兰教徒的合作，这些抵制左翼势力的伊斯兰教徒与持相同立场的美国人是天然的盟友。这一交易的代价要过上数十年才能显现出来。

在这一新的进展背后的，是美国人对阿富汗可能倒向苏联的恐惧，后者在1979年下半年似乎正在为军事介入阿富汗作准备。苏联的介入成为美国情报机构关注的重点，众多的简报和意见书都在讨论这一话题，然而这并不代表人们能够对将要发生的事有所察觉。[30]一份提交给美国国家安全委员会的、题为"苏联正在阿富汗做什么"的报告以其无可厚非的坦率态度承认："简而言之，我们什么都不知道。"[31]尽管莫斯科的计划让人难以捉摸，但是有一点是十分清楚的，即伊朗国王的倒台使美国失去了一个在该地区的重要盟友。美国人现在担忧的是，多米诺骨牌效应可能会使局面变得更糟。

苏联也在担心同样的事情。由于霍梅尼掌权后没有向苏联敞开大门，反而减少了合作的机会，因此在莫斯科看来，伊朗所发生的事情并没有给苏联带来什么好处。于是，苏联军方设计了一系列应急方案，一旦（如总书记列昂尼德·勃列日涅夫所言的）"友好的阿富汗政府"需要支援，苏联便能够进行大规模的军事部署。美国人监视着伊朗和阿富汗北部边境的军事活动，他们观察到一支苏联特种部队正在朝喀布尔开进；同时据中情局判断，有一个航空兵营被派到了贝格拉姆空军基地，该基地是苏联物资进入阿富汗的主要据点。[32]

在这一关键时期，阿富汗的局势突然发生了变化。1979年9月，野心勃勃、难以捉摸的哈菲佐拉·阿明（Hafizullah Amin）在权力争夺中取代了努尔·穆罕默德·塔拉基。作为体现苏联政治局意图的喉舌，《真理报》（Pravda）曾在社论中将阿明称作是有希望的阿富汗领导人。[33]而现在，莫斯科指责他是革命的敌人，为了一己私利试图操纵部落斗争，是"美帝国的间谍"。[34]苏联十分关注阿明已经被中情局收买的谣言，而阿明的政敌也在大力地散播这一谣言。[35]苏联政治局的会议记录表明，莫斯科非常担心阿明会投入美国人的怀抱，华盛顿极力想在阿富汗扶植一个亲美的政府。[36]

苏联人的焦虑与日俱增。阿明在发动政变前频繁地与美国派驻阿富汗的使团接触，这似乎表明华盛顿正在从伊朗政策的失败阴影中走出来，并开始重整旗鼓。随着阿明对苏联人的态度愈发冷淡并且在掌权之后立即向美国示好，苏联动手的时机到了。[37]

如果苏联现在不采取强硬措施来支持它的盟友，它将不仅仅输掉阿富汗，而且会输掉整个中亚地区。瓦连京·瓦连尼科夫（Valentin Varennikov）将军后来回忆道，政府高层在"担心，被赶出伊朗的美国人会把他们的基地迁到巴基斯坦，并控制住阿富汗"。[38]在其他地区，苏联的领导地位也受到了挑战，看上去已经落于下风：政治局讨论了70年代中国和美国双边关系的进展，指出莫斯科在这里又输了一局。[39]

1979年12月，苏共的高层官员对勃列日涅夫说，美国正在试图建立一个横跨中亚的"新奥斯曼帝国"，而苏联在南方边境却没有一个全方位的防空体系，这意味着美国能够在苏联的心脏地区插上一把匕首。[40]正如之后不久勃列日涅夫在接受《真理报》的采访时所指出的，阿富汗的动荡是对"苏联国家安全的重大威胁"。[41]显然，苏联人准备动手了。

勃列日涅夫在与高层官员举行会谈两天后，下令制订入侵计划，初步部署7.5万到8万人。实事求是的守旧派军官、苏联总参谋长尼古拉·奥加尔科夫（Nikolai Ogarkov）将军对此大发雷霆。作为一名训练有素的工程老兵，奥加尔科夫指出，这些兵力根本无法维持通信线路的畅通以保证该国境内关键据点的安全。[42]国防部长德米特里·乌斯季诺夫（Dmitri Ustinov）驳回了他的反对意见，这位喜欢吹嘘苏军辉煌战果的圆滑政治常青树说道，苏军的战斗力能够"完成党和人民交付的任何任务"。[43]

无论他是否真的相信这一点，重要的是，他及他那一代二战老兵正在迅速丧失对周围变化不断的世界的把控能力。他们确信，美国正计划在这一地区取代苏联。据报道，乌斯季诺夫曾在1979年时发问说："如果（他们能够）在我们的鼻子底下做这些勾当，我们为什么还要忍气吞声、畏首畏尾，然后失去阿富汗？"[44]在12月12日的政治局会议上，乌斯季诺夫连同列昂尼德·勃列日涅夫、安德烈·葛罗米柯（Andrei Gromyko）、尤里·安德罗波夫（Yuri Andropov）和康斯坦丁·契尔年科（Konstantin Chernenko）等一群头发花白的老头儿，批准了出兵阿富汗的方案。[45]几天后，《真理报》引用勃列日涅

夫的话说："这不是一个草率的决定。"【46】

两周后的1979年圣诞前夜，作为"333风暴行动"的一部分，苏联军队开始鱼贯越过苏阿边境。就像苏联外交官和政治家在之后的10年中不断重复的那样，乌斯季诺夫对指挥越境行动的军官们说：这不是侵略，相反，这是在应喀布尔政府的要求"向友好的阿富汗人民提供国际支援"，以恢复和稳定"中东地区动荡的政治和军事局势"。【47】

这对华盛顿来说无疑是个糟糕的麻烦。尽管美国在阿富汗的扩张让苏联人感到担心，但是美国自身在本地区的虚弱也令人苦恼。自1979年年初逃离德黑兰之后，伊朗国王辗转多个国家以寻求一个永久居所。当年秋天，卡特总统在其政府高级官员的鼓动下，允许这个垂死的老朋友进入美国接受治疗。得到这一消息的霍梅尼政府新外交部长直截了当地告诉总统的顾问们："你们这么做是在打开潘多拉的盒子。"【48】白宫的记录显示，卡特很清楚这样做的风险有多大。他曾问道："如果（伊朗人）占领了我们的大使馆并劫持我们的人，你们这帮家伙能有什么建议？"没有人能回答他。【49】

11月4日，即伊朗国王入住纽约康奈尔医疗中心两周后，激进的伊朗学生冲破了美国驻德黑兰大使馆的防线，控制了整个使馆区，并扣押了大约60名外交人员作为人质。尽管他们最初可能只是打算针对美国接纳伊朗国王事件组织一场短暂而激烈的抗议，但是事态很快就升级了。【50】11月5日，霍梅尼对使馆事件发出表态。他没有呼吁保持冷静，而是直言不讳地宣称：（美国）驻德黑兰大使馆是"阴谋"的孪生地，他们正密谋推翻伊朗伊斯兰共和国。他接着说道，这些阴谋的首要策划者是"万恶的美国"。他要求美国交出"卖国贼"，让其回国接受审判。【51】

一开始，美国还试图避免因应对不当而让事态升级为大规模的混乱。一位谈判代表带着卡特总统的私人建议来见霍梅尼，但是却被拒之门外，也没能将信件送出去。另有消息称，美国甚至还派人与巴勒斯坦解放组织（PLO）接触，希望通过他们来与伊朗进行沟通——该组织成员曾策划了像慕尼黑奥运会人质屠杀事件[1]这样的恐怖活动，其宗旨是赶走以色列人并建立巴勒斯坦国。然而令人更为尴尬的是，伊朗人根本拒绝让巴解组织充当此次危机的中间人。[52]

于是卡特总统决心采取更加果断的行动，不仅要解救人质，更要传达一种强硬的态度，即虽然伊朗国王倒台了，但美国仍是亚洲中心地带一支不可忽视的力量。1979年11月12日，作为对霍梅尼政权经济制裁行动的一部分，卡特总统宣布对伊朗的石油实施禁运。"没有人，"他宣布，"可以低估美国政府和美国人民的决心！"[53]两天后，总统又发布了一项行政命令，冻结了120亿美元的伊朗资产，进一步显示了他的坚定意志。这些举措在美国国内颇受欢迎，也使得卡特总统体验到了自盖洛普（Gallup）民意测验发明以来涨幅最大的支持率。[54]

然而，这种虚张声势的策略收效甚微。伊朗人毫不在乎石油禁运。"世界需要石油。"霍梅尼在卡特宣布实施禁运一周后说道，"但世界不需要美国。其他国家要找的是我们这些产油国，而不是你美国。"[55]从逻辑上看，禁运也难以奏效，因为伊朗的石油常常通过第三方进入美国。制裁不可避免地导致了供应压力和石油价格的上涨，这反而给伊朗带来了更多的财政收入。[56]

美国人没收伊朗资产的行为，在阿拉伯世界引起了很多人的担忧，人们认为美国开创了一个不好的先例。僵持局面加深了美国与沙特等国之间的分歧，双方对中东政策的见解并不一致，特别是在以色列问题上。[57]正如在禁运实施几周后的一份中情局报告中所提到的："就我们目前的经济压力来讲，这一政策不太可能取得积极的成果，甚至还会造成负面影响。"[58]

许多欧洲国家也不愿卷入这场越来越恶化的德黑兰危机中。"现在很清楚，"卡特写道，"即使是我们最亲密的欧洲盟友，也不打算因美国人质事件而参与到石油禁运或者其他危及它们自身的外交策略当中。"对此，美国人只能"威胁将采取进一步行动"。[59]卡特的国防部长赛勒斯·万斯（Cyrus Vance）随后被派去欧洲，他传达的消息是，如果各国不对伊朗实施制裁，美国将采取单边行动，甚至（有必要的话）在波斯湾布雷[60]——这当然会进一

[1] 发生在西德慕尼黑奥运会期间的一场恐怖活动。1972年9月5日，巴勒斯坦恐怖分子持枪袭击了奥运村，当场杀害两名以色列运动员，并劫持九名人质。——编者注

步推高石油的价格，从而给发展中经济体造成压力。华盛顿不得不借此威胁它的盟友们。

美国对伊朗的强硬措施无疑是有欠考虑的。正当这一令人绝望、事与愿违的做法令局势大为紧张时，突然传来了苏联军队向南开进阿富汗的消息。这完全出乎美国政策制定者们的意料之外。就在入侵行动爆发前四天，卡特总统还在和他的顾问们谋划着夺取伊朗的近海岛屿，以及采取秘密的军事行动推翻霍梅尼的可能性。[61]

现在，美国人一边要面对悲观的人质局势，一边还要被迫认真应对苏联在这一地区的大规模扩张。而且，华盛顿和莫斯科几乎观点一致，即一个超级大国在阿富汗的行动很可能是进一步扩张的前奏，这将损害另一个超级大国的利益。据1980年年初的一份情报推测，苏联下一步的行动目标很可能是伊朗，那里注定会被革命者们搞乱。于是总统开始考虑，"在此局面下向伊朗派遣美国军队"。[62]

在1980年1月23日的国情咨文中，卡特进一步发挥了他的雄辩才能。苏联对阿富汗的入侵意味着这片具有"重大战略意义"的地区陷入危险，他说道，莫斯科的行动使得缓冲地带不复存在，并且还将"蕴藏着全球石油三分之二储量的地区"以及"绝大部分石油运输都会途经"的霍尔木兹海峡纳入其军事打击范围。对此，卡特总统用强硬的措辞发出威胁："在此我要表达我们的立场，"他说道，"任何外部势力想要控制波斯湾地区的企图都将会被视为对美国生存命脉的侵犯，这种侵犯必将会遭到任何必要手段的反击，包括动用军队。"这一目中无人的声明完美体现了美国对中东石油资源的态度，以及最初由英国确立、后来被美国继承的立场：任何试图改变现状的做法都将遭到猛烈的还击。这是货真价实的帝国主义政策。[63]

然而，实际发生的事情与卡特虚张声势的言辞正相反。与伊朗人就释放人质的谈判一直在暗中持续进行，而且越来越滑稽：一方面，美国总统助理要戴着假发、假胡子和眼镜去和德黑兰代表对话；另一方面，随着谈判的进行，霍梅尼不断发表演说，称"美国正在侵吞世界"，要给"这个大魔头"一个教训。[64]

最后，在1980年4月，决心解决问题的总统卡特批准了"鹰爪行动"：秘密解救德黑兰人质。八架直升机从核动力航母尼米兹号上起飞，计划在伊朗中部的塔巴斯（Tabas）附近与地面部队会合，在那里他们将接受查理·贝克卫斯（Charlie Beckwith）上校，以及一支名叫"三角洲"的特种部队的领导。然而，该行动的结局却让中学生都感到脸红：一架直升机因为天气原因返航，另外一架因螺旋桨开裂而退出，还有一架的液压系统受损。贝克卫斯认为该行动无法再继续，经总统同意后取消。当这些直升机返回尼米兹号时，其中一架因和C-130空中加油机靠得太近而相撞，导致两架飞机双双坠毁，共有八名美国士兵丧生。[65]

这对美国的形象来说无疑是一大污点。霍梅尼称这是真主干预的结果，因此并不令人意外。[66]其他人则对此次愚蠢行动的结果瞠目结舌。美国无法通过谈判或者武力解救人质，这足以说明世界已经发生改变。甚至早在解救行动失败之前，卡特总统的一些顾问就已经觉得有必要采取一些行动来加强自身威慑。"我们必须要做点什么，" 国家安全顾问兹比格涅夫·布热津斯基（Zbigniew Brzezinski）说道，"要让埃及人、沙特人以及阿拉伯半岛上的其他人相信美国不会放弃对自身权利的维护。"他的意思是现在就"在该地区建立明确的军事地位"。[67]

不过，美国不是唯一想要在这一混乱局面中维护其利益和面子的国家。9月22日，伊拉克突然袭击伊朗，轰炸了伊朗的机场，并且兵分三路从地面入侵伊朗，目标是胡泽斯坦（Khūzestān）省，以及阿巴丹（Ābādān）和霍拉姆沙赫尔（Khurramshahr）两市。伊朗人毫不怀疑入侵行动的幕后黑手是谁。霍梅尼怒斥道："伊拉克的袖子里伸出的是美国人的手。"[68]伊朗总统巴尼·萨德尔（Bani-Sadr）声称，这些攻击是美国—伊拉克—以色列整体计划中的一部分，企图推翻伊斯兰政府、恢复国王统治或是将伊朗分裂为五个共和国。他坚信，华盛顿向伊拉克人提供了入侵的线路图。[69]

尽管一些人认为美国是这次袭击的幕后主使，并得到很多人的附和，但却没有过硬的证据能够证实外国势力插手了这场战争。相反，数百万页的文件、录音材料以及2003年从巴格达总统府发现的资料充分表明，萨达姆是单独行动的。他选择了一个合适的时机乘虚而入，想要夺回在五年前两伊领土协议中失去的地盘。[70]这些资料显示，在巴格达决定突然入侵伊朗前的几个月，伊拉克的情报部门为此扩大了情报搜集的范围。[71]

驱使萨达姆发动战争的是强烈的不安全感和狂妄自大。以色列的存在，以及阿拉伯世界无力击败这个"英美势力代言人"的事实，都让萨达姆坐立不安。同时他还抱怨，任何针对以色列的攻击都会招致西方对伊拉克的报复。他提醒伊拉克的高官们："如果我们攻击以色列，美国人会向我们扔原子弹。"他指出，西方攻击的"首要目标将是巴格达，而不是大马士革或安曼"。[72]所以，萨达姆的想法是，如果攻击以色列会让伊拉克面临亡国的危险，那么不如在此之前先将伊朗拉作垫背。

萨达姆和他的伊拉克高官们不断声称以色列和伊朗存在勾结，伊拉克应当承担起领导所有阿拉伯人的责任。为了收回1975年领土协议中被"霸占"的土地，伊拉克果断地在1980年进攻伊朗。萨达姆向其高官们断言，这一行动将鼓舞所有被赶出家园的人们站起来，要回理应属于他们的东西——这无疑是说给巴勒斯坦人听的。[73]萨达姆相信，入侵伊朗将有利于其他地区的阿拉伯人。鉴于这一奇怪的逻辑，难怪以色列总理梅纳赫姆·贝京（Menachem Begin）会将伊拉克形容为"可能是除卡扎菲之外最不可理喻的阿拉伯政权"。[74]

伊朗的革命也激怒了萨达姆。他认为，伊朗国王的倒台以及霍梅尼的上台"完全是美国的决定"。他声称，目前的动荡是一个更庞大计划的开始，该计划将利用穆斯林阿訇"吓唬波斯湾人民，使得美国人可以插上一脚并随心所欲地左右本地区的局势"。[75]当然，除了想象力，萨达姆还拥有敏锐的洞察力。例如，伊拉克领导人立即意识到苏联出兵阿富汗的意义，以及这将给伊拉克带来什么影响。苏联会不会有一天在伊拉克如法炮制？它会不会以提供援助为借口在伊拉克扶植傀儡政府？这都是萨达姆所担心的问题。他质问莫斯科："这就是你们对待未来朋友的方式？"[76]

当苏联试图利用伊朗的反美情绪接近霍梅尼和他身边的人时，萨达姆更加不安了。[77]萨达姆意识到情况不妙，莫斯科有可能为了讨好伊朗而抛弃伊拉克。他在1980年对约旦外交官说道："应该遏制苏联在本地区的渗透。"[78]由于感觉到和苏联渐走渐远，萨达姆准备背弃曾经在70年代力挺他掌权的苏联人。因此直至攻击发动前一天，萨达姆才通知苏联，而莫斯科对此反应冷淡。[79]另一方面，据伊拉克情报部门的报告，此时伊朗正在经受"严重的经济危机"，并且无力"进行大规模防御"，这无疑是个不容错过的绝佳机会。[80]

伊朗国王的下台引发了一系列混乱。至1980年年底，整个中亚地区都在暗潮涌动。伊朗、伊拉克和阿富汗的命运扑朔迷离，将主要取决于它们各自领导人的选择以及外部势力的干预。想要抛开该地区的整体形势而去猜测单个国家的未来走向，几乎是不可能的。对于美国而言，他们只能摸着石头过河。尽管在20世纪早些时候，该地区就已经埋下了反美情绪的种子，但完全不至于发展成纯粹的仇恨。然而美国近20年来的策略，使得这片位于地中海和喜马拉雅山之间的地区对美国的态度不断恶化。

很显然，80年代初的美国陷入了困境。一开始，美国的政策制定者还将伊拉克的进攻看作是一个福音，萨达姆·侯赛因的侵略行为被认为是开启与德黑兰谈判的机会。总统卡特的国家安全顾问布热津斯基"毫不掩饰地声称，伊拉克的进攻是个积极的信号，将迫使伊朗释放人质"。[81]华盛顿认为，为了应对伊拉克的侵略，霍梅尼非常需要曾经购自美国的武器零件，这将给伊朗人带来谈判压力。伊朗人被告知，如果人质得到释放，华盛顿可能会考虑放行价值数亿美元的相关物资。这一方案已经得到了总统本人的许可，但是德黑兰对此却不予理睬。[82]伊朗人再次棋高一着：他们的路子很广，成功地从其他地方买到了急需的零件，包括像越南这样在战争期间缴获了大量美军装备的国家。[83]

伊朗还从以色列那里获得了大量的装备，而这是萨达姆·侯赛因无论如何都要阻止的。鉴于霍梅尼一向的反犹立场，伊朗人和以色列人想和对方做生意的意图从许多方面来讲都是出人意料的。霍梅尼曾在70年代写道："伊斯兰国家和穆斯林的第一个敌人就是犹太人，他们是所有反伊斯兰阴谋的源头。"[84]如今，多亏了萨达姆·侯赛因的入侵，伊朗和以色列亲密得好似一家人。

　　这也是80年代初霍梅尼在提到少数派和其他宗教时言辞变得温和的一个原因，他认为犹太教是"一个在普通人中兴起的、可敬的宗教"。但是他将犹太教与犹太复国主义区别对待，至少在他看来，后者是一场政治（以及剥削性）运动，在本质上是反宗教的。这种态度的转变非常明显，伊朗伊斯兰共和国甚至发行了带有耶稣基督形象和亚美尼亚语《古兰经》箴言的邮票。[85]

　　以色列和伊朗不仅仅是在武器交易方面进行合作，在军事行动上也承诺彼此配合。关乎双方共同利益的一个打击目标，是伊拉克的奥西拉克核反应堆。按照一名情报人员的说法，甚至在萨达姆发动攻击之前，伊朗和以色列的代表们就已经在巴黎的秘密会谈中讨论了对该设施进行打击的计划。[86]在伊拉克入侵仅仅一周后，四架伊朗F-4幽灵战斗机大胆地突袭了该反应堆的实验室和控制大楼。八个月后的1981年6月，以色列的战斗机飞行员更是在关键时刻摧毁了该反应堆。[87]

　　伊拉克人的目标是取得一场迅速的完胜。因此即便伊朗空袭了奥西拉克，他们仍对战局充满希望。然而，随着时间的推移，局面开始对伊拉克愈发不利。为了惩戒伊拉克的单方面行动，苏联取消了对它的武器供应并暂停运输相关装备，这让伊拉克的领导人捉襟见肘、倍感沮丧。萨达姆像往常一样召集心腹，坦率地承认战争不像想象中那样顺利，并且开始一个接一个地抱怨那些捕风捉影的国际阴谋，将它们视作是伊拉克遭受挫折的原因。不过最重要的是，伊拉克越来越发现自己的确技不如人且装备落后。萨达姆曾经在1981年中时无助地问将军们："要不试试从黑市上买些武器吧，我们能找到和伊朗人一样的路子吗？"[88]

　　事实证明，伊朗人的确足智多谋，他们日益强大、野心勃勃。到了1982年夏天，伊朗军队不仅成功迫使伊拉克人撤出了伊朗土地，并且还攻入了伊拉克的领土。美国国家安全局在当年6月的一份特别情报中明确指出："伊拉克基本上已经输掉了和伊朗的战争……即便联合其他阿拉伯国家，伊拉克也很难扭转战局了。"[89]在此大好局面下，伊朗人试图将伊斯兰革命思想传播到别的国家。他们向黎巴嫩激进的什叶派武装力量——如真主党（Hezbollah）——提供了资金和后勤上的支持，同时还在麦加煽动暴乱，并资助巴林的政变。1982年6月，美国国防部长卡斯帕·温伯格（Caspar Weinberger）曾说道："毫无疑问，伊朗人威胁到了中东地区的其他国家。伊朗正被一伙疯子掌控。"【90】

具有讽刺意味的是，萨达姆·侯赛因的失败却给美国人带来了天赐良机。尽管随着一项幕后协议的达成，德黑兰终于释放了被关押了一年多的美国大使馆人质，但这并不代表美国和伊朗之间的僵局有所改善。相反，正如中情局所警告的，苏联一直在向霍梅尼示好。苏联人在阿富汗取得了明显的进展，他们占领了多座城市并保障了交通线的安全，看起来即将掌控局面。向苏联施加的外交压力——包括抵制1980年的莫斯科奥运会——收效甚微。在华盛顿看来，情况不容乐观，除非政策制定者们能够接受一个决策上的转变：支持伊拉克。

正如国务卿乔治·舒尔茨（George Shultz）后来所指出的，如果伊拉克继续后撤，该国将很快崩溃，而这将是"美国的战略性灾难"。【91】这除了会引发波斯湾和整个中东地区的骚乱外，还会让德黑兰抢占到国际石油市场上的强势地位。于是，一项新的政策终于应运而生：美国决定在伊拉克身上投下重注，这是华盛顿最有可能影响中亚地区局势的地方。只有支持萨达姆，美国人才能继续留在这里，才能遏制伊朗和苏联的前进脚步。

支持的形式有好几种。美国先是将伊拉克从恐怖主义支持者名单中除名，然后开始帮助伊拉克进行经济建设：增加了农业财政贷款，并允许萨达姆购买非军事装备以及"军民两用"技术，如能够将装备运往前线的重型卡车。欧洲的西方国家政府也受到鼓励，向伊拉克出售武器；而美国外交官们则拼命地劝说本地区的其他国家，如科威特和沙特阿拉伯，帮忙分担伊拉克的军费开支。美国人还会将搜集到的情报传达给巴格达，通常是通过约旦的侯赛因国王这个可以信任的中间人。【92】为了应对因两伊战争而导致的波斯湾运输问题，美国还鼓励、促进通往沙特和约旦的石油管线建设。此外，里根政府还帮助伊拉克扩大石油出口，以便增加后者的财政收入。这一措施的目的是"矫正伊朗与伊拉克石油出口的失衡"，换句话说，即拉平双方的竞争力。【93】

另外，从1983年年底开始，美国制订出了一项"坚定行动"（Operation Staunch），采取一系列积极的措施削减对伊朗的武器和零部件销售，以遏制伊朗在战场上的优势。美国外交官们接到指令，请求所在国家"考虑停止与伊朗之间现有的任何渠道的军事装备交易"，直到双方同意停火。外交官们还强调，战争将"威胁到我们所有人的利益"，必须"削弱伊朗打持久战的能力"。[94]

这些措施都旨在赢得伊拉克人和萨达姆的信任。即便美国采取了所有这些行动，他们仍然对美国及其动机抱有戒心。[95]因此，里根总统在1983年年底将他的特使唐纳德·拉姆斯菲尔德（Donald Rumsfeld）派往巴格达，目的是与萨达姆·侯赛因"开启对话并建立私人友谊"。拉姆斯菲尔德在工作报告中写道，他试图让伊拉克的领导人相信，美国"将把任何伊拉克的挫折视作西方的战略失败"。[96]美国人和伊拉克人都认为，拉姆斯菲尔德此行取得了显著的成果。而且，在同样担心霍梅尼向中东地区输出什叶派伊斯兰教义的沙特看来，这次会谈是"了不起的进展"。[97]

为了提升与伊拉克的关系，华盛顿甚至准备放弃追究萨达姆使用化学武器的罪责——尽管曾有一份报告指出，萨达姆"几乎天天"都在使用化学武器。[98]尽力阻止伊拉克的这种行为当然是有必要的，但是要在私下劝阻，以"避免在公开场合使伊拉克感到难堪"。[99]还有人指出，如果公开指责伊拉克使用《日内瓦议定书》中明文禁止的化学武器，就会被伊朗舆论所利用，而且无助于局势的缓和。于是美国只好尽量杜绝那些可以被用来制造芥子毒气的化学品进入伊拉克，并努力游说其他国家向伊拉克施压，让它不要再在战场上使用化学武器，特别是在伊朗于1983年10月将此事提交到联合国之后。[100]

不过，即便伊拉克人在1985年针对伊朗的"巴德尔进攻"（Badr offensive）中明显使用了毒气，他们仍然没有受到公开的指责。美国只是发表一份措辞温和的声明，表明自己强烈反对使用化学武器。[101]毕竟，正如美国的一位高级官员所指明的，伊拉克的化学武器的制造商"主要是来自于西方的企业，可能还包括一家美国在海外的子公司"，这一事实令人十分尴尬。因此不少人怀疑，在萨达姆获得甚至使用化学武器的过程中，一定存在同谋。[102]

到了后来，美国人连那些无关痛痒的、公开或私下恳求伊拉克高层不要使用化学武器的声音也懒得发了。80年代中期，当联合国的报告认定伊拉克对其本国公民使用了化学武器时，美国选择了沉默。面对萨达姆对伊拉克库尔德人采取的残暴而持续的镇压，没有人站出来指责，仅仅是在美国的军事报告中提了一句，伊拉克针对平民大规模地使用了"化学药剂"。对于美国来说，伊拉克要比国际法重要得多，更别说那些受害平民了。[103]

同样的，苏联对阿富汗的入侵提高了巴基斯坦的战略意义，因此无人理会该国的核计划。纵观全球，人权问题远不及美国的利益重要。美国并没有从伊朗革命中吸取教训：美国人本身并不赞同恶行，但是由于他们支持的都是一些独裁者、一些虐待本国人民或一心要挑衅邻国的人，因此美国会不可避免地背负骂名，并为此付出代价。[104]

援助阿富汗叛军的行动就是一个典型的例子，这些人因反抗苏联的侵略而被西方媒体称为"圣战战士"（Mujahidin）。实际上，他们的成分很复杂，有民族主义者、前军官、宗教狂热分子、部落首领、机会主义者和雇佣兵。他们之间偶尔还会互相争夺兵员、资金和武器，包括中情局从80年代初开始提供的数千架半自动步枪和RPG-7火箭筒，其中绝大部分都是从巴基斯坦运来的。

尽管组织松散，但这些抵抗势力对苏军进行了持续的骚扰，有效打击了后者的士气。在主要城市及萨朗（Salang）公路沿线，恐怖袭击已经司空见惯；从乌兹别克斯坦向南到赫拉特和坎大哈这一苏联向阿富汗运送军队和装备的主要线路上也是如此。前线在发给莫斯科的报告中指出，愈发频繁的敌对行动令人担忧，而且很难确认凶手是谁，叛军往往混在当地居民中间以躲避搜查。[105]

阿富汗叛军不断取得令人惊讶的战果。如在1983年，贾拉鲁丁·哈卡尼（Jalaluddin Haqqani）发动了一次突袭，成功缴获了两台T-55坦克，以及高射炮、火箭筒和榴弹炮等武器。他把它们藏在靠近巴基斯坦边境的霍斯特（Khost）附近的隧道里。之后，这些武器被用来攻击暴露在公路上的车队，从而向当地居民证明，强大的苏联被他们打得头破血流。[106]

诸如此类的胜利使得苏军士气低落，后者对此发起了凶猛的还击。在目睹了同志和战友的伤亡后，复仇和嗜血的欲望再难以遏制。报复行动是残忍的：儿童被杀害，妇女被强奸，每个人都被怀疑是圣战战士。这导致了一个恶性循环，支持叛乱的阿富汗人越来越多。[107]一些苏联指挥官冷静地意识到，红军的铁锤无法砸开行踪诡秘、各自为战的敌人的外壳。[108]

叛军的力量给美国人留下了深刻的印象，美国开始不仅仅满足于遏制苏联在阿富汗的扩张。1985年早些时候，人们已经在谈论如何打败苏联并将之彻底赶出阿富汗。[109]里根总统在3月份签署了第166号国家安全决策指令，称"（美国）政策的终极目标是清除阿富汗的苏联军队"，为了实现这一目标，有必要"改善阿富汗抵抗力量的军事能力"。[110]换句话说，就是大幅增加对叛军的武器供应。这一决议引发了关于武器供应是否要包括毒刺（Stinger）导弹的漫长争论——这种导弹比当时的其他导弹精准得多，能够在3英里外击落飞机。[111]

像贾拉鲁丁·哈卡尼这样的人，是该新政策的受益者。其抗击苏联的成果和宗教热情使得美国众议员查理·威尔逊（Charlie Wilson，好莱坞大片《查理·威尔逊的战争》的原型）相信，他是"正义的化身"。在得到了更多更好的武器装备之后，哈卡尼开始在阿富汗南部建立起自己的地盘；1985年之后美国提供的大批武器更让他战无不胜，从而巩固了他的强硬路线。但这并不表示他对美国抱有任何忠心，事实上，他在后来让美国人非常头疼：九一一之后，他被列为阿富汗第三号通缉犯。[112]

美国大约支持了50名这样的指挥官，每月根据战果和形势支付2万到10万美元不等的行动经费。出于对伊斯兰国家的支持，以及对那些受压迫的穆斯林的同情，沙特阿拉伯也提供了大笔资金用于支援圣战战士。那些志愿来阿富汗参与战斗的沙特人受到了高度的赞扬。出身名门、能言善辩、风度迷人的奥萨马·本·拉登（Osama bin Laden）便是其中之一，他获得了大笔来自沙特资助者的资金。毫无疑问，这些资金会反过来让他们成为圣战组织中的重要人物。[113]直到后来人们才认识到这一事实。

……

大量的援助使得与苏联红军作战的抵抗组织不断壮大。苏联发现自己屡屡受挫，不断地遭遇武器、人员和财产上的损失。1986年8月，喀布尔城外的武器库发生爆炸，损毁了大约4万吨、价值2.5亿美元的军火。之后，美国的毒刺导弹在贾拉拉巴德附近击落了三架苏联米格-24武装直升机。面对如此高效的毒刺导弹，红军不得不改变他们在阿富汗战场上的空中支援方式：苏联飞行员被迫修正他们的空降队形，同时为了减少被导弹击中的概率，夜间飞行的任务开始越来越多。[116]

到了20世纪80年代中期，局势开始好转。美国费尽心机地与萨达姆·侯赛因交好，终于与伊拉克建立了信任；阿富汗的战局在苏军被迫采取守势之后也开始扭转，最终苏军在1989年年初被彻底赶出阿富汗。无论从哪方面看，美国人都是大赢家：他们不仅打击了苏联在中亚地区扩张势力的企图，而且还成功地建立起了自己的势力网。1985年春天的一份情报文件写道，过去华盛顿与德黑兰之间那"长期的、具有地缘战略意义的关系"竟是如此脆弱，真是让人脸面无光。[117]一年前，伊朗被正式认定为"支持恐怖主义国家"，这意味着将对伊朗实施全面的武器出口和销售禁令、对军民两用技术和装备的严格控制，以及各种金融和经济制裁。

不过，大约同期的另外一份报告指出：不幸的是，美国在与伊朗打交道时"没有什么牌可出"。该报告的作者建议，也许值得考虑一个"更大胆但也可能存在风险的政策"，[118]让双方都能获益。霍梅尼已经很老了，而且疾病缠身，华盛顿急于确认新一代领导层中谁将上台掌权。按照一些报告的说法，伊朗政坛中存在一个"温和派"，他们渴望与美国取得联系并使两国恢复邦交。如果能与这些温和派成员建立友好关系，未来一定会有回报。美国还希望伊朗能够劝说黎巴嫩真主党恐怖分子释放80年代初扣押的西方人质。[119]

伊朗方面也同样在寻找更具建设性的政策。阿富汗局势的进展是个不错的开始，美国和伊朗的利益在这里十分吻合，这将使两国的有效合作成为可能。另外，一些其他因素也促使伊朗急于改善与美国的关系。尤其是自1980年以来，已经有超过2万的难民越过边境进入伊朗。伊朗很难收留这些难民，德黑兰的领导人也许更加希望通过建立友谊从而减少本地区的动荡。[120]同时，伊朗发现在与伊拉克的持久战期间很难获得武器装备。尽管胜利的天平正在向伊朗倾斜，在黑市上也可以买到各式军火，但伊朗仍然渴望从美国获得更多武器和零件。[121]于是，双方开始初步尝试打开沟通的渠道。

最开始的接触并不顺利。为了争取伊朗人的支持，美国提供了一些后来被证明是"半真半假的情报"，如强调苏联对伊朗部分领土所谓的不良企图，以展现与美国结盟的好处。[122]然而随着谈判的进行，信息交流的重点转向了一些美国特别关心的地方，如苏联的武器。为了搜集这方面的情报，美国人还花5000美元购买了一支苏军装备后不久即被阿富汗人缴获的AK-47突击步枪。[123]美国人聚精会神地听取了阿富汗士兵的介绍，以评估T-72坦克和MI-24"鳄鱼"武装直升机的优缺点；他们学到了凝固汽油弹和其他苏联毒气弹的使用方法；他们还了解到苏联的雪域特战队在横跨阿富汗的军事行动中为什么战绩显著，这可能是由于与其他红军相比，他们受到了更好的训练。[124]即便在20年后，这些资料仍充满价值。

美国与伊朗之间还存在着一些显而易见的共同利益。比如，伊朗对"苏联向他们灌输意识形态"的做法非常不满，与美国对待共产主义的立场有着相似之处。还有一个关键因素，这一时期的苏联向伊拉克提供了大量的军事援助。一位参与谈判的高级官员说道："苏联正在杀害伊朗士兵。"[125]伊朗和美国不可能在短短几年内就从最大的敌人变成最好的朋友，但是他们越来越愿意抛开彼此分歧，为了共同的目标通力合作。试图在大国竞争的夹缝中寻找一条通道是前几代伊朗外交官和领导人的共识。

美国人急于巩固与伊朗的关系，甚至不惜违反自己的制裁政策而向伊朗运送武器——尽管他们同时仍在向其他国家施压，禁止它们向德黑兰出售武器。一些人对此表示反对，其中包括国务卿乔治·舒尔茨，他强调，这一做法将让伊朗过于强大，并引发"该地区新一轮的反美浪潮"。[126]另外一些人则争辩道，让伊朗和伊拉克拼个两败俱伤符合美国的利益。而舒尔茨的助手理查德·墨菲（Richard Murphy）在前一年的国务院听证会上称："（伊朗或伊拉克）任何一方的胜利，都会给美国在军事和战略上带来麻烦。"白宫的一些高级官员也同意他的观点。[127]

不管怎么样，首批100枚采用筒式发射、光学跟踪、导线传输指令的陶式导弹还是于1985年夏交付给了伊朗。负责此次运输的是渴望与德黑兰建立联系的以色列人。[128]虽然在21世纪初，伊朗领导人不时发出威胁要将以色列"从地图上清除"，但是在80年代中期，两国的关系却亲密得令人瞠目，以色列总理伊扎克·拉宾（Yitzhak Rabin）甚至宣称："以色列是伊朗最好的朋友，而且我们不准备改变我们的立场。"[129]

以色列之所以参与美国的武器计划，在很大程度上是为了迫使伊拉克不得不将注意力集中在东方的邻国上，从而无暇对以色列采取行动。不过，凡是涉及伊朗的问题，都是相当敏感的。美国的方案是以色列先行向伊朗运输军械和装备，之后再由华盛顿补给以色列。因此，以色列政府要求得到确认，保证美国政府高层对该计划完全知情。事实上，该计划是由里根总统亲自批准的。[130]

1985年夏至1986年秋，伊朗从美国得到了好几批武器，其中包括2000枚陶式导弹、18枚"鹰式"防空导弹，以及两批鹰式导弹系统零件。[131]这些武器并不都是经由以色列之手运送，美国人很快就开始直接交付给伊朗了。而当其中部分军售的所得资金被转交给尼加拉瓜反政府武装的时候，世界局势变得更加浑浊了。自从古巴导弹危机之后，华盛顿就对美国家门口的共产主义威胁提心吊胆，开始热衷于资助那些能够有效充当抵抗左翼言论和政策堡垒的活跃力量。尼加拉瓜反政府游击队（实际上是一支组织松散的叛军集团，而且内部经常发生激烈斗争）便是美国反共产主义教条和盲目外交政策的主要受益者之一。正如在中东那些言行不一的做法一样，美国也向中美洲的反政府武装提供援助，尽管法律严格禁止它这么做。[132]

1986年年底，当一系列泄密的文件揭发了这一切，事情最终变得一发不可收拾。11月13日，里根总统在黄金时段发表了关于"外交政策中极端敏感而且影响深远的事件"的全国性电视演说。成败在此一举，他需要使出浑身解数。总统不希望自己的演说被认为是在道歉或是辩护，他只是在作出解释。他详细地阐述了该地区国家的意义，声称美国需要不计代价地拥有在该地区的影响力。

他告诉目瞪口呆的观众："伊朗占据着一些世界上最关键的地理位置。它坐落在苏联前往印度洋暖流的通道之上。地理原因解释了为什么苏联要出兵阿富汗以控制该国，并且有可能的话，还想控制伊朗和巴基斯坦。伊朗的地理位置使得敌人能够利用它干预波斯湾周边国家石油的出口。除了地理之外，伊朗的石油储量也是维持世界经济长期健康发展的重要因素。"他说道："因此，向伊朗运送少量的防御性武器和零件"是完全合理的。里根总统没有明确地说明交付给德黑兰的武器种类，他只是说"一架运输机就能够轻易装下所有这些货物"。他所做的一切不过是为了结束伊朗与伊拉克之间"长达六年的血腥战争""消灭有政府支持的恐怖组织"并"确保所有人质安全获释"。[133]

不过，这样的表述还是在华盛顿引起了轩然大波，舆论认为这是赤裸裸的交易，以向伊朗出售武器来换取美国人质的获释。后来当人们得知那些"伊朗和尼加拉瓜反政府军等丑闻"的密切参与者正在销毁能够证明里根总统本人批准了这些秘密而非法行动的文件时，事情变得更加不妙。里根本人向一个受命调查此事的委员会辩称，他的记忆力不是很好，无法回想起他是否曾经同意卖给伊朗武器。1987年3月，他在另一场电视讲话中表达了对"那些没有经过我同意的擅自行动"的愤怒——正如后来里根自己承认的，这番言论是站不住脚的。"几个月前，我对美国人民说，我没有以武器换人质。我的内心和良知仍然告诉我这是真的，但是事实和证据却给出了另外的答案。"[134]

这次丑闻深深动摇了里根政府，众多政府高官随后被指控串谋作伪证或者扣留证据。他们中间包括国防部长卡斯帕·温伯格、国家安全顾问罗伯特·麦克法兰（Robert McFarlane）及其继任者约翰·波因德克斯特（John Poindexter）、负责美国国内事务的助理国务卿艾略特·艾布拉姆斯（Elliott Abrams），以及一帮中情局高官，如行动处负责人克莱尔·乔治（Clair George）。这份显赫的名单显示出美国为确保其在世界心脏地区的地位下了多大的决心。[135]

当然，对于相关人员的指控也不过是装装样子。所有的高级官员后来都得到了乔治·赫伯特·沃克·布什（George H. W. Bush）总统的赦免，或者在1992年圣诞节前夜撤销了对他们的有罪判决。"无论他们是对是错，他们共同的动机是——"赦免书上写道，"爱国主义。"总统接着说，他们在个人财产、事业和家庭上所受的打击"与他们的罪行或错误是非常不相称的"。[136]在这些获得赦免的人中，大多都曾被宣判犯有伪证罪或向国会隐瞒信息，只有对温伯格的审讯要拖延到两周之后才开始。可以看出，这是一个典型的避重就轻的、充满弹性的司法案例，其影响范围远远超出了华盛顿特区。

当美国与伊朗勾结在一起的消息爆出后，萨达姆·侯赛因顿时怒不可遏，因为直到这之前，伊拉克还相信美国是支持自己与这个邻国兼敌人作战的。在1986年11月里根的第一次电视讲话后，萨达姆立即召开了一系列会议，讨论美国总统都说了些什么。萨达姆怒斥此次军售是无耻的"背后放枪"，美国的做法刷新了"恶劣及不道德行为"的新低。[137]他推断，美国想让（伊拉克人）流更多的血，而其他人也同意，目前被揭露出来的可能只是阴谋的冰山一角。几周后，伊拉克的一位高级官员称，美国一定会继续其针对伊拉克的阴谋；副总理塔里克·阿齐兹（Tariq Aziz）附和道，这是帝国主义列强的惯用伎俩。[138]遭到背叛的愤怒让伊拉克人刻骨铭心。"不要相信美国人！美国人是骗子！不要相信美国人！"20多年后，从巴格达找到的一卷录音带中还可以听到这样的劝告。[139]

伊朗门丑闻不仅导致了华盛顿的大换血，它还在80年代中期从根本上造就了伊拉克人的受害心理。如今，由于美国的背叛，萨达姆及其政府官员觉得到处都是阴谋。伊拉克领导人开始关注间谍，并声称如果被他找到，他将切断他们的喉咙。其他与伊朗或美国距离太近的阿拉伯国家也受到了严重的怀疑。后来美国的一份高级别报告指出，萨达姆在伊朗门事件之后坚信"华盛顿不值得被信任，甚至打算抓住他本人"。[140]

伊拉克人普遍相信美国善于两头下注并出卖朋友。美国人曾经和伊朗国王交朋友，而现在他们却试图巩固与霍梅尼之间的关系。大量的军事及经济援助被送给阿富汗的乌合之众，仅仅是为了对抗美国的长期敌人苏联。当萨达姆符合华盛顿政策制定者的利益时，他们就会帮助他东山再起；而当他不再有用时，就被牺牲掉。美国人这种利益至上的做法本身并没有什么问题，关键是他们必须在实行帝国主义式外交政策的时候更加小心翼翼，对后果更加深思熟虑。20世纪下半叶，为了争夺丝绸之路沿道国家的控制权，美国每次都是只顾眼前不计后果，有时还会给今后埋下一些更加棘手的问题。将苏联赶出阿富汗的目标的确实现了，但几乎没有人知道接下来会发生什么。

20世纪80年代末至90年代，美国在伊拉克显然面临着严峻的形势。正如美国国防部长所指出的，脸上无光的美国官员在伊朗门丑闻后竭力"挽回美国在阿拉伯世界的信用"。【141】他们为伊拉克偿还数额巨大的透支信用、制定促进贸易的政策（包括放宽对军民两用和其他高科技出口的限制），并资助那里落后的农业。这些举措都是为了重新赢得萨达姆的信任。【142】然而事实上，巴格达方面对此却有着完全不同的理解。尽管伊拉克领导人接受了这些提议，但他认为这一定是另一个陷阱——也许是在为军事入侵作准备，也许是企图给正在为偿还两伊战争的债务而焦头烂额的伊拉克人火上浇油。

据美国驻巴格达大使称，伊拉克人"坚信美国的目标是伊拉克。他们每时每刻都对此表示抗议……而我认为萨达姆·侯赛因对此也深信不疑"。【143】1989年年底，一则关于美国正在策划反对萨达姆政变的小道消息开始在伊拉克领导层不胫而走。塔里克·阿齐兹直截了当地告诉美国国务卿詹姆斯·贝克（James Baker），伊拉克已经掌握了美国图谋推翻萨达姆政权的证据。【144】这种危机感逐渐发展成为一种严重的妄想症，无论美国做什么，都很容易被误解。

伊拉克的不安并不难理解，特别是当华盛顿突然在1990年7月取消了白宫曾经批准的贷款担保之后，原因是这项为巴格达提供财政援助的议案遭到了国会的阻挠。更糟糕的是，除了撤回7亿美元的资金，美国还开始因伊拉克曾经使用毒气而对他们施加制裁。在萨达姆看来，历史再一次重演，美国又要起了他们那说一套做一套的偷偷摸摸的手段。【145】

此时，伊拉克军队正在该国的南部集结。"我们不会插手这件事。"1990年7月25日，美国驻伊拉克大使阿普里尔·格拉斯皮（April Glaspie）在拜会萨达姆·侯赛因时这样说道。一份20世纪末最为人诟病的文件详细记录了此次会谈的内容：大使告诉萨达姆，"她接到了布什总统关于改善美伊关系的直接指示"，并赞赏萨达姆"为重建国家作出了非凡的努力"。格拉斯皮还对这位伊拉克领导人说："我们知道你需要资金。"

后来，另外一份同样被公开的备忘录显示，萨达姆在会见过程中显得

"很诚恳、理智，甚至充满热情"。他承认，伊拉克正在经历一段艰难的时期。[146] 萨达姆说道，天然气的钻取、长期的边境争端、低迷的石油价格，当然还有两伊战争所带来的债务，都是目前伊拉克经济所面临的问题。为此他提出了一个可行的方案：如果伊拉克能够控制与科威特存在长期争端的阿拉伯河水道，目前这些问题就都可能被解决。他问道："美国对此是什么态度？"

"我们认为伊拉克与科威特的争端属于你们阿拉伯世界的内部冲突，对此我们不持任何立场。"大使回答道。她进一步解释道："国务卿（詹姆斯·贝克）指示我再次强调美国曾经在60年代对伊拉克所作的表态，即科威特问题与美国无关。"[147] 于是，得到美国许可的萨达姆在一周之后放心地入侵了科威特。

一场灾难从天而降。在接下来的30年中，发生在这些亚洲屋脊国家的事件将左右全球的局势。为了控制和影响这些国家，战争、叛乱和国际恐怖主义层出不穷。但与此同时，机遇和希望也开始在一个广阔的地区生根发芽：不仅局限于伊朗、伊拉克和阿富汗，还有黑海以东的那些国家，从叙利亚到乌克兰，从哈萨克斯坦到吉尔吉斯斯坦，从土库曼斯坦到阿塞拜疆，以及从俄罗斯到中国。这一地区从来都是世界舞台的中心。在伊拉克入侵科威特之后，每一事件都与新丝绸之路的出现有关。

| 第二十五章 |

伊战之路

1990年伊拉克对科威特的入侵带来了一系列严重的后果，改写了整个20世纪末至21世纪初的人类历史。萨达姆曾经留给英国人的印象是一个"带着迷人微笑的漂亮年轻人"，丝毫没有自己同僚的那种"虚伪的友善"，说话"从不拐弯抹角"。20世纪60年代的英国驻巴格达大使认为，萨达姆"是条汉子，只要你多了解他一些，就有可能和他共事"。[1]法国人将萨达姆视作"阿拉伯的戴高乐"，他的"民族主义精神和社会主义精神"曾受到希拉克总统的高度赞赏。20世纪80年代早期，美国还曾经打算支持萨达姆，以提升唐纳德·拉姆斯菲尔德所谓的"美国在该地区的立场"。[2]

萨达姆·侯赛因在1990年12月告诉他的心腹顾问，进攻科威特是伊朗门事件后的自卫手段，以及对美国两面三刀行为的报复。[3]但其他国家可不这么看。入侵爆发之后，一系列经济制裁随即展开，联合国也要求伊拉克立即撤军。看到巴格达对越来越大的外交压力视而不见，各国开始酝酿更强硬的措施来解决问题。1991年1月15日，乔治·赫伯特·沃克·布什总统授权对伊拉克展开军事行动，"在法律允许的范围内，履行宪法赋予总统和三军统帅的职责和权力"。批准动用"美国海陆空的常规军事力量以及盟国部队"的美国国家安全部第54号令一上来并未提及伊拉克的侵略行动以及它对科威特主权和国际法的侵犯，相反，布什总统的表述是这样的："获取波斯湾的石油以及保护该地区重要的盟友，对美国的国家安全而言是至关重要的。"这为之后30年的美国外交政策定下了基调。[4]萨达姆·侯赛因对科威特的入侵是对美国力量和利益的直接挑战。

大规模攻击随即展开，诺曼·施瓦茨科普夫（Norman Schwarzkopf）将军负责指挥由众多盟军组成的多国部队。他的父亲曾经在第二次世界大战中作为盟军的一员为保护伊朗而战，并且参与了阿贾克斯行动（导致了伊朗民选总理穆罕默德·摩萨台的下台）和伊朗国家安全情报组织萨瓦克的组建（该组织在1957至1979年间一直是伊朗人民的噩梦）。多国部队空袭了伊拉克的防空力量、通信设施和军工厂，同时地面部队从伊拉克南部和科威特登陆。这场沙漠风暴行动规模壮观、场面宏大，而且动作迅速。1991年1月行动开始后仅六周，布什总统即宣布停火，并在2月28日的电视讲话中指出："科威特获得了解放，伊拉克军队被击败，我们的军事目标已经达成。科威特再次回到了可以掌握自己命运的科威特人手中。"他接着说道，"现在还不是狂欢的时候，斗争尚未结束。我们必须把注意力放到胜利和战争之后。"[5]

布什的支持率飙升，甚至超过了杜鲁门总统在1945年德国投降后的水平。[6]其中部分原因在于此次战争目标明确且迅速实现，同时多国部队的人员伤亡也很少。美国并不打算推翻萨达姆政权，除非后者使用"生化或核武器"、支持恐怖袭击或破坏科威特的油田。布什总统表示，如果发生以上情况，"替换伊拉克现有领导层将成为美国的明确目标"。[7]

然而，尽管伊拉克军队已经破坏并点燃了许多科威特的油井，美国还是做出了及早结束军事行动的决定，并受到了阿拉伯世界和其他国家的广泛支持。20世纪90年代末，布什总统在他与当时的国家安全顾问布伦特·斯考克罗夫特（Brent Scowcroft）合著的一本书中写道：我们忽略了伊拉克的这些破坏行为，部分原因是进攻伊拉克首都看起来有些"画蛇添足"。除了阿拉伯国家及其他盟国的反对之外，美国也意识到，进攻伊拉克本土并"消灭萨达姆"的代价过于高昂。[8]

　　"我们决定不进入巴格达。"1992年，国防部长迪克·切尼在"发现研究所"（Discovery Institute）的一次讲话中说道，"因为那绝不是我们的目标。那不是美国要干的事，也不是国会要干的事，同样也不是这些盟国团结在一起的初衷。"他接着说道，"而且，美国也不想陷入接管和治理伊拉克的泥潭。"推翻萨达姆是一件困难的事，他承认，"我所考虑的问题是：萨达姆还值得我们付出多少伤亡？答案是：决不能太多。"[9]

　　不过，决定保留萨达姆政权仅仅是美国的公开立场，在私底下就很难说了。1991年5月，就在美国宣布停火的几周后，布什总统批准了一项计划，目标是"创造条件将萨达姆·侯赛因搞下台"。他为此划拨了1亿美元的秘密活动经费。[10] 自20世纪20年代以来，美国一直在积极地扶植符合其不断膨胀的战略利益的政权。如今再一次证明，为了将其观念强加给这一地区，华盛顿不惜颠覆当地的政权。

　　在20世纪90年代初，地缘政治格局的变化在一定程度上点燃了美国人的勃勃野心。德国的柏林墙在伊拉克入侵科威特前不久倒塌，而在美国击败伊拉克后几个月内，苏联也自己解体了。1991年的圣诞节那天，米哈伊尔·戈尔巴乔夫辞去了苏联总统职务，并宣布苏联解散为15个独立的国家。这简直是"《圣经》里才会出现的巨变"，布什总统在几周后评论道，"上帝保佑，美国打赢了冷战"。[11]

　　在俄罗斯，巨变所引发的权力之争最后以一起宪法危机收场：1993年，军队坦克炮轰了俄罗斯政府所在地莫斯科白宫，保守派势力遭到了清洗。这一时期的中国也在经历重大的转型：邓小平等人在1976年毛泽东去世后所倡导的改革开放开始取得成效，将这个国家从一个偏远的地区性势力改造成为一个经济、军事和政治抱负不断提升的大国。[12] 南非严酷的种族隔离政策也开始终结。自由、和平与繁荣的胜利鼓声正在敲响。

　　布什总统在美国参、众两院的联席会议上说道，世界曾一度被分为两部分，而现在"只有唯一一个大国：美利坚合众国"。[13] 西方胜利了。当美国用高于一切的手段将他们的标志和礼物"民主"扩散至全世界时，他们在伊拉克的道德瑕疵也就无关紧要了。

因此，在入侵科威特事件发生后的10年间，美国所推行的政策既模棱两可又野心勃勃。它不断宣扬解放伊拉克的功绩，并极力推广民主的概念和实践；但在这个瞬息万变的世界中，它也时而多疑、时而粗暴地维护或扩张自己的利益，并且不惜任何代价。在海湾战争结束之后，联合国通过687号决议，在保护科威特主权的同时也对伊拉克实施了制裁：禁止向伊拉克出售或提供任何非食用、药用和卫生用的商品或产品。[14]为的是强制裁减伊拉克的军队，终止生化武器计划，同时迫使其签订承认科威特主权的协议。全面限制伊拉克出口和金融业的计划造成了严重的影响，特别是对穷人来说。据医学刊物《柳叶刀》（Lancet）初步估算，这些政策实施五年后，直接导致约有50万儿童死于营养不良和疾病。[15]1996年，莱斯利·斯塔尔（Leslie Stahl）在电视节目《六十分钟》中采访美国驻联合国大使马德琳·奥尔布赖特（Madeleine Albright）时指出，伊拉克儿童的死亡人数超过了1945年的广岛。奥尔布赖特回答道："我想，这是一个十分艰难的选择。"但是她接着说道："我们认为这是值得的。"[16]

制裁不是停火后针对伊拉克的唯一措施。达成停火协议后，北纬32度以北、北纬36度以南被划出了多个禁飞区。在90年代，美国、法国和英国一共出动了20万架次的武装飞机进行巡视。[17]这些禁飞区覆盖了超过一半的伊拉克领土，名义上是为了保护北部的少数民族库尔德人和南部的什叶派教众。划定禁飞区是盟军的单方面行动，并没有得到联合国安理会的授权，这显示出西方势力干涉其他国家内政的意图，只要条件允许，他们便会亲自插手。[18]

这一点在1998年再次得到了证明。克林顿总统签署了《伊拉克解放法》，表示美国官方"支持旨在推翻伊拉克萨达姆政权、成立新政府的努力"。[19]克林顿还宣布，美国正在为"伊拉克民主派反对党"筹集800万美元的资金，明确表示要调和各种反对萨达姆的声音，"使它们的行动更加有效、统一"。[20]

为了得到它们想要的东西，美国及其盟国的动作并不仅限于伊拉克。比如，克林顿总统就向伊朗领导层提议展开对话，以改善伊朗门丑闻及1988年伊朗客机被美军舰文森斯号击落事件后的美伊关系。尽管尚不明确伊朗会采取哪些全方位的报复行动，但是众多证据表明，以美国为目标的系列恐怖袭击已经展开，其中可能包括1988年12月泛美航空公司（Pan Am）103号航班的洛克比（Lockerbie）空难，以及1996年发生在沙特阿拉伯达兰市（Dhahran）附近的美军基地爆炸事件。[21]

当美国调查表明后一起事件与伊朗有关之后，90年代末，克林顿总统在一封由中间人转交的信件中向伊朗总统哈塔米（Khatami）表示了抗议，要求伊朗为这19名士兵的死亡负责。伊朗的反应十分强硬，驳斥美国的指责是"错误的、无法令人接受的"。而且，伊朗强调，既然美国根本不打算指控并引渡那些容易确认的、要为10年前伊朗民用客机坠落事件负责的美国公民，美国又有什么资格指责恐怖袭击。不过，德黑兰也为将来留了一些余地。伊朗答复道：（美国）总统可以放心，伊朗对美国人没有恶意，"伊朗人民对伟大的美国人民不仅没有敌意，而且是满怀敬意的"。[22]

同样的策略也被用于阿富汗。1996年，通过中间人，美国与毛拉·奥马尔（Mullah Omar）的塔利班政权建立了联系。初步接触进行得十分顺利。美国驻喀布尔大使在一份关于首次会谈的机密报告中提到，一位塔利班的高层领导说："塔利班很重视美国"，塔利班不会忘记在与苏联的圣战中美国对塔利班的援助；最重要的是，"塔利班希望同美国搞好关系"。[23]除此之外，一些当地的老朋友也表示会在今后为美国与塔利班的关系提供帮助，这让双方都对未来充满期待。其中一位老朋友便是军阀贾拉鲁丁·哈卡尼，他自苏联入侵阿富汗以来一直是美国中情局的合作人。他对社会政策和妇女权利（相对而言）持有自由主义立场，在塔利班内的重要性日益增加。[24]

然而，美国最担心的还是阿富汗会成为激进分子和恐怖主义的温床。自1996年塔利班控制喀布尔之后，邻国愈发担忧地区动乱、宗教激进主义的兴起，以及俄罗斯在苏联解体后再次涉足该地区的可能。

这些担忧在1996年与塔利班重要成员于坎大哈举行的高级别会谈上被提出。塔利班向美国官员保证，激进分子训练营已经被关闭，并且会为核查人员创造核实条件。当然，美国情报人员最关心的还是奥萨马·本·拉登。中情局认为，本·拉登与1992年索马里美军士兵被袭事件、1993年纽约世贸大楼爆炸事件有关，并参与"建立了位于埃及、沙特阿拉伯和巴基斯坦的'基地'组织招募中心和窝点"。正如一位情报人员在报告中所说的，本·拉登是"全世界伊斯兰极端主义活动最重要的赞助者之一"。[25]不过，关于本·拉登情况，塔利班官员——包括毛拉·高斯（Mullah Ghous），阿富汗实际上的外交部长——的回答令人感到欣慰。

美国官员告诉阿富汗代表说："我们希望塔利班能够告诉我们他在哪儿，并保证他不会发动（恐怖）袭击。"阿富汗官员回答道：本·拉登"是我们的客人和避难者"，而依照普什图（Pashto）文化，我们有义务"尊重和款待客人"。他们接着说道："塔利班不允许任何人利用（我们的）土地进行恐怖活动。"本·拉登已经承诺，无论如何，他不会在阿富汗发动恐怖袭击。后来，当塔利班怀疑他所住的贾拉拉巴德南部靠近托拉博拉（Tora Bora）的山洞，并让他"搬出来住到正常的房子里"时，本·拉登也表示了同意。[26]

尽管这有一些安慰作用，但还不是美国人想要的。"这个人很危险。"美国官员向塔利班使节强调，"所有国家，即便是强大如美国，也需要朋友。阿富汗更需要朋友。"这是个警告：如果本·拉登今后卷入任何恐怖袭击，后果会很严重。塔利班高层领导毛拉·拉巴尼（Mullah Rabbani）的答复很明确，再次表达了之前的意思："如果一个人寻求避难，那么他就会得到庇护，这是这里的规矩。但是如果有人要进行恐怖活动，那么你可以把他们指出来。我们有自己的观念，不会允许任何人进行这种肮脏的活动。"[27]他的回答被全文发回华盛顿，并转发给伊斯兰堡、卡拉奇、拉合尔和吉达的美国使馆。

然而这些保证从未被兑现过。1998年春天，中情局正在准备一项被策划者称为"完美行动"逮捕计划，需要阿富汗"部落"的支持和配合。到了5月，一份精心撰写的中情局报告称："引渡（本·拉登）的计划进行得非常顺利"，行动方案"详尽、缜密、可行"，尽管不无风险。但一位参与者却担心该计划能否得到批准："可能性只有50%。"一些高级军官对此并不抱希望。据称，三角洲部队司令认为该计划的细节"不太合适"，而美国联合特种作战司令部也觉得中情局的计划"超出了他们的能力范围"。尽管"最后的分级演习"进展顺利，但该计划还是不了了之。[28]

就在对付本·拉登的最终方案出台之前，局势发生了决定性的转折。1998年8月7日，"基地"组织同时对位于肯尼亚最大的城市内罗毕和坦桑尼亚重要的港口达累斯萨拉姆的美国大使馆发动炸弹袭击，造成224人死亡，数千人受伤。本·拉登立即被认定为嫌疑人。

美国在两周内就采取了行动，向"基地"组织在阿富汗的大本营发射了78枚巡航导弹。"我们的目标是恐怖主义，"克林顿总统在8月20日的电视讲话中说道，"我们的任务很明确，打击由奥萨马·本·拉登建立或与他有关的激进组织，此人是当今国际恐怖主义最大的组织者和赞助者。"克林顿当时正深陷与白宫实习生莫妮卡·莱温斯基（Monica Lewinsky）的性丑闻中，他在三天前要求安排这场与丑闻无关的电视演说。在做出这些试图消灭幕后操纵者的行动之前，他并未与塔利班协商。"我希望得到世界的理解，我们的行动不是针对伊斯兰教。"这位因丑闻而焦头烂额的总统先发制人地宣称，"伊斯兰教是一个伟大的宗教"。[29]

对付奥萨马·本·拉登的计划以失败告终。更糟糕的是，这还引起了塔利班的不满，他们对美国在阿富汗本土的军事行动感到恼怒，况且攻击的还是他们的一位没有证据能证明其参与了东非恐怖袭击的客人。毛拉·奥马尔宣布，塔利班"绝不会将本·拉登交给任何人，并且将会用我们的鲜血不惜一切代价地保护他"。[30]一份美国情报评估报告指出，本·拉登及其极端主义在阿拉伯世界赢得了广泛的同情，当地主流观点认为穆斯林人民受到了歧视和不公的待遇："美国通过扶植一些腐败政权……有预谋地分裂、削弱、压迫阿拉伯世界。"该报告的结论是，几乎没有人完全认同本·拉登的恐怖主义，但是"很多人都至少赞同其部分政治观点"。[31]

毛拉·奥马尔本人也持有这样的看法。在遭到美国导弹攻击后的第三天，他致电美国国务院："这次（导弹）袭击得不偿失，将激起伊斯兰世界的反美情绪。"在这通刚解密不久的电话里（这是阿富汗领导与美国政府唯一的直接联系方式），毛拉·奥马尔提到了由克林顿与莱温斯基的丑闻所引发的

"美国国内的困境"。考虑到这一事态，同时也为了"美国能在这次鲁莽的单方面攻击之后重塑自己在伊斯兰世界的形象"，毛拉·奥马尔说道："美国国会应当迫使克林顿辞职。"【32】

塔利班首席发言人瓦基勒·艾哈迈迪·穆塔瓦基勒（Wakīl Ahmed Mutawakkil）称，美国的袭击是对"全体阿富汗人"的攻击。据艾哈迈迪所言，袭击发生后，在坎大哈和贾拉拉巴德爆发了大规模的反美示威游行。很快，艾哈迈迪就袭击事件与美国官员进行了磋商。"如果（塔利班）能够以类似的攻击报复华盛顿，"他说道，"我们早就干了。"【33】就像当初萨达姆·侯赛因发觉美国在口头上声称支持伊拉克而在背地里却卖武器给伊朗时一样，阿富汗也感受到了这种被背叛的感觉：美国一方面表示友好，另一方面又冷酷无情。

对于美国在导弹袭击后所提供的毫无说服力的证据，瓦基勒·艾哈迈迪表示了强烈的愤慨。塔利班领导层一直都很清楚，如果本·拉登被发现在阿富汗本土发动恐怖袭击，他一定会受到制裁。【34】毛拉·奥马尔要求美国国务院立即出示确凿证据，【35】他强调说，有些人认为该指控是莫须有，而另外一些人则指出本·拉登"曾经是接受美国资助的训练有素的游击队员"。美国人所提供的是一份最多不过几页的"文件"，显然很难构成证据。美国曾怀疑一卷移交给塔利班的录像带中包含关于本·拉登的"新动向"，但最终却尴尬地发现该录像带毫无证据价值。

艾哈迈迪说，袭击造成了许多无辜的阿富汗民众的死亡，是对阿富汗主权的十分无耻的侵犯。他最后说道，如果美国人真的想解决本·拉登问题，他们就应该去和沙特人谈判，这样立马就会有结果。【36】讽刺的是，一系列外交电报、调查文件和向利雅得寻求支持的建议显示，美国自己也得出了同样的结论。【37】

此次美国袭击的影响是灾难性的。美国情报机构在一年后发布的一份对"基地"组织的研究表明，此次袭击不仅没能消灭本·拉登，反而在大部分伊斯兰国家中树立了后者在"面对侵略暴行时不屈不挠的形象"。越来越多的人认为"美国文化傲慢自大"，这才是真正的危险。该报告警告说，美国的袭击"被质疑缺乏道德"，在某些方面和本·拉登的袭击没什么不同，都造成了大量无辜人员的伤亡，美国不得不通过一系列政治议程为自己使用武力进行辩护。可以说，"这次报复性的巡航导弹袭击确实是利大于弊"。该报告预见性地补充道：美国应该意识到，空中打击很可能会"招致新一轮的恐怖爆炸阴谋"。[38]

其实在此之前，失败的干涉行动就已经造成了一系列恶果。面对这些表里不一的西方国家，塔利班领导层内部对外部世界的看法开始变得僵化。这种被包围的心态促进了强硬宗教立场的发展，并使得激进派将伊斯兰教推向全世界的意愿更加强烈（尽管一项同时期的中情局报告判断，这几乎不可能成功）。[39]

然而，来自美国的压力已经促使那些伊斯兰教保守派越来越接近宗教激进主义。诸如塔利班的二号人物及喀布尔议会领袖毛拉·拉巴尼这样的人担心，美国驱逐本·拉登行动的失败将加深阿富汗在国际上的孤立。他们输给了毛拉·奥马尔，后者那不与外人合作、不向外人屈服的强硬政策占了上风。于是，塔利班开始向好战的本·拉登靠拢，目标是将穆斯林从西方国家的控制下解救出来，回到中世纪之前那梦幻般的美好世界。[40]

这也是9·11恐怖袭击的目标。早在1999年，一份情报就已经指出，如今的本·拉登"自我膨胀，将自己视为古老历史舞台上的英雄，认为自己正在抵抗当代的十字军"。[41]在双子大楼遇袭后所公布的每一份录音带和录像带都清楚地表明，他不断地在提及十字军，并将之作为参照。革命者通常热衷于唤起人们对历史的理想化激情，但是很少有人会透过1000多年的历史来反思自己的恐怖主义行为。

9·11事件发生前的几个月，情报人员指出"基地"组织的威胁正在升温。2001年8月6日的一份"仅供总统阅读"的备忘录有个不详的标题："本·拉登决定要攻击美国"。该备忘录报告称，根据"全国范围内大约70项全面调查"所收集到的数据，联邦调查局认为，"所有可疑活动都指向劫机或其他类似的袭击方式"。[42]与此同时，美国政府正在为如何保持与喀布尔政权的关系而焦头烂额。美国人保证"他们不是针对塔利班，也不想摧毁塔利班"。关键在于本·拉登，如果能够解决掉他，"我们将迎来一种全新的双边关系"。[43]

　　然而他并没有被解决掉。2001年9月11日8点24分，人们感到了明显的不安：从波士顿飞往洛杉矶的美国航空公司11号航班在按指示攀升至35000英尺的高度后，便与空中交通指挥中心失去了联系，眼下已经过去了11分钟。就在此时，人们突然接收到了一条意料之外的答复："我们手里有几架飞机。请冷静，你们没事。我们正在返回机场。"【44】美国东部时间8点46分，这架波音767客机撞向了世贸中心的北塔。在接下来的1小时17分钟内，又有三架飞机被劫持并撞毁：美联航175号航班撞上了世贸大厦的南塔；美航77号航班坠落在五角大楼；美联航93号航班在宾夕法尼亚尚克斯维尔（Shanksville）附近坠毁。【45】

　　共有2977人在9·11事件中丧生，其中包括19名恐怖分子。世贸中心双塔的倒塌使得曼哈顿闹市区顿时化为一片废墟，五角大楼受到了结构性破坏。同样巨大的还有心理创伤。针对美国大使馆和海外军队的恐怖行动已经令人震惊，而对美国本土目标协调一致的袭击更是灾难性的。飞机有预谋地撞向建筑物的恐怖画面以及之后的灾难、混乱与伤痛在人们心中久久挥之不去。"我们正在极力调查搜寻这些暴行的幕后操纵者，"总统乔治·沃克·布什在袭击当晚的电视讲话中说道，"我已经命令情报机构和执法部门全力找出幕后凶手并将其绳之以法。"他警告说，"我们不会将实施这些行为的恐怖分子和幕后黑手区别对待。"【46】

　　世界各个角落都传来了支持的声音，甚至包括一些与美国关系堪忧的国家，如利比亚、叙利亚和伊朗，都表达了"对受害者的深切哀悼和同情"，并说"打击恐怖主义是一项国际职责"。【47】很明显，本·拉登就是幕后黑手，尽管塔利班驻巴基斯坦大使声称本·拉登并不具备实施如此"组织有序的计划"的必要资源。【48】瓦基勒·艾哈迈迪·穆塔瓦基勒在袭击发生后第二天告诉卡塔尔半岛电视台，塔利班"谴责此类恐怖袭击，无论其背后是谁"。【49】

　　袭击发生后仅几小时，一系列关于如何处理本·拉登的策略就已制订完成。9月13日早晨发布的一项行动计划指出，联合伊朗、土库曼斯坦、乌兹别克斯坦、吉尔吉斯斯坦、哈萨克斯坦和中国政府是至关重要的，它们都是阿富汗的邻国或近邦。美国计划"在此后一周内动员上述国家，使它们做好对塔利班采取军事行动的准备"。【50】9·11事件后的第一反应，就是邀集这些丝绸之路的沿线国家。

阿富汗的某个邻国受到了特别的关注：巴基斯坦从一两代人之前就对塔利班持同情态度，并且一直与之保持着密切的关系。恐怖袭击事件发生后，巴基斯坦情报机构首脑被告知，伊斯兰堡需要立即"在黑与白之间"作出抉择，"没有灰色地带"。该国"要么和美国一起打击恐怖主义，要么与美国为敌"。[51]

各国各部都做好了进攻阿富汗的准备。塔利班收到了来自巴基斯坦总统或其安全主管的最后通牒："交出所有'基地'领导人、关闭恐怖分子的营地，并允许美国接触恐怖分子的所有设施，这对你们的利益和生存都有好处。"如果被发现"任何与阿富汗有关的人员或集团"参与在美国发生的恐怖袭击行动，后果将会是灾难性的："塔利班政权的所有支柱都将被彻底摧毁。"[52]这份最后通牒强硬而明确地写道：交出本·拉登，否则将承担严重后果。

尽管美国在不遗余力地搜寻本·拉登、摧毁"基地"组织，但这还不是最重要的事。华盛顿的注意力很快就转向更大的目标：彻底控制中亚地区。权威人士强调，必须全面改造这片土地上的国家，这样美国在该地区的利益和安全才能得到根本的改善。

数十年来，美国一直在与魔鬼掷骰子。数十年来，亚洲的心脏地区一直被认为是至关重要的。到了20世纪90年代，亚洲心脏地区已经和美国的国家安全密切相关。处于东、西方之间的地理位置使亚洲在超级大国的竞争中占据了重要的战略意义，同时这里的自然资源——首先是石油和天然气——也使得海湾地区及其周边国家的任何举动都影响着美国的国家安全。

9·11事件爆发三周之后的2001年9月30日，美国国防部长拉姆斯菲尔德向总统提出了他的战略构想，主要是关于在未来的战争中，美国能够和应该去争取哪些利益。"一些针对'基地'组织和塔利班的空中打击已计划妥当"，这标志着战争的打响，必须"说服或迫使一些国家停止对恐怖主义的支持"。然而他接下来的表述则流露出令人震惊的野心："如果战争不能明显改变世界的政治格局，美国就没有达成目的。"这意味着，"（美国政府）想要实现目标，就必须在阿富汗及另一个（或两个）关键国家建立新政权"。[53]这两个

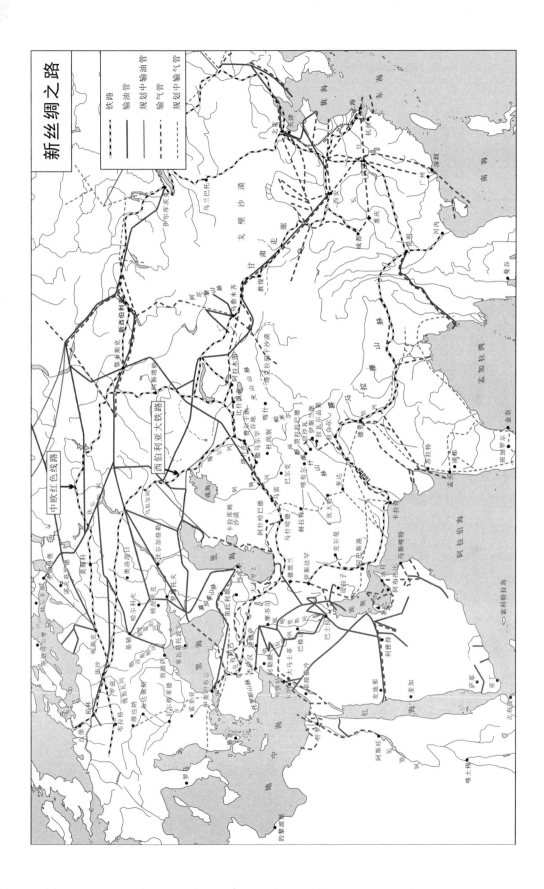

关键国家不需要他专门指出，很明显就是伊朗和伊拉克。

可以看出，9·11恐怖袭击事件改变了美国应对世界的战略方式。美国的未来取决于它在亚洲屋脊的地位。布什总统在2002年1月特别强调了这种观点。此时，针对塔利班的"持久自由行动"（Operation Enduring Freedom）已经进行了数周，密集的空袭和大量部署的地面部队将塔利班赶出了阿富汗的主要城市，包括喀布尔。尽管本·拉登仍然在逃，但布什总统在其国情咨文中已经开始阐述美国为何要将目光放在更高的目标上面：很多对美国抱有敌意的国家"在9·11之后变得相当老实，但是我们了解它们的本性"，朝鲜就是其中之一；但美国真正需要关注的是来自伊朗和伊拉克的威胁，这两个国家连同朝鲜，一起"构成了邪恶轴心，并且威胁着全世界的安全"；清除该邪恶轴心至关重要，"我们的反恐战争开局不错，但这仅仅还只是个开始"。【54】

美国及其盟国的首要目标是取得控制权，废除该地区现存的动荡、危险的政权。因此他们只需克服眼下的困难，暂不考虑接下来可能或应该会发生什么。解决短期危机远比长远设想更为重要。这一点在2001年9月针对阿富汗制订的计划中就体现得十分明显。"美国政府不应该为塔利班之后的事情操心"，空战开始后的一份文件这样宣称。击败"基地"组织和塔利班是关键所在，至于之后会发生什么，可以留到以后再考虑。【55】

伊拉克战争是美国短视行动的典型案例。当时，推翻萨达姆政权是重中之重，美国根本不考虑日后伊拉克将会怎样。布什政府执政第一天就迫不及待地要清除萨达姆，新上任的国务卿科林·鲍威尔（Colin Powell）在布什就职典礼后不到72小时就明确提出要"更替伊拉克的政权"——当时离9·11袭击事件爆发还有几个月。【56】恐怖袭击发生后，美国的注意力几乎立即转移到了萨达姆·侯赛因身上。当美军牢牢控制了阿富汗之后，国防部开始全力部署美军在伊拉克的行动。正如拉姆斯菲尔德与中央司令部司令汤米·弗兰克斯（Tommy Franks）将军的会议记录所表明的，现在的问题很简单："什么时候动手？"【57】

美国设想了三种可能，每种可能都能让它有足够的理由采取军事行动：萨达姆可能会"向北部的库尔德人采取行动"，2001年11月唐纳德·拉姆斯菲尔德这样怀疑；或是证明萨达姆"与9·11袭击或炭疽袭击（2001年9月，含有炭疽杆菌的信件被寄给数个新闻媒体机构以及两名美国参议员）有关"；或者调查指控伊拉克"制造大规模杀伤性武器"。这第三条似乎是条行得通的理由，正如底下的一条批示所说的："现在可以想想怎样进行杀伤性武器调查。"【58】

2002年全年一直到2003年年初，随着生化武器及大规模杀伤性武器的调查进入关键阶段，伊拉克面临的压力越来越大。美国当然不肯罢休。一份报告指出，由于缺少巴格达与9·11事件有关的确凿证据，只有英国首相托尼·布莱尔（Tony Blair）可能支持开战，而且他要为此付出"相当大的政治代价"。而另外一份报告则强调了如下事实："许多，甚至是大多数与美国结盟或亲近的国家（特别是在欧洲）对在伊拉克全面开战颇有顾虑。"由于估计到联合国不会明确授权采取行动，美国开始为发动全面战争寻找合法外衣。【59】

关键在于要确认伊拉克不仅计划生产大规模杀伤性武器，而且正在偷偷摸摸这么做着，同时还给国际原子能机构的核查工作设置障碍。某些时候，这给核查人员本身也造成了麻烦，他们不得不夸大事实、寻求妥协，否则就会有危险。例如，2002年春，禁止化学武器组织总干事、巴西人何塞·布斯塔尼（José Bustani）在一次特别的闭门会议后遭到罢免，这是重要国际组织的负责人首次被强制解除职务。【60】美国极尽所能地捕风捉影，决意将针对伊拉克和萨达姆的指控做到滴水不漏。2003年2月5日，科林·鲍威尔在联合国会议上说道："我今天所讲的每一句话，都有确凿的证据支撑。没有一句是推断。我们给出的都是基于可靠情报的事实和结论。"【61】

实际上情况并非如此。仅仅在一周以前，国际原子能机构的一份报告得出的结论是："到目前为止，我们没有找到伊拉克试图恢复其20世纪90年代核武器计划的证据。但这还需要作进一步的核实。"【62】2003年1月27日，联合国监核会主席汉斯·布利克斯（Hans Blix）表示，尽管核查人员不时会面临骚扰，但"到目前为止，伊拉克对核查人员提出的要求基本上还是非常配合的"。【63】

最终，美国没有找到萨达姆·侯赛因与2001年"基地"组织袭击直接有关的证据。事实上，2003年3月19日美军在入侵巴格达后所发现的数百万页的文件中，几乎没有找到提及恐怖主义的字眼。相反，与伊拉克情报机构相关的文件显示，伊拉克还曾经力劝巴勒斯坦解放阵线首脑阿布·阿巴斯（Abu Abbas）等人不要采取任何过激行为——该阵线曾在20世纪80年代策划过一系列令人震惊的袭击行动。这些文件表明，伊拉克无论如何都不会对美国发动攻击，除非美国入侵伊拉克。[64]

同样，正如我们现在所知道的，那些在脑中构想出伊拉克拥有庞大而复杂的核武器计划、从而威胁到地区和世界和平的人，也根本没有事实依据。那些被科林·鲍威尔认为是生物武器设施、而且"藏在棕榈树丛里……每个月至少转移一次以躲避探测"的拖车，后来被证明是气象气球，正如伊拉克当初所解释的那样。[65]

美国不计一切代价地清除萨达姆，导致它在长远规划上出现了严重失误。战争期间，各种文件和书籍描绘的都是解放伊拉克后的美好未来。一项重要的研究资料乐观地指出，伊拉克的石油是一笔"惊人的财富"，它能"惠及该国的每一个公民"，无论他们属于哪个民族、哪个宗教。[66]人们幻想着财富将会得到公平合理的分配，对未来充满不切实际的期望。车到山前必有路的想法也是无处不在。"伊拉克和阿富汗不一样，它是一个相当富裕的国家。"2003年2月，白宫发言人阿里·弗莱舍（Ari Fleischer）在一次简报会上说，"伊拉克人民有着巨大财富，他们（将轻而易举地）承担起重建国家的大部分重任。"在2003年3月，即美国入侵伊拉克八天后举行的众议院拨款委员会听证会上，施瓦茨科普夫将军的副手保罗·沃尔福威茨（Paul Wolfowitz）也表达了几乎完全相同的观点。他坚信，没有什么可担心的，"我们面对的是一个有充足财力去重建自身的国家，这一进程不会花费太长时间"。他轻松地预言，石油将在未来两三年内为伊拉克带来500亿到1000亿美元的收入。[67]

除掉萨达姆将使伊拉克变成一块流淌着牛奶和蜜糖的土地，这种观点无疑是一厢情愿。当军队进入阿富汗，政策制定者曾严肃地指出，美国"不应与塔利班之后的阿富汗有任何军事上的牵扯，因为美国将大力投入到全球范围内的反恐斗争中"。[68]在伊拉克也是如此：根据美国中央司令部的计划，入侵伊拉克需要27万名军人，但是三年半之后只需一支不超过5000人的地面部队。

在放映幻灯片时，人们只想看自己愿意看到的东西，所以这一规划看上去很合理。[69]换句话说，这些战争都是能够速战速决，并且能为整个亚洲中心地区建立全新平衡秩序的轻型战争。

然而，在这两个地方，战争最终都变得漫长无期且耗资巨大。巴格达政府倒台后，内战和大规模暴动席卷了伊拉克全国。同时，阿富汗对美国的干预也在做着坚定而多变的抵抗，正如在20世纪80年代他们反抗苏联人那样，巴基斯坦也再次为这些不屈不挠的阿富汗战士提供着关键的支持。数千名军人付出了生命，超过15万退伍老兵受到了七级以上程度的伤残。[70]军事行动还造成了数十万阿富汗平民伤亡。这些平民或者是因为在错误的时间出现在错误的交火地点，或者遭遇无人机和汽车炸弹的袭击，而美国将这些都称为"间接伤害"。[71]

战争耗资的增长速度同样让人吃惊。据估算，伊拉克和阿富汗行动的成本高达6万亿美元。如果将长期医疗护理和伤残补偿金也算进的话，相当于每个美国家庭要负担75000美元。这也意味着美国的政府债务在2001至2002年间上涨了大约20%。[72]

甚至，连军事干涉本身的效果都大大低于预期，而且还让许多事情变得更糟。到了2011年，据前国防部长罗伯特·盖茨（他在当年3月的白宫会议上认为前景暗淡）称，奥巴马总统几乎已经准备放弃阿富汗了："总统不信任他的司令彼得雷乌斯（Petraeus）将军，不能忍受卡尔扎伊（Karzai，阿富汗总统），对他自己的战略方针没有信心，也不认为这是一场他自己的战争。他一心想的就是怎么撤出来。"[73]这一表述惹恼了卡尔扎伊总统（在很多人看来，是西方扶植了他、支持着他并且喂饱了他）。他告诉作家威廉·达尔林普尔（William Dalrymple），因为美国的政策，阿富汗人受到了巨大的伤害，美国人"不是在打击恐怖主义，他们（恐怖分子）从未被消灭，美国人是在不断地伤害着阿富汗和她的人民"。他说道：毫无疑问，"这是背叛"。[74]

同时在伊拉克，人们只能看到人员的伤亡、高昂的代价和破灭的希望。在萨达姆·侯赛因倒台10年后，该国的民主状况依然令人担忧。在人权记录、媒体自由、少数民族权益、腐败行为和言论自由方面，现在的伊拉克并没有比萨达姆时期表现得更好，在某些方面甚至做得更差。少数民族遭受着荒唐的暴力行径，动荡和骚乱使得这个国家陷入了瘫痪，前途一片暗淡。

这对整个西方，特别是对美国的声誉造成了严重的损害。在9·11袭击发生两周后，唐纳德·拉姆斯菲尔德给布什总统的建议是："我们应尽量避免造成美国人正在杀害穆斯林的印象。"[75]除了这种显而易见的敏感印象，更多的人开始关注那些未经审判就被囚禁在关塔那摩（Guantánamo）监狱的囚犯——美国之所以特别选择这里，是为了让犯人不受美国宪法的保护。对伊拉克战争爆发原因的调查发现，决策者们曾故意歪曲并篡改了某些事实，以便让他们在闭门会议中商量出来的决策能够获得支持。美国还对后萨达姆时代的伊拉克媒体进行控制，让记者们用"美国官方信息"鼓吹自由概念、描绘美好民主未来，这种做法使人不禁想起当年只顾梦想、不顾现实的苏联式的政治宣传方式。[76]

此外，法外引渡、频繁拷打，以及用无人机袭击有威胁的人物（尚未得到证实）等做法也引起了舆论的争议。一方面宣扬民主至上，另一方面使用帝国主义手段的虚伪行径使许多人感到恐惧，充分展现了西方说一套做一套的狡猾形象。一些人是如此震惊，以至于他们决定要将大量保密信息泄露出来。透过这些信息，人们终于看到了决策是如何被制订出来的：独断，粗暴，罔顾国际法和国际正义。就连情报机构自身也强烈意识到，这些会给西方的形象抹黑，于是他们拼命地为虐囚行为保密，即便面对来自美国参议院的直接问询。

除了将注意力放在伊拉克和阿富汗，美国还不忘制裁伊朗。但正如20世纪90年代的伊拉克一样，受制裁影响最大的是穷人、弱者和被剥夺了选举权的人，制裁让他们的处境雪上加霜。对伊朗石油出口的限制不仅关乎伊朗公民的生活水平，还影响到了住在地球另一边的人们：全球能源市场上每单位天然气、电力和燃料的价格关系到明尼苏达的农夫、马德里的出租车司机、撒哈拉沙漠以南非洲地区的女性，以及在越南种咖啡的人。我们所有人都会直接受到数千英里之外强权政治的影响。在一些欠发达地区，几美分就决定着生与死；对于那些发出的声音无法被世界听到的人——如孟买贫民窟里的母亲、蒙巴萨（Mombasa）郊区编篮子的人，或是试图抗议非法开采行为的南非妇女——而言，实施禁运或许就意味着被判为死刑。于是，伊朗只好被迫否认他们的核计划得到过美国的支持，尽管在20世纪70年代美国确实将一些技术卖给了一个专制、狭隘、腐败的政权。

除了向德黑兰施加外交和经济压力，美国还一直明确地强调它可能会考虑使用武力迫使伊朗终止铀浓缩计划。在布什执政的最后阶段，迪克·切尼还在呼吁对伊朗核设施进行打击，尽管布什尔（Bushihr）核反应堆现在正受到精密的俄罗斯"道尔"（Tor）地对空导弹系统的保护。切尼在2009年说道："比起我的同事们，我可能更主张采取军事行动。"[77]虽然曾有人提醒他，先动手可能会使该地区的形势更加恶化，但他仍然反复地强调自己的观点。例如，他在2013年时说道，除非用战争来威胁伊朗，否则谈判必将失败。他告诉美国广播公司新闻频道说："除此之外，我想不出其他途径。"[78]

华盛顿认定，西方必须使用武力威胁来实现他们的目标。国务卿约翰·克里在2013年11月说道："伊朗必须要证明它的核计划真的是用于和平目的。"他警告道，"总统……已经明确地表示，他并没有放弃采取军事行动的威胁。"2014年1月，克里在接受沙特阿拉伯国有电视台采访时这样说道："美国已经做好了战争的准备。"如有必要，他补充说，美国将"会做它必须要做的事"。[79]奥巴马总统也强调说："为了捍卫美国的利益，到了关键时刻，我将毫不犹豫地使用武力。"[80]

尽管美国试图用威胁迫使伊朗坐到谈判桌上来，但它似乎一直在采取幕后攻击行动。虽然袭击了伊朗纳坦兹（Natanz）核电站离心机以及伊朗境内其他核反应堆的震网（Stuxnet）病毒可能来自多个源头，但多项调查表明，如此复杂、强势的，以核设施为目标的网络战略攻击，一定是美国白宫指使的。[81]这似乎在说明，此类网络恐怖主义是合理的，只要它们是由西方情报机构策划的。这种做法与威胁伊朗使用武力一样，其目的都是为了维护一个符合西方利益的世界秩序，维护他们在古老文明十字路口上的统治地位，只不过付出的代价实在是太高昂了。

| 结语 |

新丝绸之路

　　欧美国家试图在这片连接东、西方的关键地区继续保有支配地位，但却徒劳无功。对他们而言，20世纪末至21世纪初发生的许多事情都似乎是场灾难。近几十年来的局势表明，西方在应对该地区时，缺乏一种站在全球史角度的、更高更广的洞察力。在这些决策者、政客、外交官和将军的头脑里，阿富汗问题、伊朗问题和伊拉克问题都是各自独立的，彼此间似乎没有什么紧密的关联。

　　然而只需后退一步，我们就能获得更宝贵的洞察力和更卓越的眼光，就可以从整体上把握这片处于混乱之中的广大区域。在土耳其，对未来发展方向产生分歧的政府封锁了互联网和一些社交平台，从而引发了一场激烈的争议；同样的局面也出现在乌克兰，不同的民族诉求导致该国陷入分裂危机；叙利亚也正在经历一场深刻的变革，保守派与自由派之间的斗争代价巨大；由于身份认同和民族问题，高加索地区也处于转型期，特别是在车臣和格鲁吉亚；当然，也少不了更东边的吉尔吉斯斯坦，那里自2005年发生"郁金香革命"之后便陷入了长期的政局动荡；在中国西部也出现了一些极端民族主义分子，恐怖袭击的威胁使得当局认为蓄意留长须是一种可疑的标志，并开始启动一项名为"靓丽工程"（Project Beauty）的政策，以鼓励女性摘去面纱。

436

但是，除了西方对伊拉克和阿富汗的拙劣干涉以及向乌克兰、伊朗或其他国家施压之外，这地区还有很多其他故事正在上演。从东向西，丝绸之路正再次崛起。尽管人们对伊斯兰世界的混乱和暴力、宗教激进主义的兴起、俄罗斯与邻国的摩擦以及中国西部省份极端主义的猖狂感到困惑茫然，但这些其实都是这一曾经支配全球知识、文化和经济格局的地区再次崛起过程中的阵痛。世界的重心将再一次回到它千年之前的位置。

这一切的发生有着显而易见的原因。其中最重要的因素当然是该地区的自然资源。垄断波斯、美索不达米亚和海湾地区的资源曾是第一次世界大战的首要目标。此后，资源的价格一直左右着西方对该地区的政策。而且，比起诺克斯·达西时代，现在显然有更多的资源储备。仅里海已探明的原油储量就几乎是全美国的两倍。[1]人们在库尔德斯坦新发现了塔克塔克（Taq Taq）油田等储油地，其原油产量从2007年的每天2000桶飙升到如今的每天25万桶，这意味着每月都能获得数亿美元的收入。在哈萨克斯坦与俄罗斯交界处的卡拉查干纳克特（Karachaganak）大型油气田，仅天然气储量就达到42万亿立方英尺。这一地区的国家正因其丰厚的自然资源而蓄势待发。

位于乌克兰与俄罗斯接壤地带的顿涅茨克盆地，一直以来都以巨大的煤炭储量而闻名，其开采量约为100亿吨，这里同样因为矿产资源而变得日益重要。根据最近美国地质勘探局的一项地质评估推测，该地区拥有14亿桶的石油、约24000亿立方英尺的天然气以及相当数量的液态天然气。[2]离它不远处的是土库曼斯坦的天然气田。该国地下储藏着不少于700万亿立方英尺的天然气，这使它成为全球第四大天然气供应国。还有位于天山矿带的乌兹别克斯坦和吉尔吉斯斯坦的金矿，这里的黄金储量仅次于南非威特沃特斯兰德（Witwatersrand）盆地。在哈萨克斯坦，人们还发现了铍、镉等稀土矿，这些矿物是制造手机、笔记本电脑和充电电池的必须材料；这里还拥有开发核能及制造核弹头的基本物质——铀和钚。

就连该地区的土地本身也具有很高的价值。曾几何时，来自中亚的马匹是一种昂贵的商品，在中国的皇室和德里的市场都大受欢迎，并得到基辅、君士坦丁堡和北京史官们的推崇。如今，大部分的草原牧场都被改造成了俄罗斯南部和乌克兰的高产粮田。这里的"黑土"（chernozem）非常肥沃，颇受欢迎，某个非政府组织发现，每年仅乌克兰就有价值近10亿美元的土壤被挖出来卖掉。[3]

本地区的动荡不安或战争局势不仅反映在全球加油站的汽油价格上，还能影响到我们所使用的技术，甚至是我们食用的面包的价格。如在2010年夏天，气候变化导致俄罗斯歉收，农作物的产量远不能满足国内需要。确定了短缺数量后，政府立即下令10天之后禁止谷物的出口。这一禁令立刻影响到全球谷物的价格，仅仅两天就上涨了15%。[4]2014年年初的乌克兰骚乱也导致了同样的后果：由于担心这一全球第三大小麦产区的产量锐减，世界小麦的价格出现了骤升。

这一地区的其他农作物也遵循着类似的规律。中亚地区的巴布尔橘子树曾经闻名于世；到了17世纪，这里的郁金香又受到了西欧各国的追捧，价格一直居高不下，一株郁金香球茎甚至能够换到阿姆斯特丹的一栋河边公寓。而在今天，被哄抢的则是罂粟。这种在阿富汗全境都有种植的作物构成了全球海洛因消费的基础，同时也决定了海洛因的价格，因而势必也影响着戒毒治疗和康复护理以及打击贩毒组织的成本。[5]

对于西方来说，这一地区是怪异而陌生的，即便用异于常人的眼光观察也是如此。在土库曼斯坦，一座能够自动旋转、从而可以一直面朝太阳的黄金总统塑像在1998年被竖立起来；过了四年，所有月份的名字也被换掉了，其中4月被改为"古尔班索尔坦"（Gurbansoltan），以纪念总统已故的母亲。在邻国哈萨克斯坦，总统努尔苏丹·纳扎尔巴耶夫（Nursultan Nazarbayev）在2011年以惊人的96%的选票再次当选；而一则外泄的外交电文则显示，明星艾尔顿·约翰（Elton John）和妮莉·费塔朵（Nelly Furtado）曾经在一场私人音乐会上为总统一家进行表演，因为那报酬实在高得令人难以拒绝。[6]而在建造了一根短期保有世界最高纪录的旗杆之后，塔吉克斯坦人又将注意力转向了修建中亚地区最大的剧院，新剧院的选址则位于该地区最大的图书馆、最大的博物馆以及最大的茶馆旁边。[7]

同时，在里海西岸的阿塞拜疆，总统阿利耶夫（Aliyev）——美国的外交官认为他的家族与教父柯里昂（Corleone）[1]有的一拼——在最近的选举中以不太服众的86%的选票获得连任。我们还得知，总统的儿子在迪拜拥有总价高达4500万美元的别墅和公寓，这相当于阿塞拜疆10000年的人均收入——这对于一个只有11岁的小孩来说，可真是很不错。[8]再来看南部的伊朗，总统公开否认大屠杀，并指责是"西方列强和独裁者"研制了艾滋病病毒，从而"可以将他们的药物和医疗设备卖给那些贫穷的国家"。[9]

在西方人看来，这无疑是一个落后、专制和混乱的地区。国务卿希拉里·克林顿（Hillary Clinton）在2011年曾说道，中亚已经"因冲突和隔阂而分裂"。在这里，人们看不到商业与合作，有的只是"阻碍货物和人员流动的官僚主义等障碍"。她认为，"对于居住在这里的人来说，通向更美好未来"的唯一道路，就是努力建立一个持续稳定和安全的国家，只有如此才有可能"吸引更多人前来投资"。在她看来，这是社会和经济发展的必由之路。[10]

然而，正是因为有这些不同，这片土地才能够一直以不同方式占据着世界史上的枢纽地位。从古至今，各种思想、习俗和语言都在这个连接着东、西方的熔炉里相互碰撞。今天，丝绸之路再次兴盛，但却被很多人所忽视。经济学家们已经注意到了黑海、小亚细亚、地中海东岸直至喜马拉雅山一带的地表、地下、水下和山脉中蕴藏的财富，但是他们关注的重点仍然是那些在历史上没有太多关联，仅仅在一些表面数据上有着相似处的国家，如金砖国家（BRICS，巴西、俄罗斯、印度、中国和南非），以及曾经一度取代它们的薄荷四国（MINT，墨西哥、印度尼西亚、尼日利亚和土耳其）。[11]但实际上，我们应该关注的是这片世界真正的"地中海"。这里没有什么"野蛮的东方"或"新世界"等着被人发现，这里有的，只是即将再次呈现在世人面前的世界十字路口。

丝绸之路上的各国城市日益繁荣，新的机场、度假胜地、豪华酒店和地标性建筑如雨后春笋般拔地而起。它们有着巨额的资金可供挥霍。土库曼斯坦首都阿什哈巴德（Ashgabat）花费了数亿美元新建了一座总统官邸和一个室内

---

[1] 美国作家马里奥·普佐的小说《教父》中的黑手党首领家族，后被改编成电影。——编者注

滑雪场；而据保守估计，里海东岸的阿瓦扎（Avaza）旅游区已经至少耗费了20亿美元。

在巴库，盖达尔·阿利耶夫（Heydar Aliyev）国际机场拥有一座高度现代化的航站楼，其巨大的"木茧"和凹形玻璃都让来到阿塞拜疆的旅客明显感受到这个浸泡在石油中的国家的野心和财富。还有举办2012年欧洲电视网歌唱大赛的水晶宫音乐厅，也同样如此。随着巴库的繁荣，来到阿塞拜疆首都的外国游客可以选择希尔顿、凯宾斯基、丽笙、华美达、喜来登和凯悦等知名酒店，或去更多新建的精品酒店过夜。仅在2011年，巴库酒店的房间数量就翻了一番，预计在四年内还会再翻一番。【12】

石油行业外的人可能没有听说过伊拉克的埃尔比勒，但它是库尔德自治区的主要城市。在这里，埃尔比勒罗塔纳（Rotana）酒店的房价比绝大部分欧洲首都和美国大城市的价格都要高：标准间是290美元一晚，含早餐及水疗，但是没有无线上网。【13】

大量的新城市中心被建造起来，其中甚至包括一个新的首都——哈萨克斯坦的阿斯塔纳（Astana），它用了仅仅不到20年便拔地而起。如今这里坐落着诺曼·福斯特（Norman Foster）[1]设计的和平宫，以及高达330英尺的、树形的巴伊捷列克塔（Bayterek）——在塔顶的黄金蛋中，游客可以把自己的手放在总统纳扎尔巴耶夫的手模中许愿。

在外人看来，这里简直就像是一个全新的世界。不知道哪里冒出来的亿万富翁们正从伦敦、巴黎和纽约的拍卖行买来最精美的艺术品，并兴高采烈地在全球收购最好的不动产，其价格是那里的常住居民难以想象的：在伦敦的房地产市场中，这些来自过去苏联各共和国的买家所出的平均价格是美国和中国买家的三倍，是当地买家的四倍。【14】曼哈顿、梅费尔、骑士桥和法国南部的专属私人住宅和地标性建筑，一个接一个地被乌兹别克铜业巨头、乌拉尔的钾业大亨或哈萨克斯坦的石油富豪收入囊中。他们的出价最高，而且通常都是一笔付清。一些人还在著名的足球运动员身上一掷千金，例如塞缪尔·埃

---

[1] 英国著名建筑设计师，也是北京首都机场3号航站楼的设计者。——译者注

托奥（Samuel Eto'o）就被里海的一位寡头政治家买下来，为达吉斯坦的安郅
马哈奇卡拉队效力，这使其一度成为世界上最贵的球员；另一些人则在树立国
家形象上不遗余力，在巴库举办的U17女足世界杯开幕式上，詹妮弗·洛佩兹
（Jennifer Lopez）被邀来献唱，这与两年前在特立尼达和多巴哥举办的、仅有
数百观众的上一届开幕式相比，真是不能同日而语。【15】

贯通亚洲屋脊的新通道不断涌现，将这一重要地区以多种形式与四面八
方连接在一起，如同过去1000多年所呈现的那样。其中就包括北方物流网络
（Northern Distribution Network），美国通过途经俄罗斯、乌兹别克斯坦、哈
萨克斯坦、吉尔吉斯斯坦和塔吉克斯坦的一系列运输走廊，将"非致命武器"
运送给驻扎阿富汗的美军和联军，同时还用上了一些在20世纪80年代苏联占领
时期修建的基础设施。【16】

当然，这些通道还包括输油管和输气管，将能源输送给有财力、有需求
的欧洲、印度和中国等地的消费者。这些管道纵横交错、四通八达，要么通到
土耳其东南部的杰伊汉（Ceyhan）港口，要么蜿蜒横跨中亚大陆，以满足中
国因经济增长而产生的对化石能源的巨大需求。新的市场也被紧密地建立起
来，促进了阿富汗、巴基斯坦和印度之间的合作。在试图通过年天然气运输量
9500亿立方英尺的新输气管以获得更多、更便宜的能源时，这些国家的利益
达成了高度一致。这条管道从土库曼斯坦的天然气田出发，沿着公路经过赫拉
特和坎大哈，最后到达巴基斯坦的奎达和木尔坦（Multan）——这是古代粟特
商人和17世纪马贩子都熟悉的路线，维多利亚时期的铁路设计者和战略家以
及加兹尼王朝的御用吟游诗人对此也不会陌生。

这些现有的和规划中的管道将欧洲与世界中心的油气田连接在了一起，
不仅提升了能源出口国的政治、经济和战略地位，同时也提升了管线沿途国家
的重要性。俄罗斯就是一个很好的例子，他们把能源供应当作一种武器，在必
要时可以让价格上涨，或者干脆切断对乌克兰的能源运输。由于众多欧洲国家
对俄罗斯的天然气（以及获得克里姆林宫支持的、俄罗斯天然气工业开放式股
份公司旗下的成员公司）严重依赖，将能源和管道用作经济、外交和政治武器
的做法，很可能会成为21世纪的一个大问题。普京总统的博士论文（尽管有

人质疑这篇文章的原创性以及博士学位的真实性）就是关于俄罗斯矿产资源的战略规划与利用，这可不是一个好兆头。[17]

在东方，中国签署了一份为期30年、价值4000亿美元的天然气订单，因而这些管线同样将成为未来中国的生命线。这一大笔钱（其中一部分要预付）为中国带来了渴望的能源安全，以及一条预计造价220亿美元的新管线，更使得俄罗斯在与邻国和竞争者们打交道时有了更多的自由度和信心。因此，当看到中国是唯一一个不对俄罗斯在2014年乌克兰危机期间的行为进行指责的联合国安理会成员时，也就不会感到意外了：一笔让双方都有利可图的能源交易显然比一个处于边缘地位的西方国家重要得多。

在过去的30年里，交通枢纽和运输干线也取得了大规模扩张。随着大量投资被用于建设横跨欧亚大陆的铁路，长达7000英里的渝新欧国际铁路已经通车，可以从中国一直通到德国杜伊斯堡（Duisburg）附近的物流中心——习近平主席曾于2014年访问过这里。半英里长的火车在一个方向上运送的是笔记本电脑、鞋子、衣服等不易腐烂的货物，而在另外一个方向上运送的则是电子产品、汽车配件和医疗设备。整个旅程只需16天，远远快于从中国太平洋港口出发的海运航线。

有人预计，这一耗资430亿美元的铁路建设项目将使得火车货运集装箱的数量从2012年的7500个增加到2020年的750万个。[18] 这还仅仅是个开始：另一条经过西伯利亚、伊朗、土耳其、巴尔干从而连接莫斯科、柏林和巴黎的铁路线正在规划中；更多新的线路将会连接中国和巴基斯坦、哈萨克斯坦和印度。人们甚至在谈论修建一条200多英里的白令海峡海底隧道，这样火车就可以从北京出发途经阿拉斯加和加拿大直达美国。[19]

中国政府精心打造着将城市、港口和海洋连接在一起的资源网络。他们几乎没有一个月不宣布新的大规模投资，用以升级或新建基础设施。这些基础设施能够大幅度提升贸易的数量和速度。中国正同他的伙伴们一起共事，后者的地位也从"铁哥们儿"上升到了"全天候"的战略合作关系。[20]

这些变化带动了中国西部省份的崛起。由于这里的劳动力价格远远低于沿海地区，许多企业纷纷搬到一些位于准噶尔山口附近的城市。现代的火车正驶过古老的关隘进入中国西部。惠普已经将工厂从上海搬到了中国西南部的重庆，那里每年能够制造2000万台笔记本电脑和1500万台打印机，其中有数百万件产品通过铁路进入西部的市场。福特汽车等厂商也紧随其后。IT界领军企业及苹果公司重要的供应商富士康公司，也关闭了之前在深圳的工厂而搬到成都。[21]

其他形式的交通网络也取得了发展。每天都有5个航班将商人和游客从中国送到哈萨克斯坦的阿拉木图（Almaty）；阿塞拜疆的巴库机场每周都有35架往返伊斯坦布尔的飞机起降，当然，飞往俄罗斯的航班更多。从阿什哈巴德、德黑兰、阿斯塔纳和塔什干等地的机场航班时刻表上可以清晰地看到，一张本地区城市间巨大的交通网络已经形成，并且还在不断扩张——当然我们也能发现，它们与欧洲的联系实在少得可怜，大部分航班还是飞往海湾地区、印度和中国。

此外，这一曾经孕育了世界上最杰出学者的地区如今再次涌现出新的学术中心：波斯湾地区遍布着由当地政府和富豪资助，并由耶鲁、哥伦比亚等大学管理的校园；中国在它们与地中海之间的每个国家都开办了推广汉语和中国文化的非营利机构"孔子学院"，用来展示北京的慷慨和善意。

同样涌现而出的还有新的艺术中心，包括造型奇特的卡塔尔国家博物馆、阿布扎比的古根海姆（Guggenheim）博物馆以及巴库的现代艺术博物馆。另外还有一些令人印象深刻的新建筑，如塔什干国家图书馆和第比利斯的萨美巴（Sameba）大教堂——后者由2006年在拍卖会上以9500万美元买下毕加索的《朵拉·玛尔》（Dora Maar）的格鲁吉亚富豪毕齐纳·伊凡尼舍维里（Bidzina Ivanishvili）出资建造。这片大地正在苏醒并将恢复它往日的荣光。

西方的精品服饰店，如普拉达、巴宝莉和路易·威登，在波斯湾、俄罗斯、中国等地区大量分布，并且销量十分可观——这真是绝妙的讽刺，高级织物和丝绸制品现在被返销到它们昔日的出产地。[22]从2000年前的匈奴单于到五个世纪以前的男男女女，服装一直都是社会差异的标志，当今的人对奢侈品牌的渴求很容易找到其历史渊源。这同时也表明，该地区已经涌现出一大批拥有财富和地位的精英分子。

一些不法分子还可以通过一个加密网站匿名购买武器和毒品。该网站故意起了一个能够让人们联想起历史上交通枢纽和贸易中心的名字：丝绸之路。

当执法机关与新技术研发者之间不断进行着猫鼠游戏并试图掌控未来时，过去的历史对于正迈向新时代的我们来说，也在扮演着越来越重要的角色。我们要做的绝不仅仅是研究历史本身（随着大学在该地区的蓬勃发展，这样的研究必然会越来越多），事实上，丝绸之路上的历史与今日的世界紧密相连：在今天，对立教派、对立领袖和对立教义之间关于伊斯兰精神的争论，与先知穆罕默德去世后头100年中的情况一样激烈，这取决于人们如何解读过去的历史；俄罗斯与邻国和西方世界的关系也同过去一样紧张不安，对历史的不同诠释可以挑起、也可以平息昔日对手之间的敌意和争端。重视历史与现今的关系，对于未来发展会有极大帮助——这就是为什么中国政府要以维护共同贸易和文化遗产的名义，重金投资将自己与西方绑到一起的丝绸之路的原因。

事实上，中国已经在该地区掀起了一场电信革命。他们大量铺设、安置固定电话电缆和数据发送器，从而带来了全世界最快的下载速度。这些工程大多由华为和中兴等通信公司完成，它们与中国人民解放军关系密切。工程能够得到国家开发银行提供的软贷款，有时也会以政府间援助的形式进行。这些工程使得塔吉克斯坦、吉尔吉斯斯坦、乌兹别克斯坦和土库曼斯坦有能力建造一些高精尖的设备——为了地区稳定以及最重要的矿产资源，中国致力于与这些国家构建长远的未来。对这些通信公司的担心促使美国国会召开听证会，并得出结论：由于它们深受中国"政府的影响从而威胁到美国的安全"，因此华为和中兴是"不可信的"。荒谬的是，美国国家安全局随后还发起了一项名为"狙击巨人"（Operation Shotgiant）的行动，秘密潜入并攻击了华为的服务器。[23]

中国正在建设一张全新的、遍布世界的网络，这自然会让西方对中国的偏见越来越深。直至20世纪中叶，从南安普顿、伦敦或利物浦启航的船只，仍可以在不离开大不列颠领土的情况下前往世界的另一头：经直布罗陀海峡进入地中海，经塞得港来到马耳他，然而从那里前往亚丁、孟买和科伦坡，在马来半岛稍作停留，最终抵达香港。今天，中国人也能够做到类似的事情：2004至2009年间，中国对加勒比海地区的投资增长了四倍多；在太平洋地区，公路、体育馆和宏伟的政府大楼，在中国的援助、软贷款或是直接投资的帮助下拔地而起；在非洲同样可以见到中国人活跃的身影，他们修建了一系列的据点，以便在业已展开的一系列新的"大博弈"中抢得先机，为中国在能源、矿产、粮食和政治影响力等竞争中布下重要棋子。

西方国家也处在十字路口上——如果它们的时代还没结束的话。在2012年美国国防部工作回顾会议的开场白中，总统奥巴马的第一句话就直截了当地指出他对未来的看法："我国正处于过渡期。世界在我们眼前改变……"总统接着说道，有些事情"需要我们的领导。（因此）美利坚合众国将保持最强大的军力，以维护世界人民的自由和安全"。[24]事实上，正像该回顾报告所表明的，美国的政策将再次被重新定位。报告阐述道："我们迫切需要针对亚太地区作出调整"。尽管未来10年的国防开支被削减了5000亿美元并且还可能会进一步减少，奥巴马总统仍然竭力强调"我们不会放弃这一重要地区（亚太）"。[25]该报告或许可以被无情地理解为：100年来，美国一直十分重视其与西欧国家之间的特殊关系，但现在是时候看看别的地方了。

英国国防部也得出了同样的结论。在最近的一份报告中，英国承认世界正处于混乱和过渡期。该报告的作者以一种英国官员特有的轻描淡写的态度说道：2040年之前"都是转型期"。该报告声称，未来数十年要面对的挑战包括："气候变化、人口的快速增长、资源短缺、意识形态复苏，以及权力从西方向东方的转移。"[26]

随着这一世界中心地区的发展初具规模，一些旨在规范本地区各种关系的机构和组织也纷纷成立。其中就包括以促进俄罗斯、哈萨克斯坦、吉尔吉斯斯坦、塔吉克斯坦、乌兹别克斯坦与中国之间政治、经济和军事合作为目标的上海合作组织（SCO）。尽管有些人指责该组织是"侵犯人权的工具"，强调该组织成员不尊重《联合国反酷刑公约》，公然践踏少数民族权益；而另外一些人则认为，随着白俄罗斯和斯里兰卡这样的国家作为观察员国参加该组织会议，这种情况必然会发生。[27]但不可否认，上合组织的影响力正日益增加，并有可能超越欧盟的地位。土耳其就哭着喊着要求成为该组织的正式成员，同时远离欧洲。正如该国总理在2013年的一次电视访谈中所说的那样，土耳其有可能放弃加入欧盟，而将目光投向东方。他认为上海合作组织"更出色、更强大，而且我们有着共同的价值观"。【28】

不过，我们不能单纯地从字面意义上来看待土耳其总理的这番表态，毕竟这块土地上的各个国家从古至今都一直奉行着两面策略，以便在利益冲突中为自己争取到更多的好处。然而，当说到正在形成的世界新秩序时，华盛顿、北京和莫斯科等地都得出了相同的结论，这可不是巧合。美国国务卿在2011年时说道，是时候让我们把目光放在新丝绸之路上了，它将带来该地区的整体繁荣。【29】

这同样也是中国国家主席习近平的目标。2013年秋，访问中亚国家的他在阿斯塔纳发言时说道：2000多年来，生活在这片连接着东西方的土地上的人们，不论其种族、信仰和文化背景，都可以合作共存、共同发展。他接着指出："中国高度重视发展同中亚各国的友好合作关系，将其视为外交优先方向。"现在正是加强经济联系、道路联通、贸易畅通和货币流通的良机，同时也是建设"丝绸之路经济带"的大好时机——换句话说，即打造一条新的丝绸之路。【30】

我们周围的世界正发生着巨大的变化。当我们进入一个西方的统治地位在政治、军事和经济各方面都遇到压力的时代，对未来的不确定的确会令人不安。"阿拉伯之春"曾向人们许诺自由和民主，但最终证明那只不过是一缕虚幻的曙光，反而带来了该地区的偏见、痛苦和恐慌："伊拉克和大叙利亚伊斯兰国"（ISIS）及其支持者要控制这片地域的所有领土、所有石油以及所有受害者的思想观念。几乎所有人都相信，突发性危机一定会出现，尤其是当国际原油价格的急剧下跌给伊朗、阿拉伯半岛和中亚各国带来重创之后。这些国家几代人都靠着石油和天然气过着富裕的生活，如今却苦苦挣扎于财政预算，不得不过起节衣缩食的生活。面对经济紧缩和政局动荡的双重压力，人们很难轻松快速地找到一个解决方案。

在黑海北部，乌克兰局势以及俄罗斯吞并克里米亚的做法，已经严重动摇了莫斯科与华盛顿及欧盟之间的关系。相反，过去曾一直被边缘化的国家伊朗，如今却似乎正在找回缔造和平与繁荣的传统地位。当然，正在经历转型的还有中国，其经济在经过之前20年的飞速增长之后，如今已经开始放缓，并步入人们所说的"新常态"——即持续而非疾速的发展模式。中国和远邦近邻的关系，以及他在世界舞台上所扮演的角色，必将对21世纪产生深远的影响。

习近平在2013年提出的"一带一路"计划以及中国为此做出的巨大投入，都充分表明中国在为未来着想。而在世界的其他地方，挫折和艰难、挑战和问题，似乎都是一个新世界在诞生过程中的分娩阵痛。当我们在思考下一个威胁将来自何方，思考如何应对宗教极端主义，如何与那些无视国际法的国家谈判，如何与那些常常被我们忽视的民族、文化及宗教建立各种联系的同时，亚洲屋脊上的交流网络正被悄然编织在一起，或者更准确地说，是被重新建立起来。

"丝绸之路"正在复兴。

尾 注

前 言

1 E. Wolf, *Europe and the People without History* (Berkeley, 1982), p. 5.
2 A. Herrman, 'Die älteste türkische Weltkarte (1076 n. Chr)', *Imago Mundi* 1.1 (1935), 21–8, and also Maḥmud al-Kashghari, *Dīwān lughāt al-turk: Compendium of the Turkic Dialects*, ed. and tr. R. Dankhoff and J. Kelly, 3 vols (Cambridge, MA, 1982–5), 1, pp. 82–3. For the city's location, V. Goryacheva, *Srednevekoviye gorodskie tsentry i arkhitekturnye ansambli Kirgizii* (Frunze, 1983), esp. pp. 54–61.
3 For rising Chinese demand for luxury goods, see for example, Credit Lyonnais Securities Asia, *Dipped in Gold: Luxury Lifestyles in China* (2011); for India, see Ministry of Home Affairs, *Houselisting and Housing Census Data* (New Delhi, 2012).
4 See for example, Transparency International, *Corruption Perception Index 2013* (www.transparency.org); Reporters without Borders, *World Press Freedom Index 2013–2014* (www.rsf.org); Human Rights Watch, *World Report 2014* (www.hrw.org).
5 Genesis 2:8–9. For perceptions on the location of the Garden of Eden, J. Dulumeau, *History of Paradise: The Garden of Eden in Myth and Tradition* (New York, 1995).
6 For Mohenjo-daro and others, see J. Kenoyer, *Ancient Cities of the Indus Valley* (Oxford, 1998).
7 *Records of the Grand Historian by Sima Qian, Han Dynasty*, tr. B. Watson, 2 vols (rev. edn, New York, 1971), 123, 2, pp. 234–5.
8 F. von Richthofen, 'Über die zentralasiatischen Seidenstrassen bis zum 2. Jahrhundert. n. Chr.', *Verhandlungen der Gesellschaft für Erdkunde zu Berlin* 4 (1877), 96–122.
9 E. Said, *Orientalism* (New York, 1978). Also note the overwhelmingly positive and highly romanticised reaction of French thinkers like Foucault, Sartre and Godard to the east and to China in particular, R. Wolin, *French Intellectuals, the Cultural Revolution and the Legacy of the 1960s: The Wind from the East* (Princeton, 2010).
10 Bābur-Nāma, tr. W. Thackston, *Memoirs of Babur, Prince and Emperor* (London, 2006), pp. 173–4.
11 W. Thackston, 'Treatise on Calligraphic Arts: A Disquisition on Paper, Colors, Inks and Pens by Simi of Nishapur', in M. Mazzaoui and V. Moreen (eds), *Intellectual Studies on Islam: Essays Written in Honor of Martin B. Dickinson* (Salt Lake City, 1990), p. 219.
12 Al-Muqaddasī, *Aḥsanu-t-taqāsīm fī maʿrifati-l-aqālīm*, tr. B. Collins, *Best Division of Knowledge* (Reading, 2001), p. 252; Ibn al-Faqīh, *Kitāb al-buldān*, tr. P. Lunde and C. Stone, 'Book of Countries', in *Ibn Fadlan and the Land of Darkness: Arab Travellers in the Far North* (London, 2011), p. 113.
13 Cited by N. di Cosmo, *Ancient China and its Enemies: The Rise of Nomadic Power in East Asian History* (Cambridge, 2002), p. 137.
14 For example, S. Freud, *The Interpretation of Dreams*, ed. J. Strachey (New York, 1965), p. 564; J. Derrida, *Résistances de la psychanalyse* (Paris, 1996), pp. 8–14.

第一章　丝绸之路的诞生

1　C. Renfrew, 'Inception of Agriculture and Rearing in the Middle East', *C.R. Palevol* 5 (2006), 395–404; G. Algaze, *Ancient Mesopotamia at the Dawn of Civilization: The Evolution of an Urban Landscape* (Chicago, 2008).

2　Herodotus, *Historiai*, 1.135, in *Herodotus: The Histories,* ed. and tr. A. Godley, 4 vols (Cambridge, MA, 1982), 1, pp. 174–6.

3　See in general J. Curtis and St J. Simpson (eds), *The World of Achaemenid Persia: History, Art and Society in Iran and the Ancient Near East* (London, 2010).

4　Herodotus, *Historiai*, 8.98, 4, p. 96; D. Graf, 'The Persian Royal Road System', in H. Sancisi-Weerdenburg, A. Kuhrt and M. Root (eds), *Continuity and Change* (Leiden, 1994), pp. 167–89.

5　H. Rawlinson, 'The Persian Cuneiform Inscription at Behistun, Deciphered and Translated', *Journal of the Royal Asiatic Society* 11 (1849), 1–192.

6　Ezra, 1:2. Also see Isaiah, 44:24, 45:3.

7　R. Kent, *Old Persian Grammar, Texts, Lexicon* (New Haven, 1953), pp. 142–4.

8　Herodotus, *Historiai*, 1.135, 1, pp. 174–6.

9　Ibid., 1.214, 1, p. 268.

10　Aeschylus, *The Persians*. Also note more ambivalent attitudes, P. Briant, 'History and Ideology: The Greeks and "Persian Decadence"', in T. Harrison (ed.), *Greeks and Barbarians* (New York, 2002), pp. 193–210.

11　Euripides, *Bakhai*, in *Euripides: Bacchae, Iphigenia at Aulis, Rhesus,* ed. and trans. D. Kovacs (Cambridge, MA, 2003), p. 13.

12　Plutarch, *Bioi Paralleloi: Alexandros*, 32–3, in *Plutarch's Lives,* ed. and tr. B. Perrin, 11 vols (Cambridge, MA, 1914–26), 7, pp. 318–26. He was wearing a lucky outfit to judge from a famous mosaic that adorned the grandest house in Pompeii, A. Cohen, *Alexander Mosaic: Stories of Victory and Defeat* (Cambridge, 1996).

13　Quintus Curtius Rufus, *Historiae Alexandri Magni Macedonis*, 5.1, in *Quintus Curtius Rufus: History of Alexander,* ed. and tr. J. Rolfe, 2 vols (Cambridge, MA, 1946), 1, pp. 332–4.

14　M. Beard, 'Was Alexander the Great a Slav?', *Times Literary Supplement*, 3 July 2009.

15　Arrian, *Anabasis*, 6.29, in *Arrian: History of Alexander and Indica,* ed. and tr. P. Brunt, 2 vols (Cambridge, MA, 1976–83), 2, pp. 192–4; Plutarch also talks of the importance of Alexander's pacific and generous approach, *Alexandros*, 59, 1, p. 392.

16　Arrian, *Anabasis*, 3.22, 1, p. 300.

17　Quintus Curtius Rufus, *Historiae*, 8.8, 2, p. 298.

18　A. Shahbazi, 'Iranians and Alexander', *American Journal of Ancient History* 2.1 (2003), 5–38. Also see here M. Olbryct, *Aleksander Wielki i swiat iranski* (Gdansk, 2004); M. Brosius, 'Alexander and the Persians', in J. Roitman (ed.), *Alexander the Great* (Leiden, 2003), pp. 169–93.

19　See above all P. Briant, *Darius dans l'ombre d'Alexandre* (Paris, 2003).

20　For Huaxia, see C. Holcombe, *A History of East Asia: From the Origins of Civilization to the Twenty-First Century* (Cambridge, 2010); for the wall, A. Waldron, 'The Problem of the Great Wall of China', *Harvard Journal of Asiatic Studies* 43.2 (1983), 643–63, and above all di Cosmo, *Ancient China and its Enemies*.

21　See most recently J. Romm, *Ghost on the Throne: The Death of Alexander the Great and the War for Crown and Empire* (New York, 2011). It has been variously argued that Alexander died from typhoid, malaria, leukaemia, alcohol poisoning (or related illness) or infection from a wound; some contend that he was murdered, A. Bosworth, 'Alexander's Death: The Poisoning Rumors', in J. Romm (ed.), *The Landmark Arrian: The Campaigns of Alexander* (New York, 2010), pp. 407–11.

22 See R. Waterfield, *Dividing the Spoils: The War for Alexander the Great's Empire* (Oxford, 2011).

23 K. Sheedy, 'Magically Back to Life: Some Thoughts on Ancient Coins and the Study of Hellenistic Royal Portraits', in K. Sheedy (ed.), *Alexander and the Hellenistic Kingdoms: Coins, Image and the Creation of Identity* (Sydney, 2007), pp. 11–16; K. Erickson and N. Wright, 'The "Royal Archer" and Apollo in the East: Greco-Persian Iconography in the Seleukid Empire', in N. Holmes (ed.), *Proceedings of the XIVth International Numismatic Congress* (Glasgow, 2011), pp. 163–8.

24 L. Robert, 'De Delphes à l'Oxus: inscriptions grecques nouvelles de la Bactriane', *Comptes Rendus de l'Académie des Inscriptions* (1968), 416–57. Translation here is by F. Holt, *Thundering Zeus: The Making of Hellenistic Bactria* (London, 1999), p. 175.

25 J. Jakobsson, 'Who Founded the Indo-Greek Era of 186/5 BCE?', *Classical Quarterly* 59.2 (2009), 505–10.

26 D. Sick, 'When Socrates Met the Buddha: Greek and Indian Dialectic in Hellenistic Bactria and India', *Journal of the Royal Asiatic Society* 17.3 (2007), 253–4.

27 J. Derrett, 'Early Buddhist Use of Two Western Themes', *Journal of the Royal Asiatic Society* 12.3 (2002), 343–55.

28 B. Litvinsky, 'Ancient Tajikistan: Studies in History, Archaeology and Culture (1980–1991)', *Ancient Civilisations* 1.3 (1994), 295.

29 S. Nath Sen, *Ancient Indian History and Civilisation* (Delhi, 1988), p. 184. Also see R. Jairazbhoy, *Foreign Influence in Ancient India* (New York, 1963), pp. 48–109.

30 Plutarch, *Peri tes Alexandrou tukhes he arête*, 5.4 in *Plutarch: Moralia*, ed. and tr. F. Babitt et al., 15 vols (Cambridge, MA, 1927–76), 4, pp. 392–6; J. Derrett, 'Homer in India: The Birth of the Buddha', *Journal of the Royal Asiatic Society* 2.1 (1992), 47–57.

31 J. Frazer, *The Fasti of Ovid* (London, 1929); J. Lallemant, 'Une Source de l'Enéide: le Mahabharata', *Latomus* 18 (1959), 262–87; Jairazbhoy, *Foreign Influence*, p. 99.

32 C. Baumer, *The History of Central Asia: The Age of the Steppe Warriors* (London, 2012), pp. 290–5.

33 V. Hansen, *The Silk Road* (Oxford, 2012), pp. 9–10.

34 Sima Qian, *Records of the Grand Historian of China*, 123, 2, p. 238.

35 Ibid., 129, 2, p. 440.

36 H. Creel, 'The Role of the Horse in Chinese History', *American Historical Review* 70 (1965), 647–72. The Dunhuang caves have many celestial horses painted on their walls, T. Chang, *Dunhuang Art through the Eyes of Duan Wenjie* (New Delhi, 1994), pp. 27–8.

37 Recent excavations of the Emperor Wu's mausoleum in Xi'an in 2011, *Xinhua*, 21 February 2011.

38 Huan Kuan, *Yan Tie Lun*, cited by Y. Yu, *Trade and Expansion in Han China: A Study in the Structure of Sino-Barbarian Economic Relations* (Berkeley, 1967), p. 40.

39 For example, Sima Qian, *Records of the Grand Historian of China*, 110, 2, pp. 145–6. For some comments on Xiongnu education, customs and fashions, pp. 129–30.

40 See Yu, *Trade and Expansion in Han China*, pp. 48–54.

41 Ibid., p. 47, n. 33; also here see R. McLaughlin, *Rome and the Distant East: Trade Routes to the Ancient Lands of Arabia, India and China* (London, 2010), pp. 83–5.

42 Sima Qian, *Records of the Grand Historian of China*, 110, 2, p. 143.

43 S. Durrant, *The Cloudy Mirror: Tension and Conflict in the Writings of Sima Qian* (Albany, NY, 1995), pp. 8–10.

44 Sima Qian, *Records of the Grand Historian of China*, 123, 2, p. 235.

45 E. Schafer, *The Golden Peaches of Samarkand: A Study of Tang Exotics* (Berkeley, 1963), pp. 13–14.

46 Hansen, *Silk Road*, p. 14.

47   T. Burrow, *A Translation of Kharoshthi Documents from Chinese Turkestan* (London, 1940), p. 95.

48   Hansen, *Silk Road*, p. 17.

49   R. de Crespigny, *Biographical Dictionary of Later Han to the Three Kingdoms (23–220 AD)* (Leiden, 2007).

50   M. R. Shayegan, *Arsacids and Sasanians: Political Ideology in Post-Hellenistic and Late Antique Persia* (Cambridge, 2011).

51   N. Rosenstein, *Imperatores victi: Military Defeat and Aristocratic Competition in the Middle and Late Republic* (Berkeley, 1990); also S. Phang, *Roman Military Service: Ideologies of Discipline in the Late Republic and Early Principate* (Cambridge, 2008).

52   P. Heather, *The Fall of the Roman Empire: A New History of Rome and the Barbarians* (Oxford, 2006), p. 6. For the prohibition on marriage, see above all S. Phang, *Marriage of Roman Soldiers (13 BC–AD 235): Law and Family in the Imperial Army* (Leiden, 2001).

53   C. Howgego, 'The Supply and Use of Money in the Roman World 200 B.C. TO A.D. 300', *Journal of Roman Studies* 82 (1992), 4–5.

54   A. Bowman, *Life and Letters from the Roman Frontier: Vindolanda and its People* (London, 1994).

55   Diodorus Siculus, *Bibliotheke Historike*, 17.52, in *The Library of History of Diodorus of Sicily*, ed. and tr. C. Oldfather, 12 vols (Cambridge, MA, 1933–67), 7, p. 268. Modern scholars estimate Alexandria's population to have been as high as half a million, for example R. Bagnall and B. Frier, *The Demography of Roman Egypt* (Cambridge, 1994), pp. 54, 104.

56   D. Thompson, 'Nile Grain Transport under the Ptolemies', in P. Garnsey, K. Hopkins and C. Whittaker (eds), *Trade in the Ancient Economy* (Berkeley, 1983), pp. 70–1.

57   Strabo, *Geographika*, 17.1, in *The Geography of Strabo*, ed. and tr. H. Jones, 8 vols (Cambridge, MA, 1917–32), 8, p. 42.

58   Cassius Dio, *Historia Romana*, 51.21, in *Dio's Roman History*, ed. and tr. E. Cary, 9 vols (Cambridge, MA, 1914–27), 6, p. 60; Suetonius, *De Vita Cesarum. Divus Augustus*, 41, in *Suetonius: Lives of the Caesars*, ed. and tr. J. Rolfe, 2 vols (Cambridge, MA, 1997–8), 41, 1, p. 212; R. Duncan-Jones, *Money and Government in the Roman Empire* (Cambridge, 1994), p. 21; M. Fitzpatrick, 'Provincializing Rome: The Indian Ocean Trade Network and Roman Imperialism', *Journal of World History* 22.1 (2011), 34.

59   Suetonius, *Divus Augustus*, 41, 1, pp. 212–14.

60   Ibid., 28, 1, p. 192; Augustus' claim is supported by the archaeological record, P. Zanker, *The Power of Images in the Age of Augustus* (Ann Arbor, 1989).

61   For taxes on the caravan routes: J. Thorley, 'The Development of Trade between the Roman Empire and the East under Augustus', *Greece and Rome* 16.2 (1969), 211. Jones, *History of Rome*, pp. 256–7, 259–60; R. Ritner, 'Egypt under Roman Rule: The Legacy of Ancient Egypt', in *Cambridge History of Egypt*, 1, p. 10; N. Lewis, *Life in Egypt under Roman Rule* (Oxford, 1983), p. 180.

62   See Lewis, *Life in Egypt*, pp. 33–4; Ritner, 'Egypt under Roman Rule', in *Cambridge History of Egypt*, 1, pp. 7–8; A. Bowman, *Egypt after the Pharaohs 332 BC–AD 642: From Alexander to the Arab Conquest* (Berkeley, 1986) pp. 92–3.

63   For the registration of births and deaths in Roman Egypt, R. Ritner, 'Poll Tax on the Dead', *Enchoria* 15 (1988), 205–7. For the census, including its date, see J. Rist, 'Luke 2:2: Making Sense of the Date of Jesus' Birth', *Journal of Theological Studies* 56.2 (2005), 489–91.

64   Cicero, *Pro lege Manilia*, 6, in *Cicero: The Speeches*, ed. and tr. H. Grose Hodge (Cambridge, MA, 1927), p. 26.

65 Sallust, *Bellum Catilinae*, 11.5–6, in *Sallust*, ed. and tr. J. Rolfe (Cambridge, MA, 1931), p. 20; A. Dalby, *Empire of Pleasures: Luxury and Indulgence in the Roman World* (London, 2000), p. 162.

66 F. Hoffman, M. Minas-Nerpel and S. Pfeiffer, *Die dreisprachige Stele des C. Cornelius Gallus. Übersetzung und Kommentar* (Berlin, 2009), pp. 5ff. G. Bowersock, 'A Report on Arabia Provincia', *Journal of Roman Studies* 61 (1971), 227.

67 W. Schoff, *Parthian Stations of Isidore of Charax: An Account of the Overland Trade between the Levant and India in the First Century BC* (Philadelphia, 1914). The text has often been seen as being concerned with trade routes; Millar shows that this is incorrect, 'Caravan Cities', 119ff. For the identification of Alexandropolis, see P. Fraser, *Cities of Alexander the Great* (Oxford, 1996), pp. 132–40.

68 Strabo, *Geographica*, 2.5, 1, p. 454; Parker, 'Ex Oriente', pp. 64–6; Fitzpatrick, 'Provincializing Rome', 49–50.

69 Parker, 'Ex Oriente', 64–6; M. Vickers, 'Nabataea, India, Gaul, and Carthage: Reflections on Hellenistic and Roman Gold Vessels and Red-Gloss Pottery', *American Journal of Archaeology* 98 (1994), 242; E. Lo Cascio, 'State and Coinage in the Late Republic and Early Empire', *Journal of Roman Studies* 81 (1981), 82.

70 Cited by G. Parker, *The Making of Roman India* (Cambridge, 2008), p. 173.

71 In H. Kulke and D. Rothermund, *A History of India* (London, 2004), 107–8.

72 L. Casson (ed.), *The Periplus Maris Erythraei: Text with Introduction, Translation and Commentary* (Princeton, 1989), 48–9, p. 80; 56, p. 84.

73 W. Wendrich, R. Tomber, S. Sidebotham, J. Harrell, R. Cappers and R. Bagnall, 'Berenike Crossroads: The Integration of Information', *Journal of the Economic and Social History of the Orient* 46.1 (2003), 59–62.

74 V. Begley, 'Arikamedu Reconsidered', *American Journal of Archaeology* 87.4 (1983), 461–81; Parker, 'Ex Oriente', 47–8.

75 See T. Power, *The Red Sea from Byzantium to the Caliphate, AD 500–1000* (Cairo, 2012).

76 Tacitus, *Annales*, ed. H. Heubner (Stuttgart, 1983), 2.33, p. 63.

77 Petronius, *Satyricon*, ed. K. Müller (Munich, 2003), 30–8, pp. 23–31; 55, p. 49.

78 Martial, *Epigrams*, 5.37, in *Martial: Epigrams*, ed. and tr. D. Shackleton Bailey, 3 vols (Cambridge, MA, 1993), 1, p. 388.

79 *Talmud Bavli*, cited by Dalby, *Empire of Pleasures*, p. 266.

80 Juvenal, *Satire* 3, in *Juvenal and Persius*, ed. and tr. S. Braund (Cambridge, MA, 2004), pp. 172–4.

81 Casson, *Periplus Maris Erythraei*, 49, p. 80; 56, p. 84; 64, p. 90.

82 Seneca, *De Beneficiis*, 7.9, in *Seneca: Moral Essays*, ed. and tr. J. Basore, 3 vols (Cambridge, MA, 1928–35), 3, p. 478.

83 Tacitus, *Annales*, 2.33, p. 63.

84 Pliny the Elder, *Naturalis Historia*, 6.20, in *Pliny: The Natural History*, ed. and tr. H. Rackham, 10 vols (Cambridge, MA, 1947–52), 2, p. 378.

85 Ibid., 6.26, p. 414.

86 Ibid., 12.49, p. 62.

87 H. Harrauer and P. Sijpesteijn, 'Ein neues Dokument zu Roms Indienhandel, P. Vindob. G40822', *Anzeiger der Österreichischen Akademie der Wissenschaften, phil.-hist.Kl.122* (1985), 124–55; also see L. Casson, 'New Light on Maritime Loans: P. Vindob. G 40822', *Zeitschrift für Papyrologie und Epigraphik* 84 (1990), 195–206, and F. Millar, 'Looking East from the Classical World', *International History Review* 20.3 (1998), 507–31.

88 Casson, *Periplus Maris Erythraei*, 39, p. 74.

89 J. Teixidor, *Un Port roman du désert: Palmyre et son commerce d'Auguste à Caracalla* (Paris, 1984); E. Will, *Les Palmyréniens, la Venise des sables (Ier siècle avant–IIIème siècle après J.-C.)* (Paris, 1992).

90 Ammianus Marcellinus, *Rerum Gestarum Libri Qui Supersunt*, 14.3, in *Ammianus Marcellinus*, ed. and tr. J. Rolfe, 3 vols (Cambridge, MA, 1935–40), 1, p. 24.

91 J. Cribb, 'The Heraus Coins: Their Attribution to the Kushan King Kujula Kadphises, c. AD 30–80', in M. Price, A. Burnett and R. Bland (eds), *Essays in Honour of Robert Carson and Kenneth Jenkins* (London, 1993), pp. 107–34.

92 Casson, *Periplus Maris Erythraei*, 43, pp. 76–8; 46, pp. 78–80.

93 Ibid., 39, p. 76; 48–9, p. 81. For the Kushans, see the collection of essays in V. Masson, B. Puris, C. Bosworth et al. (eds), *History of Civilizations of Central Asia*, 6 vols (Paris, 1992–), 2, pp. 247–396.

94 D. Leslie and K. Gardiner, *The Roman Empire in Chinese Sources* (Rome, 1996), esp. pp. 131–62; also see R. Kauz and L. Yingsheng, 'Armenia in Chinese Sources', *Iran and the Caucasus* 12 (2008), 157–90.

95 Sima Qian, *Records of the Grand Historian of China*, 123, 2, p. 241.

96 Still see B. Laufer, *Sino-Iranica: Chinese Contributions to the History of Civilisation in Ancient Iran* (Chicago, 1919), and R. Ghirshman, *Iran: From the Earliest Times to the Islamic Conquest* (Harmondsworth, 1954).

97 Power, *Red Sea*, p. 58.

98 Schafer, *Golden Peaches of Samarkand*, p. 1.

99 That the embassy brought tortoiseshell, rhinoceros horn and ivory suggests that the envoys had been well briefed on Chinese tastes, F. Hirth, *China and the Roman Orient* (Leipzig, 1885), pp. 42, 94. See here R. McLaughlin, *Rome and the Distant East: Trade Routes to the Ancient Lands of Arabia, India and China* (London, 2010).

100 Fitzpatrick, 'Provincializing Rome', 36; Horace, *Odes*, 1.12, in *Horace: Odes and Epodes*, ed. and tr. N. Rudd (Cambridge, MA, 2004), p. 48.

101 B. Isaac, *The Limits of Empire: The Roman Army in the East* (Oxford, 1990), p. 43; S. Mattern, *Rome and the Enemy: Imperial Strategy in the Principate* (Berkeley, 1999), p. 37.

102 Cassius Dio, 68.29, 8, pp. 414–16; H. Mattingly (ed.), *A Catalogue of the Coins of the Roman Empire in the British Museum*, 6 vols (London, 1940–62), 3, p. 606. For Trajan's campaign, see J. Bennett, *Trajan: Optimus Princeps* (London, 1997), pp. 183–204.

103 Jordanes, *Romana*, in *Iordanis Romana et Getica*, pp. 34–5.

104 Lactantius, *De Mortibus Persecutorum*, ed. and tr. J. Creed (Oxford, 1984), 5, p. 11.

105 A. Invernizzi, 'Arsacid Palaces', in I. Nielsen (ed.), *The Royal Palace Institution in the First Millennium BC* (Athens, 2001), pp. 295–312; idem, 'The Culture of Nisa, between Steppe and Empire', in J. Cribb and G. Herrmann (eds), *After Alexander: Central Asia before Islam: Themes in the History and Archaeology of Western Central Asia* (Oxford, 2007), pp. 163–77. Long-forgotten Nisa is home to many magnificent examples of Hellenistic art forms. V. Pilipko, *Rospisi Staroi Nisy* (Tashkent, 1992); P. Bernard and F. Grenet (eds), *Histoire des cultes de l'Asie Centrale préislamique* (Paris, 1991).

106 For Characene, L. Gregoratti, 'A Parthian Port on the Persian Gulf: Characene and its Trade', *Anabasis* 2 (2011), 209–29. For pottery, see for example H. Schenk, 'Parthian Glazed Pottery from Sri Lanka and the Indian Ocean Trade', *Zeitschrift für Archäologie Außereuropäischer Kulturen* 2 (2007), 57–90.

107 F. Rahimi-Laridjani, *Die Entwicklung der Bewässerungslandwirtschaft im Iran bis in Sasanidisch-frühislamische Zeit* (Weisbaden, 1988); R. Gyselen, *La Géographie administrative de l'empire sasanide: les témoignages sigillographiques* (Paris, 1989).

108 A. Taffazoli, 'List of Trades and Crafts in the Sassanian Period', *Archaeologische Mitteilungen aus Iran* 7 (1974), 192–6.

109 T. Daryaee, *Šahrestānīhā-ī Ērānšahr: A Middle Persian Text on Late Antique Geography, Epic, and History* (Costa Mesa, CA, 2002).

110 M. Morony, 'Land Use and Settlement Patterns in Late Sasanian and Early Islamic Iraq', in A. Cameron, G. King and J. Haldon (eds), *The Byzantine and Early Islamic Near East*, 3 vols (Princeton, 1992–6), 2, pp. 221–9.

111 R. Frye, 'Sasanian Seal Inscriptions', in R. Stiehl and H. Stier (eds), *Beiträge zur alten Geschichte und deren Nachleben*, 2 vols (Berlin, 1969–70), 1, pp. 77–84; J. Choksy, 'Loan and Sales Contracts in Ancient and Early Medieval Iran', *Indo-Iranian Journal* 31 (1988), 120.

112 T. Daryaee, 'The Persian Gulf Trade in Late Antiquity', *Journal of World History* 14.1 (2003), 1–16.

113 Lactantius, *De Mortibus Persecutorum*, 7, p. 11.

114 Ibid., 23, p. 36.

115 Bodrum Museum of Underwater Archaeology. As far as I am aware, the inscription, discovered in 2011, is yet to be published.

116 Pseudo-Aurelius Victor, *Epitome de Caesaribus*, ed. M. Festy, *Pseudo-Aurelius Victor. Abrégé de Césars* (Paris, 1999), 39, p. 41.

117 Suetonius, *Divus Julius*, 79, in *Lives of the Caesars*, 1, p. 132.

118 Libanius, *Antioch as a Centre of Hellenic Culture as Observed by Libanius*, tr. A. Norman (Liverpool, 2001), pp. 145–67.

119 For a stern dismissal of the 'myth of *translatio imperii*', see L. Grig and G. Kelly (eds), *Two Romes: Rome and Constantinople in Late Antiquity* (Cambridge, 2012).

第二章　信仰之路

1 H. Falk, *Asókan Sites and Artefacts: A Source-book with Bibliography* (Mainz, 2006), p. 13; E. Seldeslachts, 'Greece, the Final Frontier? – The Westward Spread of Buddhism', in A. Heirman and S. Bumbacher (eds), *The Spread of Buddhism* (Leiden, 2007), esp. pp. 158–60.

2 Sick, 'When Socrates Met the Buddha', 271; for the contemporary Pali literature, T. Hinüber, *A Handbook of Pali Literature* (Berlin, 1996).

3 G. Fussman, 'The Mat *Devakula*: A New Approach to its Understanding', in D. Srivasan (ed.), *Mathurā: The Cultural Heritage* (New Delhi, 1989), pp. 193–9.

4 For example, P. Rao Bandela, *Coin Splendour: A Journey into the Past* (New Delhi, 2003), pp. 32–5.

5 D. MacDowall, 'Soter Megas, the King of Kings, the Kushana', *Journal of the Numismatic Society of India* (1968), 28–48.

6 Note for example the description in the Book of Psalms as 'the God of God . . . the Lord of Lords' (Ps. 136:2–3, or 'God of gods and Lord of lords' (Deut. 10:17). The Book of Revelations tells how the beast will be defeated, because the Lamb is 'the Lord of Lords and King of Kings' (Rev. 17:14).

7 *The Lotus of the Wonderful Law* or *The Lotus Gospel: Saddharma Pundarīka Sūtra Miao-Fa Lin Hua Chung*, tr. W. Soothill (London, 1987), p. 77.

8 X. Liu, *Ancient India and Ancient China: Trade and Religious Exchanges AD 1–600* (Oxford, 1988), p. 102.

9 *Sukhāvatī-vyūha: Description of Sukhāvatī, the Land of Bliss*, tr. F. Müller (Oxford, 1883), pp. 33–4; *Lotus of the Wonderful Law*, pp. 107, 114.

10 D. Schlumberger, M. Le Berre and G. Fussman (eds), *Surkh Kotal en Bactriane*, vol. 1: *Les Temples: architecture, sculpture, inscriptions* (Paris, 1983); V. Gaibov, 'Ancient

Tajikistan Studies in History, Archaeology and Culture (1980–1991)', *Ancient Civilizations from Scythia to Siberia* 1.3 (1995), 289–304.

11 R. Salomon, *Ancient Buddhist Scrolls from Gandhara* (Seattle, 1999).

12 J. Harle, *The Art and Architecture of the Indian Subcontinent* (New Haven, 1994), pp. 43–57.

13 See above all E. de la Vaissière, *Sogdian Traders: A History* (Leiden, 2005).

14 K. Jettmar, 'Sogdians in the Indus Valley', in P. Bertrand and F. Grenet (eds), *Histoire des cultes de l'Asie centrale préislamique* (Paris, 1991), pp. 251–3.

15 C. Huart, *Le Livre de Gerchâsp, poème persan d'Asadī junior de Toûs*, 2 vols (Paris, 1926–9), 2, p. 111.

16 R. Giès, G. Feugère and A. Coutin (eds), *Painted Buddhas of Xinjiang: Hidden Treasures from the Silk Road* (London, 2002); T. Higuchi and G. Barnes, 'Bamiyan: Buddhist Cave Temples in Afghanistan', *World Archaeology* 27.2 (1995), 282ff.

17 M. Rhie, *Early Buddhist Art of China and Central Asia*, vol. 1 (Leiden, 1999); R. Wei, *Ancient Chinese Architecture: Buddhist Buildings* (Vienna, 2000).

18 G. Koshelenko, 'The Beginnings of Buddhism in Margiana', *Acta Antiqua Academiae Scientiarum Hungaricae* 14 (1966), 175–83; R. Foltz, *Religions of the Silk Road: Premodern Patterns of Globalization* (2nd edn, Basingstoke, 2010), pp. 47–8; idem, 'Buddhism in the Iranian World', *Muslim World* 100.2–3 (2010), 204–14.

19 N. Sims-Williams, 'Indian Elements in Parthian and Sogdian', in R. Röhrborn and W. Veenker (eds), *Sprachen des Buddhismus in Zentralasien* (Wiesbaden, 1983), pp. 132–41; W. Sundermann, 'Die Bedeutung des Parthischen für die Verbreitung buddhistischer Wörter indischer Herkunft', *Altorientalische Forschungen* 9 (1982), 99–113.

20 W. Ball, 'How Far Did Buddhism Spread West?', *Al-Rāfidān* 10 (1989), 1–11.

21 T. Daryaee, *Sasanian Persia: The Rise and Fall of an Empire* (London, 2009), pp. 2–5.

22 Many scholars have written on the question of continuity and change. See here M. Canepa, *The Two Eyes of the Earth: Art and Ritual of Kingship between Rome and Sasanian Iran* (Berkeley, 2009).

23 M. Canepa, 'Technologies of Memory in Early Sasanian Iran: Achaemenid Sites and Sasanian Identity', *American Journal of Archaeology* 114.4 (2010), 563–96; U. Weber, 'Wahram II: König der Könige von Ēran und Anērān', *Iranica Antiqua* 44 (2009), 559–643.

24 For Sasanian coinage in general, R. Göbl, *Sasanian Numismatics* (Brunswick, 1971).

25 M. Boyce, *Zoroastrians: Their Religious Beliefs and Practices* (London, 1979).

26 R. Foltz, 'Zoroastrian Attitudes toward Animals', *Society and Animals* 18 (2010), 367–78.

27 *The Book of the Counsel of Zartusht*, 2–8, in R. Zaehner, *The Teachings of the Magi: A Compendium of Zoroastrian Beliefs* (New York, 1956), pp. 21–2. Also see here M. Boyce, *Textual Sources for the Study of Zoroastrianism* (Manchester, 1984).

28 See for example M. Boyce, *Textual Sources for the Study of Zoroastrianism* (Manchester, 1984), pp. 104–6.

29 M. Boyce and F. Grenet, *A History of Zoroastrianism* (Leiden, 1991), pp. 30–3. For Zoroastrian beliefs, including prayers and creed, see Boyce, *Textual Sources*, pp. 53–61; for rituals and practices, pp. 61–70.

30 J. Harmatta, 'Late Bactrian Inscriptions', *Acta Antiqua Hungaricae* 17 (1969), 386–8.

31 M. Back, 'Die sassanidischen Staatsinschriften', *Acta Iranica* 18 (1978), 287–8.

32 S. Shaked, 'Administrative Functions of Priests in the Sasanian Period', in G. Gnoli and A. Panaino (eds), *Proceedings of the First European Conference of Iranian Studies*, 2 vols (Rome, 1991), 1, pp. 261–73; T. Daryaee, 'Memory and History: The Construction of the Past in Late Antiquity', *Name-ye Iran-e Bastan* 1.2 (2001–2), 1–14.

33 Back, 'Sassanidischen Staatsinschriften', 384. For the full inscription, M.-L. Chaumont, 'L'Inscription de Kartir à la Ka'bah de Zoroastre: text, traduction et commentaire', *Journal Asiatique* 248 (1960), 339–80.

34 M.-L. Chaumont, *La Christianisation de l'empire iranien, des origines aux grandes persécutions du IV siècle* (Louvain, 1988), p. 111; G. Fowden, *Empire to Commonwealth: Consequences of Monotheism in Late Antiquity* (Princeton, 1993), pp. 28–9.

35 R. Merkelbach, *Mani und sein Religionssystem* (Opladen, 1986); J. Russell, 'Kartir and Mani: A Shamanistic Model of their Conflict', *Iranica Varia: Papers in Honor of Professor Ehsan Yarshater* (Leiden, 1990), pp. 180–93; S. Lieu, *History of Manicheanism in the Later Roman Empire and Medieval China: A Historical Survey* (Manchester, 1985). For Shāpūr and Mani, see M. Hutter, 'Manichaeism in the early Sasanian Empire', *Numen* 40 (1993), 2–15.

36 P. Gigoux (ed. and tr.), *Les Quatre Inscriptions du mage Kirdir, textes et concordances* (Paris, 1991). Also C. Jullien and F. Jullien, 'Aux frontières de l'iranité: "nasraye" et "kristyone" des inscriptions du mobad Kirdir: enquête littéraire et historique', *Numen* 49.3 (2002), 282–335; F. de Blois, 'Naṣrānī (Ναζωραῖος) and ḥanīf (ἐθνικός): Studies on the Religious Vocabulary of Christianity and of Islam', *Bulletin of the School of Oriental and African Studies* 65 (2002), 7–8.

37 S. Lieu, 'Captives, Refugees and Exiles: A Study of Cross-Frontier Civilian Movements and Contacts between Rome and Persia from Valerian to Jovian', in P. Freeman and D. Kennedy (eds), *The Defence of the Roman and Byzantine East* (Oxford, 1986), pp. 475–505.

38 A. Kitchen, C. Ehret, S. Assefa and C. Mulligan, 'Bayesian Phylogenetic Analysis of Semitic Languages Identifies an Early Bronze Age Origin of Semitic in the Near East', *Proceedings of the Royal Society B*, 276.1668 (2009), 2702–10. Some scholars suggest a North African origin for Semitic languages, e.g. D. McCall, 'The Afroasiatic Language Phylum: African in Origin, or Asian?', *Current Anthropology* 39.1 (1998), 139–44.

39 R. Stark, *The Rise of Christianity: A Sociologist Reconsiders History* (Princeton, 1996), and idem, *Cities of God: The Real Story of How Christianity Became an Urban Movement and Conquered Rome* (San Francisco, 2006). Stark's views and methodologies have proved controversial, see *Journal of Early Christian Studies* 6.2 (1998).

40 Pliny the Younger, Letter 96, ed. and tr. B. Radice, *Letters and Panegyricus*, 2 vols (Cambridge, MA, 1969), 2, pp. 284–6.

41 Ibid., Letter 97, 2, pp. 290–2.

42 J. Helgeland, R. Daly and P. Patout Burns (eds), *Christians and the Military: The Early Experience* (Philadelphia, 1985).

43 M. Roberts, *Poetry and the Cult of the Martyrs* (Ann Arbor, 1993); G. de Ste Croix, *Christian Persecution, Martyrdom and Orthodoxy* (Oxford, 2006).

44 Tertullian, *Apologia ad Nationes*, 42, in *Tertullian: Apology: De Spectaculis*, ed. and tr. T. Glover (London, 1931), p. 190; G. Stoumsa, *Barbarian Philosophy: The Religious Revolution of Early Christianity* (Tübingen, 1999), pp. 69–70.

45 Tertullian, *Apologia*, 8, p. 44.

46 W. Baum and D. Winkler, *Die Apostolische Kirche des Ostens* (Klagenfurt, 2000), pp. 13–17.

47 S. Rose, *Roman Edessa: Politics and Culture on the Eastern Fringes of the Roman Empire, 114–242 CE* (London, 2001).

48 T. Mgaloblishvili and I. Gagoshidze, 'The Jewish Diaspora and Early Christianity in Georgia', in T. Mgaloblishvili (ed.), *Ancient Christianity in the Caucasus* (London, 1998), pp. 39–48.

49 J. Bowman, 'The Sassanian Church in the Kharg Island', *Acta Iranica* 1 (1974), 217–20.

50 *The Book of the Laws of the Countries: Dialogue on the Fate of Bardaisan of Edessa*, tr. H. Drijvers (Assen, 1965), p. 61.

51 J. Asmussen, 'Christians in Iran', in *The Cambridge History of Iran: The Seleucid, Parthian and Sasanian Periods* (Cambridge, 1983), 3.2, pp. 929–30.

52 S. Brock, 'A Martyr at the Sasanid Court under Vahran II: Candida', *Analecta Bollandiana* 96.2 (1978), 167–81.

53 Eusebius, *Evaggelike Proparaskeus*, ed. K. Mras, *Eusebius Werke: Die Praeparatio Evangelica* (Berlin, 1954), 1.4, p. 16; A. Johnson, 'Eusebius' *Praeparatio Evangelica* as Literary Experiment', in S. Johnson (ed.), *Greek Literature in Late Antiquity: Dynamism, Didacticism, Classicism* (Aldershot, 2006), p. 85.

54 P. Brown, *The Body and Society: Men, Women and Sexual Renunciation in Early Christianity* (London, 1988); C. Wickham, *The Inheritance of Rome: A History of Europe from 400 to 1000* (London, 2009), pp. 55–6.

55 B. Dignas and E. Winter, *Rome and Persia in Late Antiquity* (Cambridge, 2007), pp. 210–32.

56 See A. Sterk, 'Mission from Below: Captive Women and Conversion on the East Roman Frontiers', *Church History* 79.1 (2010), 1–39.

57 For the conversion R. Thomson (ed. and tr.), *The Lives of St Gregory: The Armenian, Greek, Arabic and Syriac Versions of the History Attributed to Agathangelos* (Ann Arbor, 2010). For the much debated date, W. Seibt, *Die Christianisierung des Kaukasus: The Christianisation of Caucasus (Armenia, Georgia, Albania)* (Vienna, 2002), and M.-L. Chaumont, *Recherches sur l'histoire d'Arménie, de l'avènement des Sassanides à la conversion du royaume* (Paris, 1969), pp. 131–46.

58 Eusebius of Caesarea, *Bios tou megalou Konstantinou*, ed. F. Winkelmann, *Über das Leben des Kaisers Konstantin* (Berlin, 1992), 1.28–30, pp. 29–30. For Constantine's conversion and in general, see the collection of essays in N. Lenski (ed.), *The Cambridge Companion to the Age of Constantine* (rev. edn, Cambridge, 2012).

59 Sozomen, *Ekklesiastike Historia*, ed. J. Bidez, *Sozomenus: Kirchengeschichte* (Berlin, 1995), 2.3, p. 52.

60 Eusebius, *Bios tou megalou Konstantinou*, 2.44, p. 66.

61 A. Lee, 'Traditional Religions', in Lenski, *Age of Constantine*, pp. 159–80.

62 *Codex Theodosianus*, tr. C. Pharr, *The Theodosian Code and Novels and the Simondian Constitutions* (Princeton, 1952), 15.12, p. 436.

63 Eusebius, *Bios tou megalou Konstantinou*, 3.27–8, p. 96.

64 Ibid., 3.31–2, p. 99.

65 P. Sarris, *Empires of Faith* (Oxford, 2012), pp. 22–3.

66 Eusebius, *Vita Constantini*, 4.13, p. 125; translation in Dodgeon and Lieu (eds), *The Roman Eastern Frontier and the Persian Wars A. D. 226–363: A Documentary History* (London, 1991), p. 152. For the date, G. Fowden, *Empire to Commonwealth: Consequences of Monotheism in Late Antiquity* (Princeton, 1993), pp. 94–9.

67 J. Eadie, 'The Transformation of the Eastern Frontier 260–305', in R. Mathisen and H. Sivan (eds), *Shifting Frontiers in Late Antiquity* (Aldershot, 1996), pp. 72–82; M. Konrad, 'Research on the Roman and Early Byzantine Frontier in North Syria', *Journal of Roman Archaeology* 12 (1999), 392–410.

68 Sterk, 'Mission from Below', 10–11.

69 Eusebius, *Vita Constantini*, 5.56, p. 143; 5.62, pp. 145–6.

70 T. Barnes, 'Constantine and the Christians of Persia', *Journal of Roman Studies* 75 (1985), 132.

71 Aphrahat, *Demonstrations*, M.-J. Pierre, *Aphraate le sage person: les exposés* (Paris, 1988–9), no. 5.

72 J. Walker, *The Legend of Mar Qardagh: Narrative and Christian Heroism in Late Antique Iraq* (Berkeley, 2006), 6, p. 22.

73 See in general J. Rist, 'Die Verfolgung der Christen im spätkirchen Sasanidenreich: Ursachen, Verlauf, und Folgen', *Oriens Christianus* 80 (1996), 17–42. The evidence is

not without problems of interpretation, S. Brock, 'Saints in Syriac: A Little-Tapped Resource', *Journal of East Christian Studies* 16.2 (2008), esp. 184–6.

74 J. Wiesehöfer, *Ancient Persia, 500 BC to 650 AD* (London, 2001), p. 202.

第三章　基督之路

1 O. Knottnerus, 'Malaria in den Nordseemarschen: Gedanken über Mensch und Umwelt', in M. Jakubowski-Tiessen and J. Lorenzen-Schmidt, *Dünger und Dynamit: Beiträge zur Umweltgeschichte Schleswig-Holsteins und Dänemarks* (Neumünster, 1999), pp. 25–39; P. Sorrel et al., 'Climate Variability in the Aral Sea Basin (Central Asia) during the Late Holocene Based on Vegetation Changes', *Quaternary Research* 67.3 (2007), 357–70; H. Oberhänsli et al., 'Variability in Precipitation, Temperature and River Runoff in W. Central Asia during the Past ~2000 Yrs', *Global and Planetary Change* 76 (2011), 95–104; O. Savoskul and O. Solomina, 'Late-Holocene Glacier Variations in the Frontal and Inner Ranges of the Tian Shan, Central Asia', *Holocene* 6.1 (1996), 25–35.

2 N. Sims-Williams, 'Sogdian Ancient Letter II', in A. Juliano and J. Lerner (eds), *Monks and Merchants: Silk Road Treasures from Northern China: Gansu and Ningxia 4th–7th Century* (New York, 2001), pp. 47–9. Also see F. Grenet and N. Sims-Williams, 'The Historical Context of the Sogdian Ancient Letters', *Transition Periods in Iranian History, Studia Iranica* 5 (1987), 101–22; N. Sims-Williams, 'Towards a New Edition of the Sogdian Letters', in E. Trembert and E. de la Vaissière (eds), *Les Sogdiens en Chine* (Paris, 2005), pp. 181–93.

3 E. de la Vaissière, 'Huns et Xiongnu', *Central Asiatic Journal* 49.1 (2005), 3–26.

4 P. Heather, *Empires and Barbarians* (London, 2009), pp. 151–88; A. Poulter, 'Cataclysm on the Lower Danube: The Destruction of a Complex Roman Landscape', in N. Christie (ed.), *Landscapes of Change: Rural Evolutions in Late Antiquity and the Early Middle Ages* (Aldershot, 2004), pp. 223–54.

5 See F. Grenet, 'Crise et sortie de crise en Bactriane-Sogdiane aux IVe–Ve s de n.è.: de l'héritage antique à l'adoption de modèles sassanides', in *La Persia e l'Asia Centrale da Alessandro al X secolo. Atti dei Convegni Lincei* 127 (Rome, 1996), pp. 367–90; de la Vaissière, *Sogdian Traders*, pp. 97–103.

6 G. Greatrex and S. Lieu, *The Roman Eastern Frontier and the Persian Wars, Part II, AD 363–630* (London, 2002), pp. 17–19; O. Maenchen-Helfen, *The World of the Huns* (Los Angeles, 1973), p. 58.

7 Although scholars have long debated possible dating of this construction, recent advances in radiocarbon dating and optically simulated luminescence dating now securely place the erection of this huge fortification to this period, J. Nokandeh et al., 'Linear Barriers of Northern Iran: The Great Wall of Gorgan and the Wall of Tammishe', *Iran* 44 (2006), 121–73.

8 J. Howard-Johnston, 'The Two Great Powers in Late Antiquity: A Comparison', in A. Cameron, G. King and J. Haldon (eds), *The Byzantine and Early Islamic Near East*, 3 vols (Princeton, 1992–6), 3, pp. 190–7.

9 R. Blockley, 'Subsidies and Diplomacy: Rome and Persia in Late Antiquity', *Phoenix* 39 (1985), 66–7.

10 Greatrex and Lieu, *Roman Eastern Frontier*, pp. 32–3.

11 See Heather, *Fall of the Roman Empire*, pp. 191–250.

12 St Jerome, 'Ad Principiam', *Select Letters of St Jerome*, ed. and tr. F. Wright (Cambridge, MA, 1933), 127, p. 462.

13 Jordanes, *Getica*, 30, in *Iordanis Romana et Getica*, ed. T. Mommsen (Berlin, 1882), pp. 98–9.

14 J. Hill, *Through the Jade Gate to Rome: A Study of the Silk Routes during the Late Han Dynasty, 1st to 2nd Centuries CE: An Annotated Translation of the Chronicle of the 'Western Regions' from the Hou Hanshu* (Charleston, NC, 2009).

15 Sarris, *Empires of Faith*, pp. 41–3.

16 A document from the early fourth century lists the tribes that had poured into the Roman Empire, A. Riese (ed.), *Geographi latini minores* (Hildesheim, 1964), pp. 1280–9. For another example, Sidonius Apollinaris, 'Panegyric on Avitus', in *Sidonius Apollinaris: Poems and Letters*, ed. and tr. W. Anderson, 2 vols (Cambridge, MA, 1935–56), 1, p. 146.

17 Ammianus Marcellinus, *Rerum Gestarum Libri XXX*, 31.2, 3, p. 382.

18 Priscus, *Testimonia*, fragment 49, ed. and tr. R. Blockley, *The Fragmentary Classicising Historians of the Later Roman Empire: Eunapius, Olympiodorus, Priscus, and Malchus*, 2 vols (Liverpool, 1981–3), 2, p. 356.

19 Ammianus Marcellinus, *Rerum Gestarum Libri XXX*, 31.2, 3, p. 380.

20 D. Pany and K. Wiltschke-Schrotta, 'Artificial Cranial Deformation in a Migration Period Burial of Schwarzenbach, Central Austria', *VIAVIAS* 2 (2008), 18–23.

21 Priscus, *Testimonia*, fragment 24, 2, pp. 316–17. For the Huns' successes, Heather, *Fall of the Roman Empire*, pp. 300–48.

22 B. Ward-Perkins, *The Fall of Rome and the End of Civilization* (Oxford, 2005), pp. 91ff.

23 Salvian, *Œuvres*, ed. and tr. C. Lagarrigue, 2 vols (Paris, 1971–5), 2, 4.12. Translation from E. Sanford (tr.), *The Government of God* (New York, 1930), p. 118.

24 Zosimus, *Historias Neas*, ed. and tr. F. Paschoud, *Zosime, Histoire nouvelle*, 3 vols (Paris, 2000) 2.7, 1, pp. 77–9.

25 Asmussen, 'Christians in Iran', pp. 929–30.

26 S. Brock, 'The Church of the East in the Sasanian Empire up to the Sixth Century and its Absence from the Councils in the Roman Empire', *Syriac Dialogue: First Non-Official Consultation on Dialogue within the Syriac Tradition* (Vienna, 1994), 71.

27 A. Cameron and R. Hoyland (eds), *Doctrine and Debate in the East Christian World 300–1500* (Farnham, 2011), p. xi.

28 W. Barnstone, *The Restored New Testament: A New Translation with Commentary, Including the Gnostic Gospels of Thomas, Mary and Judas* (New York, 2009).

29 N. Tanner, *The Decrees of the Ecumenical Councils*, 2 vols (Washington, DC, 1990), 1; A. Cameron, *The Later Roman Empire, AD 284–430* (London, 1993), pp. 59–70.

30 See P. Wood, *The Chronicle of Seert. Christian Historical Imagination in Late Antique Iraq* (Oxford, 2013), pp. 23–4

31 S. Brock, 'The Christology of the Church of the East in the Synods of the Fifth to Early Seventh Centuries: Preliminary Considerations and Materials', in G. Dagras (ed.), *A Festschrift for Archbishop Methodios of Thyateira and Great Britain* (Athens, 1985), pp. 125–42.

32 Baum and Winkler, *Apostolische Kirche*, pp. 19–25.

33 Synod of Dadjesus, *Synodicon orientale, ou Recueil de synods nestoriens*, ed. J. Chabot (Paris, 1902), pp. 285–98; Brock, 'Christology of the Church of the East', pp. 125–42; Brock, 'Church of the East', 73–4.

34 Wood, *Chronicle of Seert*, pp. 32–7.

35 Gregory of Nazianzus, *De Vita Sua*, in D. Meehan (tr.), *Saint Gregory of Nazianzus: Three Poems* (Washington, DC, 1987), pp. 133–5.

36 St Cyril of Alexandria, Letter to Paul the Prefect, in J. McEnerney (tr.), *Letters of St Cyril of Alexandria*, 2 vols (Washington, DC, 1985–7), 2, 96, pp. 151–3.

37 S. Brock, 'From Antagonism to Assimilation: Syriac Attitudes to Greek Learning', in N. Garsoian, T. Mathews and T. Thomson (eds), *East of Byzantium: Syria and*

Armenia in the Formative Period (Washington, DC, 1982), pp. 17–34; also idem, 'Christology of the Church of the East', pp. 165–73.

38 R. Norris, *The Christological Controversy* (Philadelphia, 1980), pp. 156–7.

39 Brock, 'Christology of the Church of the East', pp. 125–42; also see Baum and Winkler, *Apostolische Kirche*, pp. 31–4.

40 F.-C. Andreas, 'Bruchstücke einer Pehlevi-Übersetzung der Psalmen aus der Sassanidenzeit', *Sitzungsberichte der Berliner Akademie der Wissenschaften* (1910), 869–72; J. Asmussen, 'The Sogdian and Uighur-Turkish Christian Literature in Central Asia before the Real Rise of Islam: A Survey', in L. Hercus, F. Kuiper, T. Rajapatirana and E. Skrzypczak (eds), *Indological and Buddhist Studies: Volume in Honour of Professor J. W. de Jong on his Sixtieth Birthday* (Canberra, 1982), pp. 11–29.

41 Sarris, *Empires of Faith*, p. 153.

42 For the Council of 553, R. Price, *The Acts of the Council of Constantinople of 553: Edited with an introduction and notes*, 2 vols (Liverpool, 2009). For the Syriac text, with translation, S. Brock, 'The Conversations with the Syrian Orthodox under Justinian (532)', *Orientalia Christiana Periodica* 47 (1981), 87–121, and idem, 'Some New Letters of the Patriarch Severus', *Studia Patristica* 12 (1975), 17–24.

43 Evagrius Scholasticus, *Ekklesiastike historia*, 5.1, *Ecclesiastical History of Evagrius Scholasticus*, tr. M. Whitby (Liverpool, 2005), p. 254.

44 For the compilation of the text and its date, see R. Lim, *Public Disputation: Power and Social Order in Late Antiquity* (Berkeley, 1991), p. 227.

45 Sterk, 'Mission from Below', 10–12.

46 For the 300 martyrs of Najran, I. Shahid, 'The Martyrdom of Early Arab Christians: Sixth Century Najran', in G. Corey, P. Gillquist, M. Mackoul et al. (eds), *The First One Hundred Years: A Centennial Anthology Celebrating Antiochian Orthodoxy in North America* (Englewood, NJ, 1996), pp. 177–80. For the journey of Cosmas Indicopleustes, see S. Faller, *Taprobane im Wandel der Zeit* (Stuttgart, 2000); H. Schneider, 'Kosmas Indikopleustes, Christliche Topographie: Probleme der Überlieferung und Editionsgeschichte', *Byzantinische Zeitschrift* 99.2 (2006), 605–14.

47 *The History of Theophylact Simocatta: An English Translation with Introduction and Notes*, ed. and tr. M. Whitby and M. Whitby (Oxford, 1986), 5.10, p. 147.

48 See Wood, *Chronicle of Seert*, p.23.

49 B. Spuler, *Iran in früh-Islamischer Zeit* (Wiesbaden, 1952), pp. 210–13; P. Jenkins, *The Lost History of Christianity* (Oxford, 2008), pp. 14, 53; Also see S. Moffett, *A History of Christianity in Asia*, 2 vols (San Francisco, 1998); J. Asmussen, 'Christians in Iran', pp. 924–48.

50 A. Atiya, *A History of Eastern Christianity* (London, 1968), pp. 239ff.

51 Agathias, *Historion*, 2.28, *Agathias: Histories*, tr. J. Frendo (Berlin, 1975), p. 77.

52 For the prayers, Brock, 'Church of the East', 76; for the election, Synod of Mar Gregory I, *Synodicon orientale*, p. 471.

53 T. Daryaee (ed. and tr.), *Šahrestānīhā-ī Ērānšahr: A Middle Persian Text on Late Antique Geography, Epic and History* (Costa Mesa, CA, 2002).

54 M. Morony, 'Land Use and Settlement Patterns in Late Sasanian and Early Islamic Iraq', in Cameron, King and Haldon, *The Byzantine and Early Islamic Near East*, 2, pp. 221–9; F. Rahimi-Laridjani, *Die Entwicklung der Bewässerungslandwirtschaft im Iran bis Sasanidisch-frühislamische zeit* (Weisbaden, 1988); R. Gyselen, *La géographie administrative de l'empire sasanide: les témoignages sigillographiques* (Paris, 1989).

55 P. Pourshariati, *Decline and Fall of the Sasanian Empire: The Sasanian–Parthian Confederacy and the Arab Conquest of Iran* (London, 2009), pp. 33–60. Also see Z. Rubin, 'The Reforms of Khusro Anushirwān', in Cameron, *Islamic Near East*, 3, pp. 225–97.

461

56 A. Taffazoli, 'List of Trades and Crafts in the Sassanian Period', *Archaeologische Mitteilungen aus Iran* 7 (1974), 192–6.

57 R. Frye, 'Sasanian Seal Inscriptions', in R. Stiehl and H. Stier, *Beiträge zur alten Gesichte und deren Nachleben*, 2 vols (Berlin, 1969–70), 1, pp. 79–84; J. Choksy, 'Loan and Sales Contracts in Ancient and Early Medieval Iran', *Indo-Iranian Journal* 31 (1988), 120.

58 Daryaee, 'Persian Gulf Trade', 1–16.

59 E. de la Vaissière, *Histoire des marchands sogdiens* (Paris, 2002), pp. 155–61, 179–231. N. Sims-Williams, 'The Sogdian Merchants in China and India', in A. Cadonna and L. Lanciotti (eds), *Cina e Iran: da Alessandro Magno alla dinastia Tang* (Florence, 1996), pp. 45–67; J. Rose, 'The Sogdians: Prime Movers between Boundaries', *Comparative Studies of South Asia, Africa and the Middle East* 30.3 (2010), 410–19.

60 F. Thierry and C. Morrisson, 'Sur les monnaies Byzantines trouvés en Chine', *Revue numismatique* 36 (1994), 109–45; L. Yin, 'Western Turks and Byzantine Gold Coins Found in China', *Transoxiana* 6 (2003); B. Marshak and W. Anazawa, 'Some Notes on the Tomb of Li Xian and his Wife under the Northern Zhou Dynasty at Guyuan, Ningxia and its Gold-Gilt Silver Ewer with Greek Mythological Scenes Unearthed There', *Cultura Antiqua* 41.4 (1989), 54–7.

61 D. Shepherd, 'Sasanian Art', in *Cambridge History of Iran*, 3.2, pp. 1085–6.

62 For Easter, Eusebius, *Vita Constantini*, 3.18, p. 90. For examples of legislation against intermarriage, *Codex Theodosianus*, 16.7, p. 466; 16.8, pp. 467–8.

63 L. Feldman, 'Proselytism by Jews in the Third, Fourth and Fifth Centuries', *Journal for the Study of Judaism* 24.1 (1993), 9–10.

64 Ibid., 46.

65 P. Schäfer, *Jesus in the Talmud* (Princeton, 2007); P. Schäfer, M. Meerson and Y. Deutsch (eds), *Toledot Yeshu ('The Life Story of Jesus') Revisited* (Tübingen, 2011).

66 G. Bowersock, 'The New Greek Inscription from South Yemen', in A. Sedov and J.-F. Salles (eds), *Qāni': le port antique du Ḥaḍramawt entre la Méditerranée, l'Afrique et l'Inde: fouilles russes 1972, 1985–89, 1991, 1993–94* (Turnhout, 2013), pp. 393–6.

67 J. Beaucamp, F. Briquel-Chatonnet and C. Robin (eds), *Juifs et chrétiens en Arabie aux Ve et VIe siècles: regards croisés sur les sources* (Paris, 2010); C. Robin, 'Joseph, dernier roi de Himyar (de 522 à 525, ou une des années suivantes)', *Jerusalem Studies in Arabic and Islam* 34 (2008), 1–124.

68 G. Bowersock, *The Throne of Adulis: Red Sea Wars on the Eve of Islam* (Oxford, 2013), pp. 78–91.

69 Brock, 'Church of the East', 73.

70 Walker, *The Legend of Mar Qardagh*; text, pp. 19–69.

71 Y. Saeki, *The Nestorian Documents and Relics in China* (2nd edn, Tokyo, 1951), pp. 126–7; D. Scott, 'Christian Responses to Buddhism in Pre-Medieval Times', *Numen* 32.1 (1985), 91–2.

72 See E. Pagels, *The Gnostic Gospels* (New York, 1979); H.-J. Klimkeit, *Gnosis on the Silk Road: Gnostic Texts from Central Asia* (San Francisco, 1993); K. King, *What is Gnosticism?* (Cambridge, MA, 2003).

73 P. Crone, 'Zoroastrian Communism', *Comparative Studies in Society and History* 36.4 (1994), 447–62; G. Gnoli, 'Nuovi studi sul Mazdakismo', in *Convegno internazionale: la Persia e Bisanzio* (Rome, 2004), pp. 439–56.

74 Hui Li, *Life of Hiuen-tsang*, tr. Samuel Beal (Westport, CT, 1973), p. 45.

75 Ibid., p. 46; R. Foltz, 'When was Central Asia Zoroastrian?', *Mankind Quarterly* (1988), 189–200.

76 S. Beal, *Buddhist Records of the Western World* (New Delhi, 1969), pp. 44–6.

77 G. Mitchell and S. Johar, 'The Maratha Complex at Ellora', *Modern Asian Studies* 28.1 (2012), 69–88.

78 Excavations and surveys were conducted in the 1970s by joint teams from Japan and Afghanistan. See T. Higuchi, *Japan–Afghanistan Joint Archaeological Survey 1974, 1976, 1978* (Kyoto, 1976–80).

79 For the dating of the Bamiyan complex to *c*. 600, see D. Klimburg-Salter, 'Buddhist Painting in the Hindu Kush *c*. VIIth to Xth Centuries: Reflections of the Co-existence of Pre-Islamic and Islamic Artistic Cultures during the Early Centuries of the Islamic Era', in E. de la Vaissière, *Islamisation de l'Asie Centrale: processus locaux d'acculturation du VIIe au XIe siècle* (Paris, 2008), pp. 140–2; also see F. Flood, 'Between Cult and Culture: Bamiyan, Islamic Iconoclasm, and the Museum', *Art Bulletin* 84.4 (2002), 641ff. Also see here L. Morgan, *The Buddhas of Bamiyan* (London, 2012).

80 Cited by Power, *Red Sea*, p. 58.

81 I. Gillman and H.-J. Klimkeit, *Christians in Asia before 1500* (Ann Arbor, 1999), pp. 265–305.

82 G. Stroumsa, *Barbarian Philosophy: The Religious Revolution of Early Christianity* (Tübingen, 1999), pp. 80, 274–81.

83 J. Choksy, 'Hagiography and Monotheism in History: Doctrinal Encounters between Zoroastrianism, Judaism and Christianity', *Islam and Christian–Muslim Relations* 14.4 (2010), 407–21.

第四章　变革之路

1 Pseudo-Dionysius of Tel Mahre, *Chronicle (Known Also as the Chronicle of Zuqnin), Part III*, tr. W. Witaksowski (Liverpool, 1996), p. 77.

2 Procopius, *Hyper ton polemon*, 2.22–3, in *History of the Wars, Secret History, Buildings*, ed. and tr. H. Dewing, 7 vols (Cambridge, MA), 1, pp. 450–72.

3 M. Morony, '"For Whom Does the Writer Write?": The First Bubonic Plague Pandemic According to Syriac Sources', in K. Lester (ed.), *Plague and the End of Antiquity: The Pandemic of 541–750* (Cambridge, 2007), p. 64; D. Twitchett, 'Population and Pestilence in T'ang China', in W. Bauer (ed.), *Studia Sino-Mongolica* (Wiesbaden, 1979), 42, 62.

4 P. Sarris, *Economy and Society in the Age of Justinian* (Cambridge, 2006); idem, 'Plague in Byzantium: The Evidence of Non-Literary Sources', in Lester, *Plague and the End of Antiquity*, pp. 119–34; A. Cameron, *The Mediterranean World in Late Antiquity: AD 395–700* (London, 1993), pp. 113ff.; D. Stathakopoulos, *Famine and Pestilence in the Late Roman and Early Byzantine Empire: A Systematic Survey of Subsistence Crises and Epidemics* (Birmingham, 2004), pp. 110–65.

5 Sarris, *Empires of Faith*, pp. 145ff.

6 Procopius, *The Secret History*, tr. P. Sarris (London, 2007), p. 80.

7 John of Ephesus, *Ecclesiastical History*, 6.24, tr. R. P. Smith (1860), p. 429.

8 M.-T. Liu, *Die chinesischen Nachrichten zur Geschichte der Ost-Türken (T'u-küe)*, 2 vols (Wiesbaden, 2009), 1, p. 87. Also J. Banaji, 'Precious-Metal Coinages and Monetary Expansion in Late Antiquity', in F. De Romanis and S. Sorda (eds), *Dal denarius al dinar: l'oriente e la moneta romana* (Rome, 2006), pp. 265–303.

9 *The History of Menander the Guardsman*, tr. R. Blockley (Liverpool, 1985), pp. 121–3.

10 Ibid., pp. 110–7.

11 Sarris, *Empires of Faith*, pp. 230–1.

12 *Menander the Guardsman*, pp. 173–5.

13 For the sources here, Greatrex and Lieu, *Roman Eastern Frontier, Part II*, pp. 153–8.

14 R. Thomson, *The Armenian History Attributed to Sebeos. Part I: Translation and Notes* (Liverpool, 1999), 8, p. 9.

15 Agathias, *Historion*, 2.24, p. 72.

16 G. Fisher, 'From Mavia to al-Mundhir: Arab Christians and Arab Tribes in the Late Antique Roman East', in I. Toral-Niehoff and K. Dimitriev (eds), *Religious Culture in Late Antique Arabia* (Leiden, 2012), p. x; M. Maas, '"Delivered from their Ancient Customs": Christianity and the Question of Cultural Change in Early Byzantine Ethnography', in K. Mills and A. Grafton (eds), *Conversion in Late Antiquity and the Early Middle Ages* (Rochester, NY, 2003), pp. 152–88.

17 R. Hoyland, 'Arab Kings, Arab Tribes and the Beginnings of Arab Historical Memory in Late Roman Epigraphy', in H. Cotton, R. Hoyland, J. Price and D. Wasserstein (eds), *From Hellenism to Islam: Cultural and Linguistic Change in the Roman Near East* (Cambridge, 2009), pp. 374–400.

18 M. Whittow, 'Rome and the Jafnids: Writing the History of a Sixth-Century Tribal Dynasty', in J. Humphrey (ed.), *The Roman and Byzantine Near East: Some Recent Archaeological Research* (Ann Arbor, 1999), pp. 215–33.

19 K. 'Atahmina, 'The Tribal Kings in Pre-Islamic Arabia: A Study of the Epithet *malik* or *dhū al-tāj* in Early Arabic Traditions', *al-Qanṭara* 19 (1998), 35; M. Morony, 'The Late Sasanian Economic Impact on the Arabian Peninsula', *Nāme-ye Irān-e Bāstān* 1.2 (201/2), 35–6; I. Shahid, *Byzantium and the Arabs in the Sixth Century*, 2 vols (Washington, DC, 1995–2009), 2.2, pp. 53–4.

20 Sarris, *Empires of Faith*, pp. 234–6.

21 Procopius, *Buildings*, 3.3, 7, pp. 192–4.

22 J. Howard-Johnston, *Witnesses to a World Crisis: Historians and Histories of the Middle East in the Seventh Century* (Oxford, 2010), pp. 438–9.

23 Synod of Mar Gregory I, *Synodicon orientale*, p. 471. Also see Walker, *Mar Qardagh*, pp. 87–9.

24 F. Conybeare, 'Antiochos Strategos' Account of the Sack of Jerusalem in AD 614', *English Historical Review* 25 (1910), 506–8, but see Howard-Johnston, *Witnesses to a World Crisis*, pp. 164–5. For the propaganda, J. Howard-Johnston, 'Heraclius' Persian Campaigns and the Revival of the Roman Empire', *War in History* 6 (1999), 36–9.

25 *Chronicon Paschale*, tr. M. Whitby and M. Whitby (Liverpool, 1989), pp. 161–2; Howard-Johnston, 'Heraclius' Persian Campaigns', 3; Sarris, *Empires of Faith*, p. 248.

26 *Chronicon Paschale*, pp. 158, 164.

27 Howard-Johnston, 'Heraclius' Persian Campaigns', 37.

28 The precise date is contentious; R. Altheim-Stiehl, 'Würde Alexandreia im Juni 619 n. Chr. durch die Perser Erobert?', *Tyche* 6 (1991), 3–16.

29 J. Howard-Johnston, 'The Siege of Constantinople in 626', in C. Mango and G. Dagron (eds), *Constantinople and its Hinterland* (Aldershot, 1995), pp. 131–42.

30 Howard-Johnston, 'Heraclius' Persian Campaigns', 23–4; C. Zuckerman, 'La Petite Augusta et le Turc: Epiphania-Eudocie sur les monnaies d'Héraclius', *Revue Numismatique* 150 (1995), 113–26.

31 See N. Oikonomides, 'Correspondence between Heraclius and Kavadh-Siroe in the *Paschal Chronicle (628)*', *Byzantion* 41 (1971), 269–81.

32 Sebeos, *Armenian History*, 40, pp. 86–7; Theophanes, *The Chronicle of Theophanes Confessor: Byzantine and Near Eastern History, AD 284–813*, tr. C. Mango and R. Scott (Oxford, 1997), pp. 455–6.

33 *Chronicon Paschale*, pp. 166–7; Sebeos, *Armenian History*, 38, pp. 79–81.

34 G. Dagron and V. Déroche, 'Juifs et chrétiens en Orient byzantin', *Travaux et Mémoires* 11 (1994), 28ff.

35 Cameron and Hoyland, *Doctrine and Debate*, pp. xxi–xxii.

36 Letter of the Bishops of Persia, *Synodicon orientale*, pp. 584–5.

37 Theophanes, *Chronicle*, p. 459; Mango, 'Deux études sur Byzance et la Perse sassanide', *Travaux et Mémoires* 9 (1985), 117.

38 B. Dols, 'Plague in Early Islamic History', *Journal of the American Oriental Society* 94.3 (1974), 376; P. Sarris, 'The Justinianic Plague: Origins and Effects', *Continuity and Change* 17.2 (2002), 171.

39 Bowersock, *Throne of Adulis*, pp. 106–33. Also G. Lüling, *Die Wiederentdeckung des Propheten Muhammad: eine Kritik am 'christlichen' Abendland* (Erlangen, 1981).

40 C. Robin, 'Arabia and Ethiopia', in S. Johnson (ed.), *Oxford Handbook of Late Antiquity* (Oxford, 2012), p. 302.

41 *Qur'ān*, 96.1, ed. and tr. N. Dawood, *The Koran: With a Parallel Translation of the Arabic Text* (London, 2014).

42 Ibn Hisham, *Sīrat rasūl Allāh*, tr. A. Guillaume, *The Life of Muhammad: A Translation of Isḥāq's Sīrat rasūl Allāh* (Oxford, 1955), p. 106; *Qur'ān*, 81.23, p. 586.

43 See H. Motzki, 'The Collection of the *Qur'ān*: A Reconsideration of Western Views in Light of Recent Methodological Developments', *Der Islam* 78 (2001), 1–34, and also A. Neuwirth, N. Sinai and M. Marx (eds), *The Qur'ān in Context: Historical and Literary Investigations into the Qur'ānic Milieu* (Leiden, 2010).

44 *Qur'ān*, 18.56, p. 299.

45 *Qur'ān*, 16.98–9, p. 277.

46 For example, *Qur'ān*, 2.165; 2.197; 2.211.

47 See above all F. Donner, *Narratives of Islamic Origins: The Beginnings of Islamic Historical Writing* (Princeton, 1998). Also, for example, T. Holland, *In the Shadow of the Sword: The Battle for Global Empire and the End of the Ancient World* (London, 2012).

48 E. El Badawi, *The Qur'ān and the Aramaic Gospel Traditions* (London, 2013).

49 P. Crone, *Meccan Trade and the Rise of Islam* (Princeton, 1977); also R. Serjeant, 'Meccan Trade and the Rise of Islam: Misconceptions and Flawed Polemics', *Journal of the American Oriental Society* 110.3 (1990), 472–3.

50 C. Robinson, 'The Rise of Islam', in M. Cook et al. (eds), *The New Cambridge History of Islam*, 6 vols (Cambridge, 2010), pp. 180–1; M. Kister, 'The Struggle against Musaylima and the Conquest of Yamāma', *Jerusalem Studies in Arabic and Islam* 27 (2002), 1–56.

51 G. Heck, '"Arabia without Spices": An Alternative Hypothesis: The Issue of "Makkan Trade and the Rise of Islam"', *Journal of the American Oriental Society* 123.3 (2003), 547–76; J. Schiettecatte and C. Robin, *L'Arabie à la veille de l'Islam: un bilan clinique* (Paris, 2009).

52 P. Crone, 'Quraysh and the Roman Army: Making Sense of the Meccan Leather Trade', *Bulletin of the School of Oriental and African Studies* 70.1 (2007), 63–88.

53 Ibn al-Kalbī, *Kitāb al-aṣnām*, tr. N. Faris, *The Book of Idols Being a Translation from the Arabic of the Kitāb al-aṣnām* (Princeton, 1952), pp. 23–4.

54 *Qur'ān*, 36.33–6, p. 441; G. Reinink, 'Heraclius, the New Alexander: Apocalyptic Prophecies during the Reign of Heraclius', pp. 81–94; W. E. Kaegi Jr, 'New Evidence on the Early Reign of Heraclius', *Byzantinische Zeitschrift* 66 (1973), 308–30.

55 *Qur'ān*, 47.15, p. 507.

56 *Qur'ān*, 5.33, p. 112.

57 *Qur'ān*, 4.56, p. 86. Also W. Shepard, *Sayyid Qutb and Islamic Activism: A Translation and Critical Analysis of Social Justice in Islam* (Leiden, 2010). Also note the important observations about gender and social justice in early Islam, A. Wahud, *Qur'ān and Woman: Rereading the Sacred Text from a Woman's Perspective* (Oxford, 1999).

58 *Qur'ān*, 47.15, p. 507.

59 P. Crone, 'The Religion of the Qur'ānic Pagans: God and the Lesser Deities', *Arabica* 57 (2010), 151–200.

60 R. Hoyland, 'New Documentary Texts and the Early Islamic State', *Bulletin of the School of Oriental and African Studies* 69.3 (2006), 395–416. For the date of

Muḥammad's flight, A. Noth, *The Early Arabic Historical Tradition: A Source Critical Study* (Princeton, 1994), p. 40; M. Cook and P. Crone, *Hagarism: The Making of the Islamic World* (Cambridge, 1977), pp. 24, 157.

61 Nikephoros of Constantinople, *Chronographikon syntomon*, ed. and tr. C. Mango, *Short History* (Washington, DC, 1990), pp. 68–9; Theophylact Simokatta, *History*, 3.17. For Arab 'identity' before the rise of Islam, A. Al-Azmeh, *The Emergence of Islam in Late Antiquity* (Oxford, 2014), p. 147; also see W. Kaegi, 'Reconceptualizing Byzantium's Eastern Frontiers', in Mathisen and Sivan, *Shifting Frontiers*, p. 88.

62 *Qur'ān*, 43.3, p. 488.

63 C. Robinson, 'Rise of Islam', p. 181.

64 Mālik records two similar variants, presumably reflecting the comment's pedigree, Mālik ibn Anas, *al-Muwaṭṭa*, 45.5, tr. A. ʿAbdarahman and Y. Johnson (Norwich, 1982), p. 429.

65 *Qur'ān*, 2.143–4, p. 21; also al-Azmeh, *Emergence of Islam*, p. 419.

66 *Qur'ān*, 22.27–9, pp. 334–5.

67 R. Frye, 'The Political History of Iran under the Sasanians', in *Cambridge History of Iran*, 3.1, p. 178; Tabarī, *The Battle of al-Qādisiyyah and the Conquest of Syria and Palestine*, tr. Y. Friedmann (Albany, NY, 1992), pp. 45–6.

68 H. Kennedy, *The Great Arab Conquests* (London, 2007), pp. 103–5.

69 Tabarī, *Battle of al-Qādisiyyah*, p. 63.

70 Ibid.

71 *Qur'ān*, 29.1–5, p. 395.

72 Crone, *Meccan Trade*, p. 245.

73 C. Robinson, *The First Islamic Empire*, in J. Arnason and K. Raaflaub (eds), *The Roman Empire in Context: Historical and Comparative Perspectives* (Oxford, 2010), p. 239; G.-R. Puin, *Der Dīwān von ʿUmar Ibn al-Ḥattab* (Bonn, 1970); F. Donner, *The Early Islamic Conquests* (Princeton, 1981), pp. 231–2, 261–3.

74 Pourshariati, *Decline and Fall of the Sasanian Empire*, pp. 161ff. Also here Donner, *Early Islamic Conquests*, pp. 176–90; Kennedy, *Arab Conquests*, pp. 105–7.

75 For the date of the conquest of Jerusalem, P. Booth, *Crisis of Empire: Doctrine and Dissent at the End of Late Antiquity* (Berkeley, 2014), p. 243.

76 Sebeos, *Armenian History*, 42, p. 98.

77 See Howard-Johnston, *Witnesses to a World Crisis*, pp. 373–5.

第五章　和睦之路

1 For the text, F. Donner, *Muhammad and the Believers: At the Origins of Islam* (Cambridge, MA, 2010), pp. 228–32. Also M. Lecker, *The 'Constitution of Medina': Muhammad's First Legal Document* (Princeton, 2004).

2 See the important collection of essays in M. Goodman, G. van Kooten and J. van Ruiten, *Abraham, the Nations and the Hagarites: Jewish, Christian and Islamic Perspectives on Kinship with Abraham* (Leiden, 2010).

3 *Doctrina Iacobi* in Dagron and Déroche, 'Juifs et chrétiens', 209. Translation here by R. Hoyland, *Seeing Islam as Others Saw It: A Survey and Evaluation of Christian, Jewish and Zoroastrian Writings on Early Islam* (Princeton, 1997), p. 57.

4 Note therefore W. van Bekkum, 'Jewish Messianic Expectations in the Age of Heraclius', in G. Reinink and H. Stolte (eds), *The Reign of Heraclius (610–641): Crisis and Confrontation* (Leuven, 2002), pp. 95–112.

5 Dagron and Déroche, 'Juifs et chrétiens', 240–7. For the reliability of much of the information in the text, Howard-Johnston, *Witnesses to a World Crisis*, pp. 155–7; for the likely audience and purpose of the text, D. Olster, *Roman Defeat, Christian*

Response and the Literary Construction of the Jew (Philadelphia, 1994). Above all here, Hoyland, *Seeing Islam as Others Saw It*.

6 J. Reeves, *Trajectories in Near Eastern Apocalyptic: A Postrabbinic Jewish Apocalypse Reader* (Leiden, 2006), pp. 78–89; B. Lewis, 'An Apocalyptic Vision of Islamic History', *Bulletin of the School of Oriental and African Studies* 13 (1950), 321–30. Also see S. Shoemaker, *The Death of a Prophet: The End of Muhammad's Life and the Beginnings of Islam* (Philadelphia, 2012), pp. 28–33.

7 *Canonici Hebronensis Tractatus de invention sanctorum patriarchum Abraham, Ysaac et Yacob*, in *Recueil des Historiens des Croisades: Historiens Occidentaux* 1, p. 309; translation by N. Stillman, *The Jews of Arab Lands: A History and Source Book* (Philadelphia, 1979), p. 152.

8 M. Conterno, '"L'abominio della desolazione nel luogo santo": l'ingresso di 'Umar I a Gerusalemme nella *Cronografia* de Teofane Confessore e in tre cronache siriache', in *Quaderni di storia religiosa* 17 (2010), pp. 9–24.

9 J. Binns, *Ascetics and Ambassadors of Christ: The Monasteries of Palestine 314–631* (Oxford, 1994); B. Horn, *Asceticism and Christological Controversy in Fifth-Century Palestine: The Career of Peter the Iberian* (Oxford, 2006); Cameron and Hoyland, *Doctrine and Debate*, p. xxix.

10 S. Brock, 'North Mesopotamia in the Late Seventh Century: Book XV of John Bar Penkaye's Rish Melle', *Jerusalem Studies in Arabic and Islam* 9 (1987), 65.

11 *Corpus Scriptorum Christianorum Orientalium*, Series 3, 64, pp. 248–51; Donner, *Muhammad and the Believers*, p. 114.

12 *Qur'ān*, 2.87, p. 12.

13 *Qur'ān*, 3.3, p. 49.

14 *Qur'ān*, 3.42–3, p. 54.

15 Cameron and Hoyland, *Doctrine and Debate*, p. xxxii.

16 *Qur'ān*, 3.65, p. 57

17 *Qur'ān*, 3.103; 105, p. 62.

18 *Qur'ān*, 2.62, p. 9, 5.69, p. 118.

19 R. Hoyland, *In God's Path: The Arab Conquests and the Creation of an Islamic Empire* (Oxford, 2015), pp. 224–9.

20 Robinson, 'The Rise of Islam', p. 186.

21 C. Luxenburg, *The Syro-Aramaic Reading of the Koran: A Contribution to the Decoding of the Language of the Koran* (Berlin, 2007); see here D. King, 'A Christian Qur'ān? A Study in the Syriac background to the language of the Qur'ān as presented in the work of Christoph Luxenberg', *Journal for Late Antique Religion and Culture* 3 (2009), 44–71.

22 *Qur'ān*, 30.2–4, p. 403.

23 *Qur'ān*, 30.6, p. 404.

24 T. Sizgorich, *Violence and Belief in Late Antiquity: Militant Devotion in Christianity and Islam* (Philadelphia, 2009), pp. 160–1.

25 R. Finn, *Asceticism in the Graeco-Roman World* (Cambridge, 2009).

26 *Qur'ān*, 3.84, p. 60.

27 *Qur'ān*, 10.19, p. 209.

28 Shoemaker, *Death of a Prophet*, pp. 18–72. Also R. Hoyland, 'The Earliest Christian Writings on Muhammad: An Appraisal', in H. Motzki (ed.), *The Biography of Muhammad: The Issue of the Sources* (Leiden, 2000), esp. pp. 277–81; Cook, 'Muhammad', 75–6.

29 Sophronius of Jerusalem, 'Logos eis to hagion baptisma', in A. Papadopoulos-Kermeus, 'Tou en hagiois patros hemon Sophroniou archiepiskopou Hierosolymon logos eis to hagion baptisma', *Analekta Hierosolymitikes Stakhiologias* 5 (St Petersburg, 1898), 166–7.

30 G. Anvil, *The Byzantine–Islamic Transition in Palestine: An Archaeological Approach* (Oxford, 2014); R. Schick, *The Christian Communities of Palestine from Byzantine to Islamic Rule* (Princeton, 1995).

31 al-Balādhurī, *Kitâb futûḥ al-buldân*, tr. P. Hitti, *The Origins of the Islamic State* (New York, 1916), 8, p. 187.

32 John of Nikiu, *Khronike*, tr. R. Charles, *The Chronicle of John of Nikiu* (London, 1916), 120.17–28, pp. 193–4.

33 G. Garitte, '"Histoires édifiantes" géorgiennes', *Byzantion* 36 (1966), 414–16; Holyand, *Seeing Islam*, p. 63.

34 Robinson, *First Islamic Empire*, pp. 239ff.

35 W. Kubiak, *Al-Fustiat, Its Foundation and Early Urban Development* (Cairo, 1987); N. Luz, 'The Construction of an Islamic City in Palestine: The Case of Umayyad al-Ramla', *Journal of the Royal Asiatic Society* 7.1 (1997), 27–54; H. Djaït, *Al-Kūfa: naissance de la ville islamique* (Paris, 1986); D. Whitcomb, 'The Misr of Ayla: New Evidence for the Early Islamic City', in G. Bisheh (ed.), *Studies in the History and Archaeology of Jordan* (Amman, 1995), pp. 277–88.

36 J. Conant, *Staying Roman: Conquest and Identity in Africa and the Mediterranean, 439–700* (Cambridge, 2012), pp. 362–70. Also P. Grossman, D. Brooks-Hedstrom and M. Abdal-Rassul, 'The Excavation in the Monastery of Apa Shnute (Dayr Anba Shinuda) at Suhag', *Dumbarton Oaks Papers* 58 (2004), 371–82; E. Bolman, S. Davis and G. Pyke, 'Shenoute and a Recently Discovered Tomb Chapel at the White Monastery', *Journal of Early Christian Studies* 18.3 (2010), 453–62; for Palestine, L. di Segni, 'Greek Inscriptions in Transition from the Byzantine to the Early Islamic Period', in Hoyland, *Hellenism to Islam*, pp. 352–73.

37 N. Green, 'The Survival of Zoroastrianism in Yazd', *Iran* 28 (2000), 115–22.

38 A. Tritton, *The Caliphs and their Non-Muslim Subjects: A Critical Study of the Covenant of Umar* (London, 1970); Hoyland, *God's Path*, esp. pp. 207–31.

39 N. Khairy and A.-J. ʿAmr, 'Early Islamic Inscribed Pottery Lamps from Jordan', *Levant* 18 (1986), 152.

40 G. Bardy, 'Les Trophées de Damas: controverse judéo-chrétienne du VIIe siècle', *Patrologia Orientalis* 15 (1921), 222.

41 J. Johns, 'Archaeology and the History of Early Islam: The First Seventy Years', *Journal of the Economic and Social History of the Orient* 46.4 (2003), 411–36; A. Oddy, 'The Christian Coinage of Early Muslim Syria', *ARAM* 15 (2003), 185–96.

42 E. Whelan, 'Forgotten Witnesses: Evidence for the Early Codification of the Qur'an', *Journal of the American Oriental Society* 118.1 (1998), 1–14; W. Graham and N. Kermani, 'Recitation and Aesthetic Reception', in J. McAuliffe (ed.), *The Cambridge Companion to the Qur'ān* (Cambridge, 2005), pp. 115–43, S. Blair, 'Transcribing God's Word: Qur'an Codices in Context', *Journal of Qur'anic Studies* 10.1 (2008), 72–97.

43 R. Hoyland, 'Jacob of Edessa on Islam', in G. Reinink and A. Cornelis Klugkist (eds), *After Bardasian: Studies on Continuity and Change in Syriac Christianity* (Leuven, 1999), pp. 158–9.

44 M. Whittow, *The Making of Orthodox Byzantium, 600–1025* (London, 1996), pp. 141–2.

45 R. Hoyland, 'Writing the Biography of the Prophet Muhammad: Problems and Sources', *History Compass* 5.2 (2007), 593–6. Also see I. and W. Schulze, 'The Standing Caliph Coins of al-Jazīra: Some Problems and Suggestions', *Numismatic Chronicle* 170 (2010), 331–53; S. Heidemann, 'The Evolving Representation of the Early Islamic Empire and its Religion on Coin Imagery', in A. Neuwirth, N. Sinai and M. Marx (eds), *The Qur'ān in Context: Historical and Literary Investigations into the Qur'ānic Milieu* (Leiden, 2010), pp. 149–95.

46 B. Flood, *The Great Mosque of Damascus: Studies on the Makings of an Umayyad Visual Culture* (Leiden, 2001).

47 Johns, 'Archaeology and History of Early Islam', 424–5. Also see Hoyland, *Seeing Islam*, esp. pp. 550–3, 694–5, and in general P. Crone and M. Hinds, *God's Caliph: Religious Authority in the First Centuries of Islam* (Cambridge, 1986).

48 O. Grabar, *The Dome of the Rock* (Cambridge, MA, 2006), pp. 91–2.

49 John of Damascus, *On Heresies*, tr. F. Chase, *The Fathers of the Church* (Washington, DC, 1958), 101, p. 153; Sarris, *Empires of Faith*, p. 266.

50 For example, M. Bennett, *Fighting Techniques of the Medieval World AD 500–AD 1500: Equipment, Combat Skills and Tactics* (Staplehurst, 2005).

51 P. Reynolds, *Trade in the Western Mediterranean, AD 400–700: The Ceramic Evidence* (Oxford, 1995); S. Kinsley, 'Mapping Trade by Shipwrecks', in M. Mundell Mango (ed.), *Byzantine Trade, 4th–12th Centuries* (Farnham, 2009), pp. 31–6. See M. McCormick, *Origins of the European Economy: Communications and Commerce, AD 300–900* (Cambridge, 2001); Wickham, *Inheritance of Rome*, esp. pp. 255ff.

52 de la Vaissière, *Sogdian Traders*, pp. 279–86.

53 al-Ya'qūbī and al-Balādhurī cited by J. Banaji, 'Islam, the Mediterranean and the Rise of Capitalism', *Historical Materialism* 15 (2007), 47–74, esp. 59–60.

54 For the loose structures across the Sogdian world at this time, de la Vaissière, *Marchands sogdiens*, pp. 144–76.

55 See here F. Grenet and E. de la Vaissière, 'The Last Days of Panjikent', *Silk Road Art and Archaeology* 8 (2002), 155–96.

56 See here J. Karam Skaff, *Sui-Tang China and Its Turko-Mongol Neighbours: Culture, Power, and Connections, 580–800* (Oxford, 2012).

57 D. Graff, 'Strategy and Contingency in the Tang Defeat of the Eastern Turks, 629–30', in N. di Cosmo (ed.), *Warfare in Inner Asian History, 500–1800* (Leiden, 2002), pp. 33–72.

58 de la Vaissière, *Sogdian Traders*, pp. 217–20.

59 C. Mackerras, *The Uighur Empire According to the T'ang Dynastic Histories* (Canberra, 1972); T. Allsen, *Commodity and Exchange in the Mongol Empire: A Cultural History of Islamic Textiles* (Cambridge, 1997), p. 65.

60 C. Beckwith, 'The Impact of Horse and Silk Trade on the Economics of T'ang China and the Uighur Empire: On the Importance of International Commerce in the Early Middle Ages', *Journal of the Economic and Social History of the Orient* 34 (1991), 183–98.

61 J. Kolbas, 'Khukh Ordung: A Uighur Palace Complex of the Seventh Century', *Journal of the Royal Asiatic Society* 15.3 (2005), 303–27.

62 L. Albaum, *Balalyk-Tepe: k istorii material'noĭ kul'tury i iskusstva Tokharistana* (Tashkent, 1960); F. Starr, *Lost Enlightenment: Central Asia's Golden Age from the Arab Conquest to Tamerlane* (Princeton, 2014), p. 104.

63 A. Walmsley and K. Damgaard, 'The Umayyad Congregational Mosque of Jerash in Jordan and its Relationship to Early Mosques', *Antiquity* 79 (2005), 362–78; I. Roll and E. Ayalon, 'The Market Street at Apollonia – Arsuf', *BASOR* 267 (1987), 61–76; K. al-As'ad and Stepniowski, 'The Umayyad *suq* in Palmyra', *Damazener Mitteilungen* 4 (1989), 205–23; R. Hillenbrand, 'Anjar and Early Islamic Urbanism', in G.-P. Brogiolo and B. Ward-Perkins (eds), *The Idea and Ideal of the Town between Late Antiquity and the Early Middle Ages* (Leiden, 1999), pp. 59–98.

64 Hilāl al-Ṣābi', *Rusūm dār al-khilāfah*, in *The Rules and Regulations of the Abbasid Court*, tr. E. Salem (Beirut, 1977), pp. 21–2.

65 Ibn al-Zubayr, *Kitāb al-hadāyā wa al-tuḥaf*, in *Book of Gifts and Rarities: Selections Compiled in the Fifteenth Century from an Eleventh-Century Manuscript on Gifts and Treasures*, tr. G. al-Qaddūmī (Cambridge, MA, 1996), pp. 121–2.

66 B. Lewis, *Islam: From the Prophet Muhammad to the Capture of Constantinople* (New York, 1987), pp. 140–1.

67 Muqaddasī, *Best Divisions for Knowledge*, p. 60.

68 Ibid., pp. 107, 117, 263.

69 J. Bloom, *Paper before Print: The History and Impact of Paper in the Islamic World* (New Haven, 2001).

70 Muqaddasī, *Best Divisions for Knowledge*, pp. 6, 133–4, 141.

71 *Two Arabic travel books: Accounts of China and India*, ed. and trans. T. Mackintosh-Smith and J. Montgomery (New York, 2014), p. 37.

72 Ibid., pp. 59, 63.

73 J. Stargardt, 'Indian Ocean Trade in the Ninth and Tenth Centuries: Demand, Distance, and Profit', *South Asian Studies* 30.1 (2014), 35–55.

74 A. Northedge, 'Thoughts on the Introduction of Polychrome Glazed Pottery in the Middle East', in E. Villeneuve and P. Watson (eds), *La Céramique byzantine et proto-islamique en Syrie-Jordanie (IVe–VIIIe siècles apr. J.-C.)* (Beirut, 2001), pp. 207–14; R. Mason, *Shine Like the Sun: Lustre-Painted and Associated Pottery from the Medieval Middle East* (Toronto, 2004); M. Milwright, *An Introduction to Islamic Archaeology* (Edinburgh, 2010), pp. 48–9.

75 H. Khalileh, *Admiralty and Maritime Laws in the Mediterranean Sea (ca. 800–1050): The Kitāb Akriyat al Sufun vis-à-vis the Nomos Rhodion Nautikos* (Leiden, 2006), pp. 212–14.

76 Muqaddasī, *Best Divisions for Knowledge*, p. 347.

77 Daryaee, 'Persian Gulf Trade', 1–16; Banaji, 'Islam, the Mediterranean and the Rise of Capitalism', 61–2.

78 E. Grube, *Cobalt and Lustre: The First Centuries of Islamic Pottery* (London, 1994); O. Watson, *Ceramics from Islamic Lands* (London, 2004).

79 Du Huan, Jinxing Ji, cited by X. Liu, *The Silk Road in World History* (Oxford, 2010), p. 101.

80 *Kitāb al-Tāj (fī akhlāq al-mulūk)* in *Le Livre de la couronne: ouvrage attribute à Ğahiz*, tr. C. Pellat (Paris, 1954), p. 101.

81 For borrowing from Sasanian ideals, Walker, *Qardagh*, p. 139. For hunting scenes from a group of palaces near Teheran, D. Thompson, *Stucco from Chal-Tarkhan-Eshqabad near Rayy* (Warminster, 1976), pp. 9–24.

82 D. Gutas, *Greek Thought, Arabic Culture: The Graeco-Arabic Translation Movement in Baghdad and Early ʿAbbasid Society (2nd–4th/8th–10th Centuries* (London, 1998); R. Hoyland, 'Theonmestus of Magnesia, Hunayn ibn Ishaq and the Beginnings of Islamic Veterinary Science', in R. Hoyland and P. Kennedy (eds), *Islamic Reflections, Arabic Musings* (Oxford, 2004), pp. 150–69; A. McCabe, *A Byzantine Encyclopedia of Horse Medicine* (Oxford, 2007), pp. 182–4.

83 V. van Bladel, 'The Bactrian Background of the Barmakids', in A. Akasoy, C. Burnett and R. Yoeli-Tialim, *Islam and Tibet: Interactions along the Musk Route* (Farnham, 2011), pp. 82–3; Gutas, *Greek Thought, Arabic Culture*, p. 13.

84 See P. Pormann and E. Savage-Smith, *Medieval Islamic Medicine* (Edinburgh, 2007); Y. Tabbaa, 'The Functional Aspects of Medieval Islamic Hospitals', in M. Boner, M. Ener and A. Singer (eds), *Poverty and Charity in Middle Eastern Contexts* (Albany, NY, 2003), pp. 97–8.

85 Pormann and Savage-Smith, *Medieval Islamic Medicine*, p. 55.

86 E. Lev and L. Chipman, 'A Fragment of a Judaeo-Arabic Manuscript of Sābūr b. Sahl's Al-Aqrābādhīn al-Ṣaghīr Found in the Taylor-Schechter Cairo Genizah Collection', *Medieval Encounters* 13 (2007), 347–62.

87 Ibn al-Haytham, *The Optics of Ibn al-Haytham, Books I–III: On Direct Vision*, tr. A. Sabra, 2 vols (London, 1989).

88 W. Gohlman, *The Life of Ibn Sina: A Critical Edition and Annotated Translation* (New York, 1974), p. 35.

89 al-Jāḥiẓ, *Kitāb al-Ḥayawān*, cited by Pormann and Savage-Smith, *Medieval Islamic Medicine*, p. 23.

90 Mahsatī, *Mahsati Ganjavi: la luna e le perle*, tr. R. Bargigli (Milan, 1999); also F. Bagherzadeh, 'Mahsati Ganjavi et les potiers de Rey', in *Varia Turcica* 19 (1992), 161–76.

91 Augustine, *The Confessions of St Augustine*, tr. F. Sheed (New York, 1942), p. 247.

92 al-Mas'ūdī, cited by Gutas, *Greek Thought, Arabic Culture*, p. 89.

93 Muqaddasī, *Best Divisions for Knowledge*, p. 8.

94 M. Barrucand and A. Bednorz, *Moorish Architecture in Andalusia* (Cologne, 1999), p. 40.

95 See for example M. Dickens, 'Patriarch Timothy II and the Metropolitan of the Turks', *Journal of the Royal Asiatic Society* 20.2 (2010), 117–39.

96 Conant, *Staying Roman*, pp. 362–70.

97 Narshakhī, *The History of Bukhara: Translated from a Persian Abridgement of the Arabic Original by Narshakhī*, tr. N Frye (Cambridge, MA, 1954), pp. 48–9.

98 A. Watson, *Agricultural Innovation in the Early Islamic World* (Cambridge, 1983); T. Glick, 'Hydraulic Technology in al-Andalus', in M. Morony (ed.), *Production and the Exploitation of Resources* (Aldershot, 2002), pp. 327–39.

第六章　皮毛之路

1 W. Davis, *Readings in Ancient History: Illustrative Extracts from the Sources*, 2 vols (Boston, 1912–13), 2, pp. 365–7.

2 Ibn Khurradādhbih, *Kitāb al-masālik wa-l-mamālik*, tr. Lunde and Stone, 'Book of Roads and Kingdoms', in *Ibn Fadlan and the Land of Darkness*, pp. 99–104.

3 E. van Donzel and A. Schmidt, *Gog and Magog in Early Christian and Islamic Sources: Sallam's Quest for Alexander's Wall* (Leiden, 2010); also note here F. Sezgin, *Anthropogeographie* (Frankfurt, 2010), pp. 95–7; I. Krachovskii, *Arabskaya geographitcheskaya literatura* (Moscow, 2004), esp. pp. 138–41.

4 A. Gow, 'Gog and Magog on *Mappaemundi* and Early Printed World Maps: Orientalizing Ethnography in the Apocalyptic Tradition', *Journal of Early Modern History* 2.1 (1998), 61–2.

5 Ibn Faḍlān, *Book of Ahmad ibn Faḍlān*, tr. Lunde and Stone, *Land of Darkness*, p. 12.

6 Ibid., pp. 23–4.

7 Ibid., p. 12; for Tengri, see U. Harva, *Die Religiösen Vorstellungen der altaischen Völker* (Helsinki, 1938), pp. 140–53.

8 R. Mason, 'The Religious Beliefs of the Khazars', *Ukrainian Quarterly* 51.4 (1995), 383–415.

9 Note therefore a recent contrary argument that decouples Sufism and the nomad world, J. Paul, 'Islamizing Sufis in Pre-Mongol Central Asia', in de la Vaissière, *Islamisation de l'Asie Centrale*, pp. 297–317.

10 Abū Hāmid al-Gharnātī, *Tuḥfat al-albāb wa-nukhbat al-i'jāb wa-Riḥlah ilá Ūrubbah wa-Āsiyah*, tr. Lunde and Stone, 'The Travels', in *Land of Darkness*, p. 68.

11 A. Khazanov, 'The Spread of World Religions in Medieval Nomadic Societies of the Eurasian Steppes', in M. Gervers and W. Schlepp (eds), *Nomadic Diplomacy, Destruction and Religion from the Pacific to the Adriatic* (Toronto, 1994), pp. 11–34.

12 E. Seldeslachts, 'Greece, the Final Frontier? The Westward Spread of Buddhism', in A. Heirman and S. Bumbacher (eds), *The Spread of Buddhism* (Leiden, 2007); R. Bulliet,

'Naw Bahar and the Survival of Iranian Buddhism', *Iran* 14 (1976), 144–5; Narshakhī, *History of Bukhara*, p. 49.

13 Constantine Porphyrogenitus, *De Administrando Imperio*, ed. G. Moravcsik, tr. R. Jenkins (Washington, DC, 1967), 37, pp. 166–70.

14 Ibn Faḍlān, 'Book of Ahmad ibn Faḍlān', p. 22. Some scholars play down the significance of pastoral nomadism on the steppe, e.g. B. Zakhoder, *Kaspiiskii svod svedenii o Vostochnoi Evrope*, 2 vols (Moscow, 1962), 1, pp. 139–40.

15 D. Dunlop, *The History of the Jewish Khazars* (Princeton, 1954), p. 83; L. Baranov, *Tavrika v epokhu rannego srednevekov'ia (saltovo-maiatskaia kul'tura)* (Kiev, 1990), pp. 76–9.

16 A. Martinez, 'Gardīzī's Two Chapters on the Turks', *Archivum Eurasiae Medii Aevi* 2 (1982), 155; T. Noonan, 'Some Observations on the Economy of the Khazar Khaganate', in P. Golden, H. Ben-Shammai and A. Róna-Tas (eds), *The World of the Khazars* (Leiden, 2007), pp. 214–15.

17 Baranov, *Tavrika*, pp. 72–6.

18 Al-Muqaddasī, in *Land of Darkness*, pp. 169–70.

19 Abū Hāmid, 'Travels', p. 67.

20 McCormick, *Origins of the European Economy*, pp. 369–84.

21 J. Howard-Johnston, 'Trading in Fur, from Classical Antiquity to the Early Middle Ages', in E. Cameron (ed.), *Leather and Fur: Aspects of Early Medieval Trade and Technology* (London, 1998), pp. 65–79.

22 Masʿūdī, *Kitāb al-tanbīh wa-al-ishrāf*, tr. Lunde and Stone, 'The Meadows of Gold and Mines of Precious Gems', *Land of Darkness*, p. 161.

23 Muqaddasī, *Aḥsanu-t-taqāsīm fī maʿrifati-l-aqālīm*, tr. Lunde and Stone, 'Best Divisions for the Knowledge of the Provinces', *Land of Darkness*, p. 169.

24 Abū Hāmid, 'Travels', p. 75.

25 R. Kovalev, 'The Infrastructure of the Northern Part of the "Fur Road" between the Middle Volga and the East during the Middle Ages', *Archivum Eurasiae Medii Aevi* 11 (2000–1), 25–64.

26 Muqaddasī, *Best Division of Knowledge*, p. 252.

27 Ibn al-Faqīh, *Land of Darkness*, p. 113.

28 al-Muqaddasī, *Best Division of Knowledge*, p. 245.

29 For a recent overview, G. Mako, 'The Possible Reasons for the Arab–Khazar Wars', *Archivum Eurasiae Medii Aevi* 17 (2010), 45–57.

30 R.-J. Lilie, *Die byzantinische Reaktion auf die Ausbreitung der Araber. Studien zur Strukturwandlung des byzantinischen Staates im 7. und 8. Jahrhundert* (Munich, 1976), pp. 157–60; J. Howard-Johnston, 'Byzantine Sources for Khazar History', in Golden, Ben-Shammai and Róna-Tas, *World of the Khazars*, pp. 163–94.

31 The marriage of the daughter of the Emperor Heraclius with the Türk *khagan* at the height of the confrontation with the Persians in the early seventh century was the only exception, C. Zuckermann, 'La Petite Augusta et le Turc: Epiphania-Eudocie sur les monnaies d'Héraclius', *Revue numismatique* 150 (1995), 113–26.

32 Ibn Faḍlān, 'Book of Ahmad ibn Faḍlān', p. 56.

33 Dunlop, *History of the Jewish Khazars*, p. 141.

34 See P. Golden, 'The Peoples of the South Russian Steppes', in *The Cambridge History of Early Inner Asia* (Cambridge, 1990), pp. 256–84; A. Novoselʹtsev, *Khazarskoye gosudarstvo i ego rolʹ v istorii Vostochnoy Evropy i Kavkaza* (Moscow, 1990).

35 P. Golden, 'Irano-Turcica: The Khazar Sacral Kingship', *Acta Orientalia* 60.2 (2007), 161–94. Some scholars interpret the change in the nature of the role of the *khagan* as resulting from a shift in religious beliefs and practices during this period. See for example J. Olsson, 'Coup d'état, Coronation and Conversion: Some Reflections on the

Adoption of Judaism by the Khazar Khaganate', *Journal of the Royal Asiatic Society* 23.4 (2013), 495–526.

36 R. Kovalev, 'Commerce and Caravan Routes along the Northern Silk Road (Sixth–Ninth Centuries). Part I: The Western Sector', *Archivum Eurasiae Medii Aevi* 14 (2005), 55–105.

37 Mas'ūdī, 'Meadows of Gold', pp. 131, 133; Noonan, 'Economy of the Khazar Khaganate', p. 211.

38 Istakhrī, *Kitāb suwar al-aqalīm*, tr. Lunde and Stone, 'Book of Roads and Kingdoms', in *Land of Darkness*, pp. 153–5.

39 J. Darrouzès, *Notitiae Episcopatuum Ecclesiae Constantinopolitanae* (Paris, 1981), pp. 31–2, 241–2, 245.

40 Istakhrī, 'Book of Roads and Kingdoms', pp. 154–5.

41 Mason, 'The Religious Beliefs of the Khazars', 411.

42 C. Zuckerman, 'On the Date of the Khazars' Conversion to Judaism and the Chronology of the Kings of the Rus' Oleg and Igor: A Study of the Anonymous Khazar Letter from the Genizah of Cairo', *Revue des Etudes Byzantines* 53 (1995), 245.

43 Ibid., 243–4. For borrowings from Constantine's writing, P. Meyvaert and P. Devos, 'Trois énigmes cyrillo-méthodiennes de la "Légende Italique" résolues grâce à un document inédit', *Analecta Bollandiana* 75 (1955), 433–40.

44 P. Lavrov (ed.), *Materialy po istorii vozniknoveniya drevnishei slavyanskoi pis'men-nosti* (Leningrad, 1930), p. 21; F. Butler, 'The Representation of Oral Culture in the *Vita Constantini*', *Slavic and East European Review* 39.3 (1995), 372.

45 'The Letter of Rabbi Hasdai', in J. Rader Marcus (ed.), *The Jew in the Medieval World* (Cincinnati, 1999), pp. 227–8. Also here see N. Golb and O. Pritsak (eds), *Khazarian Hebrew Documents of the Tenth Century* (London, 1982).

46 'The Letter of Joseph the King', in J. Rader Marcus (ed.), *The Jew in the Medieval World*, p. 300. For a discussion of the date and context, P. Golden, 'The Conversion of the Khazars to Judaism', in Golden, Ben-Shammai and Róna-Tas, *World of the Khazars*, pp. 123–62.

47 R. Kovalev, 'Creating "Khazar Identity" through Coins – the "Special Issue" Dirhams of 837/8', in F. Curta (ed.), *East Central and Eastern Europe in the Early Middle Ages* (Ann Arbor, 2005), pp. 220–53. For the change in burial practices, V. Petrukhin, 'The Decline and Legacy of Khazaria', in P. Urbanczyk (ed.), *Europe around the Year 1000* (Warsaw, 2001), pp. 109–22.

48 *Qur'ān*, 2.285, p. 48; 3.84, p. 60.

49 Zuckerman, 'On the Date of the Khazars' Conversion', 241. Also Golb and Pritsak, *Khazarian Hebrew Documents*, p. 130.

50 Mas'ūdī, 'Meadows of Gold', p. 132; for elite Judaism, Mason, 'The Religious Beliefs of the Khazars', 383–415.

51 Pritsak and Golb, *Khazarian Hebrew Documents*; Mas'ūdī, 'Meadows of Gold', p. 133; Istakhrī, 'Book of Roads and Kingdoms', p. 154.

52 Ibn Khurradādhbih, 'Book of Roads and Kingdoms', p. 110.

53 Ibid., pp. 111–12.

54 Ibid., p. 112.

55 Ibn al-Faqīh, 'Book of Countries', p. 114.

56 Liudprand of Cremona, a visitor to Constantinople in the tenth century, thought the name for the Rus' came from the Greek word *rousios*, or red, because of their distinctive hair colour, *The Complete Works of Liudprand of Cremona*, tr. P. Squatriti (Washington, DC, 2007), 5.15, p. 179. In fact, the word comes from Scandinavian words *roþrsmenn* and *roðr* meaning to row. S. Ekbo, 'Finnish Ruotsi and Swedish Roslagen – What Sort of Connection?', *Medieval Scandinavia* 13 (2000), 64–9; W.

Duczko, *Viking Rus: Studies on the Presence of Scandinavians in Eastern Europe* (Leiden, 2004), pp. 22-3.

57 S. Franklin and J. Shepard, *The Emergence of Rus' 750-1200* (London, 1996).

58 Constantine Porphyrogenitus, *De Administrando Imperio*, 9, pp. 58-62.

59 *De Administrando Imperio*, 9, p. 60.

60 Ibn Rusta, *Kitāb al-aʿlāq an-nafīsa*, tr. Lunde and Stone, 'Book of Precious Gems', in *Land of Darkness*, p. 127.

61 Ibn Faḍlān, 'Book of Ahmad ibn Faḍlān', p. 45.

62 Ibn Rusta, 'Book of Precious Gems', p. 127.

63 Ibn Faḍlān, 'Book of Ahmad ibn Faḍlān', pp. 46-9.

64 A. Winroth, *The Conversion of Scandinavia* (New Haven, 2012), pp. 78-9.

65 M. Bogucki, 'The Beginning of the Dirham Import to the Baltic Sea and the Question of the Early Emporia', in A. Bitner-Wróblewska and U. Lund-Hansen (eds), *Worlds Apart? Contacts across the Baltic Sea in the Iron Age: Network Denmark–Poland 2005–2008* (Copenhagen, 2010), pp. 351-61. For Sweden, I. Hammarberg, *Byzantine Coin Finds in Sweden* (1989); C. von Heijne, *Särpräglat. Vikingatida och tidigmedeltida myntfynd från Danmark, Skåne, Blekinge och Halland (ca. 800-1130)* (Stockholm, 2004).

66 T. Noonan, 'Why Dirhams First Reached Russia: The Role of Arab–Khazar Relations in the Development of the Earliest Islamic Trade with Eastern Europe', *Archivum Eurasiae Medii Aevi* 4 (1984), 151-82, and above all idem, 'Dirham Exports to the Baltic in the Viking Age', in K. Jonsson and B. Malmer (eds), *Sigtuna Papers: Proceedings of the Sigtuna Symposium on Viking-Age Coinage 1-4 June 1989* (Stockholm, 1990), pp. 251-7.

第七章　奴隶之路

1 Ibn Rusta, 'Book of Precious Gems', pp. 126-7.

2 Ibid.

3 *De Administrando Imperio*, 9, p. 60.

4 Ibn Faḍlān, 'Book of Ahmad ibn Faḍlān', p. 47.

5 D. Wyatt, *Slaves and Warriors in Medieval Britain and Ireland, 800-1200* (Leiden, 2009).

6 L. Delisle (ed.), *Littérature latine et histoire du moyen âge* (Paris, 1890), p. 17.

7 See J. Henning, 'Strong Rulers – Weak Economy? Rome, the Carolingians and the Archaeology of Slavery in the First Millennium AD', in J. Davis and M. McCormick (eds), *The Long Morning of Medieval Europe: New Directions in Early Medieval Studies* (Aldershot, 2008), pp. 33-53; for Novgorod, see H. Birnbaum, 'Medieval Novgorod: Political, Social and Cultural Life in an Old Russian Urban Community', *California Slavic Studies* (1992), 14, p. 11.

8 Adam of Bremen, *History of the Archbishops of Hamburg Bremen*, ed. and tr. F. Tschan (New York, 1959), 4.6, p. 190.

9 B. Hudson, *Viking Pirates and Christian Princes: Dynasty, Religion and Empire in the North Atlantic* (Oxford, 2005), p. 41; in general, also see S. Brink, *Vikingarnas slavar: den nordiska träldomen under yngre järnålder och äldsta medeltid* (Stockholm, 2012).

10 T. Noonan, 'Early Abbasid Mint Output', *Journal of Economic and Social History* 29 (1986), 113-75; R. Kovalev, 'Dirham Mint Output of Samanid Samarqand and its Connection to the Beginnings of Trade with Northern Europe (10th Century)', *Histoire & Mesure* 17.3-4 (2002), 197-216; T. Noonan and R. Kovalev, 'The Dirham Output and Monetary Circulation of a Secondary Samanid Mint: A Case Study of Balkh,' in R. Kiernowski (ed.), *Moneta Mediævalis: Studia numizmatyczne i*

historyczne ofiarowane Profesorowi Stanisławowi Suchodolskiemu w 65. rocznicę urodzin (Warsaw, 2002), pp. 163–74.

11 R. Segal, *Islam's Black Slaves: The Other Black Diaspora* (New York, 2001), p. 121.

12 Ibn Ḥawqal, *Kītāb ṣūrat al-ard*, cited by D. Ayalon, 'The Mamluks of the Seljuks: Islam's Military Might at the Crossroads', *Journal of the Royal Asiatic Society* 6.3 (1996), 312. From this point, I switch from Türk to Turk to distinguish between peoples of the steppes and the ancestors of modern Turkey.

13 W. Scheidel, 'The Roman Slave Supply', in K. Bradley, P. Cartledge, D. Eltis and S. Engerman (eds), *The Cambridge World History of Slavery*, 3 vols (Cambridge, 2011–), 1, pp. 287–310.

14 See F. Caswell, *The Slave Girls of Baghdad. The Qiyan in the Early Abbasid Era* (London, 2011), p. 13.

15 Tacitus, *Annals*, 15.69, p. 384.

16 Ibn Buṭlān, *Taqwīm al-ṣiḥḥa*, cited by G. Vantini, *Oriental Sources concerning Nubia* (Heidelberg, 1975), pp. 238–9.

17 Kaykāvūs ibn Iskandar ibn Qābūs, ed. and tr. R. Levy, *Naṣīḥat-nāma known as Qābūs-nāma*, (London, 1951), p. 102.

18 Ibid.

19 D. Abulafia, 'Asia, Africa and the Trade of Medieval Europe', in M. Postan, E. Miller and C. Postan (eds), *Cambridge Economic History of Europe: Trade and Industry in the Middle Ages* (2nd edn, Cambridge, 1987), p. 417. Also see D. Mishin, 'The Saqaliba Slaves in the Aghlabid State', in M. Sebök (ed.), *Annual of Medieval Studies at CEU 1996/1997* (Budapest, 1998), pp. 236–44.

20 Ibrāhīm ibn Yaʿqūb, tr. Lunde and Stone, in *Land of Darkness*, pp. 164–5. For Prague's role as a slave centre, D. Třeštík, '"Eine große Stadt der Slawen namens Prag": Staaten und Sklaven in Mitteleuropa im 10. Jahrhundert', in P. Sommer (ed.), *Boleslav II: der tschechische Staat um das Jahr 1000* (Prague 2001), pp. 93–138.

21 Ibn al-Zubayr, *Book of Gifts and Rarities*, pp. 91–2. See A. Christys, 'The Queen of the Franks Offers Gifts to the Caliph Al-Muktafi', in W. Davies and P. Fouracre (eds), *The Languages of Gift in the Early Middle Ages* (Cambridge, 2010), pp. 140–71.

22 Ibrāhīm ibn Yaʿqūb, pp. 162–3.

23 R. Naismith, 'Islamic Coins from Early Medieval England', *Numismatic Chronicle* 165 (2005), 193–222; idem, 'The Coinage of Offa Revisited', *British Numismatic Journal* 80 (2010), 76–106.

24 M. McCormick, 'New Light on the "Dark Ages": How the Slave Trade Fuelled the Carolingian Economy', *Past & Present* 177 (2002), 17–54; also J. Henning, 'Slavery or Freedom? The Causes of Early Medieval Europe's Economic Advancement', *Early Medieval Europe* 12.3 (2003), 269–77.

25 Ibn Khurradādhbih, 'Book of Roads and Kingdoms', p. 111.

26 Ibn Ḥawqal, *Kītāb ṣūrat al-ard*, tr. Lunde and Stone, 'Book of the Configuration of the Earth', in *Land of Darkness*, p. 173.

27 Ibid. Also Al-Muqaddasī, *Land of Darkness*, p. 170.

28 al-Jāḥiẓ, *Kitāb al-Ḥayawān*, cited in C. Verlinden, *L'Esclavage dans l'Europe médiévale*, 2 vols (Bruges, 1955–77), 1, p. 213.

29 Ibid.

30 Verlinden, *Esclavage*, 2, pp. 218–30, 731–2; W. Phillips, *Slavery from Roman Times to the Early Transatlantic Trade* (Manchester, 1985), p. 62.

31 H. Loyn and R. Percival (eds), *The Reign of Charlemagne: Documents on Carolingian Government and Administration* (London, 1975), p. 129.

32 In Germany, it used to be common to do the same, with 'Servus' a regular greeting.

33 Adam of Bremen, *Gesta Hammaburgensis ecclesiae pontificum*, tr. T. Reuter, *History of the Archbishops of Hamburg-Bremen* (New York, 2002), I.39–41.

34 *Pactum Hlotharii I*, in McCormick, 'Carolingian Economy', 47.

35 G. Luzzato, *An Economic History of Italy from the Fall of the Roman Empire to the Sixteenth Century*, tr. P. Jones (London, 1961), pp. 35, 51–3; Phillips, *Slavery*, p. 63.

36 McCormick, 'Carolingian Economy', 48–9.

37 *Hudūd al-ʿĀlam*, in *The Regions of the World: A Persian Geography 372 AH–982 AD*, tr. V. Minorsky, ed. C. Bosworth (London, 1970), pp. 161–2.

38 Ibn Faḍlān, 'Book of Ahmad ibn Faḍlān', p. 44; Ibn Khurradādhbih, 'Book of Roads and Kingdoms', p. 12; Martinez, 'Gardīzī's Two Chapters on the Turks', pp. 153–4.

39 *Russian Primary Chronicle*, tr. S. Cross and O. Sherbowitz-Wetzor (Cambridge, MA, 1953), p. 61.

40 *Annales Bertiniani*, ed. G. Waitz (Hanover, 1885), p. 35.

41 Masʿūdī, 'Meadows of Gold', pp. 145–6; Ibn Ḥawqal, 'Book of the Configuration of the Earth', p. 175.

42 Ibn Ḥawqal, 'Book of the Configuration of the Earth', p. 178.

43 R. Kovalev, 'Mint Output in Tenth Century Bukhara: A Case Study of Dirham Production with Monetary Circulation in Northern Europe', *Russian History/Histoire Russe* 28 (2001), 250–9.

44 *Russian Primary Chronicle*, p. 86.

45 Ibid., p. 90.

46 H. Halm, *Das Reich des Mahdi. Der Aufstieg der Fatimiden (875–973)* (Munich, 1991); F. Akbar, 'The Secular Roots of Religious Dissidence in Early Islam: The Case of the Qaramita of Sawad Al-Kufa', *Journal of the Institute of Muslim Minority Affairs* 12.2 (1991), 376–90. For the breakdown of the caliphate in this period, see M. van Berkel, N. El Cheikh, H. Kennedy and L. Osti, *Crisis and Continuity at the Abbasid Court: Formal and Informal Politics in the Caliphate of al-Muqtadir* (Leiden, 2013).

47 Bar Hebraeus, *Ktābā d-maktbānūt zabnē*, E. Budge (ed. and tr.), *The Chronography of Gregory Abul Faraj*, 2 vols (Oxford, 1932), I, p. 164.

48 Matthew of Edessa, *The Chronicle of Matthew of Edessa*, tr. A. Dostourian (Lanham, 1993), I.1, p. 19; M. Canard, 'Baghdad au IVe siècle de l'Hégire (Xe siècle de l'ère chrétienne)', *Arabica* 9 (1962), 282–3. See here R. Bulliet, *Cotton, Climate, and Camels in Early Islamic Iran: A Moment in World History* (New York, 2009), pp. 79–81; R. Ellenblum, *The Collapse of the Eastern Mediterranean: Climate Change and the Decline of the East, 950–1072* (Cambridge, 2012), pp. 32–6.

49 Ellenblum, *Collapse of the Eastern Mediterranean*, pp. 41–3.

50 C. Mango, *The Homilies of Photius Patriarch of Constantinople* (Cambridge, MA, 1958), pp. 88–9.

51 *Russian Primary Chronicle*, pp. 74–5.

52 Shepard, 'The Viking Rus' and Byzantium', in S. Brink and N. Price (eds), *The Viking World* (Abingdon, 2008), pp. 498–501.

53 See for example A. Poppe, 'The Building of the Church of St Sophia in Kiev', *Journal of Medieval History* 7.1 (1981), 15–66.

54 Shepard, 'Viking Rus', p. 510.

55 T. Noonan and R. Kovalev, 'Prayer, Illumination and Good Times: The Export of Byzantine Wine and Oil to the North of Russia in Pre-Mongol Times', *Byzantium and the North. Acta Fennica* 8 (1997), 73–96; M. Roslund, 'Brosamen vom Tisch der Reichen. Byzantinische Funde aus Lund und Sigtuna (ca. 980–1250)', in M. Müller-Wille (ed.), *Rom und Byzanz im Nordern. Mission und Glaubensweschel im Ostseeraum während des 8–14 Jahrhunderts* (Stuttgart, 1997), 2, pp. 325–85.

56 L. Golombek, 'The Draped Universe of Islam', in P. Parsons Soucek (ed.), *Content and Context of Visual Arts in the Islamic World: Papers from a Colloquium in Memory of Richard Ettinghausen* (University Park, PA, 1988), pp. 97–114. For Antioch's

textile production after 1098, see T. Vorderstrasse, 'Trade and Textiles from Medieval Antioch', *Al-Masāq* 22.2 (2010), 151–71.

57 D. Jacoby, 'Byzantine Trade with Egypt from the Mid-Tenth Century to the Fourth Crusade', *Thesaurismata* 30 (2000), 36.

58 V. Piacentini, 'Merchant Families in the Gulf: A Mercantile and Cosmopolitan Dimension: The Written Evidence', *ARAM* 11–12 (1999–2000), 145–8.

59 D. Goitein, *A Mediterranean Society: The Jewish Communities of the Arab World as Portrayed in the Documents of the Cairo Geniza*, 6 vols (Berkeley, 1967–93), 4, p. 168; Jacoby, 'Byzantine Trade with Egypt', 41–3.

60 Nāṣir-i Khusraw, *Safarnāma*, tr. W. Thackston, *Nāṣer-e Khosraw's Book of Travels* (Albany, NY, 1986), pp. 39–40.

61 Jacoby, 'Byzantine Trade with Egypt', 42; S. Simonsohn, *The Jews of Sicily 383–1300* (Leiden, 1997), pp. 314–16.

62 M. Vedeler, *Silk for the Vikings* (Oxford, 2014).

63 E. Brate and E. Wessén, *Sveriges Runinskrifter: Södermanlands Runinskrifter* (Stockholm, 1924–36), p. 154.

64 S. Jansson, *Västmanlands runinskrifter* (Stockholm, 1964), pp. 6–9.

65 G. Isitt, 'Vikings in the Persian Gulf', *Journal of the Royal Asiatic Society* 17.4 (2007), 389–406.

66 P. Frankopan, 'Levels of Contact between West and East: Pilgrims and Visitors to Constantinople and Jerusalem in the 9th–12th Centuries', in S. Searight and M. Wagstaff (eds), *Travellers in the Levant: Voyagers and Visionaries* (Durham, 2001), pp. 87–108.

67 See J. Wortley, *Studies on the Cult of Relics in Byzantium up to 1204* (Farnham, 2009).

68 S. Blöndal, *The Varangians of Byzantium*, tr. B. Benedikz (Cambridge, 1978); J. Shepard, 'The Uses of the Franks in 11th-Century Byzantium', *Anglo-Norman Studies* 15 (1992), 275–305.

69 P. Frankopan, *The First Crusade: The Call from the East* (London, 2012), pp. 87–8.

70 H. Hoffmann, 'Die Anfänge der Normannen in Süditalien', *Quellen und Forschungen aus Italienischen Archiven und Bibiliotheken* 47 (1967), 95–144; G. Loud, *The Age of Robert Guiscard: Southern Italy and the Norman Conquest* (Singapore, 2000).

71 al-'Utbī, *Kitāb-i Yamīnī*, tr. J. Reynolds, *Historical memoirs of the amír Sabaktagín, and the sultán Mahmúd of Ghazna* (London, 1868), p. 140. See in general C. Bosworth, *The Ghaznavids, 994–1040* (Cambridge, 1963).

72 A. Shapur Shahbāzī, *Ferdowsī: A Critical Biography* (Costa Mesa, CA, 1991), esp. pp. 91–3; also G. Dabiri, 'The Shahnama: Between the Samanids and the Ghaznavids', *Iranian Studies* 43.1 (2010), 13–28.

73 Y. Bregel, 'Turko-Mongol Influences in Central Asia', in R. Canfield (ed.), *Turko-Persia in Historical Perspective* (Cambridge, 1991), pp. 53ff.

74 Herrman, 'Die älteste türkische Weltkarte', 21–8.

75 Yūsuf Khāṣṣ Ḥājib, *Kutadgu Bilig*, tr. R. Dankoff, *Wisdom of Royal Glory (Kutadgu Bilig): A Turko-Islamic Mirror for Princes* (Chicago, 1983), p. 192.

76 For the rise of the Seljuks, see C. Lange and S. Mecit (eds), *The Seljuqs: Politics, Society and Culture* (Edinburgh, 2011).

77 For a discussion on some contradictions in the sources here, see O. Safi, *Politics of Knowledge in Pre-Modern Islam: Negotiating Ideology and Religious Inquiry* (Chapel Hill, NC, 2006), pp. 35–6.

78 Dunlop, *History of the Jewish Khazars*, p. 260; A. Peacock, *Early Seljuq History: A New Interpretation* (Abingdon, 2010), pp. 33–4; Dickens, 'Patriarch Timothy', 117–39.

79 Aristakes of Lastivert, *Patmut'iwn Aristakeay Vardapeti Lastivertts'woy*, tr. R. Bedrosian, *Aristakēs Lastivertc'i's History* (New York, 1985), p. 64.

80 For a collection of the sources for the battle of Manzikert, see C. Hillenbrand, *Turkish Myth and Muslim Symbol* (Edinburgh, 2007), pp. 26ff.

81 Frankopan, *First Crusade*, pp. 57–86.

82 Ibid., pp. 13–25.

83 Bernold of Constance, *Die Chroniken Bertholds von Reichenau und Bernolds von Konstanz*, ed. I. Robinson (Hanover, 2003), p. 520.

84 Frankopan, *First Crusade*, pp. 1–3, 101–13.

85 Ibid., passim. For the fear of the Apocalypse, see J. Rubenstein, *Armies of Heaven: The First Crusade and the Quest for Apocalypse* (New York, 2011).

第八章　天堂之路

1 Albert of Aachen, *Historia Iherosolimitana*, ed. and tr. S. Edgington (Oxford, 2007), 5.45, p. 402; Frankopan, *First Crusade*, p. 173.

2 Raymond of Aguilers, *Historia Francorum qui ceperunt Jerusalem*, tr. J. Hill and L. Hill, *Le 'Liber' de Raymond d'Aguilers* (Paris, 1969), 14, p. 127. For the expedition and the Crusades in general, C. Tyerman, *God's War: A New History of the Crusades* (London, 2006).

3 Fulcher of Chartres, *Gesta Francorum Iherusalem Peregrinantium*, tr. F. Ryan, *A History of the Expedition to Jerusalem 1095–1127* (Knoxville, 1969), I.27, p. 122. There is much to be learnt from current research on the relationship between mental health and extreme violence in combat. For example, R. Ursano et al., 'Posttraumatic Stress Disorder and Traumatic Stress: From Bench to Bedside, from War to Disaster', *Annals of the New York Academy of Sciences* 1208 (2010), 72–81.

4 Anna Komnene, *Alexias*, tr. P. Frankopan, *Alexiad* (London, 2009), 13.11, pp. 383–4; for Bohemond's return to Europe, L. Russo, 'Il viaggio di Boemundo d'Altavilla in Francia', *Archivio storico italiano* 603 (2005), pp. 3–42; Frankopan, *First Crusade*, pp. 188–9.

5 R. Chazan, '"Let Not a Remnant or a Residue Escape": Millenarian Enthusiasm in the First Crusade', *Speculum* 84 (2009), 289–313.

6 al-Harawī, *Kitāb al-ishārāt ilā maʿrifat al-ziyārāt* in A. Maalouf, *The Crusade through Arab Eyes* (London, 1984), p. xiii. Also note Ibn al-Jawzī, *al-Muntaẓam fī tārīkh al-mulūk wa-al-umam*, in C. Hillenbrand, *The Crusades: Islamic Perspectives* (Edinburgh, 1999), p. 78. In general here, see P. Cobb, *The Race for Paradise: An Islamic History of the Crusades* (Oxford, 2014).

7 For accounts of the suffering, S. Eidelberg (tr.), *The Jews and the Crusaders* (Madison, 1977). See M. Gabriele, 'Against the Enemies of Christ: The Role of Count Emicho in the Anti-Jewish Violence of the First Crusade', in M. Frassetto (ed.), *Christian Attitudes towards the Jews in the Middle Ages: A Casebook* (Abingdon, 2007), pp. 61–82.

8 Frankopan, *First Crusade*, pp. 133–5, 167–71; J. Pryor, 'The Oath of the Leaders of the Crusade to the Emperor Alexius Comnenus: Fealty, Homage', *Parergon*, New Series 2 (1984), 111–41.

9 Raymond of Aguilers, *Le 'Liber'*, 10, pp. 74–5.

10 Frankopan, *First Crusade*, esp. pp. 186ff.

11 Ibn al-Athīr, *al-Kāmil fī l-taʾrīkh*, tr. D. Richards, *The Chronicle of Ibn al-Athir for the Crusading Period from al-Kāmil fiʾl-taʾrīkh* (Aldershot, 2006), p. 13.

12 Jacoby, 'Byzantine Trade with Egypt', 44–5.

13 S. Goitein, *A Mediterranean Society*, 1, p. 45.

14 A. Greif, 'Reputation and Coalitions in Medieval Trade: Evidence on the Maghribi Traders', *Journal of Economic History* 49.4 (1989), 861.

15 Ibn Khaldūn, *Dīwān al-mubtada'*, tr. V. Monteil, *Discours sur l'histoire universelle (al-Muqaddima)*, (Paris, 1978), p. 522.

16 Frankopan, *First Crusade*, pp. 29–30.

17 E. Occhipinti, *Italia dei communi. Secoli XI–XIII* (2000), pp. 20–1.

18 J. Riley-Smith, *The First Crusaders, 1095–1131* (Cambridge, 1997), p. 17.

19 The Monk of the Lido, *Monachi Anonymi Littorensis Historia de Translatio Sanctorum Magni Nicolai*, in *Recueil des Historiens des Croisades: Historiens Occidentaux* 5, pp. 272–5; J. Prawer, *The Crusaders' Kingdom: European Colonialism in the Middle Ages* (London, 2001), p. 489.

20 *Codice diplomatico della repubblica di Genova*, 3 vols (Rome, 1859–1940), I, p. 20.

21 B. Kedar, 'Genoa's Golden Inscription in the Church of the Holy Sepulchre: A Case for the Defence', in G. Airaldi and B. Kedar (eds), *I comuni italiani nel regno crociato di Gerusalemme* (Genoa, 1986), pp. 317–35. Also see M.-L. Favreau-Lilie, who argues that this document may have been tampered with at a later date, *Die Italiener im Heiligen Land vom ersten Kreuzzug bis zum Tode Heinrichs von Champagne (1098–1197)* (Amsterdam, 1989), p. 328.

22 Dandolo, *Chronica per extensum descripta*, *Rerum Italicarum Scriptores*, 25 vols (Bologna, 1938–58), 12, p. 221. Also here see Monk of the Lido, *Monachi Anonymi*, pp. 258–9.

23 M. Pozza and G. Ravegnani, *I Trattati con Bisanzio 992–1198* (Venice, 1993), pp. 38–45. For the date of the concessions, which have long been dated to the 1080s, see P. Frankopan, 'Byzantine Trade Privileges to Venice in the Eleventh Century: The Chrysobull of 1092', *Journal of Medieval History* 30 (2004), 135–60.

24 Monk of the Lido, *Monachi Anonymi*, pp. 258–9; Dandolo, *Chronica*, p. 221. Also see D. Queller and I. Katele, 'Venice and the Conquest of the Latin Kingdom of Jerusalem', *Studi Veneziani* 21 (1986), 21.

25 F. Miklosich and J. Müller, *Acta et Diplomata graeca medii aevi sacra et profana*, 6 vols (Venice, 1860–90), 3, pp. 9–13.

26 R.-J. Lilie, *Byzantium and the Crusader States, 1096–1204*, tr. J. Morris and J. Ridings (Oxford, 1993), pp. 87–94; 'Noch einmal zu den Thema "Byzanz und die Kreuzfahrerstaaten"', *Poikila Byzantina* 4 (1984), 121–74. Treaty of Devol, *Alexiad*, XII.24, pp. 385–96.

27 S. Epstein, *Genoa and the Genoese: 958–1528* (Chapel Hill, NC, 1996), pp. 40–1; D. Abulafia, 'Southern Italy, Sicily and Sardinia in the Medieval Mediterranean Economy', in idem, *Commerce and Conquest in the Mediterranean* (Aldershot, 1993), I, pp. 24–7.

28 T. Asbridge, 'The Significance and Causes of the Battle of the Field of Blood', *Journal of Medieval History* 23.4 (1997), 301–16.

29 Fulcher of Chartres, *Gesta Francorum*, p. 238.

30 G. Tafel and G. Thomas, *Urkunden zur älteren handels und Staatsgeschichte der Republik Venedig*, 3 vols (Vienna, 1857), I, p. 78; Queller and Katele, 'Venice and the Conquest', 29–30.

31 Tafel and Thomas, *Urkunden*, I, pp. 95–8; Lilie, *Byzantium and the Crusader States*, pp. 96–100; T. Devaney, '"Like an Ember Buried in Ashes": The Byzantine–Venetian Conflict of 1119–1126', in T. Madden, J. Naus and V. Ryan (eds), *Crusades – Medieval Worlds in Conflict* (Farnham, 2010), pp. 127–47.

32 Tafel and Thomas, *Urkunden*, I, pp. 84–9. Also here J. Prawer, 'The Italians in the Latin Kingdom' in idem, *Crusader Institutions* (Oxford, 1980), p. 224; M. Barber, *The Crusader States* (London, 2012), pp. 139–42; J. Riley-Smith, 'The Venetian Crusade of 1122–1124', in Airaldi and Kedar, *I Comuni Italiani*, pp. 339–50.

33 G. Bresc-Bautier, *Le Cartulaire du chapitre du Saint-Sépulcre de Jérusalem* (Paris, 1984), pp. 51–2.

34 Bernard of Clairvaux, *The Letters of St Bernard of Clairvaux*, ed. and tr. B. James and B. Kienzle (Stroud, 1998), p. 391.

35 *Annali Genovesi de Caffaro e dei suoi Continutatori, 1099–1240*, 5 vols (Genoa, 1890–1929) 1, p. 48.

36 D. Abulafia, *The Great Sea: A Human History of the Mediterranean* (London, 2011), p. 298. Also see idem, 'Christian Merchants in the Almohad Cities', *Journal of Medieval Iberian Studies* 2 (2010), 251–7; O. Constable, *Housing the Stranger in the Mediterranean World: Lodging, Trade and Travel in Late Antiquity and the Middle Ages* (Cambridge, 2003), p. 278.

37 P. Jones, *The Italian City State: From Commune to Signoria* (Oxford, 1997). Also M. Ginatempo and L. Sandri, *L'Italia delle città: il popolamento urbano tra Medioevo e Rinascimento (secoli XIII–XVI)* (Florence, 1990).

38 Usāma b. Munqidh, *Kitāb al-i'tibār*, tr. P. Cobb, *The Book of Contemplation: Islam and the Crusades* (London, 2008), p. 153.

39 V. Lagardère, *Histoire et société en Occident musulman: analyse du Mi'yar d'al-Wansharisi* (Madrid, 1995), p. 128; D. Valérian, 'Ifrīqiyan Muslim Merchants in the Mediterranean at the End of the Middle Ages', *Mediterranean Historical Review* 14.2 (2008), 50.

40 *Gesta Francorum et aliorum Hierosolimitanorum*, ed. and tr. R. Hill (London, 1962), 3, p. 21.

41 See C. Burnett (ed.), *Adelard of Bath: An English Scientist and Arabist of the Early Twelfth Century* (London, 1987); L. Cochrane, *Adelard of Bath: The First English Scientist* (London, 1994).

42 Adelard of Bath, *Adelard of Bath, Conversations with his Nephew: On the Same and the Different, Questions on Natural Science and on Birds*, ed. and tr. C. Burnett (Cambridge, 1998), p. 83.

43 A. Pym, *Negotiating the Frontier: Translators and Intercultures in Hispanic History* (Manchester, 2000), p. 41.

44 T. Burman, *Reading the Qur'ān in Latin Christendom, 1140–1560* (Philadelphia, 2007).

45 P. Frankopan, 'The Literary, Cultural and Political Context for the Twelfth-Century Commentary on the *Nicomachean Ethics*', in C. Barber (ed.), *Medieval Greek Commentaries on the Nicomachean Ethics* (Leiden, 2009), pp. 45–62.

46 Abulafia, *Great Sea*, p. 298.

47 A. Shalem, *Islam Christianised: Islamic Portable Objects in the Medieval Church Treasuries of the Latin West* (Frankfurt-am-Main, 1998).

48 Vorderstrasse, 'Trade and Textiles from Medieval Antioch', 168–71; M. Meuwese, 'Antioch and the Crusaders in Western Art', in *East and West in the Medieval Mediterranean* (Leuven, 2006), pp. 337–55.

49 R. Falkner, 'Taxes of the Kingdom of Jerusalem', in *Statistical Documents of the Middle Ages: Translations and Reprints from the Original Sources of European History* 3:2 (Philadelphia, 1907), 19–23.

50 C. Cahen, *Makhzumiyyat: études sur l'histoire économique et financière de l'Egypte médiévale* (Leiden, 1977); Abulafia, 'Africa, Asia and the Trade of Medieval Europe', pp. 402–73.

51 S. Stern, 'Ramisht of Siraf: A Merchant Millionaire of the Twelfth Century', *Journal of the Royal Asiatic Society of Great Britain and Ireland* 1.2 (1967), 10–14.

52 T. Madden, 'Venice and Constantinople in 1171 and 1172: Enrico Dandolo's Attitudes towards Byzantium', *Mediterranean Historical Review* 8.2 (1993), 166–85.

53 D. Nicol, *Byzantium and Venice: A Study in Diplomatic and Cultural Relations* (Cambridge, 1988), p. 107.

54 P. Magdalino, 'Isaac II, Saladin and Venice', in J. Shepard (ed.), *The Expansion of Orthodox Europe: Byzantium, the Balkans and Russia* (Aldershot, 2007), pp. 93–106.

55 Ibn Shaddād, *Life of Saladin by Baha ad-Din* (London, 1897), pp. 121–2; G. Anderson, 'Islamic Spaces and Diplomacy in Constantinople (Tenth to Thirteenth Centuries C.E.)', *Medieval Encounters* 15 (2009), 104–5.

56 Anna Komnene, *Alexiad*, X.5, p. 277.

57 Ibn Jubayr, *Riḥlat Ibn Jubayr*, tr. R. Broadhurst, *The Travels of Ibn Jubayr* (London, 1952), p. 315.

58 Ibid. Also C. Chism, 'Memory, Wonder and Desire in the Travels of Ibn Jubayr and Ibn Battuta', in N. Paul and S. Yeager (eds), *Remembering the Crusades: Myth, Image and Identity* (Cambridge, 2012), pp. 35–6.

59 Ibn al-Athīr, *Chronicle*, pp. 289–90; Barber, *Crusader States*, p. 284.

60 Barber, *Crusader States*, pp. 296–7; Imād al-Dīn, *al-Fatḥ al-qussī fī l-fatḥ al-qudsī*, tr. H. Massé, *Conquête de la Syrie et de la Palestine par Saladin* (Paris, 1972), pp. 27–8.

61 Barber, *Crusader States*, pp. 305–13; T. Asbridge, *The Crusades: The War for the Holy Land* (London, 2010), pp. 342–64.

62 J. Riley-Smith, *The Crusades: A History* (London, 1987), p. 137.

63 J. Phillips, *The Crusades 1095–1197* (London, 2002), pp. 146–50; J. Phillips, *Holy Warriors: A Modern History of the Crusades* (London, 2009), pp. 136–65.

64 Geoffrey of Villehardouin, 'The Conquest of Constantinople', in *Chronicles of the Crusades*, tr. M. Shaw (London, 1963), p. 35.

65 William of Tyre, *Chronicon*, ed. R. Huygens, 2 vols (Turnhout, 1986), 2, p. 408; J. Phillips, *The Fourth Crusade and the Sack of Constantinople* (London, 2004), pp. 67–8.

66 D. Queller and T. Madden, 'Some Further Arguments in Defence of the Venetians on the Fourth Crusade', *Byzantion* 62 (1992), 438.

67 T. Madden, 'Venice, the Papacy and the Crusades before 1204', in S. Ridyard (ed.), *The Medieval Crusade* (Woodbridge, 2004), pp. 85–95.

68 D. Queller and T. Madden, *The Fourth Crusade: The Conquest of Constantinople* (Philadelphia, 1997), pp. 55ff.

69 Tafel and Thomas, *Urkunden*, I, pp. 444–52.

70 Robert of Clari, *La Conquête de Constantinople*, ed. P. Lauer (Paris, 1924), 72–3, pp. 71–2.

71 Niketas Khoniates, *Khronike diegesis*, ed. J. van Dieten, *Nicetae Choniatae Historia* (New York, 1975), pp. 568–77.

72 P. Riant, *Exuviae sacrae constantinopolitanae*, 2 vols (Geneva, 1876), I, pp. 104–5.

73 Khoniates, *Khronike*, p. 591. For an important reassessment of the damage to the city, T. Madden, 'The Fires of the Fourth Crusade in Constantinople, 1203–1204: A Damage Assessment', *Byzantinische Zeitschrift* 84/85 (1992), 72–93.

74 See M. Angold, *The Fourth Crusade* (2003), pp. 219–67; also D. Perry, 'The *Translatio Symonensis* and the Seven Thieves: Venetian Fourth Crusade *Furta Sacra* Narrative and the Looting of Constantinople', in T. Madden (ed.), *The Fourth Crusade: Event, Aftermath and Perceptions* (Aldershot, 2008), pp. 89–112.

75 R. Gallo, 'La tomba di Enrico Dandolo in Santa Sofia a Constantinople', *Rivista Mensile della Città di Venezia* 6 (1927), 270–83; T. Madden, *Enrico Dandolo and the Rise of Venice* (Baltimore, 2003), pp. 193–4.

76 Michael Khoniates, *Michaelis Choniatae Epistulae*, ed. F. Kolovou (Berlin, 2001), Letters 145, 165, 100; T. Shawcross, 'The Lost Generation (c. 1204–c. 1222): Political Allegiance and Local Interests under the Impact of the Fourth Crusade', in J. Herrin and G. Saint-Guillain (eds), *Identities and Allegiances in the Eastern Mediterranean after 1204* (Farnham, 2011), pp. 9–45.

77 Tafel and Thomas, *Urkunden*, I, pp. 464–88; N. Oikonomides, 'La Decomposition de l'Empire byzantin à la veille de 1204 et les origines de l'Empire de Nicée: à propos

de la "Partitio Romaniae"', in *XV Congrès international d'études byzantines* (Athens, 1976), I, pp. 3–22.

78 C. Otten-Froux, 'Identities and Allegiances: The Perspective of Genoa and Pisa', in Herrin and Saint-Guillan, *Identities and Allegiances*, pp. 265ff.; also G. Jehei, 'The Struggle for Hegemony in the Eastern Mediterranean: An Episode in the Relations between Venice and Genoa According to the Chronicles of Ogerio Pane', *Mediterranean Historical Review* 11.2 (1996), 196–207.

79 F. Van Tricht, *The Latin Renovatio of Byzantium: The Empire of Constantinople (1204–1228)* (Leiden, 2011), esp. pp. 157ff.

80 See S. McMichael, 'Francis and the Encounter with the Sultan [1219]', in *The Cambridge Companion to Francis of Assisi*, ed. M. Robson (Cambridge, 2012), pp. 127–42; J. Tolan, *Saint Francis and the Sultan: The Curious History of a Christian–Muslim Encounter* (Oxford, 2009).

81 Dulumeau, *History of Paradise*, pp. 71–96.

82 M. Gosman, 'La Légende du Prêtre Jean et la propagande auprès des croisés devant Damiette (1228–1221)', in D. Buschinger (ed.), *La Croisade: réalités et fictions. Actes du colloque d'Amiens 18–22 mars 1987* (Göppinger, 1989), pp. 133–42; J. Valtrovà, 'Beyond the Horizons of Legends: Traditional Imagery and Direct Experience in Medieval Accounts of Asia', *Numen* 57 (2010), 166–7.

83 C. Beckingham, 'The Achievements of Prester John', in C. Beckingham and B. Hamilton (eds), *Prester John, the Mongols and the Ten Lost Tribes* (Aldershot, 1996), pp. 1–22; P. Jackson, *The Mongols and the West* (London, 2005), pp. 20–1.

84 F. Zarncke, 'Der Priester Johannes II', *Abhandlungen der Königlich Sächsischen Gesellschaft der Wissenschaften, Phil.-hist. Kl.* 8 (1876), 9.

85 Jackson, *Mongols and the West*, pp. 48–9.

第九章 铁蹄之路

1 Het'um, *Patmich' T'at'arats', La flor des estoires de la terre d'Orient*, in *Recueil des Historiens des Croisades: Historiens Arméniens* 1, p. x.

2 'Ata-Malik Juvaynī, *Ta'rīx-i Jahān-Gušā*, tr. J. Boyle, *Genghis Khan: The History of the World-Conqueror*, 2 vols (Cambridge, MA, 1958), 1, 1, pp. 21–2.

3 For the meaning of Činggis as a title, see I. de Rachewiltz, 'The Title Činggis Qan/Qayan Re-examined', in W. Hessig and K. Sangster (eds), *Gedanke und Wirkung* (Wiesbaden, 1989), pp. 282–8; T. Allsen, 'The Rise of the Mongolian Empire and Mongolian Rule in North China', in *The Cambridge History of China*, 15 vols (Cambridge, 1978–), 6, pp. 321ff.

4 *The Secret History of the Mongols*, tr. I. de Rachewiltz, 2 vols (Leiden, 2004), 1, p. 13.

5 Allsen, 'Rise of the Mongolian Empire', pp. 321ff.; G. Németh, 'Wanderungen des mongolischen Wortes Nökür "Genosse"', *Acta Orientalia Academiae Scientiarum Hungaricae* 3 (1952), 1–23.

6 T. Allsen, 'The Yüan Dynasty and the Uighurs of Turfan in the 13th Century', in M. Rossabi (ed.), *China among Equals: The Middle Kingdom and its Neighbors, 10th–14th Centuries* (Berkeley, 1983), pp. 246–8.

7 P. Golden, '"I Will Give the People unto Thee": The Činggisid Conquests and their Aftermath in the Turkic World', *Journal of the Royal Asiatic Society* 10.1 (2000), 27.

8 Z. Bunyatov, *Gosudarstvo Khorezmshakhov-Anushteginidov* (Moscow, 1986), pp. 128–32; Golden, 'Činggisid Conquests', 29.

9 Juvaynī, *History of the World Conqueror*, 16, 1, p. 107.

10 Ibn al-Athīr, in B. Spuler, *History of the Mongols* (London, 1972), p. 30.

11 D. Morgan, *The Mongols* (Oxford, 1986), p. 74.

12 Nasawī, *Sīrat al-ṣultān Jalāl al-Dīn Mangubirtī*, tr. O. Houdas, *Histoire du sultan Djelāl ed-Dīn Mankobirti prince du Khārezm*, (Paris, 1891), 16, p. 63.

13 K. Raphael, 'Mongol Siege Warfare on the Banks of the Euphrates and the Question of Gunpowder (1260–1312)', *Journal of the Royal Asiatic Society*, 19.3 (2009), 355–70.

14 A. Waley (tr.), *The Travels of an Alchemist: The Journey of the Taoist, Ch'ang-ch'un, from China to the Hindukush at the Summons of Chingiz Khan, Recorded by his Disciple, Li Chih-ch'ang* (London, 1931), pp. 92–3.

15 See the pioneering work by Allsen, *Commodity and Exchange*, and G. Lane, *Early Mongol Rule in Thirteenth-Century Iran: A Persian Renaissance* (London, 2003).

16 Juvaynī, *History of the World Conqueror*, 27, 1, pp. 161–4.

17 J. Smith, 'Demographic Considerations in Mongol Siege Warfare', *Archivum Ottomanicum* 13 (1994), 329–34; idem, 'Mongol Manpower and Persian Population', *Journal of Economic and Social History of the Orient* 18.3 (1975), 271–99; D. Morgan, 'The Mongol Armies in Persia', *Der Islam* 56.1 (2009), 81–96.

18 *Novgorodskaya Pervaya Letopis' starshego i mladshego isvodov*, ed. A. Nasonov (Leningrad, 1950), p. 61.

19 Ibid., pp. 74–7.

20 E. Petrukhov, *Serapion Vladimirskii, russkii propovedenik XIII veka* (St Petersburg, 1888), Appendix, p. 8.

21 Although medieval commentators made a link between Tatars and Tartarus, the former term was in use across the steppes as a reference to nomadic tribes-men, likely derived from the Tungusic word '*ta-ta*', meaning to drag or pull. See S. Akiner, *Religious Language of a Belarusian Tatar Kitab* (Wiesbaden, 2009), pp. 13–14.

22 Jackson, *Mongols and the West*, pp. 59–60; D. Sinor, 'The Mongols in the West', *Journal of Asian History* 33.1 (1999), 1–44.

23 C. Rodenburg (ed.), *MGH Epistulae saeculi XIII e regestis pontificum Romanorum selectae*, 3 vols (Berlin, 1883–94), 1, p. 723; Jackson, *Mongols and the West*, pp. 65–9.

24 P. Jackson, 'The Crusade against the Mongols (1241)', *Journal of Ecclesiastical History* 42 (1991), 1–18

25 H. Dörrie, 'Drei Texte zur Gesichte der Ungarn und Mongolen. Die Missionreisen des fr. Julianus O.P. ins Ural-Gebiet (1234/5) und nach Rußland (1237) und der Bericht des Erzbischofs Peter über die Tataren', *Nachrichten der Akademie der Wissenschaften in Göttingen, phil.-hist. Klasse* (1956) 6, 179; also Jackson, *Mongols and the West*, p. 61.

26 Thomas the Archdeacon, *Historia Salonitanorum atque Spalatinorum pontificum*, ed. and trans. D. Krabić, M. Sokol and J. Sweeney (Budapest, 2006), p. 302; Jackson, *Mongols and the West*, p. 65.

27 Copies of two of these letters survive, C. Rodenberg (ed.), *Epistolae saeculi XII e regestis pontificum romanorum*, 3 vols (Berlin, 1883–94), 2, pp. 72; 3, p. 75.

28 Valtrovà, 'Beyond the Horizons of Legends', 154–85.

29 William of Rubruck, *The Mission of Friar William of Rubruck*, tr. P. Jackson, ed. D. Morgan (London, 1990), 28, p. 177.

30 Ibid., 2, pp. 72, 76; 13, p. 108; Jackson, *Mongols and the West*, p. 140.

31 John of Plano Carpini, *Sinica Franciscana: Itinera et relationes fratrum minorum saeculi XVII et XIV*, ed. A. van den Wyngaert, 5 vols (Florence, 1929), 1, pp. 60, 73–5.

32 John of Plano Carpini, *Ystoria Mongolarum*, ed. A. van den Wyngaert (Florence, 1929), pp. 89–90.

33 'Letter of the Great Khan Güyüg to Pope Innocent IV (1246)', in I. de Rachewiltz, *Papal Envoys to the Great Khans* (Stanford, 1971), p. 214 (with differences).

34 C. Dawson, *Mongol Mission: Narratives and Letters of the Franciscan Missionaries in Mongolia and China in the Thirteenth and Fourteenth Centuries* (London, 1955), pp. 44–5.

35 P. Jackson, 'World-Conquest and Local Accommodation: Threat and Blandishment in Mongol Diplomacy', in J. Woods, J. Pfeiffer, S. Quinn and E. Tucker (eds), *History and Historiography of Post-Mongol Central Asia and the Middle East: Studies in Honor of John E. Woods* (Wiesbaden, 2006), pp. 3–22.

36 R. Thomson, 'The Eastern Mediterranean in the Thirteenth Century: Identities and Allegiances. The Peripheries; Armenia', in Herrin and Saint-Gobain, *Identities and Allegiances*, pp. 202–4.

37 J.-L. van Dieten, 'Das Lateinische Kaiserreich von Konstantinopel und die Verhandlungen über kirchliche Wiedervereinigung', in V. van Aalst and K. Ciggaar (eds), *The Latin Empire: Some Contributions* (Hernen, 1990), pp. 93–125.

38 Wiliam of Rubruck, *Mission of Friar William*, 33, p. 227.

39 George Pachymeres, *Chronicon*, ed. and tr. A. Faillier, *Relations historiques*, 2 vols (Paris, 1984), 2, pp. 108–9; J. Langdon, 'Byzantium's Initial Encounter with the Chinggisids: An Introduction to the Byzantino-Mongolica', *Viator* 29 (1998), 130–3.

40 ʿAbdallāh b. Faḍlallāh Waṣṣāf, *Tarjiyat al-amṣār wa-tajziyat al-aʿṣār*, in Spuler, *History of the Mongols*, pp. 120–1.

41 Allsen, *Commodity and Exchange*, pp. 28–9.

42 J. Richard, 'Une Ambassade mongole à Paris en 1262', *Journal des Savants* 4 (1979), 295–303; Jackson, *Mongols and the West*, p. 123.

43 N. Nobutaka, 'The Rank and Status of Military Refugees in the Mamluk Army: A Reconsideration of the Wāfidīyah', *Mamluk Studies Review* 10.1 (2006), 55–81; R. Amitai-Preiss, 'The Remaking of the Military Elite of Mamluk Egypt by al-Nāṣir Muḥammad b. Qalāwūn', *Studia Islamica* 72 (1990), 148–50.

44 P. Jackson, 'The Crisis in the Holy Land in 1260', *English Historical Review* 95 (1980), 481–513.

45 R. Amitai-Preiss, *Mongols and Mamluks: The Mamluk–Ilkhanid War, 1260–1281* (Cambridge, 1995).

46 Jūzjānī, *Tabaḳāt-i-Nāṣirī*, tr. H. Raverty, *A general history of the Muhammadan dynasties of Asia, including Hindūstān, from 810 A.D. to 1260 A.D., and the irruption of the infidel Mughals into Islam* (Calcutta, 1881), 23.3–4, pp. 1104, 1144–5.

47 L. Lockhart, 'The Relations between Edward I and Edward II of England and the Mongol Il-Khans of Persia', *Iran* 6 (1968), 23. For the expedition, C. Tyerman, *England and the Crusades, 1095–1588* (London, 1988), pp. 124–32.

48 W. Budge, *The Monks of Kublai Khan, Emperor of China* (London, 1928), pp. 186–7.

49 S. Schein, 'Gesta Dei per Mongolos 1300: The Genesis of a Non-Event', *English Historical Review* 94.272 (1979), 805–19.

50 R. Amitai, 'Whither the Ilkhanid Army? Ghazan's First Campaign into Syria (1299–1300)', in di Cosmo, *Warfare in Inner Asian History*, pp. 221–64.

51 William Blake, 'Jerusalem'. Legends about Joseph of Arimathea visiting the British Isles had circulated in England since the Middle Ages, W. Lyons, *Joseph of Arimathea: A Study in Reception History* (Oxford, 2014), pp. 72–104.

第十章　重生之路

1 S. Karpov, 'The Grain Trade in the Southern Black Sea Region: The Thirteenth to the Fifteenth Century', *Mediterranean Historical Review* 8.1 (1993), 55–73.

2 A. Ehrenkreutz, 'Strategic Implications of the Slave Trade between Genoa and Mamluk Egypt in the Second Half of the Thirteenth Century', in A. Udovitch (ed.), *The Islamic Middle East, 700–1900* (Princeton, 1981), pp. 335–43.

3 G. Lorenzi, *Monumenti per servire alla storia del Palazzo Ducale di Venezia. Parte I: dal 1253 al 1600* (Venice, 1868), p. 7.

4 'Anonimo genovese', in G. Contini (ed.), *Poeti del Duecento*, 2 vols (Milan, 1960), 1, pp. 751–9.

5 V. Cilocitan, *The Mongols and the Black Sea Trade in the Thirteenth and Fourteenth Centuries* (Leiden, 2012), pp. 16, 21; S. Labib, 'Egyptian Commercial Policy in the Middle Ages', in M. Cook (ed.), *Studies in the Economic History of the Middle East* (London, 1970), p. 74.

6 See D. Morgan, 'Mongol or Persian: The Government of Īl-khānid Iran', *Harvard Middle Eastern and Islamic Review* 3 (1996), 62–76, and above all Lane, *Early Mongol Rule in Thirteenth-Century Iran*.

7 G. Alef, 'The Origin and Development of the Muscovite Postal System', *Jahrbücher für Geschichte Osteuropas* 15 (1967), 1–15.

8 Morgan, *The Mongols*, pp. 88–90; Golden, 'Činggisid Conquests', 38–40; T. Allsen, *Mongol Imperialism: The Policies of the Grand Qan Möngke in China, Russia and the Islamic Lands, 1251–1259* (Berkeley, 1987), pp. 189–216.

9 Juvaynī, *History of the World Conqueror*, 3, 1, p. 26.

10 This process had already started by the middle of the thirteenth century, as accounts by missionaries and envoys show, G. Guzman, 'European Clerical Envoys to the Mongols: Reports of Western Merchants in Eastern Europe and Central Asia, 1231–1255', *Journal of Medieval History* 22.1 (1996), 57–67.

11 William of Rubruck, *Mission of Friar William*, 35, pp. 241–2.

12 J. Ryan, 'Preaching Christianity along the Silk Route: Missionary Outposts in the Tartar "Middle Kingdom" in the Fourteenth Century', *Journal of Early Modern History* 2.4 (1998), 350–73. For Persia, R. Lopez, 'Nuove luci sugli italiani in Estremo Oriente prima di Colombo', *Studi Colombiani* 3 (1952), 337–98.

13 Dawson, *Mission to Asia*, pp. 224–6; de Rachewiltz, *Papal Envoys*, pp. 160–78; also J. Richard, *La Papauté et les missions d'Orient au moyen age (XIIIe–XVe siècles)* (Rome, 1977), pp. 144ff. John blames the Nestorians for the fact that not more were converted, saying that they accused him of being a spy and a magician: rivalries between Christians played out in China, just as they had done in Persia and elsewhere.

14 P. Jackson, 'Hülegü Khan and the Christians: The Making of a Myth', in J. Phillips and P. Edbury (eds), *The Experience of Crusading*, 2 vols (Cambridge, 2003), 2, pp. 196–213; S. Grupper, 'The Buddhist Sanctuary-Vihara of Labnasagut and the Il-qan Hülegü: An Overview of Il-Qanid Buddhism and Related Matters', *Archivum Eurasiae Medii Aevi* 13 (2004), 5–77; Foltz, *Religions of the Silk Road*, p. 122.

15 S. Hackel, 'Under Pressure from the Pagans? – The Mongols and the Russian Church', in J. Breck and J. Meyendorff (eds), *The Legacy of St Vladimir: Byzantium, Russia, America* (Crestwood, NY, 1990), pp. 47–56; C. Halperin, 'Know Thy Enemy: Medieval Russian Familiarity with the Mongols of the Golden Horde', *Jahrbücher für Geschichte Osteuropas* 30 (1982), 161–75.

16 D. Ostrowski, *Muscovy and the Mongols: Cross-Cultural Influences on the Steppe Frontier, 1304–1589* (Cambridge, 1998); M. Bilz-Leonardt, 'Deconstructing the Myth of the Tartar Yoke', *Central Asian Survey* 27.1 (2008), 35–6.

17 R. Hartwell, 'Demographic, Political and Social Transformations of China, 750–1550', *Harvard Journal of Asiatic Studies* 42.2 (1982), 366–9; R. von Glahn, 'Revisiting the Song Monetary Revolution: A Review Essay', *International Journal of Asian Studies* 1.1 (2004), 159.

18 See for example G. Wade, 'An Early Age of Commerce in Southeast Asia, 900–1300 CE', *Journal of Southeast Asia Studies* 40.2 (2009), 221–65.

19 S. Kumar, 'The Ignored Elites: Turks, Mongols and a Persian Secretarial Class in the Early Delhi Sultanate', *Modern Asian Studies* 43.1 (2009), 72–6.

20 P. Buell, E. Anderson and C. Perry, *A Soup for the Qan: Chinese Dietary Medicine of the Mongol Era as Seen in Hu Szu-hui's Yin-shan Cheng-yao* (London, 2000).

21 P. Buell, 'Steppe Foodways and History', *Asian Medicine, Tradition and Modernity* 2.2 (2006), 179–80, 190.

22 P. Buell, 'Mongolian Empire and Turkization: The Evidence of Food and Foodways', in R. Amitai-Preiss (ed.), *The Mongol Empire and its Legacy* (Leiden, 1999), pp. 200–23.

23 Allsen, *Commodity and Exchange*, pp. 1–2, 18; J. Paviot, 'England and the Mongols (c. 1260–1330)', *Journal of the Royal Asiatic Society* 10.3 (2000), 317–18.

24 P. Freedman, 'Spices and Late-Medieval European Ideas of Scarcity and Value', *Speculum* 80.4 (2005), 1209–27.

25 S. Halikowski-Smith, 'The Mystification of Spices in the Western Tradition', *European Review of History: Revue Européenne d'Histoire* 8.2 (2001), 119–25.

26 A. Appadurai, 'Introduction: Commodities and the Politics of Value', in A. Appadurai (ed.), *The Social Life of Things: Commodities in Cultural Perspective* (Cambridge, 1986), pp. 3–63.

27 Francesco Pegolotti, *Libro di divisamenti di paesi (e di misure di mercatantie)*, tr. H. Yule, *Cathay and the Way Thither*, 4 vols (London, 1913–16), 3, pp. 151–5. Also here see J. Aurell, 'Reading Renaissance Merchants' Handbooks: Confronting Professional Ethics and Social Identity', in J. Ehmer and C. Lis (eds), *The Idea of Work in Europe from Antiquity to Modern Times* (Farnham, 2009), pp. 75–7.

28 R. Prazniak, 'Siena on the Silk Roads: Ambrozio Lorenzetti and the Mongol Global Century, 1250–1350', *Journal of World History* 21.2 (2010), 179–81; M. Kupfer, 'The Lost Wheel Map of Ambrogio Lorenzetti', *Art Bulletin* 78.2 (1996), 286–310.

29 Ibn Baṭṭūṭa, *al-Riḥla*, tr. H. Gibb, *The Travels of Ibn Battuta*, 4 vols (Cambridge, 1994), 4, 22, pp. 893–4.

30 E. Endicott-West, 'The Yuan Government and Society', *Cambridge History of China*, 6, pp. 599–60.

31 Allsen, *Commodity and Exchange*, pp. 31–9.

32 C. Salmon, 'Les Persans à l'extrémité orientale de la route maritime (IIe A.E.–XVIIe siècle)', *Archipel* 68 (2004), 23–58; also L. Yingsheng, 'A Lingua Franca along the Silk Road: Persian Language in China between the 14th and the 16th Centuries', in R. Kauz (ed.), *Aspects of the Maritime Silk Road from the Persian Gulf to the East China Sea* (Wiesbaden, 2010), pp. 87–95.

33 F. Hirth and W. Rockhill, *Chau Ju-Kua: His Work on the Chinese and Arab Trade in the Twelfth and Thirteenth Centuries, Entitled Chu-fan-chi* (St Petersburg, 1911), pp. 124–5, 151, 142–3.

34 See R. Kauz, 'The Maritime Trade of Kish during the Mongol Period', in L. Komaroff (ed.), *Beyond the Legacy of Genghis Khan* (Leiden, 2006), pp. 51–67.

35 Marco Polo, *Le Devisament dou monde*, tr. A. Moule and P. Pelliot, *The Description of the World*, 2 vols (London, 1938); Ibn Baṭṭūṭa, 22, *Travels*, 4, p. 894.

36 For Marco Polo, see J. Critchley, *Marco Polo's Book* (Aldershot, 1992), and now see H. Vogel, *Marco Polo was in China: New Evidence from Currencies, Salts and Revenues* (Leiden, 2013).

37 C. Wake, 'The Great Ocean-Going Ships of Southern China in the Age of Chinese Maritime Voyaging to India, Twelfth to Fifteenth Centuries', *International Journal of Maritime History* 9.2 (1997), 51–81.

38 E. Schafer, 'Tang', in K. Chang (ed.), *Food in Chinese Culture: Anthropological and Historical Perspective* (New Haven, 1977), pp. 85–140.

39 V. Tomalin, V. Sevakumar, M. Nair and P. Gopi, 'The Thaikkal-Kadakkarapally Boat: An Archaeological Example of Medieval Ship Building in the Western Indian Ocean', *International Journal of Nautical Archaeology* 33.2 (2004), 253–63.

40 R. von Glahn, *Fountain of Fortune: Money and Monetary Policy in China 1000–1700* (Berkeley, 1996), p. 48.

41 A. Watson, 'Back to Gold – and Silver', *Economic History Review* 20.1 (1967), 26–7; I. Blanchard, *Mining, Metallurgy and Minting in the Middle Age: Continuing Afro-European Supremacy, 1250–1450* (Stuttgart, 2001), 3, pp. 945–8.

42 T. Sargent and F. Velde, *The Big Problem of Small Change* (Princeton, 2002), p. 166; J. Deyell, 'The China Connection: Problems of Silver Supply in Medieval Bengal', in J. Richards (ed.), *Precious Metals in the Later Medieval and Early Modern World* (Durham, NC, 1983); M. Allen, 'The Volume of the English Currency, 1158–1470', *Economic History Review* 54.4 (2001), 606–7.

43 This is clearly shown from the case of Japan in the fourteenth century, A. Kuroda, 'The Eurasian Silver Century, 1276–1359: Commensurability and Multiplicity', *Journal of Global History* 4 (2009), 245–69.

44 V. Fedorov, 'Plague in Camels and its Prevention in the USSR', *Bulletin of the World Health Organisation* 23 (1960), 275–81. For earlier experiments, see for example A. Tseiss, 'Infektsionnye zabolevaniia u verbliudov, neizvestnogo do sik por porisk-hozdeniia', *Vestnik mikrobiologii, epidemiologii i parazitologii* 7.1 (1928), 98–105.

45 Boccaccio, *Decamerone*, tr. G. McWilliam, *Decameron* (London, 2003), p. 51.

46 T. Ben-Ari, S. Neerinckx, K. Gage, K. Kreppel, A. Laudisoit et al., 'Plague and Climate: Scales Matter', *PLoS Pathog* 7.9 (2011), 1–6. Also B. Krasnov, I. Khokhlova, L. Fielden and N. Burdelova, 'Effect of Air Temperature and Humidity on the Survival of Pre-Imaginal Stages of Two Flea Species (Siphonaptera: Pulicidae)', *Journal of Medical Entomology* 38 (2001), 629–37; K. Gage, T. Burkot, R. Eisen and E. Hayes, 'Climate and Vector-Borne Diseases', *Americal Journal of Preventive Medicine* 35 (2008), 436–50.

47 N. Stenseth, N. Samia, H. Viljugrein, K. Kausrud, M. Begon et al., 'Plague Dynamics are Driven by Climate Variation', *Proceedings of the National Academy of Sciences of the United States of America* 103 (2006), 13110–15.

48 Some scholars suggest the earliest identification may come from tombstones in a cemetery in eastern Kyrgyzstan dating from the 1330s, S. Berry and N. Gulade, 'La Peste noire dans l'Occident chrétien et musulman, 1347–1353', *Canadian Bulletin of Medical History* 25.2 (2008), 466. However, this is based on a misunderstanding. See J. Norris, 'East or West? The Geographic Origin of the Black Death', *Bulletin of the History of Medicine* 51 (1977), 1–24.

49 Gabriele de' Mussis, *Historia de Morbo*, in *The Black Death*, tr. R. Horrox (Manchester, 2001), pp. 14–17; M. Wheelis, 'Biological Warfare at the 1346 Siege of Caffa', *Emerging Infectious Diseases* 8.9 (2002), 971–5.

50 M. de Piazza, *Chronica*, in Horrox, *Black Death*, pp. 35–41.

51 *Anonimalle Chronicle*, in Horrox, *Black Death*, p. 62.

52 John of Reading, *Chronica*, in Horrox, *Black Death*, p. 74.

53 Ibn al-Wardī, *Risālat al-naba' 'an al-waba'*, cited by B. Dols, *The Black Death in the Middle East* (Princeton, 1977), pp. 57–63.

54 M. Dods, 'Ibn al-Wardi's "Risalah al-naba" an al-waba', in D. Kouymjian (ed.), *Near Eastern Numismatics, Iconography, Epigraphy and History* (Beirut, 1974), p. 454.

55 B. Dols, *Black Death in the Middle East*, pp. 160–1.

56 Boccaccio, *Decameron*, p. 50.

57 de' Mussis, *Historia de Morbo*, p. 20; 'Continuation Novimontensis', in *Monumenta Germaniae Historica, Scriptores*, 9, p. 675.

58 John Clynn, *Annalium Hibernae Chronicon*, in Horrox, *Black Death*, p. 82.

59 Louis Heylgen, *Breve Chronicon Clerici Anonymi*, in Horrox, *Black Death*, pp. 41–2.

60 Horrox, *Black Death*, pp. 44, 117–18; Dols, *Black Death in the Middle East*, p. 126.

61 Bengt Knutsson, *A Little Book for the Pestilence*, in Horrox, *Black Death*, p. 176; John of Reading, *Chronica*, pp. 133–4.

62 S. Simonsohn (ed.), *The Apostolic See and the Jews: Documents, 492–1404* (Toronto, 1988), 1, no. 373.

63 In general here see O. Benedictow, *The Black Death, 1346–1353: The Complete History* (Woodbridge, 2004), pp. 380ff.

64 O. Benedictow, 'Morbidity in Historical Plague Epidemics', *Population Studies* 41 (1987), 401–31; idem, *What Disease was Plague? On the Controversy over the Microbiological Identity of Plague Epidemics of the Past* (Leiden, 2010), esp. 289ff.

65 Petrarch, *Epistolae*, in Horrox, *Black Death*, p. 248.

66 *Historia Roffensis*, in Horrox, *Black Death*, p. 70.

67 S. Pamuk, 'Urban Real Wages around the Eastern Mediterranean in Comparative Perspective, 1100–2000', *Research in Economic History* 12 (2005), 213–32.

68 S. Pamuk, 'The Black Death and the Origins of the "Great Divergence" across Europe, 1300–1600', *European Review of Economic History* 11 (2007), 308–9; S. Epstein, *Freedom and Growth: The Rise of States and Markets in Europe, 1300–1750* (London, 2000), pp. 19–26. Also M. Bailey, 'Demographic Decline in Late Medieval England: Some Thoughts on Recent Research', *Economic History Review* 49 (1996), 1–19.

69 H. Miskimin, *The Economy of Early Renaissance Europe, 1300–1460* (Cambridge, 1975); D. Herlihy, *The Black Death and the Transformation of the West* (Cambridge, 1997).

70 D. Herlihy, 'The Generation in Medieval History', *Viator* 5 (1974), 347–64.

71 For the contraction in Egypt and the Levant, A. Sabra, *Poverty and Charity in Medieval Islam: Mamluk Egypt 1250–1517* (Cambridge, 2000).

72 S. DeWitte, 'Mortality Risk and Survival in the Aftermath of the Medieval Black Death', *Plos One* 9.5 (2014), 1–8. For improved diets, T. Stone, 'The Consumption of Field Crops in Late Medieval England', in C. Woolgar, D. Serjeantson and T. Waldron (eds), *Food in Medieval England: Diet and Nutrition* (Oxford, 2006), pp. 11–26.

73 Epstein, *Freedom and Growth*, pp. 49–68; van Bavel, 'People and Land: Rural Population Developments and Property Structures in the Low Countries, c. 1300–c. 1600', *Continuity and Change* 17 (2002), 9–37.

74 Pamuk, 'Urban Real Wages', 310–11.

75 Anna Bijns, 'Unyoked is Best! Happy the Woman without a Man', in K. Wilson, *Women Writers of the Renaissance and Reformation* (Athens, 1987), p. 382. See here T. de Moor and J. Luiten van Zanden, 'Girl Power: The European Marriage Pattern and Labour Markets in the North Sea Region in the Late Medieval and Early Modern Period', *Economic History Review* (2009), 1–33.

76 J. de Vries, 'The Industrial Revolution and the Industrious Revolution', *Journal of Economic History* 54.2 (1994), 249–70; J. Luiten van Zanden, 'The "Revolt of the Early Modernists" and the "First Modern Economy": An Assessment', *Economic History Review* 55 (2002), 619–41.

77 E. Ashtor, 'The Volume of Mediaeval Spice Trade', *Journal of European Economic History* 9 (1980), 753–7; idem, 'Profits from Trade with the Levant in the Fifteenth Century', *Bulletin of the School of Oriental and African Studies* 38 (1975), 256–87; Freedman, 'Spices and Late Medieval European Ideas', 1212–15.

78 For Venetian imports of pigments, see L. Matthew, '"Vendecolori a Venezia": The Reconstruction of a Profession', *Burlington Magazine* 114.1196 (2002), 680–6.

79 Marin Sanudo, 'Laus Urbis Venetae', in A. Aricò (ed.), *La città di Venetia (De origine, situ et magistratibus Urbis Venetae) 1493–1530* (Milan, 1980), pp. 21–3; for changes to internal space in this period, see R. Good, 'Double Staircases and the Vertical Distribution of Housing in Venice 1450–1600', *Architectural Research Quarterly* 39.1 (2009), 73–86.

80 B. Krekic, 'L'Abolition de l'esclavage à Dubrovnik (Raguse) au XVe siècle: mythe ou réalité?', *Byzantinische Forschungen* 12 (1987), 309–17.

81 S. Mosher Stuard, 'Dowry Increase and Increment in Wealth in Medieval Ragusa (Dubrovnik)', *Journal of Economic History* 41.4 (1981), 795–811.

82 M. Abraham, *Two Medieval Merchant Guilds of South India* (New Delhi, 1988).

83 Ma Huan, *Ying-yai sheng-lan*, tr. J. Mills, *The Overall Survey of the Ocean's Shores* (Cambridge, 1970), p. 140.

84 T. Sen, 'The Formation of Chinese Maritime Networks to Southern Asia, 1200–1450', *Journal of the Economic and Social History of the Orient*, 49.4 (2006), 427, 439–40; H. Ray, *Trade and Trade Routes between India and China, c. 140 BC–AD 1500* (Kolkata, 2003), pp. 177–205.

85 H. Tsai, *The Eunuchs in the Ming Dynasty* (New York, 1996), p. 148; T. Ju-kang, 'Cheng Ho's Voyages and the Distribution of Pepper in China', *Journal of the Royal Asiatic Society* 2 (1981), 186–97.

86 W. Atwell, 'Time, Money and the Weather: Ming China and the "Great Depression" of the Mid-Fifteenth Century', *Journal of Asia Studies* 61.1 (2002), 86.

87 T. Brook, *The Troubled Empire: China in the Yuan and Ming Dynasties* (Cambridge, MA, 2010), pp. 107–9.

88 Ruy González de Clavijo, *Embajada a Tamorlán*, tr. G. Le Strange, *Embassy to Tamerlane 1403–1406* (London, 1928), 11, pp. 208–9.

89 Ibid., 14, p. 270.

90 Ibid., pp. 291–2. For the dissemination of the Timurid vision in art and architecture, see T. Lentz and G. Lowry, *Timur and the Princely Vision: Persian Art and Culture in the Fifteenth Century* (Los Angeles, 1989), pp. 159–232.

91 Khvānd Mīr, *Habibu's-siyar*, Tome Three, ed. and tr. W. Thackston, *The Reign of the Mongol and the Turk*, 2 vols (Cambridge, MA, 1994), 1, p. 294; D. Roxburgh, 'The "Journal" of Ghiyath al-Din Naqqash, Timurid Envoy to Khan Baligh, and Chinese Art and Architecture', in L. Saurma-Jeltsch and A. Eisenbeiss (eds), *The Power of Things and the Flow of Cultural Transformations: Art and Culture between Europe and Asia* (Berlin, 2010), p. 90.

92 R. Lopez, H. Miskimin and A. Udovitch, 'England to Egypt, 1350–1500: Long-Term Trends and Long-Distance Trade', in M. Cook (ed.), *Studies in the Economic History of the Middle East from the Rise of Islam to the Present Day* (London, 1970), pp. 93–128. J. Day, 'The Great Bullion Famine', *Past & Present* 79 (1978), 3–54, J. Munro, 'Bullion Flows and Monetary Contraction in Late-Medieval England and the Low Countries', in J. Richards (ed.), *Precious Metals in the Later Medieval and Early Modern Worlds* (Durham, NC, 1983), pp. 97–158.

93 R. Huang, *Taxation and Governmental Finance in Sixteenth-Century Ming China* (Cambridge, 1974), pp. 48–51.

94 T. Brook, *The Confusions of Pleasure: Commerce and Culture in Ming China* (Berkeley, 1998).

95 N. Sussman, 'Debasements, Royal Revenues and Inflation in France during the Hundred Years War, 1415–1422', *Journal of Economic History* 53.1 (1993), 44–70; idem, 'The Late Medieval Bullion Famine Reconsidered', *Journal of Economic History* 58.1 (1998), 126–54.

96 R. Wicks, 'Monetary Developments in Java between the Ninth and Sixteenth Centuries: A Numismatic Perspective', *Indonesia* 42 (1986), 59–65; J. Whitmore, 'Vietnam and the Monetary Flow of Eastern Asia, Thirteenth to Eighteenth Centuries', in Richards, *Precious Metal*, pp. 363–93; J. Deyell, 'The China Connection: Problems of Silver Supply in Medieval Bengal', in Richards, *Precious Metal*, pp. 207–27.

97 Atwell, 'Time, Money and the Weather', 92–6.

98 A. Vasil'ev, 'Medieval Ideas of the End of the World: West and East', *Byzantion* 16 (1942–3), 497–9; D. Strémooukhoff, 'Moscow the Third Rome: Sources of the

Doctrine', *Speculum* (1953), 89; 'Drevnie russkie paskhalii na os'muiu tysiachu let ot sotvereniia mira', *Pravoslavnyi Sobesednik* 3 (1860), 333–4.

99　A. Bernáldez, *Memorías de los reyes católicos*, ed. M. Gómez-Moreno and J. Carriazo (Madrid, 1962), p. 254.

100　I. Aboab, *Nomologia, o Discursos legales compuestos* (Amsterdam, 1629), p. 195; D. Altabé, *Spanish and Portuguese Jewry before and after 1492* (Brooklyn, 1983), p. 45.

101　Freedman, 'Spices and Late Medieval European Ideas', 1220–7.

102　V. Flint, *The Imaginative Landscape of Christopher Columbus* (Princeton, 1992), pp. 47–64.

103　C. Delaney, 'Columbus's Ultimate Goal: Jerusalem', *Comparative Studies in Society and History* 48 (2006), 260–2.

104　Ibid., 264–5; M. Menocal, *The Arabic Role in Medieval Literary History: A Forgotten Heritage* (Philadelphia, 1987), p. 12. For the text of the letters of introduction, S. Morison, *Journals and Other Documents on the Life and Voyages of Christopher Columbus* (New York, 1963), p. 30.

第十一章　黄金之路

1　O. Dunn and J. Kelley (ed. and tr.), *The Diario of Christopher Columbus' First Voyage to America, 1492–1493* (Norman, OK, 1989), p. 19.

2　Ibn al-Faqīh, in N. Levtzion and J. Hopkins (eds), *Corpus of Early Arabic Sources for West African History* (Cambridge, 1981), p. 28.

3　R. Messier, *The Almoravids and the Meanings of Jihad* (Santa Barbara, 2010), pp. 21–34. Also see idem, 'The Almoravids: West African Gold and the Gold Currency of the Mediterranean Basin', *Journal of the Economic and Social History of the Orient* 17 (1974), 31–47.

4　V. Monteil, 'Routier de l'Afrique blanche et noire du Nord-Ouest: al-Bakri (cordue 1068)', *Bulletin de l'Institut Fondamental d'Afrique Noire* 30.1 (1968), 74; I. Wilks, 'Wangara, Akan and Portuguese in the Fifteenth and Sixteenth Centuries. 1. The Matter of Bitu', *Journal of African History* 23.3 (1982), 333–4.

5　N. Levtzion, 'Islam in West Africa', in W. Kasinec and M. Polushin (eds), *Expanding Empires: Cultural Interaction and Exchange in World Societies from Ancient to Early Modern Times* (Wilmington, 2002), pp. 103–14; T. Lewicki, 'The Role of the Sahara and Saharians in the Relationship between North and South', in M. El Fasi (ed.), *Africa from the Seventh to Eleventh Centuries* (London, 1988), pp. 276–313.

6　S. Mody Cissoko, 'L'Intelligentsia de Tombouctou aux 15e et 16e siècles', *Présence Africaine* 72 (1969), 48–72. These manuscripts were catalogued in the sixteenth century by Muḥammad al-Wangarī and formed part of the magnificent collection that belong to his descendants to the present day; initial reports indicating that the documents had been destroyed by the Tuareg in 2012 proved to be wrong.

7　Ibn Faḍl Allāh al-ʿUmarī, *Masālik al-abṣār fī mamālik al-amṣār*, tr. Levtzion and Hopkins, *Corpus of Early Arabic Sources*, pp. 270–1. The depression in the value of gold is widely noted by modern commentators; for a more sceptical view, see W. Schultz, 'Mansa Musa's Gold in Mamluk Cairo: A Reappraisal of a World Civilizations Anecdote', in J. Pfeiffer and S. Quinn (eds), *History and Historiography of Post-Mongol Central Asia and the Middle East: Studies in Honor of John E. Woods* (Wiesbaden, 2006), pp. 451–7.

8　Ibn Baṭṭūṭa, *Travels*, 25, 4, p. 957.

9　B. Kreutz, 'Ghost Ships and Phantom Cargoes: Reconstructing Early Amalfitan Trade', *Journal of Medieval History* 20 (1994), 347–57; A. Fromherz, 'North Africa and the Twelfth-Century Renaissance: Christian Europe and the Almohad Islamic

Empire', *Islam and Christian Muslim Relations* 20.1 (2009), 43–59; D. Abulafia, 'The Role of Trade in Muslim–Christian Contact during the Middle Ages', in D. Agius and R. Hitchcock (eds), *The Arab Influence in Medieval Europe* (Reading, 1994), pp. 1–24.

10 See the pioneering work of M. Horton, *Shanga: The Archaeology of a Muslim Trading Community on the Coast of East Africa* (London, 1996); also S. Guérin, 'Forgotten Routes? Italy, Ifriqiya and the Trans-Saharan Ivory Trade', *Al-Masāq* 25.1 (2013), 70–91.

11 D. Dwyer, *Fact and Legend in the Catalan Atlas of 1375* (Chicago, 1997); J. Messing, 'Observations and Beliefs: The World of the Catalan Atlas', in J. Levenson (ed.), *Circa 1492: Art in the Age of Exploration* (New Haven, 1991), p. 27.

12 S. Halikowski Smith, 'The Mid-Atlantic Islands: A Theatre of Early Modern Ecocide', *International Review of Social History* 65 (2010), 51–77; J. Lúcio de Azevedo, *Epocas de Portugal Económico* (Lisbon, 1973), pp. 222–3.

13 F. Barata, 'Portugal and the Mediterranean Trade: A Prelude to the Discovery of the "New World"', *Al-Masāq* 17.2 (2005), 205–19.

14 Letter of King Dinis of Portugal, 1293, J. Marques, *Descobrimentos Portugueses – Documentos para a sua História*, 3 vols (Lisbon, 1944–71), 1, no. 29; for the Mediterranean routes see C.-E. Dufourcq, 'Les Communications entre les royaumes chrétiens et les pays de l'Occident musulman dans les derniers siècles du Moyen Age', *Les Communications dans la Péninsule Ibérique au Moyen Age. Actes du Colloque* (Paris, 1981), pp. 30–1.

15 Gomes Eanes de Zurara, *Crónica da Tomada de Ceuta* (Lisbon, 1992), pp. 271–6; A. da Sousa, 'Portugal', in P. Fouracre et al. (eds), *The New Cambridge Medieval History*, 7 vols (Cambridge, 1995–2005), 7, pp. 636–7.

16 A. Dinis (ed.), *Monumenta Henricina*, 15 vols (Lisbon, 1960–74), 12, pp. 73–4, tr. P. Russell, *Prince Henry the Navigator: A Life* (New Haven, 2000), p. 121.

17 P. Hair, *The Founding of the Castelo de São Jorge da Mina: An Analysis of the Sources* (Madison, 1994).

18 J. Dias, 'As primeiras penetrações portuguesas em África', in L. de Albequerque (ed.), *Portugal no Mundo*, 6 vols (Lisbon, 1989), 1, pp. 281–9.

19 M.-T. Seabra, *Perspectives da colonização portuguesa na costa occidental Africana: análise organizacional de S. Jorge da Mina* (Lisbon, 2000), pp. 80–93; Z. Cohen, 'Administração das ilhas de Cabo Verde e seu Distrito no Segundo Século de Colonização (1560–1640)', in M. Santos (ed.), *Historia Geral de Cabo Verde*, 2 vols (1991), 2, pp. 189–224.

20 L. McAlister, *Spain and Portugal in the New World, 1492–1700* (Minneapolis, MN, 1984), pp. 60–3; J. O'Callaghan, 'Castile, Portugal, and the Canary Islands: Claims and Counterclaims', *Viator* 24 (1993), 287–310.

21 Gomes Eanes de Zuara, *Crónica de Guiné*, tr. C. Beazley, *The chronicle of the discovery and conquest of Guinea*, 2 vols (London, 1896–9), 18, 1, p. 61. For Portugal in this period, M.-J. Tavares, *Estudos de História Monetária Portuguesa (1383–1438)* (Lisbon, 1974); F. Barata, *Navegação, comércio e relações politicas: os portugueses no Mediterrâneo occidental (1385–1466)* (Lisbon, 1998).

22 Gomes Eanes de Zurara, *Chronicle*, 25, 1, pp. 81–2. For some comments about this complex source, L. Barreto, 'Gomes Eanes de Zurara e o problema da Crónica da Guiné', *Studia* 47 (1989), 311–69.

23 A. Saunders, *A Social History of Black Slaves and Freemen in Portugal, 1441–1555* (Cambridge, 1982); T. Coates, *Convicts and Orphans: Forces and State-Sponsored Colonizers in the Portuguese Empire, 1550–1755* (Stanford, 2001).

24 Gomes Eanes de Zurara, *Chronicle*, 87, 2, p. 259.

25 Ibid., 18, 1, p. 62.

26 H. Hart, *Sea Road to the Indies: An Account of the Voyages and Exploits of the Portuguese Navigators, Together with the Life and Times of Dom Vasco da Gama, Capitão Mór, Viceroy of India and Count of Vidigueira* (New York, 1950), pp. 44–5.

27 Gomes Eanes de Zurara, *Chronicle*, 87, 2, p. 259.

28 J. Cortés López, 'El tiempo africano de Cristóbal Colón', *Studia Historica* 8 (1990), 313–26.

29 A. Brásio, *Monumenta Missionaria Africana*, 15 vols (Lisbon, 1952), 1, pp. 84–5.

30 Ferdinand Columbus, *The Life of the Admiral Christopher Columbus by his Son Ferdinand*, tr. B. Keen (New Brunswick, NJ, 1992), p. 35; C. Delaney, *Columbus and the Quest for Jerusalem* (London, 2012), pp. 48–9.

31 C. Jane (ed. and tr.), *Select Documents Illustrating the Four Voyages of Columbus*, 2 vols (London, 1930–1), 1, pp. 2–19.

32 O. Dunn and J. Kelley (eds and trs), *The Diario of Christopher Columbus's First Voyage to America, 1492–3* (Norman, OK, 1989), p. 67.

33 Ibid., pp. 143–5.

34 W. Phillips and C. Rahn Phillips, *Worlds of Christopher Columbus* (Cambridge, 1992), p. 185. For the publication of the letter across Europe, R. Hirsch, 'Printed Reports on the Early Discoveries and their Reception', in M. Allen and R. Benson (eds), *First Images of America: The Impact of the New World on the Old* (New York, 1974), pp. 90–1.

35 M. Zamora, 'Christopher Columbus' "Letter to the Sovereigns": Announcing the Discovery', in S. Greenblatt (ed.), *New World Encounters* (Berkeley, 1993), p. 7.

36 Delaney, *Columbus and the Quest for Jerusalem*, p. 144.

37 Bartolomé de las Casas, *Historia de las Indias*, 1.92, tr. P. Sullivan, *Indian Freedom: The Cause of Bartolomé de las Casas, 1484–1566* (Kansas City, 1995), pp. 33–4.

38 E. Vilches, 'Columbus' Gift: Representations of Grace and Wealth and the Enterprise of the Indies', *Modern Language Notes* 119.2 (2004), 213–14.

39 C. Sauer, *The Early Spanish Main* (Berkeley, 1966), p. 109.

40 L. Formisano (ed.), *Letters from a New World: Amerigo Vespucci's Discovery of America* (New York, 1992), p. 84; M. Perri, '"Ruined and Lost": Spanish Destruction of the Pearl Coast in the Early Sixteenth Century', *Environment and History* 15 (2009), 132–4.

41 Dunn and Kelley, *The Diario of Christopher Columbus's First Voyage*, p. 235.

42 Ibid., pp. 285–7.

43 Ibid., pp. 235–7.

44 Bartolomé de las Casas, *Historia*, 3.29, p. 146.

45 Francisco López de Gómara, *Cortés: The Life of the Conqueror by his Secretary*, tr. L. Byrd Simpson (Berkeley, 1964), 27, p. 58.

46 Bernardino de Sahagún, *Florentine Codex: General History of the Things of New Spain. Book 12*, tr. A. Anderson and C. Dibble (Santa Fe, NM, 1975), p. 45; R. Wright (tr.), *Stolen Continents: Five Hundred Years of Conquest and Resistance in the Americas* (New York, 1992), p. 29.

47 S. Gillespie, *The Aztec Kings: The Construction of Rulership in Mexican History* (Tucson, AZ, 1989), pp. 173–207; C. Townsend, 'Burying the White Gods: New Perspectives on the Conquest of Mexico', *American Historical Review* 108.3 (2003), 659–87.

48 An image now held in the Huntington Art Gallery in Austin, Texas, shows Cortés greeting Xicotencatl, leader of the Tlaxcala, who saw an opportunity to take advantage of the new arrivals to strengthen his own position in Central America.

49 J. Ginés de Sepúlveda, *Demócrates Segundo o de la Justas causas de la Guerra contra los indios*, ed. A. Losada (Madrid, 1951), pp. 35, 33. The comparison with monkeys was erased from the manuscript used by Losada, A. Pagden, *Natural Fall of Man:*

The American Indian and the Origins of Comparative Ethnology (Cambridge, 1982), p. 231, n. 45.

50 Sahagún, *Florentine Codex*, 12, p. 49; Wright (tr.), *Stolen Continents*, pp. 37–8.

51 Sahagún, *Florentine Codex*, 12, pp. 55–6.

52 I. Rouse, *The Tainos: Rise and Decline of the People who Greeted Columbus* (New Haven, 1992); N. D. Cook, *Born to Die: Disease and New World Conquest, 1492–1650* (Cambridge, 1998).

53 R. McCaa, 'Spanish and Nahuatl Views on Smallpox and Demographic Catastrophe in Mexico', *Journal of Interdisciplinary History* 25 (1995), 397–431. In general, see A. Crosby, *The Columbian Exchange: Biological and Cultural Consequences of 1492* (Westport, CT, 2003).

54 Bernardino de Sahagún, *Historia general de las cosas de Nueva España* (Mexico City, 1992), p. 491; López de Gómara, *Life of the Conqueror*, 141–2, pp. 285–7.

55 Cook, *Born to Die*, pp. 15–59. Also Crosby, *Columbian Exchange*, pp. 56, 58; C. Merbs, 'A New World of Infectious Disease', *Yearbook of Physical Anthropology* 35.3 (1993), 4.

56 Fernández de Enciso, *Suma de geografía*, cited by E. Vilches, *New World Gold: Cultural Anxiety and Monetary Disorder in Early Modern Spain* (Chicago, 2010), p. 24.

57 V. von Hagen, *The Aztec: Man and Tribe* (New York, 1961), p. 155.

58 P. Cieza de León, *Crónica del Perú*, tr. A. Cook and N. Cook, *The Discovery and Conquest of Peru* (Durham, NC, 1998), p. 361.

59 For Diego de Ordás, see C. García, *Vida del Comendador Diego de Ordaz, Descubridor del Orinoco* (Mexico City, 1952).

60 A. Barrera, 'Empire and Knowledge: Reporting from the New World', *Colonial Latin American Review* 15.1 (2006), 40–1.

61 H. Rabe, *Deutsche Geschichte 1500–1600. Das Jahrhundert der Glaubensspaltung* (Munich, 1991), pp. 149–53.

62 Letter of Pietro Pasqualigo, in J. Brewer (ed.), *Letters and Papers, Foreign and Domestic, of the Reign of Henry VIII*, 23 vols (London, 1867), I.1, pp. 116–17.

63 For Anne Boleyn, in *Calendar of State Papers and Manuscripts, Relating to English Affairs, Existing in the Archives and Collections of Venice, and in Other Libraries of Northern Italy*, ed. R. Brown et al., 38 vols (London, 1970), 4, p. 824.

64 Francisco López de Gómara, *Historia general de las Indias*, ed. J. Gurría Lacroix (Caracas, 1979), 1, p. 7.

65 Pedro Mexía, *Historia del emperador Carlos V*, ed. J. de Mata Carrizo (Madrid, 1945), p. 543. Also here Vilches, *New World Gold*, p. 26.

66 F. Ribeiro da Silva, *Dutch and Portuguese in Western Africa: Empires, Merchants and the Atlantic System, 1580–1674* (Leiden, 2011), pp. 116–17; Coates, *Convicts and Orphans*, pp. 42–62.

67 E. Donnan (ed.), *Documents Illustrative of the History of the Slave Trade to America*, 4 vols (Washington, DC, 1930), 1, pp. 41–2.

68 B. Davidson, *The Africa Past: Chronicles from Antiquity to Modern Times* (Boston, 1964), pp. 194–7.

69 Brásio, *Missionaria Africana*, 1, pp. 521–7.

70 A. Pagden, *Spanish Imperialism and the Political Imagination: Studies in European and Spanish-American Social and Political Theory, 1513–1830* (New Haven, 1990).

71 Letter of Manoel da Nóbrega, cited by T. Botelho, 'Labour Ideologies and Labour Relations in Colonial Portuguese America, 1500–1700', *International Review of Social History* 56 (2011), 288.

72 M. Cortés, *Breve compendio de la sphere y el arte de navegar*, cited by Vilches, *New World Gold*, pp. 24–5.

73 R. Pieper, *Die Vermittlung einer neuen Welt: Amerika im Nachrichtennetz des Habsburgischen Imperiums, 1493–1598* (Mainz, 2000), pp. 162–210.

74 Diego de Haëdo, *Topografía e historia general de Arge*, tr. H. de Grammont, *Histoire des rois d'Alger* (Paris, 1998), 1, p. 18.

75 E. Lyon, *The Enterprise of Florida: Pedro Menéndez de Avilés and the Spanish Conquest of 1565–1568* (Gainesville, FL, 1986), pp. 9–10.

76 Jose de Acosta, *Historia natural y moral de las Indias*, in Vilches, *New World Gold*, p. 27.

第十二章 白银之路

1 H. Miskimin, *The Economy of Later Renaissance Europe, 1460–1600* (Cambridge, 1977), p. 32; J. Munro, 'Precious Metals and the Origins of the Price Revolution Reconsidered: The Conjecture of Monetary and Real Forces in the European Inflation of the Early to Mid-16th Century', in C. Núñez (ed.), *Monetary History in Global Perspective, 1500–1808* (Seville, 1998), pp. 35–50; H. İnalcık, 'The Ottoman State: Economy and Society, 1300–1600', in H. İnalcık and D. Quataert (eds), *An Economic and Social History of the Ottoman Empire, 1300–1914* (Cambridge, 1994), pp. 58–60.

2 P. Spufford, *Money and its Use in Medieval Europe* (Cambridge, 1988), p. 377.

3 Ch'oe P'u, *Ch'oe P'u's Diary: A Record of Drifting Across the Sea*, tr. J. Meskill (Tucson, AZ, 1965), pp. 93–4.

4 Vélez de Guevara, *El diablo conjuelo*, cited by R. Pike, 'Seville in the Sixteenth Century', *Hispanic American Historical Review* 41.1 (1961), 6.

5 Francisco de Ariño, *Sucesos de Sevilla de 1592 a 1604*, in ibid., 12–13; Vilches, *New World Gold*, pp. 25–6.

6 G. de Correa, *Lendas de India*, 4 vols (Lisbon, 1858–64), 1, p. 7; A. Baião and K. Cintra, *Ásia de João de Barros: dos feitos que os portugueses fizeram no descombrimento e conquista dos mares e terras do Oriente*, 4 vols (Lisbon, 1988–), 1, pp. 1–2.

7 A. Velho, *Roteiro da Primeira Viagem de Vasco da Gama*, ed. N. Águas (Lisbon, 1987), p. 22.

8 S. Subrahmanyam, *The Career and Legend of Vasco da Gama* (Cambridge, 1997), pp. 79–163.

9 Velho, *Roteiro de Vasco da Gama*, pp. 54–5.

10 Ibid., p. 58.

11 S. Subrahmanyam, 'The Birth-Pangs of Portuguese Asia: Revisiting the Fateful "Long Decade" 1498–1509', *Journal of Global History* 2 (2007), 262.

12 Velho, *Roteiro de Vasco da Gama*, p. 60.

13 See Subramanyam, *Vasco da Gama*, pp. 162–3, pp. 194–5.

14 Letter of King Manuel, cited by Subrahmanyam, *Vasco da Gama*, p. 165.

15 B. Diffie and G. Winius, *Foundations of the Portuguese Empire, 1415–1580* (Oxford, 1977), pp. 172–4; M. Newitt, *Portugal in European and World History* (2009), pp. 62–5; Delaney, *Columbus and the Quest for Jerusalem*, pp. 124–5; J. Brotton, *Trading Territories: Mapping the Early Modern World* (London, 1997), pp. 71–2.

16 M. Guedes, 'Estreito de Magelhães', in L. Albuquerque and F. Domingues (eds), *Dicionário de história dos descobrimentos portugueses*, 2 vols (Lisbon, 1994), 2, pp. 640–4.

17 M. Newitt, *A History of Portuguese Overseas Expansion, 1400–1668* (London, 2005), pp. 54–7; A. Teixeira da Mota (ed.), *A viagem de Fernão de Magalhães e a questão das Molucas* (Lisbon, 1975).

18 R. Finlay, 'Crisis and Crusade in the Mediterranean: Venice, Portugal, and the Cape Route to India (1498–1509)', *Studi Veneziani* 28 (1994), 45–90.

19 Girolamo Priuli, *I Diarii di Girolamo Priuli*, tr. D. Weinstein, *Ambassador from Venice* (Minneapolis, 1960), pp. 29-30.

20 'La lettre de Guido Detti', in P. Teyssier and P. Valentin, *Voyages de Vasco da Gama: Relations des expeditions de 1497-1499 et 1502-3* (Paris, 1995), pp. 183-8.

21 'Relazione delle Indie Orientali di Vicenzo Quirini nel 1506', in E. Albèri, *Le relazioni degli Ambasciatori Veneti al Senato durante il secolo decimosesto*, 15 vols (Florence, 1839-63), 15, pp. 3-19; Subrahmanyam, 'Birth-Pangs of Portuguese Asia', 265.

22 P. Johnson Brummett, *Ottoman Seapower and Levantine Diplomacy in the Age of Discovery* (Albany, NY, 1994), pp. 33-6; Subrahmanyam, 'Birth-Pangs of Portuguese Asia', 274.

23 G. Ramusio, 'Navigazione verso le Indie Orientali di Tomé Lopez', in M. Milanesi (ed.), *Navigazioni e viaggi* (Turin, 1978), pp. 683-73; Subrahmanyam, *Vasco da Gama*, p. 205.

24 D. Agius, 'Qalhat: A Port of Embarkation for India', in S. Leder, H. Kilpatrick, B. Martel-Thoumian and H. Schönig (eds), *Studies in Arabic and Islam* (Leuven, 2002), p. 278.

25 C. Silva, *O Fundador do 'Estado Português da Índia', D. Francisco de Almeida, 1457(?)-1510* (Lisbon, 1996), p. 284.

26 J. Aubin, 'Un Nouveau Classique: l'anonyme du British Museum', in J. Aubin (ed.), *Le Latin et l'astrolabe: recherches sur le Portugal de la Renaissance, son expansion en Asie et les relations internationales* (Lisbon, 1996), 2, p. 553; S. Subrahmanyam, 'Letters from a Sinking Sultan', in L. Thomasz (ed.), *Aquém e Além da Taprobana: Estudos Luso-Orientais à Memória de Jean Aubin e Denys Lombard* (Lisbon, 2002), pp. 239-69.

27 Silva, *Fundador do 'Estado Português da Índia'*, pp. 387-8. For Portuguese aims and policies in the Atlantic, Persian Gulf, Indian Ocean and beyond, see F. Bethencourt and D. Curto, *Portuguese Oceanic Expansion, 1400-1800* (Cambridge, 2007).

28 G. Scammell, *The First Imperial Age: European Overseas Expansion, c. 1400-1715* (London, 1989), p. 79.

29 A. Hamdani, 'An Islamic Background to the Voyages of Discovery', in S. Khadra Jayyusi (ed.), *The Legacy of Muslim Spain* (Leiden, 1992), p. 288. For Malacca's importance before the Portuguese conquest, K. Hall, 'Local and International Trade and Traders in the Straits of Melaka Region: 600-1500', *Journal of Economic and Social History of the Orient* 47.2 (2004), 213-60.

30 S. Subrahmanyam, 'Commerce and Conflict: Two Views of Portuguese Melaka in the 1620s', *Journal of Southeast Asian Studies* 19.1 (1988), 62-79.

31 Atwell, 'Time, Money and the Weather', 100.

32 P. de Vos, 'The Science of Spices: Empiricism and Economic Botany in the Early Spanish Empire', *Journal of World History* 17.4 (2006), 410.

33 'Umar ibn Muḥammad, *Rawḍ al-ʿāṭir fī nuz'hat al-khāṭir*, tr. R. Burton, *The Perfumed Garden of the Shaykh Nefzawi* (New York, 1964), p. 117.

34 F. Lane, 'The Mediterranean Spice Trade: Further Evidence of its Revival in the Sixteenth Century', *American Historical Review* 45.3 (1940), 584-5; M. Pearson, *Spices in the Indian Ocean World* (Aldershot, 1998), p. 117.

35 Lane, 'Mediterranean Spice Trade', 582-3.

36 S. Halikowski Smith, '"Profits Sprout Like Tropical Plants": A Fresh Look at What Went Wrong with the Eurasian Spice Trade, c. 1550-1800', *Journal of Global History* 3 (2008), 390-1.

37 Letter of Alberto da Carpi, in K. Setton, *The Papacy and the Levant, 1204-1571*, 4 vols (Philadelphia, 1976-84), 3, p. 172, n. 3.

38 P. Allen, *Opus Epistolarum Desiderii Erasmi Roterodami*, 12 vols (Oxford, 1906-58), 9, p. 254; J. Tracy, *Emperor Charles V, Impresario of War* (Cambridge, 2002), p. 27.

39 A. Clot, *Suleiman the Magnificent: The Man, his Life, his Epoch*, tr. M. Reisz (New York, 1992), p. 79. Also R. Finlay, 'Prophecy and Politics in Istanbul: Charles V, Sultan Suleyman and the Habsburg Embassy of 1533–1534', *Journal of Modern History* 3 (1998), 249–72.

40 G. Casale, 'The Ottoman Administration of the Spice Trade in the Sixteenth Century Red Sea and Persian Gulf', *Journal of the Economic and Social History of the Orient* 49.2 (2006), 170–98.

41 L. Riberio, 'O Primeiro Cerco de Diu', *Studia* 1 (1958), 201–95; G. Casale, *The Ottoman Age of Exploration* (Oxford, 2010), pp. 56–75.

42 G. Casale, 'Ottoman *Guerre de Course* and the Indian Ocean Spice Trade: The Career of Sefer Reis', *Itinerario* 32.1 (2008), 66–7.

43 *Corpo diplomatico portuguez*, ed. J. da Silva Mendes Leal and J. de Freitas Moniz, 14 vols (Lisbon, 1862–1910), 9, pp. 110–11.

44 Halikowski Smith, 'Eurasian Spice Trade', 411; J. Boyajian, *Portuguese Trade in Asia under the Habsburgs, 1580–1640* (Baltimore, 1993), pp. 43–4, and Table 3.

45 Casale, 'Ottoman Administration of the Spice Trade', 170–98; also see here N. Stensgaard, *The Asian Trade Revolution of the Seventeenth Century: The East India Companies and the Decline of Caravan Trade* (Chicago, 1974).

46 S. Subrahmanyam, 'The Trading World of the Western Indian Ocean, 1546–1565: A Political Interpretation', in A. de Matos and L. Thomasz (eds), *A Carreira da India e as Rotas dos Estreitos* (Braga, 1998), pp. 207–29.

47 S. Pamuk, 'In the Absence of Domestic Currency: Debased European Coinage in the Seventeenth-Century Ottoman Empire', *Journal of Economic History* 57.2 (1997), 352–3.

48 H. Crane, E. Akin and G. Necipoğlu, *Sinan's Autobiographies: Five Sixteenth-Century Texts* (Leiden, 2006), p. 130.

49 R. McChesney, 'Four Sources on Shah 'Abbas's Building of Isfahan', *Muqarnas* 5 (1988), 103–34; Iskandar Munshī, '*Tārīk-e 'ālamārā-ye 'Abbāsī*, tr. R. Savory, *History of Shah 'Abbas the Great*, 3 vols (Boulder, CO, 1978), p. 1038; S. Blake, 'Shah 'Abbās and the Transfer of the Safavid Capital from Qazvin to Isfahan', in A. Newman (ed.), *Society and Culture in the Early Modern Middle East: Studies on Iran in the Safavid Period* (Leiden, 2003), pp. 145–64.

50 M. Dickson, 'The Canons of Painting by Ṣādiqī Bek', in M. Dickson and S. Cary Welch (eds), *The Houghton Shahnameh*, 2 vols (Cambridge, MA, 1989), 1, p. 262.

51 A. Taylor, *Book Arts of Isfahan: Diversity and Identity in Seventeenth-Century Persia* (Malibu, 1995).

52 H. Cross, 'South American Bullion Production and Export, 1550–1750', in Richards, *Precious Metals*, pp. 402–4.

53 A. Jara, 'Economia minera e historia eonomica hispano-americana', in *Tres ensayos sobre economia minera hispano-americana* (Santiago, 1966).

54 A. Attman, *American Bullion in European World Trade, 1600–1800* (Gothenburg, 1986), pp. 6, 81; H-Sh. Chuan, 'The Inflow of American Silver into China from the Late Ming to the Mid-Ch'ing Period', *Journal of the Institute of Chinese Studies of the Chinese University of Hong Kong* 2 (1969), 61–75.

55 B. Karl, '"Galanterie di cose rare . . .": Filippo Sassetti's Indian Shopping List for the Medici Grand Duke Francesco and his Brother Cardinal Ferdinando', *Itinerario* 32.3 (2008), 23–41. For a contemporary account of Aztec society, Diego Durán, *Book of the Gods and Rites and the Ancient Calendar*, tr. F. Horcasitas and D. Heyden (1971), pp. 273–4.

56 J. Richards, *The Mughal Empire* (Cambridge, 1993), pp. 6–8.

57 *Bābur-Nāma*, pp. 173–4. Also D. F. Ruggles, *Islamic Gardens and Landscapes* (Philadelphia, PA, 2008), p. 70.

58 *Bābur-Nāma*, p. 359.

59 Ibn Baṭṭūṭa, *Travels*, 8, 2, p. 478.

60 J. Gommans, *Mughal Warfare: Indian Frontiers and High Roads to Empire, 1500–1700* (London, 2002), pp. 112–13. For the size of Indian horses, J. Tavernier, *Travels in India*, ed. V. Ball, 2 vols (London, 1889), 2, p. 263. For Central Asian horses, see J. Masson Smith, 'Mongol Society and Military in the Middle East: Antecedents and Adaptations', in Y. Lev (ed.), *War and Society in the Eastern Mediterranean, 7th–15th Centuries* (Leiden, 1997), pp. 247–64.

61 L. Jardine and J. Brotton, *Global Interests: Renaissance Art between East and West* (London, 2005), pp. 146–8.

62 J. Gommans, 'Warhorse and Post-Nomadic Empire in Asia, c. 1000–1800', *Journal of Global History* 2 (2007), 1–21.

63 See S. Dale, *Indian Merchants and Eurasian Trade, 1600–1750* (Cambridge, 1994), pp. 41–2.

64 Cited by M. Alam, 'Trade, State Policy and Regional Change: Aspects of Mughal-Uzbek Commercial Relations, c. 1550–1750', *Journal of the Economic and Social History of the Orient* 37.3 (1994), 221; also see here C. Singh, *Region and Empire: Punjab in the Seventeenth Century* (New Delhi, 1991), pp. 173–203.

65 J. Gommans, *Mughal Warfare: Indian Frontiers and Highroads to Empire, 1500–1700* (London, 2002), p. 116.

66 D. Washbrook, 'India in the Early Modern World Economy: Modes of Production, Reproduction and Exchange', *Journal of Global History* 2 (2007), 92–3.

67 Letter of Duarte de Sande, in *Documenta Indica*, ed. J. Wicki and J. Gomes, 18 vols (Rome, 1948–88), 9, p. 676.

68 R. Foltz, 'Cultural Contacts between Central Asia and Mughal India', in S. Levi (ed.), *India and Central Asia* (New Delhi, 2007), pp. 155–75.

69 M. Subtelny, 'Mirak-i Sayyid Ghiyas and the Timurid Tradition of Landscape Architecture', *Studia Iranica* 24.1 (1995), 19–60.

70 J. Westcoat, 'Gardens of Conquest and Transformation: Lessons from the Earliest Mughal Gardens in India', *Landscape Journal* 10.2 (1991), 105–14; F. Ruggles, 'Humayun's Tomb and Garden: Typologies and Visual Order', in A. Petruccioli (ed.), *Gardens in the Time of the Great Muslim Empires* (Leiden, 1997), pp. 173–86. For Central Asia's influence, see above all M. Subtelny, 'A Medieval Persian Agricultural Manual in Context: The Irshad al-Zira'a in Late Timurid and Early Safavid Khorasan', *Studia Iranica* 22.2 (1993), 167–217.

71 J. Westcoat, M. Brand and N. Mir, 'The Shedara Gardens of Lahore: Site Documentation and Spatial Analysis', *Pakistan Archaeology* 25 (1993), 333–66.

72 M. Brand and G. Lowry (eds), *Fatehpur Sikri* (Bombay, 1987).

73 *The Shah Jahan Nama of 'Inayat Khan*, ed. and tr. W. Begley and Z. Desai (Delhi, 1990), pp. 70–1.

74 J. Hoil, *The Book of Chilam Balam of Chumayel*, tr. R. Roys (Washington, DC, 1967), pp. 19–20.

75 Letter of John Newbery, in J. Courtney Locke (ed.), *The First Englishmen in India* (London, 1930), p. 42.

76 Samuel Purchas, *Hakluytus posthumus, or, Purchas His Pilgrimes*, 20 vols (Glasgow, 1905–7), 3, p. 93; G. Scammell, 'European Exiles, Renegades and Outlaws and the Maritime Economy of Asia, c.1500–1750', *Modern Asian Studies* 26.4 (1992), 641–61.

77 L. Newsom, 'Disease and Immunity in the Pre-Spanish Philippines', *Social Science & Medicine* 48 (1999), 1833–50; idem, 'Conquest, Pestilence and Demographic Collapse in the Early Spanish Philippines', *Journal of Historical Geography* 32 (2006), 3–20.

78 Antonio de Morga, in W. Schurz, *The Manila Galleon* (New York, 1959), pp. 69–75; also see Brook, *Confusions of Pleasure*, pp. 205–6.

79 D. Irving, *Colonial Counterpoint: Music from Early Modern Manila* (Oxford, 2010), p. 19.

80 For the Ottoman crisis, Pamuk, 'In the Absence of Domestic Currency', 353–8.

81 W. Barrett, 'World Bullion Flows, 1450–1800', in J. Tracy (ed.), *The Rise of Merchant Empires: Long-Distance Trade in the Early Modern Worlds, 1350–1750* (Cambridge, 1990), pp. 236–7; D. Flynn and A Giráldez, 'Born with a "Silver Spoon": The Origin of World Trade in 1571', *Journal of World History* 6.2 (1995), 201–21; J. TePaske, 'New World Silver, Castile, and the Philippines, 1590–1800', in Richards, *Precious Metals*, p. 439.

82 P. D'Elia, *Documenti originali concernenti Matteo Ricci e la storia delle prime relazioni tra l'Europa e la Cina (1579–1615)*, 4 vols (Rome, 1942), 1, p. 91.

83 Brook, *Confusions of Pleasure*, pp. 225–6. For Chinese attitudes to antiquities and to the past, C. Clunas, *Superfluous Things: Material Culture and Social Status in Early Modern China* (Cambridge, 1991), pp. 91–115.

84 W. Atwell, 'International Bullion Flows and the Chinese Economy *circa* 1530–1650', *Past & Present* 95 (1982), 86.

85 Richard Hakluyt, *The Principal Navigation, Voyages, Traffiques, & Discoveries of the English Nations*, 12 vols (Glasgow, 1903–5), 5, p. 498.

86 C. Boxer, *The Christian Century in Japan, 1549–1650* (Berkeley, 1951), pp. 425–7. Above all, see here R. von Glahn, 'Myth and Reality of China's Seventeenth-Century Monetary Crisis', *Journal of Economic History* 56.2 (1996), 429–54; D. Flynn and A Giráldez, 'Arbitrage, China and World Trade in the Early Modern Period', *Journal of the Economic and Social History of the Orient* 6.2 (1995), 201–21.

87 C. Clunas, *Empire of Great Brightness: Visual and Material Cultures of Ming China, 1368–1644* (London, 2007); Brook, *Confusions of Pleasure*.

88 *The Plum in the Golden Vase, or, Chin P'ing Mei*, tr. D. Roy, 5 vols (Princeton, 1993–2013). See here N. Ding, *Obscene Things: Sexual Politics in Jin Ping Mei* (Durham, NC, 2002).

89 C. Cullen, 'The Science/Technology Interface in Seventeenth-Century China: Song Yingxing on *Qi* and the *Wu Xing*', *Bulletin of the School of Oriental and African Studies* 53.2 (1990), 295–318.

90 W. de Bary, 'Neo-Confucian Cultivation and the Seventeenth-Century Enlightenment', in de Bary (ed.), *The Unfolding of Neo-Confucianism* (New York, 1975), pp. 141–216.

91 The Selden Map itself may have been captured in this way, R. Batchelor, 'The Selden Map Rediscovered: A Chinese Map of East Asian Shipping Routes, c. 1619', *Imago Mundi: The International Journal for the History of Cartography* 65.1 (2013), 37–63.

92 W. Atwell, 'Ming Observations of Ming Decline: Some Chinese Views on the "Seventeenth Century Crisis" in Comparative Perspective', *Journal of the Royal Asiatic Society* 2 (1988), 316–48.

93 A. Smith, *An Inquiry into the Nature and Causes of the Wealth of Nations*, 4.7, ed. R. Campbell and A. Skinner, 2 vols (Oxford, 1976), 2, p. 626.

第十三章　西欧之路

1 José de Acosta, *Historia natural y moral de las Indias*, tr. E. Mangan, *Natural and Moral History of the Indies* (Durham, NC, 2002), p. 179.

2 *Regnans in excelsis*, in R. Miola (ed.), *Early Modern Catholicism: An Anthology of Primary Sources* (Oxford, 2007), pp. 486–8; see P. Holmes, *Resistance and Compromise: The Political Thought of the Elizabethan Catholics* (Cambridge, 2009).

3 D. Loades, *The Making of the Elizabethan Navy 1540–1590: From the Solent to the Armada* (London, 2009).

4 C. Knighton, 'A Century on: Pepys and the Elizabethan Navy', *Transactions of the Royal Historical Society* 14 (2004), pp. 143–4; R. Barker, 'Fragments from the Pepysian Library', *Revista da Universidade de Coimbra* 32 (1986), 161–78.

5 M. Oppenheim, *A History of the Administration of the Royal Navy, 1509–1660* (London, 1896), pp. 172–4; N. Williams, *The Maritime Trade of the East Anglian Ports, 1550–1590* (Oxford, 1988), pp. 220–1.

6 C. Martin and G. Parker, *The Spanish Armada* (Manchester, 1988); G. Mattingly, *The Armada* (New York, 2005).

7 E. Bovill, 'The *Madre de Dios*', *Mariner's Mirror* 54 (1968), 129–52; G. Scammell, 'England, Portugal and the Estado da India, c. 1500–1635', *Modern Asian Studies* 16.2 (1982), 180.

8 *The Portable Hakluyt's Voyages*, ed. R. Blacker (New York, 1967), p. 516; J. Parker, *Books to Build an Empire* (Amsterdam, 1965), p. 131; N. Matar, *Turks, Moors, and Englishmen in the Age of Discovery* (New York, 1999).

9 N. Matar, *Britain and Barbary, 1589–1689* (Gainesville, FL, 2005), p. 21; *Merchant of Venice*, I.1.

10 C. Dionisotti, 'Lepanto nella cultura italiana del tempo', in G. Benzoni (ed.), *Il Mediterraneo nella seconda metà del '500 alla luce di Pepanto* (Florence, 1974), pp. 127–51; I. Fenlon, '"In destructione Turcharum": The Victory of Lepanto in Sixteenth-Century Music and Letters', in E. Degreda (ed.), *Andrea Gabrieli e il suo tempo: Atti del Convengo internazionale (Venezia 16–18 settembre 1985)* (Florence, 1987), pp. 293–317; I. Fenlon, 'Lepanto: The Arts of Celebration in Renaissance Venice', *Proceedings of the British Academy* 73 (1988), 201–36.

11 S. Skilliter, 'Three Letters from the Ottoman "Sultana" Safiye to Queen Elizabeth I', in S. Stern (ed.), *Documents from Islamic Chanceries* (Cambridge, MA, 1965), pp. 119–57.

12 G. Maclean, *The Rise of Oriental Travel: English Visitors to the Ottoman Empire, 1580–1720* (London, 2004), pp. 1–47; L. Jardine, 'Gloriana Rules the Waves: Or, the Advantage of Being Excommunicated (and a Woman)', *Transactions of the Royal Historical Society* 14 (2004), 209–22.

13 A. Artner (ed.), *Hungary as 'Propugnaculum' of Western Christianity: Documents from the Vatican Secret Archives (ca.1214–1606)* (Budapest, 2004), p. 112.

14 Jardine, 'Gloriana Rules the Waves', 210.

15 S. Skilliter, *William Harborne and the Trade with Turkey 1578–1582: A Documentary Study of the First Anglo-Ottoman Relations* (Oxford, 1977), p. 69.

16 Ibid., p. 37.

17 L. Jardine, *Worldly Goods: A New History of the Renaissance* (London, 1996), pp. 373–6.

18 *Merchant of Venice*, II.7; *Othello*, I.3.

19 J. Grogan, *The Persian Empire in English Renaissance Writing, 1549–1622* (London, 2014).

20 A. Kapr, *Johannes Gutenberg: Persönlichkeit und Leistung* (Munich, 1987).

21 E. Shaksan Bumas, 'The Cannibal Butcher Shop: Protestant Uses of Las Casas's "Brevísima Relación" in Europe and the American Colonies', *Early American Literature* 35.2 (2000), 107–36.

22 A. Hadfield, 'Late Elizabethan Protestantism, Colonialism and the Fear of the Apocalypse', *Reformation* 3 (1998), 311–20.

23 R. Hakluyt, 'A Discourse on Western Planting, 1584', in *The Original Writings and Correspondence of the Two Richard Hakluyts*, ed. E. Taylor, 2 vols (London, 1935), 2, pp. 211–326.

24 M. van Gelderen, *The Political Thought of the Dutch Revolt, 1555–1590* (Cambridge, 2002).

25 'The First Voyage of the right worshipfull and valiant knight, Sir John Hawkins', in *The Hawkins Voyages*, ed. C. Markham (London, 1878), p. 5. Also here Kelsey, *Sir John Hawkins*, pp. 52–69.

26 Hakluyt, 'A Discourse on Western Planting', 20, p. 315.

27 See J. McDermott, *Martin Frobisher: Elizabethan Privateer* (New Haven, 2001).

28 *Calendar of State Papers and Manuscripts, Venice*, 6.i, p. 240.

29 P. Bushev, *Istoriya posol'tv i diplomaticheskikh otnoshenii russkogo i iranskogo gosudarstv v 1586–1612 gg* (Moscow, 1976), pp. 37–62.

30 R. Hakluyt, *The principal navigations, voyages, traffiques and discoveries of the English nations*, 12 vols (Glasgow, 1903–5), 3, pp. 15–16; R. Ferrier, 'The Terms and Conditions under which English Trade was Transacted with Safavid Persia', *Bulletin of the School of Oriental and African Studies* 49.1 (1986), 50–1; K. Meshkat, 'The Journey of Master Anthony Jenkinson to Persia, 1562–1563', *Journal of Early Modern History* 13 (2009), 209–28.

31 S. Cabot, 'Ordinances, instructions and aduertisements of and for the direction of the intended voyage for Cathaye', 22, in Hakluyt, *Principal navigations*, 2, p. 202.

32 Vilches, *New World Gold*, p. 27.

33 A. Romero, S. Chilbert and M. Eisenhart, 'Cubagua's Pearl-Oyster Beds: The First Depletion of a Natural Resource Caused by Europeans in the American Continent', *Journal of Political Ecology* 6 (1999), 57–78.

34 M. Drelichman and H.-J. Voth, 'The Sustainable Debts of Philip II: A Reconstruction of Spain's Fiscal Position, 1560–1598', *Centre for Economic Policy Research*, Discussion Paper DP6611 (2007).

35 D. Fischer, *The Great Wave: Price Revolutions and the Rhythm of History* (Oxford, 1996). Also D. Flynn, 'Sixteenth-Century Inflation from a Production Point of View', in E. Marcus and N. Smukler (eds), *Inflation through the Ages: Economic, Social, Psychological, and Historical Aspects* (New York, 1983), pp. 157–69.

36 O. Gelderblom, *Cities of Commerce: The Institutional Foundations of International Trade in the Low Countries, 1250–1650* (Princeton, 2013).

37 J. Tracy, *A Financial Revolution in the Habsburg Netherlands: Renten and Renteniers in the County of Holland, 1515–1565* (Berkeley, 1985).

38 O. van Nimwegen, *'Deser landen crijchsvolck'. Het Staatse leger en de militarie revoluties 1588–1688* (Amsterdam, 2006).

39 J. Israel, *The Dutch Republic: Its Rise, Greatness and Fall 1477–1806* (Oxford, 1995), pp. 308–12.

40 W. Fritschy, 'The Efficiency of Taxation in Holland', in O. Gelderblom (ed.), *The Political Economy of the Dutch Republic* (2003), pp. 55–84.

41 C. Koot, *Empire at the Periphery: British Colonists, Anglo-Dutch Trade, and the Development of the British Atlantic, 1621–1713* (New York, 2011), pp. 19–22; E. Sluitter, 'Dutch–Spanish Rivalry in the Caribbean Area', *Hispanic American Historical Review* 28.2 (1948), 173–8.

42 Israel, *Dutch Republic*, pp. 320–1.

43 M. Echevarría Bacigalupe, 'Un notable episodio en la guerra económica hispano-holandesa: El decreto Guana 1603', *Hispania: Revista española de historia* 162 (1986), 57–97; J. Israel, *Empires and Entrepots: The Dutch, the Spanish Monarchy and the Jews, 1585–1713* (London, 1990), p. 200.

44 R. Unger, 'Dutch Ship Design in the Fifteenth and Sixteenth Centuries', *Viator* 4 (1973), 387–415.

45 A. Saldanha, 'The Itineraries of Geography: Jan Huygen van Linschoten's Itinerario and Dutch Expeditions to the Indian Ocean, 1594–1602', *Annals of the Association of American Geographers* 101.1 (2011), 149–77.

46 K. Zandvliet, *Mapping for Money: Maps, Plans and Topographic Paintings and their Role in Dutch Overseas Expansion during the 16th and 17th Centuries* (Amsterdam, 1998), pp. 37–49, 164–89.

47 E. Beekman, *Paradijzen van Weeler. Koloniale Literatuur uit Nederlands-Indië, 1600–1950* (Amsterdam, 1988), p. 72.

48 D. Lach, *Asia in the Making of Europe*, 3 vols (Chicago, 1977), 2, 492–545.

49 O. Gelderblom, 'The Organization of Long-Distance Trade in England and the Dutch Republic, 1550–1650', in Gelderblom, *Political Economy of the Dutch Republic*, pp. 223–54.

50 J.-W. Veluwenkamp, 'Merchant Colonies in the Dutch Trade System (1550–1750)', in K. Davids, J. Fritschy and P. Klein (eds), *Kapitaal, ondernemerschap en beleid. Studies over economie en politiek in Nederland, Europe en Azië van 1500 tot heden* (Amsterdam, 1996), pp. 141–64.

51 Cited by C. Boxer, *The Dutch in Brazil 1624–1654* (Oxford, 1957), pp. 2–3.

52 For Goa at the start of the seventeenth century, A. Gray and H. Bell (eds), *The Voyage of François Pyrard of Laval to the East Indies, the Maldives, the Moluccas and Brazil*, 2 vols (London, 1888), 2, pp. 2–139.

53 J. de Jong, *De waaier van het fortuin. De Nederlands in Asië de Indonesiche archipel, 1595–1950* (Zoetermeer, 1998), p. 48.

54 K. Zandvliet, *The Dutch Encounter with Asia, 1600–1950* (Amsterdam, 2002), p. 152.

55 See here the collection of essays in J. Postma (ed.), *Riches from Atlantic Commerce: Dutch Transatlantic Trade and Shipping, 1585–1817* (Leiden, 2003).

56 J. van Dam, *Gedateerd Delfts aardwek* (Amsterdam, 1991); idem, *Dutch Delftware 1620–1850* (Amsterdam, 2004).

57 A. van der Woude, 'The Volume and Value of Paintings in Holland at the Time of the Dutch Republic', in J. de Vries and D. Freedberg (eds), *Art in History, History in Art: Studies in Seventeenth-Century Dutch Culture* (Santa Monica, 1991), pp. 285–330.

58 See in general S. Schama, *The Embarrassment of Riches* (New York, 1985); S. Slive, *Dutch Painting, 1600–1800* (New Haven, 1995).

59 T. Brook, *Vermeer's Hat: The Seventeenth Century and the Dawn of the Global World* (London, 2008), pp. 5–83.

60 *The Travels of Peter Mundy in Europe and Asia, 1608–1667*, ed. R. Temple, 5 vols (Cambridge, 1907–36), pp. 70–1; J. de Vries, *The Industrious Revolution: Consumer Behavior and the Household Economy, 1650 to the Present* (Cambridge, 2008), p. 54.

61 J. Evelyn, *Diary of John Evelyn*, ed. E. de Beer, 6 vols (Oxford, 1955), 1, pp. 39–40.

62 See here C. van Strien, *British Travellers in Holland during the Stuart Period: Edward Browne and John Locke as Tourists in the United Provinces* (Leiden, 1993).

63 G. Scammell, 'After da Gama: Europe and Asia since 1498', *Modern Asian Studies* 34.3 (2000), 516.

64 Pedro de Cieza de Léon, *The Incas of Pedro de Cieza de Léon*, tr. H de Onis (1959), 52, p. 171.

65 Ibid., 55, pp. 177–8.

66 S. Hill (ed.), *Bengal in 1756–7: A Selection of Public and Private Papers Dealing with the Affairs of the British in Bengal during the Reign of Siraj-uddaula*, 3 vols (London, 1905), 1, pp. 3–5.

67 P. Perdue, 'Empire and Nation in Comparative Perspective: Frontier Administration in Eighteenth-Century China', *Journal of Early Modern History* 5.4 (2001), 282; C. Tilly (ed.), *The Formation of National States in Western Europe* (Princeton, 1975), p. 15.

68 P. Hoffman, 'Prices, the Military Revolution, and Western Europe's Comparative Advantage in Violence', *Economic History Review*, 64.1 (2011), 49–51.

69　See, for example, A. Hall, *Isaac Newton: Adventurer in Thought* (Cambridge, 1992), pp. 152, 164–6, 212–16; L. Debnath, *The Legacy of Leonhard Euler: A Tricentennial Tribute* (London, 2010), pp. 353–8; P-L. Rose, 'Galileo's Theory of Ballistics', *The British Journal for the History of Science* 4.2 (1968), 156–9, and in general S. Drake, *Galileo at work: His Scientific Biography* (Chicago, 1978).

70　T. Hobbes, *Leviathan*, ed. N. Malcolm (Oxford, 2012).

71　A. Carlos and L. Neal, 'Amsterdam and London as Financial Centers in the Eighteenth Century', *Financial History Review* 18.1 (2011), 21–7.

72　M. Bosker, E. Buringh and J. van Zanden, 'From Baghdad to London: The Dynamics of Urban Growth and the Arab World, 800–1800', *Centre for Economic Policy Research*, Paper 6833 (2009), 1–38; W. Fritschy, 'State Formation and Urbanization Trajectories: State Finance in the Ottoman Empire before 1800, as Seen from a Dutch Perspective', *Journal of Global History* 4 (2009), 421–2.

73　E. Kuipers, *Migrantenstad: Immigratie en Sociale Verboudingen in 17e-Eeuws Amsterdam* (Hilversum, 2005).

74　W. Fritschy, A "Financial Revolution" Reconsidered: Public Finance in Holland during the Dutch Revolt, 1568–1648', *Economic History Review* 56.1 (2003), 57–89; L. Neal, *The Rise of Financial Capitalism: International Capitalism in the Age of Reason* (Cambridge, 1990).

75　P. Malanima, *L'economia italiana: dalla crescita medievale alla crescita contemporanea* (Bologna, 2002); idem, 'The Long Decline of a Leading Economy: GDP in Central and Northern Italy, 1300–1913', *European Review of Economic History* 15 (2010), 169–219.

76　S. Broadberry and B. Gupta, 'The Early Modern Great Divergence: Wages, Prices and Economic Development in Europe and Asia, 1500–1800', *Economic History Review* 59.1 (2006), 2–31; J. van Zanden, 'Wages and the Standard of Living in Europe, 1500–1800', *European Review of Economic History* 3 (1999), 175–97.

77　Sir Dudley Carleton, 'The English Ambassador's Notes, 1612', in D. Chambers and B. Pullan (eds), *Venice: A Documentary History, 1450–1630* (Oxford, 1992), pp. 3–4.

78　G. Bistort (ed.), *Il magistrato alle pompe nella repubblica di Venezia* (Venice, 1912), pp. 403–5, 378–81.

79　E. Chaney, *The Evolution of the Grand Tour: Anglo-Italian Cultural Relations since the Renaissance* (Portland, OR, 1998). For art prices, see F. Etro and L. Pagani, 'The Market for Paintings in Italy during the Seventeenth Century', *Journal of Economic History* 72.2 (2012), 414–38.

80　See for example C. Vout, 'Treasure, Not Trash: The Disney Sculpture and its Place in the History of Collecting', *Journal of the History of Collections* 24.3 (2012), 309–26. Also here V. Coltman, *Classical Sculpture and the Culture of Collecting in Britain since 1760* (Oxford, 2009).

81　C. Hanson, *The English Virtuoso: Art, Medicine and Antiquarianism in the Age of Empiricism* (Chicago, 2009).

82　See in general P. Ayres, *Classical Culture and the Ideas of Rome in Eighteenth-Century England* (Cambridge, 1997).

第十四章　帝国之路

1　D. Panzac, 'International and Domestic Maritime Trade in the Ottoman Empire during the 18th Century', *International Journal of Middle East Studies* 24.2 (1992), 189–206; M. Genç, 'A Study of the Feasibility of Using Eighteenth-Century Ottoman Financial Records as an Indicator of Economic Activity', in H. İslamoğlu-İnan (ed.), *The Ottoman Empire and the World-Economy* (Cambridge, 1987), pp. 345–73.

2 See here S. White, *The Climate of Rebellion in the Early Modern Ottoman Empire* (Cambridge, 2011).

3 T. Kuran, 'The Islamic Commercial Crisis: Institutional Roots of Economic Underdevelopment in the Middle East', *Journal of Economic History* 63.2 (2003), 428–31.

4 M. Kunt, *The Sultan's Servants: The Transformation of Ottoman Provincial Government, 1550–1650* (New York, 1983), pp. 44–56.

5 Schama, *Embarrassment of Riches*, pp. 330–5.

6 Thomas Mun, *England's Treasure by Foreign Trade* (London, 1664), cited by de Vries, *Industrious Revolution*, p. 44.

7 C. Parker, *The Reformation of Community: Social Welfare and Calvinist Charity in Holland, 1572–1620* (Cambridge, 1998).

8 S. Pierson, 'The Movement of Chinese Ceramics: Appropriation in Global History', *Journal of World History* 23.1 (2012), 9–39; S. Iwanisziw, 'Intermarriage in Late-Eighteenth-Century British Literature: Currents in Assimilation and Exclusion', *Eighteenth-Century Life* 31.2 (2007), 56–82; F. Dabhoiwala, *The Origins of Sex: A History of the First Sexual Revolution* (London, 2012).

9 W. Bradford, *History of Plymouth Plantation, 1606–1646*, ed. W. Davis (New York, 1909), pp. 46–7.

10 For the exodus to North America, A. Zakai, *Exile and Kingdom: History and Apocalypse in the Puritan Migration to America* (Cambridge, 1992); for debate about the origins of Thanksgiving, G. Hodgson, *A Great and Godly Adventure: The Pilgrims and the Myth of the First Thanksgiving* (New York, 2006).

11 K. Chaudhari, *The Trading World of Asia and the English East India Company* (Cambridge, 2006).

12 Gelderblom, 'The Organization of Long-Distance Trade', 232–4.

13 S. Groenveld, 'The English Civil Wars as a Cause of the First Anglo-Dutch War, 1640–1652', *Historical Journal* 30.3 (1987), 541–66. For Anglo-Dutch rivalry in this period, see L. Jardine, *Going Dutch: How England Plundered Holland's Glory* (London, 2008).

14 S. Pincus, *Protestantism and Patriotism: Ideologies and the Making of English Foreign Policy, 1650–1668* (Cambridge, 1996). Also C. Wilson, *Profit and Power: A Study of England and the Dutch Wars* (London, 1957).

15 J. Davies, *Gentlemen and Tarpaulins: The Officers and Men of the Restoration Navy* (Oxford, 1991), p. 15.

16 J. Glete, *Navies and Nations: Warships, Navies and State Building in Europe and America, 1500–1860*, 2 vols (Stockholm, 1993), pp. 192–5.

17 Witsen's book, *Aeloude en Hedendaegsche Scheeps-bouw en Bestier*, published in 1671, was the most influential volume of its day. For Pepys's copy, N. Smith et al., *Catalogue of the Pepys Library at Magdalene College, Cambridge*, vol. 1 (1978), p. 193. The diarist played a prominent role setting up Christ's Hospital, which remains one of Britain's leading schools, E. Pearce, *Annals of Christ's Hospital* (London, 1901), pp. 99–126; for new designs, see B. Lavery (ed.), *Deane's Doctrine of Naval Architecture, 1670* (London, 1981).

18 D. Benjamin and A. Tifrea, 'Learning by Dying: Combat Performance in the Age of Sail', *Journal of Economic History* 67.4 (2007), 968–1000.

19 E. Lazear and S. Rosen, 'Rank-Order Tournaments as Optimum Labor Contracts', *Journal of Political Economy* 89.5 (1981), 841–64; also see D. Benjamin and C. Thornberg, 'Comment: Rules, Monitoring and Incentives in the Age of Sail', *Explorations in Economic History* 44.2 (2003), 195–211.

20 J. Robertson, 'The Caribbean Islands: British Trade, Settlement, and Colonization', in L. Breen (ed.), *Converging Worlds: Communities and Cultures in Colonial America* (Abingdon, 2012), pp. 176–217.

21 P. Stern, 'Rethinking Institutional Transformation in the Making of Empire: The East India Company in Madras', *Journal of Colonialism and Colonial History* 9.2 (2008), 1–15.

22 H. Bowen, *The Business of Empire: The East India Company and Imperial Britain, 1756–1833* (Cambridge, 2006).

23 H. Bingham, 'Elihu Yale, Governor, Collector and Benefactor', *American Antiquarian Society. Proceedings* 47 (1937), 93–144; idem, *Elihu Yale: The American Nabob of Queen Square* (New York, 1939).

24 J. Osterhammel, *China und die Weltgesellschaft* (1989), p. 112.

25 See for example F. Perkins, *Leibniz and China: A Commerce of Light* (Cambridge, 2004).

26 Cited by S. Mentz, *The English Gentleman Merchant at Work: Madras and the City of London 1660–1740* (Copenhagen, 2005), p. 162.

27 Procopius, *The Wars*, 8.20, 5, pp. 264–6.

28 K. Matthews, 'Britannus/Britto: Roman Ethnographies, Native Identities, Labels and Folk Devils', in A. Leslie, *Theoretical Roman Archaeology and Architecture: The Third Conference Proceedings* (1999), p. 15.

29 R. Fogel, 'Economic Growth, Population Theory, and Physiology: The Bearing of Long-Term Processes on the Making of Economic Policy', *American Economic Review* 84.3 (1994), 369–95; J. Mokyr, 'Why was the Industrial Revolution a European Phenomenon?', *Supreme Court Economic Review* 10 (2003), 27–63.

30 J. de Vries, 'Between Purchasing Power and the World of Goods: Understanding the Household Economy in Early Modern Europe', in J. Brewer and R. Porter (eds), *Consumption and the World of Goods* (1993), pp. 85–132; idem, *The Industrious Revolution*; H.-J. Voth, 'Time and Work in Eighteenth-Century London', *Journal of Economic History* 58 (1998), 29–58.

31 N. Voigtländer and H.-J. Voth, 'Why England? Demographic Factors, Structural Change and Physical Capital Accumulation during the Industrial Revolution', *Journal of Economic Growth* 11 (2006), 319–61; L. Stone, 'Social Mobility in England, 1500–1700', *Past & Present* 33 (1966), 16–55; also see P. Fichtner, *Protestantism and Primogeniture in Early Modern Germany* (London, 1989), for an assessment of the connection between religion and primogeniture.

32 K. Karaman and S. Pamuk, 'Ottoman State Finances in European Perspective, 1500–1914', *Journal of Economic History* 70.3 (2010), 611–12.

33 G. Ames, 'The Role of Religion in the Transfer and Rise of Bombay', *Historical Journal* 46.2 (2003), 317–40.

34 J. Flores, 'The Sea and the World of the Mutasaddi: A Profile of Port Officials from Mughal Gujarat (c.1600–1650)', *Journal of the Royal Asiatic Society* 3.21 (2011), 55–71.

35 *Tūzuk-i-Jahāngīrī*, tr. W. Thackston, *The Jahangirnama: Memoirs of Jahangir, Emperor of India* (Oxford, 1999), p. 108.

36 A. Loomba, 'Of Gifts, Ambassadors, and Copy-cats: Diplomacy, Exchange and Difference in Early Modern India', in B. Charry and G. Shahani (eds), *Emissaries in Early Modern Literature and Culture: Mediation, Transmission, Traffic, 1550–1700* (Aldershot, 2009), pp. 43–5 and passim.

37 Rev. E. Terry, *A Voyage to East India* (London, 1655), p. 397, cited by T. Foster, *The Embassy of Sir Thomas Roe to India* (London, 1926), pp. 225–6, n. 1. The traveller Peter Mundy saw two dodos when he visited Surat, which may also have been presents from merchants eager to win Jahangir's favour, *Travels of Peter Mundy*, 2, p. 318.

38 L. Blussé, *Tribuut aan China. Vier eeuwen Nederlands–Chinese betrekkingen* (Amsterdam, 1989), pp. 84–7.

39 For the list of gifts, J. Vogel (ed.), *Journaal van Ketelaar's hofreis naar den Groot Mogol te Lahore* (The Hague, 1937), pp. 357–93; A. Topsfield, 'Ketelaar's Embassy and the Farengi Theme in the Art of Udaipur', *Oriental Art* 30.4 (1985), 350–67.

40 For details of the weighing, see *Shah Jahan Nama*, p. 28; Jean de Thévenot, who travelled to India in the seventeenth century, provides a vivid account of the weighing ceremony, in S. Sen, *Indian Travels of Thevenot and Careri* (New Delhi, 1949), 26, pp. 66–7.

41 P. Mundy, *Travels*, pp. 298–300.

42 N. Manucci, *A Pepys of Mogul India, 1653–1708: Being an Abridged Edition of the 'Storia do Mogor' of Niccolao Manucci* (New Delhi, 1991), pp. 197, 189.

43 J. Gommans, 'Mughal India and Central Asia in the Eighteenth Century: An Introduction to a Wider Perspective', *Itinerario* 15.1 (1991), 51–70. For tribute payments, see J. Spain, *The Pathan Borderland* (The Hague, 1963), pp. 32–4; also see C. Noelle, *State and Tribe in Nineteenth-Century Afghanistan: The Reign of Amir Dost Muhamad Khan (1826–1863)* (London, 1997), p. 164.

44 S. Levi, 'The Ferghana Valley at the Crossroads of World History: The Rise of Khoqand 1709–1822', *Journal of Global History* 2 (2007), 213–32.

45 S. Levi, 'India, Russia and the Eighteenth-Century Transformation of the Central Asian Caravan Trade', *Journal of the Economic and Social History of the Orient* 42.4 (1999), 519–48.

46 See I. McCabe, *Shah's Silk for Europe's Silver: The Eurasian Trade of the Julfa Armenians in Safavid Iran and India, 1530–1750* (Atlanta, 1999). Also see B. Bhattacharya, 'Armenian European Relationship in India, 1500–1800: No Armenian Foundation for European Empire?', *Journal of the Economic and Social History of the Orient* 48.2 (2005), 277–322.

47 S. Delgoda, '"Nabob, Historian and Orientalist": Robert Orme: The Life and Career of an East India Company Servant (1728–1801)', *Journal of the Royal Asiatic Society* 2.3 (1992), 363–4.

48 Cited by T. Nechtman, 'A Jewel in the Crown? Indian Wealth in Domestic Britain in the Late Eighteenth Century', *Eighteenth-Century Studies* 41.1 (2007), 73.

49 A. Bewell, *Romanticism and Colonial Disease* (Baltimore, 1999), p. 13.

50 T. Bowrey, *Geographical Account of Countries around the Bay of Bengal 1669 to 1679*, ed. R Temple (London 1905), pp. 80–1.

51 C. Smylitopoulos, 'Rewritten and Reused: Imagining the Nabob through "Upstart Iconography"', *Eighteenth-Century Life* 32.2 (2008), 39–59.

52 P. Lawson, *The East India Company: A History* (London 1993), p. 120.

53 Nechtman, 'Indian Wealth in Domestic Britain', 76.

54 E. Burke, *The Writings and Speeches of Edmund Burke*, ed. W. Todd, 9 vols (Oxford, 2000), 5, p. 403.

55 D. Forrest, *Tea for the British: The Social and Economic History of a Famous Trade* (London, 1973), Tea Consumption in Britain, Appendix II, Table 1, p. 284.

56 For Bengal, R. Datta, *Society, Economy and the Market: Commercialization in Rural Bengal, c. 1760–1800* (New Delhi, 2000); R. Harvey, *Clive: The Life and Death of a British Emperor* (London, 1998).

57 P. Marshall, *East India Fortunes: The British in Bengal in the Eighteenth Century* (Oxford, 1976), p. 179.

58 J. McLane, *Land and Local Kingship in Eighteenth-Century Bengal* (Cambridge, 1993), pp. 194–207.

59 See N. Dirks, *Scandal of Empire: India and the Creation of Imperial Britain* (Cambridge, MA, 2006), pp. 15–17.

60 P. Lawson, *The East India Company: A History* (New York, 1993).
61 J. Fichter, *So Great a Proffit: How the East Indies Trade Transformed Anglo-American Capitalism* (Cambridge, MA, 2010), pp. 7–30.
62 Letters from inhabitants of Boston complained for months afterwards about 'the taste of their fish being altered', raising fears that the tea 'may have so contaminated the water in the Harbour that the fish may have contracted a disorder, not unlike the nervous complaints of the human Body', *Virginia Gazette*, 5 May 1774.
63 Cited by Dirks, *Scandal*, p. 17.

第十五章　危机之路

1 K. Marx, *Secret Diplomatic History of the Eighteenth Century*, ed. L. Hutchinson (London, 1969).
2 A. Kappeler, 'Czarist Policy toward the Muslims of the Russian Empire', in A. Kappeler, G. Simon and G. Brunner (eds), *Muslim Communities Reemerge: Historical Perspectives on Nationality, Politics, and Opposition in the Former Soviet Union and Yugoslavia* (Durham, NC, 1994), pp. 141–56; also D. Brower and E. Lazzerini, *Russia's Orient: Imperial Borderlands and Peoples, 1700–1917* (Bloomington, IN, 1997).
3 The best general surveys of Russia's expansion are M. Khodarkovsky, *Russia's Steppe Frontier: The Making of a Colonial Empire, 1500–1800* (Bloomington, IN, 2002); J. Kusber, '"Entdecker" und "Entdeckte": Zum Selbstverständnis von Zar und Elite im frühneuzeitlichen Moskauer Reich zwischen Europa und Asien', *Zeitschrift für Historische Forschung* 34 (2005), 97–115.
4 J. Bell, *Travels from St Petersburg in Russia to Various Parts of Asia* (Glasgow, 1764), p. 29; M. Khodarkovsky, *Where Two Worlds Met: The Russian State and the Kalmyk Nomads 1600–1771* (London, 1992).
5 A. Kahan, 'Natural Calamities and their Effect upon the Food Supply in Russia', *Jahrbücher für Geschichte Osteuropas* 16 (1968), 353–77; J. Hittle, *The Service City: State and Townsmen in Russia, 1600–1800* (Cambridge, MA, 1979), pp. 3–16; P. Brown, 'How Muscovy Governed: Seventeenth-Century Russian Central Administration', *Russian History* 36 (2009), 467–8.
6 L. de Bourrienne, *Memoirs of Napoleon Bonaparte*, ed. R. Phipps, 4 vols (New York, 1892), 1, p. 179.
7 J. Cole, *Napoleon's Egypt: Invading the Middle East* (New York, 2007), pp. 213–15.
8 C. de Gardane, *Mission du Général Gardane en Perse* (Paris, 1865). For France and Persia in this period in general, and the attempt to use it as a bridge to India, I. Amini, *Napoléon et la Perse: les relations franco-persanes sous le Premier Empire dans le contexte des rivalités entre la France et la Russie* (Paris, 1995).
9 Ouseley to Wellesley, 30 April 1810, FO 60/4.
10 Ouseley to Wellesley, 30 November 1811, FO 60/6.
11 For this episode see A. Barrett, 'A Memoir of Lieutenant-Colonel Joseph d'Arcy, R.A., 1780–1848', *Iran* 43 (2005), 241–7.
12 Ibid., 248–53.
13 Ouseley to Castlereagh, 16 January 1813, FO 60/8.
14 Abul Hassan to Castlereagh, 6 June 1816, FO 60/11.
15 A. Postnikov, 'The First Russian Voyage around the World and its Influence on the Exploration and Development of Russian America', *Terrae Incognitae* 37 (2005), 60–1.
16 S. Fedorovna, *Russkaya Amerika v 'zapiskakh' K. T. Khlebnikova* (Moscow, 1985).
17 M. Gammer, 'Russian Strategy in the Conquest of Chechnya and Dagestan, 1825–59', in M. Broxup (ed.), *The North Caucasus Barrier: The Russian Advance towards*

the Muslim World (New York, 1992), pp. 47–61; for Shamil, S. Kaziev, *Imam Shamil* (Moscow, 2001).

18 For translations of the poems, see M. Pushkin, *Eugene Onegin and Four Tales from Russia's Southern Frontier*, tr. R. Clark (London, 2005), pp. 131–40; L. Kelly, *Lermontov: Tragedy in the Caucasus* (London, 2003), pp. 207–8.

19 M. Orlov, *Kapituliatsiia Parizha. Politicheskie sochinenniia. Pis'ma* (Moscow, 1963), p. 47.

20 P. Chaadev, *Lettres philosophiques*, 3 vols (Paris, 1970), pp. 48–57.

21 S. Becker, 'Russia between East and West: The Intelligentsia, Russian National Identity and the Asian Borderlands', *Central Asian Survey* 10.4 (1991), 51–2.

22 T. Levin, *The Hundred Thousand Fools of God: Musical Travels in Central Asia* (Bloomington, IN, 1996), pp. 13–15; Borodin's symphonic poem is usually rendered in English as 'In the Steppes of Central Asia'.

23 J. MacKenzie, *Orientalism: History, Theory and the Arts* (Manchester, 1995), pp. 154–6.

24 F. Dostoevskii, *What is Asia to Us?*, ed. and tr. M. Hauner (London, 1992), p. 1.

25 Broxup, *North Caucasus Barrier*, p. 47; J. Baddeley, *The Russian Conquest of the Caucasus* (London, 1908), pp. 152–63.

26 L. Kelly, *Diplomacy and Murder in Teheran: Alexandre Griboyedov and Imperial Russia's Mission to the Shah of Persia* (London, 2002). For Griboyedov's views, see S. Shostakovich, *Diplomaticheskaia deiatel'nost'* (Moscow, 1960).

27 'Peridskoe posol'stvo v Rossii 1828 goda', *Russkii Arkhiv* 1 (1889), 209–60.

28 Cited by W. Dalrymple, *Return of a King: The Battle for Afghanistan* (London, 2013), pp. 50–1.

29 J. Norris, *The First Afghan War 1838–42* (Cambridge, 1967); M. Yapp, *Strategies of British India: Britain, Iran and Afghanistan 1798–1850* (Oxford, 1980), pp. 96–152; C. Allworth, *Central Asia: A Century of Russian Rule* (New York, 1967), pp. 12–24.

30 Palmerston to Lamb, 22 May 1838, Beauvale Papers, MS 60466; D. Brown, *Palmerston: A Biography* (London, 2010), p. 216.

31 Palmerston to Lamb, 22 May 1838, cited in D. Brown, *Palmerston: A Biography* (London, 2010), p. 216.

32 Palmerston to Lamb, 23 June 1838, in ibid., pp. 216–7.

33 S. David, *Victoria's Wars: The Rise of Empire* (London, 2006), pp. 15–47; A. Burnes, *Travels into Bokhara. Being an account of a Journey from India to Cabool, Tartary and Persia*, 3 vols (London 1834). For Burnes's murder, Dalrymple, *Return of a King*, pp. 30–5.

34 W. Yapp, 'Disturbances in Eastern Afghanistan, 1839–42', *Bulletin of the School of Oriental and African Studies* 25.1 (1962), 499–523; idem, 'Disturbances in Western Afghanistan, 1839–42', *Bulletin of the School of Oriental and African Studies* 26.2 (1963), 288–313; Dalrymple, *Return of a King*, pp. 378–88.

35 A. Conoly to Rawlinson 1839; see S. Brysac and K. Mayer, *Tournament of Shadows: The Great Game and the Race for Empire in Asia* (London, 2006).

36 'Proceedings of the Twentieth Anniversary Meeting of the Society', *Journal of the Royal Asiatic Society* 7 (1843), x–xi. For Stoddart, Conolly and others like them, P. Hopkirk, *The Great Game: On Secret Service in High Asia* (London, 2001).

37 H. Hopkins, *Charles Simeon of Cambridge* (London, 1977), p. 79.

38 J. Wolff, *Narrative of a Mission to Bokhara: In the Years 1843–1845*, 2 vols (London, 1845); for Wolff himself, H. Hopkins, *Sublime Vagabond: The Life of Joseph Wolff – Missionary Extraordinary* (Worthing, 1984), pp. 286–322.

39 A. Levshin, *Opisanie Kirgiz-Kazach'ikh, ili Kirgiz-kaisatskikh, ord i stepei* (Almaty, 1996) 13, p. 297.

40 Burnes, *Travels into Bokhara*, 11, 2, p. 381.

41 R. Shukla, *Britain, India and the Turkish Empire, 1853–1882* (New Delhi, 1973), p. 27.
42 O. Figes, *Crimea: The Last Crusade* (London, 2010), p. 52.
43 For France, see M. Racagni, 'The French Economic Interests in the Ottoman Empire', *International Journal of Middle East Studies* 11.3 (1980), 339–76.
44 W. Baumgart, *The Peace of Paris 1856: Studies in War, Diplomacy and Peacemaking*, tr. A. Pottinger Saab (Oxford, 1981), pp. 113–16, 191–4.
45 K. Marx, *The Eastern Question: A Reprint of Letters Written 1853–1856 Dealing with the Events of the Crimean War* (London, 1969); idem, *Dispatches for the New York Tribune: Selected Journalism of Karl Marx*, ed. F. Wheen and J. Ledbetter (London, 2007).
46 G. Ameil, I. Nathan and G.-H. Soutou, *Le Congrès de Paris (1856): un événement fondateur* (Brussels, 2009).
47 P. Levi, 'Il monumento dell'unità Italiana', *La Lettura*, 4 April 1904; T. Kirk, 'The Political Topography of Modern Rome, 1870–1936: Via XX Septembre to Via dell'Impero', in D. Caldwell and L. Caldwell (eds), *Rome: Continuing Encounters between Past and Present* (Farnham, 2011), pp. 101–28.
48 Figes, *Crimea*, pp. 411–24; Baumgart, *Peace of Paris*, pp. 113–16.
49 D. Moon, *The Abolition of Serfdom in Russia, 1762–1907* (London, 2001), p. 54.
50 E. Brooks, 'Reform in the Russian Army, 1856–1861', *Slavic Review* 43.1 (1984), 63–82.
51 For serfdom in Russia, see T. Dennison, *The Institutional Framework of Russian Serfdom* (Cambridge, 2011). For the banking crisis, S. Hoch, 'Bankovskii krizis, krest'ianskaya reforma i vykupnaya operatsiya v Rossii, 1857–1861', in L. Zakharova, B. Eklof and J. Bushnell (eds), *Velikie reformy v Rossii, 1856–1874* (Moscow, 1991), pp. 95–105.
52 Nikolai Miliutin, Assistant Minister of the Interior, had warned in 1856 that the abolition of serfdom was not just a priority but a necessity: there would be unrest and possibly revolution in the countryside if action was not taken, *Gosudarstvennyi arkhiv Rossiiskoi Federatsii*, 722, op. 1, d. 230, cited by L. Zakharova, 'The Reign of Alexander II: A Watershed?', in *The Cambridge History of Russia*, ed. D. Lieven (Cambridge, 2006), p. 595.
53 V. Fedorov, *Istoriya Rossii XIX–nachala XX v.* (Moscow, 1998), p. 295; P. Gatrell, 'The Meaning of the Great Reforms in Russian Economic History', in B. Eklof, J. Bushnell and L. Zakharovna (eds), *Russia's Great Reforms, 1855–1881* (Bloomington, IN, 1994), p. 99.
54 N. Ignat'ev, *Missiya v' Khivu i Bukharu v' 1858 godu* (St Petersburg, 1897), p. 2.
55 Ibid.
56 Alcock to Russell, 2 August 1861, FO Confidential Print 1009 (3), FO 881/1009.
57 A. Grinev, 'Russian Politarism as the Main Reason for the Selling of Alaska', in K. Matsuzato (ed.), *Imperiology: From Empirical Knowledge to Discussing the Russian Empire* (Sapporo, 2007), pp. 245–58.

第十六章　战争之路

1 W. Mosse, 'The End of the Crimean System: England, Russia and the Neutrality of the Black Sea, 1870–1', *Historical Journal* 4.2 (1961), 164–72.
2 *Spectator*, 14 November 1870.
3 W. Mosse, 'Public Opinion and Foreign Policy: The British Public and the War-Scare of November 1870', *Historical Journal* 6.1 (1963), 38–58.
4 Rumbold to Granville, 19 March 1871, FO 65/820, no. 28, p. 226; Mosse, 'End to the Crimean System', 187.
5 Lord Granville, House of Lords, 8 February 1876, Hansard, 227, 19.

6 Queen Victoria to Disraeli, Hughenden Papers, 23 July 1877; L. Knight, 'The Royal Titles Act and India', *Historical Journal* 11.3 (1968), 493.

7 Robert Lowe, House of Commons, 23 March 1876, Hansard, 228, 515–16.

8 Sir William Fraser, House of Commons, 16 March 1876, Hansard, 228, 111; Benjamin Disraeli, House of Commons, 23 March, Hansard, 227, 500.

9 Knight, 'Royal Titles Act', 494.

10 L. Morris, 'British Secret Service Activity in Khorasan, 1887–1908', *Historical Journal* 27.3 (1984), 662–70.

11 Disraeli to Salisbury, 1 April 1877, W. Monypenny and G. Buckle (eds), *The Life of Benjamin Disraeli, Earl of Beaconsfield* (London, 1910–20), 6, p. 379.

12 B. Hopkins, 'The Bounds of Identity: The Goldsmid Mission and Delineation of the Perso-Afghan Border in the Nineteenth Century', *Journal of Global History* 2.2 (2007), 233–54.

13 R. Johnson, '"Russians at the Gates of India"? Planning the Defence of India, 1885–1900', *Journal of Military History* 67.3 (2003), 705.

14 Ibid., 714–18.

15 General Kuropatkin's Scheme for a Russian Advance Upon India, June 1886, CID 7D, CAB 6/1.

16 Johnson, '"Russians at the Gates of India"', 734–9.

17 G. Curzon, *Russia in Central Asia in 1889 and the Anglo-Russian Question* (London, 1889), pp. 314–15.

18 A. Morrison, 'Russian Rule in Turkestan and the Example of British India, c. 1860–1917', *Slavonic and East European Review* 84.4 (2006), 674–6.

19 B. Penati, 'Notes on the Birth of Russian Turkestan's Fiscal System: A View from the Fergana *Oblast*", *Journal of the Economic and Social History of the Orient* 53 (2010), 739–69.

20 D. Brower, 'Russian Roads to Mecca: Religious Tolerance and Muslim Pilgrimage in the Russian Empire', *Slavic Review* 55.3 (1996), 569–70.

21 M. Terent'ev, *Rossiya i Angliya v Srednei Azii* (St Petersburg, 1875), p. 361.

22 Morrison, 'Russian Rule in Turkestan', 666–707.

23 *Dnevnik P. A. Valueva, ministra vnutrennikh del*, ed. P. Zaionchkovskii, 2 vols (Moscow, 1961), 2, pp. 60–1.

24 M. Sladkovskii, *History of Economic Relations between Russia and China: From Modernization to Maoism* (New Brunswick, 2008), pp. 119–29; C. Paine, *Imperial Rivals: China, Russia and their Disputed Frontier, 1858–1924* (New York, 1996), p. 178.

25 B. Anan'ich and S. Beliaev, 'St Petersburg: Banking Center of the Russian Empire', in W. Brumfield, B. Anan'ich and Y. Petrov (eds), *Commerce in Russian Urban Culture, 1861–1914* (Washington, DC, 2001), pp. 15–17.

26 P. Stolypin, *Rechy v Gosudarstvennoy Dume (1906–11)* (Petrograd, 1916), p. 132.

27 E. Backhouse and J. Blood, *Annals and Memoirs of the Court of Peking* (Boston, 1913), pp. 322–31.

28 M. Mosca, *From Frontier Policy to Foreign Policy: The Question of India and the Transformation of Geopolitics in Qing China* (Stanford, CA, 2013).

29 R. Newman, 'Opium Smoking in Late Imperial China: A Reconsideration', *Modern Asian Studies* 29.4 (1995), 765–94.

30 J. Polachek, *The Inner Opium War* (Cambridge, MA, 1991).

31 C. Pagani, 'Objects and the Press: Images of China in Nineteenth-Century Britain', in J. Codell (ed.), *Imperial Co-Histories: National Identities and the British and Colonial Press* (Madison, NJ, 2003), p. 160.

32 Memorandum by Lord Northbrook for the Cabinet, 20 May 1885, FO 881/5207, no. 29, p. 11. See here I. Nish, 'Politics, Trade and Communications in East Asia:

Thoughts on Anglo-Russian Relations, 1861–1907', *Modern Asian Studies* 21.4 (1987), 667–78.

33 D. Drube, *Russo-Indian Relations, 1466–1917* (New York, 1970), pp. 215–16.

34 Lord Roberts, 'The North-West Frontier of India. An Address Delivered to the Officers of the Eastern Command on 17th November, 1905', *Royal United Services Institution Journal* 49.334 (1905) 1355.

35 Summary of Rittich Pamphlet on 'Railways in Persia', Part I, p. 2, Sir Charles Scott to the Marquess of Salisbury, St Petersburg, 2 May 1900, FO 65/1599. Also here P. Kennedy and J. Siegel, *Endgame: Britain, Russia and the Final Struggle for Central Asia* (London, 2002), p. 4.

36 'Memorandum by Mr. Charles Hardinge', p. 9, to the Marquess of Salisbury, St Petersburg, 2 May 1900, FO 65/1599.

37 Foreign Secretary, Simla, to Political Resident, Persian Gulf, July 1899, FO 60/615.

38 R. Greaves, 'British Policy in Persia, 1892–1903 II', Bulletin of the School of Oriental and African Studies 28.2 (1965), 284–8.

39 Durand to Salisbury, 27 January 1900, FO 60/630.

40 Minute by the Viceroy on Seistan, 4 September 1899, FO 60/615, p. 7. For the proposed new communication networks, 'Report on preliminary survey of the Route of a telegraph line from Quetta to the Persian frontier', 1899, FO 60/615.

41 R. Greaves, 'Sistan in British Indian Frontier Policy', *Bulletin of the School of Oriental and African Studies* 49.1 (1986), 90–1.

42 Lord Curzon to Lord Lansdowne, 15 June 1901, Lansdowne Papers, cited by Greaves, British Policy in Persia', 295.

43 Lord Salisbury to Lord Lansdowne, 18 October 1901, Lansdowne Papers, cited by Greaves, 'British Policy in Persia', 298.

44 Lord Ellenborough, House of Lords, 5 May 1903, Hansard, 121, 1341.

45 Lord Lansdowne, House of Lords, 5 May 1903, Hansard, 121, 1348.

46 Greaves, 'Sistan in British Indian Frontier Policy', 90–102.

47 British Interests in Persia, 22 January 1902, Hansard, 101, 574–628; Earl of Ronaldshay, House of Commons, 17 February 1908, Hansard, 184, 500–1.

48 King Edward VII to Lansdowne, 20 October 1901, cited by S. Lee, *King Edward VII*, 2 vols (New York, 1935–7), 2, pp. 154–5.

49 S. Gwynn, *The Letters and Friendships of Sir Cecil Spring-Rice*, 2 vols (Boston, 1929), 2, p. 85; M. Habibi, 'France and the Anglo-Russian Accords: The Discreet Missing Link', *Iran* 41 (2003), 292.

50 Report of a Committee Appointed to Consider the Military Defence of India, 24 December 1901, CAB 6/1; K. Neilson, *Britain and the Last Tsar: British Policy and Russia, 1894–1917* (Oxford, 1995), p. 124.

51 Stevens to Lansdowne, 12 March 1901, FO 248/733.

52 Morley to Minto, 12 March 1908, cited by S. Wolpert, *Morley and India, 1906–1910* (Berkeley, 1967), p. 80.

53 W. Robertson to DGMI, secret, 10 November 1902, Robertson Papers, I/2/4, in Neilson, *Britain and the Last Tsar*, p. 124.

54 S. Cohen, 'Mesopotamia in British Strategy, 1903–1914', *International Journal of Middle East Studies* 9.2 (1978), 171–4.

55 Neilson, *Britain and the Last Tsar*, pp. 134–5.

56 *The Times*, 21 October 1905.

57 H.-U. Wehler, *Deutsche Gesellschaftsgeschichte*, 5 vols (Munich, 2008), 3, pp. 610–12.

58 C. Clark, *The Sleepwalkers: How Europe Went to War in 1914* (London, 2012), p. 130.

59 F. Tomaszewski, *A Great Russia: Russia and the Triple Entente, 1905–1914* (Westport, CT, 2002); M. Soroka, *Britain, Russia and the Road to the First World War: The Fateful Embassy of Count Aleksandr Benckendorff (1903–16)* (Farnham, 2011).

60 Minute of Grey, FO 371/371/26042.

61 G. Trevelyan, *Grey of Fallodon* (London, 1937), p. 193.

62 Hardinge to de Salis, 29 December 1908, Hardinge MSS, vol. 30.

63 K. Wilson, 'Imperial Interests in the British Decision for War, 1914: The Defence of India in Central Asia', *Review of International Studies* 10 (1984), 190–2.

64 Nicolson to Hardinge, 18 April 1912, Hardinge MSS, vol. 92.

65 Grey to Nicholson, 19 March 1907; Memorandum, Sir Edward Grey, 15 March 1907, FO 418/38.

66 Clark, *Sleepwalkers*, pp. 85, 188; H. Afflerbach, *Der Dreibund. Europäische Grossmacht- und Allianz-politik vor dem Ersten Weltkrieg* (Vienna, 2002), pp. 628–32.

67 Grey to Nicolson, 18 April 1910, in G. Gooch and H. Temperley (eds), *British Documents on the Origins of the War, 1898–1914*, 11 vols (London, 1926–38), 6, p. 461.

68 Cited by B. de Siebert, *Entente Diplomacy and the World* (New York, 1921), p. 99.

69 I. Klein, 'The Anglo-Russian Convention and the Problem of Central Asia, 1907–1914', *Journal of British Studies* 11.1 (1971), esp. 140–3.

70 Grey to Buchanan, 18 March 1914, Grey MSS, FO 800/74, pp. 272–3.

71 Nicolson to Grey, 24 March 1909, FO 800/337, p. 312; K. Wilson, *The Policy of the Entente: Essays on the Determinants of British Foreign Policy* (Cambridge, 1985), p. 38.

72 Nicolson to Grey, 24 March 1909, FO 800/337, p. 312.

73 Cited by N. Ferguson, *The Pity of War* (London, 1998), p. 73.

74 Cited by K. Wilson, *Empire and Continent: Studies in British Foreign Policy from the 1880s to the First World War* (London, 1987), pp. 144–5; G. Schmidt, 'Contradictory Postures and Conflicting Objectives: The July Crisis', in G. Schöllgen, *Escape into War? The Foreign Policy of Imperial Germany* (Oxford, 1990), p. 139.

75 Cited by R. MacDaniel, *The Shuster Mission and the Persian Constitutional Revolution* (Minneapolis, 1974), p. 108.

76 T. Otte, *The Foreign Office Mind: The Making of British Foreign Policy, 1965–1914* (Cambridge, 2011), p. 352.

77 Bertie to Mallet, 11 June 1904 replying to Mallet to Bertie, 2 June 1904, FO 800/176.

78 The Schlieffen plan is controversial – in its context and precise date of composition, and in its use in the build-up to the First World War. See G. Gross, 'There was a Schlieffen Plan: New Sources on the History of German Military Planning', *War in History* 15 (2008), 389–431; T. Zuber, *Inventing the Schlieffen Plan* (Oxford, 2002); and idem, *The Real German War Plan* (Stroud, 2011).

79 J. Sanborn, *Imperial Apocalypse: The Great War and the Destruction of the Russian Empire* (Oxford, 2014), p. 25. For Plan 19 and its variants, also see I. Rostunov, *Russki front pervoi mirovoi voiny* (Moscow, 1976), pp. 91–2.

80 Kaiser Wilhelm to Morley, 3 November 1907, cited by Cohen, 'British Strategy in Mesopotamia', 176. For the Kaiser's involvement in the railway, see J. Röhl, *Wilhelm II: Into the Abyss of War and Exile, 1900–1941*, tr. S. de Bellaigue and R. Bridge (Cambridge, 2014), pp. 90–5.

81 R. Zilch, *Die Reichsbank und die finanzielle Kriegsvorbereitung 1907 bis 1914* (Berlin, 1987), pp. 83–8.

82 A. Hitler, *Mein Kampf* (London, repr. 2007), p. 22. See here, B. Rubin and W. Schwanitz, *Nazis, Islamists, and the Making of the Modern Middle East* (New Haven, 2014), pp. 22–5.

83 D. Hoffmann, Der Sprung ins Dunkle oder wie der I. Weltkrieg entfesselt wurde (Leipzig, 2010), pp. 325–30; also A. Mombauer, Helmuth von Moltke and the Origins of the First World War (Cambridge, 2001), pp. 172–4.

84 R. Musil, 'Europäertum, Krieg, Deutschtum', Die neue Rundschau 25 (1914), 1303.

85 W. Le Queux, *The Invasion of 1910* (London, 1906); Andrew, *Defence of the Realm*, p. 8; Ferguson, Pity of War, pp. 1–11.

86 'Britain scared by Russo-German deal', New York Times, 15 January 1911. Also see D. Lee, Europe's Crucial Years: The Diplomatic Background of World War 1, 1902–1914 (Hanover, NH, 1974), pp. 217–20.

87 A. Mombauer, Helmuth von Moltke and the Origins of the First World War (Cambridge, 2001), p. 120.

88 R. Bobroff, Roads to Glory: Late Imperial Russia and the Turkish Straits (London, 2006), pp. 52–5.

89 Grigorevich to Sazonov, 19 January 1914, in Die Internationalen Beziehungen im Zeitalter des Imperialismus, 8 vols (Berlin, 1931–43), Series 3, 1, pp. 45–7, cited by Clark, Sleepwalkers, p. 485. Also see M. Aksakal, The Ottoman Road to War in 1914: The Ottoman Empire and the First World War (Cambridge, 2008), pp. 42–56.

90 S. McMeekin, The Russian Origins of the First World War (Cambridge, MA, 2011), pp. 29, 36–8.

91 Girs to Sazonov, 13 November 1913, cited by McMeekin, Russian Origins, pp. 30–1.

92 W. Kampen, Studien zur deutschen Türkeipolitik in der Zeit Wilhelms II (Kiel, 1968), 39–57; M. Fuhrmann, Der Traum vom deutschen Orient: Zwei deutsche Kolonien im Osmanischen Reich, 1851–1918 (Frankfurt-am-Main, 2006).

93 See J. Röhl, The Kaiser and his Court: Wilhelm II and the Government of Germany, tr. T. Cole (Cambridge, 1996), pp. 162–89.

94 Nicolson to Goschen, 5 May 1914, FO 800/374.

95 For the transfusion, A. Hustin, 'Principe d'une nouvelle méthode de transfusion muqueuse', Journal Médical de Bruxelles 2 (1914), 436; for forest fires, Z. Frenkel, 'Zapiski o zhiznennom puti', Voprosy istorii 1 (2007), 79; for the German football, C. Bausenwein, Was ist Was: Fußballbuch (Nuremberg, 2008), p. 60; A. Meynell, 'Summer in England, 1914', in The Poems of Alice Meynell: Complete Edition (Oxford, 1940), p. 100.

96 H. Pogge von Strandmann, 'Germany and the Coming of War', in R. Evans and H. Pogge von Strandmann (eds), The Coming of the First World War (Oxford, 2001), pp. 87–8.

97 T. Ashton and B. Harrison (eds), The History of the University of Oxford, 8 vols (Oxford, 1994), 8, pp. 3–4.

98 For the details of the assassins' training, the attempts on Franz Ferdinand's life and his murder, see the court documents concerning the trial of Princip and his accomplices, The Austro-Hungarian Red Book, Section II, Appendices 1-13, nos. 20–34 (1914–15).

99 Clark, Sleepwalkers, p. 562.

100 E. Grey, Twenty-Five Years, 1892–1916 (New York, 1925), p. 20.

101 I. Hull, 'Kaiser Wilhelm II and the "Liebenberg Circle"', in J. Röhl and N. Sombart (eds), Kaiser Wilhelm II: New Interpretations (Cambridge, 1982), pp. 193–220; H. Herwig, 'Germany', in R. Hamilton and H. Herwig, The Origins of the First World War (Cambridge, 2003), pp. 150–87.

102 Conversation with Sazonov, reported by V. Kokovtsov, Out of my Past: The Memoirs of Count Kokovtsov, Russian Minister of Finance, 1904–1914, ed. H. Fisher (Oxford, 1935), p. 348.

103 Bureau du Levant to Lecomte, 2 July 1908, Archives des Ministres des Affaires Etrangères: correspondance politique et commerciale (nouvelle série) 1897–1918. Perse, vol. 3, folio 191.

104 Clark, Sleepwalkers, pp. 325–6.

105 Clerk, 'Anglo-Persian Relations in Persia', 21 July 1914, FO 371/2076/33484.

106 Buchanan to Nicolson, 16 April 1914, in Gooch and Temperley, British Documents, 10.2, pp. 784–5.

107 Buchanan to Grey, 25 July 1914, in Gooch and Temperley, *British Documents*, 11, p. 94.

108 'Memorandum communicated to Sir G. Buchanan by M. Sazonof', 11 July 1914, in FO 371/2076; M. Paléologue, *La Russie des tsars pendant la grande guerre*, 3 vols (Paris, 1921), 1, p. 23.

109 K. Jarausch, 'The Illusion of Limited War: Bethmann Hollweg's Calculated Risk, July 1914', *Central European History* 2 (1969), 58; idem, *The Enigmatic Chancellor: Bethmann Hollweg and the Hubris of Imperial Germany* (London, 1973), p. 96.

110 J. McKay, *Pioneers for Profit: Foreign Entrepreneurship and Russian Industrialization, 1885–1913* (Chicago, 1970), pp. 28–9. Also here see D. Lieven, *Russia and the Origins of the First World War* (London, 1983); O. Figes, *A People's Tragedy: The Russian Revolution, 1891–1924* (London, 1996), esp. pp. 35–83.

111 D. Fromkin, 'The Great Game in Asia', *Foreign Affairs* (1980), 951; G. D. Clayton, *Britain and the Eastern Question: Missolonghi to Gallipoli* (London, 1971), p. 139.

112 E. Vandiver, *Stand in the Trench, Achilles: Classical Receptions in British Poetry of the Great War* (Oxford, 2010), pp. 263–9.

113 H. Strachan, *The Outbreak of the First World War* (Oxford, 2004), pp. 181ff.

114 W. Churchill, *The World Crisis, 1911–1918, with New Introduction by Martin Gilbert* (New York, 2005), pp. 667–8; for the views about the Churchill family, Hardinge to O'Beirne, 9 July 1908, Hardinge MSS 30.

115 E. Campion Vaughan, *Some Desperate Glory* (Edinburgh, 1982), p. 232.

116 HM Stationery Office, *Statistics of the Military Efforts of the British Empire during the Great War, 1914–1920* (London, 1922), p. 643.

117 Grey to Goschen, 5 November 1908, FO 800/61, p. 2.

118 Rupert Brooke to Jacques Raverat, 1 August 1914, in G. Keynes (ed.), *The Letters of Rupert Brooke* (London, 1968), p. 603.

119 W. Letts, 'The Spires of Oxford', in *The Spires of Oxford and Other Poems* (New York, 1917), pp. 3–4.

120 *The Treaty of Peace between the Allied and Associated Powers and Germany* (London, 1919).

121 Sanborn, *Imperial Apocalypse*, p. 233.

122 H. Strachan, *Financing the First World War* (Oxford, 2004), p. 188.

123 Ibid. Also see K. Burk, *Britain, America and the Sinews of War, 1914–1918* (Boston, 1985); M. Horn, *Britain, France and the Financing of the First World War* (Montreal, 2002), pp. 57–75.

124 Above all, Strachan, *Financing the First World War*; also see Ferguson, *Pity of War*, esp. pp. 318ff., and B. Eichengreen, *Golden Fetters: The Gold Standard and the Great Depression, 1919–1939* (Oxford, 1992).

第十七章　黑金之路

1 D. Carment, 'D'Arcy, William Knox', in B. Nairn and G. Serle (eds), *Australian Dictionary of Biography* (Melbourne, 1981), 8, pp. 207–8.

2 J. Banham and J. Harris (eds), *William Morris and the Middle Ages* (Manchester, 1984), pp. 187–92; L. Parry, 'The Tapestries of Sir Edward Burne-Jones', *Apollo* 102 (1972), 324–8.

3 National Portrait Gallery, NPG 6251 (14), (15).

4 For the Background here see R. Ferrier and J. Bamburg, *The History of the British Petroleum Company*, 3 vols (London, 1982–2000), 1, pp. 29ff.

5 S. Cronin, 'Importing Modernity: European Military Missions to Qajar Iran', *Comparative Studies in Society and History* 50.1 (2008), 197–226.

6　Lansdowne to Hardinge, 18 November 1902, in A. Hardinge, *A Diplomatist in the East* (London, 1928), pp. 286–96. Also see R. Greaves, 'British Policy in Persia, 1892–1903 II', *Bulletin of the School of Oriental and African Studies* 28.2 (1965), 302–3.

7　Wolff to Kitabgi, 25 November 1900, D'Arcy Concession; Kitabgi Dossier and Correspondence regarding Kitabgi's claims, BP 69454.

8　See in general Th. Korres, Hygron pyr: ena hoplo tes Vizantines nautikes taktikes (Thessaloniki, 1989); J. Haldon, 'A Possible Solution to the Problem of Greek Fire', Byzantinische Zeitschrift 70 (1977), 91–9; J. Partington, A History of Greek Fire and Gunpowder (Cambridge, 1960), pp. 1–41.

9　W. Loftus, 'On the Geology of Portions of the Turco-Persian Frontier and of the Districts Adjoining', Quarterly Journal of the Geological Society 11 (1855), 247–344.

10　M. Elm, Oil, Power, and Principle: Iran's Oil Nationalization and its Aftermath (Syracuse, 1992), p. 2.

11　Letter of Sayyid Jamāl al-Dīn al-Afghānī to Mujtahid, in E. Browne, The Persian Revolution of 1905–1909 (London, 1966), pp. 18–19.

12　P. Kazemzadeh, Russia and Britain in Persia, 1864–1914: A Study in Imperialism (New Haven, 1968), pp. 122, 127.

13　Griffin to Rosebery, 6 December 1893, FO 60/576.

14　Currie Minute, 28 October 1893, FO 60/576.

15　J. de Morgan, 'Notes sur les gîtes de Naphte de Kend-e-Chirin (Gouvernement de Ser-i-Paul)', Annales des Mines (1892), 1–16; idem, Mission scientifique en Perse, 5 vols (Paris, 1894–1905); B. Redwood, *Petroleum: Its Production and Use* (New York, 1887); J. Thomson and B. Redwood, *Handbook on Petroleum for Inspectors under the Petroleum Acts* (London, 1901).

16　Kitabgi to Drummond-Wolff, 25 December 1900, Kitabgi Dossier and Correspondence regarding Kitabgi's claims, BP 69454.

17　Gosselin to Hardinge, 12 March 1901, FO 248/733; Marriott mentions the letter of introduction in his Diary, 17 April 1901, BP 70298.

18　Marriott Diary, pp. 16, 25, BP 70298.

19　Hardinge to Lansdowne, 12 May 1901, FO 60/640; Marriott Diary, BP 70298.

20　Marriott to Knox D'Arcy, 21 May, BP 70298; Knox D'Arcy to Marriott, 23 May, BP 70298.

21　Ferrier and Bamberg, *History of the British Petroleum Company*, pp. 33–41.

22　Ibid., Appendix 1, pp. 640–3.

23　N. Fatemi, *Oil Diplomacy: Powder Keg in Iran* (New York, 1954), p. 357.

24　Hardinge to Lansdowne, 30 May 1900, FO 60/731.

25　Marriott Diary, 23 May 1901, BP 70298.

26　Knox D'Arcy to Lansdowne, 27 June 1901, FO 60/731; Greaves, 'British Policy in Persia', 296–8.

27　Hardinge to Lansdowne, 30 May 1900, FO 60/731.

28　Ferrier and Bamberg, *British Petroleum*, pp. 54–9.

29　D'Arcy to Reynolds, 15 April 1902, BP H12/24, p. 185.

30　Letter Book, Persian Concession 1901 to 1902, BP 69403.

31　Bell to Jenkin, 13 July, Cash Receipt Book, BP 69531.

32　A. Marder (ed.), *Fear God and Dread Nought: The Correspondence of Admiral the First Sea Lord Lord Fisher of Kilverstone*, 3 vols (Cambridge, MA, 1952), 1, p. 185. For this and for Britain's turn to oil before the First World War see Yergin, *The Prize*, pp. 134ff.

33　Kitabgi Dossier and Correspondence regarding Kitabgi's claims, BP 69454; Hardinge to Grey, 23 December 1905, FO 416/26; T. Corley, *A History of the Burmah Oil Company, 1886–1924* (London, 1983), pp. 95–111.

34　Ferrier and Bamberg, *British Petroleum*, pp. 86–8.

35 Ibid.

36 A. Wilson, *South West Persia: Letters and Diary of a Young Political Officer, 1907–1914* (London, 1941), p. 42.

37 Ibid.

38 Ibid., p. 103; Corley, *Burmah Oil Company*, pp. 128–45.

39 Fisher, *Fear God and Dread Nought*, 2, p. 404.

40 Churchill, *World Crisis*, pp. 75–6.

41 'Oil Fuel Supply for His Majesty's Navy', 19 June 1913, CAB 41/34.

42 Asquith to King George V, 12 July 1913, CAB 41/34.

43 Churchill, House of Commons, 17 July 1913, Hansard, 55, 1470.

44 Slade to Churchill, 8 November 1913, 'Anglo-Persian Oil Company. Proposed Agreement, December 1913', ADM 116/3486.

45 Cited by D. Yergin, *The Prize: The Epic Quest for Oil, Money and Power* (3rd edn, New York, 2009), p. 167.

46 Cited by M. Aksakal, '"Holy War Made in Germany?" Ottoman Origins of the Jihad', *War in History* 18.2 (2011), 196.

47 F. Moberly, *History of the Great War Based on Official Documents: The Campaign in Mesopotamia 1914–1918*, 4 vols (London, 1923), 1, pp. 130–1.

48 Kitchener to HH The Sherif Abdalla, Enclosure in Cheetham to Grey, 13 December 1914, FO 371/1973/87396. Also here E. Karsh and I. Karsh, 'Myth in the Desert, or Not the Great Arab Revolt', *Middle Eastern Studies* 33.2 (1997), 267–312.

49 J. Tomes, *Balfour and Foreign Policy: The International Thought of a Conservative Statesman* (Cambridge, 1997), p. 218.

50 Soroka, *Britain, Russia and the Road to the First World War*, pp. 201–36; Aksakal, *Ottoman Road to War*.

51 'Russian War Aims', Memo from British Embassy in Petrograd to the Russian government, 12 March 1917, in F. Golder, *Documents of Russian History 1914–1917* (New York, 1927), pp. 60–2.

52 Grey to McMahon, 8 March 1915, FO 800/48. For French investment before the war, see M. Raccagni, 'The French Economic Interests in the Ottoman Empire', *International Journal of Middle East Studies* 11.3 (198), 339–76; V. Geyikdagi, 'French Direct Investments in the Ottoman Empire Before World War I', *Enterprise & Society* 12.3 (2011), 525–61.

53 E. Kedourie, *In the Anglo-Arab Labyrinth: The McMahon–Husayn Correspondence and its Interpretations, 1914–1939* (Abingdon, 2000), pp. 53–5.

54 For the campaign, see P. Hart, *Gallipoli* (London, 2011).

55 *The Times*, 7 January 1918.

56 *The Times*, 12 January 1917.

57 C. Seymour (ed.), *The Intimate Papers of Colonel House*, 4 vols (Cambridge, MA, 1928), 3, p. 48.

58 Yergin, *The Prize*, pp. 169–72.

59 'Petroleum Situation in the British Empire and the Mesopotamia and Persian Oilfields', 1918, CAB 21/119.

60 Hankey to Balfour, 1 August 1918, FO 800/204.

61 Hankey to Prime Minister, 1 August 1918, CAB 23/119; V. Rothwell, 'Mesopotamia in British War Aims, 1914–1918', *The Historical* Journal 13.2 (1970), 289–90.

62 War Cabinet minutes, 13 August 1918, CAB 23/42.

63 G. Jones, 'The British Government and the Oil Companies 1912–24: The Search for an Oil Policy', *Historical Journal* 20.3 (1977), 655.

64 Petrol Control Committee, Second Report, 19 December 1916, Board of Trade, POWE 33/1.

65 'Reserves of Oil Fuel in U.K. and general position 1916 to 1918', minute by M. Seymour, 1 June 1917, MT 25/20; Jones, 'British Government and the Oil Companies', 657.

66 B. Hendrick, *The Life and Letters of Walter H. Page*, 2 vols (London, 1930), 2, p. 288.

67 'Eastern Report, No 5', 28 February 1917, CAB 24/143.

68 Balfour to Lloyd George, 16 July 1918, Lloyd George Papers F/3/3/18.

第十八章　妥协之路

1 Marling to Foreign Office, 24 December 1915, FO 371/2438/198432.

2 Hardinge to Gertrude Bell, 27 March 1917, Hardinge MSS 30.

3 Slade, 'The Political Position in the Persian Gulf at the End of the War', 4 November 1916, CAB 16/36.

4 Europäische Staats und Wirtschafts Zeitung, 18 Aug 1916, CAB 16/36.

5 Hankey Papers, 20 December 1918; 4 December 1918 entry, 1/6, Churchill Archives Centre, Cambridge; E. P. Fitzgerald, 'France's Middle Eastern Ambitions, the Sykes–Picot Negotiations, and the Oil Fields of Mosul, 1915–1918', *Journal of Modern History* 66.4 (1994), 694–725; D. Styan, *France and Iraq: Oil, Arms and French Policy-Making in the Middle East* (London, 2006), pp. 9–21.

6 A. Roberts, *A History of the English-Speaking Peoples since 1900* (London, 2006), p. 132.

7 *The Times*, 7 November 1917. For Samuel, see S. Huneidi, *A Broken Trust: Herbert Samuel, Zionism and the Palestinians* (London, 2001).

8 Lord Balfour, House of Lords, 21 June 1922, Hansard, 50, 1016–17.

9 'Report by the Sub-Committee', Imperial Defence, 13 June 1928, CAB 24/202.

10 *Time*, 21 April 1941; J. Barr, *A Line in the Sand: Britain, France and the Struggle that shaped the Middle East* (London, 2011), p. 163.

11 A. Arslanian, 'Dunstersville's Adventures: A Reappraisal', *International Journal of Middle East Studies* 12.2 (1980), 199–216; A. Simonian, 'An Episode from the History of the Armenian–Azerbaijani Confrontation (January–February 1919)', *Iran & the Caucasus* 9.1 (2005), 145–58.

12 Sanborn, *Imperial Apocalypse*, pp. 175–83.

13 Secretary of State to Viceroy, 5 January 1918, cited by L. Morris, 'British Secret Missions in Turkestan, 1918–19', *Journal of Contemporary History* 12.2 (1977), 363–79.

14 See Morris, 'British Secret Missions', 363–79.

15 L. Trotsky, Central Committee, Russian Communist Party, 5 August 1919, in J. Meijer (ed.), *The Trotsky Papers*, 2 vols (The Hague, 1964), 1, pp. 622, 624.

16 *Congress of the East, Baku, September 1920*, tr. B. Pearce (London, 1944), pp. 25–37.

17 L. Murawiec, *The Mind of Jihad* (Cambridge, 2008), pp. 210–23. More generally, see Ansari, 'Pan-Islam and the Making of Early Indian Socialism', *Modern Asian Studies* 20 (1986), 509–37.

18 Corp. Charles Kavanagh, Unpublished diary, Cheshire Regiment Museum.

19 *Pobeda oktyabr'skoi revoliutsii v Uzbekistane: sbornik dokumentov*, 2 vols (Tashkent, 1963–72), 1, p. 571.

20 A copy of the poster appears in D. King, *Red Star over Russia: A Visual History of the Soviet Union from 1917 to the Death of Stalin* (London, 2009), p. 180.

21 M. MacMillan, *Peacemakers: Six Months that Changed the World* (London, 2001), p. 408.

22 Treaty with HM King Faisal, 20 October 1922, Command Paper 1757; Protocol of 30 April 1923 and Agreements Subsidiary to the Treaty with King Faisal, Command

Paper 2120. For the new ceremonials, see E. Podeh, 'From Indifference to Obsession: The Role of National State Celebrations in Iraq, 1921–2003', *British Journal of Middle Eastern Studies* 37.2 (2010), 185–6.

23 B. Busch, *Britain, India and the Arabs, 1914–1921* (Berkeley, 1971), pp. 408–10.

24 H. Katouzian, 'The Campaign against the Anglo-Iranian Agreement of 1919', *British Journal of Middle Eastern Studies* 25.1 (1998), p. 10.

25 H. Katouzian, 'Nationalist Trends in Iran, 1921–6', *International Journal of Middle Eastern Studies* 10.4 (1979), 539.

26 Cited by H. Katouzian, *Iranian History and Politics: The Dialectic of State and Society* (London, 2003), p. 167.

27 Curzon to Cambon, 11 March 1919, FO 371/3859.

28 See Katouzian, 'The Campaign against the Anglo-Iranian Agreement', p. 17.

29 Marling to Foreign Office, 28 February 1916, FO 371/2732. Also see D. Wright, 'Prince 'Abd ul-Husayn Mirza Framan-Farma: Notes from British Sources', *Iran* 38 (2000), 107–14.

30 Loraine to Curzon, 31 January 1922, FO 371/7804.

31 M. Zirinsky, 'Imperial Power and Dictatorship: Britain and the Rise of Reza Shah, 1921–1926', *International Journal of Middle East Studies* 24.4 (1992), 639–63.

32 Caldwell to Secretary of State, 5 April 1921, in M. Gholi Majd, *From Qajar to Pahlavi: Iran, 1919–1930* (Lanham, MA, 2008), pp. 96–7.

33 'Planning Committee, Office of Naval Operations to Benson', 7 October 1918, in M. Simpson (ed.), *Anglo-American Naval Relations, 1917–19* (Aldershot, 1991), pp. 542–3.

34 Cited by Yergin, *The Prize*, p. 178.

35 Cited by M. Rubin, 'Stumbling through the "Open Door": The US in Persia and the Standard–Sinclair Oil Dispute, 1920–1925', *Iranian* Studies 28.3/4 (1995), 206.

36 Ibid., 210.

37 Ibid.

38 Ibid., 209.

39 Ibid., 213.

40 M. Gilbert, *Winston S. Churchill*, 8 vols (London, 1966–88), 4, p. 638.

41 See M. Zirinsky, 'Imperial Power and Dictatorship: Britain and the Rise of Reza Shah, 1921–1926', *International Journal of Middle East Studies* 24.4 (1992), 650; H. Mejcher, *Imperial Quest for Oil: Iraq 1910–1928* (London, 1976), p. 49.

42 For Egypt, see A. Maghraoui, *Liberalism without Democracy: Nationhood and Citizenship in Egypt, 1922–1936* (Durham, NC, 2006), pp. 54–5.

43 Cited by M. Fitzherbert, *The Man Who was Greenmantle: A Biography of Aubrey Herbert* (London, 1985), p. 219.

44 S. Pedersen, 'Getting Out of Iraq – in 1932: The League of Nations and the Road to Normative Statehood', *American Historical Review* 115.4 (2010), 993–1000.

45 Y. Ismael, *The Rise and Fall of the Communist Party of Iraq* (Cambridge, 2008), p. 12.

46 For the Purna Swaraj declaration, M. Gandhi, *The Collected Works of Mahatma Gandhi*, 90 vols (New Delhi, 1958–84), 48, p. 261.

47 Cited by Ferrier and Bamberg, *British Petroleum*, pp. 593–4.

48 'A Record of the Discussions Held at Lausanne on 23rd, 24th and 25th August, 1928', BP 71074.

49 Cadman to Teymourtache, 3 January 1929, BP 71074.

50 Young report of Lausanne discussions, BP H16/20; also see Ferrier and Bamberg, *British Petroleum*, pp. 601–17.

51 Vansittart minute, 29 November 1932, FO 371/16078.

52 Hoare to Foreign Office, 29 November 1932, FO 371/16078.

53 Lord Cadman's Private Diary, BP 96659/002.

54 Cadman, Notes, Geneva and Teheran, BP 96659.
55 G. Bell, *Gertrude Bell: Complete Letters* (London, 2014), p. 224.

第十九章　小麦之路

1 'Hitler's Mountain Home', *Homes & Gardens*, November 1938, 193–5.
2 A. Speer, *Inside the Third Reich*, tr. R. and C. Winston (New York, 1970), p. 161.
3 Ibid. For Kannenberg's accordion playing, C. Schroder, *Er War mein Chef. Aus den Nachlaß der Sekretärin von Adolf Hitler* (Munich, 1985), pp. 54, 58.
4 R. Hargreaves, *Blitzkrieg Unleashed: The German Invasion of Poland* (London, 2008), p. 66; H. Hegner, *Die Reichskanzlei 1933–1945: Anfang und Ende des Dritten Reiches* (Frankfurt-am-Main, 1959), pp. 334–7.
5 Speer, *Inside the Third Reich*, p. 162.
6 M. Muggeridge, *Ciano's Diary, 1939–1943* (London, 1947), pp. 9–10.
7 House of Commons Debate, 31 March 1939, Hansard, 345, 2415.
8 Ibid., 2416; see G. Roberts, *The Unholy Alliance: Stalin's Pact with Hitler* (London, 1989); R. Moorhouse, *The Devil's Alliance: Hitler's Pact with Stalin* (London, 2014).
9 L. Besymenskii, *Stalin und Hitler. Pokerspiel der Diktatoren* (London, 1967), pp. 186–92.
10 J. Herf, *The Jewish Enemy: Nazi Propaganda during World War II and the Holocaust* (Cambridge, MA, 2006).
11 W. Churchill, *The Second World War*, 6 vols (London, 1948–53), 1, p. 328.
12 Besymenskii, *Stalin und Hitler*, pp. 142, 206–9.
13 T. Snyder, *Bloodlands: Europe between Hitler and Stalin* (London, 2010), pp. 81, 93.
14 Cited by E. Jäckel and A. Kahn, *Hitler: Sämtliche Aufzeichnungen, 1905–1924* (Stuttgart, 1980), p. 186.
15 J. Weitz, *Hitler's Diplomat: The Life and Times of Joachim von Ribbentrop* (New York, 1992), p. 6.
16 S. Sebag Montefiore, *Stalin: The Court of the Red Tsar* (London, 2004), p. 317.
17 Hegner, *Die Reichskanzlei*, pp. 337–8, 342–3; for the treaty and its secret annexe, *Documents on German Foreign Policy, 1918–1945*, Series D, 13 vols (London, 1949–64), 7, pp. 245–7.
18 Sebag Montefiore, *Stalin*, p. 318.
19 N. Khrushchev, *Khrushchev Remembers*, tr. S. Talbott (Boston, MA, 1970), p. 128.
20 Besymenskii, *Stalin und Hitler*, pp. 21–2; D. Volkogonov, *Stalin: Triumph and Tragedy* (New York, 1991), p. 352.
21 L. Kovalenko and V. Maniak, *33'i: Golod: Narodna kniga-memorial* (Kiev, 1991), p. 46, in Snyder, *Bloodlands*, p. 49; also see pp. 39–58.
22 For Vyshinskii and the show trials, see A. Vaksberg, *Stalin's Prosecutor: The Life of Andrei Vyshinsky* (New York, 1990), and N. Werth et al. (eds), *The Little Black Book of Communism: Crimes, Terror, Repression* (Cambridge, MA, 1999).
23 M. Jansen and N. Petrov, *Stalin's Loyal Executioner: People's Commissar Nikolai Ezhov, 1895–1940* (Stanford, 2002), p. 69.
24 V. Rogovin, *Partiya Rasstrelianykh* (Moscow, 1997), pp. 207–19; also Besymenskii, *Stalin und Hitler*, p. 96; Volkogonov, *Stalin*, p. 368.
25 'Speech by the Führer to the Commanders in Chief', 22 August 1939, in *Documents on German Foreign Policy*, Series D, 7, pp. 200–4; I. Kershaw, *Hitler, 1936–45: Nemesis* (London, 2001), pp. 207–8.
26 'Second speech by the Führer', 22 August 1939, in *Documents on German Foreign Policy, 1918–1945*, Series D, p. 205.
27 'Speech by the Führer to the Commanders in Chief', p. 204.

28 K.-J. Müller, *Das Heer und Hitler: Armee und nationalsozialistisches Regime 1933–1940* (Stuttgart, 1969), p. 411, n. 153; Müller does not provide a supporting reference.

29 W. Baumgart, 'Zur Ansprache Hitlers vor den Führern der Wehrmacht am 22. August 1939. Eine quellenkritische Untersuchung', *Vierteljahreshefte für Zeitgeschichte* 16 (1968), 146; Kershaw, *Nemesis*, p. 209.

30 G. Corni, *Hitler and the Peasants: Agrarian Policy of the Third Reich, 1930–39* (New York, 1990), pp. 66–115.

31 See for example R.-D. Müller, 'Die Konsequenzen der "Volksgemeinschaft": Ernährung, Ausbeutung und Vernichtung', in W. Michalka (ed.), *Der Zweite Weltkrieg. Analysen-Grundzüge-Forschungsbilanz* (Weyarn, 1989), pp. 240–9.

32 A. Kay, *Exploitation, Resettlement, Mass Murder: Political and Economic Planning for German Occupation Policy in the Soviet Union, 1940–1941* (Oxford, 2006), p. 40.

33 A. Bondarenko (ed.), *God krizisa: 1938–1939: dokumenty i materialy v dvukh tomakh*, 2 vols (Moscow, 1990), 2, pp. 157–8.

34 E. Ericson, *Feeding the German Eagle: Soviet Economic Aid to Nazi Germany, 1933–1941* (Westport, CT, 1999), pp. 41ff.

35 A. Bullock, *Hitler: A Study in Tyranny* (London, 1964), p. 719.

36 S. Fritz, *Ostkrieg: Hitler's War of Extermination in the East* (2011), p. 39.

37 C. Browning, *The Origins of the Final Solution: The Evolution of Nazi Jewish Policy, September 1939–March 1942* (Lincoln, NE, 2004), p. 16; Snyder, *Bloodlands*, p. 126.

38 War Cabinet, 8 September 1939, CAB 65/1; A. Prazmowska, *Britain, Poland and the Eastern Front, 1939* (Cambridge, 1987), p. 182.

39 British Legation Kabul to Foreign Office London, Katodon 106, 24 September 1939, cited by M. Hauner, 'The Soviet Threat to Afghanistan and India, 1938–1940', *Modern Asian Studies* 15.2 (1981), 297.

40 Hauner, 'Soviet Threat to Afghanistan and India', 298.

41 Report by the Chiefs of Staff Committee, 'The Military Implications of Hostilities with Russia in 1940', 8 March 1940, CAB 66/6.

42 'Appreciation of the Situation Created by the Russo-German Agreement', 6 October 1939, CAB 84/8; see here M. Hauner, *India in Axis Strategy: Germany, Japan and Indian Nationalists in the Second World War* (Stuttgart, 1981), esp. 213–37.

43 Hauner, *India in Axis Strategy*, 70–92.

44 M. Hauner, 'Anspruch und Wirklichkeit: Deutschland also Dritte Macht in Afghanistan, 1915–39', in K. Kettenacker et al. (eds), *Festschrift für Paul Kluge* (Munich, 1981), pp. 222–44; idem, 'Afghanistan before the Great Powers, 1938–45', *International Journal of Middle East Studies* 14.4 (1982), 481–2.

45 'Policy and the War Effort in the East', 6 January 1940, *Documents on German Foreign Policy, 1918–1945*, Series D, 8, pp. 632–3.

46 'Memorandum of the Aussenpolitisches Amt', 18 December 1939, *Documents on German Foreign Policy, 1918–1945*, Series D, 8, p. 533; Hauner, *India in Axis Strategy*, pp. 159–72.

47 M. Hauner, 'One Man against the Empire: The Faqir of Ipi and the British in Central Asia on the Eve of and during the Second World War', *Journal of Contemporary History* 16.1 (1981), 183–212.

48 Rubin and Schwanitz, *Nazis, Islamists*, p. 4 n. 13.

49 S. Hauser, 'German Research on the Ancient Near East and its Relation to Political and Economic Interests from Kaiserreich to World War II', in W. Schwanitz (ed.), *Germany and the Middle East, 1871–1945* (Princeton, 2004), pp. 168–9; M. Ghods, *Iran in the Twentieth Century: A Political History* (Boulder, CO, 2009), pp. 106–8.

50 Rubin and Schwanitz, *Nazis, Islamists*, p. 128.

51 Cited in ibid., p. 5.

52 T. Imlay, 'A Reassessment of Anglo-French Strategy during the Phony War, 1939–1940', *English Historical Review* 119.481 (2004), 337–8.

53 First Lord's Personal Minute, 17 November 1939, ADM 205/2. See here Imlay, 'Reassessment of Anglo-French Strategy', 338, 354–9.

54 Imlay, 'Reassessment of Anglo-French Strategy', 364.

55 CAB 104/259, 'Russia: Vulnerability of Oil Supplies', JIC (39) 29 revise, 21 November 1939; Imlay, 'Reassessment of Anglo-French Strategy', 363–8.

56 For Guderian, and for Hitler's repeated loss of nerve, see K. H. Frieser, *Blitzkrieg-Legende. Der Westfeldung 1940* (Munich, 1990), pp. 240–3, 316–22.

57 See M. Hauner, 'Afghanistan between the Great Powers, 1938–1945', *International Journal of Middle East Studies* 14.4 (1982), 487; for the proposed reduction in freight costs, Ministry of Economic Warfare, 9 January 1940, FO 371/24766.

58 Ericson, *Feeding the German Eagle*, pp. 109–18.

59 Fritz, *Ostkrieg*, pp. 38–41.

60 J. Förster, 'Hitler's Decision in Favour of War against the Soviet Union', in H. Boog, J. Förster et al. (eds), *Germany and the Second World War*, vol. 4: *The Attack on the Soviet Union* (Oxford, 1996), p. 22; also see Kershaw, *Nemesis*, p. 307.

61 Corni, *Hitler and the Peasants*, pp. 126–7, 158–9, 257–60. Also see H. Backe, *Die Nahrungsfreiheit Europas: Großliberalismus in der Wirtschaft* (Berlin, 1938).

62 V. Gnucheva, 'Materialy dlya istorii ekspeditsii nauk v XVIII i XX vekakh', *Trudy Arkhiva Akademii Nauk SSSR* 4 (Moscow, 1940), esp. 97–108.

63 M. Stroganova (ed.), *Zapovedniki evropeiskoi chasti RSFSR* (Moscow, 1989); C. Kremenetski, 'Human Impact on the Holocene Vegetation of the South Russian Plain', in J. Chapman and P. Dolukhanov (eds), *Landscapes in Flux: Central and Eastern Europe in Antiquity* (Oxford, 1997), pp. 275–87.

64 H. Backe, *Die russische Getreidewirtschaft als Grundlage der Land- und Volkswirtschaft Rußlands* (Berlin, 1941).

65 Bundesarchiv-Militärarchiv, RW 19/164, fo. 126, cited by Kay, *Exploitation*, pp. 211, 50.

66 Cited by A. Hillgruber, *Hitlers Strategie: Politik und Kriegführung 1940–1941* (Frankfurt-am-Main, 1965), p. 365.

67 'Geheime Absichtserklärungen zur künftigen Ostpolitik: Auszug aus einem Aktenvermerk von Reichsleiter M. Bormann vom 16.7.1941', in G. Uebershär and W. Wette (eds), *Unternehmen Barbarossa: Der deutsche Überfall auf die Sowjetunion, 1941: Berichte, Anaylsen, Dokumente* (Paderborn, 1984), pp. 330–1.

68 G. Corni and H. Gies, *Brot – Butter – Kanonen. Die Ernährungswirtschaft in Deutschland unter der Diktatur Hitlers* (Berlin, 1997), p. 451; R.-D. Müller, 'Das "Unternehmen Barbarossa" als wirtschaftlicher Raubkrieg', in Uebershär and Wette, *Unternehmen Barbarossa*, p. 174.

69 German radio broadcast, 27 February 1941, Propaganda Research Section Papers, 6 December 1940, Abrams Papers, 3f 65; 3f 8/41.

70 *Die Tagebücher von Joseph Goebbels*, ed. E. Fröhlich, 15 vols (Munich, 1996), 28 June 1941, *Teil I*, 9, p. 409; 14 July, *Teil II*, 1, pp. 63–4.

71 Kershaw, *Nemesis*, pp. 423–4.

72 Private correspondence of Backe, cited by G. Gerhard, 'Food and Genocide: Nazi Agrarian Politics in the Occupied Territories of the Soviet Union', *Contemporary European History* 18.1 (2009), 56.

73 'Aktennotiz über Ergebnis der heutigen Besprechung mit den Staatssekretären über Barbarossa', in A. Kay, 'Germany's Staatssekretäre, Mass Starvation and the Meeting of 2 May 1941', *Journal of Contemporary History* 41.4 (2006), 685–6.

74 Kay, 'Mass Starvation and the Meeting of 2 May 1941', 687.

75 'Wirtschaftspolitische Richtlinien für Wirtschaftsorganisation Ost, Gruppe Landwirtschaft', 23 May 1941, in *Der Prozess gegen die Hauptkriegsverbrecher vor dem Internationalen Militärgerichtshof, Nürnberg 14 November 1945 – 1 October 1946*, 42 vols (Nuremberg, 1947–9), 36, pp. 135–7. A similar report was issued three weeks later on 16 June, Kay, *Exploitation*, pp. 164–7.

76 Backe, *Die russische Getreidewirtschaft*, cited by Gerhard, 'Food and Genocide', 57–8; also Kay, 'Mass Starvation', 685–700.

77 H. Backe, '12 Gebote für das Verhalten der Deutschen im Osten und die Behandlung der Russen', in R. Rürup (ed.), *Der Krieg gegen die Sowjetunion 1941–1945: Eine Dokumentation* (Berlin, 1991), p. 46; Gerhard, 'Food and Genocide', 59.

78 *Die Tagebücher von Joseph Goebbels*, 1 May 1941, *Teil I*, 9, pp. 283–4.

79 Ibid., 9 July 1941, *Teil II*, 1, pp. 33–4.

80 Russian radio broadcast, 19 June 1941, Propaganda Research Section Papers, Abrams Papers, 3f 24/41.

81 F. Halder, *The Halder War Diary*, ed. C. Burdick and H.-A. Jacobsen (London, 1988), 30 March 1941, pp. 345–6.

82 19 May 1941, *Verbrechen der Wehrmacht: Dimensionen des Vernichtungskrieges 1941–1945. Ausstellungskatalog* (Hamburg 2002), pp. 53–5.

83 'Ausübund der Kriegsgerichtsbarkeit im Gebiet "Barbarossa" und besondere Maßnahmen Truppe', 14 May 1941, in H. Bucheim, M. Broszat, J.-A. Jacobsen and H. Krasunick, *Anatomie des SS-Staates*, 2 vols (Olten, 1965), 2, pp. 215–18.

84 'Richtlinien für die Behandlung politischer Kommissare', 6 June 1941, in Bucheim et al., *Anatomie des SS-Staates*, pp. 225–7.

第二十章 纳粹之路

1 C. Streit, *Keine Kameraden. Die Wehrmacht und die sowjetischen Kriegsgefangenen 1941–1945* (Stuttgart, 1978), pp. 143, 153.

2 Cited by Kershaw, *Nemesis*, p. 359.

3 Ibid., p. 360.

4 Ibid., pp. 400, 435.

5 W. Lower, *Nazi Empire Building and the Holocaust in Ukraine* (Chapel Hill, NC, 2007), pp. 171–7.

6 A. Hitler, *Monologe im Führer-Hauptquartier 1941–1944*, ed. W. Jochmann (Hamburg, 1980), 17–18 September 1941, pp. 62–3; Kershaw, *Nemesis*, p. 401.

7 Cited by Kershaw, *Nemesis*, p. 434.

8 Hitler, *Monologe*, 13 October 1941, p. 78; Kershaw, *Nemesis*, p. 434.

9 Ericson, *Feeding the German Eagle*, pp. 125ff.

10 V. Anfilov, '. . . Razgovor zakonchilsia ugrozoi Stalina', *Voenno-istoricheskiy Zhurnal* 3 (1995), 41; L. Bezymenskii, 'O "plane" Zhukova ot 15 maia 1941 g.', *Novaya Noveishaya Istoriya* 3 (2000), 61. See here E. Mawdsley, 'Crossing the Rubicon: Soviet Plans for Offensive War in 1940–1941', *International History Review* 25 (2003), 853.

11 D. Murphy, *What Stalin Knew: The Enigma of Barbarossa* (New Haven, 2005).

12 R. Medvedev and Z. Medvedev, *The Unknown Stalin: His Life, Death and Legacy* (London, 2003), p. 226.

13 G. Zhukov, *Vospominaniya i rasmyshleniya*, 3 vols (Moscow, 1995), 1, p. 258.

14 Assarasson to Stockholm, 21 June 1941, cited by G. Gorodetsky, *Grand Delusion: Stalin and the German Invasion of Russia* (New Haven, 1999), p. 306.

15 *Dokumenty vneshnei politiki SSSR*, 24 vols (Moscow, 1957–), 23.2, pp. 764–5.

16 A. Tooze, *The Wages of Destruction: The Making and Breaking of the Nazi Economy* (New York, 2006), pp. 452–60; R. di Nardo, *Mechanized Juggernaut or Military*

Anachronism? Horses and the German Army of World War II (Westport, CT, 1991), pp. 35–54.

17 Cited by Beevor, *Stalingrad* (London, 1998), p. 26.

18 J. Stalin, *O Velikoi Otechestvennoi voine Sovestkogo Soiuza* (Moscow, 1944), p. 11.

19 A. von Plato, A. Leh and C. Thonfeld (eds), *Hitler's Slaves: Life Stories of Forced Labourers in Nazi-Occupied Europe* (Oxford, 2010).

20 E. Radzinsky, *Stalin* (London, 1996), p. 482; N. Ponomariov, cited by I. Kershaw, *Fateful Choices: Ten Decisions that Changed the World, 1940–1941* (London, 2007), p. 290.

21 Fritz, *Ostkrieg*, p. 191.

22 H. Trevor-Roper, *Hitler's Table Talk, 1941–1944: His Private Conversations* (London, 1953), p. 28.

23 W. Lower, '"On Him Rests the Weight of the Administration": Nazi Civilian Rulers and the Holocaust in Zhytomyr', in R. Brandon and W. Lower (eds), *The Shoah in Ukraine: History, Testimony, Memorialization* (Bloomington, IN, 2008), p. 225.

24 E. Steinhart, 'Policing the Boundaries of "Germandom" in the East: SS Ethnic German Policy and Odessa's "Volksdeutsche", 1941–1944', *Central European History* 43.1 (2010), 85–116.

25 W. Hubatsch, *Hitlers Weisungen für die Kriegführung 1939–1945. Dokumente des Oberkommandos der Wehrmacht* (Munich, 1965), pp. 139–40.

26 Rubin and Schwanitz, *Nazis, Islamists*, pp. 124, 127.

27 Ibid., p. 85; H. Lindemann, *Der Islam im Aufbruch, in Abwehr und Angriff* (Leipzig, 1941).

28 Churchill, *Second World War*, 3, p. 424.

29 A. Michie, 'War in Iran: British Join Soviet Allies', *Life*, 26 January 1942, 46.

30 R. Sanghvi, *Aryamehr: The Shah of Iran: A Political Biography* (London, 1968), p. 59; H. Arfa, *Under Five Shahs* (London, 1964), p. 242.

31 Bullard to Foreign Office, 25 June 1941, in R. Bullard, *Letters from Teheran: A British Ambassador in World War II Persia*, ed. E. Hodgkin (London, 1991), p. 60.

32 Lambton to Bullard, 4 October 1941, FO 416/99.

33 Intelligence Summary for 19–30 November, 2 December 1941, FO 416/99.

34 'Minister in Iran to the Foreign Ministry', 9 July 1941, *Documents on German Foreign Policy, 1918–1945*, Series D, 13, pp. 103–4.

35 P. Dharm and B. Prasad (eds), *Official History of the Indian Armed Forces in the Second World War, 1939–1945: The Campaign in Western Asia* (Calcutta, 1957), pp. 126–8.

36 Cited by J. Connell, *Wavell: Supreme Commander* (London, 1969), pp. 23–4.

37 R. Stewart, *Sunrise at Abadan: The British and Soviet Invasions of Iran, 1941* (New York, 1988), p. 59, n. 26.

38 'Economic Assistance to the Soviet Union', *Department of State Bulletin* 5 (1942), 109.

39 R. Sherwood, *The White House Papers of Harry L. Hopkins*, 2 vols (Washington, DC, 1948), 1, pp. 306–9.

40 Michie, 'War in Iran', 40–4.

41 Bullard, *Letters*, p. 80.

42 Reza Shah Pahlavi to Roosevelt, 25 August 1941; Roosevelt to Reza Shah Pahlavi, 2 September 1941, cited by M. Majd, *August 1941: The Anglo-Russian Occupation of Iran and Change of Shahs* (Lanham, MD, 2012), pp. 232–3; Stewart, *Abadan*, p. 85.

43 J. Buchan, *Days of God: The Revolution in Iran and its Consequences* (London, 2012), p. 27.

44 Military attaché, 'Intelligence summary 27', 19 November 1941, FO 371 27188.

45 R. Dahl, *Going Solo* (London, 1986), p. 193.

46 F. Halder, *Kriegstagebuch: tägliche Aufzeichnungen des Chefs des Generalstabes des Heeres, 1939–1942*, ed. H.-A. Jacobson and A. Philippi, 3 vols (Stuttgart, 1964), 3, 10 September 1941, p. 220; 17 September 1941, p. 236.

47 D. Stahel, *Kiev 1941: Hitler's Battle for Supremacy in the East* (Cambridge, 2012), pp. 133–4.

48 H. Pichler, *Truppenarzt und Zeitzeuge. Mit der 4. SS-Polizei-Division an vorderster Front* (Dresden, 2006), p. 98.

49 *Die Tagebücher von Joseph Goebbels*, 27 August 1941, *Teil II*, 1, p. 316.

50 Cited by Beevor, *Stalingrad*, pp. 56–7.

51 Fritz, *Ostkrieg*, pp. 158–9.

52 A. Hillgruber, *Staatsmänner und Diplomaten bei Hitler. Vertrauliche Aufzeichungen 1939–1941* (Munich, 1969), p. 329.

53 W. Kemper, 'Pervitin – Die Endsieg-Droge', in W. Pieper (ed.), *Nazis on Speed: Drogen im Dritten Reich* (Lohrbach, 2003), pp. 122–33.

54 R.-D. Müller, 'The Failure of the Economic "Blitzkrieg Strategy"', in H. Boog et al. (eds), *The Attack on the Soviet Union*, vol. 4 of W. Deist et al. (eds), *Germany and the Second World War*, 9 vols (Oxford, 1998), pp. 1127–32; Fritz, *Ostkrieg*, p. 150.

55 M. Guglielmo, 'The Contribution of Economists to Military Intelligence during World War II', *Journal of Economic History* 66.1 (2008), esp. 116–20.

56 R. Overy, *War and the Economy in the Third Reich* (Oxford, 1994), pp. 264, 278; J. Barber and M. Harrison, *The Soviet Home Front, 1941–1945: A Social and Economic History of the USSR in World War II* (New York, 1991), pp. 78–9.

57 A. Milward, *War, Economy and Society, 1939–45* (Berkeley, 1977), pp. 262–73; Tooze, *Wages of Destruction*, pp. 513–51.

58 German radio broadcast, 5 November 1941, Propaganda Research Section Papers, Abrams Papers, 3f 44/41.

59 'Gains of Germany (and her Allies) through the Occupation of Soviet Territory', in Coordinator of Information, *Research and Analysis Branch, East European Section Report*, 17 (March 1942), pp. 10–11.

60 'Reich Marshal of the Greater German Reich', 11th meeting of the General Council, 24 June 1941, cited by Müller, 'Failure of the Economic "Blitzkrieg Strategy"', p. 1142.

61 Halder, *Kriegstagebuch*, 8 July 1941, 3, p. 53.

62 C. Streit, 'The German Army and the Politics of Genocide', in G. Hirschfeld (ed.), *The Policies of Genocide: Jews and Soviet Prisoners of War in Nazi Germany* (London, 1986), pp. 8–9.

63 J. Hürter, *Hitlers Heerführer. Die deutschen Oberbefehlshaber im Krieg gegen die Sowjetunion 1941/1942* (Munich, 2006), p. 370.

64 Streit, *Keine Kameraden*, p. 128; also see Snyder, *Bloodlands*, pp. 179–84.

65 R. Overmans, 'Die Kriegsgefangenenpolitik des Deutschen Reiches 1939 bis 1945', in J. Echternkamp (ed.), *Das Deutsche Reich und der Zweite Weltkrieg*, 10 vols (Munich, 1979–2008), 9.2, p. 814; Browning, *Origins of the Final Solution*, p. 357; Snyder, *Bloodlands*, pp. 185–6.

66 K. Berkhoff, 'The "Russian" Prisoners of War in Nazi-Ruled Ukraine as Victims of Genocidal Massacre', *Holocaust and Genocide Studies* 15.1 (2001), 1–32.

67 Röhl, *The Kaiser and his Court*, p. 210. For the Kaiser's attitudes to Jews, see L. Cecil, 'Wilhelm II und die Juden', in W. Mosse (ed.), *Juden im Wilhelminischen Deutschland, 1890–1914* (Tübingen, 1976), pp. 313–48.

68 Hitler's speech to the Reichstag, 30 January 1939, in *Verhandlungen des Reichstags, Stenographische Berichte 4. Wahlperiode 1939–1942* (Bad Feilnbach, 1986), p. 16.

69 Rubin and Schwanitz, *Nazis, Islamists*, p. 94.

70 H. Jansen, *Der Madagaskar-Plan: Die beabsichtigte Deportation der europäischen Juden nach Madagaskar* (Munich, 1997), esp. pp. 309–11. For theories about the

Malagasy, see E. Jennings, 'Writing Madagascar Back into the Madagascar Plan', *Holocaust and Genocide Studies* 21.2 (2007), 191.

71 F. Nicosia, 'Für den Status-Quo: Deutschland und die Palästinafrage in der Zwischenkriegszeit', in L. Schatkowski Schilcher and C. Scharf (eds), *Der Nahe Osten in der Zwischenkriegszeit 1919–1939. Die Interdependenz von Politik, Wirtschaft und Ideologie* (Stuttgart, 1989), p. 105.

72 D. Cesarani, *Eichmann: His Life and Crimes* (London, 2004), pp. 53–6.

73 Cited by D. Yisraeli, *The Palestinian Problem in German Politics, 1889–1945* (Ramat-Gan, 1974), p. 315.

74 J. Heller, *The Stern Gang: Ideology, Politics and Terror, 1940–1949* (London, 1995), pp. 85–7.

75 T. Jersak, 'Blitzkrieg Revisited: A New Look at Nazi War and Extermination Planning', *Historical Journal* 43.2 (2000), 582.

76 See above all G. Aly, '"Judenumsiedlung": Überlegungen zur politischen Vorgeschichte des Holocaust', in U. Herbert (ed.), *Nationalsozialistische Vernichtungspolitik 1939–1945: neue Forschungen und Kontroversen* (Frankfurt-am-Main, 1998), pp. 67–97.

77 Streit, 'The German Army and the Politics of Genocide', p. 9; Fritz, *Ostkrieg*, p. 171.

78 J.-M. Belière and L. Chabrun, *Les Policiers français sous l'Occupation, d'après les archives inédites de l'épuration* (Paris, 2001), pp. 220–4; P. Griffioen and R. Zeller, 'Anti-Jewish Policy and Organization of the Deportations in France and the Netherlands, 1940–1944: A Comparative Study', *Holocaust and Genocide Studies* 20.3 (2005), 441.

79 L. de Jong, *Het Koninkrijk der Nederlanden in de Tweede Wereldoorlog*, 14 vols (The Hague, 1969–91), 4, pp. 99–110.

80 For the Wannsee conference, C. Gerlach, 'The Wannsee Conference, the Fate of German Jews, and Hitler's Decision in Principle to Exterminate All European Jews', *Journal of Modern History* 70 (1998), 759–812; Browning, *Origins of the Final Solution*, pp. 374ff.

81 R. Coakley, 'The Persian Corridor as a Route for Aid to the USSR', in M. Blumenson, K. Greenfield et al., *Command Decisions* (Washington, DC, 1960), pp. 225–53; also T. Motter, *The Persian Corridor and Aid to Russia* (Washington, DC, 1952).

82 For the convoys, R. Woodman, *Arctic Convoys, 1941–1945* (London, 2004).

83 J. MacCurdy, 'Analysis of Hitler's Speech on 26th April 1942', 10 June 1942, Abrams Archive, Churchill College, Cambridge.

84 E. Schwaab, *Hitler's Mind: A Plunge into Madness* (New York, 1992).

85 Rubin and Schwanitz, *Nazis, Islamists*, pp. 139–41. In general, M. Carver, *El Alamein* (London, 1962).

86 For the US in the Pacific, see H. Willmott, *The Second World War in the Far East* (London, 2012); also see A. Kernan, *The Unknown Battle of Midway: The Destruction of the American Torpedo Squadrons* (New Haven, 2005).

87 Cited by Fritz, *Ostkrieg*, p. 235; for the context, pp. 231–9.

88 Ibid., pp. 261–70; Speer, *Inside the Third Reich*, p. 215.

89 For the visit to Moscow in October 1944, see CAB 120/158.

90 M. Gilbert, *Churchill: A Life* (London, 1991), p. 796; R. Edmonds, 'Churchill and Stalin', in R. Blake and R. Louis (eds), *Churchill* (Oxford, 1996), p. 320. Also Churchill, *Second World War*, 6, pp. 227–8.

91 W. Churchill, 'The Sinews of Peace', 5 March 1946, in J. Muller (ed.), *Churchill's 'Iron Curtain' Speech Fifty Years Later* (London, 1999), pp. 8–9.

92 D. Reynolds, *From World War to Cold War: Churchill, Roosevelt, and the International History of the 1940s* (Oxford, 2006), pp. 250–3.

93 M. Hastings, *All Hell Let Loose: The World at War, 1939–1945* (London, 2011), pp. 165–82; Beevor, *Stalingrad*, passim.

94 See A. Applebaum, *Iron Curtain: The Crushing of Eastern Europe, 1944–56* (London, 2012).

第二十一章　冷战之路

1 A. Millspaugh, *Americans in Persia* (Washington, DC, 1946), Appendix C; B. Kuniholm, *The Origins of the Cold War in the Near East: Great Power Conflict and Diplomacy in Iran, Turkey and Greece* (Princeton, 1980), pp. 138–43.
2 The Minister in Iran (Dreyfus) to the Secretary of State, 21 August 1941, *Foreign Relations of the United States, Diplomatic Papers 1941*, 7 vols (Washington, DC, 1956–62), 3, p. 403.
3 Ali Dashti, writing in December 1928, cited by Buchan, *Days of God*, p. 73.
4 B. Schulze-Holthus, *Frührot in Persien* (Esslingen, 1952), p. 22. Schulze-Holthus was sent to Iran by the Abwehr (German military intelligence) as vice-consul in the city of Tabriz. He remained under cover in Teheran during the war, canvassing support among anti-Allied factions. Also see here S. Seydi, 'Intelligence and Counter-Intelligence Activities in Iran during the Second World War', *Middle Eastern Studies* 46.5 (2010), 733–52.
5 Bullard, *Letters*, p. 154.
6 Ibid., p. 216.
7 Ibid., p. 187.
8 C. de Bellaigue, *Patriot of Persia: Muhammad Mossadegh and a Very British Coup* (London, 2012), pp. 120–3.
9 Shepherd to Furlonge, 6 May 1951, FO 248/1514.
10 The Observer, 20 May 1951, FO 248/1514.
11 Cited by de Bellaigue, *Patriot of Persia*, p. 123, n. 12.
12 Buchan, *Days of God*, p. 82.
13 L. Elwell-Sutton, *Persian Oil: A Study in Power Politics* (London, 1955), p. 65.
14 Ibid.
15 C. Bayly and T. Harper, *Forgotten Armies: The Fall of British Asia, 1841–1945* (London, 2004), pp. 182, 120.
16 I. Chawla, 'Wavell's Breakdown Plan, 1945–47: An Appraisal', *Journal of Punjabi Studies* 16.2 (2009), 219–34.
17 W. Churchill, House of Commons debates, 6 March 1947, Hansard, 434, 676–7.
18 See L. Chester, *Borders and Conflict in South Asia: The Radcliffe Boundary Commission and the Partition of the Punjab* (Manchester, 2009). Also A. von Tunzelmann, *Indian Summer: The Secret History of the End of an Empire* (London, 2007).
19 I. Talbot, 'Safety First: The Security of Britons in India, 1946–1947', *Transactions of the RHS* 23 (2013), pp. 203–21.
20 K. Jeffrey, *MI6: The History of the Secret Intelligence Service, 1909–1949* (London, 2010), pp. 689–90.
21 N. Rose, *'A Senseless, Squalid War': Voices from Palestine 1890s–1948* (London, 2010), pp. 156–8.
22 A. Halamish, *The Exodus Affair: Holocaust Survivors and the Struggle for Palestine* (Syracuse, NY, 1998).
23 Cited by J. Glubb, *A Soldier with the Arabs* (London, 1957), pp. 63–6.
24 E. Karsh, *Rethinking the Middle East* (London, 2003), pp. 172–89.
25 F. Hadid, *Iraq's Democratic Moment* (London, 2012), pp. 126–36.
26 Beeley to Burrows, 1 November 1947, FO 371/61596/E10118.
27 Outward Saving Telegram, 29 July 1947; Busk to Burrows, 3 November 1947, FO 371/61596.

28 K. Kwarteng, *Ghosts of Empire: Britain's Legacies in the Modern World* (London, 2011), p. 50.

29 B. Uvarov and A. Waterston, 'MEALU General Report of Anti-Locust Campaign, 1942–1947', 19 September 1947, FO 371/61564.

30 N. Tumarkin, 'The Great Patriotic War as Myth and Memory', *European Review* 11.4 (2003), 595–7.

31 J. Stalin, 'Rech na predvybornom sobranii izbiratelei Stalinskogo izbiratel'nogo okruga goroda Moskvy', in J. Stalin, *Sochineniya*, ed. R. McNeal, 3 vols (Stanford, CA, 1967), 3, p. 2.

32 B. Pimlott (ed.), *The Second World War Diary of Hugh Dalton, 1940–45* (London, 1986), 23 February 1945, marginal insertion, p. 836, n. 1.

33 It seems these words were added by Churchill on the train on the way to Fulton, J. Ramsden, 'Mr Churchill Goes to Fulton', in Muller, *Churchill's 'Iron Curtain' Speech: Fifty Years Later*, p. 42. In general, P. Wright, *Iron Curtain: From Stage to Cold War* (Oxford, 2007).

34 B. Rubin, *The Great Powers in the Middle East, 1941–1947: The Road to the Cold War* (London, 1980), pp. 73ff.

35 'Soviet Military and Political Intentions, Spring 1949', Report No. 7453, 9 December 1948.

36 K. Blake, *The US–Soviet Confrontation in Iran 1945–62: A Case in the Annals of the Cold War* (Lanham, MD, 2009), pp. 17–18.

37 'General Patrick J. Hurley, Personal Representative of President Roosevelt, to the President', 13 May 1943, *FRUS, Diplomatic Papers 1943: The Near East and Africa*, 4, pp. 363–70.

38 Millspaugh, *Americans in Persia*, p. 77.

39 A. Offner, *Another Such Victory: President Truman and the Cold War, 1945–53* (Stanford, 2002), p. 128.

40 'The Chargé in the Soviet Union (Kennan) to the Secretary of State', 22 February 1946, *FRUS 1946: Eastern Europe, the Soviet Union*, 6, pp. 696–709.

41 D. Kisatsky, 'Voice of America and Iran, 1949–1953: US Liberal Developmentalism, Propaganda and the Cold War', *Intelligence and National Security* 14.3 (1999), 160.

42 'The Present Crisis in Iran, undated paper presented in the Department of State', *FRUS, 1950: The Near East, South Asia, and Africa*, 5, pp. 513, 516.

43 M. Byrne, 'The Road to Intervention: Factors Influencing US Policy toward Iran, 1945–53', in M. Gasiorowski and M. Byrne (eds), *Mohammad Mosaddeq and the 1953 Coup in Iran* (Syracuse, NY, 2004), p. 201.

44 Kisatsky, 'Voice of America and Iran', 167, 174.

45 M. Gasiorowski, *US Foreign Policy and the Shah: Building a Client State in Iran* (Ithaca, NY, 1991), pp. 10–19.

46 Buchan, *Days of God*, pp. 30–1.

47 Cited by Yergin, *The Prize*, p. 376.

48 A. Miller, *Search for Security: Saudi Arabian Oil and American Foreign Policy, 1939–1949* (Chapel Hill, NC, 1980), p. 131.

49 E. DeGolyer, 'Preliminary Report of the Technical Oil Mission to the Middle East', *Bulletin of the American Association of Petroleum Geologists* 28 (1944), 919–23.

50 'Summary of Report on Near Eastern Oil', 3 February 1943, in Yergin, *The Prize*, p. 375.

51 Beaverbrook to Churchill, 8 February 1944, cited by K. Young, *Churchill and Beaverbrook: A Study in Friendship and Politics* (London, 1966), p. 261.

52 Foreign Office memo, February 1944, FO 371/42688.

53 Churchill to Roosevelt, 20 February 1944, FO 371/42688.

54 Halifax to Foreign Office, 20 February 1944, FO 371/42688; Z. Brzezinski, *Strategic Vision: America and the Crisis of Global Power* (New York, 2012), p. 14.

55 *Historical Statistics of the United States: Colonial Times to 1970* (Washington, DC, 1970); Yergin, *The Prize*, p. 391.

56 Yergin, *The Prize*, p. 429.

57 W. Louis, *The British Empire in the Middle East, 1945–51: Arab Nationalism, the United States and Postwar Imperialism* (Oxford, 1984), p. 647.

58 Yergin, *The Prize*, p. 433.

59 de Bellaigue, *Patriot of Persia*, p. 118. Also see here M. Crinson, 'Abadan: Planning and Architecture under the Anglo-Iranian Oil Company', *Planning Perspectives* 12.3 (1997), 341–59.

60 S. Marsh, 'Anglo-American Crude Diplomacy: Multinational Oil and the Iranian Oil Crisis, 1951–1953', *Contemporary British History Journal* 21.1 (2007), 28; J. Bill and W. Louis, *Musaddiq, Iranian Nationalism, and Oil* (Austin, TX, 1988), pp. 329–30.

61 'The Secretary of State to the Department of State', 10 November 1951, *FRUS, 1952–1954: Iran, 1951–1954*, 10, p. 279.

62 Ibid.

63 R.Ramazani, *Iran's Foreign Policy, 1941–1973: A Study of Foreign Policy in Modernizing Nations* (Charlottesville, 1975), p. 190.

64 In de Bellaigue, *Patriot of Persia*, p. 150.

65 Yergin, *The Prize*, p. 437.

66 Cited by J. Bill, *The Eagle and the Lion: The Tragedy of American–Iranian Relations* (New Haven, 1988), p. 84.

67 *Correspondence between His Majesty's Government in the United Kingdom and the Persian Government and Related Documents Concerning the Oil Industry in Persia, February 1951 to September 1951* (London, 1951), p. 25.

68 Shinwell, Chiefs of Staff Committee, Confidential Annex, 23 May 1951, DEFE 4/43; for the British press at this time, de Bellaigue, *Patriot of Persia*, pp. 158–9.

69 S. Arjomand, *The Turban for the Crown: The Islamic Revolution in Iran* (Oxford, 1988), pp. 92–3.

70 *Time*, 7 January 1952.

71 Elm, *Oil, Power, and Principle*, p. 122.

72 M. Holland, *America and Egypt: From Roosevelt to Eisenhower* (Westport, CT, 1996), pp. 24–5.

73 H. Wilford, *America's Great Game: The CIA's Secret Arabists and the Shaping of the Modern Middle East* (New York, 2013), p. 73.

74 Ibid., p. 96.

75 Ibid.

76 D. Wilber, *Clandestine Services History: Overthrow of Premier Mossadeq of Iran: November 1952–August 1953* (1969), p. 7, National Security Archive.

77 Ibid., pp. 22, 34, 33.

78 See S. Koch, 'Zendebad, Shah!': The Central Intelligence Agency and the Fall of Iranian Prime Minister Mohammed Mossadeq, August 1953* (1998), National Security Archive.

79 M. Gasiorowski, 'The Causes of Iran's 1953 Coup: A Critique of Darioush Bayandor's Iran and the CIA', *Iranian Studies* 45.5 (2012), 671–2; W. Louis, 'Britain and the Overthrow of the Mosaddeq Government', in Gasiorowski and Byrne, *Mohammad Mosaddeq*, pp. 141–2.

80 Wilber, *Overthrow of Premier Mossadeq*, p. 35.

81 Ibid., p. 19.

82 Berry to State Department, 17 August 1953, National Security Archive.

83 For the radio, see M. Roberts, 'Analysis of Radio Propaganda in the 1953 Iran Coup', *Iranian Studies* 45.6 (2012), 759–77; for the press, de Bellaigue, *Patriot of Persia*, p. 232.

84 For Rome, Soraya Esfandiary Bakhtiary, *Le Palais des solitudes* (Paris, 1992), pp. 165–6. Also here Buchan, *Days of God*, p. 70.

85 de Bellaigue, *Patriot of Persia*, pp. 253–70.
86 'Substance of Discussions of State – Joint Chiefs of Staff Meeting', 12 December 1951, *FRUS, 1951: The Near East and Africa*, 5, p. 435.
87 'British-American Planning Talks, Summary Record', 10–11 October 1978, FCO 8/3216.
88 'Memorandum of Discussion at the 160th Meeting of the National Security Council, 27 August 1953', *FRUS, 1952–1954: Iran, 1951–1954*, 10, p. 773.
89 'The Ambassador in Iran (Henderson) to Department of State', 18 September 1953, *FRUS, 1952–1954: Iran, 1951–1954*, 10, p. 799.

第二十二章　美国之路

 1 The *International Petroleum Cartel, the Iranian Consortium, and US National Security*, United States Congress, Senate (Washington, DC, 1974), pp. 57–8; Yergin, *The Prize*, p. 453.
 2 Bill, *The Eagle and the Lion*, p. 88; 'Memorandum of the discussion at the 180th meeting of the National Security Council', 14 January 1954, *FRUS, 1952–1954: Iran, 1951–1954*, 10, p. 898.
 3 M. Gasiorowski, *US Foreign Policy and the Shah: Building a Client State in Iran* (Ithaca, NY, 1991), pp. 150–1.
 4 V. Nemchenok, '"That So Fair a Thing Should Be So Frail": The Ford Foundation and the Failure of Rural Development in Iran, 1953–1964', *Middle East Journal* 63.2 (2009), 261–73.
 5 Ibid., 281; Gasiorowski, *US Foreign Policy*, pp. 53, 94.
 6 C. Schayegh, 'Iran's Karaj Dam Affair: Emerging Mass Consumerism, the Politics of Promise, and the Cold War in the Third World', *Comparative Studies in Society and History* 54.3 (2012), 612–43.
 7 'Memorandum from the Joint Chiefs of Staff', 24 March 1949, *FRUS, 1949: The Near East, South Asia, and Africa*, 6, pp. 30–1.
 8 'Report by the SANACC [State-Army-Navy-Air Force Co-ordinating Committee] Subcommittee for the Near and Middle East', *FRUS, 1949: The Near East, South Asia, and Africa*, 6, p. 12.
 9 In general here, B. Yesilbursa, *Baghdad Pact: Anglo-American Defence Policies in the Middle East, 1950–59* (Abingdon, 2005).
10 R. McMahon, *The Cold War on the Periphery: The United States, India and Pakistan* (New York, 1994), pp. 16–17.
11 P. Tomsen, *The Wars of Afghanistan: Messianic Terrorism, Tribal Conflicts and the Failures of the Great Powers* (New York, 2011), pp. 181–2.
12 R. McNamara, *Britain, Nasser and the Balance of Power in the Middle East, 1952–1967* (London, 2003), pp. 44–5.
13 A. Moncrieff, *Suez: Ten Years After* (New York, 1966), pp. 40–1; D. Kunz, *The Economic Diplomacy of the Suez Crisis* (Chapel Hill, NC, 1991), p. 68.
14 Eden to Eisenhower, 6 Sept 1956, FO 800/740.
15 M. Heikal, *Nasser: The Cairo Documents* (London, 1972), p. 88.
16 H. Macmillan, Diary, 25 August 1956, in A. Horne, *Macmillan: The Official Biography* (London, 2008), p. 447.
17 Cited by McNamara, *Britain, Nasser and the Balance of Power*, p. 46.
18 McNamara, *Britain, Nasser and the Balance of Power*, pp. 45, 47.
19 'Effects of the Closing of the Suez Canal on Sino-Soviet Bloc Trade and Transportation', Office of Research and Reports, Central Intelligence Agency, 21 February 1957, Freedom of Information Act Electronic Reading Room, Central Intelligence Agency.

20 Kirkpatrick to Makins, 10 September 1956, FO 800/740.
21 *Papers of Dwight David Eisenhower: The Presidency: The Middle Way* (Baltimore, 1970), 17, p. 2415.
22 See here W. Louis and R. Owen, *Suez 1956: The Crisis and its Consequences* (Oxford, 1989); P. Hahn, *The United States, Great Britain, and Egypt, 1945–1956: Strategy and Diplomacy in the Early Cold War* (Chapel Hill, NC, 1991).
23 Eisenhower to Dulles, 12 December 1956, in P. Hahn, 'Securing the Middle East: The Eisenhower Doctrine of 1957', *Presidential Studies Quarterly* 36.1 (2006), 39.
24 Cited by Yergin, *The Prize*, p. 459.
25 Hahn, 'Securing the Middle East', 40.
26 See above all S. Yaqub, *Containing Arab Nationalism: The Eisenhower Doctrine and the Middle East* (Chapel Hill, NC, 2004).
27 R. Popp, 'Accommodating to a Working Relationship: Arab Nationalism and US Cold War Policies in the Middle East', *Cold War History* 10.3 (2010), 410.
28 'The Communist Threat to Iraq', 17 February 1959, *FRUS, 1958–1960: Near East Region; Iraq; Iran; Arabian Peninsula*, 12, pp. 381–8.
29 S. Blackwell, *British Military Intervention and the Struggle for Jordan: King Hussein, Nasser and the Middle East Crisis* (London, 2013), p. 176; 'Memorandum of Conference with President Eisenhower', 23 July 1958, *FRUS, 1958–1960: Near East Region; Iraq; Iran; Arabian Peninsula*, 12, p. 84.
30 'Iraq: The Dissembler', *Time*, 13 April 1959.
31 'Middle East: Revolt in Baghdad', *Time*, 21 July 1958; J. Romero, *The Iraqi Revolution of 1958: A Revolutionary Quest for Unity and Security* (Lanham, MD, 2011).
32 C. Andrew and V. Mitrokhin, *The KGB and the World: The Mitrokhin Archive II* (London, 2005), pp. 273–4; W. Shawcross, *The Shah's Last Ride* (London, 1989), p. 85.
33 OIR Report, 16 January 1959, cited by Popp, 'Arab Nationalism and US Cold War Policies', p. 403.
34 Yaqub, *Containing Arab Nationalism*, p. 256.
35 W. Louis and R. Owen, *A Revolutionary Year: The Middle East in 1958* (London, 2002).
36 F. Matar, *Saddam Hussein: The Man, the Cause and his Future* (London, 1981), pp. 32–44.
37 'Memorandum of Discussion at the 420th Meeting of the National Security Council', 1 October 1959, *FRUS, 1958–1960: Near East Region; Iraq; Iran; Arabian Peninsula*, 12, p. 489, n. 6.
38 This incident was revealed during investigations in 1975 into the use of assassination as a political tool by US intelligence agencies. The colonel, who is not named, was apparently executed by firing squad in Baghdad before the handkerchief plan was put into action, *Alleged Assassination Plots Involving Foreign Leaders, Interim Report of the Select Committee to Study Governmental Operations with Respect to Intelligence Activities* (Washington, DC, 1975), p. 181, n. 1.
39 H. Rositzke, *The CIA's Secret Operations: Espionage, Counterespionage and Covert Action* (Boulder, CO, 1977), pp. 109–10.
40 A. Siddiqi, *Challenge to Apollo: The Soviet Union and the Space Race, 1945–1974* (Washington, DC, 2000); B. Chertok, *Rakety i lyudi: Fili Podlipki Tyuratam* (Moscow, 1996).
41 A. Siddiqi, *Sputnik and the Soviet Space Challenge* (Gainesville, FL, 2003), pp. 135–8.
42 G. Laird, *North American Air Defense: Past, Present and Future* (Maxwell, AL, 1975); S. Zaloga, 'Most Secret Weapon: The Origins of Soviet Strategic Cruise Missiles, 1945–1960', *Journal of Slavic Military Studies* 6.2 (1993), 262–73.
43 D. Kux, *The United States and Pakistan, 1947–2000: Disenchanted Allies* (Washington, DC, 2001), p. 112; N. Polmar, *Spyplane: The U-2 History Declassified* (Osceola, WI, 2001), pp. 131–48.

44 Karachi to Washington DC, 31 October 1958, *FRUS, 1958–60: South and Southeast Asia*, 15, p. 682.

45 Memcon Eisenhower and Ayub, 8 December 1959, *FRUS, 1958–60: South and Southeast Asia*, 15, pp. 781–95.

46 R. Barrett, *The Greater Middle East and the Cold War: US Foreign Policy under Eisenhower and Kennedy* (London, 2007), pp. 167–8.

47 Department of State Bulletin, 21 July 1958.

48 Kux, *United States and Pakistan*, pp. 110–11.

49 V. Nemchenok, 'In Search of Stability amid Chaos: US Policy toward Iran, 1961–63', *Cold War History* 10.3 (2010), 345.

50 Central Intelligence Bulletin, 7 February 1961; A. Rubinstein, *Soviet Foreign Policy toward Turkey, Iran and Afghanistan: The Dynamics of Influence* (New York, 1982), pp. 67–8.

51 National Security Council Report, Statement of US Policy to Iran, 6 July 1960, *FRUS, 1958–1960: Near East Region; Iraq; Iran; Arabian Peninsula*, 12, pp. 680–8.

52 M. Momen, 'The Babi and the Baha'i Community of Iran: A Case of "Suspended Genocide"?', *Journal of Genocide Research* 7.2 (2005), 221–42.

53 E. Abrahamian, *Iran between Two Revolutions* (Princeton, 1982), pp. 421–2.

54 J. Freivalds, 'Farm Corporations in Iran: An Alternative to Traditional Agriculture', *Middle East Journal* 26.2 (1972), 185–93; J. Carey and A. Carey, 'Iranian Agriculture and its Development: 1952–1973', *International Journal of Middle East Studies* 7.3 (1976), 359–82.

55 H. Ruhani, *Nehzat-e Imam-e Khomeini*, 2 vols (Teheran, 1979), 1, p. 25.

56 CIA Bulletin, 5 May 1961, cited by Nemchenok, 'In Search of Stability', 348.

57 *Gahnamye panjah sal Shahanshahiye Pahlavi* (Paris, 1964), 24 January 1963.

58 See D. Brumberg, *Reinventing Khomeini: The Struggle for Reform in Iran* (Chicago, 2001).

59 D. Zahedi, *The Iranian Revolution: Then and Now* (Boulder, CO, 2000), p. 156.

60 'United States Support for Nation-Building' (1968); US Embassy Teheran to State Department, 4 May 1972, both cited by R. Popp, 'An Application of Modernization Theory during the Cold War? The Case of Pahlavi Iran', *International History Review* 30.1 (2008), 86–7.

61 Polk to Mayer, 23 April 1965, cited by Popp, 'Pahlavi Iran', 94.

62 Zahedi, *Iranian Revolution*, p. 155.

63 A. Danielsen, *The Evolution of OPEC* (New York, 1982); F. Parra, *Oil Politics: A Modern History of Petroleum* (London, 2004), pp. 89ff.

64 Above all see M. Oren, *Six Days of War: June 1967 and the Making of the Modern Middle East* (Oxford, 2002).

第二十三章 霸权之路

1 P. Pham, *Ending 'East of Suez': The British Decision to Withdraw from Malaysia and Singapore, 1964–1968* (Oxford, 2010).

2 G. Stocking, *Middle East Oil: A Study in Political and Economic Controversy* (Nashville, TN, 1970), p. 282; H. Astarjian, *The Struggle for Kirkuk: The Rise of Hussein, Oil and the Death of Tolerance in Iraq* (London, 2007), p. 158.

3 'Moscow and the Persian Gulf', Intelligence Memorandum, 12 May 1972, *FRUS, 1969–1976: Documents on Iran and Iraq, 1969–72*, E-4, 307.

4 *Izvestiya*, 12 July 1969.

5 Buchan, *Days of God*, p. 129.

6 Kwarteng, *Ghosts of Empire*, pp. 72–3.

7 Department of State to Embassy in France, Davies-Lopinot talk on Iraq and Persian Gulf, 20 April 1972, *FRUS, 1969–1976: Documents on Iran and Iraq, 1969–72*, E-4, 306.

8 G. Payton, 'The Somali Coup of 1969: The Case for Soviet Complicity', *Journal of Modern African Studies* 18.3 (1980), 493–508.

9 Popp, 'Arab Nationalism and US Cold War Policies', 408.

10 'Soviet aid and trade activities in the Indian Ocean Area', CIA report, S-6064 (1974); V. Goshev, *SSSR i strany Persidskogo zaliva* (Moscow, 1988).

11 US Arms Control and Disarmament Agency, *World Military Expenditure and Arms Transfers, 1968–1977* (Washington, DC, 1979), p. 156; R. Menon, *Soviet Power and the Third World* (New Haven, 1986), p. 173; for Iraq, A. Fedchenko, *Irak v bor'be za nezavisimost'* (Moscow, 1970).

12 S. Mehrotra, 'The Political Economy of Indo-Soviet Relations', in R. Cassen (ed.), *Soviet Interests in the Third World* (London, 1985), p. 224; L. Racioppi, *Soviet Policy towards South Asia since 1970* (Cambridge, 1994), pp. 63–5.

13 L. Dupree, *Afghanistan* (Princeton, 1973), pp. 525–6.

14 'The Shah of Iran: An Interview with Mohammad Reza Pahlavi', *New Atlantic*, 1 December 1973.

15 Ibid.

16 Boardman to Douglas-Home, August 1973, FCO 55/1116. Also O. Freedman, 'Soviet Policy towards Ba'athist Iraq, 1968–1979', in R. Donaldson (ed.), *The Soviet Union in the Third World* (Boulder, CO, 1981), pp. 161–91.

17 Saddam Hussein, *On Oil Nationalisation* (Baghdad, 1973), pp. 8, 10.

18 R. Bruce St John, *Libya: From Colony to Revolution* (Oxford, 2012), pp. 138–9.

19 Gaddafi, 'Address at Ṭubruq', 7 November 1969, in 'The Libyan Revolution in the Words of its Leaders', *Middle East Journal* 24.2 (1970), 209.

20 Ibid., 209–10; M. Ansell and M. al-Arif, *The Libyan Revolution: A Sourcebook of Legal and Historical Documents* (Stoughton, WI, 1972), p. 280; *Multinational Corporations and United States Foreign Policy*, 93rd Congressional Hearings (Washington, DC, 1975), 8, pp. 771–3, cited by Yergin, *The Prize*, p. 562.

21 F. Halliday, *Iran, Dictatorship and Development* (Harmondsworth, 1979), p. 139; Yergin, *The Prize*, p. 607.

22 P. Marr, *Modern History of Iraq* (London, 2004), p. 162.

23 Embassy in Tripoli to Washington, 5 December 1970, cited by Yergin, *The Prize*, p. 569.

24 G. Hughes, 'Britain, the Transatlantic Alliance, and the Arab–Israeli War of 1973', *Journal of Cold War Studies* 10.2 (2008), 3–40.

25 'The Agranat Report: The First Partial Report', *Jerusalem Journal of International Relations* 4.1 (1979), 80. Also see here U. Bar-Joseph, *The Watchman Fell Asleep: The Surprise of Yom Kippur and its Sources* (Albany, NY, 2005), esp. pp. 174–83.

26 A. Rabinovich, *The Yom Kippur War: The Epic Encounter that Transformed the Middle East* (New York, 2004), p. 25; Andrew and Mitrokhin, *The Mitrokhin Archive II*, p. 160.

27 G. Golan, 'The Soviet Union and the Yom Kippur War', in P. Kumaraswamy, *Revisiting the Yom Kippur War* (London, 2000), pp. 127–52; idem, 'The Cold War and the Soviet Attitude towards the Arab–Israeli Conflict', in N. Ashton (ed.), *The Cold War in the Middle East: Regional Conflict and the Superpowers, 1967–73* (London, 2007), p. 63.

28 H. Kissinger, *Years of Upheaval* (Boston, 1982), p. 463.

29 'Address to the Nation about Policies to Deal with the Energy Shortages', 7 November 1973, *Public Papers of the Presidents of the United States [PPPUS]: Richard M. Nixon, 1973* (Washington, DC, 1975), pp. 916–17.

30 Ibid; Yergin, *The Prize*, pp. 599–601

31 D. Tihansky, 'Impact of the Energy Crisis on Traffic Accidents', *Transport Research* 8 (1974), 481–3.

32 S. Godwin and D. Kulash, 'The 55 mph Speed Limit on US Roads: Issues Involved', *Transport Reviews: A Transnational Transdisciplinary Journal* 8.3 (1988), 219–35.

33 See for example R. Knowles, *Energy and Form: Approach to Urban Growth* (Cambridge, MA, 1974); P. Steadman, *Energy, Environment and Building* (Cambridge, 1975).

34 D. Rand, 'Battery Systems for Electric Vehicles – a State-of-the-Art Review', *Journal of Power Sources* 4 (1979), 101–43.

35 Speech to Seminar on Energy, 21 August 1973, cited by E. S. Godbold, *Jimmy and Rosalynn Carter: The Georgian Years, 1924–1974* (Oxford, 2010), p. 239.

36 J. G. Moore, 'The Role of Congress', in R. Larson and R. Vest, *Implementation of Solar Thermal Technology* (Cambridge, MA, 1996), pp. 69–118.

37 President Nixon, 'Memorandum Directing Reductions in Energy Consumption by the Federal Government', 29 June 1973, *PPPUS: Nixon, 1973*, p. 630.

38 Yergin, *The Prize*, pp. 579, 607.

39 Ibid., p. 616.

40 K. Makiya, *The Monument: Art, Vulgarity, and Responsibility in Iraq* (Berkeley, 1991), pp. 20–32; R. Baudouï, 'To Build a Stadium: Le Corbusier's Project for Baghdad, 1955–1973', *DC Papers, revista de crítica y teoría de la arquitectura* 1 (2008), 271–80.

41 P. Stearns, *Consumerism in World History: The Global Transformation of Desire* (London, 2001), p. 119.

42 Sreedhar and J. Cavanagh, 'US Interests in Iran: Myths and Realities', *ISDA Journal* 11.4 (1979), 37–40; US Arms Control and Disarmament Agency, *World Military Expenditures and Arms Transfers 1972–82* (Washington, DC, 1984), p. 30; T. Moran, 'Iranian Defense Expenditures and the Social Crisis', *International Security* 3.3 (1978), 180.

43 Cited by Buchan, *Days of God*, p. 162.

44 A. Alnasrawi, *The Economy of Iraq: Oil, Wars, Destruction of Development and Prospects, 1950–2010* (Westport, CT, 1994), p. 94; C. Tripp, *A History of Iraq* (Cambridge, 2000), p. 206.

45 'Secretary Kerry's Interview on Iran with NBC's David Gregory', 10 November 2013, US State Department, Embassy of the United States London, website.

46 'Past Arguments Don't Square with Current Iran Policy', *Washington Post*, 27 March 2005.

47 S. Parry-Giles, *The Rhetorical Presidency, Propaganda, and the Cold War, 1945–55* (Westport, CT, 2002), pp. 164ff.

48 Cited by Shawcross, *Shah's Last Ride*, p. 179.

49 Secretary of State Henry A. Kissinger to President Gerald R. Ford, Memorandum, 13 May 1975, in M. Hunt (ed.), *Crises in US Foreign Policy: An International History Reader* (New York, 1996), p. 398.

50 J. Abdulghani, *Iran and Iraq: The Years of Crisis* (London, 1984), pp. 152–5.

51 R. Cottam, *Iran and the United States: A Cold War Case Study* (Pittsburgh, 1988), pp. 149–51.

52 H. Kissinger, *The White House Years* (Boston, 1979), p. 1265; idem, *Years of Upheaval*; L. Meho, *The Kurdish Question in US Foreign Policy: A Documentary Sourcebook* (Westport, CT, 2004), p. 14.

53 *Power Study of Iran, 1974–75*, Report to the Imperial Government of Iran (1975), pp. 3–24, cited by B. Mossavar-Rahmani, 'Iran', in J. Katz and O. Marwah (eds), *Nuclear Power in Developing Countries: An Analysis of Decision Making* (Lexington, MA, 1982), p. 205.

54 D. Poneman, *Nuclear Power in the Developing World* (London, 1982), p. 86.

55 Ibid., p. 87; J. Yaphe and C. Lutes, *Reassessing the Implications of a Nuclear-Armed Iran* (Washington, DC, 2005), p. 49.

56 B. Mossavar-Rahmani, 'Iran's Nuclear Power Programme Revisited', *Energy Policy* 8.3 (1980), 193–4, and idem, *Energy Policy in Iran: Domestic Choices and International Implications* (New York, 1981).

57 S. Jones and J. Holmes, 'Regime Type, Nuclear Reversals, and Nuclear Strategy: The Ambiguous Case of Iran', in T. Yoshihara and J. Holmes (eds), *Strategy in the Second Nuclear Age: Power, Ambition and the Ultimate Weapon* (Washington, DC, 2012), p. 219.

58 *Special Intelligence Estimate: Prospects for Further Proliferation of Nuclear Weapons* (1974), p. 38, National Security Archive.

59 K. Hamza with J. Stein, 'Behind the Scenes with the Iraqi Nuclear Bomb', in M. Sifry and C. Cerf (eds), *The Iraq War Reader: History, Documents, Opinions* (New York, 2003), p. 191.

60 J. Snyder, 'The Road to Osirak: Baghdad's Quest for the Bomb', *Middle East Journal* 37 (1983), 565–94; A. Cordesman, *Weapons of Mass Destruction in the Middle East* (London, 1992), pp. 95–102; D. Albright and M. Hibbs, 'Iraq's Bomb: Blueprints and Artifacts', *Bulletin of the Atomic Scientists* (1992), 14–23.

61 A. Cordesman, *Iraq and the War of Sanctions: Conventional Threats and Weapons of Mass Destruction* (Westport, CT, 1999), pp. 603–6.

62 *Prospects for Further Proliferation*, pp. 20–6.

63 K. Mahmoud, *A Nuclear Weapons-Free Zone in the Middle East: Problems and Prospects* (New York, 1988), p. 93.

64 Wright to Parsons and Egerton, 21 November 1973, FO 55/1116.

65 F. Khan, *Eating Grass: The Making of the Pakistani Bomb* (Stanford, 2012), p. 279.

66 Dr A. Khan, 'Pakistan's Nuclear Programme: Capabilities and Potentials of the Kahuta Project', Speech to the Pakistan Institute of National Affairs, 10 September 1990, quoted in Khan, *Making of the Pakistani Bomb*, p. 158.

67 Kux, *The United States and Pakistan*, pp. 221–4.

68 Memcon, 12 May 1976, cited by R. Alvandi, *Nixon, Kissinger, and the Shah: The United States and Iran in the Cold War* (Oxford, 2014), p. 163.

69 G. Sick, *All Fall Down: America's Tragic Encounter with Iran* (New York, 1987), p. 22.

70 'Toasts of the President and the Shah at a State Dinner', 31 December 1977, *PPPUS: Jimmy Carter, 1977*, pp. 2220–2.

71 Mossaver-Rahmani, 'Iran's Nuclear Power', 192.

72 Pesaran, 'System of Dependent Capitalism in Pre- and Post-Revolutionary Iran', *International Journal of Middle East Studies* 14 (1982), 507; P. Clawson, 'Iran's Economy between Crisis and Collapse', *Middle East Research and Information Project Reports* 98 (1981), 11–15; K. Pollack, *Persian Puzzle: The Conflict between Iran and America* (New York, 2004), p. 113; also here N. Keddie, *Modern Iran: Roots and Results of Revolution* (New Haven, 2003), pp. 158–62.

73 M. Heikal, *Iran: The Untold Story* (New York, 1982), pp. 145–6.

74 Shawcross, *Shah's Last Ride*, p. 35.

75 J. Carter, *Keeping Faith: Memoirs of a President* (Fayetteville, AR, 1995), p. 118.

76 A. Moens, 'President Carter's Advisers and the Fall of the Shah', *Political Science Quarterly* 106.2 (1980), 211–37.

77 D. Murray, *US Foreign Policy and Iran: American–Iranian Relations since the Islamic Revolution* (London, 2010), p. 20.

78 US Department of Commerce, *Foreign Broadcast Service*, 6 November 1979.

79 'Afghanistan in 1977: An External Assessment', US Embassy Kabul to State Department, 30 January 1978.

80 Braithwaite, *Afgantsy*, pp. 78–9; S. Coll, *Ghost Wars: The Secret History of the CIA, Afghanistan, and Bin Laden, from the Soviet Intervention to September 10, 2001* (New York, 2004), p. 48.

第二十四章　中东之路

1 Andrew and Mitrokhin, *Mitrokhin Archive II*, pp. 178–80.
2 Sreedhar and Cavanagh, 'US Interests in Iran', 140.
3 C. Andrew and O. Gordievsky, *KGB: The Inside Story of its Foreign Operations from Lenin to Gorbachev* (London, 1990), p. 459.
4 W. Sullivan, *Mission to Iran: The Last Ambassador* (New York, 1981), pp. 201–3, 233; also Sick, *All Fall Down*, pp. 81–7; A. Moens, 'President Carter's Advisors', *Political Science Quarterly* 106.2 (1991), 244.
5 Z. Brzezinski, *Power and Principle: Memoirs of the National Security Adviser, 1977–1981* (London, 1983), p. 38.
6 'Exiled Ayatollah Khomeini returns to Iran', BBC News, 1 February 1979.
7 Sick, *All Fall Down*, pp. 154–6; D. Farber, *Taken Hostage: The Iran Hostage Crisis and America's First Encounter with Radical Islam* (Princeton, 2005), pp. 99–100, 111–13.
8 C. Vance, *Hard Choices: Critical Years in America's Foreign Policy* (New York, 1983), p. 343; B. Glad, *An Outsider in the White House: Jimmy Carter, his Advisors, and the Making of American Foreign Policy* (Ithaca, NY, 1979), p. 173.
9 *Constitution of the Islamic Republic of Iran* (Berkeley, 1980).
10 'Presidential Approval Ratings – Historical Statistics and Trends', www.gallup.com.
11 A. Cordesman, *The Iran–Iraq War and Western Security, 1984–1987* (London, 1987), p. 26. Also D. Kinsella, 'Conflict in Context: Arms Transfers and Third World Rivalries during the Cold War', *American Journal of Political Science* 38.3 (1994), 573.
12 Sreedhar and Cavanagh, 'US Interests in Iran', 143.
13 'Comment by Sir A. D. Parsons, Her Majesty's Ambassador, Teheran, 1974–1979', in N. Browne, *Report on British Policy on Iran, 1974–1978* (London, 1980), Annexe B.
14 R. Cottam, 'US and Soviet Responses to Islamic Political Militancy', in N. Keddie and M. Gasiorowski (eds), *Neither East nor West: Iran, the Soviet Union and the United States* (New Haven, 1990), 279; A. Rubinstein, 'The Soviet Union and Iran under Khomeini', *International Affairs* 57.4 (1981), 599.
15 Turner's testimony was leaked to the press, 'Turner Sees a Gap in Verifying Treaty: Says Iran Bases Can't Be Replaced until '84', *New York Times*, 17 April 1979.

......

18 Rubinstein, 'The Soviet Union and Iran under Khomeini', 599, 601.
19 Gates, *From the Shadows*, p. 132.
20 R. Braithwaite, *Afgantsy: The Russians in Afghanistan, 1979–89* (London, 2011), pp. 37–44.
21 'Main Outlines of the Revolutionary Tasks'; Braithwaite, *Afgantsy*, pp. 42–3; P. Dimitrakis, *The Secret War in Afghanistan: The Soviet Union, China and Anglo-American Intelligence in the Afghan War* (London, 2013), 1–20.
22 J. Amstutz, *Afghanistan: The First Five Years of Soviet Occupation* (Washington, DC, 1986), p. 130; H. Bradsher, *Afghanistan and the Soviet Union* (Durham, NC, 1985), p. 1010.
23 N. Newell and R. Newell, *The Struggle for Afghanistan* (Ithaca, NY, 1981), p. 86.
24 N. Misdaq, *Afghanistan: Political Frailty and External Interference* (2006), p. 108.
25 A. Assifi, 'The Russian Rope: Soviet Economic Motives and the Subversion of Afghanistan', *World Affairs* 145.3 (1982–3), 257.

26 V. Bukovsky, *Reckoning with Moscow: A Dissident in the Kremlin's Archives* (London, 1998), pp. 380–2.

27 Gates, *From the Shadows*, pp. 131–2.

28 US Department of State, Office of Security, *The Kidnapping and Death of Ambassador Adolph Dubs, February 14 1979* (Washington, DC, 1979).

29 D. Cordovez and S. Harrison, *Out of Afghanistan: The Inside Story of the Soviet Withdrawal* (Oxford, 1995), p. 35; D. Camp, *Boots on the Ground: The Fight to Liberate Afghanistan from Al-Qaeda and the Taliban* (Minneapolis, 2012), pp. 8–9.

30 CIA Briefing Papers, 20 August; 24 August; 11 September; 14 September; 20 September; Gates, *From the Shadows*, pp. 132–3.

31 'What Are the Soviets Doing in Afghanistan?', 17 September 1979, National Security Archive.

32 D. MacEachin, *Predicting the Soviet Invasion of Afghanistan: The Intelligence Community's Record* (Washington, DC, 2002); O. Sarin and L. Dvoretsky, *The Afghan Syndrome: The Soviet Union's Vietnam* (Novato, CA, 1993), pp. 79–84.

33 M. Brecher and J. Wilkenfeld, *A Study of Crisis* (Ann Arbor, MI, 1997), p. 357.

34 *Pravda*, 29, 30 December 1979.

35 Amstutz, *Afghanistan*, pp. 43–4. These rumours were so strong – and presumably so persuasive – that Ambassador Dubs himself had made enquiries with the CIA to check if they were true, Braithwaite, *Afgantsy*, pp. 78–9. For gossip spread locally, R. Garthoff, *Détente and Confrontation: Soviet–American Relations from Nixon to Reagan* (Washington, DC, 1985), p. 904. Also here Andrew and Mitrokhin, *Mitrokhin Archive II*, pp. 393–4.

36 A. Lyakhovskii, *Tragediya i doblest' Afgana* (Moscow, 1995), p. 102.

37 Braithwaite, *Afgantsy*, pp. 78–9, 71; Lyakhovskii, *Tragediya i doblest' Afgana*, p. 181.

38 Cited by V. Zubok, *A Failed Empire: The Soviet Union in the Cold War from Stalin to Gorbachev* (Chapel Hill, NC, 2007), p. 262; Coll, *Ghost Wars*, p. 48.

39 'Meeting of the Politburo Central Committee', 17 March 1979, pp. 142–9, in Dimitrakis, *Secret War*, p. 133.

40 Lyakhovskii, *Tragediya i doblest' Afgana*, pp. 109–12.

41 *Pravda*, 13 January 1980.

42 Braithwaite, *Afgantsy*, p. 77.

43 'The Current Digest of the Soviet Press', *American Association for the Advancement of Slavic Studies* 31 (1979), 4.

44 Zubok, *A Failed Empire*, p. 262.

45 Lyakhovskii, *Tragediya i doblest' Afgana*, p. 215.

46 *Pravda*, 13 January 1980.

47 Cited by Lyakhovskii, *Tragediya i doblest' Afgana*, p. 252.

48 Brzezinski downplays such warnings, *Power and Principle*, pp. 472–5; Vance, *Hard Choices*, pp. 372–3; Glad, *Outsider in the White House*, pp. 176–7.

49 D. Harris, *The Crisis: The President, the Prophet, and the Shah: 1979 and the Coming of Militant Islam* (New York, 2004), p. 193.

50 Ibid., pp. 199–200.

51 Farber, *Taken Hostage*, pp. 41–2.

52 Saunders, 'Diplomacy and Pressure, November 1979 – May 1980', in W. Christopher (ed.), *American Hostages in Iran: Conduct of a Crisis* (New Haven, 1985), pp. 78–9.

53 H. Alikhani, *Sanctioning Iran: Anatomy of a Failed Policy* (New York, 2001), p. 67.

54 'Rivals doubt Carter will retain poll gains after Iran crisis', *Washington Post*, 17 December 1979. See here C. Emery, 'The Transatlantic and Cold War Dynamics of Iran Sanctions, 1979–80', *Cold War History* 10.3 (2010), 374–6.

55 'Text of Khomeini speech', 20 November 1979, NSC memo to President Carter, cited by Emery, 'Iran Sanctions', 374.

56 Ibid.

57 Ibid., 375.

58 'The Hostage Situation', Memo from the Director of Central Intelligence, 9 January 1980, cited by Emery, 'Iran Sanctions', 380.

59 Carter, *Keeping Faith*, p. 475.

60 Ibid. Also G. Sick, 'Military Operations and Constraints', in Christopher, *American Hostages in Iran*, pp. 144–72.

61 Woodrow Wilson Center, *The Origins, Conduct, and Impact of the Iran–Iraq War, 1980–1988: A Cold War International History Project Document Reader* (Washington, DC, 2004).

62 'NSC on Afghanistan', Fritz Ermath to Brzezinski, cited by Emery, 'Iran Sanctions', 379.

63 'The State of the Union. Address Delivered Before a Joint Session of the Congress', 23 January 1980, p. 197.

64 M. Bowden, *Guests of the Ayatollah: The First Battle in America's War with Militant Islam* (2006), pp. 359–61.

65 J. Kyle and J. Eidson, *The Guts to Try: The Untold Story of the Iran Hostage Rescue Mission by the On-Scene Desert Commander* (New York, 1990); also P. Ryan, *The Iranian Rescue Mission: Why It Failed* (Annapolis, 1985).

66 S. Mackey, *The Iranians: Persia, Islam and the Soul of a Nation* (New York, 1996), p. 298.

67 Brzezinski to Carter, 3 January 1980, in H. Brands, 'Saddam Hussein, the United States, and the Invasion of Iran: Was There a Green Light?', *Cold War History* 12.2 (2012), 322–3; also see O. Njølstad, 'Shifting Priorities: The Persian Gulf in US Strategic Planning in the Carter Years', *Cold War History* 4.3 (2004), 30–8.

68 R. Takeyh, 'The Iran–Iraq War: A Reassessment', *Middle East Journal* 64 (2010), 367.

69 A. Bani-Sadr, *My Turn to Speak: Iran, the Revolution and Secret Deals with the US* (Washington, DC, 1991), pp. 13, 70–1; D. Hiro, *Longest War: The Iran–Iraq Military Conflict* (New York, 1991), pp. 71–2; S. Fayazmanesh, *The United States and Iran: Sanctions, Wars and the Policy of Dual Containment* (New York, 2008), pp. 16–17.

70 Brands, 'Saddam Hussein, the United States, and the Invasion of Iran', 321–37.

71 K. Woods and M. Stout, 'New Sources for the Study of Iraqi Intelligence during the Saddam Era', *Intelligence and National Security* 25.4 (2010), 558.

72 'Transcript of a Meeting between Saddam Hussein and his Commanding Officers at the Armed Forces General Command', 22 November 1980, cited by H. Brands and D. Palkki, 'Saddam Hussein, Israel, and the Bomb: Nuclear Alarmism Justified?', *International Security* 36.1 (2011), 145–6.

73 'Meeting between Saddam Hussein and High-Ranking Officials', 16 September 1980, in K. Woods, D. Palkki and M. Stout (eds), *The Saddam Tapes: The Inner Workings of a Tyrant's Regime* (Cambridge, 2011), p. 134.

74 Cited by Brands and Palkki, 'Saddam, Israel, and the Bomb', 155.

75 'President Saddam Hussein Meets with Iraqi Officials to Discuss Political Issues', November 1979, in Woods, Palkki and Stout, *Saddam Tapes*, p. 22.

76 Cited by Brands, 'Saddam Hussein, the United States, and the Invasion of Iran', 331. For Saddam's paranoid views, see K. Woods, J. Lacey and W. Murray, 'Saddam's Delusions: The View from the Inside', *Foreign Affairs* 85.3 (2006), 2–27.

77 J. Parker, Persian Dreams: Moscow and Teheran since the Fall of the Shah (Washington, DC, 2009), pp. 6–10.

78 Brands, 'Saddam Hussein, the United States, and the Invasion of Iran', 331.

79 O. Smolansky and B. Smolansky, The USSR and Iraq: The Soviet Quest for Influence (Durham, NC, 1991), pp. 230–4.

80 'Military Intelligence Report about Iran', 1 July 1980, cited by Brands, 'Saddam Hussein, the United States, and the Invasion of Iran', 334. Also H. Brands, 'Why Did Saddam Hussein Invade Iran? New Evidence on Motives, Complexity, and the Israel Factor', Journal of Military History 75 (2011), 861–5; idem, 'Saddam and Israel: What Do the New Iraqi Records Reveal?', Diplomacy & Statecraft 22.3 (2011), 500–20.

81 Brands, 'Saddam Hussein, the United States, and the Invasion of Iran', 323.

82 Sick, All Fall Down, pp. 313–14; J. Dumbrell, The Carter Presidency: A Re-Evaluation (Manchester, 2005), p. 171.

83 Brzezinski, Power and Principle, p. 504.

84 J.-M. Xaviere (tr.), Sayings of the Ayatollah Khomeini: Political, Philosophical, Social and Religious: Extracts from Three Major Works by the Ayatollah (New York, 1980), pp. 8–9.

85 E. Abrahamian, Khomeinism: Essays on the Islamic Republic (London, 1989), p. 51.

86 T. Parsi, The Treacherous Alliance: The Secret Dealings of Iran, Israel and the United States (New Haven, 2007), p. 107.

87 R. Claire, Raid on the Sun: Inside Israel's Secret Campaign that Denied Saddam Hussein the Bomb (New York, 2004).

88 Woods, Palkki and Stout, Saddam Tapes, p. 79.

89 'Implications of Iran's Victory over Iraq', 8 June 1982, National Security Archive.

90 The Times, 14 July 1982.

91 G. Shultz, Turmoil and Triumph: Diplomacy, Power and the Victory of the American Deal (New York, 1993), p. 235.

92 B. Jentleson, Friends Like These: Reagan, Bush, and Saddam, 1982–1990 (New York, 1994), p. 35; J. Hiltermann, A Poisonous Affair: America, Iraq and the Gassing of Halabja (Cambridge, 2007), pp. 42–4.

93 'Talking Points for Amb. Rumsfeld's Meeting with Tariq Aziz and Saddam Hussein', 14 December 1983, cited by B. Gibson, Covert Relationship: American Foreign Policy, Intelligence and the Iran–Iraq War, 1980–1988 (Santa Barbara, 2010), pp. 111–12.

94 Cited by Gibson, Covert Relationship, p. 113.

95 H. Brands and D. Palkki, 'Conspiring Bastards: Saddam Hussein's Strategic View of the United States', Diplomatic History 36.3 (2012), 625–59.

96 'Talking Points for Ambassador Rumsfeld's Meeting with Tariq Aziz and Saddam Hussein', 4 December 1983, cited by Gibson, Covert Relationship, p. 111.

97 Gibson, Covert Relationship, pp. 113–18.

98 Admiral Howe to Secretary of State, 'Iraqi Use of Chemical Weapons', 1 November 1983, cited by Gibson, Covert Relationship, p. 107.

99 Cited by Z. Fredman, 'Shoring up Iraq, 1983 to 1990: Washington and the Chemical Weapons Controversy', Diplomacy & Statecraft 23.3 (2012), 538.

100 The United Nations Security Council passed Resolution 540, calling for an end to military operations, but falling short of mentioning chemical weapons. According to one senior UN official, when the secretary-general, Javier Pérez de Cuéllar, raised the issue of looking into this matter, 'he encountered an antarctically cold atmosphere; the Security Council wanted nothing of it'. Hiltermann, A Poisonous Affair, p. 58. Also here see Gibson, Covert Relationship, pp. 108–9.

101 Fredman, 'Shoring up Iraq', 539.

102 'Iraqi Use of Chemical Weapons', in Gibson, Covert Relationship, p. 108.

103 Fredman, 'Shoring Up Iraq', 542.

104 A. Neier, 'Human Rights in the Reagan Era: Acceptance by Principle', Annals of the American Academy of Political and Social Science 506.1 (1989), 30–41.

105 Braithwaite, Afgantsy, pp. 201–2, and M. Bearden and J. Risen, Afghanistan: The Main Enemy (New York, 2003), pp. 227, 333–6.

106 Braithwaite, *Afgantsy*, p. 214; D. Gai and V. Snegirev, *Vtorozhenie* (Moscow, 1991), p. 139.
107 Braithwaite, *Afgantsy*, pp. 228–9.
108 Ibid., p. 223.
109 J. Hershberg, 'The War in Afghanistan and the Iran–Contra Affair: Missing Links?', *Cold War History* 3.3 (2003), 27.
110 National Security Decision Directive 166, 27 March 1985, National Security Archive.
111 Hershberg, 'The War in Afghanistan and the Iran–Contra Affair', 28; also H. Teicher and G. Teicher, *Twin Pillars to Desert Storm: America's Flawed Vision in the Middle East from Nixon to Bush* (New York, 1993), pp. 325–6.
112 Braithwaite, *Afgantsy*, p. 215.
113 Coll, *Ghost Wars*, pp. 161–2, 71–88.

......

116 Braithwaite, *Afgantsy*, pp. 202–3.
117 Cited by Teicher and Teicher, *Twin Pillars to Desert Storm*, p. 328.
118 'Toward a Policy in Iran', in *The Tower Commission Report: The Full Text of the President's Special Review Board* (New York, 1987), pp. 112–15.
119 H. Brands, 'Inside the Iraqi State Records: Saddam Hussein, "Irangate" and the United States', *Journal of Strategic Studies* 34.1 (2011), 103.
120 H. Emadi, *Politics of the Dispossessed: Superpowers and Developments in the Middle East* (Westport, CT, 2001), p. 41.
121 Hershberg, 'The War in Afghanistan and the Iran–Contra Affair', 30–1.
122 Ibid., 35, 37–9.
123 M. Yousaf and M. Adkin, *The Bear Trap* (London, 1992), p. 150.
124 'Memorandum of Conversation, 26 May 1986', *Tower Commission Report*, pp. 311–12; Hershberg, 'The War in Afghanistan and the Iran–Contra Affair', 40, 42.
125 Cited by Hershberg, 'The War in Afghanistan and the Iran–Contra Affair', 39.
126 S. Yetiv, *The Absence of Grand Strategy: The United States in the Persian Gulf, 1972–2005* (Baltimore, 2008), p. 57.
127 E. Hooglund, 'The Policy of the Reagan Administration toward Iran', in Keddie and Gasiorowski, *Neither East nor West*, p. 190. For another example, see Brands, 'Inside the Iraqi State Records', 100.
128 K. Woods, *Mother of All Battles: Saddam Hussein's Strategic Plan for the Persian Gulf War* (Annapolis, 2008), p. 50.
129 B. Souresrafil, *Khomeini and Israel* (London, 1988), p. 114.
130 *Report of the Congressional Committees Investigating the Iran–Contra Affair, with Supplemental, Minority, and Additional Views* (Washington, DC, 1987), p. 176.
131 For the arms sales, *Report of the Congressional Committees Investigating the Iran–Contra Affair*, passim.
132 A. Hayes, 'The Boland Amendments and Foreign Affairs Deference', *Columbia Law Review* 88.7 (1988), 1534–74.
133 'Address to the Nation on the Iran Arms and Contra Aid Controversy', 13 November 1986, *PPPUS: Ronald Reagan, 1986*, p. 1546.
134 'Address to the Nation on the Iran Arms and Contra Aid Controversy', 4 March 1987, *PPPUS: Ronald Reagan, 1987*, p. 209.
135 L. Walsh, *Final Report of the Independent Counsel for Iran/Contra Matters*, 4 vols (Washington, DC, 1993).
136 G. H. W. Bush, 'Grant of Executive Clemency', Proclamation 6518, 24 December 1992, *Federal Register* 57.251, pp. 62145–6.

137 'Cabinet Meeting regarding the Iran–Iraq War, mid-November 1986', and 'Saddam Hussein Meeting with Ba'ath Officials', early 1987, both cited by Brands, 'Inside the Iraqi State Records', 105.

138 'Saddam Hussein Meeting with Ba'ath Officials', early 1987, cited by Brands, 'Inside the Iraqi State Records', 112–13.

139 Ibid., 113.

140 *Comprehensive Report of the Special Advisor to the Director of Central Intelligence on Iraq's Weapons of Mass Destruction*, 3 vols (2004), 1, p. 31; Brands, 'Inside the Iraqi State Records', 113.

141 Colin Powell Notes of meeting 21 January 1987, Woodrow Wilson Center, *The Origins, Conduct, and Impact of the Iran–Iraq War.*

142 Brands, 'Inside the Iraqi State Records', 112.

143 D. Neff, 'The US, Iraq, Israel and Iran: Backdrop to War', *Journal of Palestinian Studies* 20.4 (1991), 35.

144 Brands and Palkki, 'Conspiring Bastards', 648.

145 Fredman, 'Shoring Up Iraq', 548.

146 WikiLeaks, 90 BAGHDAD 4237.

147 'Excerpts from Iraqi Document on Meeting with US Envoy', *New York Times*, 23 September 1990.

第二十五章　伊战之路

1 Paul to Foreign & Commonwealth Office, 'Saddam Hussein al-Tikriti', 20 December 1969, FCO 17/871; 'Saddam Hussein', Telegram from British Embassy, Baghdad to Foreign and Commonwealth Office, London, 20 December 1969, FCO 17/871.

2 'Rumsfeld Mission: December 20 Meeting with Iraqi President Saddam Hussein', National Security Archive. For the French and Saddam, C. Saint-Prot, *Saddam Hussein: un gaullisme arabe?* (Paris, 1987); also see D. Styan, *France and Iraq: Oil, Arms and French Policy Making in the Middle East* (London, 2006).

3 'Saddam and his Senior Advisors Discussing Iraq's Historical Rights to Kuwait and the US Position', 15 December 1990, in Woods, Palkki and Stout, *Saddam Tapes*, pp. 34–5.

4 President George H. W. Bush, 'National Security Directive 54. Responding to Iraqi Aggression in the Gulf', 15 January 1991, National Security Archive.

5 G. Bush, *Speaking of Freedom: The Collected Speeches of George H. W. Bush* (New York, 2009), pp. 196–7.

6 J. Woodard, *The America that Reagan Built* (Westport, CT, 2006), p. 139, n. 39.

7 President George H. W. Bush, 'National Security Directive 54. Responding to Iraqi Aggression in the Gulf'.

8 G. Bush and B. Scowcroft, *A World Transformed* (New York, 1998), p. 489.

9 Cited by J. Connelly, 'In Northwest: Bush–Cheney Flip Flops Cost America in Blood', *Seattle Post-Intelligencer*, 29 July 2004. Also see B. Montgomery, *Richard B. Cheney and the Rise of the Imperial Vice Presidency* (Westport, CT, 2009), p. 95.

10 W. Martel, *Victory in War: Foundations of Modern Strategy* (Cambridge, 2011), p. 248.

11 President Bush, 'Address before a Joint Session of the Congress on the State of the Union', 28 January 1992, *PPPUS: George Bush, 1992–1993*, p. 157.

12 For the collapse of the Soviet Union, see S. Plokhy, *The Last Empire: The Final Days of the Soviet Union* (New York, 2014); for China in this period, L. Brandt and T. Rawski (eds), *China's Great Economic Transformation* (Cambridge, 2008).

13 Bush, 'State of the Union,' 28 January 1992, p. 157.

14 UN Resolution 687 (1991), Clause 20.

15 S. Zahdi and M. Smith Fawzi, 'Health of Baghdad's Children', *Lancet* 346.8988 (1995), 1485; C. Ronsmans et al., 'Sanctions against Iraq', *Lancet* 347.8995 (1996), 198–200. The mortality figures were later revised downwards, S. Zaidi, 'Child Mortality in Iraq', *Lancet* 350.9084 (1997), 1105.

16 *60 Minutes*, CBS, 12 May 1996.

17 B. Lambeth, *The Unseen War: Allied Air Power and the Takedown of Saddam Hussein* (Annapolis, 2013), p. 61.

18 For an overview here, see C. Gray, 'From Unity to Polarization: International Law and the Use of Force against Iraq', *European Journal of International Law* 13.1 (2002), 1–19. Also A. Bernard, 'Lessons from Iraq and Bosnia on the Theory and Practice of No-Fly Zones', *Journal of Strategic Studies* 27 (2004), 454–78.

19 Iraq Liberation Act, 31 October 1998.

20 President Clinton, 'Statement on Signing the Iraq Liberation Act of 1998', 31 October 1998, *PPPUS: William J. Clinton, 1998*, pp. 1938–9.

21 S. Aubrey, *The New Dimension of International Terrorism* (Zurich, 2004), pp. 53–6; M. Ensalaco, *Middle Eastern Terrorism: From Black September to September 11* (Philadelphia, 2008), pp. 183–6; for the Dharan attack, however, note C. Shelton, 'The Roots of Analytic Failure in the US Intelligence Community', *International Journal of Intelligence and CounterIntelligence* 24.4 (2011), 650–1.

22 Response to the Clinton letter, undated, 1999. Clinton Presidential Records, Near Eastern Affairs, Box 2962; Folder: Iran–US, National Security Archive. For Clinton's dispatch, delivered by the Foreign Minister of Oman, see 'Message to President Khatami from President Clinton', undated, 1999, National Security Archive.

23 'Afghanistan: Taliban seeks low-level profile relations with [United States government] – at least for now', US Embassy Islamabad, 8 October 1996, National Security Archive.

24 'Afghanistan: Jalaluddin Haqqani's emergence as a key Taliban Commander', US Embassy Islamabad, 7 January 1997, National Security Archive.

25 'Usama bin Ladin: Islamic Extremist Financier', CIA biography 1996, National Security Archive.

26 'Afghanistan: Taliban agrees to visits of militant training camps, admit Bin Ladin is their guest', US Consulate (Peshawar) cable, 9 January 1996, National Security Archive.

27 Ibid.

28 *National Commission on Terrorist Attacks upon the United States* (Washington, DC, 2004), pp. 113–14.

29 President Clinton, 'Address to the Nation', 20 August 1998, *PPPUS: Clinton, 1998*, p. 1461. Three days earlier, the President had given his now famous testimony that the previous statement he had given, 'I did not have sexual relations with that woman, Miss [Monica] Lewinsky,' was truthful and that his claim that 'there is not a sexual relationship, an improper sexual relationship or any other kind of improper relationship' was correct, depending 'on what the meaning of the word "is" is', *Appendices to the Referral to the US House of Representatives* (Washington, DC, 1998), 1, p. 510.

30 'Afghanistan: Reaction to US Strikes Follows Predictable Lines: Taliban Angry, their Opponents Support US', US Embassy (Islamabad) cable, 21 August 1998, National Security Archive.

31 'Bin Ladin's Jihad: Political Context', US Department of State, Bureau of Intelligence and Research, Intelligence Assessment, 28 August 1998, National Security Archive.

32 'Afghanistan: Taliban's Mullah Omar's 8/22 Contact with State Department', US Department of State cable, 23 August 1998, National Security Archive.

33 'Osama bin Laden: Taliban Spokesman Seeks New Proposal for Resolving bin Laden Problem', US Department of State cable, 28 November 1998, National Security Archive.

34 Ibid.
35 'Afghanistan: Taliban's Mullah Omar's 8/22 Contact with State Department', US Department of State cable, 23 August 1998, National Security Archive.
36 Ibid.
37 For example, 'Afghanistan: Tensions Reportedly Mount within Taliban as Ties with Saudi Arabia Deteriorate over Bin Ladin', US Embassy (Islamabad) cable, 28 October 1998; 'Usama bin Ladin: Coordinating our Efforts and Sharpening our Message on Bin Ladin', US Embassy (Islamabad) cable, 19 October 1998; 'Usama bin Ladin: Saudi Government Reportedly Turning the Screws on the Taliban on Visas', US Embassy (Islamabad) cable, 22 December 1998, National Security Archive.
38 *Osama bin Laden: A Case Study*, Sandia Research Laboratories, 1999, National Security Archive.
39 'Afghanistan: Taleban External Ambitions', US Department of State, Bureau of Intelligence and Research, 28 October 1998, National Security Archive.
40 A. Rashid, *Taliban: The Power of Militant Islam in Afghanistan and Beyond* (rev. edn, London, 2008).
41 *Osama bin Laden: A Case Study*, p. 13.
42 'Bin Ladin Determined to Strike in US', 6 August 2001, National Security Archive.
43 'Searching for the Taliban's Hidden Message', US Embassy (Islamabad) cable, 19 September 2000, National Security Archive.
44 *The 9/11 Commission Report: Final Report of the National Commission on Terrorist Attacks upon the United States* (New York, 2004), p. 19.
45 Ibid., passim.
46 President George W. Bush, Address to the Nation on the Terrorist Attacks, 11 September 2001, *PPPUS: George W. Bush, 2001*, pp. 1099–100.
47 'Arafat Horrified by Attacks, But Thousands of Palestinians Celebrate; Rest of World Outraged', Fox News, 12 September 2001.
48 Statement of Abdul Salam Zaeef, Taliban ambassador to Pakistan, 12 September 2001, National Security Archive.
49 Al-Jazeera, 12 September 2001.
50 'Action Plan as of 9/13/2001, 7:55am', US Department of State, 13 September 2001, National Security Archive.
51 'Deputy Secretary Armitage's Meeting with Pakistani Intel Chief Mahmud: You're Either with Us or You're Not', US Department of State, 13 September 2001, National Security Archive.
52 'Message to Taliban', US Department of State cable, 7 October 2001, National Security Archive.
53 'Memorandum for President Bush: Strategic Thoughts', Office of the Secretary of Defense, 30 September 2001, National Security Archive.
54 President Bush, State of the Union address, 29 January 2002, *PPPUS: Bush, 2002*, p. 131.
55 'US Strategy in Afghanistan: Draft for Discussion', National Security Council Memorandum, 16 October 2001, National Security Archive.
56 'Information Memorandum. Origins of the Iraq Regime Change Policy', US Department of State, 23 January 2001, National Security Archive.
57 'Untitled', Donald Rumsfeld notes, 27 November 2001, National Security Archive.
58 Ibid.
59 'Europe: Key Views on Iraqi Threat and Next Steps', 18 December 2001; 'Problems and Prospects of "Justifying" War with Iraq', 29 August 2002. Both issued by US Department of State, Bureau of Intelligence and Research Intelligence Assessment, National Security Archive. Lord Goldsmith to Prime Minister, 'Iraq', 30 July 2002;

'Iraq: Interpretation of Resolution 1441', Draft, 14 January 2003; 'Iraq: Interpretation of Resolution 1441', Draft, 12 February 2003, The Iraq Enquiry Archive.

60 'To Ousted Boss, Arms Watchdog Was Seen as an Obstacle in Iraq', *New York Times*, 13 October 2013.

61 'Remarks to the United Nations Security Council', 5 February 2003, National Security Archive.

62 'The Status of Nuclear Weapons in Iraq', 27 January 2003, IAEA, National Security Archive.

63 'An Update on Inspection', 27 January 2003, UNMOVIC, National Security Archive.

64 Woods and Stout, 'New Sources for the Study of Iraqi Intelligence', esp. 548–52.

65 'Remarks to the United Nations Security Council', 5 February 2003; cf. 'Iraqi Mobile Biological Warfare Agent Production Plants', CIA report, 28 May 2003, National Security Archive.

66 'The Future of the Iraq Project', State Department, 20 April 2003, National Security Archive.

67 Ari Fleischer, Press Briefing, 18 February 2003; Paul Wolfowitz, 'Testimony before House Appropriations Subcommittee on Defense', 27 March 2003.

68 'US Strategy in Afghanistan: Draft for Discussion', National Security Council Memorandum, 16 October 2001, National Security Archive.

69 Planning Group Polo Step, US Central Command Slide Compilation, c. 15 August 2002, National Security Archive.

70 H. Fischer, 'US Military Casualty Statistics: Operation New Dawn, Operation Iraqi Freedom and Operation Enduring Freedom', *Congressional Research Service*, RS22452 (Washington, DC, 2014).

71 Estimates of numbers of civilian casualties in Iraq and Afghanistan between 2001 and 2014 are regularly placed within the range of 170,000–220,000. See for example www.costsofwar.org.

72 L. Bilmes, 'The Financial Legacy of Iraq and Afghanistan: How Wartime Spending Decisions Will Constrain Future National Security Budgets', *Harvard Kennedy School Faculty Research Working Paper Series*, March 2013.

73 R. Gates, *Memoirs of a Secretary at War* (New York, 2014), p. 577.

74 'How is Hamid Karzai Still Standing?', *New York Times*, 20 November 2013.

75 'Memorandum for President Bush: Strategic Thoughts', National Security Archive.

76 '"Rapid Reaction Media Team" Concept', US Department of Defense, Office of the Assistant Secretary for Special Operations and Low-Intensity Conflict, 16 January 2003, National Security Archive.

77 M. Phillips, 'Cheney Says He was Proponent for Military Action against Iran', *Wall Street Journal*, 30 August 2009.

78 'Kerry presses Iran to prove its nuclear program peaceful', Reuters, 19 November 2013.

79 'Full Text: Al-Arabiya Interview with John Kerry', 23 January 2014, www.alarabiya.com.

80 President Obama, 'Remarks by the President at AIPAC Policy Conference', 4 March 2012, White House.

81 D. Sanger, 'Obama Order Sped Up Wave of Cyber-Attacks against Iran', *New York Times*, 1 June 2012; idem, *Confront and Conceal: Obama's Secret Wars and Surprising Use of American Power* (New York, 2012).

结语: 新丝绸之路

1　B. Gelb, *Caspian Oil and Gas: Production and Prospects* (2006); *BP Statistical Review of World Energy June 2006*; PennWell Publishing Company, *Oil & Gas Journal*, 19 December 2005; Energy Information Administration, *Caspian Sea Region: Survey of Key Oil and Gas Statistics and Forecasts*, July 2006; 'National Oil & Gas Assessment', US Geological Survey (2005).

2　T. Klett, C. Schenk, R. Charpentier, M. Brownfield, J. Pitman, T. Cook and M. Tennyson, 'Assessment of Undiscovered Oil and Gas Resources of the Volga-Ural Region Province, Russia and Kazakhstan', US Geological Service (2010), pp. 3095–6.

3　Zelenyi Front, 'Vyvoz chernozema v Pesochine: brakon'ervy zaderrzhany', Press Release (Kharkiv, 12 June 2011).

4　World Bank, *World Price Watch* (Washington, DC, 2012).

5　Afghanistan is responsible for 74 per cent of global opium production, down from 92 per cent in 2007, *United Nations Office on Drugs and Crime – World Drug Report 2011* (Vienna, 2011), p. 20. Ironically, as local opium prices show, the more effective the campaign to reduce opium production, the higher the prices – and hence the more lucrative cultivation and trafficking become. For some recent figures, see *Afghanistan Opium Price Monitoring: Monthly Report* (Ministry of Counter Narcotics, Islamic Republic of Afghanistan, Kabul, and United Nations Office on Drugs and Crime, Kabul, March 2010).

6　'Lifestyles of the Kazakhstani leadership', US diplomatic cable, EO 12958, 17 April 2008, WikiLeaks.

7　*Guardian*, 20 April 2015

8　'President Ilham Aliyev – Michael (Corleone) on the Outside, Sonny on the Inside', US diplomatic cable, 18 September 2009, WikiLeaks EO 12958; for Aliyev's property holding in Dubai, *Washington Post*, 5 March 2010.

9　Quoted in 'HIV created by West to enfeeble third world, claims Mahmoud Ahmadinejad', *Daily Telegraph*, 18 January 2012.

10　Hillary Clinton, 'Remarks at the New Silk Road Ministerial Meeting', New York, 22 September 2011, US State Department.

11　J. O'Neill, *Building with Better BRICS*, Global Economics Paper, No. 66, Goldman Sachs (2003); R. Sharma, *Breakout Nations: In Pursuit of the Next Economic Miracles* (London, 2012); J. O'Neill, *The Growth Map: Economic Opportunity in the BRICs and Beyond* (London, 2011).

12　Jones Lang Lasalle, *Central Asia: Emerging Markets with High Growth Potential* (February 2012).

13　www.rotana.com/erbilrotana.

14　*The World in London: How London's Residential Resale Market Attracts Capital from across the Globe*, Savills Research (2011).

15　The Cameroon international star, Samuel Eto'o, signed from Barcelona in 2011, Associated Press, 23 August 2011. The opening of the 2010 Under-17 Women's World Cup was marked by a ten-minute opening ceremony featuring 'award-winning dance group Shiv Shakit', 'Grand Opening: Trinbagonian treat in store for U-17 Women's World Cup', *Trinidad Express*, 27 August 2010.

16　T. Kutchins, T. Sanderson and D. Gordon, *The Northern Distribution Network and the Modern Silk Road: Planning for Afghanistan's Future*, Center for Strategic and International Studies (Washington, DC, 2009).

17　I. Danchenko and C. Gaddy, 'The Mystery of Vladimir Putin's Dissertation', edited version of presentations by the authors at a Brookings Institution Foreign Policy Program panel, 30 March 2006.

18 'Putin pledges $43 billion for infrastructure', Associated Press, 21 June 2013. For estimates, see International Association 'Coordinating Council on Trans-Siberian Transportation', 'Transsib: Current Situation and New Business Perspectives in Europe–Asian Traffic', UNECE Workgroup, 9 September 2013.

19 See for example the *Beijing Times*, 8 May 2014.

20 'Hauling New Treasure along Silk Road', *New York Times*, 20 July 2013.

21 For a report on China's impact on retail gold prices, World Gold Council, *China's Gold Market: Progress and Prospects* (2014). Sales in China of Prada and related companies rose by 40 per cent in 2011 alone, *Annual Report, Prada Group* (2011). By the end of 2013, Prada Group's revenues in Greater China were almost double those of North and South America combined, *Annual Report* (2014).

22 See for example the recent announcement of a $46bn investment to build the China–Pakistan Economic Corridor, Xinhua, 21 April 2015.

23 *Investigative Report on the US National Security Issues Posed by Chinese Telecommunications Companies Huawei and ZTE*, US House of Representatives Report, 8 October 2012.

24 Department of Defense, *Sustaining US Global Leadership: Priorities for 21st Century Defense* (Washington, DC, 2012).

25 President Obama, 'Remarks by the President on the Defense Strategic Review', 5 January 2012, White House.

26 Ministry of Defence, *Strategic Trends Programme: Global Strategic Trends – Out to 2040* (London, 2010), p. 10.

27 International Federation for Human Rights, *Shanghai Cooperation Organisation: A Vehicle for Human Rights Violations* (Paris, 2012).

28 'Erdoğan's Shanghai Organization remarks lead to confusion, concern', *Today's Zaman*, 28 January 2013.

29 Hillary Clinton, 'Remarks at the New Silk Road Ministerial Meeting', 22 September 2011, New York City.

30 President Xi Jinping, 'Promote People-to-People Friendship and Create a Better Future', 7 September 2013, Xinhua.

| 致谢 |

世上没有任何地方比牛津大学更适合做历史学家的工作了。这里的图书馆和博物馆都是一流的，图书馆员在查找资料方面的才能也是一流的。我特别要感谢博德利图书馆（Bodleian Library）、东方学院图书馆（Oriental Institute Library）、塞克勒图书馆（Sackler Library）、泰勒斯拉夫语和现代希腊语图书馆（Taylor Slavonic and Modern Greek Library）和圣安东尼学院（St Antony's College）的中东图书馆，以及所有这些图书馆的工作人员。没有牛津大学数量惊人的文献资源，没有工作人员在寻找资料时的耐心协助，这本书就不可能完成。

我在邱区（Kew）的国家档案馆花了大量的时间阅读国外收藏的信件、电文和备忘录，翻阅内阁的会议记录，或查阅国防部的提案——所有这些文件都能在40分钟之内摆到我的面前。我对那里的所有工作人员为我提供的高效服务和礼待表示衷心的感谢。

剑桥大学图书馆允许我查阅哈丁勋爵（Lord Hardinge）的文案；剑桥丘吉尔学院丘吉尔档案馆允许我阅读莫里斯·汉基（Maurice Hankey）的私人日记，以及马克·艾布拉姆斯（Mark Abrams）所编纂的"宣传研究论文"（Propaganda Research Section Papers）。我必须感谢华威大学（University of

545

Warwick）的英国石油档案馆和档案馆经理彼得·豪斯戈（Peter Housego）先生，是他为我找出了英国石油公司及其前身英波和英伊石油公司的相关资料。

我还要感激乔治·华盛顿大学的美国国家安全档案馆，这是一个收集20世纪和21世纪有关国际事务，特别是有关美国历史机密文件的非国家性收藏馆。这是近几十年来重要文献的一个资源宝库。在这样的地方能一次性找到大量文献，省去了我不断往返大西洋的行程和时间。

我要谢谢牛津伍斯特（Worcester）学院的院长和众董事，因为我曾在约20年前做过这里的初级研究员，他们一直都对我相当关照。我很荣幸能和牛津拜占庭研究中心的诸位学者共事，特别是所里的马克·惠托（Mark Whittow），他为我提供了无尽的资源、鼓励和灵感。与牛津大学和其他地方的朋友们的交流探讨，以及跨越英国、欧洲、亚洲与非洲的旅行，都能帮助我提炼出许多好的想法，同时抛弃一些糟糕的观念。

一些同事和朋友阅读过本书的某些章节，我对他们都表示深深的感谢。保罗·卡特利奇（Paul Cartledge）、艾佛瑞尔·卡梅伦（Averil Cameron）、克里斯托弗·泰尔曼（Christopher Tyerman）、马里克·简柯维克（Marek Jankowiak）、多米尼克·帕维兹·布鲁克肖（Dominic Parviz Brookshaw）、丽莎·贾丁（Lisa Jardine）、玛丽·莱文（Mary Laven）、希娜·法策尔（Seena Fazel）、科林·格林伍德（Colin Greenwood）、安东尼·麦高恩（Anthony McGowan）和尼古拉斯·温莎（Nicholas Windsor），都为此书提出过改进建议。我还要谢谢安吉拉·麦克莱恩（Angela McLean），她向我提供了有关瘟疫和传染病如何在中亚传播的最新研究成果。

近年来，史学著作都倾向于关注一些较短时间段内越来越窄的研究课题。因此我非常感谢布鲁姆斯伯里（Bloomsbury）出版社和诺普夫（Knopf）出版社愿意为一本内容跨越多个世纪、多个大陆、多种文化的书提供一个归宿。我的责编迈克尔·菲什威克（Michael Fishwick）自始至终都在支持和鼓励我拓展视野，并一直极具耐心。他的幽默、慧眼和支持都让我觉得弥足珍贵。我还要感激诺普夫出版社的安德鲁·米勒（Andrew Miller），他的发现、质疑和建议都非常及时、有用。

布鲁姆斯伯里出版社里的其他人也值得感谢。安娜·辛普森（Anna Simpson）主管整个进程，是她在确保所有的内容和排序都不会出错——从字体到地图，从图片到分页，从电子版文件到最终做成排版精美的纸质书；彼得·詹姆斯（Peter James）看了几遍手稿，提出了改进意见，非常感谢他的卓见；凯瑟琳·贝斯特（Catherine Best）在校对方面表现出色，指出了我从来没有留意过的错误；而戴维·阿特金森（David Atkinson）则费力帮忙编辑索引；地图制作者是马丁·鲁比科夫斯基（Martin Lubikowski），他的技艺和耐心令人佩服；菲尔·贝雷斯福德（Phil Beresford）负责所有的精美插图；艾玛·尤班克（Emma Ewbank）负责漂亮的外封制作。我还想感谢裘德·德雷克（Jude Drake）和海伦·弗拉德（Helen Flood），他们积极吸引读者都来阅读这本书。

特别应该感谢的还有凯瑟琳·克拉克（Catherine Clarke）。几年前在牛津大学的一次午餐上，是她告诉我也许可以把各种想法汇成一本独立的专著。当时我有点将信将疑，这种怀疑在我深夜写作时也经常浮现出来，真得谢谢她的建议、支持和鼓励。对我在纽约的支持者佐伊·帕格纳门塔（Zoe Pagnamenta）也是一样，感谢他不懈的支持。克洛伊·坎贝尔（Chloe Campbell）是我的守护天使，她通读了初稿的所有章节，非常礼貌地指出了行文当中的不少小差错和坏习惯。

我父母总爱说他们如何教我走路和说话。是他们在我的儿时给了我珍贵的世界地图，并贴在我卧室的墙上（尽管他们不让我用黏胶，也不让我把"星球大战"的贴纸贴在地图的海洋上）。他们教会我独立思考，敢于挑战平日里的所读所闻。幸运的是，我还有兄弟姐妹能够陪伴我成长，我在晚餐桌上能够听到不同的语言、不同的谈话，并偶尔插话发表意见。能倾听别人讲话，知道他们说什么，并真正弄懂他们所要表达的意思，其实是非常重要的。我要感谢我的兄弟姐妹和那些与我一起成长的朋友们，他们严厉的批评与指责为我树立了更高的标准。他们是我认识的少数几个认为学习历史并非难事的人。

我的妻子杰西卡（Jessica）陪伴了我25年，从我们一起读本科时起就一直互相激励。我们争论生命的意义、谈论部落民族的重要，在剑桥学院的酒窖共舞。我必须每天提醒自己有多么幸运：没有她，我根本不可能写成《丝绸之路》。

　　此书同样也是献给我们的四个孩子的。在我从书房或从档案室中回来并思索问题的时候，他们总会关注、聆听并询问一些越来越有趣的问题。卡特里娜（Katarina）、弗洛拉（Flora）、弗兰西斯（Francis）和卢克（Luke）：你们是我的骄傲和欢乐。现在书写完了，我可以随时和你们在花园里玩耍了。

| 译后记 |

——历史，谁在说？

多数史学家和历史爱好者都承认，历史作为史实来讲是一成不变的，因为历史上发生的事情已经发生了，没人可以更改；可以改变的只有当时人和后来人的看法——看得见的和没看见的，从前后看的，从左边看和从右边看的。对于"没看见"的那些历史，后人就开始挖掘、考证、猜测、演绎，于是就出现了历史究竟由谁来说、怎么说、从什么角度来说的问题，于是出现了我们见到的古今中外那么多的著名史书，于是也就有了这部《丝绸之路》。

从西方史的角度来看，我觉得"谁在说"和"怎么说"的问题大致有几种倾向，它们与《丝绸之路》的立意和特色有关，值得注意。首先是汤因比提出的反欧洲中心论的思想，即如果仅仅将民族国家作为历史研究的范畴，将大大限制历史学家的视野。他认为，欧洲没有一个民族国家能够独立说明自身的历史问题，所有的历史现象应该放到更为广阔的范围内比较和考察。第二种是我们常说的非英雄史观，即历史是人民创造的，从人民的角度讲述历史（"全民说"）会比领袖史和英雄史呈现更多的视角。这方面的例子可以举美国历史学家的《美国史》（布林克利著，一部描述美国人民共享大众通俗文化的历史），这可算是一部真正的美国人民史。还有一种就是"线程性"历史，分为"单线程"或"多线程"。"单线程"说史的例子，可以举《极简人类史》（大卫·克里斯蒂安著），它是一部"大历史"研究，将人类史作为宇宙史的一个章节来描述，为读者梳理历史线索，最后就历史进程中的关键节点达成共识；还有更重要的，就是读者手中的这本"多线程"结构的著作《丝绸之路》。

《丝绸之路》充分体现了上述的历史观，以及"谁在说"与"怎么说"的新构想。作者首先定位他的历史视角："数千年来，连接着欧洲和太平洋、坐落在东、西方之间的那块区域，才是地球运转的轴心。"这几乎是提出了一种"东方中心论"。此外，作者基本采用了"全民说"的视角——平民和皇帝都在诉说历史。作者还采用了"多线程"史观，如同文学中的"多视角叙事"。

《丝绸之路》的"新史"特点还在于作者的构思，即作者对于历史该"怎么说"的思考。我们都知道，丝绸之路不仅是一条，但我们用英文说丝绸之路的时候，往往使用单数（Silk Road）。而作者使用这个名词的时候，一直是用复数，包括他的书名。因为在他的"新世界史"架构中，那些"路"都是些值得大书特书的：从4000年前"丝绸之路的创建"到"宗教之路"，从"美国的丝绸之路"到世纪之交的"悲剧之路"，整整25条路，甚至包括了如何打造今天新的"一带一路"。从多线程的"路"来观察世界历史，将世界史重新组合成一个与时俱进的完整体系，的确是一个超乎寻常的构思。

作者同样解决了历史"谁在说"的问题——即大家"都在说"。作者饱览群书，查阅了他在各国图书馆能够找到的所有文献史料，终于写成了这部旁征博引的作品。书中的论述无一找不到出处，那100多页的尾注就是最好的证明，平均每一章都引证近百条文献资源。历史，谁在说？阅读这本书，您能聆听到从远古传来的声音，当然更要听听作者在如何说。

作者彼得·弗兰科潘先生在"说"——贯穿全书的"东方中心"的视角，作品的"多线程"和隐形的"线性史"结构，以及作家对"丝绸之路正在以全新的形式复兴壮大"的期待，足以让您兴奋不已。

翻译这样一部史书，对译者来说是一个不小的挑战。本书合译者孙芳是第十三至第二十五章的贡献者，多谢她的译文。我们在有限时间内竭尽全力搜索和探寻，但无法经常去图书馆核对原文，这些都是遗憾。原著涉及中国的部分都是从海外译本引用的，从原著的英文再翻译成中文的人名、地名和古典原句，查对十分费时。好在有中亚史专家徐文堪先生把关审校，剔除了译作中的不少谬误。当然，不可避免地还是会有漏网之鱼，恳请广大读者慧眼纠错。

最后要谢谢上海读客图书的责任编辑沈骏、盛亮先生的辛勤工作。没有他们，此中文译本不会呈现在您的面前。

邵旭东

2016年5月28日于北京

马上扫二维码，关注 **"熊猫君"**

和千万读者一起成长吧！

图书在版编目（CIP）数据

丝绸之路：一部全新的世界史/（英）彼得·弗兰
科潘著；邵旭东，孙芳译 . — 杭州：浙江大学出版社，
2016.11（2025.7 重印）
　书名原文：The Silk Roads: A New History of The World
　ISBN 978-7-308-16145-9

　Ⅰ. ①丝… Ⅱ. ①彼… ②邵… ③孙… Ⅲ. ①丝绸之
路 – 史料 Ⅳ. ① K203

中国版本图书馆 CIP 数据核字 (2016) 第 194249 号

丝绸之路：一部全新的世界史

［英］彼得·弗兰科潘　著

邵旭东　孙芳　译

徐文堪　审校

策划编辑	沈骏　盛亮
责任编辑	葛玉丹
责任校对	殷尧
封面设计	陈艳丽
出版发行	浙江大学出版社
	（杭州市天目山路 148 号　邮政编码 310007）
	（网址：http://www.zjupress.com）
排　版	读客文化股份有限公司
印　刷	三河市中晟雅豪印务有限公司
开　本	680mm × 990mm　1/16
印　张	36.5
插　页	8
字　数	520 千
版印次	2016 年 11 月第 1 版　2025 年 7 月第 26 次印刷
书　号	ISBN 978-7-308-16145-9
定　价	148.00 元

审图号：GS (2016) 4070 号